Konrad Canis

Von Bismarck
zur Weltpolitik

Studien zur Internationalen Geschichte

Herausgegeben von Wilfried Loth
in Verbindung mit Anselm Doering-Manteuffel,
Jost Dülffer und Jürgen Osterhammel

Band 3

Konrad Canis

Von Bismarck zur Weltpolitik

Deutsche Außenpolitik
1890 bis 1902

Akademie Verlag

Abbildung auf dem Einband: Die Hissung der deutschen Flagge auf Sawaii (Samoa) 1899.
Quelle: Illustrierte Zeitung, Leipzig.

Die Deutsche Bibliothek – CIP-Einheitsaufnahme

Canis, Konrad:
Von Bismarck zur Weltpolitik : deutsche Aussenpolitik
1890 bis 1902 / Konrad Canis. – 2. Aufl. – Berlin : Akad. Verl., 1999
  (Studien zur internationalen Geschichte ; Bd. 3)
  ISBN 3-05-002758-4

2. Auflage
© Akademie Verlag GmbH, Berlin 1999
Der Akademie Verlag ist ein Unternehmen der R. Oldenbourg-Gruppe.

Gedruckt auf chlorfrei gebleichtem Papier.
Das eingesetzte Papier ist alterungsbeständig nach DIN/ISO 9706.

Alle Rechte, insbesondere die der Übersetzung in andere Sprachen, vorbehalten. Kein Teil dieses Buches darf ohne schriftliche Genehmigung des Verlages in irgendeiner Form – durch Photokopie, Mikroverfilmung oder irgendein anderes Verfahren – reproduziert oder in eine von Maschinen, insbesondere von Datenverarbeitungsmaschinen, verwendbare Sprache übertragen oder übersetzt werden.

Satz: Konzepta, Prenzlau
Druck: WB-Druck, Rieden am Forggensee
Bindung: Druckhaus „Thomas Müntzer", Bad Langensalza

Printed in the Federal Republic of Germany

Inhalt

Geleitwort zur Reihe „Studien zur Internationalen Geschichte"   7

Einleitung   9

Kapitel I
Die Dominanz der europäischen Konstellation (1890–1894)   16
1. Die Abkehr von Bismarcks Rußlandpolitik. Die Nichterneuerung des Rückversicherungsvertrages 1890   16
2. Chancen und Illusionen in der Englandpolitik. Der Helgoland-Sansibar-Vertrag 1890   53
3. Die Dreibundpolitik: Handelsverträge und Allianzerneuerung 1891   71
4. Unsicherheit und Schwankungen (1891–1893)   91
5. Neuorientierung (1893/94)   115

Kapitel II
Auf dem Weg in die Weltpolitik (1894–1897)   138
1. Weltmachtinteressen und „Ostasiatischer Dreibund" (1894/95)   138
2. Im Zeichen der Transvaalkrise 1895/96   164
3. Dreibund- und Orientfragen 1896/97   193

Kapitel III
Die erste Phase der imperialistischen Weltpolitik (1897–1901/02)   223
1. Die Triebkräfte für die Einleitung der Weltpolitik   223
2. Der Start in die Weltpolitik: Die Okkupation von Kiautschou (1897/98) .   256
3. Freihandpolitik und Bagdadbahnprojekt 1898/99   277
4. Neue Expansionsvorstöße und Flottenplanung 1899/1900   309
5. Die Intervention in China 1900/01   338
6. Deutschlands internationale Stellung 1901/02   356

Ausblick
Der Weg in die Isolation 396

Anhang
1. Quellen- und Literaturverzeichnis 402
2. Abkürzungsverzeichnis 425
3. Personenregister 426

Geleitwort zur Reihe
„Studien zur Internationalen Geschichte"

Internationale Geschichte ist eine Disziplin in der Erneuerung. Nach Jahren der Fokussierung der geschichtswissenschaftlichen Methodendiskussion auf das Feld der Sozialgeschichte wird die Bedeutung der zunehmenden Vernetzung von Staaten und Gesellschaften im 19. und 20. Jahrhundert wieder stärker erkannt. Gleichzeitig nehmen die Bemühungen zu, die internationale Geschichte aus der Verengung auf eine Beziehungsgeschichte diplomatischer Eliten herauszuführen.

Die *Studien zur Internationalen Geschichte* wollen diesen Erneuerungsprozeß verstärken. In ihrem Rahmen werden vornehmlich Studien zur Geschichte des Weltstaatensystems und seiner Subsysteme veröffentlicht. Schwerpunkte bilden die Geschichte des europäischen Staatensystems und seiner Krisen, die Geschichte des Ost-West-Konflikts, die Entwicklung der Nord-Süd-Beziehungen, die Rekonstruktion der Prozesse der europäischen Einigung und die Nachzeichnung weltwirtschaftlicher Verflechtungen. Zugleich gilt die Aufmerksamkeit der Vernetzung und wechselseitigen Durchdringung von Gesellschaften und Kulturen. Darüber hinaus sollen Studien zur Geschichte und zur kritischen Diskussion von Theorien zur Erfassung der internationalen Dimension von Geschichte publiziert werden.

Die *Studien zur Internationalen Geschichte* orientieren sich an einem umfassenden Verständnis von internationaler Geschichte. Sie befassen sich mit außenpolitischen Entscheidungsprozessen ebenso wie mit dem Einfluß von historischen Prägungen, wirtschaftlichen und innenpolitischen Entwicklungen. Sie fragen nach Strukturen und Funktionen von belief systems und Perzeptionen, spüren transnationalen Kontakten und Verpflichtungen unterhalb der Regierungsebene nach, untersuchen Auswirkungen internationaler Kontexte und Wandlungen internationaler Regime. Ebenso beschäftigen sie sich mit historischen Formen der Friedenssicherung, Kriegsursachenforschung und der Analyse des Wandels militärischer Auseinandersetzungen. Die Studien greifen dabei auf, was die systematischen Sozialwissenschaften zur Erklärung der internationalen Beziehungen bereitstellen und tragen mit empirisch dichten Untersuchungen zur Präzisierung theoretischer Einsichten bei.

Anselm Doering-Manteuffel, Jost Dülffer, Wilfried Loth, Jürgen Osterhammel

Einleitung

Als sich das Kriegsende von 1945 zum fünfzigsten Male jährte, galt die öffentliche Debatte auch der Frage, wie nah oder wie fern uns heute das 1871 im Krieg gegründete und 1945 im Inferno untergegangene Reich ist. Die Frage ist in einem doppelten Sinne aktuell. Erst seit 1990 unternimmt wieder ein gesamtdeutscher Staat einen neuen Anlauf in die Zukunft und muß seinen internationalen Platz finden. Für viele Deutsche war in den vergangenen viereinhalb Jahrzehnten der Zweistaatlichkeit das alte Reich in seinem äußeren staatlichen Rahmen, allerdings nicht in seinen Grenzen, aber auch der Fixpunkt ihrer gesamtnationalen Mentalität.

Für Klaus Hildebrand ist in seinem Werk „Das vergangene Reich" über die deutsche Außenpolitik 1871 bis 1945 diese Epoche abgetan. „Das Deutsche Reich scheint in der Tat vergangen zu sein. Im Grunde kommt es einem so abgelebt vor wie das untergegangene Preußen." Das heutige Deutschland habe mit dem Reich von 1871 noch weniger gemeinsam als dieses mit dem 1806 verendeten Heiligen Römischen Reich Deutscher Nation.[1]

In der Tat spricht für eine solche Betrachtung vieles: die andere innere Verfaßtheit des heutigen Deutschlands und seine europäische Einordnung. Das 1989/90 eingetretene Ende der langen Nachkriegszeit scheint den Schlußstrich zu begründen. Die in den Jahrzehnten zuvor ungelöst gebliebenen Probleme waren es, die die Deutschen auf ihre historische Verantwortung für diese Lage verwiesen, in erster Linie auf die, die unbestreitbar ist: auf die Schuld des nationalsozialistischen Reiches am Zweiten Weltkrieg. Doch eine bis heute häufig gestellte Frage lautet auch: „War das schreckliche Finale von 1945 dem deutschen Nationalstaat von 1871 vorherbestimmt?"[2] In fundierten Untersuchungen wurde der Frage nachgegangen, wo Kontinuitäten lagen zwischen dem Anfang des Reiches, dem Ersten und dem Zweiten Weltkrieg. Doch auf das Ende, die Zeit der inneren und äußeren Verbrechen von 1933 bis 1945, fixiert zu sein, barg die Gefahr in sich, die Kontinuitäten in den Jahrzehnten zuvor überzubewerten, die Unterschiede eher geringzuschätzen, nicht zuletzt was den Weg in den Ersten Weltkrieg betrifft.

Das Reich in Gänze als vergangen zu betrachten, kann diese Diskontinuitäten neuerlich verschwinden lassen, indem es in eine ferne Vergangenheit gesetzt erscheint, die längst überwunden ist, mit der wir nichts mehr zu tun haben. War das alles nur Versagen oder dann

---

1 Hildebrand, Das vergangene Reich, S. 897.
2 So leitet V. Ullrich seine Besprechung des Hildebrandschen Werkes ein, in: Die Zeit, Nr. 15, 7.4.1995.

Verbrechen, was spätestens nach Otto von Bismarck die deutsche Außenpolitik bestimmte? Gab es nicht vieles in der deutschen Außenpolitik vor 1914, was sich im Wesen von der Außenpolitik der Rivalen nur wenig unterschied? War da nicht überall, freilich in Deutschland besonders, Aufstieg, Kraftentfaltung, Anspruch und Optimismus? Verstand man in Berlin nicht, damit umzugehen, oder gab es gar keine Alternativen für die verantwortlich Handelnden? Antworten zu finden, setzt voraus, sie in der Zeit selbst zu suchen, nicht aus dem späteren schlimmen Ende. Sind wir nicht zudem nach wie vor vielfältig mit diesem Vergangenen verbunden? Bedeutet überdies die heutige demokratische Verfaßtheit Deutschlands und Europas, daß die Möglichkeit der Wiederkehr von Gefährdung gebannt bleibt? Die heutigen Deutschen gingen aus der Bevölkerung hervor, die 1806 und 1914 im selben Raum gelebt hat. Ist Machtentfaltung und ihre Versuchung für alle Zeit ausgeschlossen?

Bringt uns nicht gerade das Ende der Nachkriegszeit und die neue deutsche Einheit den Ausgangspunkt des Reiches von 1871 mit seinen Chancen und Alternativen wieder näher? Andreas Hillgruber hat 1980 einer Darstellung, die den gleichen Gegenstand behandelt wie die Hildebrands, den Titel gegeben: „Die gescheiterte Großmacht".[3] Dieser Begriff scheint heute anders als damals einen aktuellen Bezug zu setzen. Es gibt wohl keinen begründeten Anlaß, dem gegenwärtigen Deutschland ein solches Schicksal vorherzusagen. Doch wenn es heute, mächtiger als zuvor und mit einem starken Potential, in einer veränderten, in Bewegung geratenen, partiell höchst instabilen Welt seinen Platz zu bestimmen sucht, kann uns vielleicht gerade die Geschichte der Außenpolitik des Kaiserreichs Erkenntnisse vermitteln, die solchen Gefahren entgegenwirken können.

Geschichte ist niemals abgeschlossen. Das gilt auch für ihre Bewertung. Es gibt kein Ende der Interpretationen. Jede neue Zeit wirft neue Fragen auf – auch zu historischen Phänomenen, die als vergangen erscheinen. Und so gilt gerade für die Außenpolitik des Kaiserreiches heute, was einst Goethe für wert hielt, festzuhalten: „Daß die Weltgeschichte von Zeit zu Zeit umgeschrieben werden müsse, darüber ist in unseren Tagen wohl kein Zweifel übriggeblieben. Eine solche Notwendigkeit entsteht aber nicht etwa daher, weil viel Geschehenes nachentdeckt worden, sondern weil neue Ansichten gegeben werden, weil der Genosse einer fortschreitenden Zeit auf Standpunkte geführt wird, von welchen sich das Vergangene auf eine neue Weise überschauen und beurteilen läßt."[4]

Unsere Untersuchung behandelt mit den Jahren 1890 bis 1902 den Zeitraum, in dem der Weg in den Abgrund eingeleitet worden zu sein scheint. Anstelle Bismarcks „Strategie der Saturiertheit" fortzusetzen, entschieden sich, so Hildebrand, seine Nachfolger um 1900 „ganz anders", für die Offensive, für eine „neue Politik der unermüdlichen Rührigkeit", die in Gestalt der Weltpolitik, getragen von Selbstüberschätzung und Prestigedenken, das Reich in die außenpolitische Isolation geführt habe.[5] Doch drückt sich in diesem Wandel in erster Linie das Versagen der handelnden Politiker aus, oder gab es in den Verhältnissen selbst Grundlagen und Zwänge, die primär verantwortlich waren für den neuen Weg? Auf wenige Punkte sei zunächst ausschnitthaft verwiesen. 1890 gab es unter der herrschenden Elite und in einer breiten Öffentlichkeit eine ausgeprägte englandfreundliche und rußlandfeindliche Stimmung; 1902 war es genau umgekehrt. 1890 scheinen die Entscheidungsmöglichkeiten über den zukünftigen Kurs noch einigermaßen offen gewesen zu sein; die Entscheidungen, die nun

---

3 1980 erstmals erschienen.
4 Zit. nach: Eyck, Bismarck nach fünfzig Jahren, S. 34.
5 Hildebrand, Das vergangene Reich, S. 851f.

Einleitung

gefällt wurden, waren es schließlich nicht zuletzt, die den Spielraum von 1900 entschieden verengten. Und selbst für Bismarck lagen die Verhältnisse nicht so, als daß sie ihn nicht gelegentlich die Hegemonialstellung erwägen ließen. Sein Saturiertheitsgebot stand jedenfalls, darauf hat schon Johannes Ziekursch aufmerksam gemacht, dem Geist der Zeit entgegen.[6]

Wichtig für die Analyse ist, die kritische Größe des Reiches nach 1871 zu beachten: „für das Gleichgewicht Europas zu stark und für die Hegemonie über den Kontinent zu schwach"[7]. Ludwig Dehio hat in seiner grundlegenden Studie 1948 dargelegt, welche Bedeutung das Wechselverhältnis von Gleichgewicht und Hegemonie für das Beziehungsgeflecht der europäischen Großmächte seit dem Beginn der Neuzeit besaß. Dieses Phänomen bestimmte – und das zeigt, wie aktuell es war – um 1900 in Deutschland die Debatte unter den neorankeanischen Historikern. Stets führten hegemoniale Macht und hegemoniales Streben – so die grundlegende, doch nicht auf Deutschland bezogene Erfahrung – die anderen Großmächte gegen die Vormacht zusammen.[8] Aber Dehio machte deutlich, daß es die Verhältnisse waren und nicht nur das Handeln der Verantwortlichen, die in eine solche Richtung wiesen. Das Reich schob sich 1871 in die traditionelle Konstellation der Großmächte hinein und zerstörte sie. „Das Bismarckreich [...] reizte unabsichtlich, schon durch sein Wesen, zum Streben nach Macht und Reichtum an [...]. In der Enge des Festlandes wurde das Gedeihen selbst zur Gefahr." Weder England noch Rußland betrachteten Deutschland als ebenbürtige Weltmacht. Für einen dieser Rivalen zu optieren, hieß Anschluß zu dessen Bedingungen. Als schließlich zu dem prekären Verhältnis zu Rußland noch das prekäre zu England kam, „war die abgleitende Ebene zum Hegemonialkampf beschritten"[9] Die Rivalen wiesen nicht nur den deutschen Anspruch zurück, sondern beabsichtigten, selbst latente Vormacht zu behaupten oder zurückzugewinnen.

Die hegemoniale Bedrohung durch Deutschland ist aus der Verknüpfung von Potentialentwicklung und Anspruch zu erklären. Die Grundlagen für die deutsche Machtentfaltung, die sich daraus ergebenden inneren und äußeren Zwänge, die Interessen und die Ziele der Rivalen, die außenpolitische Vorstellungswelt, die sich im Zusammenhang damit unter den Herrschenden wie in der Öffentlichkeit, im Reichstag, in den Parteien und Verbänden, entwickelte und zu einem treibenden Element der Politik wurde – dieses Bedingungsfüge wird untersucht, um den Wirkungsrahmen für die die Außenpolitik verantwortlich Leitenden zu bestimmen. Auf die Verknüpfung von Interessen und Ideologie hat Friedrich Meinecke schon 1927 bei der Darstellung des deutsch-englischen Bündnisproblems aufmerksam gemacht.[10]

Um die kritische Größe Deutschlands zu interpretieren, gilt es deshalb, vor allem folgende Probleme im Blick zu haben. Erstens entstand in Deutschland ein gewaltiges gesellschaftliches Potential, das rascher wuchs als bei den europäischen Rivalen und einen besonderen Anspruch begründete. Nur einige Zahlen sollen das belegen: Der Index der Industrieproduktion stieg von 40 = 1890 auf 69 = 1902 und schließlich auf 100 = 1913. Deutschlands Anteil an der Weltindustrieproduktion nahm von 13% auf 16% von 1870 bis 1900 zu, während der englische von 32% auf 18%, der französische von 10% auf 7% sank und der russische nur von 4% auf 6% stieg.[11] Die deutsche Bevölkerung wuchs von 41 Millionen 1871 auf 56

---

6 Ziekursch, Geschichte, Bd. 3, S. 220. [7] Hildebrand, Das vergangene Reich, S. 874.
8 Dehio, Gleichgewicht, S. 15, 201.
9 Ebenda, S. 197ff.
10 Meinecke, Bündnisproblem, S. 6.
11 Canis, Quellen zur Deutschen Geschichte 1500-1917, Bd. 2, S. 233ff.

Millionen 1900, während die englische langsamer stieg und die französische sogar sank. Die Friedenspräsenzstärke der deutschen Armee erhöhte sich von 1886 bis 1894 von 427 274 auf 557 093 Mann.[12] Zweitens entstand, verknüpft mit dem Wachstum, eine optimistische Aufbruchstimmung, die dem lange verwehrten Nationalstaat nun, wo er sich frei entfalten zu können schien, eine besondere Rolle zumaß. Sie war bestimmt vom Nachholebedarf, vom Zuspätkommen. Je mehr das Reich von den Rivalen Ebenbürtigkeit auf weltpolitischem Gebiet einforderte, auf dem sich das Zuspätkommen besonders gravierend zeigte, der deutsche Anspruch jedoch auf traditionelle Interessen der Hauptrivalen traf und diese ihn zurückwiesen – desto mehr verband sich diese Beschränkungserfahrung mit dem Potentialwachstum und dem Aufstiegsstreben zu einem Anspruch auf eine besondere Rolle, auf Vormacht. Weltmachtinteressen und Weltmachtstreben gab es bei den Rivalen auch, ebenso Vormachtansprüche – doch die deutschen äußerten sich besonders nachdrücklich, ihnen fehlte historische Kontinuität, sie waren ungewohnt, und das hinter ihnen stehende Potential schien den Rivalen als besonders bedrohlich. Drittens aber befand sich Deutschland geostrategisch in einer so gefährdeten Lage wie keine andere Großmacht: in der Mitte Europas mit ungeschützten Grenzen nach vielen Seiten gelegen, umgeben von drei kontinentalen Großmächten und von England, das es durch Blockade von den überseeischen Märkten abschließen konnte.

Diese widersprüchlichen Bedingungen sind es, die das deutsche Vormachtstreben sich gleichzeitig hochfahrend und unsicher artikulieren ließen, weshalb die deutsche Außenpolitik, wie Lancelot Farrar subsumierte, von „Angst und Anmaßung" gekennzeichnet war.[13] Es ist die problembeladene Zwischenstellung, die sich dahinter verbirgt. War diese Lage nicht geradezu zwanghaft für die Regierung? Das Aufstiegsstreben besitzt mächtige Antriebskräfte, es wird übermächtig, man sieht es gerechtfertigt angesichts des Strebens der Rivalen, sich machtvoll auszudehnen, aber man spürt auch die Gefahr, die daraus erwachsen kann. Was bleibt zu tun? Verzicht zu verlangen ist absurd; selbst Zweitrangigkeit – wäre sie innenpolitisch durchsetzbar gewesen? Nichts spricht dafür – es war nicht die Zeit für Selbstbeschränkung. Hinzu kamen der Zwiespalt im Innern, die zeitweilige Labilität des politischen Systems. Sie setzten den außenpolitischen Vorwärtsdrang, den internationalen Machtgewinn immer mehr ins Bild, auch zum Zwecke der inneren Stabilisierung. Man mußte es wagen, es darauf ankommen lassen, daß die günstigen Faktoren blieben, sich verstärkten. Fixiert auf sie, wuchs die Gefahr, sie zu überschätzen, gegenläufige Tendenzen minder zu bewerten.

Der Einstieg Deutschlands in die Weltpolitik bildet einen Schwerpunkt der Untersuchung. Erstmals liegt damit eine umfassende Darstellung der deutschen Weltpolitik für ihre erste Phase bis 1902 vor – umfassend, was ihre Grundlagen und Triebkräfte betrifft, aber auch die Außenpolitik in ihrer Komplexität, nicht nur die Beziehungen zu einzelnen Mächten. Dort liegen die Unterschiede zu den für diese Arbeit wichtigen Studien von Michael Behnen[14], Gregor Schöllgen[15], Barbara Vogel[16] und Peter Winzen[17].

In den vergangenen Jahrzehnten hat es über die Triebkräfte dieser Weltpolitik eine kontroverse Diskussion gegeben, deren Crux es war, daß jede Richtung einer einzelnen Triebkraft

---

12 Hoffmann, Wachstum, S. 173; Geyer, Rüstungspolitik 1860-1980, S. 52.
13 Farrar, Arrogance and Anxiety.
14 Behnen, Rüstung.
15 Schöllgen, Imperialismus und Gleichgewicht.
16 Vogel, Rußlandpolitik.
17 Winzen, Bülows Weltmachtkonzept.

Priorität zumaß. In unserer Darstellung ergibt sich die Dynamik dieser Politik jedoch aus der Summe, der Verknüpfung von vier Haupttriebkräften, bei denen sich Interessen und Ideologie miteinander verbanden: Weltpolitik entsprach einem weitverbreiteten Zeitgeist, sie sollte Allheilmittel für den wirtschaftlichen Fortschritt sein, das großmachtpolitische Prestige wahren, und ihre Erfolge sollten die innere Stabilität des Reiches festigen.[18] Diese Triebkräfte werden zunächst generell untersucht, in den folgenden Abschnitten ihre einzelnen Vorgänge und Ereignisse. Dort sehen wir alle vier Triebkräfte wirken, mit unterschiedlicher, aber nicht zu generalisierender Wertigkeit.

Deutschlands Start in die Weltpolitik erfolgte zu einer Zeit, als die territoriale Aufteilung nahezu abgeschlossen war. Das Interesse konzentrierte sich folglich auf Gebiete von untergeordneter Bedeutung oder vielmehr auf solche, für die es auch andere starke Bewerber gab, die sich gewöhnlich dort längst vor Deutschland feste Positionen gesichert hatten. Nicht allein die Rivalitäten wuchsen; es war Deutschland, das als Störenfried, als Parvenü von den anderen Mächten empfunden wurde. Es war die Gefahr, die von seinem Aufstieg und von seinem Anspruch gleichermaßen drohte, die England und Rußland bestärkte, dem Reich Ebenbürtigkeit zu versagen, es höchstens als Juniorpartner zu akzeptieren. Nicht allein für England war Deutschland der hegemoniale Gegner[19], für Rußland und Frankreich ebenfalls. Nicht nur das Verhältnis zu England stellte die Schlüsselfrage für die deutsche Außenpolitik dar[20], sondern gleichermaßen das Verhältnis zu Rußland.

Diese Ausgangspunkte, Grundlagen und Zwänge wirkten auf die deutsche Außenpolitik stärker und bestimmten ihren Spielraum mehr, als es in Hildebrands Werk zum Ausdruck kommt. Sie verlangten von der Berliner Führung ein besonders hohes Maß an Staatskunst. Nur festzuhalten, daß Bismarck solchen Anforderungen entsprochen hat, reicht freilich nicht aus. Auch ist zu beachten, daß erstens in der Bismarckzeit der deutsche Expansionsdrang nicht diese Dynamik besaß wie in den folgenden Jahrzehnten, zweitens der Kanzler sich 1890 mit seinen außenpolitischen Vorstellungen in Deutschland weitgehend isoliert sah und drittens von ihm in Zeiten besonderer Bedrohung der hegemoniale Ansatz immerhin erwogen worden ist.

Hillgrubers Urteil, Bismarcks Nachfolger besäßen nicht dessen geistige und staatsmännische Überlegenheit[21], trifft zwar zu, besagt jedoch nicht viel. Uneingeschränkt gilt es freilich für die Verantwortlichen von 1890. Eine Notwendigkeit bestand jedenfalls nicht, Rußland in geradezu selbstmörderischer Weise vor den Kopf zu stoßen und sich England vor die Füße zu werfen. Beides sollte für Klarheit sorgen. Das war naiv – die Klarheit half nur den Rivalen: Rußland beschritt den Weg des Bündnisses mit Frankreich, und England gewann die Zwischenstellung zwischen beiden Allianzen. Denn nur der Dreibund blieb Deutschland; die neuen Handelsverträge sollten ihn stabilisieren – mehr außenpolitische Strategie hinter ihnen zu vermuten, scheint ungerechtfertigt.[22] Vielmehr bemühte sich Berlin ab 1892/93 um die Rückkehr zu Rußland – vergeblich: für Petersburg bedeutete dieses Annäherungsstreben den letzten Beweis, wie vorteilhaft die Verbindung zu Frankreich war.

Die Weichen waren gestellt. Die Not gebar die Freihandpolitik, die nun mehr als ein Jahrzehnt die deutsche Außenpolitik prägte. Sie gründete auf zwei Säulen: den Widersprüchen

---

18 Behandelt im Kapitel III dieser Arbeit.
19 Anders Schöllgen, Imperialismus und Gleichgewicht, S. 1.
20 Anders Hillgruber, Großmacht- und Weltpolitik, S. 54.
21 Hillgruber, Rolle, S. 15.
22 Anders Hildebrand, Das vergangene Reich, S. 168.

zwischen den Rivalen, besonders zwischen Rußland und England, und der eigenen militärischen Stärke: zuerst mit der gravierenden Heeresverstärkung, die mit dem Gesetz von 1893 eingeleitet wurde, anschließend mit dem Bau einer Schlachtflotte. Die Politik der Stärke sollte den Rivalen eine militärische Alternative versagen, Deutschland für die Zukunft als Gegner gefährlich und als Bundesgenossen wertvoll präsentieren. Eine solche Freihandpolitik bildete zugleich die Basis für den Einstieg in die Weltpolitik, zunächst die Ebenbürtigkeit anstrebend. Die großen, auf hegemoniale Ziele gerichteten Entscheidungen sollten, wie die Quellen erkennen lassen, in der Zukunft fallen, wenn das Reich mit einer fertigen Flotte noch stärker war.

Durch die Verknüpfung mit der Weltpolitik besaß diese Außenpolitik eine tiefe Verwurzelung in den herrschenden Eliten und im bürgerlichen Zeitgeist. Bülow nutzte das als Staatssekretär und Reichskanzler öfters virtuos in manipulatorischer Absicht für innenpolitische Zwecke. Vielleicht war es auch diese Versuchung, die ihn die Anzeichen der Gefahr geringschätzen ließ. Doch gab es den Ausweg, der gangbar war? Es war ein Dilemma: eine begrenzte Weltpolitik, eine Juniorpartnerstellung – die Rivalen hätten sie vielleicht akzeptiert, doch auf Akzeptanz im Innern wäre sie nicht gestoßen. Je mehr sich indes die Vormachtansprüche offenbarten, desto mehr fanden die Rivalen zueinander. Die Verantwortlichen setzten sich mit der Freihandpolitik selbst unter Zwang: Um sie nicht zu untergraben und weil sie ahnten, daß der eine Rivale Deutschland nur gegen den anderen in Stellung bringen wollte, ließen sie Gelegenheiten zu begrenzten Vereinbarungen gewöhnlich ungenutzt verstreichen. Je mehr die Freihandpolitik unterlaufen zu werden drohte, desto mehr, hat man den Eindruck, setzten sie auf Stärke.

Auf eine umfassende Allianz mit Deutschland haben indes weder Rußland noch England reflektiert. Es geht folglich an den Gegebenheiten vorbei, von „verpaßten Chancen" zu sprechen. Es gab sie nicht. Die Zwänge für Deutschland waren jedenfalls 1900 größer als 1890, der außenpolitische Spielraum für Bülow geringer als einst für Caprivi. Das mag dazu beigetragen haben, daß nicht eine langfristige Strategie die Führung unter Bülow leitete, sondern in erster Linie die täglichen Vorgänge und Ereignisse. Der hohe Stellenwert, den der außenpolitische Erfolg für das öffentliche Ansehen der Regierung und auch für ihre Durchsetzungskraft in den innenpolitischen Auseinandersetzungen besaß, tat ein übriges, um das kurzfristige Resultat in den Vordergrund zu stellen. Diese Erfahrung hatte der Führung nicht zuletzt die innenpolitisch negative Wirkung der längeren Phase der Erfolglosigkeit bis 1897 vermittelt.

Ein regelrechtes Sicherheitsrisiko stellte der Kaiser dar. Das galt nicht nur für die Politik nach außen. Nach innen besaßen die kaiserlichen Eingriffe jedoch mehr Einheitlichkeit in der Richtung: es waren unzeitgemäße reaktionäre Vorstöße, die die gesellschaftlichen Widersprüche zu verschärfen drohten und Labilitäten des politischen Systems förderten. In der Außenpolitik gab es diese Systematik nicht. Immer wieder in eine andere Richtung in Europa lockte Wilhelm II. mit Umarmungen oder sandte er Drohungen aus. Wollte er den einen gewinnen, ließ er am anderen keinen guten Faden. Überall weckte er Mißtrauen, forciert noch durch sein ungezügeltes Weltmachtgebaren. W. J. Mommsen sieht die Außenpolitik der Jahre 1894 bis 1897 sogar dominiert von einem „ungebremsten persönlichen Regiment" des Kaisers.[23] „Regiment" deutet freilich auf eine gewisse Ordnung, doch sie gab es nicht. Es waren impulsive, widersprüchliche, unstetige, gefahrdrohende persönliche Eingriffe. Dabei bestanden in den gesellschaftlichen Verhältnissen und bei einem verbreiteten Monarchismus in Deutschland für eine starke Machtstellung des Kaisers durchaus Voraussetzungen. Die

---

23 Mommsen, Großmachtstellung und Weltpolitik, S. 123.

Einleitung 15

Reichsverfassung ermöglichte sie gerade für die Außenpolitik im besonderen.[24] Wilhelms Eskapaden führten jedoch einen solchen Weg eher ad absurdum. Als Bülow Reichskanzler wurde, konnte er diese vorübergehend minimieren.

Es versteht sich von selbst, daß unsere Untersuchung der deutschen Außenpolitik und ihrer Grundlagen, Bedingungen und Zwänge auf der jüngeren und älteren Literatur aufbaut. Ihre Hauptergebnisse gewinnt sie allerdings aus den Quellen, den gedruckten wie einem reichen Fundus ungedruckter Archivbestände. Ausgewertet wurden die umfangreichen deutschen, englischen und französischen Aktenpublikationen[25], in die ersteren nicht aufgenommene Bestände der Politischen Abteilung des Auswärtigen Amtes, ferner Akten seiner handelspolitischen und seiner Kolonialabteilung sowie der Reichskanzlei und des Reichsschatzamtes. Bemerkenswerte Aufschlüsse vermittelten die ungedruckten Berichte des österreichisch-ungarischen Botschafters sowie des bayerischen und des sächsischen Gesandten in Berlin, wo sie zu den bestinformierten Diplomaten zählten. Eine wichtige Ergänzung zu den Berichten deutscher Diplomaten aus den Hauptstädten der europäischen Großmächte stellte der Schriftverkehr der gleichenorts akkreditierten Vertreter Österreich-Ungarns und Bayerns mit ihren Kabinetten dar. Das gilt ferner für weiteres Aktenmaterial aus dem Außenministerium des Hauptbündnispartners Deutschlands in Wien.

Weitere Aufschlüsse ergaben sich, weil private Korrespondenzen einflußreicher Politiker und Diplomaten einbezogen werden konnten. Zu nennen sind in erster Linie die in den vergangenen Jahrzehnten veröffentlichten Korrespondenzen Friedrich von Holsteins[26], Philipp von Eulenburgs[27] und Paul von Hatzfeldts[28] sowie die Nachlässe Bernhard von Bülows, Wilhelms II., Chlodwig von Hohenlohe-Schillingsfürsts und die ungedruckten Teile des Holstein-Nachlasses.

Auf ein möglichst komplexes Bild der Betrachtung zielt schließlich die Auswertung zahlreicher Zeitungen unterschiedlicher politischer Richtungen. Einbezogen sind wichtige Zeitschriften wie die „Preußischen Jahrbücher", die für bildungsbürgerliche Kreise repräsentativ sind. Da der Reichstag, obwohl rechtlich in der außenpolitischen Kompetenz beschränkt, die Etatsberatung gewöhnlich zur außenpolitischen Debatte nutzte, werden die Reichstagsprotokolle herangezogen, um die Haltung der Parteien zu außenpolitischen Themen zu beleuchten. Zeitungen, Zeitschriften, Reichstagsprotokolle und weiteres zeitgenössisches Schrifttum belegen zugleich, welche Impulse und Forderungen, welcher Druck vom Zeitgeist ausging.

---

24 Huber, Verfassungsgeschichte, Bd. 3, S. 931.
25 GP, Bd. 6-20/II; BD, Bd. I/1-II/2; DDF, Bd. I/7-16, II/1-3.
26 Holstein, Papiere, Bd. 1-4.
27 Eulenburg, Korrespondenz, Bd. I-III.
28 Hatzfeldt, Papiere, Teil I und II.

KAPITEL I

Die Dominanz der europäischen Konstellation (1890–1894)

1. Die Abkehr von Bismarcks Rußlandpolitik. Die Nichterneuerung des Rückversicherungsvertrages 1890

Die drei wichtigsten außenpolitischen Entscheidungen der Regierung des „Neuen Kurses" in ihrer Anfangsphase 1890/91 – die Nichterneuerung des deutsch-russischen Rückversicherungsvertrages, das Helgoland-Sansibar-Abkommen mit Großbritannien und die vorzeitige Erneuerung des Dreibundvertrages zwischen Deutschland, Österreich-Ungarn und Italien in Verbindung mit der besonders auf den mitteleuropäischen Raum orientierten veränderten Außenhandelspolitik – markieren mit ihren Grundvorstellungen und Erwartungen sowie in ihrer Verknüpfung eine prinzipielle Abkehr von der Grundlinie der Bismarckschen Außenpolitik. Die neuen Verantwortlichen, Reichskanzler Leo von Caprivi und Adolf Marschall von Bieberstein, Staatssekretär des Auswärtigen Amtes, hielten die Zweifrontenkriegskonstellation gegen Rußland und Frankreich für unvermeidlich und ein besonderes Vertragsverhältnis mit Rußland folglich für nutzlos. Ihr Streben war, den Dreibund zu stabilisieren und England an diese Allianz heranzuziehen.

Diese Korrekturen werden in der Geschichtswissenschaft unterschiedlich bewertet. Die einen, für die das Ende des Rußlandvertrages nur sekundäre Bedeutung besaß, verweisen auf das bereits zu Bismarcks Zeit verschlechterte deutsch-russische Verhältnis. Schon der Abschluß des Vertrages, so Michael Stürmer, habe 1887 im Widerspruch zu diesem Verhältnis gestanden, und er sei folglich „maßlos überschätzt" worden.[1] Nicht das Auslaufen des Abkommens, meint H.-U. Wehler, sondern die von Bismarck selbst provozierte Verankerung Rußlands auf dem französischen Kapitalmarkt habe den „erfolgreichen Fortgang der russisch-französischen Allianzverhandlungen besiegelt."[2] Andreas Hillgruber dagegen bewertet das Jahr 1890 als „grundlegende Zäsur" der deutschen Außenpolitik[3], und Gordon A. Craig meint, daß die Nichterneuerung von allen Optionen „entscheidender war als alle anderen zwischen 1890 und dem Ausbruch des ersten Weltkrieges getroffenen, sie die unglückselige Kettenreaktion in Gang setzte, die zur Katastrophe hinführte"[4].

1 Stürmer, Bismarck, S. 98.
2 Wehler, Kaiserreich, S. 190f.
3 Hillgruber, Rußlandpolitik, S. 79.
4 Craig, Deutsche Geschichte 1866–1945, S. 210.

Diese unterschiedlichen Urteile lassen auch die Alternativen deutlich werden, vor denen die Akteure von 1890 standen. Waren die deutsch-russischen Widersprüche in ihrer Substanz so dominant, daß eine geheime Vertragspolitik zwischen beiden Regierungen ohne Basis, unwirksam, überflüssig oder sogar fehlorientierend für die außenpolitischen Interessen sein mußte? Oder zwangen nicht gerade die Erfordernisse der geostrategischen Lage des Reiches, seiner Stellung unter den europäischen Großmächten und der 1871 gewonnenen halbhegemonialen Stellung auf dem Kontinent gerade wegen der gegenläufigen Entwicklungsprozesse dazu, an der Vertragspolitik festzuhalten, um die gewachsenen Gegensätze mit außenpolitischen Mitteln in Grenzen zu halten und womöglich in gewissem Maße zu entspannen?

Diese Alternative war die Politik Otto von Bismarcks. Um sie zu bewerten, ist es notwendig, auf seine strategischen Grundsätze und auf seine Taktik zu verweisen. Er hatte die exzeptionell günstige internationale Konstellation, die eine der Voraussetzungen für die Reichsgründung war, immer als eine Ausnahmesituation aufgefaßt. Er sah sie umgehend gefährdet, als das Reich in die internationale Arena in kritischer Größenordnung eintrat: für das Gleichgewicht zu stark und für die Hegemonie zu schwach.[5] Die halbhegemoniale Stellung, die die zumindest latenten Vorbehalte der traditionellen Großmächte niemals zum Verstummen brachte, erwies sich auch deshalb als prekär, weil sie die Zwänge der geostrategischen Lage des Reiches, mitten in Europa und umgeben von Großmächten, noch gravierender wirken ließ. Der „Alpdruck der Koalitionen", für Bismarck immer präsent und durch die Annexion Elsaß-Lothringens zusätzlich verschärft, ließ ihn auf unterschiedliche Strategien, je nach Lage und Gefahren, setzen. Die eine, primäre, normative Linie zielte auf den Status quo, versuchte die Rivalen mit dem veränderten europäischen Gleichgewicht auszusöhnen, indem sie das Reich als Faktor der Stabilität und Berechenbarkeit empfahl, das auf ausgreifende Expansion und Hegemoniestreben verzichtete, sich vielmehr zum Vermittler zwischen den Rivalen aufwarf und deshalb auf Spannungen zwischen ihnen setzte. Es war das Ziel, wie er es im „Kissinger Diktat" prägnant umschrieb: „nicht das irgendeines Ländererwerbs, sondern das einer politischen Gesamtsituation, in welcher alle Mächte außer Frankreich unser bedürfen und von Koalitionen gegen uns durch ihre Beziehungen zueinander nach Möglichkeit abgehalten werden." Lothar Gall und Klaus Hildebrand haben diese Linie als „System der Aushilfen" bewertet, ohne „wirkliche Perspektiven", orientiert auf aktuelles Krisenmanagement und die „Ablehnung tiefgreifender Veränderungen".[6]

Doch scheint Bismarck in Zeiten der Gefahr, wenn die normative Linie gefährdet war, Deutschland in Isolation zu geraten drohte und einer Zweifrontenkriegskonstellation ausgesetzt sein konnte, auch alternative Überlegungen und Ansätze angestellt zu haben, die, ohne die traditionelle Richtung bereits zu verlassen, auf Offensive setzten, auf Ausbruch aus der eingeengten Stellung mit dem Ziel, sie in Europa auszubauen, längerfristig zu sichern und womöglich unangreifbar zu machen.[7] Dafür schloß er auch die deutsche Hegemonie nicht mehr aus, sie sollte freilich für die Rivalen annehmbar bleiben, nicht weit über die „halbe" Dimension hinausreichen und territorialen Zuwachs nicht anvisieren. Daß ihm der Hegemoniegedanke nicht gänzlich fremd war, bezeugen seine Memoiren. Dort vertrat er den Standpunkt, motiviert mit internationaler Friedenssicherung und Verständigung, „daß eine deutsche

---

5 Hildebrand, Reich – Großmacht – Nation, S. 370.
6 GP, Bd. 2, S. 154; Gall, Bismarck, S. 634ff., 642, 597, 727; Hildebrand, „System der Aushilfen?", S. 109f.
7 Gall, Bismarck, S, 619ff.

Hegemonie in Europa nützlicher und unparteiischer, auch unschädlicher für die Freiheit anderer wirkt als eine französische, russische oder englische"[8].

Diese Widersprüchlichkeit und Unsicherheit im strategischen Ziel korrespondiert mit Bismarcks Wesensart, von der Unvollkommenheit aller weltlichen Lösungen, auch seiner eigenen Pläne und politischen Resultate, überzeugt zu sein. „Alles seit der Schöpfung ist Flickwerk", hat er einmal vermerkt.[9] Bei dieser Einsicht versteifte er sich insbesondere bei komplizierten oder gar bei waghalsigen Vorhaben nicht auf eine Richtung, zumal wenn sie von besonders gravierenden Unsicherheitsfaktoren begleitet waren, und hielt vor allem eine sichere Auffangstellung für den Rückzug parat. Nur bei abgesicherten Bedingungen visierte er Alternativen an. Sie wenigstens zu testen, hielt er angesichts der komplizierten Stellung des Reiches für unumgänglich. „Viele Wege führten zu meinem Ziel, ich mußte der Reihe nach einen nach dem anderen einschlagen, den gefährlichsten zuletzt. Einförmigkeit im Handeln war nicht meine Sache."[10] Oder an anderer Stelle: „Man muß immer mit der Möglichkeit rechnen, daß der Gegner im letzten Moment anders als erwartet zieht und sich darauf einrichten. Mit anderen Worten: man muß stets zwei Eisen im Feuer haben."[11]

Im Zentrum sämtlicher Überlegungen und Varianten der Bismarckschen Außenpolitik stand gewöhnlich das Verhältnis zu Rußland. Das Zarenreich war nach Deutschland die militärisch stärkste Festlandsgroßmacht. Da die Gegensätze zu Frankreich unüberwindlich schienen, entschied das Verhältnis zu Rußland, ob eine für Deutschland gefährliche Zweifrontenkriegskonstellation entstand oder nicht. 1873 gelang Bismarck mit der Dreikaiserpolitik eine lockere Verbindung, die Österreich-Ungarn einschloß und in der Deutschland die halbhegemoniale Führungsrolle als Vermittler der russisch-österreichischen Balkanrivalität zu wahren versuchte. Doch zwei Jahre später legte die „Krieg-in-Sicht-Krise" die latenten deutsch-russischen Spannungen bloß und vermittelte Bismarck die Erfahrung, daß weder England noch Rußland einen Ausbau der deutschen Vormacht auf Kosten Frankreichs zu akzeptieren bereit waren.[12]

Im Jahr darauf, als die orientalische Krise Bismarcks außenpolitischen Spielraum erweiterte, lotete er die Möglichkeit des deutsch-russischen Verhältnisses neuerlich aus. Doch die Garantie für Elsaß-Lothringens erhielt er wiederum nicht zugestanden. Im Kern ging es freilich um mehr. Jede der beiden Mächte verlangte von der anderen, die eigene latente Vormachtstellung auf dem Kontinent faktisch anzuerkennen.[13] So erwartete Rußland auf dem Berliner Kongreß 1878 im Grunde Gefolgschaft Deutschlands, und als diese ausblieb, erzeugten die für Rußland unbefriedigenden Kongreßresultate eine scharfe Wende gegen den Nachbarn. Die innergesellschaftliche Krise im Zarenreich ließ in Bismarcks Augen dessen außenpolitische Berechenbarkeit weiter sinken. Neuerlich fürchtete er, unzutreffend wie schon 1875, die Kaunitzsche Koalition, die Allianz Rußlands mit Frankreich und Österreich, wenn dort die slawisch-klerikale Richtung die Regierung führte.

Mit der großangelegten diplomatischen Offensive, die er nun gegen Rußland einleitete, sollte zum einen diese Allianz verhindert werden. Aber es ging um viel mehr. Rußland sollte

---

8 GW, Bd. 15, S. 422.
9 Meyer, Bismarck, S. 592.
10 GW, Bd. 9, S. 50.
11 Ebenda, S. 400.
12 Engelberg, Bismarck, S. 193ff; Wolter, Bismarcks Außenpolitik, S. 168ff.
13 Ebenda, S. 235ff.

Die Abkehr von Bismarcks Rußlandpolitik 19

durch Isolation diszipliniert werden. Zugleich versuchte er, zu einem „organischen Verbund" mit Österreich-Ungarn zu gelangen, einer mitteleuropäischen Blockbildung mit der Habsburgermonarchie als faktischem Satelliten, die die Vormacht Deutschlands in Europa langfristig sicherte und Rußland in die Rolle eines Sekundärpartners verwies.[14]

Doch der alternative Ausbruchsversuch aus der traditionellen Status-quo-Politik scheiterte. Bismarck mußte sich mit einer deutsch-österreichischen Defensivallianz gegen Rußland zufriedengeben, wie er sie ursprünglich gar nicht beabsichtigt hatte. Nur durch glückliche Umstände gelang es ihm, die antirussische Spitze des Vertrages zu entschärfen, weil es zur Wiederbelebung der Dreikaiserpolitik kam. Das wirtschaftlichen und politischen Krisenerscheinungen ausgesetzte zaristische Regime begann, auch zum Prestigegewinn im Innern, Expansionsvorhaben statt in den Vorderen Orient in Richtung Mittelasien zu lenken. Dort versprachen sie leichteren Erfolg. Jedoch waren Differenzen mit England zu erwarten, die eine Entspannung an den Westgrenzen zu Deutschland und Österreich verlangten. Bismarcks Ziel war wieder wie vor 1879 eine Konstellation, wie sie im Kissinger Diktat beschrieben worden war. Sie verlangte, alle Verträge so zu relativieren, daß sie weniger in ihrer Besonderheit, sondern vielmehr als Elemente für die Sicherung eines möglichst großen Bewegungsspielraums fungierten, um die halbhegemoniale Stellung Deutschlands ohne Konflikte zu wahren. Es war die traditionelle Status-quo-Variante. In ihrem Rahmen besaßen alle einzelnen Verträge den Charakter von Aushilfen.

Dadurch fiel politisch noch wenig ins Gewicht, daß sich in den Gesellschaften Rußlands und Deutschlands die kritische Tendenz gegen den Rivalen vertiefte. So hatten Zeitungen aller Parteirichtungen in Deutschland das Bündnis mit Österreich-Ungarn als Entscheidung gegen Rußland aufgefaßt und begrüßt, freilich mit unterschiedlichen Akzenten. Während die konservativen Zeitungen Rußland empfahlen, bescheiden den Anschluß an das Bündnis zu suchen[15], sahen nationalliberale die österreichischen „Lebensinteressen" auf dem Balkan gegen Rußland gesichert.[16] Zentrumsblätter schrieben geradezu von der „feierlichen Grablegung des Dreikaiserbundes"[17]. Bei den Linksliberalen und den Sozialdemokraten gehörte Rußlandfeindschaft wegen der gesellschaftspolitischen Kritik am Zarismus zur Tradition.

Außerdem hatten beide Regierungen Ende der siebziger Jahre eine protektionistische Wende eingeleitet, die den deutschen Industriewarenexport nach Rußland ebenso benachteiligte wie die russische Getreideausfuhr nach Deutschland. Die Auswirkungen waren beträchtlich. Der deutsche Export nach Rußland sank von 1880 bis 1886 um ein Drittel, der deutsche Anteil am russischen Import ging von 45% auf 31% zurück. In Rußland haben beide Vorgänge – die deutsche Reaktion auf den Zweibund ebenso wie die Zollgegensätze – Besorgnis ausgelöst und die Stimmen vermehrt, die für die Annäherung an Frankreich plädierten.

Als 1885 die außenpolitische Doppelkrise[18] ausbrach, die Dreikaiserpolitik wie die kurzfristige deutsch-französische Entspannung abrupt ihr Ende fanden und Bismarck seine auf den Status quo zielende außenpolitische Defensivstrategie höchst gefährdet sah, zeigte sich, daß

---

14 Canis, Zweibund, in: „Zweibund" 1879, S. 41ff.
15 Neue Preußische Zeitung, Nr. 231, 3.10.1879.
16 Hatzfeld, Bündnis, S. 79.
17 Historisch-politische Blätter für das katholische Deutschland, Bd. 84 (1879), S. 788.
18 Zur Doppelkrise: Hillgruber, Bismarcks Außenpolitik, S. 175ff.; Canis, Bismarck und Waldersee, S. 144ff.; Engelberg, Bismarck, S. 451ff.; Mommsen, Großmachtstellung und Weltpolitik, S. 77ff.; Elzer, Bismarcks Bündnispolitik; Hildebrand, Das vergangene Reich, S. 100ff.

diese Strategie und seine sicherheitspolitischen Besorgnisse unter den herrschenden Eliten kaum noch Zustimmung fanden.

Diesen Gegensatz erhellt schlaglichtartig das Echo einflußreicher Presseorgane auf die außenpolitische Grundsatzrede des Kanzlers im Reichstag am 6. Februar 1888, in der er – es ging um die Durchsetzung einer neuen Militärvorlage – die Gründe für eine weitere Aufrüstung umriß, aber auch die Notwendigkeit für Deutschland hinwies, auf einen Angriffskrieg zu verzichten und möglichst den Frieden zu sichern, denn ein großer Krieg würde existentielle Gefahren für das Reich heraufbeschwören. In breiten Kreisen wurde die gesamte Rede ganz anders verstanden – als ob der Kanzler ganz auf militärische Stärke setze. „Es war ein Hurra und Enthusiasmus, als sei der Krieg erklärt"[19], beschrieb Herbert von Bismarck, als Staatssekretär im Auswärtigen Amt wichtiger Mitarbeiter des Vaters, die Stimmung nach der Reichstagssitzung. „Bei aller Friedensliebe sind wir stark und auf alles gefaßt"[20], hieß es in der Kreuzzeitung. Die einflußreiche nationalliberale „National-Zeitung" stellte, freilich eher unbeabsichtigt, das außenpolitische Credo des Kanzlers prinzipiell in Frage. Der Kanzler hatte die Friedenserhaltung mit den „zwingendsten Interessen des europäischen Gleichgewichts und unserer eigenen Zukunft" motiviert und zur Begründung erklärt: „Wir liegen mitten in Europa. Wir haben mindestens drei Angriffsfronten [...]. Wir sind außerdem der Gefahr der Koalition nach der ganzen Entwicklung der Weltgeschichte, nach unserer geostrategischen Lage und nach dem vielleicht minderen Zusammenhang, den die deutsche Nation bisher in sich gehabt hat, im Vergleich mit anderen, mehr ausgesetzt als irgendein anderes Volk."[21] Freilich hatte Bismarck mit dieser Lagebeschreibung auch die Rüstungssteigerung begründen wollen – und so schien zunächst Übereinstimmung mit ihm gegeben, als die National-Zeitung daran anknüpfte: Ohne die stete Mahnung zur Vorsicht von Ost und West wäre Deutschlands heutige militärische Machtstellung nicht zustande gekommen. Den Zweck der Militärvorlage sah sie aber darin, Deutschland so stark zu machen, daß es weder vom Dreibund abhängig sei, noch jegliche feindliche Koalition zu fürchten habe. Anders als vor 40 Jahren, als die deutsche Nation Spielball auswärtiger Mächte und gehindert gewesen sei, ihre Interessen zu vertreten, habe das Reich heute „nicht mehr für seine Existenz zu fürchten, auch wenn es allein einer Koalition gegenüberstehen sollte"[22].

Diese im Bürgertum, im Adel und in den Mittelschichten sich ausbreitende Vorstellung von deutscher Stärke, Machtvollkommenheit und Überlegenheit beruhte auf ihrer Interpretation von 20 Jahren Reichsgeschichte.

Es dominierte die Auffassung, das Reich sei der lange vorenthaltene Normalzustand. Die Überzeugung, es sei zu besonderer Machtentfaltung fähig und somit in der Lage, mit jeglicher Bedrohung fertig zu werden, zog Argumente nicht nur aus der Außenpolitik, der halbhegemonialen Stellung und der internationalen Autorität Bismarcks, sondern mehr noch aus der Gesamtentwicklung des Reiches.

Denn das Reich erlebte eine rapide Aufwärtsentwicklung in allen gesellschaftlichen Bereichen, deren Entwicklungstempo größer war als in den anderen großen europäischen Staaten. Gerade beim Wirtschaftswachstum waren es die Vorteile der Reichsgründung selbst, die dem Aufschwung zusätzliche Impulse verliehen. Das Reich wuchs zwischen 1870 und

---

19 H. v. Bismarck, Privatkorrespondenz, S. 505.
20 Neue Preußische Zeitung, Nr. 33, 8.2.1888.
21 GW, Bd. 13, S. 335, 341.
22 National-Zeitung, Nr. 83, 8.2.1888.

1890 zu einem führenden Industriestaat, zum zweitstärksten in Europa, mit dem schnellsten Wirtschaftswachstum. Sein Anteil an der Weltindustrieproduktion stieg von 1870 bis 1890 von 13% auf 14%, während der englische von 32% auf 22%, der französische von 10% auf 8% und der russische von 4% auf 3% sanken.[23] Das Wachstum der Industrieproduktion betrug in Deutschland in diesen Jahrzehnten 37% bis 42%, in Großbritannien dagegen nur 16% bis 20%.[24] Zusehends verringerte sich der Abstand zur noch führenden britischen Wirtschaft, zumal die deutsche höheres technisches Niveau, größere Leistungskraft, moderneren Zuschnitt und somit die besseren Zukunftsaussichten besaß.

Auch in der Bevölkerungszahl nahm Deutschland am schnellsten zu. Sie stieg zwischen 1870 und 1890 von 41 auf 49 Millionen, während die englische von 31 auf 38 Millionen und die französische nur von 37 auf 38 Millionen anwuchsen.[25] Das Reich verfügte über den stärksten und leistungsfähigsten Militärapparat. Sein auf einem Kompromiß zwischen preußisch geprägtem monarchischem Obrigkeitsstaat und modernem Parlamentarismus beruhendes Herrschaftssystem erwies sich trotz vielfältiger gesellschaftlicher Konflikte und innenpolitischer Auseinandersetzungen als insgesamt stabil.

Gleichzeitig nahmen Konkurrenz und Widersprüche zwischen den großen Mächten zu – gefördert durch die langanhaltenden Folgen der großen Weltwirtschaftskrise von 1873, die die weltwirtschaftliche Szene in ein System konkurrierender protektionistischer Nationalwirtschaften verwandelte, die Einführung hoher Schutzzölle bewirkte und die Expansionstendenzen motivierte. Dem davon geprägten Selbstverständnis entsprach der vorherrschende bürgerliche Zeitgeist. Neomerkantilistische und sozialdarwinistische Vorstellungen ergänzten einander ideal, und sie verbanden sich mit der von den Reichsgründungsereignissen motivierten Machtsstaatsideologie und der preußischen Tradition zu einem Konglomerat von Überzeugungen, die ganz auf Kampf und Rivalität zwischen den Großmächten, auf den Aufstieg der stärkeren und den Niedergang der schwachen Staaten und den Prestigegedanken setzten. Behauptungswille, Kriegsbereitschaft und Siegeszuversicht gaben in der öffentlichen Meinung den Ton an.

Entschlossenheit im Kampf gegen die „Reichsfeinde" war aber nicht nur Schlagwort im Kampf gegen äußere Gegner, sondern auch Instrument Bismarckscher Herrschaftstechnik zur innenpolitischen Machtbehauptung, besonders in der Sozialistengesetzpolitik. Eine solche Atmosphäre motivierte die nationalistischen Vorstellungen, wenngleich sie noch längst nicht in dem Ausmaß und in der sozialen Vielfalt ausgebreitet waren wie im nächsten Jahrzehnt. Doch sah bereits Ende der achtziger Jahre der Linksliberale Ludwig Bamberger besorgt „ein Geschlecht heranwachsen, [...] dem der Patriotismus unter dem Zeichen des Hasses erscheint, Haß gegen alles, was sich nicht blind unterwirft, daheim oder draußen"[26].

Alle diese Entwicklungen und ihre Reflexion im politischen Bewußtsein führten vor allem im deutsch-russischen Verhältnis zu tiefgreifenden Widersprüchen. Die bulgarische Krise 1885/86 rief nicht nur neue Differenzen Rußlands zu Österreich-Ungarn, sondern auch zu Deutschland hervor, weil die herrschende Stimmung in Petersburg und Moskau stärker noch als 1877/78 abermals vergeblich von Berlin absolute Unterstützung verlangte und die lediglich auf Ausgleichs- und Kompromißvermittlung orientierte deutsche Haltung mit Unwillen quit-

---

23 Kuczynski, Lage, Bd. 3, S. 121.
24 Nußbaum / Baudis, Wirtschaft und Staat, S. 55.
25 Kuczynski, Lage, Bd. 3, S. 123.
26 Bamberger, Nachfolge Bismarcks, S. 41.

tierte.²⁷ Angesichts der labilen inneren Lage, der militärischen Unfertigkeit und des übereinstimmenden Widerspruchs Englands, Österreich-Ungarns und Italiens schien sich ohne deutsche Unterstützung jedes offensive Vorgehen des Zarismus im Balkanraum zu verbieten. So wuchs in der nationalistisch-panslawistisch bestimmten russischen Öffentlichkeit die deutschfeindliche Stimmung.

Dieser Trend erhielt aus außenwirtschaftlichen Widersprüchen zusätzliche Impulse. Anfang 1885 waren die deutschen Getreidezölle, im Sommer darauf die russischen Industriezölle erhöht worden. In der neuen Wirtschaftskrise, die 1886 ihrem Höhepunkt zustrebte und zu Zahlungsdefiziten, Exportrückgängen und Rubelkursverfall führte, mußten steigende deutsche Agrarzölle dem russischen Industrialisierungsprogramm, hauptsächlich über Kapitalimport und Getreideexport finanziert, einen schweren Schlag versetzen, während für den Industrieaufbau die eigenen Industriezölle eine ebenso unverzichtbare Bedingung darstellten.²⁸ So überrascht es nicht, daß die deutschfeindlich-profranzösische Stimmung besonders im zentralrussischen Industriebürgertum sowie im hohen Militär- und Beamtenapparat zunahm, während in der Umgebung des Zaren Alexander III., in Regierungskreisen um den Außenminister Giers und unter Großgrundbesitzern der Wunsch nach Kooperation mit Deutschland noch dominierte. Der Stimmungswandel wurde deutlich, als sich 1886 die panslawistische „Moskauer Zeitung" offen für ein Bündnis mit Frankreich aussprach und Paul Deroulede, der Führer der revanchistischen französischen „Patriotenliga", auf einer Agitationsreise durch Rußland enthusiastisch gefeiert wurde.

Auf Skepsis und offenen Widerspruch trafen auch in Deutschland die Gründe, in die Bismarck in seiner Reichstagsrede am 6. Februar 1888 seine Erwartung setzte, mit Rußland Verständigung zu erreichen: das deutsche Desinteresse in den Balkan- und Meerengenfragen und der Glaube, „daß der künstlich aufgebauschte Haß gegen uns in Rußland weiter nicht von Dauer sein wird"²⁹. In den „Preußischen Jahrbüchern" konzedierte noch ihr Herausgeber, der Berliner Historiker Hans Delbrück, Bismarck würde „zaristische Friedensliebe" taktisch ins Feld führen, um der Heeresverstärkung jeden provokativen Charakter zu nehmen. Demgegenüber schrieb Constantin Rößler enttäuscht: „Anstatt den Eintritt Deutschlands und Österreichs in das Stadium der kriegerischen Vorbereitung anzukündigen erklärte er [Bismarck – K.C.] den Zustand Europas für friedlich."³⁰ Während der Kanzler sein Ziel bekräftigte, „den Frieden [...] namentlich [...] mit Rußland suchen"³¹ zu wollen, weil ein Krieg mit ihm wegen des französischen Antagonismus unvermeidlich zum Zweifrontenkrieg führe, entgegnete Rößler, „der Herd der europäischen Kriegsgefahr ist Rußland, nicht Frankreich"³².

Auch die meisten nationalliberalen und konservativen Blätter warfen nun Bismarck unziemliche Nachgiebigkeit gegenüber Rußland vor. Sie widersprachen seinem Prinzip, deutsche Interessen in Balkanfragen hintanzustellen. Bestimmt von dem gewachsenen wirtschaftlichen Einfluß deutscher Unternehmen, besonders in Serbien und Rumänien, verlangte die nationalliberale „Kölnische Zeitung" vielmehr eine „deutsch-mitteleuropäische Orientpoli-

---

27 Canis, Bismarck und Waldersee, S. 172.
28 Geyer, Imperialismus, S. 117ff.; Malozemoff, Eastern Policy, S. 203ff.; Chromov, Očerki, S. 26ff.; Tolstaja, Otnoženija.
29 GW, Bd. 13, S. 341.
30 PJ, 61. Bd. (1888), S. 291ff.
31 GW, Bd. 13, S. 345.
32 PJ, 61. Bd., (1888), S. 525.

tik", die die Balkanländer zu einem natürlichen wirtschaftlichen Ergänzungsgebiet deutschen Kapitals verwandle. Die russischen Zollerhöhungen waren nach Ansicht des Blattes nicht von industriellen Bedürfnissen, sondern von Feindseligkeit gegenüber Deutschland motiviert.[33] Wenn Bismarck schon Anlehnung an eine andere Großmacht suche, dann, verlangte die „Nation", an England, nicht an Rußland.[34] Der Glaube in die Unfehlbarkeit der Bismarckschen Außenpolitik war erschüttert. Die Feststellung des „Deutschen Ökonomisten", „die Hegemonie Deutschlands im Konzert der Mächte scheint ins Wanken geraten zu sein", war vor allem Kritik an seinem Kurs.[35]

Diese außenpolitischen Einwände mußten sich für Bismarck um so nachteiliger auswirken, als sich die Krise seiner Herrschaft im Inneren ausweitete. Seit Mitte der achtziger Jahre sah sich der Kanzler im Innern wie nach außen in die Defensive gedrängt – um so mehr, als er zwischen denen, die im Inland wie im Ausland seinen auf die Bewahrung des außenpolitischen Status quo gerichteten Kurs untergruben, und seinen inneren Gegnern einen gefährlichen Zusammenhang erblickte. Den Krieg, den er für unvermeidlich hielt, wenn die Regierungen nationalistischen und expansiven Bestrebungen nachgeben würden, fand er nicht nur für die deutsche Großmachtstellung gefährlich, sondern für die soziale Ordnung überhaupt. Es waren charakteristischerweise neue Verständigungsgespräche mit dem Zaren, in denen er Ende 1887 auf solche Perspektiven hinwies. Der nächste Krieg sei, wenn es sich um einen Krieg gegen Rußland und damit um einen Zweifrontenkrieg handelte, nicht mehr als Kabinettskrieg zu führen, sondern er werde den Charakter „eines Krieges der roten Fahne gegen die Elemente der Ordnung und Erhaltung" tragen.[36]

Auch in dieser Frage setzte Rößler die Akzente anders. Zwar mehrten sich für ihn die Symptome des Autoritätsverfalls in Europa ebenfalls. Indes Deutschland, „die stärkste Monarchie der Welt", bilde eine gewisse Ausnahme. Während die Kulturländer „diese Störungen durch höhere geistige Leistungen" zu überwinden suchen, sei Rußland bestrebt, die „Greuel des Despotismus", getragen von einer „verdorbenen Aristokratie" und ungebildeten Massen, durch Kriegstreiberei und Expansionsbestrebungen unter panslawistischem Vorzeichen aufrechtzuerhalten.[37]

Doch Bismarck ließ sich in seinem außenpolitischen Grundanliegen von der Öffentlichkeit nicht beirren: „Unsere ganze Zukunft beruht darauf, daß wir den russischen Krieg vermeiden."[38] Denn Rußlandkrieg bedeutete für Deutschland Zweifrontenkrieg. Diese Zwangslage, denn in einer solchen existentiell gefährlichen Lage befand sich in Bismarcks Augen das Reich, sah ihn bereit, aufs Ganze zu gehen. Ähnlich wie 1879 war er, diktiert vom deutschen Sicherheitsinteresse, entschlossen, auch waghalsige Alternativen zu bedenken, wenn sie ihm aus der gefährlichsten Konstellation herauszuhelfen versprachen.

Seit Herbst 1886 versuchte er verstärkt, die zaristische Regierung auf die Wahrung ihrer Orientinteressen zu orientieren, um durch eine Verlagerung russisch-österreichischer Spannungen auf den Ostbalkan und durch eine Kultivierung des Konfliktpotentials an den Meerengen eine Konzentration von Antagonismen auf einem vom Territorium der Habs-

---

33 Kölnische Zeitung, Nr. 325, 23.11.1885; Nr. 359, 28.12.1885; 24.4.1886.
34 Die Nation, Nr. 48, 28.8.1886.
35 Der Deutsche Ökonomist, Nr. 192, 28.8.1886; 195, 18.9.1886.
36 GP, Bd. 5, S. 323.
37 PJ, 65. Bd. (1890), S. 103ff.
38 BA Koblenz, NL Bülow, Nr. 66/1, Bl. 121f.; H.v.Bismarck an B.v.Bülow Weihnachten 1886.

burgermonarchie entfernten, den Zweibund deshalb nicht tangierenden, für Deutschland relativ ungefährlichen peripheren Terrain zu schaffen. Dortige russische Aktivität sollte vielmehr England und Italien veranlassen, zur Sicherung ihrer eigenen Orientinteressen, gemeinsam mit der Habsburgermonarchie, zu einer aktiven antirussischen Politik überzugehen, wodurch die deutsch-russischen Differenzen auf eine sekundäre Position reduziert werden könnten. Diese Linie bewegte sich noch ganz im Rahmen der bisherigen Status-quo-Sicherung, führte das „System der Aushilfen" mit neuen, noch komplizierteren Verästelungen fort.

Es spricht manches dafür, daß Bismarck gleichzeitig, ohne die traditionelle Linie zu verlassen, es für möglich hielt und wohl sogar darauf hoffte und deshalb entsprechende Anzeichen förderte, daß sich die Spannungen zwischen Rußland und den drei Mächten im Vorderen Orient bis zum Krieg ausweiten könnten. Käme er zustande, schwebte Bismarck als günstigste Möglichkeit die deutsche Nichtbeteiligung vor, weil sie unter Umständen die Chance eröffnen könnte, Frankreich anzugreifen, ohne des sofortigen Eingreifens Rußlands gewärtig sein zu müssen. Nach dem Zeugnis seines Schwiegersohnes und politischen Vertrauten Kuno Graf Rantzau erörterte der Kanzler jedenfalls im Herbst 1886 im vertrauten Kreise" die Eventualität eines Krieges zwischen Österreich-England-Türkei einer- und Rußland andererseits, bei dem wir stillehielten oder den Franzosen entre nous die Hosen stramm ziehen würden"[39].

Während die Alternatividee von 1879 auf mitteleuropäische Machtkonzentration setzte, um die Konstituierung der feindlichen Allianz zu verhindern, sollte sie jetzt in letzter Instanz durch getrennte militärische Schläge ausgeschlossen werden. Beide Male war es das Ziel Bismarcks, Deutschlands Stellung in Europa als Vormacht langfristig stabilisieren zu können und unangreifbar zu machen. Jedesmal stellte Rußland den neuralgischen Punkt und den Hauptadressaten dar. Seine Verwicklung in einen Konflikt an der Peripherie und Frankreichs Ausscheiden als potentieller Bündnispartner sollten Rußland zwingen, Deutschlands Machtstellung anzuerkennen.[40]

Die Konstellation, wie sie ihm vorschwebte, hat der Kanzler im Oktober 1887 Rantzau exakt beschrieben: „Wir werden den französischen Krieg aufzunehmen uns nicht scheuen, da wir voraussehen, daß wir ihn nicht vermeiden können. Einen russischen Krieg würden wir ohne Not nicht führen, da wir keine Interessen haben, die dadurch gefördert werden könnten. [...] Bei der Sicherheit, mit der wir den ersteren voraussehen, wird es für uns notwendig sein, in dem Falle des russisch-österreichischen Krieges unsererseits Frankreich anzugreifen, so daß dann ein orientalischer Krieg von Österreich, Italien, wahrscheinlich England und den Balkanstaaten verbündet gegen Rußland und in Westeuropa ein deutsch-französischer Krieg gleichzeitig geführt werden würden."[41] Doch es sei wiederholt, festgelegt auf jene hatte er sich nicht, vielmehr glaubte er, sie reifen lassen zu können.

Es träfe Bismarcks Vorstellungen nicht, zu meinen, er habe skrupellos auf einen Angriff gegen Frankreich gesetzt. Wesensart und Erfahrung ließen ihn wohl an einen Machtausbau Schritt für Schritt denken, auf dessen Weg das Risiko für Deutschland jedoch kalkulierbar blieb und Rückzugsmöglichkeiten offenhielt. Bereits eine Verlagerung des Konfliktpotentials in den Vorderen Orient, auch wenn es dort gar nicht zum Krieg kam, würde die Stellung Deutschlands in Zentraleuropa erleichtern. Brach der Krieg ohne Deutschland aus, würde sei-

---

39 H.v.Bismarck, Privatkorrespondenz, S. 376.
40 Vgl. für das folgende: Canis, Bismarck und Waldersee, S. 166, 183ff., 227ff.; Deutsche Geschichte, Bd. 5, S. 288f., 302.
41 PA Bonn, Deutschland 137 secr., Bd. 1, Aufz. Rantzaus 19.10.1887.

ne Position noch weitaus stabiler; es vermochte vielleicht eine Schiedsrichterrolle zu gewinnen, und der Krieg gegen Frankreich konnte, wie Bismarck an anderer Stelle vermerkte, sogar „gespart" werden.[42]

Der Kanzler führte, so der Eindruck, den dritten Akt, den Frankreichkrieg auch deshalb ins Feld, um den wachsenden Spielraum zu umreißen, den seine Außenpolitik selbst im bisherigen Zielrahmen gewinnen konnte, wenn sogar mit einer solchen Kriegslösung zu operieren war. Daß er sie jedoch auch ernsthaft ins Kalkül zog, hing mit der wirklichen oder vermuteten Kriegsgefahr in diesen Jahren zusammen, die einen solchen Ausweg als durchsetzbar erscheinen ließ, auch innenpolitisch, und die eine Kriegslösung ohnehin unvermeidlich werden zu lassen drohte.

Die komplizierte Lage zwang ihn jedenfalls, Wege zu gehen, die weniger tragfähig, gefahrvoller und unsicherer als früher waren. Er versuchte deshalb, taktischen Bewegungsspielraum zu wahren, Varianten parat zu haben, die parallel zu verfolgen waren, und sich die Möglichkeit begrenzten Wechsels zu erhalten. In der praktischen Außenpolitik blieb er in erster Linie dabei, mit dem bisherigen diplomatischen Repertoire in dem seit 1885 gegebenen Rahmen in defensiver Manier den Status quo zu wahren. Daneben galt es, mit neuen Militärvorlagen die Aufrüstung zu steigern, um militärisch für den Zweifrontenkrieg gewappnet zu sein oder besser, ihn dank militärischer Stärke weiterhin verhindern zu können.

Doch geriet Bismarck gleichzeitig immer tiefer in die Zwänge der Krise seiner Herrschaft. Um die neuen Militärvorlagen überhaupt durchsetzen und sie als Stabilisierungsmittel seiner Herrschaft nutzen zu können, inszenierte er eine Kriegspsychose gegen Frankreich, die in den europäischen Hauptstädten, besonders in Petersburg, den Eindruck verstärkte, Deutschland selbst bereite den Angriffskrieg vor.

Dennoch gelang es Bismarck Anfang 1887, eine Entente Österreich-Ungarns, Italiens und Englands gegen russische Vorstöße im Vorderen Orient zustande zu bringen. Doch täuschte er sich, wenn er glaubte, England nun auf den Weg aktiven Engagements in diesem Raum gebracht zu haben. Der britische Premier Robert Cecil Marquis of Salisbury hatte sich auf die Verhandlungen nur eingelassen, um Österreich und Italien den Rücken zu stärken und das eigene Disengagement zu wahren. Denn Rußland sollte durch diese Konstellation gehindert werden, einen Vorstoß in Richtung Meerengen überhaupt zu wagen. Die Spannungen dort sollten nicht eskalieren, vielmehr der Konflikt vermieden werden – ein Ziel, das dem Bismarckschen entgegengesetzt war.

Die mit Petersburg eingeleiteten geheimen Verhandlungen um einen separaten Vertrag gerieten bald ins Stocken. Neue russische Zollerhöhungen auf Roheisen stießen in Deutschland auf einhelligen wirtschaftsbürgerlichen Protest. Der preußisch-deutsche Generalstab erneuerte sein Verlangen, den Krieg präventiv zu beginnen, auch als Zweifrontenkrieg, für den er das militärische Kräfteverhältnis im Moment noch als günstig für den Dreibund betrachtete. Die Besorgnis in Petersburg wuchs. Die herrschenden Kreise hielten Rußland für eine große militärische Auseinandersetzung nicht für ausreichend gerüstet, und für die Industrialisierung hielten sie nach wie vor den Agrarexport nach Deutschland sowie deutsche Kredite für unverzichtbar. Diese komplizierte Lage ließ den politischen Bewegungsspielraum der deutschfreundlichen Kreise unter Führung des Außenministers Nikolai von Giers wachsen. Am 18. Juni 1887 konnte der geheime deutsch-russische Rückversicherungsvertrag abgeschlossen werden. Bei einem österreichischen Angriff auf Rußland war Deutschland, bei

---

[42] GP, Bd. 4, S. 322f.

einem französischen auf Deutschland Rußland zur Neutralität verpflichtet. Noch wichtiger war für Bismarck das „ganz geheime" Zusatzprotokoll, in dem er Rußland diplomatische und moralische Unterstützung zusagte, wenn es die Meerengen besetze und seine bulgarischen Interessen wahre.[43]

Herbert von Bismarck bewertete den Vertrag etwas schnoddrig als „ziemlich anodyn", ohne indes seine Möglichkeiten zu ignorieren: Er „hält uns im Ernstfall die Russen wohl doch 6–8 Wochen länger vom Hals als ohne dem. Das ist doch etwas wert."[44] Diese Auslassung ist häufig als Beleg dafür zitiert worden, wie gering die Bismarcks den Wert des Vertrags veranschlagt haben. Doch deutet sie nicht vielmehr darauf hin, daß jene mit ihm auch den Ernstfall, also den Kriegsfall, und zwar gegen Frankreich, in Verbindung brachten? Dem Zweifrontendruck, dem äußeren wie dem inneren, zu entgehen, war der maßgebliche Anlaß für Bismarck, eine, freilich begrenzte und kalkulierbar scheinende Kriegsvariante gegen Frankreich überhaupt zu eruieren. Die Sicherheitsbedürfnisse blieben jedenfalls auch in dieser Phase die maßgebenden und die nächsten Schritte die wichtigsten. „Ruchlos" Krieg vom Zaune brechen – das wollte er gerade nicht.[45] Aber in einer Situation, die als bedrohlich galt, ließ sich ein Krieg auch beginnen, der mit Verteidigung motiviert war. Er versprach zugleich den dringend notwendigen innenpolitischen Stabilitätszuwachs. Wenn Bismarck vor Krieg warnte, meinte er damit den großen, den Zweifrontenkrieg.

Zwar vermochte Bismarck mit allen diesen Abkommen vertraglich eine Konstellation zu erreichen, die bei Spannungen oder gar Konflikten im Orient die außenpolitische Lage des Deutschen Reiches erheblich bessern konnte. Aber bereits Ende 1887 erwies sich, daß die Konstellation im Mittelmeerraum nur eine Art Gleichgewicht bedeutete und beide Seiten – Rußland wie die Dreierentente – sich nur defensiv auf den Status quo orientierten. In den Orientfragen bewegte sich folglich nichts, die von Bismarck ventilierten Entwicklungen traten nicht ein und somit blieb alles beim alten.[46]

Anfang November 1887 hatte Bismarck die Reichsbank angewiesen, keine Lombarddarlehen mehr auf russische Wertpapiere zu gewähren, und wenige Wochen später konnte er im Reichstag eine neue Erhöhung der Getreidezölle durchsetzen. Das Lombardverbot als Schlag gegen das russische Kreditbedürfnis hatte Bismarck bewußt als Druckmittel eingesetzt, um die zaristische Außenpolitik seiner Linie unterzuordnen und um als Reaktion auf die Getreidezollerhöhung etwa neue, den deutschen Export schädigende höhere russische Industriezolltarife auszuschließen. Denn in der Getreidezollfrage sah er überhaupt keinen Handlungsspielraum. Eine projunkerliche Politik war ihm vielmehr Mittel der Krisenbewältigung im Innern – obwohl er gerade mit solchen Konzepten den Verfall seiner Herrschaft noch beschleunigte und die Widersprüche mit Rußland vertiefte. Auch seine den russischen Zielen entgegenkommende Bulgarienpolitik hatte freilich die Nebenabsicht, zollpolitische Konzessionen an den Zarismus überflüssig zu machen.

Das Lombardverbot traf die zaristische Führung unerwartet und empfindlich. Russische Staatsanleihen wurden in großen Mengen vom deutschen Kapitalmarkt abgestoßen, und der Kurs des Rubels sank.[47] Die Pläne zur Erhöhung der Einfuhrzölle mußte die Petersburger

---

43 GP, Bd. 5, S. 253ff.
44 H.v.Bismarck, Privatkorrespondenz, S. 457f.
45 Dülffer, Bismarck, S. 117ff. M.E. überbewertet Dülffer Bismarcks Friedenswillen.
46 Canis, Bismarck und Waldersee, S. 235f.
47 Kumpf-Korfes, Draht, S. 157f., Müller-Link, Industrialisierung, S. 330ff.

Regierung tatsächlich zurückstellen. Aber weitergehende Erwartungen Bismarcks erfüllten sich nicht. Die Rückgänge des Rubelkurses kamen im Frühjahr 1888 zum Stillstand. Die weltwirtschaftliche Konjunkturbelebung führte auch in der russischen Industriewirtschaft zu einem langsamen Aufschwung. Noch wichtiger war es, daß die russische Landwirtschaft 1887 eine reiche Ernte eingebracht hatte, die Ernten in Westeuropa dagegen weit unter den Erwartungen geblieben waren. Dadurch stiegen die Getreidepreise, die Kaufkraft der Bevölkerung in Rußland nahm zu, und der Wert des russischen Exports erhöhte sich im ersten Halbjahr 1888 auf 348 Millionen Rubel gegenüber 237 Millionen im gleichen Zeitraum des Vorjahres.[48] Der Handelsbilanzüberschuß stieg von 244 Millionen Rubel 1887 auf 393 im nächsten Jahr. Der Rubelkurs stand im Sommer 1888 so günstig wie seit vier Jahren nicht. Zur gleichen Zeit wurde 1888 ein neues günstiges Ernteergebnis bekannt, und nun war der Weg frei, daß im Zuge umfangreicher Konversionsoperationen neue russische Anleihen auf dem französischen Kapitalmarkt Aufnahme fanden.[49]

So hatte das Lombardverbot zur Schwerpunktverlagerung der russischen Auslandsfinanzen von Deutschland nach Frankreich geführt und eine der Klammern der deutsch-russischen Verbindung gelöst. Diese Entwicklung verstärkte ebenso wie die deutsche Zollerhöhung panslawistisch-nationalistische Abwehrreaktionen in Presse und Öffentlichkeit, denen die Regierung freien Lauf ließ, weil sie von innenpolitischen Krisenerscheinungen ablenkten. Als jedoch die französische Regierung die finanziellen Verbindungen zu politischen Annäherungsversuchen zu nutzen versuchte, zeigte sich Petersburg zurückhaltend. Noch gaben dort die Kräfte den Ton an, für die eine Verbindung mit Frankreich weder finanz- und handelspolitisch noch außen- und sicherheitspolitisch eine solche mit Deutschland ersetzen konnte. Freilich wuchs das Mißtrauen in Bismarcks Politik, die Besorgnis, von Deutschland und Österreich-Ungarn angegriffen zu werden. Ein neues Aufrüstungsprogramm wurde rasch in Gang gesetzt. Truppen wurden an die Westgrenzen verlegt, um angesichts der Nachteile im Aufmarschtempo einem präventiven deutschen Angriff, vom Berliner Generalstab seit Jahren gefordert, gewappnet zu sein.

Reaktion und Gegenreaktion führten zu immer neuen Zuspitzungen auf beiden Seiten. In Deutschland stieg die Erwartung, Rußland bereite den Krieg vor. Nationalliberale und linksliberale Zeitungen blieben davon überzeugt, Deutschland könne mit dem Dreibund an der Seite selbst den Zweifrontenkrieg bestehen.[50] Da sie in die geheimen Intentionen der Bismarckschen Politik nicht eingeweiht waren und auch den Rückversicherungsvertrag nicht kannten, war für die „Volkszeitung" schon das Lombardverbot Beweis, auf „Bismarcks Verzicht auf russenfreundliche Politik" zu schließen.[51] Die „Magdeburgische Zeitung" hielt es für ganz ausgeschlossen und für eine geradezu „alberne" Vorstellung, daß Bismarck die Absicht haben könnte, Rußland zu einer Aktivierung seiner Nahostpolitik zu treiben.[52]

Diese Stellungnahme ist vor allem Ausdruck dafür, wie schmal die Basis für einen solchen Kurs allenthalben geworden war. Für Bismarck war er dennoch nicht unrealistisch. Er blieb entschlossen, selbst die geringste Aussicht einer aktiven zaristischen Politik im Meerengen-

---

48 Die wirtschaftliche Bewegung von Handel und Industrie, 1. Bd., S. 302f.
49 Müller-Link, Industrialisierung, S. 336ff.; Girault, Emprunts russes, S. 137ff., 202ff.; Gindin, Gosudarstvennyj bank, S. 20ff., 53ff.
50 Volkszeitung, Nr. 237, 11.10.1187; National-Zeitung, Nr. 594, 10.11.1887.
51 Volkszeitung, Nr. 267, 15.11.1887.
52 Magdeburgische Zeitung, Nr. 526, 10.11.1887.

und Balkanbereich zu fördern, weil er die außenpolitische Konstellation, in die eine solche Schwerpunktverlagerung der Spannung Deutschland führen mußte, noch immer für die optimale hielt. „Wenn Rußland sich dort einläßt", schrieb er am 19. August 1888 dem neuen Kaiser Wilhelm II., „mindert sich seine Gefährlichkeit für uns durch Abziehung von unserer Grenze und durch die herausfordernde Spannung, in die es zu den Mittelmeermächten, namentlich zu England und auf die Länge auch zu Frankreich, tritt."[53] In dieser Konstellation sah er wiederum sogar die Möglichkeit, in einem separaten Krieg Frankreich zu besiegen und damit die Zweifrontenkriegsgefahr für lange Zeit hinauszuschieben.[54] Es war indes die alte Fehleinschätzung, wenn der Kanzler gegenüber Wilhelm II. von „Gewißheit" sprach, mit der „Rußland beabsichtige, in die Sackgasse hineinzugehen"[55], und damit rechnete, „daß die russische Politik sich für 1890 auf die Möglichkeit eines Vorstoßes gegen Konstantinopel vorbereitete."[56]

Doch ist mit dieser Interpretation die Haltung des Kanzlers noch nicht ausreichend erklärt. Bismarck konnte nicht verborgen bleiben, wie stark die Grundlagen seiner Rußlandpolitik in Auflösung geraten waren und in Rußland, aber auch in Deutschland und gerade dort in Bürgertum und Adel die Zahl und der Einfluß der Gegner dieser Politik gewachsen war – nicht zuletzt, weil sein eigenes Instrumentarium der Rußlandpolitik nicht mehr funktionierte. Eine Korrektur der Zollpolitik, die in Rußland und in der deutschen Bourgeoisie die Basis für einen Kurs der Verständigung hätte bieten können, stand für ihn aufgrund seines Verständnisses der Machterhaltung nicht zur Debatte. So blieb ihm, wollte er die Linie der Kriegsverhütung mit Rußland gegen die Übermacht der aus der Dynamik der gesellschaftlichen Entwicklung selbst erwachsenen Gegenströmungen wahren, gar keine Wahl. Er durfte selbst vor Übertreibungen und Scheinargumenten nicht zurückschrecken, er mußte auf alle Fälle die Wege als noch gangbar erscheinen lassen, die als einzige sein Grundanliegen noch als aussichtsvoll trugen, um den Alternativen seiner Kontrahenten im In- und Ausland wirksam entgegentreten zu können, gerade weil seine Schwierigkeiten derzeit so groß waren. Aber das mußte nicht so bleiben – die auswärtigen Dinge hatte er immer im „flüssigen Aggregatzustand" gesehen.[57] Sollte sich die Lage zum Günstigen wenden, mußten die Türen offengehalten sein. Das hieß, mit diplomatischer Jonglierkunst die Brücken zum Zarismus aufrechtzuerhalten, bis dessen unbestrittenes Interesse im Balkan- und Meerengenbereich politisch wieder tragfähig wurde oder dadurch, daß die russische Expansion in eine andere Richtung gelenkt werde, dort Entspannung eintrat. Neben dem Testen alternativer Varianten und dem Streben, die Status-quo-Linie zu stabilisieren, setzte er gleichsam in dritter Ebene in der Erwartung günstigerer Konstellationen auf Zeitgewinn. Doch er blieb dabei, gerade gegenüber Rußland, nicht Konzessionen zu gewähren, etwa in der Zollfrage, die solchem Konstellationswandel hätte eher Vorschub leisten können, sondern Druck anzuwenden.

Der Weg der Zugeständnisse schien ihm Schwäche zu demonstrieren und den Verfall zu beschleunigen. Denn auch sein Zukunftspessimismus wuchs, weshalb ihm schon das Festhalten am Status quo zunehmend als erstrebenswertes Resultat galt. Als Quintessenz eines langen Gesprächs mit dem Vater im Sommer 1889 schrieb sein Sohn Herbert in sein Tagebuch:

---

53 GP, Bd. 6, S. 342.
54 Lucius v. Ballhausen, Bismarck-Erinnerungen, S. 452.
55 GP, Bd. 6, S. 306.
56 GP, Bd. 6, S. 342f.
57 GW, Bd. 15, S. 416.

„Faden mit Rußland spinnen, solange noch ein Fädchen der Beziehungen bleibt, da Tripelallianz wurmstichig, Österreich auseinander und morsch, Italien bedrohlich republikanisch."[58]

Alle diese Gesichtspunkte muß man im Blick haben, will man das Bündnisangebot, das er im Januar 1889 der britischen Regierung unterbreiten ließ, interpretieren und in seine Außenpolitik einordnen. Er bot London einen auf drei Jahre befristeten nichtgeheimen Allianzvertrag „zu gemeinschaftlicher Abwehr eines französischen Angriffs" auf eine der beiden Mächte an.[59] Bismarck sah in diesem Augenblick tatsächlich die akute Gefahr einer von Frankreich ausgehenden Angriffsabsicht in einer für Deutschland besonders schwierigen militärischen Kräftelage. Es war zu erheblichen Schwierigkeiten und Verzögerungen bei der Umrüstung der deutschen Armee auf das neue Infanteriegewehr kleineren Kalibers gekommen, und angesichts der Fortschritte der russischen und französischen Aufrüstung schien eine gravierende rüstungstechnische Unterlegenheit der deutschen Armee gegeben, die das militärische Kräfteverhältnis zumal bei einem Zweifrontenkrieg für Deutschland und seine Verbündeten bis Anfang der neunziger Jahre verschlechtern mußte. Selbst der Generalstab warnte diesmal vor einem Kriegsausbruch. Das Allianzangebot hatte somit das erste und kurzfristig wichtigste Ziel, Frankreich von einem Angriff abzuhalten und Rußland vor einer engeren Bindung an Frankreich und vor allem vor einem gemeinsamen Kriegskurs zu warnen.[60]

Zweitens scheint Bismarck mit dem Allianzangebot im Einklang mit seiner bisherigen Grundlinie einen neuerlichen Versuch gestartet zu haben, Rußland per Druckausübung langfristig zu einem Verständigungskurs mit Deutschland zu veranlassen. Er erklärte im Mai 1888 dem zukünftigen Kaiser Wilhelm II., die Sicherheit der Beziehungen Deutschlands zu Österreich sei darauf begründet, daß sich Deutschland auch mit Rußland verständigen könne.[61] Daher spricht vieles dafür, daß Bismarck dieses Prinzip, das den deutschen Bewegungsspielraum zwischen den beiden Balkankontrahenten garantieren sollte, vor allem bei dem komplizierter gewordenen Verhältnis mit Rußland auch im Verhältnis zwischen den weltpolitischen Kontrahenten England und Rußland anzuwenden beabsichtigte. Ebenso wie die besondere Vertragsbeziehung mit Rußland in London die Voraussetzungen für eine gewisse Konzessionsbereitschaft gegenüber Berlin verbesserte, konnte ein Vertrag mit London gleiches in Petersburg ermöglichen. Der Druck auf Petersburg ließ sich dadurch verdoppeln, denn Bismarck hätte dann mit der Verständigungsoption gegenüber Österreich und England operieren können.

Die halbhegemoniale Stellung zu wahren bedeutete, nicht nur auf Hegemonie zu verzichten, sondern bereits den Verdacht zu vermeiden, hegemoniale Ziele zu verfolgen. Alle Mächte außer Frankreich sollten, hauptsächlich durch ihre Spannungen untereinander und zu Frankreich, auf Deutschland angewiesen bleiben. Das konnte allerdings nur solange funktionieren, solange für Deutschland die Mittelstellung, nicht die feste Anlehnung an eine Seite oder die ausschließliche Orientierung auf den Dreibund und somit faktisch die Isolierung, bestimmend blieb. Es liegt jedenfalls nahe, daß Bismarck mit einer Englandallianz auch die Absicht verband, die halbhegemoniale Stellung des Reiches neben Dreibund und Rückversicherungsvertrag auf ein drittes Vertragsverhältnis zu gründen. Dies sollte einmal ein neues

---

58 Bismarck-Archiv, D 48: Herbert v. Bismarck, Tagebücher 1886–1891, Eintragung 22.7.1889.
59 GP, Bd. 4, S. 400ff.
60 Canis, Bismarck und Waldersee, S. 270ff.
61 GP, Bd. 6, S. 305.

Instrument für die sich schwieriger gestaltende Zielstellung der Isolation Frankreichs sein, zum anderen eine vermittelnde Funktion Deutschlands, wie im russisch-österreichischen auch im russisch-englischen Verhältnis, aufbauen und damit Rußland mit vielfältigeren Mitteln vom außenpolitischen Wohlwollen Deutschlands abhängig machen und in dessen Sinne außenpolitisch disziplinieren.

Allerdings schloß Bismarck drittens selbst die Möglichkeit einer dauerhaften und umfassenden Allianz mit England langfristig nicht gänzlich aus, falls die Zweifrontenkriegskonstellation doch unumkehrbar eintreten würde. Viertens schließlich war das Angebot wohl auch von den Schwierigkeiten seiner Stellung im Innern diktiert. Es konnte Chancen bieten, den immer stärker auftrumpfenden Kontrahenten seiner Außenpolitik das Wasser abzugraben und die Basis für seinen Kurs wieder zu verbreitern, indem er deren Ziel der Annäherung an England mit seinem, der Verbindung mit Rußland, zu verknüpfen suchte.

Alle Überlegungen erwiesen sich indes rasch als gegenstandslos. London ging auf das Allianzangebot nicht ein. Der weltpolitische Spielraum Großbritanniens erforderte längst noch keine feste Bindung an eine kontinentale Großmacht. Bismarcks Enttäuschung blieb gering, denn auch die vermutete Kriegsgefahr aus Frankreich hatte sich als unzutreffend erwiesen.

Da das Allianzangebot mißlang, war es jedoch auch als möglicher Stabilisator der Bismarckschen Außenpolitik weggefallen. Das außenpolitische Prestige des Kanzlers sank unvermindert weiter. Außenpolitische Fehlgriffe, wie der diplomatische Angriff auf die neutrale Schweiz in der Wohlgemuth-Affäre[62], mehrten sich. Das Zentrumsblatt „Germania" begründete in einem mit großer Aufmerksamkeit registrierten Artikel das Urteil „Es gelingt nichts mehr" hauptsächlich mit den Mißerfolgen der Außenpolitik.[63]

Rasch wuchs der Widerspruch der auf Wirtschaftsexpansion und Kolonialinitiative orientierten großbürgerlichen Kreise. Der Ausdehnung des Exports hatten sich bereits Anfang 1889 bei Beginn der neuen Konjunktur Grenzen entgegengestellt. Besorgte Äußerungen der Eisen- und Stahlindustriellen über die Zunahme der britischen und französischen Konkurrenz in Übersee und über die negativen Folgen der Bismarckschen Zollpolitik für den Industriewarenexport waren an der Tagesordnung.[64] „Um den finanziellen und kommerziellen Einfluß [...] zu behaupten [...] und neue Verbindungen zu knüpfen", verlangte die „Korrespondenz der Kaufmannschaft" „die Errichtung und den Erwerb dauernder Anlagen in fremden Ländern".[65] Die Kapitaloffensive der großen deutschen Banken war freilich bereits im Gange, besonders in Richtung Südosteuropa und Kleinasien. Staatsanleihen und die Finanzierung von Eisenbahnbauten konnten deutsche Banken in Rumänien, Serbien und Bulgarien in den achtziger Jahren sichern. 1888 erwarb die Deutsche Bank von der türkischen Regierung Konzessionen für den Eisenbahnbau in Anatolien, und gemeinsam mit österreichischen Banken wurden bereits bestehende Verbindungsstrecken im südosteuropäischen Raum erworben.[66] Die Perspektive einer globalen deutschen Kapitalexpansion in den Vorderen Orient begann sich abzuzeichnen. Ihre Symptome wurden in Rußland mit Mißtrauen registriert.

---

62 Renk, Konflikt.
63 Zit. nach: Schulthess 1889, S. 59.
64 Canis, Bismarck und Waldersee, S. 263.
65 Zit. nach: Export, Nr. 29, 16.7.1889.
66 Helfferich, Siemens, Bd. 3, S. 6ff; Kumpf-Korfes, Draht, S. 171ff.; Rathmann, Nahostexpansion, S. 88ff.

Bismarck hatte, besorgt um die Wahrung des politischen Desinteresses in diesem Raum, diesen Plänen nur mit halbem Herzen zugestimmt. Kolonialen Initiativen dagegen widersetzte er sich entschieden, was angesichts hochgespannter kolonialer Erwartungen geharnischten Protest hervorrief. „Großen nationalen Unternehmungen gegenüber [...] darf [...] keine halbe und matte Politik getrieben werden", ließ 1888 die „Deutsche Kolonialzeitung" den Kanzler wissen.[67] Im nächsten Jahr versagte er sich Plänen, trotz englischen Widerstands in Zentralafrika eine deutsche Großkolonie zu begründen. Eine Protestkampagne war die Antwort, bei der die Deutsche Kolonialgesellschaft und die „Kölnische Zeitung" vornan standen.[68] Das nationalliberale Blatt bezeichnete die Position der Regierung als für die deutsche Nation unerträglich.[69]

In womöglich noch größerem Ausmaß hatte sich 1889 der Gegensatz zur Rußlandpolitik Bismarcks ausgebreitet. Er trat massiv hervor, als der Kanzler Mitte 1889 nun doch bereit war, konvertierte russische Eisenbahnobligationen zur Notierung an der Berliner Börse zuzulassen und als im Oktober der Zar Berlin besuchte. Den Zielen der am Rußlandgeschäft interessierten deutschen Banken standen Vorstellungen industriebürgerlicher Kreise entgegen, die in einer fortgesetzten Sperrung des deutschen Kredits ein wirksames Mittel sahen, die zaristische Regierung zu einer Senkung der Einfuhrzölle zu zwingen.

Als einflußreicher Wortführer dieser Strömung galt Johannes Miquel, der Chef der nationalliberalen Reichstagsfraktion. Von besonderem Gewicht für das Schicksal der Bismarckschen Außenpolitik und für den Ausgang des Machtkampfes im Innern war freilich weniger Miquels Protest gegen die Konversionen, als vielmehr seine Überzeugung, daß Bismarcks Außenpolitik überhaupt gescheitert sei und sich für Deutschland der Präventivkrieg empfehle.[70] Es war die gleiche Position, wie sie Rößler in den „Preußischen Jahrbüchern" vertrat. Den Befürwortern der Konversionen warf er vor, den Russen „das Geld zum Vernichtungskrieg gegen Deutschland [zu] schicken". Entschieden, nur noch in der Form verbindlich, wandte er sich gegen Bismarck: „Der Kanzler hat hundertmal erklären lassen, daß er die Initiative zum Krieg mit Rußland nicht ergreifen will, weil er nicht an seine Unvermeidlichkeit glaubt. Auf welche Faktoren er rechnet, die noch die scheinbar reife Frucht ersticken können, ist sein Geheimnis."[71] Dem Zarenbesuch Mitte Oktober in Berlin sprach er jede Bedeutung ab. Die politische Situation sei unverändert: „Rußland rüstet, und Deutschland wartet, wann der Kanzler sagen wird, jetzt geht es nicht mehr, jetzt müssen wir mobilmachen." Er hielt es für falsch, wenn Bismarck dem Zaren die Sorge vor dem Präventivkrieg nehme, den „die öffentliche Meinung in Deutschland oder ein Teil derselben verlangt"[72].

Noch schärfer reagierte die konservative Presse. Es könne „keine Versöhnung mit Rußland" geben, schrieb die „Kreuzzeitung" nach der Zarenvisite. Der herrschende Panslawismus habe zu „jener Feindschaft gegen Deutschland, die heute als das A und O der russischen Politik betrachtet werden kann", geführt. Besonders im Visier hatte das Blatt die antideutsche Russifizierungswelle im Baltikum, die, wie es in nationalistischer Manier hieß, „russischer Unkultur, griechischem Glauben und allgemeinem Elend Platz [...] schaffe" und „die Stellung

---

67 Deutsche Kolonialzeitung, Nr. 5, 4.2.1888.
68 Vgl. für das weitere: Seeber u.a., Bismarcks Sturz, S. 302ff.
69 Kölnische Zeitung, Nr. 207, 28.7.1889.
70 Herzfeld, Miquel, 2. Bd., S. 129ff.
71 PJ, 64. Bd.(1889), S. 123f.
72 Ebenda, S. 604f.

Rußlands zu Deutschland unheilbar [...] vergiftete". Da die Zeitung die zaristische Führung für entschlossen hielt, den „Ausweg für die inneren Sorgen jenseits der Grenzen [zu] suchen", rechnete sie mit neuen Vorstößen auf dem Balkan.[73] Auch für die „National-Zeitung" blieb die Balkanhalbinsel Endziel der russischen Politik, und sie vermutete, „daß es das Feld seiner nächsten großen Aktion in Europa und nicht in Asien erblickt"[74] – in dieser, wie sich zeigen sollte, falschen Erwartung sogar mit Bismarck übereinstimmend.

Trotz der kolonialen Querelen war in den Parteien der Wunsch nach einer gegen Rußland gerichteten Allianz mit England stark ausgeprägt. Rößler war sogar sicher, daß sich die deutschen und englischen Staatsmänner auf ein Bündnis bereits „völlig verständigt haben". Nur definitiv abgeschlossen werden könne es wegen des britischen Parlaments erst am Vorabend eines Krieges.[75]

Aber die „National-Zeitung" hatte auch die Anzeichen außenpolitischer Entspannung registriert, sie allerdings einzig von „einer starken Rüstung" getragen gesehen. Die „Heeresgewalt der drei Friedensmächte halte die kriegerischen Leidenschaften in Frankreich und Rußland in Schranken". Entschließe sich England, sich auf die Seite des Dreibunds zu stellen, könne die Kriegsgefahr noch weiter in die Ferne rücken.[76]

Eine solche Erwartung stellte freilich eine Ausnahme dar. Es blieb in der öffentlichen Meinung wie in den Verlautbarungen der Regierungen noch weitgehend unreflektiert, daß die Zeichen außenpolitischer Entspannung in Europa den Auftakt für eine langfristige Veränderung der weltpolitischen Konstellation bildeten. Bestimmend für diesen Wandel waren vor allem zwei Vorgänge.

Erstens hatte der Verlauf der außenpolitischen Krise von 1885 bis 1887/88 den Regierungen die Erfahrung vermittelt, daß eine Machterweiterung in Europa mit diplomatischen Mitteln oder über begrenzte Kriege kaum realisierbar war, solche Ziele anzuvisieren vielmehr den globalen europäischen Krieg provozierte. Auf ihn hielten sich die Großmächte weder politisch noch militärisch für ausreichend vorbereitet. Obenan standen deshalb nun die forcierte Aufrüstung, das Streben nach einer besseren bündnispolitischen Stellung und die innere Stabilisierung. Daraus erwuchs ein verstärktes Interesse an der Friedenserhaltung wenigstens für die nächsten Jahre, das verknüpft war mit häufiger Kriegsbesorgnis, weil die Rüstung der potentiellen Gegner als Angriffsabsicht gedeutet wurde. Das galt im besonderen für das deutsch-russische Verhältnis. Vor allem die Verlegung russischer Divisionen an die Westgrenzen wurde von der deutschen Militärführung immer wieder als Angriffsvorbereitung interpretiert, obwohl sie in Wirklichkeit ein Defensivkampfmittel gegen die vermutete deutsch-österreichische Angriffsabsicht und ihre militärstrategische Planung war. Insofern behielt die Kriegsfrage ihre bestimmende Rolle in den Beziehungen der Mächte, obgleich die wirkliche Gefahr erheblich zurückgegangen war.

Zweitens begannen sich die Interessen der Wirtschaft und der Regierungen der Großmächte, mit Ausnahme der deutschen Reichsleitung, deutlicher als bisher auf die außereuropäische Expansion zu richten. Ein wichtiger Impuls war der labile Konjunkturverlauf, wodurch die Ausweitung des Waren- und Kapitalexportes erhöhte Bedeutung gewann. Aber Kolonialexpansion versprach überhaupt leichteren Machtzuwachs als in Europa. Zugleich

---

73 Neue Preußische Zeitung, Nr. 558, 28.11.1889; 580, 11.12.1889; 592, 18.12.1889.
74 National-Zeitung, Nr. 62, 29.1.1890.
75 PJ, 64. Bd. (1889), S. 382f.
76 National-Zeitung, Nr. 562, 13.10.1889.

konnte sie die Konstellation der Mächte in Europa auflockern. Eine Konzentration auf außereuropäische Expansion erforderte für die Festlandsgroßmächte eine gewisse Sicherheit und Entspannung im europäischen Raum, und die weltpolitische Konkurrenz konnte für die Beziehungen der Mächte neue Akzente setzen. Bestimmend für die nächsten Jahre blieb der Aspekt der Entspannung, die sich dadurch insgesamt stabilisieren konnte. Wie stark sie jedoch weiterhin von der Kriegserwartung konterkariert wurde, zeigt sich darin, daß Holstein, der faktische Inspirator der deutschen Außenpolitik nach Bismarcks Sturz, nach eigenem Zeugnis erst Mitte 1890 anfing „zu glauben, daß der Krieg überhaupt viel weiter entfernt ist, als man denkt"[77].

Anzeichen für diese Wandlung sind in der französischen, besonders aber in der russischen Außenpolitik zu bemerken. Nach dem wiederum vergeblichen Anlauf General Georges Boulangers, die Macht zu übernehmen, ließ der Einfluß des Revanchismus in Frankreich nach. Statt dessen verstärkten sich die kolonialen Bestrebungen in Afrika, die zu Spannungen mit England und Italien führten.

Dagegen waren alle Versuche der französischen Regierung, die Abhängigkeit des Zarismus vom französischen Geldmarkt zu nutzen, um feste politische Beziehungen mit dem Ziel einer Allianz gegen Deutschland herzustellen, in Petersburg immer wieder ins Leere gelaufen. Andererseits vermochte die bündnispolitische Zurückhaltung der zaristischen Regierung nicht zu verhindern, daß die finanziellen Verbindungen den in der russischen wie in der französischen Öffentlichkeit populären Annäherungsprozeß zwischen beiden Staaten dennoch förderten. Die russische Presse bewertete die Anleihen als Beweis zunehmender gegen Deutschland gerichteter politischer Übereinstimmung.[78] Die Beziehungen zwischen den militärischen Führungsinstanzen vertieften sich. Sie verabredeten, für die Neuausrüstung der russischen Armee französische Gewehre zu liefern und ihr das französische Pulver zu überlassen.[79]

Die Vorbehalte der zaristischen Regierung gegen eine Allianz mit Frankreich trugen gewichtige außen- und wirtschaftspolitische Argumente. Gerade die finanzielle Abhängigkeit vom Pariser Geldmarkt war für Giers und den in der Handels- und Finanzpolitik allgewaltigen Finanzminister Iwan Fürst Wyschnegradski kein Grund, ihre Überzeugung, Deutschland sei als Handels- und Finanzpartner durch Frankreich nicht zu ersetzen, zu korrigieren. Wyschnegradski suchte vielmehr den Ausgleich mit Deutschland schon deshalb, weil er Rußland nicht ausschließlich vom französischen Kapitalmarkt abhängig sein lassen wollte. Die Möglichkeit, auf dem deutschen Kapitalmarkt wieder Anleihen unterbringen zu können, bot nach seiner Vorstellung die Chance, die Konkurrenz zwischen deutschem und französischem Kapital zum Vorteil Rußlands zu nutzen und sich politischem Druck von beiden Seiten eher zu entziehen. Bei neuen Anleiheausschreibungen um die Jahreswende 1889/90 schienen sich solche Hoffnungen als nicht unrealistisch zu erweisen.[80]

Gleichzeitig hatte sich die wirtschaftliche Lage des Landes in den Jahren der Konjunktur nur kurzzeitig gebessert. Bereits Mitte 1889 setze ein neuer Rückschlag ein, der in eine depressive und krisenhafte Entwicklungsphase überleitete.[81] Während bei der Industrie der innere Absatz stockte, ging auch die Getreideausfuhr über die europäischen Grenzen, also hauptsäch-

---

77 Holstein, Papiere, Bd. 3, S. 311.
78 PA Bonn, Rußland Nr. 71 Nr. 1, Bd. 6, Lamezan an Bismarck 28.2.1890.
79 Ebenda, Nr. 72 secr., Bd. 7, Bericht Villaumes 26.2.1890.
80 Ebenda, Nr. 71 Nr. 1, Bd. 6, Bismarck an Wilhelm II. 27.2.1890.
81 Ebenda, Nr. 71, Bd. 9, Schweinitz an Caprivi 8.9.1890.

lich nach Deutschland, 1889 gegenüber dem Vorjahr von 532 auf 438 Millionen Pud zurück.[82] Der Getreideexport war aber nicht nur Bedingung für eine höhere Kaufkraftentwicklung im Innern und damit für den inneren Absatz, sondern die wichtigste Einnahmequelle überhaupt und somit Voraussetzung für den Industrialisierungsprozeß.

Es waren auch die neuen Krisensymptome, die die zaristischen Eliten nun auf die weitere Erschließung des asiatischen Raumes setzen ließen. Mit der 1889 fertiggestellten Eisenbahnlinie nach Samarkand versprachen nicht nur die in den achtziger Jahren okkupierten mittelasiatischen Gebiete, sondern auch Afghanistan und Persien lukrative Absatzgebiete für russische Produkte zu werden. Das wirtschaftliche und politische Gewicht Rußlands begann in diesem Raum zuzunehmen und den britischen Einfluß zurückzudrängen.[83] Gleichzeitig zeichnete sich der Plan ab, über den Bau einer transsibirischen Eisenbahn wirtschaftliche Durchdringung und weitere Expansion auch in Richtung Ostasien zu lenken. Diese außenpolitische Schwerpunktverlagerung ergab sich freilich auch aus dem Eingeständnis, derzeit eine offensive Aktion im Meerengen- und Balkanbereich mit Aussicht auf Erfolg nicht in Angriff nehmen zu können. Andererseits drohten aus einer asiatischen Expansion Spannungen mit England zu erwachsen, wodurch Sicherheit an den Westgrenzen, also entspannte Beziehungen vor allem zu Deutschland, ähnlich wie zu Beginn der achtziger Jahre, eine fundamentale Voraussetzung für eine solche Expansion darstellte. Ebenso wie als Handelspartner war Deutschland auch als Bündnispartner in der Vorstellung der zaristischen Führung durch Frankreich nicht adäquat zu ersetzen. Angesichts des tiefsitzenden Bedrohungskomplexes gegenüber dem westlichen Nachbarn schien es höchst gefährlich, mit einem Bündnis mit Frankreich alle Brücken zu Deutschland abzubrechen. Petersburg hielt eine Allianz mit Paris überdies zu Recht für überflüssig, weil auch ohne eine solche im deutsch-russischen Kriegsfall mit der Waffenhilfe Frankreichs sicher zu rechnen war. Eine Verbindung mit Deutschland dagegen konnte das außenpolitische Prestige erhöhen und als Druckmittel gegen London wirken.

So war in der zweiten Hälfte des Jahres 1889 eine Situation entstanden, in der in der zaristischen Führung das Streben nach handelspolitischem Ausgleich, besonders zur Erleichterung des Getreideexports, und nach außenpolitischer Verständigung mit Deutschland ausgeprägt war. Ende Juli ließ Wyschnegradski bei der Berliner Regierung über Mittelsmänner sein fundamentales Interesse an einer Verständigung unterstreichen: Die Konzentration auf die innere Wirtschaftsentwicklung lenke auf finanzielle und handelspolitische Kooperation. „Er wisse nicht, was eigentlich Grund zu einem Krieg zwischen Deutschland und Rußland geben könne."[84] Zur gleichen Zeit war auch im Außenministerium als außenpolitische Perspektive verabredet worden, das deutsch-österreichische Bündnis zu untergraben und die Beziehungen zu Deutschland so zu gestalten, daß jederzeit eine Verständigung erreichbar sei. Eine Allianz mit Frankreich sollte dagegen nur als letztes Mittel in Frage kommen.[85]

Die regierungsamtlichen Beziehungen zwischen Paris und Petersburg hatten sich Ende 1889 abgekühlt. Nach den großen politischen Hoffnungen, die die Pariser Regierung mit den russischen Anleihen verknüpft hatte, rechnete sie nun wieder mit außenpolitischer Isolation.[86] Zur gleichen Zeit gab Giers seinen Diplomaten in Berlin den Auftrag, die Erneuerung des

---

82 BA Potsdam, AA, Nr. 10525, Bl. 41ff.: Lamezan an Caprivi 11.6.1889.
83 PA Bonn, Asien Nr. 10, Bd. 34, Schenk an Bismarck 15.1.1890.
84 Ebenda, Rußland Nr. 71 Nr. 1, Bd. 5, Maybach an Bismarck 20.8.1889.
85 Rybačenok, Obrazovanie, S. 102ff.
86 Frankenberg, Nichterneuerung, S. 28ff; DDF, Bd. I/7, S. 549.

Rückversicherungsvertrages zu eruieren.[87] Dem deutschen Botschafter Hans-Lothar von Schweinitz erklärte er Ende Januar 1890: „Nachdem die deutsch-russischen Beziehungen in den vergangenen Jahren schwierige Zeiten" durchlebt haben, seien sie heute so gut „wie seit langer Zeit nicht"[88].

Im Gegensatz zu diesen Regierungsbestrebungen blieb jedoch in beiden Staaten die feindselige Stimmung tonangebend. Sie erhitzte sich um die Jahreswende 1889/90 besonders an neuen Forderungen der zentralrussischen Industrie, angesichts der Überproduktion die Einfuhrzölle auf ausländische Industrieprodukte erheblich zu erhöhen.[89] Dieses Verlangen richtete sich in erster Linie gegen den deutschen Warenexport. Die Reaktion der deutschen Seite ließ nicht auf sich warten. Scharfe Angriffe gegen die Tariferhöhungspläne beherrschten die Zeitungen.[90]

Doch gleichzeitig machten sich andere Tendenzen, wenngleich noch von geringerer Wirkung, bemerkbar. Da auch der deutsche Industrieexport 1889 Schwierigkeiten und Rückschläge erlebte, verstärkte sich generell wirtschaftsbürgerlicher Widerwille gegen die hohen deutschen Agrarzölle, die für den Anstieg der Industriezölle in den Agrarstaaten verantwortlich gemacht wurden. Wenngleich sich die Forderung nach Zollkorrektur zunächst hauptsächlich auf die Dreibundpartner, besonders auf die mit der deutschen eng verflochtene österreichische Wirtschaft konzentrierte, schlossen gewichtige großbürgerliche Stimmungen auch gegenüber Rußland eine Reduzierung der Agrarzölle nicht aus, um den noch Anfang der achtziger Jahre so lukrativen russischen Markt zurückzugewinnen.[91]

Eine solche Öffnung konnte in der Zukunft ganz neue Perspektiven einleiten. Russische Firmen allein vermochten zum Beispiel den geplanten asiatischen Eisenbahnbau weder zu finanzieren noch das benötigte Material für ihn bereitzustellen. Verbunden mit dem traditionellen Interesse einflußreicher deutscher Banken am Rußlandgeschäft zeichneten sich somit erste neue Konturen ab, die in wichtigen Kreisen des deutschen Wirtschaftsbürgertums zu einem Stimmungsumschwung gegenüber Rußland führen konnten.

Bismarck hatte das russische Angebot, den Rückversicherungsvertrag zu erneuern, positiv aufgenommen, aber gegenüber dem russischen Botschafter Paul Graf Schuwalow Mitte Februar 1890 auch auf die Möglichkeit seines Rücktritts hingewiesen und hinzugefügt, der englische Einfluß in der deutschen Innen- und Außenpolitik steige.[92] Diese Auslassung läßt auf die Absicht des Kanzlers schließen, den Kurs der Rußlandpolitik auch zum Zwecke der Erhaltung seiner Macht zu nutzen.

Diese näherte sich indes rasant ihrem Ende.[93] Der sozialdemokratische Erfolg bei der Reichstagswahl Anfang 1890 hatte die Sozialistengesetzpolitik neuerlich als wirkungslos demonstriert. Noch unter dem Eindruck der großen Streikkämpfe des Jahres 1889 mehrten sich nun im Bürgertum die Stimmen, die sich gegen das Verbotsgesetz wandten und sich von

---

87 Fester, Saburow, S. 94.
88 GStA Berlin, 2.4.23, Nr. 581, Bl. 3: Schweinitz an Bismarck 29.1.1890.
89 BA Potsdam, RdI Nr. 4931, Bl. 18: Ausschnitt „St. Petersburger Zeitung" vom 21.1.1890; Bl. 49: Lamezan an Bismarck 6.2.1890.
90 BA Potsdam, AA, Nr. 10523, Bl. 139f: Raffauf an Bismarck 18.2.1890.
91 Wegner-Korfes, Hintergründe, S. 323.
92 Fester, Saburow, S. 94f.
93 Vgl. für das folgende: Engelberg, Bismarck, S. 557ff.; Bismarcks Sturz, S. 330ff.; Canis, Bismarck und Waldersee, S. 281ff.; Deutsche Geschichte, Bd. 5, Kap. 6.

liberaleren Methoden im Kampf gegen die Arbeiterbewegung mehr Erfolg versprachen. Bismarck isolierte sich zusehends, als er, um seine Macht zu behaupten, den Repressivkurs noch verschärfen wollte und mit Staatsstreichgedanken spielte. Das konservativ-rechtsliberale Kartell, die parteipolitische Basis seiner Herrschaft, zerbrach über diesem Konflikt, aber auch an den Differenzen in zollpolitischen Fragen. Nun wandten sich auch die Nationalliberalen nicht nur gegen Bismarcks Bevorzugung der Junker in Zollfragen, sondern auch gegen seine Abblockung innerer Reformen und die Versuche, die Macht des Reichstages einzuzuengen. Sie waren entschlossen, die gewachsene ökonomische und soziale Stärke des Bürgertums in politischen Machtzuwachs umzusetzen, ohne den Rahmen der Kooperation mit den Konservativen sprengen zu wollen. Auch für die Außenpolitik des Reiches erschien Bismarck nicht mehr als unentbehrlich. Der Widerspruch gegen die Außenpolitik des Kanzlers hatte sie ihre Funktion als Legitimationsmittel seiner Herrschaft einbüßen lassen.

Gleichzeitig spitzte sich zwischen Kaiser und Kanzler der Machtkampf zu. Sein Ausgang mußte nicht zuletzt davon entschieden werden, welche Seite in bezug auf die Krisenbewältigung die überzeugenderen Konzepte vorweisen konnte. Jedenfalls stieg das Ansehen des Kaisers im Bürgertum, als er sich als Anhänger des Kartells und von Sozialreformen sowie als Gegner von Repression – gegen seine wahre Überzeugung freilich – profilierte. Bismarcks Isolierung war komplett – und er hatte sie durch häufige Abwesenheit von Berlin, dem Zentrum der Macht, unfreiwillig gefördert.

So blieb von ihm wie auch von seinem Sohn, dem Staatssekretär, unbemerkt, daß sich im Auswärtigen Amt unter der Führung Friedrichs von Holsteins, Vortragender Rat in der Politischen Abteilung, eine Oppositionsströmung gegen die Außenpolitik des Kanzlers etabliert hatte, der 1889 die maßgeblichen Diplomaten des Amtes sowie einflußreiche Botschafter und Militärattachés angehörten. Sie besaß enge Verbindungen zur Führung des Generalstabes, und vor allem konnte sie über diese und andere Mittelsmänner Einfluß auf den neuen Kaiser gewinnen. Sie vermochte in diesem Jahr auch praktisch in wichtigen Bereichen eine gegen Bismarck gerichtete Nebenaußenpolitik zu inaugurieren.

Holsteins kritische Vorbehalte reichten bis in die Jahre der außenpolitische Krise zurück. Seitdem wirkte er dafür, die Berliner Außenpolitik ganz auf den Dreibund zu orientieren, England möglichst einzubeziehen und auf besondere Vertragsbeziehung zu Rußland zu verzichten. Den Zweifrontenkrieg hielt er für unvermeidlich.[94] In dieser Grundeinstellung traf er sich mit hohen Militärs, besonders mit Alfred von Waldersee, dem neuen Generalstabschef und engen Vertrauten Wilhelms II. Der General hatte seit Jahren die präventive Auslösung des gemeinsamen Krieges mit Österreich-Ungarn verlangt, weil er das militärische Kräfteverhältnis in Zukunft sich zum Vorteil des Gegners verändern sah.[95] Die Kriegsplanung beider Generalstäbe setzte, starr auf numerische Truppenstärke fixiert, auf raschen Vorstoß in den russisch-polnischen Raum und die schnelle Kriegsentscheidung, erhob also die gegenüber dem russischen Heereskörper erheblich kürzeren Aufmarschfristen zu einem kriegsentscheidenden Faktor. Dieser Vorteil drohte verloren zu gehen, wenn man Rußland den Kriegsbeginn überließ, konnte es doch dann bereits in Friedenszeiten seinen Aufmarsch anlaufen lassen. Hinzu kam die Besorgnis, Rußland werde mit dem in nächster Zeit erwarteten Rüstungsschub seine Mobilmachungszeiten reduzieren. Alle diese Überlegungen ließen in Wien und Berlin den Druck der Generalstäbe auf die politischen Instanzen anwachsen. Waldersees Beziehun-

---

94 Krausnick, Geheimpolitik, S. 63ff.
95 Canis, Bismarck und Waldersee, S. 75ff.

Die Abkehr von Bismarcks Rußlandpolitik

gen zu Holstein und Max Graf Berchem, dem Unterstaatssekretär des Auswärtigen Amtes, waren 1888/89 so eng wie nie zuvor. Sie sahen in Rußland den zum Kriege treibenden Hauptgegner. In einem Gespräch mit dem Kaiser verwendete Waldersee dieselben Argumente, die die außenpolitischen Grundsatzartikel großer bürgerlicher Zeitungen prägten: „Deutschland sei auf dem aufsteigendem Aste" und könne im Kriege „auch allein siegreich bleiben", zumal „alle Allianzen große Schwächen hätten"[96].

Anfang 1889 unterlief Holstein insgeheim Bismarcks Bündnisangebot an England in seinem rußlandpolitischen Akzent. Er hielt den Vorstoß für ein taktisches Manöver, bei dem der Kanzler mit einer positiven Antwort Londons möglicherweise gar nicht rechnete. Seinen Vertrauten Paul Graf Hatzfeldt, den deutschen Botschafter in London, instruierte er in einem Privatbrief, er möge Salisbury überzeugen, in seiner Antwort der Bündnisidee eine antirussische Richtung zu geben. Bis ins einzelne formulierte er, wie er sich die englische Antwort vorstellte: „Frankreich bedroht uns wenig, aber wir würden Euch vielleicht gegen Frankreich helfen, wenn Ihr uns gegen Rußland helfen wollt. Das ist unser einziger Feind, der uns aber überall bedroht."[97]

Wenige Monate später, in der Konversionskrise, war es die Generalstabsführung, die mit dem populären Argument, Rußland bereite mit Krediten aus Deutschland den Krieg gegen dasselbe vor[98], massiv der Bismarckschen Rußlandpolitik entgegenwirkte. Mit gleicher Begründung verlangte auch der Kaiser von Bismarck eine Korrektur. Obwohl selbst sein Sohn riet, Wilhelm „etwas entgegenzukommen", gab der Kanzler in der Konvertierungsfrage nicht nach und ging gegen Waldersee publizistisch zum Gegenangriff über. Er begriff in der Abgeschiedenheit von Friedrichsruh noch immer nicht, wie rapide seine Machtstellung schrumpfte.[99] Die Zeitungspolemik gegen Waldersee festigte noch dessen Stellung bei Wilhelm II. Kaiser und Generalstabschef gingen in Gesprächen mit der österreichischen Führung im August 1889 in ihren Zusagen für den Kriegsfall weit über die bisher von Bismarck beobachtete Grenze hinaus. Nicht nur bei einem russischen Angriff auf das Territorium der Habs-

---

96 GStA Berlin, Rep. 92 NL Waldersee, A I Nr. 15, Bl. 20: Tagebuch 2.3.1889. Bereits 1980, im Vorwort zu Canis, Bismarck und Waldersee, S. 8, habe ich hervorgehoben, daß die von H.O. Meisner 1923 herausgegebenen „Denkwürdigkeiten" Waldersees dessen Tagebücher nur lückenhaft wiedergeben. Dagegen erweckt J. Röhl, Wilhelm II., S. 920, den Eindruck, ich hätte einen solchen Hinweis unterlassen, wenn er moniert, ich hätte nicht erwähnt, daß die Edition „wissenschaftlich unbrauchbar" sei. Das ist sie so pauschal jedoch nicht. Ferner behauptet er, ich verwendete in „Bismarck und Waldersee" „gelegentlich" das handschriftliche Tagebuch. Auch das ist unzutreffend. In dem Anmerkungsapparat meines Buches gibt es insgesamt neunundsechzigmal Verweise auf diese ungedruckten Teile. Die „Denkwürdigkeiten" gebe ich, wie üblich, dann als Beleg an, wenn Identität mit dem Original besteht. Der Zweck dieses Vorgehens Röhls erschließt sich zum einen, wenn man seinen erstaunlichen Fußnotenapparat der Waldersee-Quellen zur Kenntnis nimmt. Vollends deutlich wird er in seinem Vorwort zu „Wilhelm II.": 1986, schreibt er, sei ihm im Archiv der Nachlaß Waldersee zur Einsicht vorgelegt worden. Weiter heißt es: „Zu den gravierendsten Entdeckungen gehörte allerdings die Feststellung, daß das Tagebuch des Generalquartiermeisters und Stellvertretenden Generalstabschefs Alfred von Waldersee [...] in einer entstellten Form veröffentlicht worden war, so daß für die vorliegende Biographie der Rückgriff auf das handschriftliche Originaltagebuch unumgänglich wurde" (S. 17). Bei solcher Entdeckerfreude durften zurückhaltendere Vorgänger nicht stören.
97 Hatzfeldt, Papiere, S. 722.
98 GStA Berlin, Rep. 92, NL Waldersee A I Nr. 15, Bl. 42: Tagebuch 7.7.1889.
99 Canis, Herbert von Bismarck, S. 343f.

burgermonarchie, sondern auch wenn Wien im Falle russischer Vorstöße in Richtung Bulgarien mobilmache, sicherten sie sofortige deutsche Waffenhilfe zu.[100]

Ende 1889 beherrschte die rußlandfeindliche Strömung unter Holsteins Führung im Auswärtigen Amt die Szene. Nach dem Zeugnis Ludwig Raschdaus, der in der Politischen Abteilung die russischen Angelegenheiten bearbeitete, „bestand tatsächlich im Amte die Auffassung, daß es mit unseren Beziehungen zu Rußland ungünstig stehe". Nach Holsteins Überzeugung konnte der „unausweichliche Zusammenstoß" mit dem Zarenreich „nicht mehr allzulange auf sich warten lassen". Deshalb hielt er ein Abkommen mit ihm nicht allein für nutzlos, sondern im Blick auf die eigenen Bundesgenossen für gefährlich. Der Trend zur Schwerpunktverlagerung in der zaristischen Außenpolitik und ihre Annäherungsbestrebungen an Deutschland wurden übersehen oder nicht ernst genommen.

Alle deutschen Diplomaten in Rußland vom Botschafter Schweinitz über den Militärattaché Maximilian Graf York von Wartenburg bis zu den Konsuln bewerteten das Verhältnis kritisch.[101] Vorbehalte gegenüber Bismarcks Rußlandpolitik äußerten viele weitere Diplomaten, darunter solche einflußreichen wie Hatzfeldt, Alfred von Kiderlen-Wächter, Hugo Fürst Radolin, der neue Generaladjutant Carl von Wedel, der bayerische Gesandte Hugo Graf Lerchenfeld-Koefering, Bernhard von Bülow, damals Botschafter in Bukarest, sowie Chlodwig Fürst Hohenlohe-Schillingsfürst und Georg Graf Münster, der ehemalige und der derzeitige Botschafter in Paris. Sie warnten davor, Rußland dem Dreibund bzw. Österreich-Ungarn vorzuziehen, weil das nur die Allianz gefährden, aber Rußland nicht binden werde. Rußland „die guten Beziehungen zu Österreich, Italien und England zu opfern", Österreich Rußland preiszugeben sei – so Bülow – ein „kapitaler Fehler".[102]

Holstein setzte nun alles daran, Wilhelm II. gänzlich vom Einfluß der außenpolitischen Vorstellungen Bismarcks zu lösen. Wie stark er die eigene Position inzwischen selbst bewertete, läßt sich aus dem selbstbewußten Ton herauslesen, mit dem er seinen politischen Vertrauten, den kaiserlichen Intimus Philipp von Eulenburg, instruierte, den Kaiser auf die Zarenvisite im Oktober 1889 einzustellen: „Die russische Führung werde sich bemühen, Deutschland zu Schritten zu verleiten, die bei Österreich-Ungarn, Italien und England Mißtrauen hervorrufen. Es ist unsere Aufgabe, derartige falsche Stellungen [...] abzulehnen. Wir dürfen von jetzt ab auf kein Abkommen mit Rußland allein [...] eingehen." Nachdrücklich schärfte er zum Schluß Eulenburg diesen Grundsatz noch einmal ein: „Also kein Separatabkommen mit Rußland."[103]

Aber es gelang dem Kanzler mit taktischem Geschick, bei dem eitlen, unreifen Monarchen den Eindruck zu erwecken, er selbst habe den Zaren für einen Kurs der Verständigung gewonnen und die Visite zu einem persönlichen Triumph geführt. Wilhelms Kritik an Rußland ließ vorübergehend nach. Nun setzte ein regelrechter Wettlauf um den beherrschenden Einfluß beim Kaiser ein, bei dem die Kontrahenten Bismarcks allerdings längst im Vorteil waren. Der Kanzler vermutete noch immer, Waldersee sei der Inspirator der Gegenströmung, zumal der General es war, der den Kaiser zu einem Treffen mit dem österreichischen Kaiser Franz Joseph überredete, um die Wirkung der Zarenvisite zu konterkarieren.

---

100 Canis, Bismarck und Waldersee, S. 277f.
101 Raschdau, Bismarck, S. 69f.; Krausnick, Geheimpolitik, S. 234.
102 Eulenburg, Korrespondenz, Bd. 1, S. 470f.
103 Ebenda, S. 353f.

Die Abkehr von Bismarcks Rußlandpolitik

Neben Eulenburg besaß Holstein noch eine zweite Verbindung, um den Kaiser zu beeinflussen. Er war seit Jahren mit Adolf Marschall von Bieberstein befreundet[104], dem badischen Gesandten in Berlin. Beide nutzten die enge Beziehung, die in der Bismarckkrise zwischen dem Kaiser und dem Großherzog Friedrich von Baden bestand, um ihre Vorstellungen an den Mann zu bringen. Marschall stimmte mit Holsteins außenpolitischer Grundauffassung völlig überein. Nach einer Allianz mit Rußland zu streben, hielt er für die Politik einer vergangenen Epoche.[105] Mit der Rußlandfeindschaft war seine Hoffnung verknüpft, England für den Dreibund zu gewinnen und die Allianz zu festigen.[106] Nach dem Zarenbesuch erklärte er Bismarcks Taktik der Entspannung für gänzlich verfehlt. Sie würde nur den russischen Chauvinismus ermutigen.[107]

Zwischen Holstein, Eulenburg, Marschall, dem Großherzog und – anfangs noch – Waldersee kam es in diesen Monaten zu ständigem Gedankenaustausch und häufigen Zusammenkünften. Holstein und Marschall waren es auch, die Ende Januar 1890 den General Leo von Caprivi als Kandidaten für den Reichskanzlerposten dem Großherzog empfahlen, der ihn dem Kaiser zwei Tage später in Vorschlag brachte.[108]

In diesem Ringen um die Macht war es für die Erfolgschancen der Strömung um Holstein von entscheidender Bedeutung, daß sie sich nicht allein in der Außenpolitik, sondern auch in ihren innenpolitischen Grundvorstellungen auf der Linie der weitverbreiteten Stimmung gegen Bismarcks Kurs befand. Andererseits bewirkte die Spezifik dieser bürgerlichen, monarchietreuen Opposition ebenso wie die Besonderheit der Herrschaftsform mit ihrer herausragenden Stellung von Kaiser und Kanzler, daß sich der Machtkampf auf solche Ebenen überhaupt verlagerte. Holstein und Marschall wirkten Bismarcks Konfliktstrategie entgegen, indem sie über den Großherzog und Eulenburg den Kaiser zu kartellfreundlichen Stellungnahmen veranlaßten und ihn in seinem sozialpolitischen Engagement bestärkten. Gleichzeitig orientierten sie die konservativen und nationalliberalen Parteiführer auf direkte Verständigung mit dem Kaiser. Es gelang ihnen, mit solchen Mitteln die Aktionsfähigkeit des Kanzlers noch weiter einzuschränken.[109]

Ende des Jahres trennte sich Holstein abrupt von Waldersee. Der General kam für ihn als Reichskanzler nicht in Frage. Diese ehrgeizige, starke Persönlichkeit schien ihm nicht als geeignetes Medium, um über ihn die eigenen Pläne durchzusetzen – aber ausschlaggebend war wohl, daß Waldersee wie Bismarck für extrem konservative Konzepte und Strömungen stand. Im Grunde waren es nationalliberale Vorstellungen, die Holsteins und Marschalls Wirken reflektierte. Das sollte sich kurze Zeit später auch in der Außenpolitik erweisen, als sie in der Handels- und Zollpolitik eine einschneidende Korrektur in Angriff nahmen, die großbürgerlichen Außenwirtschaftsinteressen entsprach und junkerliche Bevorzugungen reduzierte. Diese Korrektur zielte zugleich auf eine Festigung des Dreibundes. Und schließlich mag die antirussische Komponente in Holsteins und Marschalls politischem Credo auch aus ihren Vorbehalten gegen die zaristische Selbstherrschaft motiviert gewesen sein. Sie scheinen die

---

104 Friedrich I. von Baden, 2. Bd., S. 648.
105 HHStA Wien, MdÄ, PA III, Nr. 139, Bl. 589: Bericht aus Berlin 4.6.1890.
106 Schütte, Marschall von Bieberstein, S. 8.
107 Friedrich I. von Baden, 2. Bd., S. 680
108 Ebenda, S. 691ff.; Eulenburg, Korrespondenz, Bd. 1, S. 402ff.
109 Canis, Bismarck und Waldersee, S. 288ff.

Bismarcksche Rußlandpolitik auch von ihren innenpolitischen Überzeugungen her abgelehnt zu haben.

So war Mitte März 1890 eine Situation entstanden, in der Bismarcks Lage im Kampf um die Macht faktisch aussichtslos war. Als sich in jenen Tagen sein Sturz abzeichnete und gleichzeitig die Frage der Erneuerung des Rückversicherungsvertrages auftauchte, war absehbar, daß die Erneuerungsfrage in den Strudel des Machtkampfes hineingerissen werden konnte, von Bismarck wie von seinen Gegnern.[110] Man darf sich freilich nicht täuschen lassen: Grundpositionen und Entscheidungen in der Erneuerungsfrage sind dennoch nicht in erster Linie von den Faktoren des Machtkampfes inspiriert gewesen, sondern von den außenpolitischen Grundüberzeugungen der beteiligten Personen. Und – das ist gegen die Bismarck-Apologetik ins Feld zu führen – der erste, der die Vertragsfrage mit dem Ringen um die Macht verknüpfte, war der Kanzler, nicht seine Gegner.

Nachdem es zwischen ihnen am 15. März zum Bruch gekommen war, warf der Kaiser, um jede Ausgleichsmöglichkeit abzuschneiden, dem Kanzler in einem Handbillet vor, die von diesem nicht vorgelegten Konsularberichte aus Kiew signalisierten eine drohende Kriegsgefahr und zwängen zu Gegenmaßnahmen, gemeinsam mit den Österreichern. Von dieser Notiz informierte Bismarck am 17. März den überraschten Schuwalow, der soeben mit dem Auftrag, die Erneuerungsverhandlungen aufzunehmen, aus Petersburg zurückgekehrt war und nun vom Kanzler hörte, er werde wegen seiner Rußlandpolitik gestürzt. Diese Nachricht, von Schuwalow sofort nach Petersburg telegraphiert, löste dort große Besorgnis aus, die noch zunahm, als einen Tag später die Information eintraf, Bismarck sei entlassen. Giers und der Zar befürchteten, Waldersee werde Bismarcks Nachfolger und der Krieg sei unvermeidlich.[111]

Noch am 17. März war der Kaiser, bereits informiert von Bismarcks Unterhaltung mit Schuwalow, in einem Gespräch mit Wedel in panischer Unruhe überzeugt, die beiden hätten sich gerade eben auf den Einmarsch Rußlands in Bulgarien verständigt, um Österreich zum Losschlagen zu veranlassen, so daß Deutschland diesem nicht beizustehen brauche. Doch er werde es so weit nicht kommen lassen, sondern Österreich folgen.[112] Es kann übrigens sein, daß dem Kaiser einer aus der Anti-Bismarck-Fronde des Kanzlers mit dem Rückversicherungsvertrag verknüpfte Kriegsvorstellung zu offerieren suchte, um Wilhelm aus Dreibundtreue wie später mit der Berchem-Aufzeichnung gegen Kanzler und Vertrag einzunehmen. Kurz darauf startete Herbert von Bismarck, noch im Amte, einen letzten Versuch, den Monarchen in der Entlassungsfrage unter Druck zu setzen. Obwohl Schuwalow Giers von jeder Intervention zugunsten Bismarcks abgeraten hatte und in der Vertragsfrage für Abwarten bis zum Ende der Krise plädierte[113], teilte der Staatssekretär dem Kaiser mit, Schuwalow habe den Auftrag, die Vertragserneuerung nur mit Bismarck zu verhandeln. Nachdem der Kaiser die Entlassung vollziehen wolle, „würde der Kaiser Alexander auf die Verlängerung des geheimen Vertrages verzichten, da eine so geheime Angelegenheit mit dem neuen Reichskanzler nicht verhandelt werden könne"[114]

Konsterniert ermächtigte der Kaiser den Staatssekretär nun auf einmal, Schuwalow mitzuteilen, er werde den Vertrag erneuern, und als Herbert von Bismarck darauf nicht einging, lud

---

110 Hallmann (Hrsg.), Rückversicherungsvertrag, S. XXVIIIff.
111 Schweinitz, Denkwürdigkeiten, 2. Bd., S. 396f.
112 Wedel, Zwischen Kaiser und Kanzler, S. 36f.
113 Uebersberger, Rückversicherungsvertrag, S. 933ff.
114 GP, Bd. 7, S. 3.

er überstürzt selbst den Botschafter zu sich, um ihn von seinem Entschluß zu informieren. Offensichtlich schreckte ihn die Vorstellung, mit der Entlassung Bismarcks zugleich den Bruch mit Rußland selbst herbeizuführen. Vor allem aber beherrschte ihn die aus Furcht geborene irreale Erwartung, die Gefahr dieses Bruches könnte in Berlin den Druck gegen ihn übermächtig werden lassen, die Entlassung nicht zu vollziehen. Deshalb erklärte er dem Botschafter auch, Bismarck sei allein wegen seiner schlechten Gesundheit abgegangen. In der deutschen Außenpolitik werde sich nichts ändern. Der Zar und Giers waren beruhigt, als sie von diesem Gespräch erfuhren, und beauftragten den Botschafter, die Vertragsverhandlungen mit der neuen Regierung aufzunehmen und auf das Zusatzprotokoll gegebenenfalls zu verzichten.[115]

Als Holstein von dieser Entwicklung erfuhr, bereitete er den Gegenschlag vor. Er hielt des Kaisers Entscheidung in der Vertragsfrage ebenso für falsch, wie er dessen Drängen, Herbert von Bismarck möge Staatssekretär bleiben, kleinmütig und gefährlich fand. Um dem Kaiser gegen die Bismarcks den Rücken zu stärken und ihn zur Korrektur zu veranlassen, bereitete er ein Votum der maßgeblichen Mitarbeiter des Auswärtigen Amtes und des am 20. März berufenen neuen Reichskanzlers Caprivi gegen die Erneuerung des Rückversicherungsvertrages vor.[116] Berchem und Raschdau für eine solche Stellungnahme zu gewinnen, war angesichts ihrer außenpolitischen Überzeugungen keine Schwierigkeit.

Das gleiche galt für Caprivi. Den militärstrategischen Denkkategorien der Moltkeschule verhaftet, war der General überzeugt von der Unvermeidlichkeit des Zweifrontenkrieges. Daraus resultierte eine gleichsam statische, von militärischen Gesichtspunkten geprägte Betrachtungsweise der Außenpolitik, die fatalistisch von festen Fronten und unüberbrückbaren Gegensätzen ausging und die einmal gegebene Konstellation der Mächte als unabänderlich hinnahm. Eine solche Sicht der Außenpolitik war nicht auf die Verhinderung des Krieges, sondern auf den günstigsten Zeitpunkt zu seiner Führung ausgerichtet. Sie sollte folglich nur die eigene Koalition stabilisieren, nicht aber, was Bismarck niemals aus den Augen verlor, Konstellationen aufbrechen, auf Wandel rechnend sich Wege offenhalten, neue Entwicklungen fördern oder durchkreuzen und feindliche Koalitionen an der Entfaltung hindern. Für Caprivi galt als Grundsatz für die deutsche Außenpolitik folglich, sich sowohl mit aller Konsequenz auf den Dreibund zu stützen als auch auf ein Zusammengehen mit England, das er als „unseren einzigen natürlichen Verbündeten" bezeichnete.[117] Dieses Englandbild resultierte nicht zuletzt aus seiner Neigung zu rechtsliberalen Strömungen der Freisinnigen Partei. Dadurch war auch in der Außenwirtschaftspolitik wie in den grundsätzlichen Fragen des Kurses im Innern rasch prinzipiell Übereinstimmung mit Holstein und Marschall gegeben.

Die Konferenz Holsteins, Berchems und Raschdaus mit Caprivi fand am 23. März statt. Die Gründe, die sie eine Vertragsverlängerung ablehnen ließen, hat Berchem anschließend in einer Aufzeichnung zusammengefaßt.[118] Bezüglich dieser Denkschrift ist von der Historiographie angemerkt worden, daß Berchem und seine Gesinnungsgenossen, um Argumente gegen die Vertragserneuerung zu finden, der Bismarckschen Rußlandpolitik Absichten unterstellt hätten, die diese gar nicht verfolgt habe.[119] Das trifft jedoch nicht zu. Die Argumentation richtet

---

115 Lamsdorff, Nichterneuerung, S. 170f.
116 Eulenburg, Korrespondenz, Bd. 1, S. 509f.; Friedrich I. von Baden, 2. Bd., S. 756.
117 Zit. nach: Gisevius, Anfang, S. 155.
118 GP, Bd. 7, S. 4ff.
119 Becker, Bündnis, S. 54.

sich vielmehr – völlig übereinstimmend mit Holsteins Einwänden in den vergangenen Jahren – hauptsächlich gegen die eine von Bismarck seit den Jahren der außenpolitischen Doppelkrise verfolgte Linie, der Gefahr des Zweifrontenkrieges zu begegnen, indem die beiden Hauptkrisenherde voneinander getrennt werden und Deutschland sich auf dem östlichen Schauplatz durch eine Zuspitzung der Gegensätze Rußlands zu Österreich-Ungarn, Italien und England aus einem Konflikt mit Rußland heraushält. Diesen Sinn hatte der Kanzler dem Rückversicherungsvertrag auch zu geben beabsichtigt, und jetzt versuchten seine Gegner, die Vertragsverlängerung zu torpedieren, indem sie auf die wirklich schwachen Punkte des Bismarckschen Separierungskonzepts aufmerksam machten. Eine solche Absicht verdeutlicht bereits der erste Satz der Aufzeichnung: „Der Vertrag [...] hat den Zweck, kriegerische Ereignisse hervorzurufen, deren Lokalisierung äußerst unwahrscheinlich ist." Und von ihrer außenpolitischen Grundvorstellung her ist es völlig verständlich, wenn sie mit besonderer Entschiedenheit gegen Bismarcks Vorstellung, Österreich im Osten „im Stich zu lassen", vorgingen, eine solche Konstellation mit stichhaltigen Argumenten für praktisch ausgeschlossen und eine solche Absicht für „dem Geiste der Tripelallianz" entgegenwirkend hielten. Sie warnten deshalb, der Vertrag könnte, käme er den Dreibundmächten und England zur Kenntnis, ihr Verhältnis zu Deutschland nachhaltig trüben. Eine Verwicklung Rußlands in Widersprüche mit anderen Mächten – in Bulgarien und an den Meerengen – vermöge Deutschland auch ohne diesen Vertrag zu fördern.

Obwohl Berchem die Möglichkeit eines russischen Vorstoßes in Bulgarien und eines russisch-französischen Zusammengehens zu Recht für „heute geringer als noch vor einigen Jahren" hielt, meinte er, mit der Vertragserneuerung könne sich beides beschleunigen. Das war eine grundlegende Fehleinschätzung. Holstein und seine Gesinnungsgenossen übersahen, welche neue Funktion als Sicherheitsinstrument der Vertrag für die zaristische Regierung bei ihrer außenpolitischen Schwerpunktverlagerung gewinnen konnte – ein Funktionswandel, der sich in der Bereitschaft Petersburgs äußerte, auf das Zusatzprotokoll zu verzichten. Sie ließen ferner außer acht, daß unabhängig von Bismarcks speziellen Absichten der Vertrag an sich einen Faktor von eigenem Wert für eine deutsch-russische Entspannung und die Sicherheit des Reiches darstellte. Sie warfen die Frage gar nicht auf, wie Petersburg reagieren werde, wenn Berlin die Erneuerung verweigere. Allein Raschdau empfahl, freilich vergeblich, sich wenigstens zum Scheine auf Verhandlungen mit der russischen Seite einzulassen.[120]

Noch bevor Caprivi die Gelegenheit erhielt, dem Kaiser dieses Votum darzulegen, hatte Wilhelm II. Herbert von Bismarck, dessen Abgang jetzt endgültig feststand, am 26. März konzediert, die Erneuerungsverhandlungen in Petersburg fortzusetzen. Als Giers davon erfuhr, hielt er, mit Schweinitz als deutschem Bevollmächtigten, den Vertrag für gesichert, was Bismarcks Sohn mit diesem Schritt auch einzuleiten beabsichtigt hatte.[121]

Aber die Erwartung trog. Am gleichen Tage konnte Holstein mit seinem Vertrauten Marschall von Bieberstein einen entschiedenen Vertragsgegner als neuen Staatssekretär durchsetzen. Am Abend dieses Tages drängte der nach Berlin gereiste Schweinitz, der offensichtlich inzwischen Kenntnis von dem ablehnenden Votum Caprivis und Holsteins erhalten hatte, in der Vertragsfrage eine klare Instruktion zu erhalten. Wilhelm bestellte Reichskanzler und Botschafter für den nächsten Tag zum Vortrag. Als bei der vorangehenden Verständigung Caprivi dem Botschafter erklärte, er werde zurücktreten, wenn der Kaiser bei seiner Erneu-

---

120 Raschdau, Bismarck, S. 149.
121 Stamm, Herbert von Bismarck, S. 598ff.; Lamsdorff, Nichterneuerung, S. 171f.

erungszusage bleibe, entschloß sich Schweinitz aus Sorge vor einer neuen Regierungskrise, trotz erheblicher Bedenken auf Einwände gegen Caprivis Votum beim Kaiser zu verzichten. Wilhelm stimmte Caprivis Vortrag sofort zu, schienen doch die vom Machtkampf mit Bismarck bestimmten Gründe, die ihn vor einer Woche zur Zusage an Schuwalow veranlaßt hatten, inzwischen weggefallen und ein sofortiger Bruch mit Rußland auch bei Verzicht auf die Erneuerung nicht wahrscheinlich. Caprivi hatte in seinem Votum wiederum die Rücksicht auf die Bundesgenossen und England in den Vordergrund gestellt, obwohl er, anders als die Führungsgruppe im Auswärtigen Amt, von der Erneuerung sogar erwartete, „Rußland koalitionsunfähig zu machen"[122], also seine Allianz mit Frankreich auszuschließen.

Schuwalow war entsetzt, als er am nächsten Tag von Schweinitz von der neuen Entscheidung erfuhr.[123] Das Hin und Her der letzten Tage ließ ihn allerdings nicht ohne Hoffnung auf eine neue Korrektur. Er meldete Giers nur, Schweinitz werde ohne Vollmacht nach Petersburg zurückkehren, weil die neuen Männer die Lage noch nicht übersehen.[124] So blieb es dem deutschen Botschafter am 31. März vorbehalten, dem russischen Außenminister die Augen zu öffnen. Angesichts der Schwierigkeit, dem Minister das Auf und Ab in Berlin zu erklären, und wegen der eigenen inneren Vorbehalte gegen die neueste Entscheidung, tat er es freilich so schonend, daß sich bei Giers der Eindruck verfestigte, das allerletzte Wort sei noch nicht gesprochen. Konsterniert war er dennoch und ließ seiner großen Besorgnis über die Folgen der Nichterneuerung freien Lauf: Er sah auf Rußland die Gefahr außenpolitischer Isolation zukommen. England, so bewertete er den Besuch des Prinzen von Wales in Berlin, nähere sich weiter dem Dreibund und sogar das deutsch-französische Verhältnis entspanne sich. Doch er warnte, auch Deutschland verlöre: der Vertrag habe bislang die von der panslawistischen Öffentlichkeit und der Militärführung verlangte Allianz mit Frankreich verhindert.

Die gleiche Befürchtung, so ist aus einem Bericht an Caprivi herauszulesen, hatte der Botschafter.[125] Die Reaktion des Zaren auf Schweinitz' Eröffnungen wenige Tage später blieb zwar reservierter. Aber die Besorgnis vor einem Konflikt und den Wunsch nach deutsch-russischer Verständigung teilte Alexander III.[126]

Diese Stimmung blieb nicht auf die Regierungsspitze beschränkt. Nach dem Zeugnis Konsul Villaumes war der „deprimierende Eindruck", den Bismarcks Sturz hervorgerufen hatte, in den zaristischen Eliten weitverbreitet.[127] Von den großen Zeitungen hatte nur „Nowosti" die Entlassung begrüßt[128], und von den deutschen Diplomaten berichtete allein Konsul Raffauf aus Kiew, der Sturz Bismarcks nähre die Stimmung auf außenpolitische Aktionsfreiheit.[129] Isolationsfurcht herrschte vor. In einer Phase unfertiger eigener Rüstung und wachsender wirtschaftlicher und innerer Krisenerscheinungen schien die demonstrative Rußlandfeindschaft der neuen deutschen Führung äußerst bedrohlich. Nach Villaumes' Eindruck war deshalb „der Wunsch nach Aufrechterhaltung des Friedens selbst mit dem Opfer eines engeren Anschlusses an Deutschland [...] allen Kreisen gemeinsam", auch wegen der Spannungen mit England. Die Sorge vor einem deutsch-österreichischen Angriff saß jedenfalls tief.

---

122 GP, Bd. 7, S. 11.
123 Schweinitz, Denkwürdigkeiten, 2. Bd., S. 405.
124 Lamsdorff, Nichterneuerung, S. 173.
125 GP, Bd. 7, S. 11ff.
126 GP, Bd. 7, S. 15ff.; Gordienko, Vostotčno, S. 155; Lamzdorff, Dnevnik 1886–1890, S. 328.
127 PA Bonn, Deutschland Nr. 131 secr., Bd. 4, Bl. 25ff.: Bericht Villaumes 10.4.1890.
128 PA Bonn, Deutschland Nr. 131, Bd. 12, Bl. 114: Schweinitz an Caprivi 1.5.1890.
129 Ebenda, Bl. 51ff.: Raffauf an AA 8.4.1890.

Giers hatte bereits in der ersten Reaktion gegenüber Schweinitz angekündigt, Rußland werde „anderswo Anlehnung suchen müssen". Die hektischen und unausgereiften Schritte, die er nun einleitete, beweisen, wie erdrutschartig und unvorbereitet ihn die Wende in Berlin getroffen hatte. So ließ er in Rom und Wien Annäherungsabsichten offerieren. Sogar den Gedanken eines neuen Dreikaiserbündnisses brachte er ins Spiel. Einflußreiche Blätter wie der „Grashdanin" gaben ihm publizistische Schützenhilfe.[130] Als weit brisanter sollten sich plötzliche Avancen der zaristischen Führung an die französische Adresse erweisen, die in Paris erfreut aufgenommen wurden.[131]

Die deutsche Führung sah weder die Chancen noch die Gefahren für die außenpolitische Stellung Deutschlands, die sich in diesen, aus der Isolationsfurcht geborenen russischen Reaktionen zeigten. Sie fühlte sich vielmehr bestärkt in ihrem antirussischen Kurs.[132] Das hing nicht zuletzt damit zusammen, daß gerade in dieser Situation Caprivis Rußlandfeindschaft zusätzlich von aktuellen Problemen geprägt war, die aus den gesellschaftlichen Entwicklungen resultierten und am Zusammenbruch der Bismarckherrschaft mitgewirkt hatten.

Daß sich seit 1889 liberale Kritik an der projunkerlichen Bismarckschen Zollpolitik verstärkte und innerhalb des Wirtschaftsbürgertums Kreise der exportorientierten Fertigwarenindustrie und des Handels den traditionellen Führungsanspruch der schwerindustriellen Fraktion, der am entschiedensten auf das Bündnis mit den Junkern orientierten Gruppierung, zeitweilig erfolgreich bestritten, hing nicht allein mit der gefährlich zunehmenden Exporterschwernis zusammen. Der Übergang Frankreichs und der USA zu Differentialzöllen ließ erwarten, daß die 1892 auslaufenden Handelsverträge zum Zusammenbruch des europäischen Handelsvertragssystems, zum Zollkrieg aller gegen alle führen konnten. Um dieser Gefahr zuvorzukommen, plädierten großbürgerliche Wirtschaftsverbände dafür, bilaterale Handelsvertragsverhandlungen aufzunehmen, um attraktive ausländische Märkte langfristig zu sichern. Gedacht war besonders an die Staaten in Mitteleuropa, in erster Linie an die Dreibundpartner. Der Verein Deutscher Eisen- und Stahlindustrieller hatte der Regierung bereits Ende 1889 Handelsvertragsverhandlungen mit Österreich-Ungarn vorgeschlagen.[133] Die neue Regierung nahm diese Idee auf. Schon am 25. März 1890 legte Berchem dem Reichskanzler eine Denkschrift[134] vor, in der er, um den stagnierenden Export zu fördern und zu sichern, vorschlug, Handelsvertragsverhandlungen mit verständigungsbereiten Staaten aufzunehmen. Mit ihnen sollten erheblich reduzierte Zolltarife ausgehandelt werden, während gegen die Länder, die sich abschließen, die gültigen Tarife spürbar erhöht werden sollten. Erstes Ziel Berchems war, auf diese Weise die deutschen Agrarimporte „Rußland zu entziehen [...] und Österreich-Ungarn und anderen Vertragsländern zugute kommen" zu lassen, um im Gegenzug dann dem deutschen Industriewarenexport den Markt der Partnerstaaten langfristig zu sichern. Mit Österreich-Ungarn hielt er sogar eine „größere Vergemeinschaftlichung der Produktion und des inneren Marktes" für erreichbar. Für ein durchdachtes wirtschaftliches Mitteleuropakonzept spricht diese verschwommene Formulierung nicht. Nachteile für die Handels-

---

130 HHStA Wien, MdÄ, PA X, Nr. 92, Bl. 302, 313: Berichte aus Petersburg 11.4.1890, 16.4.1890; Becker, Bündnis, S. 71ff.
131 DDF, Bd. I/8, S. 48f., 59ff., 89.
132 PA Bonn, Deutschland Nr. 131 secr., Bd. 4, Bl. 34ff.: Schweinitz an Caprivi 28.4.1890 (mit Randbemerkungen Wilhelms II.).
133 Deutsche Geschichte, Bd. 5, Kap. 7.
134 BA Potsdam, Reichskanzlei, Nr. 142, Bl. 2ff.: Denkschrift Berchems 25.3.1890.

beziehungen zu England und den USA sah Berchem aus seinem Plan nicht erwachsen, weil die Handelsstruktur mit diesen Industriestaaten anderen Prämissen folgte. Daß die antirussische Komponente Priorität besaß, zeigt schließlich die Vorstellung des Unterstaatssekretärs, Frankreich in dieses Vertragssystem einzubeziehen und seine „Intimität zu Rußland" zu lockern.

Es war den Wortführern solcher Pläne Wasser auf die Mühle, als sich in den folgenden Monaten in Rußland die Forderungen nach Erhöhung der Einfuhrzölle verstärkten. In einem Zollgutachten des Börsenkomitees von Mitte Mai 1890 konnte die extrem schutzzöllnerische Richtung der russischen Industriellen ihre Interessen durchsetzen. Die von ihnen verlangten Tariferhöhungen auf Eisenbahnschienen, Eisenblech, Lokomotiven, landwirtschaftliche Maschinen und Chemikalien richteten sich hauptsächlich gegen Importe aus Deutschland. Die fremde Einfuhr durch die zollgeschützte einheimische Produktion völlig zu verdrängen, sei das Ziel, das die russische Zollpolitik verfolgen müsse.[135] Als der unter Druck gesetzte Wyschnegradski im Sommer eine zwanzigprozentige allgemeine Zollerhöhung konzedierte, wurde das in Deutschland nur als weiterer Zwischenschritt auf dem Wege zur Absperrung des russischen Binnenmarktes gewertet.

Es waren nicht allein seine außenpolitischen und außenwirtschaftlichen Überzeugungen, die Caprivi den Gedankengängen Berchems zustimmen ließen. Von den wenigen Randnotizen des Kanzlers auf der Denkschrift fragte eine an der Stelle, an der die Doppeltariffrage behandelt wird, nach den Folgen für die Lebensmittelpreise.[136] Dieser Vermerk läßt darauf schließen, daß für seine Haltung zu den empfohlenen Korrekturen der Zollpolitik von Anfang an nicht zuletzt der Gesichtspunkt maßgeblich war, welche Bedeutung jene im Kampf gegen die Sozialdemokratie gewinnen konnte. Er hielt die sozialdemokratische Agitation für „die größte Gefahr, die uns droht", aber den Staat für fähig, „diese Bewegung in geeignete Bahnen leiten und in Schranken [...] halten" zu können.[137] Er lehnte deshalb Verbotsgesetze ab und bevorzugte liberale Methoden und Reformen. Die Gretchenfrage jeder Reform war für ihn, ob sie im Kampf der „staatsbedrohenden Elemente [...] gegen das Dasein des Staates" imstande sei, „den Staat zu stärken und zu kräftigen".[138] Nun spielte die Frage der Lebensmittelpreise in der politischen Auseinandersetzung Anfang 1890 tatsächlich eine bemerkenswerte Rolle. Der Preis für 1 kg Brot war von Ende 1888 bis Januar 1890 von 21 auf 27 Pfennige emporgeschnellt. Die sozialdemokratische Agitation gegen diesen Preisauftrieb stieß erklärlicherweise auf breiten Widerhall und richtete sich besonders gegen die Agrarzölle, als in der Presse nachgewiesen wurde, daß eine fünfköpfige Berliner Arbeiterfamilie über 8% des Jahreslohnes für diese Zölle ausgeben mußte. Es war jedenfalls für die positive Stellungnahme des Kanzlers zu den Empfehlungen Berchems nicht ohne Einfluß, daß eine solche handelspolitische Kursänderung sowohl die Lebensmittelpreise reduzieren als auch über die Exportausweitung Arbeitslosigkeit und Lohnkürzungen vermindern konnte und somit dem Staat Positionsvorteile im Kampf gegen die Sozialdemokratie versprach.

Bestärkt in ihrem rußlandfeindlichen Kurs sah sich die Regierung ferner durch die Informationen des Generalstabes, der die russischen Rüstungen und Truppenverlegungen wie

---

135 BA Potsdam, AA, Nr. 10607, Bl. 29ff.: Lamezan an Caprivi 16.5.1890.
136 BA Potsdam, Reichskanzlei, Nr. 412, Bl. 8: Randbemerkungen Caprivis auf der Denkschrift Berchems vom 23.3.1890.
137 Weitowitz, Politik, S. 9ff.
138 Reden Caprivis, S. 375.

bisher als Zeichen für „die planmäßig fortschreitende Kriegsbereitschaft des russischen Heeres" und der Vorbereitung auf den „unvermeidlich bevorstehenden angespanntesten Krieg" bewertete.[139] Aber auch nach dem Zeugnis des Kiewer Konsuls Raffaufs waren die militärischen Führungskreise Rußlands von der Unvermeidlichkeit und dem nahen Ausbruch des Krieges überzeugt und des Glaubens, die deutsch-österreichischen Schnelligkeitsvorteile beim Aufmarsch durch die Truppenverlegungen ausgeglichen zu haben.[140] Es ist allerdings viel eher zu vermuten, daß die russischen Militärs mit solchen Auslassungen die militärischen Unzulänglichkeiten kaschieren und den befürchteten deutschen Angriff verzögern wollten.

Für eine unmittelbare, akute Kriegserwartung der Regierung in Berlin gibt es keine Anhaltspunkte, abgesehen von den häufig wechselnden Prognosen des Kaisers.[141] Daß man allerdings in Zukunft mit diesem Krieg rechnete, zeigt ein anderer Vorgang. Als Ende April die Discontogesellschaft und das Bankhaus Bleichröder anfragten, ob sie sich an russischen Eisenbahnanleihen beteiligen dürften, wies sie das Auswärtige Amt mit dem Argument ab, deutsches Geld dürfe nicht in russische Kriegsvorhaben fließen.[142]

Als im Frühjahr 1890 die Bulgarienfrage wieder in das Blickfeld der Großmächte geriet, signalisierten die Reaktionen der herrschenden Kreise in Wien und London die Veränderungen und Erwartungen, die sich für sie mit Bismarcks Entlassung verbanden. Obgleich sie von dem geheimen Gerangel um den Rückversicherungsvertrag keine Kenntnis besaßen, blieb ihnen doch die Wendung der neuen Regierung gegen Rußland nicht verborgen. Sie war ihnen im eigenen Interesse hochwillkommen. Die Wiener Regierung rechnete, auch angesichts der russischen Annäherungsversuche, mit größerem eigenen politischen Gewicht und mehr Bewegungsspielraum im Dreibund und mit direkter deutscher Unterstützung in Balkanfragen.[143] Auch London erwartete ein solches Engagement – in der Hoffnung freilich, die eigene Position der Zurückhaltung um so besser behaupten zu können. Auch in der Presse beider Staaten traten solche Zukunftsvorstellungen hervor.[144]

Holstein hatte eine deutsche Aktivität in Balkanfragen anfangs für notwendig gehalten, als ihn die Nachricht von russischen Flottenmanövern im Schwarzen Meer in dem falschen Glauben ließ, Rußland bereite für den Sommer eine Landung in Bulgarien vor.[145] Marschall ließ in London die Haltung Englands bei einer solchen Entwicklung sondieren[146], und der Reichskanzler beauftragte den Generalstab, russische Landungsmöglichkeiten an der bulgarischen Küste zu beurteilen.[147] Als der von einem russischen Vorstoß ohnehin nicht überzeugte Salisbury klarstellte, Englands Eingreifen sei davon abhängig, ob Österreich Rußland entgegentrete, mußte die Regierung in Berlin erkennen, wie begründet die Bismarcksche Position in Orientfragen gewesen war, und kehrte zu ihr zurück. Marschall wies Hatzfeldt an, in London

139 PA Bonn, Rußland Nr. 72 secr., Bd. 8, Waldersee an Caprivi 7.5.1890, 31.5.1890, 2.6.1890, 6.6.1890.
140 Ebenda, Raffauf an Caprivi 12.7.1890.
141 Als beispielsweise Schweinitz Mitte 1890 die Ersetzung des Kriegsministers Wannowsky durch den Generalstabschef Obrutschew für wahrscheinlich hielt, vermerkte der Kaiser: „ist gleichbedeutend mit Krieg" (PA Bonn, Rußland Nr. 86, Bd. 2, Schweinitz an Caprivi 8.7.1890).
142 PA Bonn, Rußland Nr. 71, Bd. 6, Aufz. Berchems 1.5.1890.
143 Canis, Beziehungen, S. 51ff.; Bridge, Sadowa, S. 211ff.
144 PA Bonn, Rußland Nr. 99, Bd. 2, Hatzfeldt an AA 4.4.1890.
145 Hatzfeldt, Papiere, S. 765ff.; Peters, Meerengen, S. 27f.
146 PA Bonn, Orientalia Gen. Nr. 5, Bd. 2, Marschall an Hatzfeldt 8.4.1890.
147 Ebenda, Caprivi an Generalstab 13.4.1890, Aufz. Caprivis 26.4.1890.

dem Eindruck entgegenzutreten, „als hätten wir unsere Orientpolitik geändert" und „wollten [...] aus unserer bisher passiven Rolle heraustreten".[148] Zur Begründung legte er eine Denkschrift des Kanzlers bei, in der dieser eine deutsche Beteiligung nur dann für opportun hielt, wenn England „aus eigener Initiative gegen jeden russischen Vorstoß einzugreifen entschlossen ist", denn die Folgen einer vorzeitigen Aktion habe Deutschland in Polen zu tragen.[149]

Die Erkenntnis, in den Balkanfragen den Bismarckschen Prinzipien wieder folgen zu müssen, blieb in der deutschen Führung jedoch ohne durchgreifende Wirkung, als sich zur gleichen Zeit überraschend noch einmal die Möglichkeit eröffnete, das frühere Vertragsverhältnis mit Rußland wiederherzustellen. Der von Isolationsfurcht und Bedrohungssorge geplagte Giers[150] schlug am 14. Mai Schweinitz vor, beide Regierungen mögen sich wenigstens zu einer schriftlichen Abmachung im Sinne der Bestimmungen des Rückversicherungsvertrages ohne das Zusatzprotokoll verstehen. Beeindruckt von der Dringlichkeit, mit der Giers sein Anerbieten vorgetragen hatte, empfahl Schweinitz dem Kanzler darauf einzugehen. Eine solche Vereinbarung „sichere uns die Neutralität Rußlands im Falle eines französischen Angriffs [...], ohne Verbindlichkeiten zu erneuern, welche mit unseren vertragsmäßigen Verpflichtungen gegen andere Mächte unvereinbar sind." Weise Berlin den Antrag ab, sei Giers „gezwungen [...], die Anlehnung, die er bei uns nicht findet, anderwärts zu suchen".[151]

Der Kanzler forderte die Spitzen des Auswärtigen Amtes zu Stellungnahmen auf. Die Voten Holsteins, Marschalls, Kiderlens und Raschdaus empfahlen übereinstimmend die Ablehnung des Angebots.[152] Nicht die von Schweinitz hervorgehobenen Chancen bzw. Gefahren waren für sie maßgeblich, sondern in ihrer Vorstellung hatte Giers den Vorschlag allein mit dem Ziel unterbreitet, die Beziehungen zwischen den Dreibundmächten zu untergraben und Mißtrauen zwischen Deutschland und England zu säen. Nachdem Caprivi sich auch der ablehnenden Haltung des Kaisers versichert hatte, schloß er sich diesen Stellungnahmen an. Er fügte hinzu, ein solches Bündnis sei nicht mehr auf Interessengemeinschaft begründet und finde in der öffentlichen Meinung keine Stütze.[153] Den russischen Bestrebungen nach anderen Bündnissen „könne Deutschland ruhig zusehen".[154]

Doch hätte nicht schon der Blick auf die öffentliche Meinung Caprivi zu einer anderen Entscheidung veranlassen müssen? Seine Erkenntnis, auf jene in der Außenpolitik überhaupt stärker Rücksicht nehmen zu müssen, reflektiert ja die Tatsache, daß nicht nur die herrschenden Eliten aus wirtschaftlichen und politischen Interessen mehr direkte außenpolitische Mitsprache verlangten, sondern die politische Mobilität auch in den anderen Schichten wuchs, nicht zuletzt in dem quantitativ rapide zunehmenden Mittelstand. Ausdruck dafür waren sowohl das Aufkommen spezieller Interessenorganisationen und Bewegungen unter nationalistischen Vorzeichen, als auch das wachsende Gewicht, das die Parteien von der Sozialdemokratie bis hin zu den Konservativen auf außenpolitische Stellungnahmen legten und die Bedeutung, die diese in der politischen Auseinandersetzung gewannen.

---

148 GP, Bd. 9, S. 33ff.
149 Ebenda, S. 28ff.
150 Schweinitz, Denkwürdigkeiten, 2. Bd., S. 410ff.
151 GP, Bd. 7, S. 17ff.
152 Ebenda, S. 22ff.
153 Ebenda, S. 22, 34.
154 PA Bonn, Deutschland Nr. 131 Nr. 1 secr., Bd. 3, Bl. 55: Caprivi an Schweinitz 29.5.1890. (Dieser Satz ist beim Abdruck des Briefes in GP, Bd. 7, S. 33ff., weggelassen worden.)

Wenn Caprivi bezweifelte, ob die öffentliche Meinung in Deutschland „dahin zu bringen wäre, ihr Heil im unverbrüchlichen Festhalten an Rußland zu suchen"[155], gab es dafür nach wie vor gewichtige Anzeichen. Da der russische Expansionsdrang für den europäischen Frieden die größte Gefahr darstellte, sei ein Zusammengehen Rußlands mit dem Dreibund ausgeschlossen, hieß es in diesen Tagen in maßgeblichen bürgerlichen Zeitungen.[156] Doch in Wirklichkeit stand die Regierung gar nicht vor der Entscheidung, unverbrüchlich an Rußland festzuhalten oder Rußland mit dem Dreibund zu verkoppeln. Vielmehr ging es um die Frage, ob eine bilaterale Vereinbarung mit Rußland die Gefahr der Zweifrontenkriegskonstellation reduzieren und somit zusätzlich zum Dreibund eine weitere Sicherheitsgarantie darstellen konnte, und ob eine strikte Abweisung des zaristischen Angebots nicht gerade die Gefahren für die außenpolitische Stellung des Reiches vermehren mußte.

Caprivi hatte zu Recht hervorgehoben, „daß jetzt die Nationen mit ihren Interessen und Stimmungen auf die Entscheidung über Krieg und Frieden einen soviel wesentlicheren Einfluß ausüben"[157]. Schon Bismarck hatte in den letzten Jahren gegen den Generalstab warnend ins Feld geführt, wie unverzichtbar es sei, bei einem kommenden Krieg das Volk von seiner Unvermeidlichkeit zu überzeugen. Die Zeit der Kabinettskriege war für ihn vorbei, und den Präventivkrieg gegen Rußland lehnte er auch aus jener Erwägung ab. Auch die neue Führung wollte den für sie unabwendbaren Zweifrontenkrieg nicht präventiv führen, sondern sich auf den Verteidigungsfall militärisch und politisch einstellen. Bestimmt war diese Haltung nicht zuletzt von der Befürchtung, angesichts der enormen Rüstungsanstrengungen in Rußland und Frankreich und der noch nicht abgeschlossenen Gewehrumrüstung in Deutschland augenblicklich den potentiellen Gegnern militärisch nicht gewachsen zu sein.

Diesen Rückstand zu verringern, war der Zweck einer Militärvorlage, die im Frühjahr 1890 im Reichstag beraten wurde. Die verlangte Erhöhung der Friedenspräsenzstärke wurde mit den Rüstungen Frankreichs und Rußlands begründet. Moltke, noch immer erste Autorität in Militärfragen, verwies auf die riesigen Dimensionen, die ein Zweifrontenkrieg unweigerlich annehmen werde. „Wenn der Krieg kommt, so ist seine Dauer und ist sein Ende nicht abzusehen. Es sind die größten Mächte Europas, welche, gerüstet wie nie zuvor, gegeneinander in den Kampf treten [...]. Es kann ein siebenjähriger, es kann ein dreißigjähriger Krieg werden – und wehe dem, der Europa in Brand steckt, der zuerst die Lunte in das Pulverfaß schleudert."[158] Das waren andere Töne als die in den letzten Jahren von der bürgerlichen Publizistik und der Generalität verkündeten optimistischen Kriegserwartungen. Und so drückt sich in der vier Tage später von der „Berliner Börsenzeitung" veröffentlichten scharfen Polemik gegen diejenigen, die „auch heute noch Stimmung für den Präventivkrieg machen"[159], mehr aus als das Interesse führender deutscher Banken an einem Wiederaufleben der Rußlandgeschäfte und als eine plötzliche Unsicherheit in der Öffentlichkeit über das militärische Kräfteverhältnis. Als schließlich der Kriegsminister Julius Verdy du Vernois am 21. Mai in der Militärkommission des Reichstages für die nächste Zeit weitere erhebliche Rüstungsverstärkungen ankündigte,

---

155 GP, Bd. 7, S. 32.
156 Freisinnige Zeitung, Nr. 112, 15.5.1890, Nr. 115, 20.5.1890, Nr. 133, 11.6.1890; Kölnische Zeitung, Nr. 143, 24.5.1890.
157 GP Bd. 7, S. 32.
158 Vgl. Canis, Rüstungsfragen, S. 71ff.
159 Berliner Börsen-Courier, Nr. 114, 18.5.1890.

Die Abkehr von Bismarcks Rußlandpolitik

um „die bedeutende Überlegenheit für die Zukunft bei den Nachbarstaaten"[160], also bei Rußland und Frankreich, auszugleichen, griff die Besorgnis weiter um sich. Es war wie ein Schock, hatte doch bislang auch in der Öffentlichkeit die Überzeugung vorgeherrscht, die militärische Überlegenheit des Dreibundes sei garantiert und der Krieg in kürzester Frist entschieden. Die neuen Pläne hätten „zu düsteren Gestaltungen in der Bevölkerung" geführt, mußte Caprivi in der Kommission konstatieren.

Diese Stimmung spiegelte sich in den Reichstagsdebatten wider. Es waren nicht allein die Sozialdemokraten, die vom Kanzler verlangten, in der Außenpolitik „abzuwiegeln". Auch unter den Abgeordneten des Freisinns und des Zentrums, der stärksten Fraktion, machten sich Befürchtungen über die Aussichten des zukünftigen Krieges breit. Der Zentrumsführer Ludwig Windthorst hielt es für ein „Unglück", mit Rußland in Krieg zu geraten. „Wenn aber gar Frankreich und Rußland sich vereinigten, dann wird es doch aller Anstrengungen und aller Tapferkeit bedürfen, daß wir bestehen."

In der Tat signalisierte die Auseinandersetzung um die Rüstungspläne, auf welch schwankender Basis die Sicherheit des Reiches beruhte, wenn seine Außenpolitik, ohne Alternativen zu prüfen oder zu bedenken, auf die Unvermeidlichkeit der Zweifrontenkriegskonstellation setzte und wie berechtigt die außenpolitischen Erwägungen Bismarcks waren, die seine Rußlandpolitik geleitet hatten. Die Regierung rechnete jedoch damit, die militärische Überlegenheit zurückgewinnen zu können. Auch jetzt blieb es außerhalb ihrer Überlegungen, welche Chance für die Sicherheitslage des Reiches in dem Angebot Giers' liegen konnte. Und ebensowenig begriffen sie, welche eminenten Gefahren für diese Lage die brüske Ablehnung der Offerte hervorrufen mußte.

Erstes Mißtrauen und Enttäuschung hatte in der russischen Führung schon das Ergebnis der Militärdebatte mit dem Aufrüstungsbeschluß erzeugt, und gar provoziert fühlte sich Petersburg, als die Nachricht von einer Rede des deutschen Kaisers in Königsberg eintraf, in der er leichtfertig ankündigte, „daß denjenigen, die den Frieden umzustoßen wagen sollten, eine Lehre nicht erspart bleiben wird, welche sie in hundert Jahren nicht vergessen werden"[161].

Die Nachricht von der deutschen Ablehnung seiner Minimalofferte, die Giers am 4. Juni erhielt, schockierte ihn tief, hatte er doch noch immer lediglich an die Unterbrechung der Verhandlungen geglaubt. Caprivis Argumente überzeugten ihn nicht.[162] Für den wahren Grund der Ablehnung hielt die Petersburger Führung, daß die Regierung in Berlin England für den Dreibund zu gewinnen hoffte. Wiederum gelassener reagierte der Zar: Die Kursänderung in der deutschen Außenpolitik sei eindeutig, „und wir müssen mit allen Möglichkeiten rechnen"[163].

Kein Wunder bei all den Begleitumständen: Der Weg für die Verständigung mit Frankreich war frei. Während noch im Mai französische Blätter besorgt eine russisch-deutsche Annäherung vermuteten[164], konnte im Juni der französische Ministerpräsident Charles-Louis de Freycinet erfreut registrieren, die früheren Zweifel an der Allianzfähigkeit Frankreichs seien in Rußland „plötzlich [...] vollkommen verstummt".[165]

---

160 Dieses und die weiteren Zitate aus: Schulthess 1890, S. 76ff.
161 Schulthess 1890, S. 86; HHStA Wien, MdÄ, PA X, Nr. 92, Bl. 375ff.: Berichte aus Petersburg, 20.5.1890, 28.5.1890.
162 GP, Bd. 7, S. 38ff.; Fester, Saburow, S. 98.
163 Lamsdorff, Nichterneuerung, S. 181.
164 HHStA Wien, MdÄ, PA IX, Nr. 123, Bl. 428: Bericht aus Paris 22.5.1890.
165 PA Bonn, Rußland Nr. 91, Bd. 10, Schlözer an Caprivi 25.6.1890.

Die französische Regierung gab dieser Entwicklung einen wohlüberlegten zusätzlichen Impuls, als sie russische Anarchisten, die sich in Frankreich aufhielten, festsetzte und auslieferte, und damit die Bedenken des Zaren, sich mit einer republikanischen Regierung zu verständigen, reduzierte.[166] Unter den deutschen Diplomaten war sich allein Schweinitz gewiß, welch gefährlicher Wandel sich im deutsch-russischen Verhältnis abzeichnete. Schuld gab er – nun ohne Umschweife, freilich nur im internen Gespräch mit dem österreichischen Diplomaten Alois Graf Aehrenthal – der unrealistischen, richtungslosen, verfehlten Politik der neuen deutschen Regierung.[167]

Die Fragen, die mit diesen Entscheidungen verbunden sind, wurden von den Akteuren von damals und werden von den Historikern bis heute, wie erwähnt, kontrovers beantwortet. Festzuhalten ist zunächst, daß Holsteins und Caprivis Entscheidung gegen den Vertrag in erster Linie von ihren außenpolitischen Grundsätzen diktiert war, nur in zweiter von den Erfordernissen des Kampfes gegen Bismarck. Gravierende wirtschaftliche und politische Entwicklungen und Ereignisse im deutsch-russischen Verhältnis in den vergangenen Jahren sprachen für diese Grundsätze, und über sie bestand in den herrschenden Eliten ein breiter Konsens. Die Bismarcksche Sicherheitsstrategie, bestimmt von seiner Sicht der historischen und geostrategischen Existenzbedingungen des Reiches, war dagegen nur noch von einer Minderheit getragen.

In dieses kontroverse Feld unterschiedlicher Interessen und Sichtweisen war jedoch nach 1888 Bewegung gekommen, seit sich neue Tendenzen in der internationalen Entwicklung abzeichneten, die die bisherige Konstellation verändern konnten und die Frage nach der Richtigkeit der unterschiedlichen Prämissen unter neuen Vorzeichen aufwarfen. Dabei mußte sich auswirken, daß nicht nur Caprivi, sondern auch Holstein, der die Richtung der Außenpolitik weit mehr bestimmte als der Kanzler, eine statische Betrachtungsweise zueigen war, die sie an der einmal gewonnenen Position starr und dogmatisch festhalten ließ. Sich herausbildende gegenläufige Tendenzen beachtete Holstein nicht oder zu spät, so daß sich anstehende Modifikationen oder Korrekturen zumindest verzögerten. Sein überzogener Subjektivismus ließ seine Bismarckfeindschaft als zusätzliche Hemmschwelle wirken, wenn sich Korrekturen empfahlen, die die Richtigkeit Bismarckscher Standpunkte anzeigten. Gerade das war 1890 der Fall.

So hatte die neue Führung nicht beachtet, daß die sich 1890 stabilisierende Entspannung in Europa, hervorgerufen durch die forcierte weltpolitische Orientierung der großen Flügelmächte und ihr daraus resultierendes höheres Sicherheitsbedürfnis auf dem Kontinent, der deutschen Politik im Verhältnis zu Rußland, selbst zu Frankreich, neue Ausgleichschancen eröffnete. Es gab in Berlin genügend Anzeichen für das fundamentale Interesse des Zarismus an einer zuverlässigen Verbindung mit Deutschland, bestimmt von gravierenden – z. T. erst entstehenden – wirtschaftlichen, außenpolitischen und sicherheitspolitischen Motivationen. Neben diesen das bilaterale Verhältnis direkt betreffenden Gründen sprachen in Petersburg für eine solche Verbindung weitere Faktoren. Sie konnte den Bewegungsspielraum gegenüber London erhöhen, wenn, wie zu erwarten, asiatische Expansionsvorhaben Spannungen mit England hervorriefen. Dagegen brauchte eine solche Verbindung mit Deutschland das Verhältnis zu Frankreich nicht entscheidend zu belasten. Kam es zum deutsch-russischen Krieg, konnte die Bundesgenossenschaft Frankreichs als sicher gelten. Dazu bedurfte es einer Allianz

---

166 HHStA Wien, MdÄ, PA X, Nr. 92, Bl. 407: Bericht aus Petersburg 4.6.1890.
167 Ebenda, Nr. 93, Bl. 164ff.: Bericht aus Petersburg 12.6.1890.

nicht. Mit dem Vertrag mit Deutschland konnte sich Petersburg somit gleichsam auf doppelte Weise im Westen absichern. Daß sich überdies selbst die handelspolitischen Differenzen als ausgleichbar erwiesen, sollte die nächste Zukunft zeigen. Doch Caprivi, für den es zum Zweifrontenkrieg keine Alternativen gab, übersah diese Chancen.

Dieser Vorwurf muß die Regierung um so härter treffen, als sich im Frühjahr 1890 Nachteile in der militärischen Schlagkraft gegenüber Rußland und Frankreich abzeichneten, die sogar in der Öffentlichkeit Besorgnis vor dem Kriegsausbruch auslösten und nach Alternativen geradezu verlangten. Gerade zu diesem Zeitpunkt zeichnete sich der neue Bewegungsspielraum im Verhältnis zu Rußland ab, der die Zweifrontenkriegsgefahr zurückdrängen zu können schien. Doch Caprivi setzte einzig auf verstärkte Aufrüstung und korrigierte seine Haltung in der Vertragsfrage nicht. Selbst als Giers bereit war, auf das Zusatzprotokoll zu verzichten, übersah Caprivi, daß die Abmachung für Rußland wie für Deutschland zuerst eine zusätzliche Sicherheitsgarantie darstellen würde und das Verhältnis zu den Dreibundpartnern und England nicht verschlechtern mußte – eine modifizierte Ausrichtung, die auch Holstein, noch immer starr auf die Bismarcksche Zielrichtung von 1887 blickend, nicht zur Kenntnis nahm. Die Abmachung bot vor allem aber bei der sich abzeichnenden allgemeinen Entspannung und den gegebenen Voraussetzungen für einen solchen Prozeß im bilateralen Verhältnis die Chance, die außenpolitische Lage des Reiches insgesamt erheblich günstiger zu gestalten, seinen Bewegungsspielraum zu erweitern und die Kriegsgefahr weiter zurückzudrängen.

Es sprach jedenfalls vieles dafür, daß die Vorteile, die in den vergangenen Jahrzehnten das Vertragsverhältnis mit Rußland der deutschen Außenpolitik geboten hatte, wieder zu Geltung kommen konnten. Das galt für die Wahrung der Führungsrolle im Dreibund, wo nicht allein der Ausfall der außenpolitischen Autorität Bismarcks, sondern auch die verschlechterten deutsch-russischen Beziehungen die österreichischen Ambitionen auf größeren Einfluß und Spielraum im Bündnis nährten. Das galt ferner für die europäische Absicherung kolonialer Expansionsbestrebungen, die angesichts ihrer Konzentration auf die Zweifrontenkriegsfrage zunächst außerhalb des Blickfeldes der neuen Regierung blieben. Im besonderen aber galt es für die Absicht der neuen Regierung, engere Verbindung mit England herzustellen, die weit eher Erfolg versprach, wenn London mit stabilen deutsch-russischen Beziehungen rechnen mußte, statt mit unüberbrückbaren Differenzen. Salisburys spätere Bemerkung, durch den Verlust des Geheimvertrages mit Rußland fehle der deutschen Außenpolitik „dieser mögliche Rückenhalt"[168], deutet in eine solche Richtung.

Zweifel bestanden nach allen Erfahrungen freilich ohnehin darüber, ob sich eine engere Verbindung mit London überhaupt realisieren ließ. Auch deshalb war es verfehlt, den Vertrag mit Petersburg definitiv zu lösen, bevor Sondierungen mit London eingeleitet waren. Aber selbst bei einem optimalen Resultat konnte eine Vertragsverbindung mit London eine solche mit Petersburg vom militärischen und außenpolitischen Effekt her nicht adäquat ersetzen. Und sogar Annäherungsabsichten gegenüber Frankreich, und auch das bewies der Ausgang vorsichtiger Sondierungen nach Bismarcks Sturz, hatten begrenzte Chancen allein, wenn Paris mit deutsch-russischer Verständigung rechnen mußte.

Aber alle diese Möglichkeiten waren mit der deutschen Erneuerungsabsage nicht einfach nur ausgeschlossen. Diese Weigerung, insbesondere ihre Form und ihre Umstände, die jeder diplomatischen Vernunft und politischen Verantwortung Hohn sprachen, und mehr noch die

---

168 Hallmann (Hg.), Rückversicherungsvertrag, S. 244.

Zurückweisung der Gierschen Minimalvariante im Mai als die Absage im März – sie mußten zu einer grundlegenden Wende in der zaristischen Außenpolitik führen. Feindschaft Deutschlands und Bedrohung an den Westgrenzen galten nun als konstante Größen, auf die sich über die Verständigung mit Frankreich einzustellen jetzt auch für die Kreise um Giers und den Zaren dringend geboten schien. Neue Symptome aktiver deutscher Unterstützung der österreichischen Balkanpolitik sowie die deutschen Annäherungssondierungen in Paris[169] – beides eher Zeichen verbreiteter Unsicherheit und Richtungslosigkeit in der Berliner Außenpolitik – und die inzwischen eingeleiteten Verhandlungen zwischen London und Berlin verstärkten die Besorgnis. Marschalls Erwartung, gute Beziehungen zu Rußland auch ohne Vertrag aufrechterhalten zu können[170], war unter den derzeitigen Umständen eine Selbsttäuschung.

So war die Nichterneuerung des Rückversicherungsvertrages 1890 eine wichtige Zäsur für die außenpolitische Lage Deutschlands. In der Kontinuitätslinie, wie sie sich heute von der russisch-französischen Annäherung der achtziger Jahre über das Bündnis von 1891/93 bis zur Konstellation von 1914 darstellt, gab es durchaus Möglichkeiten der Unterbrechung und des Wandels. 1890 war die Situation offen, ob eine Hinwendung der russischen Außenpolitik zu Frankreich oder zu Deutschland erfolgte – die Chancen für eine Annäherung an Deutschland scheinen sogar größer gewesen zu sein. Erst die Nichterneuerung hat eine Entwicklung unumkehrbar gemacht, die schließlich 1891/93 zur russisch-französischen Allianz führte.

Bei ihrem Zustandekommen erwiesen sich dann die russisch-französischen Finanzbeziehungen, das Drängen der Pariser Regierung, die Konzepte beider Militärs und der verbreitete Verständigungswille in den Gesellschaften beider Staaten als Impulse und als politisch tragfähig. Statt einer möglichen Verbesserung kam es zu einer eindeutigen Verschlechterung der außenpolitischen Lage des Deutschen Reiches. Man muß sich freilich vor überzogenen Urteilen nach der einen wie nach der anderen Richtung hüten. Weder hat die Nichterneuerung des Rückversicherungsvertrages zwangsläufig zur Konstellation von 1914 geführt, noch hätte seine Erneuerung diese Konstellation verhindert. Neue Entwicklungsprozesse in dieser langen Periode setzten neue Möglichkeiten und Prämissen in der einen wie in der anderen Richtung. Auch die Erneuerung hätte keine Garantie sein können, die eine russisch-französische Entente auf Dauer ausschloß. Festzuhalten bleibt allerdings, daß eine Erneuerung angesichts der 1890 gegebenen und sich in den nächsten Jahren besonders in Zoll- und Handelsfragen noch beträchtlich erweiternden deutsch-russischen Ausgleichschancen das Zustandekommen der russisch-französischen Allianz für 1891/93 doch wohl ausgeschlossen hätte.

Doch Fragezeichen wirft auch die Spekulation auf: Wäre Bismarck noch im Amt geblieben und hätte die Erneuerung gesichert, hätte er auch die Wende in der Zollpolitik in Angriff genommen? Überhaupt: So tragisch sich der Zeitpunkt des Abschieds für die Außenpolitik darstellt, es bleibt unverrückbar: angesichts der Innenpolitik erscheint jedes Aufschubverlangen unangemessen.

---

169 HHStA Wien, MdÄ, PA III, Nr. 140, Bl. 70f.: Kálnoky an Széchényi 26.5.1890; Bl. 208, 210: Aufz. Kálnokys 25.6.1890, 28.6.1890; Hatzfeldt, Papiere, S. 769; Herrmann, Dreibund, S. 14ff.
170 PA Bonn, Deutschland Nr. 131, Bd. 12, Bl. 98ff.: Marschall an Bülow 14.4.1890.

2. Chancen und Illusionen in der Englandpolitik. Der Helgoland-Sansibar-Vertrag 1890

Gleichzeitig mit der Wende in der Rußlandpolitik bereitete die neue Regierung erste Schritte vor, die zu einer stabilen Verbindung mit Großbritannien führen sollten. Doch wie realistisch waren solche Erwartungen? Immerhin hatte London 1889 das Allianzangebot nicht aufgenommen und sich trotz Mittelmeerentente dem von Bismarck erhofften aktiven Engagement in Orientfragen immer wieder entzogen.

Jede Englandpolitik hatte von der Konstante auszugehen, daß die Schwerpunkte der britischen Außenpolitik außerhalb des europäischen Kontinents lagen. Erstes Ziel war die Sicherung Indiens gegen erwartete zaristische Vorstöße aus Mittelasien, zweites Ziel die Ausweitung des Kolonialbesitzes im östlichen Zentralafrika, um gegen die andrängende französische und deutsche Konkurrenz am Plan eines geschlossenen britischen Kolonialkomplexes von Ägypten bis zur Kapkolonie festhalten zu können. Da „auf der Erhaltung dieses Absatzgebietes der Reichtum Englands beruht", waren nach der Überzeugung des führenden konservativen Abgeordneten Lord Randolph Churchill gegenüber der Sicherung Indiens alle anderen äußeren Fragen nebensächlich. Deshalb wolle sich England „nicht der Gefahr aussetzen, in einen kontinentalen Krieg verwickelt zu werden".[1]

Schon diese globalen Interessen veranlaßten Salisbury, sich von Bismarck in der Meerengenfrage nicht vorschieben zu lassen. Außerdem hatte er die geheimen Absichten des Kanzlers durchschaut: „Wenn er einen hübschen kleinen Kampf zwischen Rußland und den drei Mächten [Großbritannien, Italien, Österreich-Ungarn – K.C.] zustande bringen könnte, würde er die Hände frei haben, um aus Frankreich für die nächste Zeit einen harmlosen Nachbarn zu machen."[2] Seine Ablehnung des Bündnisangebots von 1889 war nicht zuletzt von der Vorstellung bestimmt, Deutschland habe es auf die Niederwerfung Frankreichs abgesehen.[3] Doch mußte nicht die Tatsache, daß die Hauptgefahr für Englands Kolonialinteressen von Frankreich und Rußland ausging, Salisbury selbst Frankreich als „Hauptbedrohung" ansah und die britische Regierung eine russisch-französische Allianz als gefährliche Kombination betrachtete, London dennoch an die Seite des Dreibundes verweisen?

Der scheinbare Widerspruch löst sich auf, wenn man die komplizierte strategische Lage des Empire und die militärische Schwäche Großbritanniens berücksichtigt. In den kolonialen Differenzen mit Paris und Petersburg war London nicht auf einen militärischen Konflikt aus. Sich gegen die Konkurrenten behaupten konnte die britische Regierung am ehesten, wenn Frankreich und Rußland Bedrohungen in Europa ausgesetzt waren, die ihre außereuropäische Aktionskraft bremsten. Andererseits sollten beide nach wie vor die volle Hegemonie Deutschlands auf dem Kontinent verhindern, denn eine solche konnte angesichts des enorm gewachsenen wirtschaftlichen, militärischen und demographischen Potentals des Deutschen Reiches in britischen Augen zu einer ungehemmten kolonialen Expansion führen, die bisher nicht zuletzt durch die problematische Stellung des Reiches in Europa immer wieder konterkariert worden war. Doch die wachsende Opposition der Kolonialinteressenten in Deutschland gegen Bismarcks kolonialpolitische Zurückhaltung und der Wettlauf deutscher und britischer Handelskompagnien in Ostafrika zeigten gefährliche Zukunftsperspektiven. Es war auch die

---

1 HHStA Wien, MdÄ, PA VIII, Nr. 111, Bl. 3ff.: Bericht aus London 7.1.1890.
2 Cecil, Salisbury, Bd. 4, S. 71.
3 Kennedy, Antagonism, S. 196.

Sorge vor zu großem deutschen Übergewicht in Europa, die 1889 London das deutsche Bündnisangebot ablehnen ließ.[4] Aber ein solches Bündnis war für England auch überflüssig, denn die Konzentration der Bismarckschen Außenpolitik auf den kontinentaleuropäischen Status quo garantierte England eine vorteilhafte Konstellation ohnehin, weil dadurch nicht nur Deutschland, sondern auch Rußland und Frankreich zumindest mit einem beachtlichen Teil ihres Machtpotentials auf Europa ausgerichtet blieben, auch wenn Bismarck, nicht zuletzt um England unter Druck zu setzen, außereuropäische Expansionsbestrebungen beider alles andere als behinderte. Der britischen Politik schien das erträglich, solange durch die Bismarcksche Politik eine russisch-französische Allianz ausgeschlossen blieb.

Diese für England vorteilhaften Elemente der Berechenbarkeit und Stabilität der kontinentaleuropäischen Konstellation schienen mit Bismarcks Sturz in Gefahr, wegzufallen. Es nimmt nicht wunder, wenn in der britischen Führung dieser Sturz als enorme Kalamität bewertet wurde.[5] Zwar zeichneten sich sehr rasch die Annäherungsabsichten der neuen Regierung in Richtung London ab, und nach der auch dort vermerkten antirussischen Wende schien Berlin sogar in bestimmtem Maße auf England angewiesen, während sich gleichzeitig die Anzeichen einer russisch-französischen Annäherung verstärkten. Die britische Regierung hatte zu entscheiden, ob sie diese Veränderung für so gravierend hielt, daß sie ihren Kurs in der Europapolitik wenn auch nicht in Richtung auf eine Allianz, so doch auf eine stärkere Verbindung mit Deutschland bzw. dem Dreibund hin modifizierte oder gar – und auch dafür plädierten selbst im konservativen Lager und in der hohen Diplomatie Stimmen[6] – auf einen Ausgleich mit Frankreich oder Rußland ausrichten sollte.

Diese Differenzen reflektieren die Tatsache, daß zwar in Deutschland und England die Stimmung für eine außenpolitische Annäherung noch dominierte, aber andere Tendenzen an Wirkung gewannen – nicht nur die kolonialen Spannungen, mehr noch die wirtschaftliche Konkurrenz auf den internationalen Märkten. Münster fand bei einem Besuch in Großbritannien im Frühjahr 1890 die Stimmung gegenüber Deutschland „nicht gut", und als Ursache dafür nannte er „Konkurrenzneid" und koloniale Differenzen.[7]

Seit der Wirtschaftskrise von 1873, der eine langanhaltende Depression und bereits zehn Jahre später die nächste Krise folgten, war die Vorstellung von den unbegrenzten wirtschaftlichen Wachstumsmöglichkeiten in den großbürgerlichen Wirtschaftskreisen der großen Mächte geschwunden. Vor allem in sicherem und erweitertem Export, in außenwirtschaftlicher Expansion überhaupt sahen sie das Allheilmittel, das aus Überproduktion und Preisverfall herausführen sollte. Diese übersteigerten Erwartungen haben das politische und ideologische Gewicht des Konkurrenzkampfes auf dem Weltmarkt erhöht. Das galt im deutsch-englischen Verhältnis in besonderem Maße. Beide Wirtschaften waren besonders stark exportabhängig. Und für die britischen Unternehmer und Wirtschaftsverbände bedrohte in erster Linie die rapide wachsende deutsche Wirtschaft die eigene Position auf dem internationalen, ja sogar auf dem nationalen Markt. In den Krisenjahren nach 1883, die die britische Wirtschaft besonders empfindlich trafen, beklagten die britischen Eisen- und Textilbranchen

---

4 Bayer, England, S. 43; Kennedy, German World Policy, S. 605ff.; Lowe, Imperialists, S.101ff.
5 Hildebrand, Allianz und Antagonismus, S. 310.
6 So R. Churchill und der Botschafter in Petersburg, Sir Robert Morier, vgl. Kennedy, Antagonism, S. 192f.
7 BA Potsdam, 90 Ho 5: NL Holstein, Film 62246, Bl. 194680ff.: Münster an Holstein 15.4.1890; vgl. Canis, Wende, S. 42ff. p

die mit der Schutzzollpolitik verbundene günstigere außenwirtschaftliche Lage der deutschen Konkurrenz.[8] Aber selbst in der nachfolgenden Konjunkturperiode nahm trotz erheblicher Exportsteigerung der Anteil Englands am Welthandel weiter ab, während der deutsche kontinuierlich anwuchs. Besonders auf den überseeischen Märkten gewann die deutsche Wirtschaft neue Absatzgebiete. In der deutschen wie in der britischen Presse verstummten die Stimmen nicht, die dem Konkurrenten Neid, Behinderung und Mißgunst vorwarfen.[9]

Mehr noch als die Handelskonkurrenz selbst scheint die beiderseitige publizistische Beschwörung der angeblich alarmierenden Handelsrivalität das deutsch-englische Verhältnis negativ beeinflußt zu haben. Die wachsende wechselseitige Abhängigkeit beider Volkswirtschaften und der ebenfalls zunehmende bilaterale Handelsverkehr vermochten dadurch ihre auf Ausgleich, Verständigung und Stabilität gerichteten Potenzen weniger zu entfalten.

Auch in den kolonialpolitischen Differenzen waren Konkurrenz und Rivalität zu den beherrschenden Themen geworden. Die Orientierung der Kolonialbewegungen in Afrika auf große territoriale Komplexe – der englischen auf die Kap-Kairo-Verbindung, der französischen von Nord-West-Afrika aus in Richtung Tschadsee, der deutschen von Südwest- und Ostafrika aus auf eine Großkolonie in Richtung Zentralafrika – hatte im Innern Afrikas zu einer ganzen Reihe territorialer Streitpunkte geführt, um die zwischen den Kolonialkompagnien der Mächte nicht nur ein Wettlauf, sondern häufig bereits ein regelrechter Kleinkrieg entbrannte. Diese Zuspitzung ließ die Kompagnien nach verstärkter staatlicher Unterstützung verlangen, wodurch die kolonialen Fragen die außenpolitischen Beziehungen stärker tangierten als bisher.[10] Die außenwirtschaftlichen Ziele, Vorstellungen und Schwierigkeiten stellten für die kolonialen Bestrebungen eine wichtige Triebkraft dar. Der führende britische Kolonialideologe Charles Dilke verlangte 1890, die britische Kolonialpolitik neu zu überdenken, weil durch die deutsche und französische Kolonialexpansion dem englischen Handel große Märkte verlorenzugehen drohten.[11]

Doch allein mit außenwirtschaftlichen Problemen und ihrer ideologischen Reflexion ist die Dynamik dieser Bewegung nicht zu erklären. In dem kolonialideologischen Schrifttum dieser Jahre, das gerade 1890 einen Boom erlebte, und besonders in den Publikationen solcher einflußreicher Politiker und Ideologen wie Jules Ferry in Frankreich und Heinrich von Treitschke in Deutschland werden nicht allein die wirtschaftlichen Beweggründe um ihrer selbst willen herausgehoben. Ferry betrachtete Kolonialexpansion in dieser Verbindung als ein Mittel, sozialen Frieden im Innern zu garantieren, weil sie Arbeitsplätze und Löhne sichern helfe. Mit besonderem Nachdruck unterstrichen jedoch beide ihre Vorstellung, ein Land ohne Kolonien sei keine Großmacht.[12]

Die mit der fortschreitenden Modernisierung verknüpften wirtschaftlichen, politischen und sozialen Entwicklungen und Probleme bewirkten, daß dieser großmachtpolitische Nationalismus in breiten Kreisen auf ein positives Echo stieß, nicht nur großen Unternehmern die Überwindung der Überproduktion, sondern auch Kleinproduzenten und Händlern Auswege aus wirtschaftlicher und sozialer Bedrängnis und Bildungsbürgern neue Weltbilder verhieß, die von ideologischer Unsicherheit und Zukunftsangst wegzuführen schienen. Erst diese

---

8 Canis, Bismarck und Waldersee, S. 106ff.
9 Mewes / Jörend, Handelspolitische Aspekte, S. 194ff.
10 Schöllgen, Zeitalter, S. 36ff.; Mommsen, Empire, S. 317ff.
11 Baumgart, Imperialismus, S. 84.
12 Zit. nach: Mommsen, Imperialismus. Grundlagen, S. 99ff., 125ff.

gesamtgesellschaftlichen Zusammenhänge erklären, warum Wettlauf und Rivalität der Kolonialkompagnien in Afrika in den Mutterländern solche Aufmerksamkeit und Anteilnahme erregten. Das galt in besonderem Maße für Großbritannien, wo die Kolonialinteressenten in der Regierungspartei wie in der liberalen Opposition über enormen Einfluß verfügten. Paul Kennedy nennt den starken Druck der öffentlichen Meinung in England, die britischen Ansprüche in Afrika aufrechtzuerhalten, wohl etwas überzogen „sogar die wahrscheinlich entscheidendste Determinante der Salisburyschen Politik 1890".[13]

Zu den noch unter Bismarck eingeleiteten Sondierungen eines Ausgleichs der kolonialen Streitigkeiten hatte Hatzfeldt mehrmals berichtet, wie schwer es die öffentliche Meinung und die interessierten Wirtschaftskreise dem Regierungschef machten, die für eine Verständigung unverzichtbaren Konzessionen anzubieten.[14] Herbert von Bismarck hatte entgegnet, die deutsche Regierung befinde sich in der gleichen Lage. Ihre Nachgiebigkeit habe sie in Presse und Interessenkreisen großen Vorwürfen ausgesetzt. Ohne Gegenseitigkeit sei folglich eine Lösung ausgeschlossen.[15]

In den ersten Tagen nach Bismarcks Sturz war die britische Führung in Sorge, die neue Regierung werde den deutschen Kolonialbestrebungen freien Lauf lassen. Doch diese Befürchtung erwies sich rasch als gegenstandslos. Vielmehr erhielt London Anfang April auf den verschiedenen diplomatischen Ebenen umfassende Verständigungsbereitschaft signalisiert. Während Caprivis Privatschreiben an Salisbury noch ziemlich allgemein gehalten war[16], ließ Berchem in einem Gespräch mit dem britischen Botschafter Edward Malet keinen Zweifel an dem Wunsch der deutschen Führung nach enger Verbindung mit England und begründete diesen Kurs u.a. mit der Abkehr von Rußland.[17] Diese und ihre Bereitschaft, in der Bulgarienfrage aktiveres deutsches Engagement zu zeigen, ebenso wie ihre Besorgnis, eine politische und wirtschaftliche Annäherung an Frankreich könne eine solche Englandpolitik gefährden[18], zeigen, wie stark Holstein und Kiderlen von der Idee beherrscht waren, England an den Dreibund heranzuziehen. Sie warfen sich den Briten gleichsam in die Arme. Anfang April meldete Malet, Deutschland sei bereit, die Verhandlungen zu den afrikanischen Streitfragen wieder aufzunehmen, diesen Gesprächen aber eine weitere Perspektive zu geben.[19]

Aus diesen Ansätzen lassen sich die außenpolitischen Zielvorstellungen der neuen Führung herauslesen. Sie steuerte nicht direkt auf den Abschluß eines Bündnisses oder auf die formale Einbeziehung Englands in den Dreibund zu, weil sie nach allen Erfahrungen[20] nicht damit rechnete, bereits in Friedenszeiten Regierung oder Parlament in London zu einem solchen Schritt veranlassen zu können. Erst am Vorabend oder bei Ausbruch des Krieges meinte sie, ihn realisieren zu können. Deshalb kam es Caprivi, Marschall und Holstein darauf an, die Beziehungen jetzt auf eine stabile Basis zu stellen, so daß bei Kriegsausbruch die deutsch-englische Allianz wirklich garantiert war. Da sie nach wie vor in nicht ferner Zeit mit dem

---

13 Kennedy, Antagonism, S. 207f.
14 GP, Bd. 8, S. 3ff., 6ff.
15 BA Potsdam, RKA, Nr. 6926, Bl. 29ff.: H. v. Bismarck an Hatzfeldt 19.1.1890, Bl. 92ff.: H. v. Bismarck an Hatzfeldt 15.3.1890.
16 Hatzfeldt, Papiere, S. 771.
17 Bayer, England, S. 7f.
18 GP, Bd. 7, S. 267ff.; Hatzfeldt, Papiere, S. 769f.
19 Bayer, England, S. 8f.
20 So hatte sich Caprivi auch Anfang April eingehend mit dem Bismarckschen Angebot von 1889 befaßt. Vgl. PA Bonn, Deutschland Nr. 148 secr., Bd. 1, Bl. 32: Aufz. Caprivi 5.4.1890.

Zweifrontenkrieg rechneten, strebten sie eine rasche Entscheidung an, was sie veranlaßte, London besonders freigiebig Konzessionsbereitschaft in den strittigen Kolonialfragen zu signalisieren und sich selbst unter Zeitdruck zu setzen. Sie gingen davon aus, für England sei ein solcher Abschluß mit Deutschland zwingend geboten, weil es auf deutsche Rückendeckung gegen Rußland und Frankreich angewiesen sei.[21] Aber so einfach lagen die Dinge nicht. Mit dieser Position und mit der Abkehr von Rußland hatte Berlin von Anfang an bei den bevorstehenden Verhandlungen alle Vorteile aus der Hand gegeben.

Salisbury nahm die Berliner Offerte bereitwillig auf. Eine kolonialpolitische Verständigung, die den britischen Interessen weit entgegenkam, schien ebenso nahegerückt wie ein aktives antirussisches Auftreten Deutschlands in Balkanfragen. Es versprach London die Aussicht, im Vorderen Orient wie bisher Zurückhaltung wahren und für die Sicherung Indiens die eigene Position stärken zu können. Zeitgewinn war zu erwarten, bis der 1889 eingeleitete Ausbau der Flotte vollendet und damit der außenpolitische Spielraum erweitert werden konnte.

Als die deutsche Regierung spürte, daß Großbritannien Deutschland in der Bulgarienfrage nur vorschieben wollte[22], folgte sie im Mai auch deshalb wieder der Bismarckschen Taktik der Zurückhaltung, um England zum Engagement zu zwingen. Allerdings erzeugte die deutsche Balkanpolitik in der folgenden Zeit vorwiegend den Eindruck der Unsicherheit und Wechselhaftigkeit.

Um so mehr blieb Berlin entschlossen, die kolonialpolitische Einigung zur Basis der generellen Verständigung mit England zu machen. Mitte April wurde Hatzfeldt nach Berlin beordert, um bei der Erarbeitung der deutschen Verhandlungsgrundlage mitzuwirken.[23] Gleichzeitig kam es in der Öffentlichkeit beider Staaten zu neuer Aufregung, weil die Kolonialkompagnien beider Staaten in Ostafrika neue Vorstöße gestartet hatten, um die eigene Ausgangsposition bei den erwarteten Verhandlungen noch rasch zu verbessern. Unterstaatssekretär James Fergusson versuchte im Unterhaus, liberaler Kritik an der Regierung erfolgsgewiß mit der Erklärung zu begegnen, England fürchte keine Bedrohung. Salisbury war ohnehin optimistischer Erwartung für die Verhandlungen und rechnete auch in Ostafrika nicht mit Konflikten.[24]

Es begann sich bereits abzuzeichnen, daß durch den neuen Kurs der Regierung Caprivi in der Rußland- und Englandpolitik im deutsch-britischen Verhältnis die englische Position gestärkt und ihr Spielraum erweitert worden waren. Diese Entwicklung reflektiert ein Artikel in der „Times" Ende April. Er bewertet das Einvernehmen zwischen beiden Ländern als enger im Vergleich zu früheren Perioden, denn Wilhelm II. verfahre klüger als Bismarck, der den Beitritt Englands zum Dreibund zur Bedingung des Einvernehmens gemacht habe.[25]

Nach seiner Rückkehr aus Berlin verabredete Hatzfeldt mit Salisbury die Aufnahme der Verhandlungen, die in Berlin von den beiden Chefs der Kolonialabteilungen in den Außenministerien, Percy Anderson und Friedrich Krauel, geleitet werden sollten.[26] Salisburys

---

21 Hillgruber, Deutschlands Rolle, S. 13.
22 Meinecke, Bündnisproblem, S. 14.
23 Hatzfeldt, Papiere, S. 772f.
24 HHStA Wien, MdÄ, PA VIII, Nr. 110, Bl. 250ff., 275ff., 279ff.: Berichte aus London 15.4.1890, 23.4.1890.
25 PA Bonn, England, Nr. 78, Bd. 7, Aufz. Bülows 27.4.1890.
26 Zu den Verhandlungen vgl.: Lahme, Außenpolitik, S. 126ff.; Gillard, Salisbury's African Policy, S. 648ff.

Voraussage, es werde in Ostafrika leicht sein, sich an den Küsten zu verständigen, schwer dagegen im Innern des Landes, „namentlich in der Nähe der Seen", sollte sich rasch bestätigen.[27] Die englische Seite war entschlossen, Deutsch-Ostafrika nicht über die vom Victoriasee über den Tanganjikasee bis zum Njassasee bezeichnete Grenze hinauswachsen zu lassen, um sich einen Korridor vom Njassasee bis Uganda zu sichern, der die Verbindung zwischen ihren nördlichen und südlichen Kolonien gewährleisten konnte. Ein solcher Korridor hätte jedoch die deutsche Kolonie fast gänzlich von britischen Besitzungen umgeben und vom Freihandelsgebiet des Kongostaates abgeschnitten.[28] Bereits in den ersten Tagen der Verhandlungen waren diese festgefahren, weil sich Anderson weigerte, eine Ausdehnung des deutschen Kolonialgebietes westlich des Njassasees zuzugestehen.[29] Diese Haltung wurde von einer Kampagne führender englischer Zeitungen unterstützt, die deutsche Ansprüche entschieden zurückwiesen.[30]

Marschall beauftragte am 10. Mai 1890 Hatzfeldt, in neuen Gesprächen mit dem Premier den Verhandlungen über den toten Punkt hinwegzuhelfen, und zwei Tage später nutzte er eine Kolonialdebatte im Reichstag, um den deutschen Verständigungswillen auch öffentlich zu unterstreichen: „Wir sind nach wie vor entschlossen, in unserer Kolonialpolitik und speziell in Ostafrika Hand in Hand mit England zu gehen", denn die „Pflege freundschaftlicher Beziehungen zu England" sei „eine wichtige Aufgabe der auswärtigen Politik". Auch der Reichskanzler bekannte sich zu kolonialpolitischer Zurückhaltung.[31] Beide Erklärungen riefen zwar in der Regierung und der Presse Englands laut Hatzfeldt den „besten Eindruck" hervor, zu einer Reduktion britischer Forderungen allerdings führten sie nicht.[32] Die britische Seite – so scheint es – interpretierte die weitgehende deutsche Verständigungsbereitschaft, geboren aus der komplizierter gewordenen außenpolitischen Lage, als Symptom, sich dem kolonialen Prioritätsanspruch Großbritanniens unterzuordnen. Dem deutschen Botschafter gegenüber faßte Salisbury die britischen Wünsche zusammen[33]: Deutschland möge auf Witu, Manda, Patta und Somali sowie auf Sansibar verzichten. Bei den strittigen Fragen im Gebiet der Seen empfahl der Premier Teilungen, die jedoch nicht nur das bereits von Bismarck England zugesagte Uganda zum britischen Kolonialreich zuschlagen, sondern Deutsch-Ostafrika wiederum vom Kongostaat abschließen würden. Zum Ausgleich ermunterte Salisbury die deutsche Regierung, sich in den Besitz der bisher nur von ihr verwalteten, formell dem Sultan von Sansibar gehörenden Festlandsküste vor der Insel zu setzen. Neu war der die nationale Stimmungslage in Deutschland klug berechnende Vorschlag, Helgoland an dasselbe abtreten zu wollen.

Auch wenn der Druck der britischen Kolonialbewegung auf das Kabinett wirklich stark war, gewinnt man doch den Eindruck, daß Salisbury wie Anderson diesen Druck als taktisches Mittel einsetzten, die deutsche Seite in ihrer weitgehenden Konzessionsbereitschaft zu bestärken.[34] Es war ja für Salisbury kein Geheimnis, wie sehr sich die neue Regierung in Berlin nach

---

27 GP, Bd. 8, S. 9.
28 Müller, Deutschland – Zanzibar – Ostafrika, S. 503.
29 BA Potsdam, RKA, Nr. 6927, Bl. 38: Marschall an Hatzfeldt 10.5.1890.
30 Ebenda, Bl. 28f.: Aufz. Bülows 3.5.1890, Bl. 47ff.: Hatzfeldt an Caprivi 12.5.1890, 13.5. 1890.
31 Sten. Berichte RT, 8. Leg.-Per., 1. Session, S. 31, 39.
32 BA Potsdam, RKA, Nr. 6927, Bl. 58ff.: Hatzfeldt an Marschall 14.5.1890.
33 GP, Bd. 8, S. 11ff.
34 BA Potsdam, RKA, Nr. 6927, Bl. 76: Aufz. Krauels 20.5.1890, Bl. 100ff.: Hatzfeldt an Caprivi 19./20./21./22./23.5.1890.

ihrer Wende in der Rußlandpolitik in den Verhandlungen mit London selbst unter Erfolgszwang gestellt hatte und sie überdies davon ausging, nur mit der derzeitigen konservativen Regierung ein Abkommen aushandeln zu können. Wenn nun Hatzfeldt in Berlin immer nachdrücklicher auf eine rasche Einigung drängte, weil die Stellung des Premiers gegenüber dem Parlament und der öffentlichen Meinung zunehmend schwieriger werde, zeigt sich, wie wirksam diese Taktik war.[35]

Wenngleich Marschall auch alle übrigen Wünsche Salisburys für annehmbar hielt, die Abschließung Ostafrikas akzeptierte er nicht.[36] Aber gerade in dieser Frage warnte die englische Kolonialbewegung Salisbury entschieden vor Konzessionen. Am 22. Mai erklärte im Unterhaus der Abgeordnete Beckett, die Deutschen versuchten, von der West- und Ostküste aus sich im Zentrum Afrikas die Hand zu reichen und so England daran zu hindern, einen ununterbrochenen Streifen Landes von der Kapkolonie bis zu den Quellen des Nils zu gewinnen.[37] Doch in Wirklichkeit hielten beide Seiten derzeit solche Landverbindungen bei den gegebenen Realitäten gar nicht für durchsetzbar. Unverzichtbar für die britische Seite blieb allerdings, den Handelsverkehr in Nord-Süd-Richtung auf dem Wege über die Seen unbehindert zu lassen, und für die deutsche Seite war es wichtig, den West-Ost-Handel durch eine direkte Verbindung mit dem Kongostaat ebenfalls unbeschränkt zu erhalten. Als am 22. Mai Salisbury Hatzfeldt eine Strecke direkter Grenze zwischen Kongostaat und Deutsch-Ostafrika nördlich des Tanganjikasees zugestand, weil offensichtlich bereits eine Absprache mit der belgischen Regierung über den britischen Transit im Kongo getroffen worden war[38], akzeptierte Marschall und erklärte sich bereit, das Abkommen sofort abzuschließen. Diese Konzessionsbereitschaft resultierte nicht zuletzt aus dem Angebot Helgolands. Nur wenn sie die Insel besitze, hielt die deutsche Führung den im Bau befindlichen Nord-Ostsee-Kanal für die deutsche Flotte im Kriegsfall überhaupt für wert. Größeres Gewicht besaßen freilich populistische Erwägungen, weshalb Helgoland für die Reichsführung, besonders den Kaiser, nun „die Hauptsache" wurde, „neben welcher unsere ostafrikanischen Interessen wesentlich nur als Konzessionsobjekt in Betracht kommen".[39]

Ein Ergebnis der Verhandlungen war freilich immer noch nicht in Sicht. Salisbury geriet neuerlich unter den Druck der Kolonialkreise, aber auch unter den von Mitgliedern seiner Regierung, als seine Konzessionsbereitschaft in der nördlichen Grenzfrage und bezüglich Helgolands bekannt wurde.[40] Wiederum empfahl er, die Verhandlungen zu vertagen. Ein solcher Vorschlag war tatsächlich ein sicheres Mittel, die deutsche Seite zu neuen Zugeständnissen zu bewegen. Denn Marschall und Holstein glaubten, nur durch weiteres Nachgeben den Premierminister im Amte halten zu können.[41] Mitte Juni waren die Verhandlungen so weit gediehen, daß die bisher vereinbarten Regelungen veröffentlicht werden konnten: Deutschland verzichtete endgültig auf Uganda, überließ England Witu, Somaliland und Sansibar mit Ausnahme des Küstenstriches und sollte Helgoland bekommen. Im Grenzgebiet um die Seen erhielten die Engländer zwischen ihren nördlichen und südlichen Kolonien

---

35 Ebenda, Bl. 65f.: Hatzfeldt an AA 16.5.1890.
36 GP, Bd. 8, S. 14f.
37 BA Potsdam, RKA, Nr. 6927, Bl. 116ff.: Hatzfeldt an Caprivi 23.5.1890.
38 Ebenda, Bl. 139ff.: Hatzfeldt an Caprivi 22.5.1890; GP, Bd. 8, S. 15.
39 Ebenda, S. 18.
40 PA Bonn, Deutschland Nr. 159 secr., Bd. 1, Hatzfeldt an AA 3.6.1890.
41 HHStA Wien, MdÄ, PA III, Nr. 139, Bl. 591: Bericht aus Berlin 4.6.1890; Hatzfeldt, Papiere, S. 782.

freies Durchzugsrecht für den Handels- und Personenverkehr. In Südwestafrika wurde die deutsche Kolonie durch eine für den Handelsverkehr wichtige schmale Verbindung zum Sambesi erweitert. Dafür verzichtete Berlin auf alle Ansprüche im Gebiet um den Ngamisee.[42] England setzte sich damit in den Besitz der Nilquellen und erhielt Zugang zu ihnen von der Ostküste.

Angesichts der großen kolonialen Gewinne, die England durch das Abkommen als sicher schienen, war dem veröffentlichten Entwurf der Beifall der britischen Presse sicher, wenn auch manche Blätter, beispielsweise die „Times", – wohl auch mit taktischem Kalkül – die zugestandene Verbindung der deutschen Kolonien mit dem Kongostaat als eine große Konzession beklagten.[43] Nur die „Daily Chronicle" und die „Pall Mall Gazette" lehnten die Vereinbarung ab.[44] Russische und französische Zeitungen waren von dem Ausmaß der kolonialpolitischen Konzession Deutschlands völlig überrascht und konnten sich diese nur damit erklären, daß England entsprechende Zusagen gegeben habe, Deutschland bei einem Angriff Rußlands und Frankreichs militärisch beizustehen.[45] Das vermuteten auch die Regierungen, besonders die russische.

Das erste Echo der deutschen Öffentlichkeit war überwiegend positiv.[46] Die bürgerliche Presse begrüßte die Eingliederung Helgolands als nationalen Erfolg – eine Reaktion, auf die besonders Holstein reflektiert hatte.[47] Die Konzessionen in Kolonialfragen wurden von den Blättern des Zentrums und des Freisinns gebilligt. Ihre Parteiführer Windthorst und Bamberger hatten bei der vorausgegangenen Kolonialdebatte die deutsche Kolonialpolitik nicht nur als nutzlos, sondern auch als gefährlich für das deutsche Sicherheitsbedürfnis bezeichnet.[48] Diese Zeitungen nun hielten das projektierte Abkommen für den Beweis weitgehender außenpolitischer Übereinstimmung und Verbindung mit England. Die kolonialfreundlichen großen konservativen und nationalliberalen Blätter meinten anfangs, die freundschaftlichen Beziehungen zu England und der Erwerb Helgolands würden die Kolonialbewegung die Einbußen verschmerzen lassen. Diese Erwartung erwies sich rasch als Trugschluß.

Die ersten, die bereits einen Tag nach der Publikation bei der Regierung protestierten, waren Vertreter der Exportwirtschaft. Sie seien – so Holstein an Hatzfeldt – „außer sich, weil Abtretung von Sansibar [...] deutschen Handel ruinieren werde".[49] Scharfer Widerspruch kam besonders aus den mittel- und süddeutschen Zentren der exportorientierten Fertigwarenbranche. So wurde aus Sachsen große Enttäuschung industrieller Kreise gemeldet, die „in der Hoffnung, [...] neue Absatzgebiete für ihre Erzeugnisse zu gewinnen", große Erwartungen in die Kolonialexpansion in Ostafrika gesetzt hatten.[50] In Süddeutschland war die nationalliberale „Münchner Allgemeine Zeitung" das Sprachrohr dieser Kreise. Sie lehnten eine Annäherung an England ab, wenn sie nur mit solchen Opfern und faktischer Unterordnung zu erkaufen sei.

---

42 Veröffentlicht im „Reichsanzeiger" vom 17.6.1890; zit. nach: Schulthess 1890, S. 106f.
43 BA Potsdam, RKA, Nr. 6928, Bl. 74: Hatzfeldt an Caprivi 17.6.1890.
44 PA Bonn, Deutschland Nr. 159 secr., Bd. 2, Hatzfeldt an AA 18.6.1890.
45 PJ, 66. Bd. (1890), S. 90ff.
46 BA Potsdam, RKA, Nr. 6928, Bl. 67ff.: Zeitungsausschnitte; vgl. dazu: Sell, Abkommen, S. 8ff., 65ff.
47 Hatzfeldt, Papiere, S. 782 (Fußnote).
48 Sten. Berichte RT, 8. Leg.-Per., 1. Session, S. 34, 46f., 57.
49 Hatzfeldt, Papiere, S. 782 (Fußnote).
50 BA Potsdam, RKA, Nr. 6929, Bl. 60: Dönhoff an Caprivi 30.6.1890.

Noch entschiedener und lautstärker wandten sich die kolonialen Verbände gegen die Absprache. Sie mußten nicht nur ihre Hoffnungen auf eine Großkolonie in Zentralafrika begraben, sondern es waren überhaupt jeder weiteren Expansion in Afrika Riegel vorgeschoben. So protestierte die Deutsche Kolonialgesellschaft für Südwestafrika gegen den Verzicht auf Ausbreitung in östlicher Richtung um den Ngamisee.[51] In einer Resolution an das Auswärtige Amt widersprach der Vorstand des einflußreichen, besonders von bildungsbürgerlichen Berufsgruppen repräsentierten und die Interessen der exportinteressierten Fertigwarenindustrie des Rheinlandes, Sachsens und Süddeutschlands vertretenden Zentralvereins für Handelsgeographie und Kolonialpolitik den Konzessionen in Ostafrika, die die materiellen Interessen, aber auch das politische Ansehen Deutschlands schädigen würden.

Es ist bemerkenswert, wie massiv sich in diesen Kreisen die Stimmung gegen England ausprägte. Sie beklagten besonders den offensichtlichen deutschen Prestigeverlust, zu dem die Naivität der Berliner Führung in den Verhandlungen indes selbst beigetragen hatte. In seinem nationalistischen Selbstverständnis meinte der genannte Verein, Deutschland werde von England „gehaßt", als „gedemütigte Macht dritten Ranges" und feindselig behandelt. Er verlangte von der Regierung „Festigkeit gegen maßlose Ansprüche": „So verzweifelt schlecht kann es nicht um die Sicherheit des Vaterlandes stehen, daß wir für irgendwelche englischen Versprechungen unsere weltwirtschaftliche Machtstellung und unser koloniales Ansehen preisgeben."[52]

Unter dem Einfluß der Kolonialbewegung vollzog sich nun in den meisten konservativen und nationalliberalen Zeitungen rasch eine Wende zu einer kritischen Distanz nicht nur gegenüber den Vereinbarungen, sondern auch gegenüber England.[53] Der Eindruck, von London zu einem Verlustgeschäft verleitet worden zu sein, setzte sich durch. „Die Stimmung ist gänzlich umgeschlagen", schrieb Rößler Ende Juni in den „Preußischen Jahrbüchern". Das galt auch für ihn selbst. Anders als noch im Jahr zuvor hielt er es jetzt für „kindlichen Dilettantismus", an eine englische Beistandszusage im Falle eines Krieges Deutschlands gegen Rußland und Frankreich zu glauben – und kam damit der Wirklichkeit näher als früher.[54]

Das beachtliche Ausmaß der Protestbewegung reflektiert die Mahnung Holsteins an Hatzfeldt, sich mit dem Vertragsabschluß zu beeilen, weil die „Wirkung im Publikum miserabel" sei.[55] Als am 24. Juni Hatzfeldt die englische Bereitschaft ankündigte, die Insel Mafia südlich Sansibars Deutschland zu überlassen[56], begrüßte Marschall „wegen der zunehmenden Verstimmung in unseren kolonialen Kreisen" diese Konzession ausdrücklich.[57] Gleichzeitig konnte die Regierung die fast bankrotte und auf bevorstehende finanzielle Entschädigungsverhandlungen mit der Wilhelmstraße rechnende Deutsch-Ostafrikanische Gesellschaft zu der – von der Praxis bald bestätigten – Erklärung veranlassen, der Verzicht auf Sansibar werde das deutsche Ostafrika wirtschaftlich und handelspolitisch nicht entwerten.[58]

---

51 Ebenda, Bl. 4f.: Deutsche Colonialgesellschaft in Südwestafrika an Caprivi 21.6.1890.
52 Ebenda, Bl. 48ff.: Vorstand des Centralvereins für Handelsgeographie und Kolonialpolitik an AA 27.6.1890.
53 Sell, Abkommen, S. 15, 20, 65ff.
54 PJ, 66. Bd. (1890), S. 90, 94.
55 Hatzfeldt, Papiere, S. 783 (Fußnote).
56 PA Bonn, Deutschland Nr. 159 secr., Bd. 2, Hatzfeldt an Caprivi 24.6.1890.
57 Ebenda, Marschall an Hatzfeldt 25.6.1890.
58 Müller, Deutschland – Zanzibar – Ostafrika, S. 496f.

Als schließlich auf das deutsche Verlangen hin, Sansibar erst zu übergeben, wenn nach der Einigung mit dem Sultan der Festlandsstreifen an Deutschland übertragen worden sei, die englische Seite mit der Gegenforderung konterte, Helgoland dann auch erst zu diesem Zeitpunkt abzutreten, sah Holstein angesichts der erregten öffentlichen Stimmung sich am 29. Juni zu dem Zugeständnis veranlaßt, das englische Protektorat über Sansibar doch nicht mit Bedingungen zu verknüpfen, weil ohne die umgehende Inbesitznahme Helgolands „die Regierung nicht imstande wäre, auf das Abkommen einzugehen".[59] Nachdrücklich warnte er vor jeder weiteren Verzögerung. Er befürchtete, die bevorstehende Versammlung der Deutschen Kolonialgesellschaft könnte sonst eine Kampagne mit neuen Konzessionsforderungen auslösen.[60] Am 1. Juli wurde das Abkommen zuzüglich der letzten Kompromisse in der bereits veröffentlichten Fassung in Berlin unterzeichnet.

Dieser Akt gab den Protesten einen neuen Impuls. Als der Kolonialschriftsteller Friedrich Fabri auf der Tagung der Kolonialgesellschaft beklagte, „daß wir zu kurz gekommen" sind, erntete er volle Zustimmung.[61] Aber auch in England wurde immer wieder Kritik an dem Abkommen laut, besonders an den Zugeständnissen in den Grenzfragen nördlich des Tanganjikasees und am Sambesi.[62] Bei der Stärke, dem Einfluß und dem Selbstverständnis der britischen Kolonialbewegung war Salisbury in seiner Konzessionsbereitschaft sicher bis nahe an die Grenzen gegangen, die ihm sein machtpolitischer Spielraum zog.

Wenn also Caprivi kolonialpolitische Einigungsversuche mit London nach dem Grundsatz anstrebte, daß Deutschland „nicht bloß in der allgemeinen, sondern auch in der überseeischen Politik [...] auf freundschaftliches Verhalten einer größeren Seemacht angewiesen" sei[63], hieß das bei der 1890 veränderten außenpolitischen Konstellation nichts anderes, als sich auf andauernde Zweitrangigkeit gegenüber England in Kolonialfragen einzustellen. Im Augenblick konnte die Regierung bei einem solchen Kurs noch mit beträchtlicher Zustimmung rechnen. Doch sie kam besonders von ihren innenpolitischen Gegnern. Die Sozialdemokratie blieb kolonialfeindlich, und die Vorbehalte des Zentrums, mehr noch die des Freisinns, gegen eine ausgreifende Kolonialexpansion wirkten unverändert fort. Aber die Kolonialbewegung und vor allem ihre Ideologie befanden sich auf dem Vormarsch. Unter den Nationalliberalen und in den konservativen Parteien wuchs ihr Einfluß kontinuierlich an. Da in diesen Parteien staatstragende, ökonomisch und politisch mächtige Repräsentanten aus Bürgertum und Adel den Ton angaben, mußten die sich in diesen Organisationen vollziehenden Entwicklungen für den Regierungskurs von besonderem Einfluß sein. Gewiß gab es bei ihnen noch den Wunsch nach außenpolitischer Verständigung mit England.[64] Aber mit den kritischen Tönen gegenüber dem Vertrag wurden diese auch gegenüber dem Partner lauter. Während die linksliberale „Frankfurter Zeitung" ausdrücklich dabei blieb, die kolonialen den allgemeinen politischen Interessen unterzuordnen[65], hieß es Anfang Juli in der rechtsliberalen „Kölnischen Zeitung" gleichsam programmatisch: Leitmotiv der englischen Außenpolitik sei der „nationale Egoismus", aber „uns Deutschen fehlt dieses stolze Nationalgefühl noch immer".[66] Vier Wochen

---

59 PA Bonn, Deutschland Nr. 159 secr., Bd. 2, Holstein an Hatzfeldt 29.6.1890.
60 Hatzfeldt, Papiere, S. 788.
61 Kölnische Zeitung, Nr. 181, 2.7.1890.
62 BA Potsdam, RKA, Nr. 6929, Bl. 83f.: Hatzfeldt an Caprivi 5.7.1890.
63 Ebenda, Bl. 35ff.: Aufz. Caprivis 27.6.1890.
64 Ebenda, Nr. 6930, Bl. 51ff.: Zeitungsausschnitte.
65 Ebenda, Bl. 62ff.: Preßbericht des AA 31.7.1890.
66 Kölnische Zeitung, Nr. 183, 4.7.1890.

später rechnete das Blatt mit neuen Rivalitäten zwischen den englischen und den deutschen Handel in Afrika. „Die Handelsinteressen sind die leitenden Gründe für englische Staatskunst und Politik von jeher gewesen. Wünschen wir, daß unsere Befürchtungen nicht zur Wahrheit werden und wohl ein Wetteifer, aber kein erbitterter Kampf zwischen beiden Völkern sich erhebt."[67] Die konservative Presse hielt der Regierung vor, auf zu viele koloniale Territorien verzichtet zu haben. Die Rücksichtnahme auf England sei übertrieben, hieß es in der freikonservativen „Post".[68] Sie alle fanden sich auf gleicher Linie mit dem gestürzten Bismarck, der seinem Nachfolger mit Recht vorwarf, das Abkommen sei schlecht ausgehandelt.

Es war jedenfalls bereits 1890 fraglich, ob die Prämisse, mit Großbritannien außenpolitisch zusammengehen zu müssen, in den herrschenden Eliten bestimmend bleiben werde, wenn eine solche Linie auf die Dauer zu expansionspolitischer Zweitrangigkeit zwang.

Diese Frage erhielt zusätzliche Brisanz, als Mitte Juli die Daten über den Wirtschaftsablauf des vergangenen Jahres bekannt wurden. Die Symptome einer neuen Überproduktionskrise hatten sich verdichtet. Als entscheidende Ursache wurde der Rückgang des deutschen Exports angesehen, der auf die Hochschutzzollpolitik Rußlands und der USA, aber auch auf Inaktivität der deutschen Kolonialpolitik zurückgeführt wurde. Die „National-Zeitung" hielt es geradezu für alarmierend, daß die kolonialpolitisch erfolgreichen Mächte England und Frankreich, deren Ausfuhr um 6% bzw. 11% angestiegen war, und sogar Italien im Kampf um neue Absatzmärkte gegenüber Deutschland im Vorteil seien. Das Blatt verlangte, die „Mißachtung der Kolonialpolitik" im Interesse der Industrie zu korrigieren.[69] Als ein halbes Jahr später im Reichstag eine neue Kolonialdebatte stattfand, waren es wiederum nicht zuletzt die wirtschaftlichen Erwartungen, die die nationalliberalen und konservativen Redner für eine aktive Kolonialpolitik votieren ließen.[70]

Die Widersprüchlichkeit im deutsch-englischen Verhältnis wurde auch in der Behandlung des französischen Protestes gegen das Helgoland-Sansibar-Abkommen deutlich. Die französische Regierung wie die Öffentlichkeit vermuteten nach der Publikation des Entwurfes, das Übereinkommen erstrecke sich nicht nur auf koloniale Fragen, sondern deute auf eine generelle außenpolitische Annäherung, möglicherweise sogar auf geheime Abmachungen hin.[71] Indem es in Paris neue Isolationsbesorgnisse hervorrief, wirkte das Abkommen für die französische Regierung als zusätzlicher Impuls, den bereits in Gang gekommenen Annäherungprozeß mit Rußland kräftig zu fördern.[72] Der Protest gegen das Sansibar-Protektorat in London, später wegen des Küstenstreifens ebenfalls in Berlin, sollte unter diesen Vorzeichen Stärke demonstrieren und war, auch zur Beruhigung der eigenen machtvollen Kolonialbewegung, auf Entschädigung aus.[73]

---

67 Ebenda, Nr. 209, 30.7.1890.
68 Die Post, Nr. 210, 31.7.1890.
69 National-Zeitung, Nr. 397, 9.7.1890; Freisinnige Zeitung, Nr. 159, 11.7.1890, Nr. 160, 12.7.1890; PJ, 66. Bd. (1890), S. 196ff.
70 Sten. Berichte RT, 8. Leg.-Per., 1. Session, S. 1295–1361.
71 HHStA Wien, MdÄ, PA IX, Nr. 123, Bl. 497: Bericht aus Paris 19.6.1890, Nr. 124, Bl. 1ff.: Bericht aus Paris 3.7.1890; GP, Bd. 8, S. 26f.
72 HHStA Wien, MdÄ, PA IX, Nr. 124, Bl. 37: Bericht aus Paris 3.7.1890; GStA Berlin, 2.4.23, Nr. 584, Bl. 87f.: Münster an Caprivi 24.6.1890; BA Potsdam, 90 Ho 5: NL Holstein, Film 62246, Bl. 194686: Münster an Holstein 26.7.1890.
73 BA Potsdam, RKA, Nr. 6930, Bl. 34: Holstein an Marschall 26.7.1890; Bl. 60: Münster an Caprivi 26.7.1890.

Bei der Behandlung des französischen Einspruchs gelang es der deutschen Regierung nicht, London zu einem gemeinsamen Vorgehen zu veranlassen. Am 23. Juli fand es Caprivi geradezu befremdlich, von Salisbury über die Gespräche mit der französischen Seite nicht informiert zu werden.[74] Kurz darauf erfuhr er, daß Salisbury an Madagaskar als Äquivalent für Frankreich dachte. Dagegen hatte er nichts einzuwenden und war beruhigt, daß nicht Tunis – wegen der Rücksicht auf den Dreibundpartner Italien – Verhandlungsgegenstand war.[75] Doch Ende Juli sickerte durch, daß sich die französisch-englischen Verhandlungen auch auf die Gebietsabgrenzung in Zentralafrika erstreckten. Der neue Leiter der Kolonialabteilung, Paul Kayser, befürchtete, die Einigung zwischen beiden Mächten werde das Hinterland der deutschen Kolonien Togo und Kamerun beschränken. Caprivi war zwar am 3. August bereit, wiederum eine deutsche Beteiligung bei den Verhandlungen in London anzuregen. Größere Ansprüche zu stellen, hielt er jedoch für aussichtslos.[76] Zwei Tage später wurde Berlin mit der fertigen englisch-französischen Abmachung vor vollendete Tatsachen gestellt. Um den Preis Madagaskars akzeptierte Paris das Helgoland-Sansibar-Abkommen. In Zentralafrika anerkannte London das französische Einflußgebiet im Tschadsee-Niger-Gebiet, die Handelsfreiheit im Tschadseeraum blieb jedoch unangetastet. Da weder Paris noch London wegen möglicher Komplikationen derzeit weitergehende Festlegungen anstrebten, konnte die deutsche Regierung zwar erklären, eine Ausdehnung der französischen Kongokolonie bis zum Tschadsee nicht konzedieren zu wollen, mußte sich aber darauf einlassen, eine Entscheidung darüber zu vertagen.[77]

Trotz der keineswegs ermutigenden Zeichen aus Englands Regierung und Öffentlichkeit hielt Holstein – die „Seele des ganzen Ministeriums", ohne den keine Entscheidung fiel[78] – nach dem Abschluß des deutsch-englischen Vertrages die Zeit für gekommen, im deutsch-englischen Verhältnis konzentriert auf eine solche Stabilität hinzuwirken, die bei Kriegsausbruch sicher mit der Allianz rechnen ließ. Am 16. Juli forderte er Hatzfeldt auf: „Jetzt, wo Bismarck fort ist, können wir beide auch mal die Frage einer deutsch-englischen Verständigung (mit Einschluß von Indien) beschlafen und besprechen. Die Sache eilt umso weniger, da diese Vereinbarung erst kurz vor dem Losbruch geschlossen werden dürfte. Sie darf nicht abständig werden. Der Losbruch aber wird diesen Sommer nicht stattfinden. Ich wünschte, daß diesen Sommer England uns ein paar kleine diplomatische Erfolge zu verdanken hätte, als Anfang."[79]

Das Angebot einer Garantieerklärung für Britisch-Indien hielt Holstein schon seit Jahren für die Lockspeise, die London seinen Vorstellungen folgen lassen könnte. Eine massive militärische Bedrohung durch Deutschland an den Westgrenzen, mit der dann das Zarenreich bei Vorstößen in Richtung Mittelasien und Indien zu rechnen hätte, sollte es auf eine solche Expansion verzichten lassen. Impulse, einer solchen Vereinbarung näher zu kommen, sah Holstein neben dem bereits erfolgten, von der Berliner Regierung auch mit dieser weiteren Perspektive anvisierten Ausgleich kolonialer Differenzen darin, die englisch-italienische

---

74 Ebenda, Bl. 15: Caprivi an Hatzfeldt 23.7.1890.
75 GP, Bd. 8, Bl. 36ff.
76 BA Potsdam, RKA, Nr. 3672, Bl. 45ff.: Aufz. Kaysers 3.8.1890.
77 Ebenda, Bl. 50: Holstein an Hatzfeldt 6.8.1890, Bl. 60ff.: Hatzfeldt an Caprivi 11.8.1890; Bl. 90: Aufz. Marschalls 30.8.1890; Bl. 102f.: Marschall an Hatzfeldt 4.9.1890.
78 HHStA Wien, MdÄ, PA III, Nr. 139, Bl. 163: Bericht aus Berlin 5.9.1890.
79 Hatzfeldt, Papiere, S. 793.

Kooperation bei der Abwehr französischer Vorstöße an den nördlichen und nordöstlichen Küsten Afrikas zu fördern und in den Meerengen- und Bulgarienfragen London auf ein solches eigenes Engagement festzulegen, das eine Kooperation mit den Mittelmeerententepartnern wirklich sicherte. Nun hatte die deutsche Regierung selbst – nicht zuletzt mit Blick auf London – in den letzten Monaten Bereitschaft erkennen lassen, in Orientfragen deutlicher als früher Stellung zu beziehen. Dennoch blieb das, was Holstein im westlichen wie im östlichen Mittelmeer an deutscher Unterstützung praktisch zu bieten hatte, so wenig wie zu Zeiten Bismarcks. Holstein fand es trotzdem erfolgversprechend, England zur Wahrnehmung seiner Interessen dort zu ermuntern, wo es auf Unterstützung des Dreibundes angewiesen schien. Er verkannte jedoch, daß London in beiden Territorien nicht mit krisenhafter Verschärfung oder mit Bedrohung seiner Interessen rechnete. Es konnte sich wie bisher darauf beschränken, in dem einen Falle Italien, im anderen Österreich-Ungarn als Garanten gegen ein zu weites Vordringen Rußlands oder Frankreichs zu nutzen und selbst in Hinterhand zu bleiben. Außerdem funktionierte das Instrument direkten Ausgleichs in den Kolonialverhandlungen mit Frankreich erfolgreich, so daß auch in anderen Fällen auf deutsche Beihilfe verzichtet werden konnte. Und was Indiens Sicherheit betraf, so war durch die Wende der deutschen Rußlandpolitik die Möglichkeit überraschender frontaler russischer Vorstöße immerhin reduziert. In dieser Wende sah London zudem die Chance, auf Engagement in Nahostfragen erst recht verzichten zu können.

Holstein ließ sich in seinem Optimismus von den Fehleinschätzungen nicht anfechten. Schon Ende April, als in der „Times" von den Bedingungen einer Annäherung zwischen England und Deutschland die Rede war, hatte er vermutet – und vom Berliner „Times"-Korrespondenten Chirol war dem nicht widersprochen worden –, „daß England die Absicht hat, Indien zu verteidigen, aber nicht die Kraft fühlt, das allein zu tun"[80]. Eine Woche später erschien in der „Kölnischen Zeitung" ein wahrscheinlich vom Auswärtigen Amt inspirierter Artikel, der solche Klagen britischer Zeitungen aufgriff und entgegnete, Rußland verfüge über die für einen solchen Vorstoß notwendigen Truppen nur dann, wenn sie aus dem Westen herangezogen werden. „Sobald England mit dem Dreibund sich dahin einigt, für den Besitzstand sich gegenseitig Gewähr zu bieten, ist eine solche Schwächung der in Europa stehenden russischen Armee unmöglich, denn sie würde auf dem westlichen Kriegsschauplatz, auf welchem die Entscheidung fallen muß, entscheidende Kräfte entziehen."[81] Die Vermutung, das Auswärtige Amt könnte mit einem solchen Artikel auf die öffentliche Meinung in England gezielt haben, liegt schon deshalb nahe, weil sich Holstein gerade in diesen Tagen über die britische Presse beklagte, sie werfe die Frage nicht auf, welche nachteiligen Folgen für England eine militärische Niederlage des Dreibundes hervorrufe. Rußland würde sich nämlich dann Indien und Frankreich Ägypten nehmen. Eine solche öffentliche Debatte hielt Holstein für ein wichtiges Element, die britische Regierung zu veranlassen, sich der Frage einer eigenen Beteiligung am Krieg auf Seiten des Dreibundes zu stellen.[82] Als Druckmittel in diese Richtung diente Holstein die Klarstellung gegenüber London, die deutsche Balkanpolitik folge nach wie vor Bismarckschen Prinzipien.

Doch Salisbury hielt nicht nur dort den Status quo für weitgehend gesichert. Ebensowenig sah er sich veranlaßt, sich in den französisch-italienischen Streit um Bizerta einzuschalten. Die

---

80 Ebenda, S. 774.
81 Kölnische Zeitung, Nr. 126, 7.5.1890.
82 Hatzfeldt, Papiere, S. 775.

britische Außenpolitik war von anderen Prioritäten bestimmt, und die von Holstein als dringlich angesehenen und für die deutsche Außenpolitik tatsächlich elementaren Entscheidungsfragen waren für London nicht – oder genauer: nach Bismarcks Sturz nicht mehr – aktuell. Für die Öffentlichkeit wurde diese britische Interessenlage schlaglichtartig deutlich, als die Auslassung der „Neuen Preußischen Zeitung", Bismarck habe Ende der achtziger Jahre England in ein Bündnis mit Deutschland drängen wollen und damit Spannungen zwischen beiden Regierungen provoziert, dem liberalen Oppositionsführer Lord Rosebery – gedrängt auch von Bismarck selbst – Anlaß für eine Interpellation im Oberhaus gab. Salisbury antwortete, der Inhalt des Artikels sei reine Erfindung, denn Bismarck habe gewußt, „daß kein englischer Minister ein solches Bündnis eingehen könne", und folglich seien auch die guten Beziehungen „auf Basis natürlicher Interessen" nie gestört gewesen.[83] Holstein war zwar verärgert über diese Erklärung des Premierministers, aber er sah keinen Anlaß, seine eigenen Standpunkte zu überprüfen.[84] Es mag ihn der Gedanke beruhigt haben, auf ein sofortiges Bündnis ja nicht zu reflektieren, so daß sich ihm die Frage gar nicht stellte, ob nicht diese Antwort seine außenpolitischen Hoffnungen zu Illusionen stempelte. Als auf die Ende Juni eingebrachte Unterhausanfrage nach geheimen Artikeln im Kolonialabkommen über ein Bündnis im Kriegsfall Fergusson antwortete, England sei keinerlei Verpflichtungen gegenüber europäischen Mächten eingegangen, und dafür enthusiastischen Beifall erhielt[85], focht das Holstein ebensowenig an.

Wie total er die britische Interessenlage verkannte, zeigt ein weiterer Vorgang. Als im Mai die 1890 endgültige Absage an Petersburg in der Vertragsfrage erfolgt war, ließ er den betreffenden Erlaß an Schweinitz auch an Hatzfeldt übermitteln, damit dieser den Premierminister informieren konnte. „Sie werden danach Salisbury mit voller Überzeugung sagen können, daß unsere Politik fest und ehrlich ist – aber er muß die Idee aufgeben, daß Englands Interessen ohne dessen eigenes Zutun durch andere vertreten werden."[86] Ein solches Vorgehen war nicht allein naiv – von Salisbury war die genau entgegengesetzte Reaktion zu erwarten.

Wenige Wochen später genügte die Nachricht, Salisbury wolle in „Stambul vorstellig werden", weil der Sultan die Durchfahrt russischer Kriegsschiffe durch die Dardanellen gestattet hatte, um bei Holstein Hoffnung zu wecken, dieser „Unternehmungsgeist" sei „die Folge größeren Zutrauens zu uns"[87]. Während das Auswärtige Amt bestrebt war, in der Meerengenfrage Großbritannien in vorderste Linie zu bringen, hielt es gleichzeitig an der Position, selbst unbeteiligt zu bleiben, fest. Um die englische Seite dort zu ermuntern, korrigierte es dafür im Juli wiederum seine Haltung in der Bulgarienfrage. Es gab diplomatische Unterstützung, als England, Österreich und Italien den Sultan ermutigten, trotz russischer Proteste bulgarische Bischofssitze in Mazedonien zu besetzen. Doch weckte diese mehr taktische Wendung des Auswärtigen Amtes in Wien und London so hohe Erwartungen in das deutsche Engagement – der österreichisch-ungarische Außenminister Gustav Graf Kálnoky sprach von einer „wesentlichen Änderung" der deutschen Bulgarienpolitik[88] –, daß sich Berlin in den

---

83 PA Bonn, England Nr. 78, Bd. 7: Hatzfeldt an Caprivi 17.5.1890.
84 Hatzfeldt, Papiere, S. 775.
85 HHStA Wien, MdÄ, PA VIII, Nr. 110, Bl. 473f.: Bericht aus London 30.6.1890.
86 Hatzfeldt, Papiere, S. 777.
87 Ebenda, S. 780.
88 HHStA Wien, MdÄ, PA III, Nr. 139, Bl. 88: Randbemerkungen Kálnokys auf Bericht Deyms 1.8.1890.

Herbstmonaten neuerlich korrigierte und die distanzierte Position in der Bulgarienfrage wieder einnahm, um nun mit der entgegengesetzten Taktik den ohnehin gelinden Eifer Londons in der Meerengenpolitik nicht gänzlich erlahmen zu lassen.[89]

Mitte Juli war Holstein guter Hoffnung, die neue deutsche Schwenkung in der Bulgarienpolitik könnte der ins Auge gefaßten allgemeinen deutsch-englischen Verständigung einen Impuls geben. Drei Tage, nachdem er Hatzfeldt auf die Generallinie eingestellt hatte, instruierte er ihn, den in England eingetroffenen deutschen Kaiser zu veranlassen, mit der britischen Führung die Heranziehung Englands an den Dreibund zu besprechen.[90] Parallel zu ihren Annäherungsbestrebungen auf diplomatischer Ebene inszenierte die Berliner Zentrale eine Pressekampagne, die der Kritik in den deutschen Zeitungen am Helgoland-Sansibar-Vertrag entgegenwirken und die öffentliche Meinung in beiden Staaten auf Verständigungskurs orientieren sollte. Es war Caprivi selbst, der den Entwurf zu einer Denkschrift für den Reichsanzeiger vorlegte.[91] „Freundschaftliche Beziehungen zu England zu garantieren", sei das bestimmende Motiv für das Abkommen gewesen, schrieb er. Denn Bruch oder gar Krieg mit England sei für Deutschland in politischer, wirtschaftlicher und „nationaler" Beziehung „ein schweres Unglück".

Das Echo der Presse auf die am 29. Juli veröffentlichte Denkschrift war für die Reichsregierung nicht ungünstig.[92] Während die Zeitungen des Zentrums und der Linksliberalen uneingeschränkt den Argumenten der Regierung zustimmten, reagierten die nationalliberalen und konservativen Blätter angesichts ihrer kolonialpolitischen Interessenlage auf die englandpolitischen Vorstellungen der Regierung allerdings kühler und weniger einheitlich. Der „Post" erschien die Rücksichtnahme auf London wiederum übertrieben. Für die „Kölnische Zeitung" war bei den Zielen der Regierung der „Wunsch Vater des Gedankens". Aber die „National-Zeitung" rechnete Anfang August bereits mit der „verstärkten Tripelallianz", die sich „gegen [...] den panslawistischen Chauvinismus in Rußland und gegen die Revanchepolitik in Frankreich" richte.

Auch die meisten englischen Zeitungen nahmen die Denkschrift beifällig auf.[93] Für den konservativen „Standard" zählte England „dem Wesen nach" längst zum Dreibund. Kurs der Londoner Regierung war das freilich nicht. Die guten Beziehungen zu den Dreibundmächten zu erhalten, blieb Salisbury ernsthaft bestrebt. Die diplomatische Erörterung der Tunisfrage in diesen Wochen unterstrich jedoch, daß sich Salisbury, wenn fundamentale englische Interessen nicht auf dem Spiel standen, deutschen Versuchen, London zu Initiative oder gar zur Festlegung gegen Rußland oder Frankreich zu veranlassen, stets entziehen werde.[94] Das Verhältnis zu Deutschland in so unverbindlicher, unmißverständlich und ohne Zug zum Kompromiß auf das britische Interesse ausgerichteter Form glaubte er erst recht aufrechterhalten zu können, seitdem Deutschland mehr von England abhängig schien als früher. Wie er die neue Lage nutzte und was er bei diesen Gegebenheiten wirklich von der neuen deutschen

---

89 GP, Bd. 9, S. 45ff.; Schöllgen, Imperialismus und Gleichgewicht, S. 51ff.; Herrmann, Dreibund, S. 8f.
90 BA Potsdam, 90 Ho 5: NL Holstein, Film 62244, Bl. 193150f.: Hatzfeldt an Holstein 19.7.1890; Hatzfeldt, Papiere, S. 792ff.
91 BA Potsdam, RKA, Nr. 6929, Bl. 35ff.: Aufz. Caprivis 27.6.1890.
92 Ebenda, Nr. 6930, Bl. 48ff.: Preßberichte des AA 30.7.1890, 31.7.1890 sowie Zeitungsausschnitte; Kölnische Zeitung, Nr. 209, 30.7.1890; National-Zeitung, Nr. 445, 6.8.1890.
93 PA Bonn, England Nr. 78, Bd. 8: Hatzfeldt an Caprivi 11.8.1890.
94 Bayer, England, S. 16ff.

Englandpolitik hielt, eröffnete er seinem Botschafter in Rom, Dufferin: „Ich verschließe mich den ungeduldigen Anerbietungen meiner deutschen Freunde nur ungern. Aber es wäre unklug, sich jetzt zu sehr von ihrem Rate leiten zu lassen. Ihr Architophel ist nicht mehr da. Sie sind jetzt wesentlich angenehmere und bequemere Verhandlungspartner, aber man vermißt den außerordentlichen Scharfsinn des alten Mannes."[95]

Doch die deutliche englische Zurückhaltung, der deutschen Seite auf einem Weg zu folgen, der zu festeren Abmachungen führte, scheint Holstein in diesen Monaten noch nicht bewegt zu haben. Den mißtrauischen Mann quälte vielmehr die Vorstellung, Wilhelm II. könnte sich bei dem bevorstehenden Treffen mit dem Zaren Mitte August in Narwa doch wieder auf geheime Vereinbarungen einlassen.[96] Er ließ Raschdau dem Kaiser eine umfangreiche Denkschrift vorlegen, in der neuerlich das Argument strapaziert wurde, ein Geheimvertrag mit Rußland entfremde Deutschland von den Dreibundmächten und von England. Selbst in der Meerengenfrage könne Deutschland einer Stellungnahme auf die Dauer nicht mehr ausweichen[97] – eine Auslassung, die von bedenklicher außenpolitischer Leichtfertigkeit zeugte. Nur um den Kaiser bei der Stange zu halten, wurde eine Grundposition scheinbar in Frage gestellt, die bisher streng behauptet worden war – eine angesichts der unbedachten Art des Monarchen äußerst gefährliche Taktik. Mit Caprivi wurde verabredet, dem Besuch einen unverbindlichen Charakter zu geben, strittige politische Fragen auszuklammern und lediglich die russische Position in der Bulgarienfrage anzuerkennen.[98] Trotz anhaltender Presseangriffe von beiden Seiten[99] wären die Voraussetzungen für eine Annäherung nach wie vor nicht ungünstig gewesen. Besonders aus der sich rasch verschlechternden Wirtschaftslage erwuchs neuer Drang nach Verständigung.[100] Wie stark diese Tendenz war, erwies sich, als vier Wochen vor dem Treffen die antideutsche Polemik der russischen Presse nahezu aufhörte.[101]

In Narwa kam es zu Caprivis Zufriedenheit zu keinen festen Abmachungen.[102] Als sich später Giers von ihm die gesprächsweise Übereinstimmung über die Sperrung der Meerengen und die Illoyalität des Bulgarienfürsten schriftlich bestätigen lassen wollte, lehnte der Reichskanzler selbst diese eher harmlose Festlegung ab[103] – ein neuer Affront, der die ohnehin nur geringe atmosphärische Wirkung des Besuchs rasch wieder zunichte machte, zumal auch die deutsche Presse den Besuch mit harscher Kritik begleitet hatte.[104]

Dieser Effekt ließ die in der französischen Führung zeitweilig aufgekommene Besorgnis rasch verfliegen. Der sich seit Frühsommer etablierende Annäherungsprozeß zwischen Rußland und Frankreich kam besonders zwischen den militärischen Führungen rasch voran. Dort befanden sich auf beiden Seiten seit Jahren die maßgeblichen Befürworter einer Allianz. Der stellvertretende französische Generalstabschef Boisdeffre, der im August an Manövern der

---

95 Cecil, Salisbury, Bd. 4, S. 374f.
96 Hatzfeldt, Papiere, S. 797.
97 GStA Berlin, Br.-Pr. H.-A., Rep. 53, NL Wilhelm II., E I Rußland Nr. 1, Bl. 15ff.: Denkschrift Raschdaus 15.7.1890.
98 GP, Bd. 7, S. 347f.
99 HHStA Wien, MdÄ, PA X, Nr. 93, Bl. 190ff: Bericht aus Petersburg 9.7.1890; ebenda, PA III, Nr. 139, Bl. 32ff.: Bericht aus Berlin 12.7.1890.
100 Wegner-Korfes, Hintergründe, S. 333.
101 BA Potsdam, Bayerische Gesandtschaft Petersburg, Film 64048, Bericht 21.7.1890.
102 Ebenda, Bericht 24.8.1890.
103 GP, Bd. 7, S. 352f.
104 PJ, 66. Bd. (1890), S. 298ff.

Chancen und Illusionen in der Englandpolitik

russischen Armee teilnahm, stellte nicht nur den direkten Kontakt zwischen beiden Generalstäben her, sondern kam schon mit dem Vorschlag einer Militärkonvention nach Rußland. Noch lehnte Petersburg ab.[105] Die politische Führung war noch uneins, ob ein festes Bündnis geboten oder wie bisher überflüssig war.[106]

Welche Richtung aufkam, blieb dem Auswärtigen Amt jedoch nicht verborgen. Ende September meldete Friedrich von Pourtalès aus Petersburg, daß „der Wunsch nach einer intimeren Annäherung zwischen beiden Reichen hier immer mehr Boden gewinnt" und Frankreich als „natürlicher Bundesgenosse" angesehen werde.[107] Die neue deutsche Außenpolitik hatte an dieser Entwicklung maßgeblichen Anteil. Zuletzt war der Helgoland-Sansibar-Vertrag in Petersburg zumindest als entscheidender Schritt zum Eintritt Englands in den Dreibund gewertet worden. Doch Wilhelm II. kommentierte Pourtalès' Bericht lakonisch nur mit „Ja". Warnende Stimmen wie die des Botschafters Schweinitz wurden weiterhin überhört.

Die für die europäische Machtstellung des Deutschen Reiches nachteilige Wirkung seiner neuen Rußlandpolitik spiegelt sich auch in neuen Tendenzen in den österreichisch-russischen Beziehungen wider. Hatte Kálnoky ohnehin in Bismarcks Sturz die Chance für eine Gewichtsverlagerung im Dreibund mit größerem außenpolitischen Bewegungsspielraum für Wien erblickt, sah er sich in dieser Hoffnung nach den ersten außenpolitischen Schritten des Neuen Kurses bestärkt. Es war ihm folglich ganz willkommen, als Giers nach dem resultatlosen Treffen in Narwa seine noch primär taktisch motivierten, aber wegen der auf den Status quo im Balkan- und Meerengenraum gerichteten Linie für die Zukunft nicht aussichtslosen Sondierungen in Richtung Wien intensivierte. Wenn Kálnoky auch russische Hoffnungen auf eine Unterhöhlung des Dreibundes unterstellte, denen zu folgen er nicht bereit war – die ersten Schritte Petersburgs, die das russisch-österreichische Verhältnis von der bisherigen deutschen Vermittlung zu lösen und „sich mit uns direkt zu verständigen" beabsichtigten mit dem Ziel, „die seit 1870 zum Schaden Rußlands in Europa eingenommene dominierende Stellung Deutschlands zu schwächen"[108] – solche Ansätze kamen ihm durchaus entgegen, und sie mehrten sich im zweiten Halbjahr 1890 beträchtlich.[109]

Sie erklären sich auch aus vermehrter russischer Aktivität im zentralasiatischen Raum, für die es zur gleichen Zeit neue Anzeichen gab. Nachdem die deutsche Führung diese Schwerpunktverlagerung zaristischer Außenpolitik lange Zeit unbeachtet gelassen hatte, sah es Marschall Anfang 1891 auf einmal dort unvermeidlich zum russisch-englischen Zusammenstoß kommen.[110] Doch blieb der Wunsch der Vater des Gedankens, auf diese Weise der deutschen Außenpolitik neuen Bewegungsspielraum in Europa zu sichern. Es war vielmehr der neue Kurs dieser Außenpolitik, der unfreiwillig die Konfliktchancen im mittelasiatischen Raum reduzierte. Denn Rußland war dort gerade bestrebt, England nicht zu provozieren und ging eher vorsichtig vor.

Auch im deutsch-englischen Verhältnis kündigten sich neue Belastungen an. Die Protestaktionen der Kolonialbewegung gegen den Helgoland-Sansibar-Vertrag gingen in

---

105 Manfred, Obrazovanie, S. 309; Jakobs, Zweibund, S. 67ff.
106 PA Bonn, Rußland Nr. 91, Bd. 10, Pourtalès an Caprivi 8.7.1890.
107 Ebenda, Pourtalès an Caprivi, 27.9.1890.
108 HHStA Wien, MdÄ, PA X, Nr. 93, Bl. 100ff.: Kálnoky an Aehrenthal 11.9.1890.
109 Ebenda, Bl. 295ff.: Bericht aus Petersburg 12.11.1890.
110 PA Bonn, Asien Nr. 10, Bd. 34, Marschall an Hatzfeldt 28.2.1891; Gillard, Struggle for Asia, S. 205ff.

Sammlungsbestrebungen über, die Ende September 1890 in die Gründung einer zentralen Interessenorganisation, des Allgemeinen Deutschen Verbandes, einmündeten, aus dem später der Alldeutsche Verband hervorging. Vertreter des gehobenen Mittelstandes, bürgerliche Intellektuelle, konservative Reichstagsabgeordnete und Junker sowie kapitalistische Unternehmer gaben den Ton an. Noch blieben Mitgliederzahlen und Einfluß gering, und von einer ausgesprochen antienglischen Stoßrichtung konnte noch nicht die Rede sein. Aber das Verlangen nach deutscher „Weltstellung", nach deutscher „Ausbreitung" in Übersee, neuen Absatzgebieten und Kolonien umriß die sich abzeichnende Perspektive.[111] Sie entsprach den gesellschaftlichen Wandlungen, die sich in dieser Phase vollzogen. Sie spiegeln sich wenngleich noch leicht modifiziert wider in den Stellungnahmen der einzelnen politischen Lager während der Kolonialdebatte Anfang 1891 im Reichstag.[112] Allein drei konservative Abgeordnete, die dem neugegründeten Verband angehörten – Julius Graf Mirbach, Wilhelm von Kardorff und Graf Arnim-Muskau – wandten sich gegen die kolonialen Konzessionen an England – Arnim mit dem bemerkenswerten Argument, Deutschland als „stolze Nation" dürfe die Auffassung der Engländer, ihnen gehöre ganz Afrika, nicht akzeptieren. Ebenfalls kritischer gegenüber England als noch 1890 oder gar 1889 war die Tonart der nationalliberalen Redner. Freundschaft mit England sei nur zuverlässig – so der Nationalliberale Ludwig Cuny –, wenn sie auf Gegenseitigkeit beruhe. Allein die Linksliberalen waren um der Sicherheit außenpolitischer Verbindungen mit England willen bereit, die Kolonialpolitik sogar noch weiter zu beschränken. Dabei berief sich Eugen Richter auf die sicherheitspolitischen Erwägungen aus der Bismarckschen Reichstagsrede vom 6. Februar 1888. Nur war es eben höchst unwahrscheinlich, ob eine solche Verbindung mit England so viel Sicherheit bot wie die frühere mit Rußland und ob sie überhaupt zustande kommen konnte.

Bismarck nahm den Helgoland-Sansibar-Vertrag zum Anlaß, die eigenen außenpolitischen Prinzipien gegen den Neuen Kurs vehement zu verteidigen. Diese Kritik erzeugte öffentliche Wirkung, denn er vermochte seinen Nachfolgern überzeugend vorzuhalten, sein Erbe leichtfertig zu verspielen. Der Vertrag mit England, machte er geltend, rufe in London den für die deutschen Interessen schädlichen Eindruck hervor, „daß die gegenseitige Freundschaft für Deutschland notwendiger sei als für England". Das Reich hielt er dagegen für „unangreifbar", „solange es gute Beziehungen zu Rußland unterhält".[113]

Dieses Argument ist schwerlich zu entkräften. Wenn Michael Stürmer dagegen in der Verbindung mit England die einzige realistische Alternative deutscher Außenpolitik dieser Zeit erblickt, deren Bedeutung in der sicherheitspolitischen Garantie der handelspolitischen Offensive gelegen hätte, erhebt sich der Einwand, wie diese Garantie angesichts der englischen Grundpositionen und ohne den Druck einer deutsch-russischen Verbindung zustande kommen sollte.[114] Eine Stellung als Juniorpartner hätte das bedeutet – und Caprivis Kurs lief

---

111 Hartwig, Alldeutscher Verband, S. 14f.; Hallgarten, Imperialismus vor 1914, 1. Bd., S. 358ff.; Laufer, Südafrikapolitik, S. 42; Gründer, Geschichte, S. 63ff.; Eley, Reshaping the German Right, S. 110ff.; Chickering, We Men, S. 86ff.
112 Sten. Berichte RT, 8. Leg.-Per., 1. Session, S. 1295, 1309, 1328, 1335ff, 1352, 1361; vgl. auch: Lahme, Außenpolitik, S. 161ff.
113 Fürst Bismarck 1890–1898, 1. Bd., S. 319, 351; Hank, Kanzler ohne Amt, S. 297ff.; Engelberg, Bismarck, S. 617ff.
114 Stürmer, Das ruhelose Reich, S. 268.

zu dieser Zeit faktisch in eine solche Richtung. Es war jedoch von Anfang an fraglich, ob nicht eine solche Linie an machtvollen inneren Gegenströmungen scheitern werde.

Unumstößliche Tatsache ist dagegen, daß die mit der Nichterneuerung des Rückversicherungsvertrages verknüpfte Verschlechterung der außenpolitischen Lage des Reiches nicht durch eine verbindliche, weitgehende Annäherung an England ausgeglichen werden konnte. Dadurch war der außenpolitische Bewegungsspielraum verloren gegangen, der die Bedingung der halbhegemonialen Stellung des Reiches gewesen war.[115] Das Reich stellte gleichsam das außenpolitische Gefüge in Frage, in dem es bisher als Faktor relativer Stabilität und Berechenbarkeit gelten konnte. Da diese Entscheidungen zu einer Zeit fielen, in der sich eine verstärkte Dynamik expansiver Außenpolitik aller Großmächte abzeichnete, konnten sich bei seiner komplizierten Ausgangslage für das Deutsche Reich existentielle Gefährdungen ergeben, die um so größer werden mußten, um so ausgreifender sich der eigene imperialistische Anspruch artikulierte. Noch waren es Ansätze, die in solche Richtungen wiesen, und schon deswegen blieb es möglich, durch außenpolitische Kurskorrekturen den Gefahren entgegenzuwirken.

Gewiß war Bismarcks Antwort, wirtschaftlich und ideologisch motiviertes Expansionsverlangen mit dem Hinweis auf die gefährdete europäische Lage Deutschlands zurückzuweisen, auf die Dauer nicht haltbar. Es mußten Wege für das äußerst schwierige Anliegen gesucht werden, das Reich als Faktor europäischer Sicherheit und Berechenbarkeit zu erhalten und zugleich dem außereuropäischen Expansionsverlangen zu genügen sowie beide Ziele bei jeweils noch kalkulierbarem Risiko miteinander zu verknüpfen. Caprivi ist vorzuhalten, daß er die Dynamik dieses Expansionsstrebens nicht erkannte und in der Europapolitik von Illusionen und von Prämissen ausging, die dort zu höchstem Risiko führen mußten.

3. Die Dreibundpolitik: Handelsverträge und Allianzerneuerung 1891

Es gehörte zu den ersten Handlungen der neuen Führung, den Regierungen Österreich-Ungarns und Italiens die Treue zum Dreibund zu versichern. In den Reaktionen gab es allerdings bemerkenswerte Akzentunterschiede. Kálnoky war zuversichtlich, Deutschland werde fester denn je zum Bündnis stehen, das Liebäugeln mit Rußland werde aufhören, Deutschland werde jedoch auch nicht mehr der Brennpunkt europäischer Politik sein – Perspektiven, die ihn auf größeren Bewegungsspielraum für die österreichisch-ungarische Außenpolitik rechnen ließen.[1] Der italienische Ministerpräsident Francesco Crispi hatte dagegen die italienische Außenpolitik so demonstrativ an Bismarck angelehnt, daß dessen Sturz die Opposition im italienischen Abgeordnetenhaus zu Angriffen auf den Ministerpräsidenten ermutigte, deren Wirkungskraft angesichts der durch die verschlechterte wirtschaftliche Lage sich ausbreitenden Mißstimmung im Lande noch nicht abzusehen war.[2] Anfang April konnte ein Schreiben Caprivis, das den Wert der deutsch-italienischen Freundschaft in höchsten Tönen pries, Crispis Stellung etwas erleichtern.[3]

---

115 Canis, Wende, S. 50.
1 PA Bonn, Österreich Nr. 95, Bd. 5, Reuß an Caprivi 18.4.1890; HHStA Wien, MdÄ, PA III, Nr. 140, Bl. 55ff.: Kálnoky an Széchényi 12.4.1890.
2 Ebenda, PA XI, Nr. 107, Bl. 161ff.: Berichte aus Rom 25.3.1890.
3 Ebenda, Bl. 180: Bericht aus Rom 8.4.1890.

Schon diese Reaktionen deuten darauf hin, daß von allen außenpolitischen Elementen des Neuen Kurses die Dreibundpolitik – auch in den Augen der Regierung – am stärksten von gesellschaftlichen Entwicklungen mitbestimmt war, von wirtschaftlichen wie von sozialen Fragen, besonders von den Gefahren, die sie aus der bürgerlich-republikanischen und sozialistischen Bewegung erwachsen sah. Die Regierung hat Ausmaß und Durchschlagkraft dieser Bewegungen insgesamt sicher überbewertet, nicht selten diese aber auch zu taktischen Zwecken hochgespielt. Sie sah jedenfalls ihre eigenen Bedenken bestätigt, als sie von dem von Wilhelm II. und Caprivi nach Wien entsandten Generaladjutanten Carl von Wedel erfuhr, wie ernst die Regierung in Wien die Lage beurteilte: „Der Kaiser und Kálnoky sind aber besorgt wegen der sozialistischen Bewegung, die leicht zu ernsten Krisen führen könne. Ja, Kálnoky geht sogar so weit, daß er in dem Überhandnehmen der republikanischen Tendenzen eine ernste Gefahr erblickt. Er glaubt, daß sich die italienische Dynastie kaum noch lange werde halten können und daß der apenninischen Halbinsel die pyrenäische und dieser das Königreich Belgien folgen würden."[4]

Entwicklung und Ausbreitung der Arbeiterbewegung hatten in Österreich-Ungarn durch den Einigungsparteitag in Hainfeld 1889 einen kräftigen Impuls erhalten. Ausgedehnte Streikaktionen der Maurer und Straßenbahnfahrer in Wien sowie der Bergarbeiter in Kärnten und der Steiermark kündeten 1889/90 von wachsendem Widerstandswillen und vom Mißerfolg der Ausnahmegesetze. Deutsche Diplomaten verwiesen besorgt auf die Einigkeit im Arbeiterlager und auf Differenzen unter den Unternehmern bei den Streiks.[5] Die Maidemonstrationen in der Habsburgermonarchie gehörten 1890 zu den mächtigsten in der internationalen Sozialdemokratie. Der Einfluß der etablierten liberalen und konservativen Parteien war aber auch unter den Mittelschichten gesunken. Dort erhielten deutsch-nationalistische, christlich-soziale und antisemitische Bewegungen Zulauf, die in vielem kritisch zur Regierungspolitik standen. Die Position der konservativ-klerikalen Regierung Taaffe verschlechterte sich weiter, als neue Ausgleichsversuche in den nationalen Auseinandersetzungen, besonders im Sprachenstreit mit den Tschechen, nicht nur zu Protesten auf deutscher und ungarischer Seite führten, sondern eine bürgerlich-radikale tschechische Opposition hervortreten ließen, die die Kompromißvorschläge der Regierung nicht akzeptierte.[6] Die Führung in Berlin verfolgte seit Jahren diese Ausgleichsversuche der Wiener Regierung mit kritischer Distanz, häufig begleitet von Bestrebungen der magyarischen Oberschicht, Berlin in die Front gegen die „slawische Sturmflut" in der Monarchie einzureihen.[7] Das politische Verhältnis zwischen den Bündnispartnern war dennoch eng und stabil, ebenso das wirtschaftliche – trotz aller zollpolitischen Differenzen angesichts industrieller Verflechtung und der Kapitalabhängigkeit von deutschen Banken. Die Frage der gesellschaftlichen Stabilität der Habsburgermonarchie war bei diesen Bedingungen und der Aufwertung des Dreibundes in der deutschen Außenpolitik für die deutsche Führung von besonderem Gewicht und hat in den folgenden Jahren wiederholt zu Einmischung und Bevormundung geführt.

Noch gefährlichere Ausmaße schien die innere Destabilisierung in Italien anzunehmen. Wie in der Habsburgermonarchie war in den letzten Jahren auch dort nicht nur die Aktionskraft der sozialistischen Organisationen gewachsen, sondern ebenso ihr Bestreben, sich zu

---

4 Wedel, Kaiser, S. 87f.
5 GStA Berlin, 2.4.23, Nr. 583, Bl. 77ff.: Monts an Caprivi 13.4.1890.
6 Die Habsburgermonarchie, Bd. III, S. 222.
7 GStA Berlin, 2.4.23, Nr. 583, Bl. 43f.: Monts an Caprivi 9.4.1890.

Die Dreibundpolitik: Handelsverträge und Allianzerneuerung 1891

einer einheitlichen Partei zu konstituieren, die sich auch marxistischen Positionen öffnete. Der von Crispi massiv verschärfte repressive Kurs hat diesen Trend eher gefördert und die politische Wirkung von Reformen auf anderen Gebieten minimiert. Allein 1890 fanden 139 Streiks statt, sogar in landwirtschaftlichen Großbetrieben. Republikanische und irredentistische Organisationen wurden von der Regierung aufgelöst.[8]

Besonders schwer traf die neue Wirtschaftskrise das Land. Die Industrieproduktion stagnierte bereits 1890 und ging bis 1892 um 10% zurück.[9] Zwei Jahre früher waren bereits die Exporte um über 10% gesunken, zumal Crispi, um Frankreichs Widerstand gegen nordafrikanische Expansionsbestrebungen zu brechen, den Handelsvertrag mit Paris aufgekündigt hatte. Ein Zollkrieg war die Folge, und der Export nach Frankreich, der 1887 noch 40% der italienischen Gesamtausfuhr ausmachte, reduzierte sich in den nächsten Jahren auf ein Drittel. Der Exportausfall traf hauptsächlich die italienischen Weinproduzenten und verschärfte die Wirkung der neuen Agrarkrise auf die italienische Landwirtschaft zusätzlich. Als Paris sein Kapital aus den italienischen Banken abzog, gerieten führende Geldinstitute in Konkurs. Das wog um so schwerer, als in den achtziger Jahren das Defizit im Staatshaushalt enorm gestiegen war. 1889 belief sich der Gesamtfehlbetrag auf 491 Millionen Lire.

Da es die hohen Rüstungsausgaben und die Kosten für die Kolonialexpansion waren, die die Defizite hauptsächlich verursacht hatten, und die Resultate der kolonialpolitischen Vorstöße hinter den hochgeschraubten Erwartungen bisher weit zurückblieben, nahmen die Kritiker des engen Anschlusses an den Dreibund, die statt dessen eine Annäherung an Frankreich empfahlen, im liberalen Bürgertum zu.[10] Die linke republikanische Bewegung verfolgte das gleiche Ziel. Die Argumentation dieser Kräfte schien stichhaltig: Die Beendigung des Handelskrieges konnte die Exportmöglichkeiten entscheidend verbessern, französisches Kapital im Staatshaushalt und in der Wirtschaft die Lücken stopfen, und eine außenpolitische Verständigung mit Paris hätte die Gefahren der geostrategischen Lage mit den angreifbaren langen Küsten und damit die Rüstungskosten mindern und in der Kolonialexpansion begrenzte Erfolge erleichtern können.

Was boten demgegenüber die Dreibundpartner? Konservative und Rechtsliberale sahen sich mit dem Einwand konfrontiert, die monarchische Solidarität schlage sich zu wenig in greifbaren Resultaten nieder. Die ehrgeizigen italienischen Kolonialabsichten in Nordafrika waren für Berlin nur das Vehikel, Rom auf Verständigung mit England zu verweisen, um dieses in eine antifranzösische Front mit dem Dreibund zu lancieren. Verfügbares Kapital konnte Deutschland weniger bieten als Frankreich. Auch von dem überschüssigen Wein vermochten die Partnerstaaten nur einen Teil aufzunehmen.

Allerdings hatte 1889 das Auswärtige Amt, um den dreibundfreundlichen Crispi zu stützen, die Absicht der Deutschen Bank und der Berliner Handelsgesellschaft gefördert, ihren Besitz an italienischen Rentenpapieren zu vergrößern. Sie brachten Anfang 1890 112 Millionen Lire ein. Im April gründete sich ein „Konsortium für italienische Geschäfte", dem sich die Discontogesellschaft und das Bankhaus Bleichröder – auf persönlichen Druck des Kaisers – anschlossen.[11] Wenn die Berliner Banken auch bereit waren, der italienischen Regierung Geld

---

8 Lill, Geschichte Italiens, S. 227; Stübler, Italien, S. 67f.; Are, Economia e politica, S. 15ff.
9 Croce, Geschichte Italiens, S. 180ff.; Hertner, Kapitalexport, S. 359ff.
10 HHStA Wien, MdÄ, PA XI, Nr. 107, Bl. 299ff.: Bericht aus Rom 20.5.1890.
11 Hertner, Kapitalexport, S. 568, 572ff.

vorzustrecken[12], ließ die schlechte italienische Finanzlage diese Geldinstitute bald wieder auf attraktivere Anlagefelder blicken.

Nichts beweist überzeugender die schwierige Lage Crispis als seine hektische, auf raschen Prestigegewinn in der Hoffnung auf innere Stabilisierung orientierte und gegen Frankreich gerichtete Außenpolitik, mit der er 1890 die Dreibundpartner ebenso wie England unter Druck setzte.

Für Caprivi unterstrich die schwierige Lage der Dreibundpartner die Dringlichkeit der handelspolitischen Wende. Wenn er sich gleich zu Beginn seiner Kanzlerschaft mit Berchems Idee eines Systems mitteleuropäischer Handelsverträge anfreundete, und sie als Zollunionsplan in seiner Unerfahrenheit wohl mißverstand, so auch deshalb, weil er für die innere Stabilisierung der beiden Partnerstaaten die handelspolitische Übereinkunft für unverzichtbar hielt.[13] Die weitere Öffnung des österreichisch-ungarischen Marktes für deutsche Industrieprodukte und des deutschen für die österreichisch-ungarische Landwirtschaft stellte für Berchem den zentralen Ausgangspunkt seines Planes dar. Als nächstes sollte die handelspolitische Einigung mit Frankreich erfolgen.[14] Berchem sah darin den doppelten Vorteil, erstens den italienisch-französischen Zollkrieg zu beenden und der italienischen Wirtschaft zu ihrer Konsolidierung die Verbindung sowohl nach Frankreich als auch nach Deutschland zu sichern[15], und zweitens die außenpolitischen Gegensätze zwischen Frankreich und Deutschland zu überbrücken und Rußland zu isolieren. Holstein hielt ihm sofort entgegen, daß dieser Plan eher zu einem Ausgleich Italiens mit Frankreich gegen Deutschland führen könne.[16]

Mit den politischen Gegebenheiten im deutsch-französischen Verhältnis stand Berchems Vorstellung jedenfalls im Widerspruch. Doch auch die neuen hochprotektionistischen Vorhaben der französischen Regierung ließen eine positive Aufnahme nicht erwarten. Die hohen Beamten des für Zollfragen zuständigen Reichsamts des Innern lehnten deshalb zum einen die bevorzugte Einbindung Frankreichs ab und machten zum anderen geltend, das deutsche Exportinteresse erfordere nicht Verträge mit wenigen Ländern, die unweigerlich den Zollkrieg mit anderen provozieren, sondern weitgehende Aktionsfreiheit auf allen Weltmärkten.[17] Die Mitarbeiter des Auswärtigen Amtes Huber und Maximilian von Schraut empfahlen deshalb, ein System bilateraler Tarifverträge mit möglichst vielen Staaten anzustreben, weil es den Erfordernissen eines Industriestaates, der auf Importe von Rohstoffen und Nahrungsmitteln und auf die Mehrausfuhr von Fertigwaren angewiesen sei, gerecht werde. Auch sie plädierten dafür, mit dem Zugeständnis ermäßigter Agrarzölle zuerst Vertragsverhandlungen mit Österreich-Ungarn aufzunehmen und dann auf der gewonnenen Grundlage mit weiteren Staaten.[18] Mitte Juli 1890 stimmte Caprivi diesem Konzept zu, ließ die weitergehenden Vorstellungen Berchems ausdrücklich fallen und Wien Bereitschaft zur Aufnahme von Handelsvertragsverhandlungen signalisieren.

---

12 GStA Berlin, 2.4.23, Nr. 583, Bl. 39: Reuß an Caprivi 6.4.1890.
13 Wedel, Kaiser, S. 83.
14 BA Potsdam, Reichskanzlei, Nr. 412, Bl. 2ff.: Denkschrift Berchems 25.3.1890.
15 PA Bonn, Frankreich Nr. 102, Bd. 11, Aufz. Berchems betr. Handelsverträge 9.4.1890.
16 Eulenburg, Korrespondenz, Bd. 1, S. 532f.
17 BA Potsdam, AA, Nr. 8374, Bl. 142ff.: Reichardt an Caprivi 4.7.1890 mit Stellungnahme Schrauts zur Berchem-Denkschrift; vgl. auch: Weitowitz, Politik, S. 41ff.
18 BA Potsdam, Reichskanzlei, Nr. 412, Bl. 43ff.: Notiz Schrauts Juli 1890, Bl. 60ff: Denkschrift Hubers 8.7.1890.

Dieser Ausgang verdeutlicht, daß es als nicht gerechtfertigt erscheint, aus dem handelspolitischen Ansatz wie Klaus Hildebrand eine grundlegende, weitreichende Strategie mit dem Ziel eines mitteleuropäischen Wirtschaftsraumes und gesellschaftlicher Aussöhnung herauszulesen.[19] Es ging um nicht mehr als um Handelsverträge, die den Dreibund festigen und das Industriewachstum fördern, auf diese Weise gewiß auch innergesellschaftlich konfliktmindernd wirken sollten. Ausschlaggebende Zielvorstellung wurde die Exportsteigerung.

Von besonderer Bedeutung war, daß sich, von partieller Zurückhaltung der Schwerindustrie abgesehen, im deutschen Industrie-, Bank- und Handelsbürgertum im zweiten Halbjahr 1890 immer mehr Zustimmung zu einem solchen Kurs artikulierte[20], je mehr sich die Symptome der neuen Überproduktions- und Exportkrise vermehrten. Von der linksliberalen und freihändlerischen Presse war eine solche Haltung von vornherein zu erwarten gewesen.[21] Aber gerade die nationalliberalen Blätter machten sich nun für die handelspolitische Wende stark. Bei dem wachsenden Bedürfnis nach neuen Absatzwegen hielt die „National-Zeitung" einen Handelsvertrag auf der Basis beiderseitiger Zollreduktionen lediglich mit Österreich-Ungarn nicht für ausreichend, sondern verlangte von der Regierung, „die Beziehungen zu allen Staaten als Ganzes" in Betracht zu ziehen.[22] Auch für die Hamburger Handelskammer stand angesichts der sprunghaften deutschen Industrieentwicklung die Erleichterung des gesamten internationalen Warenaustausches im Vordergrund.[23]

Abgesehen von den überseeischen Märkten, wo der deutsche Anteil bisher relativ gering geblieben war, mußte sich das deutsche Interesse an Exportzuwachs in Europa hauptsächlich auf die agrarisch geprägten Staaten konzentrieren, denn nur für sie bot die Konzession reduzierter Agrarzölle ein überzeugendes Äquivalent, den eigenen Markt für Industriegüter aus Deutschland zu öffnen. Überdies gingen 1890/91 zwei Industriestaaten, die USA und Frankreich, sehr zum Nachteil des deutschen Exports, zu hohen Schutzzöllen über. Für die deutsche Regierung besaß unter diesen Umständen der beabsichtigte Handelsvertrag mit Österreich eine zweite Funktion: Er sollte nicht nur zum Ausgangspunkt weiterer bilateraler Verträge mit wirtschaftlich ähnlich strukturierten Ländern werden, sondern auch der Gefahr einer für die exportabhängige deutsche Industrie besonders nachteiligen allgemeinen ultraprotektionistischen Wende vorbeugen.[24] Veränderte Perspektiven im Innern wie nach außen waren unvermeidlich: Der junkerlich-agrarische Widerstand gegen Senkungen der Getreidezölle begann sich zu formieren[25], und der Trend zu einem handelspolitischen Übereinkommen mit Rußland mußte zunehmen.

Nur wenige Tage nach dem deutschen Angebot hatte Kálnoky, wie der neue Generalkonsul in Budapest Anton Graf Monts berichtete, die Handelsvertragsidee „aus allgemeinen politischen Gründen und im Interesse der wirtschaftlichen Stärkung seines Vaterlandes" begrüßt.[26] Als sich der österreichische Außenminister und der deutsche Reichskanzler Anfang September 1890 anläßlich der Kaisermanöver in Schlesien erstmals persönlich begegneten,

---

19 Ebenda, Vermerk Caprivis auf Hubers Denkschrift; Weitowitz, Politik, S. 44; Hildebrand, Das vergangene Reich, S. 166ff.
20 Bueck, Centralverband, Bd. 1, S. 253ff.
21 BA Potsdam, Reichskanzlei, Nr. 2120, Bl. 140.
22 National-Zeitung, Nr. 563, 14.10.1890.
23 BA Potsdam, AA, Nr. 8375, Bl. 13: Bericht HK Hamburg 1890.
24 Ebenda, Bl. 28ff.: Denkschrift Johannes' Anfang 1891.
25 Ebenda, Reichskanzlei, Nr. 412, Bl. 174f.: Lucius an Caprivi 18.9.1890.
26 Ebenda, Bl. 125f.: Monts an Caprivi 19.7.1890.

konstatierten beide ihre außenpolitische Übereinstimmung.[27] Kurz darauf verlangte Caprivi im Preußischen Staatsministerium, im Interesse der deutsch-österreichischen Allianz „selbst Opfer auf handelspolitischem Gebiet nicht zu scheuen", weil „es auf die Dauer unmöglich sei, ein politisches Bündnis aufrechtzuerhalten, wenn man sich handelspolitisch bekriege"[28]. Gewiß sollte diese Begründung auch den Widerspruch der Minister zurückdrängen, die, wie Landwirtschaftsminister Robert Lucius von Ballhausen, sich gegen eine Reduzierung der Getreidezölle aussprachen. Doch vor allem verdeutlicht sie, daß Caprivi zu Recht den Stellenwert handelspolitischer Faktoren für die Außenpolitik höher bewertete als Bismarck. Freilich erhöhte sich dieser Stellenwert auch in der Praxis immer mehr.

Noch richtete sich diese Handelsvertragsidee mit ihren weiteren Perspektiven hauptsächlich gegen die zollpolitische Abschottung Rußlands und der USA. Für Frankreich sollte ein solches Vertragssystem anziehend werden, damit es auf den geplanten Hochschutzzoll verzichtete und einbezogen werden konnte. Allerdings rangierte ein Handelsvertrag mit Italien jetzt eindeutig vor einem solchen mit Frankreich.[29]

Inzwischen begannen in den Reichsämtern und im preußischen Handelsministerium, in enger Verbindung und Absprache mit den Interessenorganisationen und Verbänden der Industrie und des Handels, die Vorarbeiten für die Vertragsverhandlungen mit Österreich-Ungarn.[30] Gleichzeitig ließ der Kanzler für seinen handelspolitischen Kurs in der Öffentlichkeit publizistisch werben.[31]

Während für das ohnehin stabile deutsch-österreichische Bündnis mit dem zu erwartenden Handelsvertrag eine weitere Klammer in Aussicht stand, schienen sich im Verhältnis Italiens zu seinen Partnern die Bindungen eher zu lockern. Bereits im Frühjahr 1890 hatten sich Crispis Schwierigkeiten vermehrt. In Eritrea mußte er den Vorstoß auf Kassala abbrechen, weil sonst Differenzen mit England, das seine Interessen im Sudan gefährdet sah, drohten. Im Innern nahmen die Angriffe der profranzösischen Parteien zu, gefördert von Frankreich, das glaubte, mit politischem und wirtschaftlichem Druck Italien aus dem Dreibund herausbrechen zu können.[32] Paris sah die Chancen dafür auch deshalb steigen, weil die in den letzten Jahren unter anderem Vorzeichen verbesserten russisch-italienischen Beziehungen jetzt eine für Frankreich vorteilhafte Tendenz erhalten konnten.[33]

Da alle diese Schwierigkeiten mit weiteren wirtschaftlichen und sozialen Destabilisierungen einhergingen, schien Crispi außenpolitischer Aktivismus als einziger Rettungsanker. Nachrichten von französischen Absichten, den tunesischen Hafen Bizerta, nahe Sizilien gelegen, militärisch auszubauen, nahm er zu dem Versuch zum Anlaß, den Dreibund gegen Frankreich in Position zu bringen, um damit auch im Innern für klare Fronten zu sorgen. Aber die Partner versagten sich und verwiesen Rom auf London, das sich freilich ebensowenig von

---

27 HHStA Wien, MdÄ, PA III, Nr. 140, Bl. 92: Bericht aus Berlin 24.9.1890; Holstein, Papiere, Bd. 3, S. 319f.
28 BA Potsdam, Reichskanzlei, Nr. 412, Bl. 485ff.: Staatsministerialsitzungsprotokoll 30.9.1890.
29 Ebenda, Nr. 413, Bl. 3: Caprivi an Rößler 23.10.1890.
30 Weitowitz, Politik, S. 57ff.
31 BA Potsdam, Reichskanzlei, Nr. 413, Bl. 3ff.: Caprivi an Rößler 23.10.1890, Rößler an Caprivi 31.10.1890.
32 PA Bonn, Deutschland Nr. 151, Bd. 1, Solms an Caprivi 12.6.1890, 7.7.1890.
33 HHStA Wien, MdÄ, PA III, Nr. 140, Bl. 191: Aufz. Kálnokys 18.6.1890; ebenda, PA X, Nr. 93, Bl. 162: Bericht aus Petersburg 12.6.1890.

Crispi einspannen ließ.³⁴ Italien für den Dreibund zu erhalten, war andererseits für die deutsche Regierung dringend geboten. Als Windthorst im Deutschen Reichstag den Wert des Bündnisses mit Italien bezweifelte, widersprach ihm Caprivi entschieden und stärkte damit Crispis und der Dreibundfreunde Stellung in Italien.³⁵ Angesichts der dem Helgoland-Sansibar-Abkommen folgenden englisch-französischen Kolonialverhandlungen unterstellte Crispi der französischen Regierung die Absicht, das von Frankreich seit 1881 okkupierte Tunis annektieren zu wollen, protestierte in Berlin und London dagegen und regte neuerlich gemeinsame Gegenmaßnahmen an. Als sich sehr schnell herausstellte, daß in den Verhandlungen zwischen London und Paris die Tunisfrage keine Rolle spielte, wartete er mit der nächsten Alarmmeldung auf: Frankreich habe mit dem Bey von Tunis einen Vertrag geschlossen, nach dem das Land nach dem Tode des Fürsten endgültig an Frankreich falle. Eine Annexion ohne Kompensation für Italien sei der Krieg, ließ er das Auswärtige Amt wissen.³⁶

Während Caprivi übereilte Schritte der italienischen Regierung befürchtete und einen Krieg wegen Tunis für Deutschland bei der allgemeinen Stimmung für äußerst gefahrvoll und in jedem Fall bedenklicher als die Auflösung des Dreibundes hielt, waren sich Holstein und Hatzfeldt nicht im Zweifel, daß Crispi hauptsächlich auf Kompensationen aus war, um die Schwierigkeiten im Innern zu dämpfen. Sie hielten deshalb eine Verständigung für möglich, und sie war ihnen auch dringend geboten, weil nach ihrer Überzeugung ein Abfall Italiens vom Dreibund die außenpolitische Stellung Deutschlands derart verschlechtern würde, daß es sich womöglich Rußland in die Arme werfen müsse.³⁷ Caprivi ließ sich von ihnen überzeugen, Crispi diplomatische Unterstützung zuzusagen, wenn dieser die Frage von Kompensationen aufwerfe. Als dieser sofort mit der Option auf Tripolis aufwartete, konnte sich die Berliner Führung aus der Umklammerung etwas lösen; dafür, ließ sie ihn wissen, sei vor allem Englands Zustimmung einzuholen. Die im August 1890 von Salisbury erhaltene mündliche Zusage, bei einer Veränderung des Status quo im Mittelmeerraum aufgrund einer Annexion Tunesiens durch Frankreich besitze Italien Anspruch auf Tripolis, war nicht zuletzt der fördernden Aktivität der deutschen Diplomatie zu verdanken.³⁸ Wenn auch am Ende Crispi nur diesen Wechsel auf die Zukunft erhielt – für den italienischen Großmachtanspruch war das Resultat dennoch ein gewisser Erfolg. Für Berlin war es entscheidend, eine neue Dreibundbelastung abgewendet zu haben.

Doch Crispi gab sich mit diesem Resultat noch nicht zufrieden. Um sein Prestige gerade im Hinblick auf die bevorstehenden Parlamentswahlen zu erhöhen, strebte er einen praktischen kolonialen Machtgewinn an. Der Vorstoß auf Kassala sollte in Verhandlungen mit Großbritannien doch noch ermöglicht werden. Aber London ließ sich wegen seiner Interessen in Ägypten und in Sudan ein solches Zugeständnis nicht abringen, so daß die Verhandlungen scheiterten.³⁹

---

34 Ebenda, PA XI, Nr. 108, Bl. 40f.: Kálnoky an Bruck 27.5.1890; ebenda, PA III, Nr. 140, Bl. 70f.: Kálnoky an Széchényi 26.5.1890; GP, Bd. 8, S. 237ff.
35 PA Bonn, Italien Nr. 82, Bd. 3, Solms an Caprivi 8.7.1890; Reden Caprivis, S. 79.
36 HHStA Wien, MdÄ, PA VIII, Nr. 110, Bl. 466ff.: Berichte aus London 24.6.1890, 3.7.1890, 16.7.1890; Winzen, Englandpolitik, S. 31ff.; Memoiren Crispis, S. 455ff.; GP, Bd. 8, S. 241ff.
37 Holstein, Papiere, Bd. 3, S. 311ff.; Hatzfeldt, Papiere, S. 787; GP, Bd. 8, S. 245ff.
38 Hatzfeldt, Papiere, S. 796f.; Memoiren Crispis, S. 465ff.; GP, Bd. 8, S. 270.
39 HHStA Wien, MdÄ, PA VIII, Nr. 111, Bl. 169ff., 226, 265f.: Berichte aus London 27.8.1890, 24.9.1890, 14.10.1890; GP, Bd. 8, S. 351ff.; Lowe/Marzari, Italian Foreign Policy, S. 301ff.

Dieser Mißerfolg gab der inneren Kritik an Crispis Außenpolitik einen kräftigen Impuls. Die irredentistische Bewegung gegen Österreich lebte vorübergehend auf, und die Stimmung gegen den Dreibund wuchs, besonders unter den monarchiefeindlichen Kräften. Die schlechte Finanzlage wurde auf die der Bündnismitgliedschaft angelasteten Militärausgaben geschoben und ihre Kürzung verlangt. Vergeblich versuchte der Premier, durch frankreichfreundliche Gesten Rothschild für dringend benötigte Anleihen zu gewinnen – Paris blockte ab.[40] In einer Wahlrede in Florenz beschwor er am 9. Oktober die existentiellen Gefahren der geostrategischen Lage wie der sozialen Umwälzung, um die Bindung Italiens an den Dreibund und England zu unterstreichen. Da eine Verständigung mit Frankreich aussichtslos erschien, trafen solche Argumente im Bürgertum auf mehr Zustimmung als bisher.[41] Für die deutsche Außenpolitik erwies es sich zwar als vorteilhaft, daß Crispi sein politisches Schicksal so eng mit der Dreibundpolitik verband. Aber er benötigte dringend Erfolge und Beweise, um die Gegner des Bündnisses zurückzudrängen. Caprivi sagte für Anfang November ein Treffen mit ihm in Mailand schon deshalb zu, weil der Premier eine solche bündnispolitische Demonstration wahltaktisch für nützlich hielt. Neue Forderungen nach Kürzungen des Militäretats und nach handelspolitischen Vereinbarungen tauchten bereits im Vorfeld des Treffens auf.[42]

Crispis Leitidee in den Gesprächen am 7. und 8. November 1890 in Mailand war, die Bündnispartner entschiedener als bisher gegen Frankreich in Stellung zu bringen. Er bekannte sich, wie Caprivi fand, in „erstaunlich monarchischem Sinne" zur Festigung der Monarchie in Portugal und empfahl die stärkere Heranziehung der iberischen Staaten an den Dreibund. Die bevorstehenden Handelsgespräche müßten zu einer Handelsliga der Dreibundstaaten, einer Art gemeinsamen Markt, führen und in erster Linie gegen Frankreich gerichtet sein. Caprivi, der überzeugt war, daß es dem Ministerpräsidenten hauptsächlich darauf ankam, „sich durch meine Anwesenheit Relief zu geben", blieb zurückhaltend und unterstrich seine Reserviertheit mit dem bekannten Hinweis, für Italiens Mittelmeerinteressen sei die Mitwirkung Englands vordringlich.[43]

Gegenüber der Wiener Führung ging Crispi noch einen Schritt weiter. Er sprach sich für eine Vereinheitlichung der bilateralen Zusatzabkommen zum Dreibundvertrag, also für einen einzigen Vertragstext mit gleichen Verpflichtungen für alle, für die Zollunionsidee und für die vorfristige Erneuerung der Allianz aus. Er fügte hinzu, Caprivi sei einverstanden.[44] Hinter dem ersten Vorschlag verbarg sich jedoch für Österreich-Ungarn die Konsequenz, seine Vertragsverpflichtungen beträchtlich zu erweitern: es sollte auch im westlichen Mittelmeer, besonders mit seiner Flotte, italienische Absichten unterstützen. Im Handelsbereich war das Interesse Wiens auf bilaterale Verträge, auch mit Italien, nicht aber auf Zollunionspläne fixiert. Als der irritierte Kálnoky seinen Botschafter umgehend zu Caprivi beorderte, stellte sich rasch heraus, daß einerseits Crispi geblufft, andererseits in den Gesprächen in Mailand der Kanzler bewußt Zurückhaltung geübt hatte, um den Italiener nicht zu verprellen.[45] Obgleich Caprivi und Kálnoky in der Dreibund- wie in der Handelsfrage jedenfalls übereinstimmten – das Bündnis

---

40 GStA Berlin, 2.4.23, Nr. 586, Bl. 2ff.: Solms an Caprivi 16.9.1890, Bl. 42ff: Doernberg an Caprivi 3.10.1890, 10.10.1890.
41 PA Bonn, Italien Nr. 95, Bd. 3: Berichte Doernbergs 3.10.1890, 9.10.1890.
42 Ebenda, Italien Nr. 82, Bd. 3: Doernberg an AA 13.10.1890, Rekowski an Caprivi 30.10.1890.
43 GP, Bd. 7, S. 54ff.
44 HHStA Wien, MdÄ, PA I, Nr. 470, Liasse XXVIII, Bl. 2ff.: Bruck an Kálnoky 18.11.1890.
45 Ebenda, Bl. 14, 32ff.: Széchényi an Kálnoky 19.11.1890, 30.11.1890.

Die Dreibundpolitik: Handelsverträge und Allianzerneuerung 1891

mit Italien war beiden so wichtig, daß sie nicht umhinkonnten, Crispi zu empfehlen, präzise Vorschläge zu unterbreiten.[46] Möglicherweise hofften sie, nach einem hohen Wahlsieg werde der Premier eher konzessionsbereit sein.

Zu dieser Zeit, Mitte Dezember 1890, hatten die Handelsvertragsverhandlungen zwischen Deutschland und Österreich-Ungarn gerade erst begonnen. Es war ein für beide Staaten beträchtlicher Handelsverkehr, der dabei zur Disposition stand. Deutschland war für Österreich-Ungarn größter Handelspartner, der 56% der Importe der Doppelmonarchie bestritt und 62% ihrer Ausfuhr aufnahm. Das waren 13% des Gesamtimports und reichlich 10% des Exports Deutschlands.[47] Anfang November hatte die deutsche Seite die Vorarbeiten abgeschlossen. Mit dem Angebot einer Reduzierung der Agrarzölle wurde die Forderung verknüpft, Österreich solle seine Industriezölle auf das Niveau von 1881 senken.[48]

Solche Konzessionen waren der österreichischen Industrie nur schwer abzuringen. Berlin rechnete allerdings damit, daß die ungarischen Magnaten, die den erleichterten Export ihrer Agrarprodukte nach Deutschland in greifbarer Nähe sahen, diesen Widerstand zurückdrängen würden. Außerdem hoffte Kálnoky, für den ein Erfolg der Verhandlungen schon aus außenpolitischen Gründen geboten war, auf ein kooperatives Vorgehen mit Berlin bei den Handelsvertragsverhandlungen mit den Balkanstaaten, die der österreichischen Industrie ein Äquivalent für die zu erwartenden Marktverluste im eigenen Land bieten könnten.[49] Aber solche Zugeständnisse lagen nicht im Interesse der deutschen Exportindustrie, die auf die lukrativen Balkanmärkte im besonderen Maße reflektierte. Bereits im Dezember kam es zu ernsten Schwierigkeiten bei den Verhandlungen. Kálnoky sagte Caprivi zu, notfalls selbst einzugreifen, allerdings nicht zu diesem frühen Zeitpunkt.[50]

Die Schwierigkeiten resultierten nicht zuletzt aus der Wirkung der sich vertiefenden Wirtschaftskrise, die in Deutschland zu einer Polarisierung der Parteien und Verbände in Handels- und Zollfragen führte.[51] Das Produktionswachstum in der Industrie, 1889 noch 10%, war 1890 auf 3,1% zurückgegangen und sank im kommenden Jahr auf 2,2%. Einschneidender noch war der Preisverfall, besonders in den verarbeitenden, auf Export orientierten Zweigen. Die Ausfuhrmengen stiegen zwar noch ein wenig an, ihr Gesamtwert aber begann neuerlich zu sinken. Gleichzeitig schnellten wegen schlechter Ernten im Ausland die Getreidepreise weiter herauf, allein zwischen November 1890 und Juni 1891 um 20 bis 25%. Der Preis für 1 kg Brot stieg in Berlin von 27 Pfennige 1890 auf 32 Pfennige im Frühjahr 1891.

Das Verlangen, die Agrarzölle zu reduzieren, erfaßte unter diesen Voraussetzungen immer breitere Kreise, von den Arbeitern über die Mittelschichten bis in das Bürgertum. Bürgerliche Fraktionen hielten solche Reduktionen als Voraussetzung für Exporterleichterungen nicht nur für dringend geboten, sondern den Agrariern nun erst recht zumutbar. Bei weiter steigenden Brotpreisen rechneten sie mit neuen Lohnforderungen der Arbeiter. Eine mächtige Bewegung gegen die Lebensmittelverteuerung kam bereits Anfang 1891 mit großen Volksversamm-

---

46 Ebenda, Bl. 40ff.: Kálnoky an Bruck 13.12.1890.
47 Altrichter, Konstitutionalismus, S. 109ff.
48 BA Potsdam, Reichskanzlei, Nr. 413, Bl. 7ff.: Aufz. Boetticher/Huber 3.11.1890; Weitowitz, Politik, S. 62ff.
49 Ebenda, S. 67ff.; GStA Berlin, 2.4.23, Nr. 1132, Bl. 22ff.: Reuß an Caprivi 28.11.1890, 2.12.1890.
50 PA Bonn, Österreich Nr. 95 secr., Bd. 1, Reuß an Caprivi 23.12.1890.
51 Kuczynski, Lage, Bd. 12, S. 79ff.; Deutsche Geschichte, Bd. 5, S. 362ff.; Canis, Kontinuität, S. 25ff.; Hoffmann, Wachstum, S. 392ff., 520, 578f.

lungen unter führender Teilnahme von Sozialdemokraten zustande. Doch nicht nur junkerlich-agrarische Interessenorganisationen widersprachen lautstark einer Senkung der Getreidezölle, auch der von der rheinisch-westfälischen Schwerindustrie beherrschte CDI stellte in einem Aufruf die junkerlich-großbürgerliche Solidarität höher als einseitige Vorteile zugunsten der Industrie. Diese Erklärung rief eine Flut von Protesten freihändlerischer und linksliberaler Organisationen hervor.[52]

Die Lage der Regierung war schwierig. Die Getreidezölle sofort und einseitig zu reduzieren, war ihr nicht möglich, denn sie hätte damit ihre Position in den Handelsvertragsverhandlungen geschwächt. Doch obwohl Caprivi angesichts der wirtschaftlichen und sozialen Wirkung der Wirtschaftskrise mehr denn je überzeugt war, ein weitgreifendes Handelsvertragssystem mit dem österreichischen Vertrag als Ausgangspunkt sei exportpolitisch und um soziale Konflikte zu entspannen dringend geboten, war der Druck agrarisch-industrieller Kreise auf ihn so stark[53], daß die deutsche Seite Mitte Februar 1891 in den Verhandlungen mit Österreich die Getreidezölle nur von 5 auf 4 Mark pro dz zu reduzieren bereit war. Der neue Landwirtschaftsminister Wilhelm von Heyden-Cadow, ein Vertrauensmann der Junker, unterstrich dies ausdrücklich als „äußerste Konzession". Da gleichzeitig die österreichischen Vorschläge der Industriezollsenkung als unzureichend zurückgewiesen wurden[54], rechnete der deutsche Botschafter Heinrich VII. Fürst Reuß Anfang März höchstens noch mit einem minderwertigen Vertrag, der als Grundlage für das angestrebte System kaum geeignet sein konnte.[55]

Eine solche begrenzte Perspektive lag freilich nicht allein aus handelspolitischen Gründen jenseits der Interessen der Staatsführungen in Wien und Berlin, sondern auch aus allianzpolitischen Erwägungen, schienen doch in diesen Wochen in Italien die dreibundfeindlichen Kräfte wieder auf dem Vormarsch, die auch handelspolitisch eine Verständigung mit Frankreich bevorzugten. Kálnoky sorgte für mehr Konzessionsbereitschaft der österreichischen Seite, warnte Berlin aber zugleich davor, mit Maximalforderungen ein Scheitern der Verhandlungen zu provozieren. Schließlich gelang es Huber bei Caprivi einen Getreidezollvorschlag von 3,50 Mark, also den Tarif von 1885, durchzusetzen, den die Wiener Unterhändler Mitte März akzeptierten.[56]

So gaben am Ende die Exportinteressen der Industrie trotz aller Gegenströmungen den Ausschlag. Karl Goering, Chef der Reichskanzlei, hatte am 12. März 1891 in einer Denkschrift nochmals unterstrichen, in welche Bedrängnis die deutsche Industrie gerate, wenn sich nach dem Auslaufen der bestehenden Verträge keine neuen Märkte öffnen würden.[57] Es war allerdings die österreichische Seite mehr noch als die deutsche, die mit Kompromißbereitschaft den Erfolg sicherte, noch immer in Erwartung zukünftiger Kompensation im Balkanhandel.[58] Zwar wurden die Zölle beiderseits nur um durchschnittlich 25% gesenkt; viel wichtiger war jedoch der neue Ausgangspunkt, der in Europa gegen die Gefahr von Zollkrieg und

---

52 Bueck, Centralverband, Bd. 1, S. 254ff.
53 SHA Dresden, Außenministerium, Nr. 3302, Bericht aus Berlin 24.2.1891.
54 Weitowitz, Politik, S. 73ff.
55 BA Potsdam, 90 Ho 5: NL Holstein, Film Nr. 62247, Bl. 145496ff.: Reuß an Holstein 4.3./ 9.3./ 13.3.1891.
56 Weitowitz, Politik, S. 77ff.
57 BA Potsdam, Reichskanzlei, Nr. 414, Bl. 142ff.: Aufz. Goerings 12.3.1891.
58 Weitowitz, Politik, S. 81ff.

Hochschutzzoll gewonnen worden war. Von diesem Vorteil ließ sich die Berliner Regierung leiten. Bereits vor der Fertigstellung des Vertragsentwurfes am 3. Mai faßte sie Verhandlungen mit Italien sowie mit der Schweiz, Rumänien und Belgien ins Auge, auch in der Erwartung, „über eine sehr erhebliche Pression" dann Frankreich zum Anschluß veranlassen zu können.[59] Zu dem von Wien angestrebten kooperativen Vorgehen sollte es dabei nur partiell kommen.

Als der deutsch-österreichische Handelsvertragsentwurf vorlag, waren auch die Weichen für die vorzeitige Erneuerung des Dreibundes gestellt. Doch daraus auf Stabilitätszuwachs im Bündnis zu schließen, wäre verfehlt. Die Widersprüche und ungelösten Probleme im Verhältnis zu Italien waren vielmehr in den ersten Monaten des Jahres 1891 massiv hervorgetreten. Begünstigt durch die internationale Konstellation gelang es lediglich, sie zeitweilig zu überdecken und zu vertagen.

Crispi, der Wortführer der Dreibundpolitik in Italien, war am 31. Januar vom Parlament gestürzt worden – bei den Mehrheitsverhältnissen scheinbar überraschend. Tatsächlich reflektierte sein Sturz die aufgestaute verbreitete Mißstimmung in allen Schichten, die nach den großen Worten noch immer vergeblich auf die positiven Resultate warteten. Vor allem die wirtschaftliche und finanzielle Krise hatte sich seit Ende 1890 rapide verschärft. Wiederum blieb Crispi nur der Ausweg, den Popanz, Italien werde von der französischen Mittelmeerexpansion bedroht, aufzubauen.[60] Doch diese Taktik verfing nicht mehr. In der Mißstimmung gegen ihn drückte sich vielmehr die wachsende Abneigung gegen die Dreibundpartner aus, die bisher weder die wirtschaftlichen noch die außenpolitischen Ziele der herrschenden Kreise Roms im erwarteten Maße gefördert hatten. Selbst bei dem Ministerpräsidenten war in den letzten Wochen vor seinem Sturz mit Sorge eine gewisse Reserviertheit gegenüber der Dreibundpolitik von seinen Bündnispartnern vermerkt worden.[61]

Bei dieser Lage konnte es nicht überraschen, daß der neue konservative Premierminister Antonio Marchese Rudini als erstes einen Ausgleichsversuch mit Frankreich startete. Ohne das Verhältnis zum Dreibund lockern zu wollen, versicherte er dem österreichischen Botschafter Karl von Bruck, strebe er besonders im Interesse von Industrie und Handel bessere Beziehungen zu Paris an, vor allem aber müsse er wegen der schlechten Finanzlage „auf die Haltung Frankreichs Rücksicht nehmen".[62] Doch die Pariser Regierung sah verbesserte Chancen für ihr Maximalziel, Italien aus dem Dreibund herauszubrechen. Unversehens sah sich Rudini in Gefahr, zwischen die Fronten zu geraten.[63]

Innergesellschaftliche Faktoren gewannen jedoch nicht allein in Dreibundfragen höheres Gewicht in der Außenpolitik. Am Tage des Sturzes Crispis war im portugiesischen Porto ein republikanischer Aufstand ausgebrochen. Er wurde zwar rasch erstickt, aber nach den der Berliner Regierung vorliegenden, sich später als übertrieben herausstellenden Nachrichten sollte es sich um den verfrühten Ausbruch einer umfassenden, damit möglicherweise auch

---

59 SHA Dresden, Außenministerium, Nr. 3302, Bericht aus Berlin 6.4.1891.
60 HHStA Wien, MdÄ, PA XI, Nr. 108, Bl. 32ff.: Berichte aus Rom 13.1.1891, 27.1.1891.
61 PA Bonn, Deutschland Nr. 128 Nr. 1 secr., Bd. 9, Bl. 32: Reuß an Caprivi 28.1.1891.
62 HHStA Wien, MdÄ, PA XI, Nr. 108, Bl. 112ff.: Bericht aus Rom 16.2.1891. Ähnlich äußerte sich Rudini auch gegenüber dem deutschen Botschafter Solms: PA Bonn, Italien Nr. 95, Bd. 4, Bericht Solms' 15.2.1891.
63 HHStA Wien, MdÄ, PA IX, Nr. 125, Bl. 96f., 131: Berichte aus Paris 4.2.1891, 18.2.1891; PA Bonn, Italien Nr. 95, Bd. 4, Bericht Reuß' 17.2.1891; Fellner, Dreibund, S. 38.

Spanien einbeziehenden Erhebung gehandelt haben, mit der folglich weiterhin zu rechnen war.[64] Das labile portugiesische monarchisch-konstitutionelle Herrschaftssystem war seit längerem bestrebt, über Kolonialexpansion in Afrika innere Stabilität zu gewinnen. Anfang 1890 trat eine krisenhafte Phase ein, als sich die Regierung einem britischen Ultimatum beugte, das territoriale Zugeständnisse in Portugiesisch-Ostafrika einforderte und Pläne der Verbindung der beiden portugiesischen Kolonien in Südwest- und Ostafrika durchkreuzte, weil sie mit den britischen Zielen eines kolonialen Nord-Süd-Komplexes konkurrierten. Der im September abgeschlossene englisch-portugiesische Vertrag war ein neues Diktat Londons. Aus der sich dagegen ausbreitenden mächtigen Protestbewegung schien eine ernsthafte Gefahr für die Monarchie zu erwachsen. Als die portugiesische Regierung mehrere Staaten um Vermittlung bat, veranlaßte Marschall Kálnoky zu einer entsprechenden Anregung in London. Eine deutsche Initiative vermied er, weil er vermutete, sie könnte dort neuen Verdacht auf eigene deutsche Kolonialambitionen erregen und dem angestrebten weitreichenden Übereinkommen entgegenwirken.[65]

Als gegen Jahresende alarmierende Berichte über die Ausbreitung der republikanischen Bewegung auch in der portugiesischen Armee in Berlin eintrafen[66], fragten Caprivi und Marschall den deutschen Botschafter in Madrid, Ferdinand von Stumm, ob er Spanien für willens und fähig halte, bei einem Erfolg der republikanischen Bewegung in Portugal in das Land einzumarschieren und es Spanien einzuverleiben.[67] Nach Stumms Überzeugung würde Spanien einen solchen Schritt wagen, wenn durch Rückhalt oder Mandat der großen Monarchien Frankreich an einem Gegenschlag gehindert werde.[68] Doch Caprivi widersprach entschieden jeder deutschen Initiative und der Mandatsidee überhaupt. „Ein bloß platonisches Interesse für die Monarchie in Spanien nutzt ihr nichts; zu einer realen Leistung sind wir und unsere Bundgenossen außerstande." Denn bei einem dann unvermeidlichen Konflikt mit Frankreich stehe Deutschland auch vor dem Krieg mit Rußland.[69]

Ein Privatbrief Hatzfeldts an Holstein vom 15. April 1891 vermittelt einen Eindruck davon, welche gefährlichen Perspektiven der Botschafter, einer der maßgeblichen Köpfe der neuen Außenpolitik, in der außenpolitischen Entwicklung keimen sah. Sie reichten weit über die portugiesische Krise hinaus. Es war für einen Augenblick das Eingeständnis, daß die Erwartungen, mit denen die nachbismarcksche Führung im Jahr zuvor angetreten war, trogen und der Frondeur im Sachsenwalde womöglich doch über die besseren Karten im Spiel verfügt hatte. „Kommt einmal über Nacht die große europäische Krisis, und wir stehen allein mit Österreich, ohne Italien und mit einem Ministerium Gladstone in England, vielleicht sogar mit einer Republik in Lissabon und Madrid, so werden wir vielleicht genötigt sein, zu dem Bismarckschen Rezept zu greifen und unseren Frieden mit Rußland und à tout prix, d. h. mit Aufopferung von Österreich, zu machen. Damit wären alle Früchte bisheriger Politik verloren, und wir müßten außerdem demütig anerkennen, daß Seine Durchlaucht [Bismarck - K.C.] doch der große Lehrmeister war, der allein zur Leitung unserer Geschicke befähigt ist."[70]

---

64 PA Bonn, Portugal Nr. 29, Bd. 9, Wecker-Gotter an AA 1.2.1891.
65 Ebenda, Bd. 8, Marschall an Reuß 4.10.1890.
66 Ebenda, Wecker-Gotter an Caprivi 19.11.1890, Solms an Caprivi 26.11.1890.
67 PA Bonn, Portugal Nr. 46 secr., Bd. 1, Aufz. Caprivis 29.1.1891, Marschall an Stumm 30.1.1890.
68 Ebenda, Stumm an Caprivi 31.1.1891, 4.2.1891.
69 Ebenda, Aufz. Caprivis 6.2.1891.
70 Holstein, Papiere, Bd. 3, S. 338.

Dieses Gefühl der Unsicherheit war um so tiefgreifender, da es in womöglich noch stärkerem Maße von der Lage in Deutschland selbst gespeist war. Angesichts weitverbreiteter Unzufriedenheit tauchten immer mehr Fragen nach der Richtung auf, die der Neue Kurs nehme, berichtete am 1. März 1891 der gutinformierte österreichische Botschafter Emmerich Graf Széchényi aus Berlin. Die Industriellen „beklagen den Geist, der bei den Arbeitern genährt wird", die Agrarier die geplante Reduzierung der Getreidezölle. In den Kartellparteien wachse die Stimmung für den alten Kurs. Am meisten zufrieden seien noch die Freisinnigen, aber auch ihre Illusionen über den Neuen Kurs begännen zu verfliegen.[71]

Die Reformen, die die Regierung auf wichtigen Gebieten eingeleitet hatte, um ein breiteres Spektrum bürgerlicher Schichten an das Herrschaftssystem heranzuführen, waren wegen starken Widerstands von rechts – von junkerlicher wie von schwerindustriell-großbürgerlicher Seite – halbherzig geblieben und bald ins Stocken geraten. Ebensowenig konnte der Kaiser seine Absicht durchsetzen, die bisher auf den Reichskanzler ausgerichtete Machtkonzentration auf sich selbst zu übertragen. Es gab zwar einen ausgeprägten Monarchismus, auch in mittleren und unteren Gesellschaftsschichten, und im Bürgertum durchaus Sympathien für autoritäre Staatsführung; doch gab es auch starke parlamentarische Strömungen. Dadurch haben Wilhelms fehlende persönliche Voraussetzungen für einen solchen Kurs, seine oft haarsträubenden, willkürlichen Eingriffe in die Politik, den aus dieser widersprüchlichen Lage geborenen labilen Zustand verstärkt.

In besonderem Maße waren es die junkerlich-schwerindustriellen Angriffe auf die Sozialreformbestrebungen, die Landgemeindeordnung und den handelspolitischen Kurs, die die Stellung der Regierung gefährdeten. Sie litt zudem unter der Willkür des Kaisers. Die Schwächung der Zentrale erzeugte Polarisierungen in den Institutionen der Reichsleitung, besonders zwischen dem die Handelsvertragspolitik aus außen- wie gesellschaftspolitischen Gründen verfechtenden Auswärtigen Amt, wo die reformwilligen Kräfte den Ton angaben, und den konservativ geprägten preußischen Ministerien der Landwirtschaft und der Finanzen.

Für eine Zurückdrängung der Sozialdemokratie mittels Reformpolitik, für Caprivi eine zentrale Frage seiner Strategie[72], gab es unter solchen Bedingungen kaum Aussichten. Diese Partei vermochte, nun wieder unter legalen Bedingungen, ihren Einfluß unter Arbeitern zu erhöhen, und es waren die marxistischen Führer, die ihre Strategie bestimmten. Die Besorgnis in den herrschenden Klassen nahm noch zu angesichts der Entwicklung, die sich in benachbarten Ländern abzeichnete. Aus Belgien, Frankreich, Österreich-Ungarn, Italien, Spanien und Portugal vermehrten sich in diesen Wochen die Nachrichten von tiefgreifenden sozialen Widersprüchen, großen Streiks und wachsender Stärke der sozialistischen Parteien.[73] Sie erzeugten im Auswärtigen Amt erneut das Bedürfnis, den Dreibund zu stabilisieren sowie den Konflikt in Portugal zu begrenzen und zu überwinden, aber sie ließen auch die Unsicherheit wachsen.

Angesichts neuer Nachrichten, die im Februar 1891 revolutionäre Aktionen in Portugal für bevorstehend hielten und auf die enge Kooperation zwischen portugiesischen und spanischen

---

71 HHStA Wien, MdÄ, PA III, Nr. 140, Bl. 252ff.: Bericht aus Berlin 1.3.1891.
72 Reden Caprivis, S. 114f., 119, 122, 375.
73 GStA Berlin, 2.4.23, Nr. 588, Bl. 146: Bericht Schneeganß' (Konsul in Genua) 3.2.1891, Nr. 591, Bl. 16ff.: Bericht Alvenslebens 25.3.1891, Nr. 592, Bl. 24: Bericht Solms' 14.4.1891, Bl. 47f.: Bericht Münsters 23.4.1891, Bl. 60f.: Bericht Stumms 23.4.1891, Nr. 593, Bl. 20: Bericht Alvenslebens 21.5.1891.

Republikanern und den wachsenden Einfluß sozialistischer Kräfte in der republikanischen Bewegung aufmerksam machten[74], trat in der deutschen Führung die Idee der bewaffneten Intervention, nicht allein wegen der möglichen internationalen Komplikationen, in den Hintergrund. Ihre Erfolgschancen auf der iberischen Halbinsel selbst schienen sich rapide zu vermindern. Für Caprivi lief eine spanische Intervention Gefahr, mit dem Sturz der Monarchie auch in Spanien zu enden. Eine iberische Monarchie erschien ihm nicht existenzfähig, eine iberische Republik schon.[75] In dieser Situation, in der der außenpolitische Spielraum ohnehin begrenzt war, die Erfolgsaussichten republikanischer und sozialistischer Bewegungen zweifellos überbewertet wurden und die Beziehungen zwischen den großen Monarchien Widersprüche und unterschiedliche Interessen bestimmten, setzte die deutsche Außenpolitik nur in sehr begrenztem Maße, höchstens als Instrument der Defensive, auf die Wirkung der Idee der monarchischen Solidarität. Einen Interventionskurs hielt sie schon in Deutschland selbst nicht für durchsetzbar. So blieb das Ziel, eine Stabilisierung der Monarchie in Portugal selbst zu erreichen und es allein mit außenpolitischen Mitteln zu fördern, zumal dafür mit der zaristischen Außenpolitik und schließlich auch mit der britischen zu rechnen war. Es zeichnete sich bald, inspiriert besonders von Holstein, als Hauptlinie des Auswärtigen Amtes ab, die britische Regierung für einen für Portugal annehmbaren kolonialen Kompromiß zu gewinnen, der dort einer inneren Entspannung förderlich sein konnte.

Die nun einsetzenden, in mehreren Richtungen laufenden diplomatischen Initiativen Berlins verfolgten gleichzeitig den Zweck, die internationale Konstellation zum Vorteil Deutschlands aufzubrechen. Als Hatzfeldt nach dem Aufstand in Porto Salisbury zu Konzessionen an Portugal aufgefordert hatte, gewann er den Eindruck, Salisbury sei einer spanischen Intervention und einer iberischen Monarchie nicht abgeneigt, wenn der portugiesische Kolonialbesitz an England falle.[76] Deshalb ließ Holstein Hatzfeldt auf einmal das spanische Angebot mit der Mandatsbedingung wieder aufgreifen, um England zur Initiative zu veranlassen und es an die Spitze von Garantiemächten, freilich ohne Deutschland, gegen Frankreich und Rußland zu stellen. Als Salisbury den Hinterhalt gewahr wurde, ließ er an seiner Absicht keinen Zweifel, sich nicht vorschieben zu lassen.[77]

Kurz darauf leitete Marschall einen neuen Vorstoß ein, nunmehr Rußland als Mandatsvermittler zu gewinnen. Kálnoky sollte für die spanische Regierung in Petersburg für eine entsprechende Stellungnahme werben, die Frankreich zum Stillhalten gezwungen hätte und Deutschland auf russisch-französische Differenzen hoffen lassen konnte.[78] Obwohl Schweinitz – in gleicher Erwartung – die Verständigungsbereitschaft des Zaren in übermäßigem Optimismus ausmalte, stellte sich rasch heraus, daß sich die Sympathie des Zaren ebenfalls nur auf die Erhaltung der Monarchie erstreckte, nicht aber auf eine spanische Intervention.[79]

Ein kolonialpolitischer Ausgleich zwischen Portugal und England blieb die letzte Chance für eine neue Stabilisierung. Es zeigt das große Interesse Deutschlands an einem solchen Kompromiß, daß sich Hatzfeldt als geheimer Vermittler beiden Seiten zur Verfügung stellte.

---

74 Ebenda, Nr. 588, Bl. 116, 136: Berichte Wecker-Gotters 2.2.1891, 5.2.1891, Nr. 589, Bl. 5f.: Bericht Wecker-Gotters 7.2.1891.
75 PA Bonn, Portugal Nr. 46 secr., Bd. 1, Aufz. Caprivis 6.2.1891.
76 Holstein, Papiere, Bd. 3, S. 326ff.; Hatzfeldt, Papiere, S. 803ff.
77 Ebenda, S. 809ff.
78 PA Bonn, Portugal Nr. 46 secr., Bd. 2, Marschall an Reuß 23.2.1891.
79 Ebenda, Schweinitz an Caprivi 19.2.1891.

Die Dreibundpolitik: Handelsverträge und Allianzerneuerung 1891

Aber die Verhandlungen waren schwierig, weil London sich anfangs entschieden wirksamen Konzessionen widersetzte. Ende März 1891 schloß Hatzfeldt eine Schwenkung Englands vom Dreibund zu Frankreich nicht mehr aus. Holstein erwog sogar eine Unterstützung englischer Kolonialinteressen in Südafrika, um London den Nutzen der Dreibundkooperation zu demonstrieren, und es, aus Interesse an ihr, in der portugiesischen Frage konzessionsgeneigter zu machen.[80] Der Kompromiß erschien Berlin um so mehr geboten, als in Portugal inzwischen eine relative Entspannung eingetreten war, ein Scheitern der Verhandlungen jedoch – so die Nachrichten aus Lissabon – unweigerlich zur Katastrophe führen würde.[81]

Die Schwierigkeiten in den Verhandlungen ermunterten Anfang April die spanische Regierung, die Mandatsfrage nochmals aufzuwerfen. Unter dem Vorwand, der Zusammenbruch der portugiesischen Monarchie stehe bevor, sollte, unter monarchischem Vorzeichen, in Wirklichkeit ausschließlich zum Zwecke der Okkupation, die Rückendeckung vor allem der Dreibundmächte gewonnen werden.[82] Dieser Vorstoß wirkte für Hatzfeldt als Impuls, rasch den englisch-portugiesischen Kompromiß zu finden.[83] Als er Mitte Mai von beiden Seiten akzeptiert war, erteilte Marschall dem spanischen Vorschlag eine eindeutige Absage.[84]

Das englisch-portugiesische Abkommen fand in Portugal positive Aufnahme.[85] Unter welcher Perspektive es in Deutschland bewertet wurde, verdeutlicht der Vermerk in den „Preußischen Jahrbüchern": das Abkommen ersetze jenes, „dessen Folge beinahe eine portugiesische Revolution gewesen wäre."[86] Die linksliberale Presse hielt die revolutionäre Gefahr allerdings noch nicht für gebannt, weil sich die Wirtschaftskrise rapide verschärft hatte und sich das Land vor dem Staatsbankrott befand.[87]

Die Berliner Regierung blieb bei ihrer Vermittlungstaktik. Ihrer Anregung entsprangen mehrere geheime Initiativen von spanischer und italienischer Seite, die Ende 1891 beim Zaren die Zusage erwirkten, der französischen Regierung im Falle des Ausbruchs einer Revolution in Portugal zur Nichteinmischung zu raten, falls sich spanische Truppen an der Erstickung der Revolution beteiligten.[88]

Es war ein günstiger Umstand für die Reichsregierung, daß ihre diplomatischen Aktivitäten in der portugiesischen Frage, bei denen die außenpolitische Isolierung Frankreichs zu den wichtigsten Zielen gehörte, den französischen Bestrebungen entgegenwirkten, Italien vom Dreibund abzukoppeln. Das erleichterten ihr die überzogenen, unrealistischen Zielvorstellungen der Pariser Regierung. Diese hatte sich mit Rudinis Kompromißangebot – eine Verständigung ohne Ausscheiden aus der Allianz – nicht zufriedengegeben, sondern verlangt, den Wortlaut des Dreibundvertrages kennenzulernen sowie die Zusicherung zu erhalten, „daß Italien mit Deutschland kein für Frankreich bedrohlicheres Abkommen abgeschlossen habe

---

80 Holstein, Papiere, Bd. 3, S. 331 ff.
81 PA Bonn, Portugal Nr. 29, Bd. 10, Bericht Wecker-Gotters 31.3.1891.
82 Ebenda, Nr. 46 secr., Bd. 2, Stumm an Caprivi 8.4.1891.
83 Hatzfeldt, Papiere, S. 827 f.
84 PA Bonn, Portugal Nr. 46 secr., Bd. 2, Marschall an Stumm 14.5.1891.
85 Ebenda, Marschall an Reuß/Solms 18.5.1891.
86 PJ, 67. Bd. (1891), S. 703.
87 Volkszeitung, Nr. 109, 13.5.1891, Nr. 121, 28.5.1891 mit Zitaten aus anderen Blättern.
88 PA Bonn, Portugal Nr. 46 secr., Bd. 3, Stumm an Caprivi 5.6.1891, Marschall an Schweinitz 14.6.1891, Bd. 4, Stumm an Caprivi 25.10.1891, Marschall an Reuß 22.11.1891, 2.12.1891, Stumm an Caprivi 1.12.1891, 9.2.1892.

als Österreich"⁸⁹. Erst wenn Italien im Falle eines deutsch-französischen Krieges seine Neutralität zusagte, sollte es handelspolitische und finanzielle Erleichterungen erhalten. Diese Position erhielt Rom in aller Härte demonstriert, als Regierungsvertreter im April mit Agenten Rothschilds wiederum vergeblich eine Anleihe sondierten.⁹⁰

Die verlangten Zusagen hätten nach Lage der Dinge zur Loslösung Italiens vom Dreibund geführt. Eine so rigorose Wende – und noch dazu verbunden mit einer faktischen Kapitulation vor Frankreich – konnte und wollte Rudini nicht einleiten. Sie hätte im Innern zum offenen Konflikt zwischen Gegnern und Befürwortern eines solchen Wechsels geführt und die inneren Krisensymptome in eine gefährliche Dimension gesteigert. Obwohl das Auswärtige Amt deshalb nicht ernsthaft mit dem Abfall Italiens vom Dreibund rechnete, stilisierte es gegenüber Wien und London im März 1891 den französischen Vorstoß zu einer akuten Bedrohung hoch, um Wien für eine rasche Vertragserneuerung und Konzessionen an Rom zu gewinnen, aber zugleich London weitere Zusicherungen an Italien in Mittelmeerfragen abzutrotzen.⁹¹

Die deutsche Diplomatie ließ sich davon leiten, daß ein Umschwenken Italiens zu Frankreich zukünftig nicht auszuschließen war, wenn es nicht gelang, England zu bindenden Zusagen für den Fall eines französischen Angriffs auf die italienischen Küsten und für Unterstützung im kolonialen Wettstreit Italiens mit Frankreich zu veranlassen, zu Zusicherungen auf Gebieten also, auf denen die beiden Dreibundpartner Italien kaum wirksame Unterstützung bieten konnten oder wollten. Das sollte gleichzeitig ein Weg sein, England näher an die Allianz zu binden. Doch gerade diese Erwartung war für Salisbury ein Grund, sich wie im Vorjahr zusätzlichen Verpflichtungen zu entziehen⁹², zumal er die Beihilfe Italiens bei englischen Kolonialkonflikten mit Frankreich bereits für ausreichend gesichert hielt.

In ihrer schwierigen Lage – der französische Druck mobilisierte immer stärker die profranzösischen Kräfte im Innern – blieb der Regierung Rudini zunächst nur der Ausweg, demonstrativ die Kooperation mit den Dreibundpartnern zu suchen. Anfang April 1891 meldete Botschafter Graf Eberhard Solms dem Auswärtigen Amt die Bereitschaft Rudinis, den Dreibund zu erneuern.⁹³ Seine auch gegenüber Wien⁹⁴ abgegebene Erklärung, von beiden Partnern keine zusätzlichen Verpflichtungen zu verlangen, sollte verhindern, daß die Partner entsprechende Gegenleistungen von Italien abforderten, zu denen Rom außerstande war. Außerdem schien es ihm nach der Erneuerung leichter, die erwünschten Beistandszusagen von England zu erhalten. Er sah es als Existenzfrage für Italien an, England im westlichen Mittelmeerraum zu den gleichen Zusicherungen zu veranlassen, wie es sie im Abkommen von 1887 für den östlichen Teil gewährt hatte. Im Kriegsfall hielt er die italienische Flotte allein nicht fähig, die weiten Küsten gegen Frankreich zu verteidigen.⁹⁵ Kálnoky erklärte sich auf

---

89 PA Bonn, Italien Nr. 95, Bd. 5, Solms an Caprivi 9.3.1891, 21.3.1891.
90 Ebenda, Solms an AA 21.3.1891; HHStA Wien, MdÄ, PA XI, Nr. 108, Bl. 309ff.: Bericht aus Rom 27.4.1891; Granfelt, Dreibund, Bd. 1, S. 80ff.
91 PA Bonn, Italien Nr. 95, Bd. 5, Marschall an Reuß 11.3.1891; GP, Bd. 7, S. 67ff.
92 PA Bonn, Italien Nr. 95, Bd. 5, Hatzfeldt an Caprivi 13.3.1891, 14.3.1891, Marschall an Hatzfeldt 21.3.1891, Hatzfeldt an Caprivi 25.3.1891, 1.4.1891.
93 PA Bonn, Deutschland Nr. 128 Nr. 1 secr., Bd. 9, Bl. 44ff.; Solms an Caprivi 4.4.1891; GP, Bd. 7, S. 72.
94 HHStA Wien, MdÄ, PA I, Nr. 470, Liasse XXVIII, Bl. 79ff.: Bericht Brucks 5.4.1891, Kálnoky an Széchényi 9.4.1891.
95 Ebenda, Bl. 82ff.: Bericht Brucks 7.4.1891.

Rudinis Bitte zu Sondierungen in London bereit.[96] Berlin konnte ein solcher Vorstoß Roms nur recht sein. Daß Italien im Dreibund auf die Dauer nicht zu halten war, wenn es nicht sicher auf die englische Flotte zählen konnte, sprach allerdings nur Hatzfeldt so unumwunden aus.[97]

Als das Auswärtige Amt am 24. April 1891 vom italienischen Botschafter Vicomte de Launay den von Rudini entworfenen Vertragstext erhielt, hatte der Premierminister unter dem Deckmantel, die Separatabkommen in den Vertrag zu integrieren, Deutschland allerdings doch einige gewichtige zusätzliche Verpflichtungen offeriert.[98] Erstens sollten seine Zusagen für die Aufrechterhaltung des territorialen Status quo, die bislang im östlichen Mittelmeerbereich auf die türkischen Küstengebiete an der Adria und der Ägäis begrenzt waren, auf den Balkan ausgedehnt werden. Kiderlen und Marschall veranlaßten den unsicheren Caprivi, abzulehnen.[99] Ihre mit der Berufung auf Bismarck verbundene Begründung – eine solche „neue Belastung Deutschlands im Balkan" trübe die Beziehungen mit Rußland und hindere Berlin, bei einem deutsch-französischen Krieg Österreich zu einem für Rußland vorteilhaften Balkanausgleich zu veranlassen, damit Petersburg auf einen Kriegseintritt verzichte – verdeutlicht, wie die verschlechterte außenpolitische Lage des Reiches die Bismarckkritiker von 1890 sich dessen Rußlandpolitik nähern ließ. Zweitens sollten die Verpflichtungen Deutschlands an den westlichen nordafrikanischen Mittelmeerküsten erweitert werden, indem sie nicht mehr auf den territorialen, sondern „auf den tatsächlichen und rechtlichen" Status quo bezogen wurden, wodurch Italien beispielsweise in der Tunisfrage bei Kompensationsplänen und Aggressionen eher deutsche Beihilfe einfordern könnte als bisher. Zwar konnte Marschall Rudini veranlassen, die alte Form des territorialen Status quo zu reaktivieren; die trotz Caprivis Bedenken vereinbarte Fassung erweiterte die deutsche Verpflichtung dennoch beträchtlich, nicht nur bei einem französischen, sondern selbst bei einem italienischen Vorstoß Rom beizustehen.

Absicht beider Mächte war es allerdings, England zukünftig in diese Verpflichtungen einzubinden. Ihr fundamentales Interesse an der Einbeziehung Englands ist nochmals in einem Zusatzprotokoll festgehalten, das dem am 6. Mai 1891 unterzeichneten Vertrag angeschlossen war.[100]

Jenes enthielt außerdem eine Absichtserklärung der drei Vertragsmächte, auf wirtschaftlichem Gebiet enger als bisher zu kooperieren. Wirtschafts- und handelspolitische Konzessionen an Italien hielt die deutsche Führung für unverzichtbar, wenn eine längerfristige Stabilisierung des Dreibundes erreicht werden sollte. Wenige Tage nach der Vertragsverlängerung waren es hauptsächlich deutsche Banken, die fünfprozentige italienische Rentenpapiere im Nominalwert von 40 Millionen Lire übernahmen.[101] Der letzte Impuls für den Abschluß war eine Meldung des deutschen Botschafters Solms, die Pariser Rothschilds hätten Rudini Kredite unter der Bedingung versprochen, daß Italien im Falle eines deutsch-französischen Krieges Neutralität wahre.[102]

---

96 Ebenda, Bl. 99ff.: Kálnoky an Bruck 13.4.1891.
97 Holstein, Papiere, Bd. 3, S. 337.
98 GP, Bd. 7, S. 72ff.
99 Ebenda, S. 83ff.; vgl. auch Fellner, Dreibund, S. 39, Granfelt, Dreibund, Bd. 1, S. 97.
100 GP, Bd. 7, S. 99ff.
101 Hertner, Kapitalexport, S. 580.
102 PA Bonn, Italien Nr. 95, Bd. 6, Solms an Caprivi 29.4.1891.

Die deutsche Bereitschaft, in dem beabsichtigten Handelsvertrag die Agrarzölle, vor allem die Weinzölle zu reduzieren, erforderte allerdings auch das Interesse der deutschen Exportindustrie an einer Senkung der italienischen Zolltarife. Bei den im August 1891 beginnenden deutsch-italienischen und italienisch-österreichischen Handelsvertragsverhandlungen erwies sich freilich rasch, daß die jeweils eigene Konzessionsbereitschaft mit den hohen Erwartungen an die andere Seite keineswegs Schritt hielt.[103] Der zwei Monate später dennoch erreichte Kompromiß kam hauptsächlich durch Zugeständnisse zustande, zu denen sich die von den außenpolitischen Erfordernissen ausgehende deutsche Seite bereit fand und damit sogar von Italien zunächst verweigerte Vorteile für Österreich erkaufte. Der Hauptgewinn lag am Ende bei Italien: In der Wein- wie in der Leinenzollfrage konnte es zwar nicht die gewünschten, aber dennoch günstige Tarife durchsetzen. Bessere Exportchancen eröffneten sich jedoch auch der deutschen Eisen-, Textil- und Chemiebranche. Inwieweit sich der hohe Preis für die Stabilisierung der Allianz bezahlt machte, konnte freilich erst die Zukunft erweisen.

Dagegen blieb der neue Versuch erfolglos, England in bestimmte Dreibundverpflichtungen einzubinden. Rudini beschleunigte noch das Mißlingen der Sondierungen, als er glaubte, die britische Seite nicht nur per Notenaustausch zu den gewünschten Zusagen für den westlichen Mittelmeerraum, sondern zu einem regelrechten Allianzvertrag veranlassen zu können. Als Hatzfeldt ihm nach Salisburys Ablehnung entgegnete, er könne sich eine Situation vorstellen, in der für England eine solche Allianz geboten sei, verschob jener eine solche Entscheidung in die Zukunft.[104]

Der britische Premier hielt derzeit die Konfliktgefahr in Europa zu Recht für gering, den Status quo für ziemlich gesichert und für Großbritannien außerordentlich günstig. Er beruhte auf einem relativen Gleichgewicht zwischen den Mächten des Dreibundes auf der einen sowie Rußland und Frankreich auf der anderen Seite, das der britischen Außenpolitik, zwischen diesen Fronten agierend, einen besonders großen Bewegungs- und Handlungsspielraum gewährte, der sich vor allem für die koloniale Expansion als vorteilhaft erwies. Wenn Salisbury nun gleichzeitig französischen Diplomaten versicherte, England werde den Status quo gegen Störungen durch Italien sichern, und dem deutschen Staatssekretär zusagte, „französischen Herrschaftsgelüsten im Mittelmeer einen Dämpfer aufzusetzen"[105], wird deutlich, daß er nicht nur wie Bismarck in den achtziger Jahren diesen Spielraum nutzte, sondern die derzeitige Stellung Englands in Europa auch der Deutschlands vor 1890 partiell ähnelte.

Um diese Position außenpolitisch zu festigen, hielt es London für zweckmäßig, sie öffentlich zu demonstrieren. Nach Bekanntwerden der Dreibunderneuerung erklärte Unterstaatssekretär Fergusson im Unterhaus wieder einmal, England sei keinerlei Verpflichtungen eingegangen, die es an irgendeine Macht binden. Die britische Regierung habe sich „in allen nur denkbaren Verhältnissen ihre volle Freiheit der Beschlußfassung und der Handlung vorbehalten". Ihre Sympathien seien immer auf der Seite derer, „welche die bestehenden Verhältnisse, die für die britischen Interessen von so hohem Wert seien, aufrechterhalten würden"[106].

Zu dieser für England so günstigen Lage hatte die deutsche Außenpolitik mit ihrer Wende gegen Rußland in erheblichem Maße beigetragen. Denn London brauchte sich an den Drei-

---

103 Vgl. für das folgende: Weitowitz, Politik, S. 133ff.
104 GP, Bd. 8, S. 47ff.
105 SHA Dresden, Außenministerium, Nr. 3302, Bericht aus Berlin 11.7.1891; Granfelt, Dreibund, Bd. 1, S. 116.
106 GP, Bd. 8, S. 57.

bund schon deshalb nicht zu binden, weil bei einem eigenen Konflikt mit Frankreich, aber auch mit Rußland, die Gegnerschaft des Dreibundes ausgeschlossen und zumindest mit dessen Wohlwollen gerechnet werden konnte. Wie kompliziert demgegenüber die Lage Deutschlands geworden war, erschließt sich aus Marschalls Antwort auf Salisburys günstige Beurteilung der internationalen Lage: Für den Staatssekretär hatte sich die von Rußland und Frankreich ausgehende Kriegsgefahr nicht vermindert.[107] Damit gab er freilich genau die Antwort, auf die Salisbury baute. Sich vor allem gegenüber Rußland der eigenen Festlegung möglichst zu entziehen, entsprach dem britischen Interesse jetzt noch mehr als zu Bismarcks Zeiten und schien überdies leichter erreichbar zu sein als damals. Seither hatte in London immer das Mißtrauen bestanden, Deutschland beabsichtige England in kriegerische Abenteuer einzubeziehen. Ein Eingreifen Englands zur Erhaltung der deutschen Herrschaft über Elsaß-Lothringen fände auf der Insel allgemeine Mißbilligung, schrieb der Botschaftsmitarbeiter Metternich Mitte Juni 1891 aus London.[108]

Andererseits verhehlte die britische Regierung, mehr noch die englische Presse, ihre größeren Sympathien für den Dreibund nicht.[109] Als der konservative „Standard" Anfang Juni den Londoner Grundsatz unterstrich, sich nur gegen Angreifer militärisch einzuschalten, fügte das Blatt hinzu: besonders, wenn Italien, Österreich oder die Türkei angegriffen würden. Charakteristischerweise fehlten bei dieser Aufzählung nicht nur Rußland und Frankreich, sondern auch Deutschland. Als die offiziöse französische „Temps" entgegnete, eine Zusage zugunsten jedes Angegriffenen wäre ihr lieber gewesen, hieß es zwei Tage später in dem britischen Blatt: ein friedliches Frankreich könne stets auf Englands Sympathie rechnen.[110]

Diese Äußerung beweist, wie sich Englands Stellung in der europäischen Mächtekonstellation seit dem letzten Jahr gestärkt hatte. Demgegenüber vermochte die Dreibunderneuerung, die Widersprüche im Bündnis höchstens zu verdecken. Das galt besonders für Italien. Rudini hatte die Erneuerung wegen der Opposition im Parlament zunächst geheimhalten wollen. Nachdem englische Zeitungen den Vertragsabschluß meldeten, sah er angesichts ständiger Interpellationen und radikaler dreibundfeindlicher profranzösischer Kundgebungen im Abgeordnetenhaus nur den Ausweg, die Erneuerung besonders lautstark bekanntzugeben.[111] Die Opposition blieb zwar in der Minderheit. Doch wie lange konnte diese Konstellation Bestand haben? Nicht allein England einzubeziehen mißlang, auch die gewissermaßen ersatzweise von Rom angestrebte Kooperation mit der österreichischen Flotte behandelte Wien, das sich aus Konflikten im westlichen Mittelmeer heraushalten wollte und für den adriatischen Raum in Italien einen neuen Konkurrenten auf dem Balkan fürchtete, dilatorisch.[112] Illusorisch war auch Rudinis optimistische Erwartung, Frankreich müsse Italien nun wirtschaftlich entgegenkommen.[113] Vielmehr zeichnete sich die entgegengesetzte Tendenz ab, weil der deutsche Markt den französischen weder im italienischen Weinexport noch für den italienischen

---

107 GP, Bd. 9, S. 63.
108 PA Bonn, England Nr. 92 Nr. 3, Bd. 1, Bl. 63ff.: Metternich an Caprivi 12.6.1891.
109 GP, Bd. 8, S. 66ff.
110 PA Bonn, England Nr. 92 Nr. 3, Bd. 1, Bl. 10, 31, 49: Hatzfeldt an Caprivi 4.6.1891, 8.6.1891, Temps 6.6.1891.
111 PA Bonn, Deutschland Nr. 128 Nr. 1 secr., Bd. 10, Bl. 83: Solms an AA 19.6.1891; HHStA Wien, MdÄ, PA I, Nr. 470, Liasse XXVIII, Bl. 183: Bruck an Kálnoky 19.6.1891.
112 Ebenda, Bl. 243: Beust an Kálnoky 26.7.1891, Bl. 249: Kálnoky an Beust 28.7.1891, Bl. 254ff.: Kálnoky an Franz Joseph 4.8.1891.
113 GStA Berlin, 2.4.23, Nr. 595, Bl. 65: Solms an Caprivi 12.7.1891.

Kapitalbedarf adäquat ersetzen konnte. So blieb die Gefahr des Abschwenken Italiens zu Frankreich nach der Dreibunderneuerung erhalten. Wenn es auch in Zukunft nicht gelang, England zu der bindenden Zusage zu veranlassen, seine Flotte im Falle eines französischen Angriffes auf die italienischen Küsten gegen Frankreich einzusetzen, blieb aufgrund wirtschaftlicher wie sicherheitspolitischer Präferenzen allein der Ausweg, mit Frankreich doch noch eine faktisch in Konkurrenz zum Dreibund stehende Einigung anzusteuern.

In Deutschland erklärte die „National-Zeitung" nach der Erneuerung erleichtert: „Alle Freunde des Friedens stimmen zu."[114] Diese Äußerung zeigt, wie stark im Regierungslager seit der Debatte um die Militärvorlage die Verunsicherung wirkte.

Daß sich zugleich erste Ansätze ganz neuer Perspektiven zeigten, blieb noch weitgehend unreflektiert. So empfahl der süddeutsche Sozialdemokrat Georg von Vollmar, Wortführer des reformistischen Flügels, seiner Partei, nicht allein arbeiterfreundliche Bestrebungen der Regierung zu honorieren, sondern stellte sich gleichzeitig positiv zum Dreibund, der für ihn Garant des Friedens gegen russische und französische Kriegsbedrohung war. Auch die Sozialdemokraten würden nach seiner Auffassung Deutschland verteidigen, „namentlich wenn es einem Feind gelte, der gegen alle Kultur ist, nämlich Rußland"[115]. Es war das gleiche Argument, das auch die „National-Zeitung" gegen die sich abzeichnende russisch-französische Verbindung ins Feld geführt hatte.

Wie stark die außenpolitische Besorgnis anhielt, drückt die Tatsache aus, daß sogar der Gedanke einer Annäherung an Frankreich, vereinzelt zwar und in ganz unterschiedlichen politischen Strömungen, auftauchte. Der Kommandierende General Walther von Loe schloß im privaten Schriftverkehr nicht einmal die Rückgabe Elsaß-Lothringens aus, für so bedenklich hielt er das derzeitige militärische Kräfteverhältnis.[116] Rößler empfahl in den „Preußischen Jahrbüchern" die Annäherung, damit Deutschland dem Druck Englands und Rußlands weniger stark ausgesetzt sei. Die linksliberale „Volkszeitung" hielt einen Ausgleich mit Frankreich sogar für „das oberste Ziel unserer auswärtigen Politik", weil das Vertrauen des Blattes in die Stabilität des Dreibundes auch nach der Erneuerung nicht stieg.[117]

Bereits im Februar 1891 hatte der Kaiser mit einer Privatreise seiner Mutter nach Frankreich einen ernst gemeinten politischen Annäherungsversuch verknüpft, der allerdings, überstürzt und laienhaft eingefädelt, nur zusätzliche Verstimmung erzeugte.[118] Die Regierung verhielt sich unsicher und uneinheitlich, und das war bei dieser heiklen Frage verständlich. Caprivi besaß anfangs in Verbindung mit den handelspolitischen Plänen einen gewissen Optimismus in Richtung Paris, während Holstein solche Erwartungen immer für illusorisch gehalten hatte. Sicher wären die Aussichten ein wenig besser gewesen, wenn die Verbindung mit Rußland noch bestanden hätte und Frankreich nicht von der begründeten Hoffnung auf eine eigene Allianz mit Rußland hätte ausgehen können.

Doch nicht allein trieb die Verunsicherung über die äußere Lage Deutschlands den Kaiser, immer wieder persönlich in die Außenpolitik einzugreifen. Noch bedenklicher erwiesen sich öffentliche Reden, in denen er gegenüber den „Feinden" militärische Stärke demonstrierte und sie vor einem Krieg „warnte". Unmittelbar nach der Dreibundverlängerung wandte sich

---

114 National-Zeitung, Nr. 394, 29.6.1891.
115 Vollmar, Aufgaben, S. 7ff.
116 GStA Berlin, Rep. 92 NL Waldersee, B I Nr. 34, Bl. 53ff.: Löe an Waldersee 3.2.1891, 19.5.1891.
117 Volkszeitung, Nr. 149, 30.6.1891; Leupolt, Zeitschriften, S. 77f.
118 SHA Dresden, Außenministerium, Nr. 3302, Bericht aus Berlin 27.2.1891.

Holstein aufgebracht an den kaiserlichen Intimus Eulenburg: Es sei unglaublich, daß sich Wilhelm noch immer einreden lasse, Deutschland stünde kurz vor einem russisch-französischen Überfall.[119] Solche Ergüsse kaiserlichen Selbstherrschaftsanspruches waren in mehrfacher Hinsicht von negativer Wirkung. Sie untergruben die Autorität der außenpolitischen Führung, die sich ohnehin mit der Bismarcks nicht messen konnte. Sie irritierten die Bundesgenossen. Rudini fand Anfang 1892, Berlin reagiere unsicher, wechselhaft, aufgeregt, unklar und nervös. Es rede zwar von Frieden, „und doch werde man nicht recht klug darüber"[120].

4. Unsicherheit und Schwankungen (1891–1893)

Es war eine merkwürdige, widersprüchliche, von vermuteten Gefahren geprägte Konstellation zwischen den Festlandgroßmächten, die sich Mitte 1891, nach den zum Teil völlig überraschenden Veränderungen des letzten Jahres, herausgebildet hatte. Unsicherheit beherrschte besonders die russische Staatsführung. Während sich ihr Interesse, ebenso wie das englische und französische, schon seit dem Ende der außenpolitischen Krise auf Expansion außerhalb Europas konzentrierte, schien die dafür als notwendig erachtete relativ spannungsfreie Lage auf dem Kontinent unsicherer denn je. Die aus der Nichterneuerung des Rückversicherungsvertrages abgelesene Besorgnis vor deutschem Kriegswillen wuchs mit den Dreibundaktivitäten und der Annäherung Englands an das Bündnis. England war die Weltmacht, mit der Spannungen zu erwarten waren bei der anvisierten außereuropäischen Aktivität. Es war geradezu ein Zwang, der in dieser dramatisch scheinenden Situation Rußland und Frankreich zueinander führen mußte, um sich gegen eine europäische Kriegsgefahr zu sichern und die außereuropäische Orientierung überhaupt zu ermöglichen.

Doch beide Mächte reagierten noch unterschiedlich. Für die Pariser Regierung war die Antwort eindeutig. Sie sah nicht nur keine Alternative zu einem Bündnis mit Rußland, sondern auf einmal die Chance, es endlich zustande zu bringen. Die zaristische Führung schwankte noch immer. Sie versuchte sich einer Festlegung zu entziehen, um das Verhältnis zu Deutschland nicht noch stärker zu belasten. Doch in der russischen Öffentlichkeit, besonders in den Oberschichten der Gesellschaft, stieg die profranzösische Stimmung rapide. Die meisten Zeitungen sprachen sich für ein Bündnis mit Frankreich aus.[1] Doch die Regierung suchte neue Kontakte nach Wien und Rom, um die Bundesgenossen Deutschlands von der eigenen Friedfertigkeit zu überzeugen.[2]

Im Grunde hatte die Schwerpunktverlagerung an die Peripherie bereits begonnen, in der Bismarck immer die Voraussetzung für eine bessere außenpolitische Lage des Deutschen Reiches erblickt hatte. Ihre konkreten Erscheinungen unterschieden sich allerdings von Bismarcks Erwartungen. Aber ihre Ausmaße waren eher größer und gingen über die europäische Peripherie weit hinaus. Die Vorteile, die sich dem Reich außenpolitisch jetzt geboten hätten, liegen auf der Hand, wäre nicht 1890 die Wende eingeleitet worden. Nun jedoch sahen die Regierenden in Paris und Petersburg, partiell selbst in London, in Deutschland diejenige

---

119 Eulenburg, Korrespondenz, Bd. 1, S. 681.
120 HHStA Wien, MdÄ, PA I, Nr. 470, Liasse XXVIII, Bl. 291ff.: Bruck an Kálnoky 5.1.1892.
 1 BHStA München, MA Nr. 2775, Bericht aus Petersburg 2.5.1891.
 2 HHStA Wien, MdÄ, PA X, Nr. 94, Bl. 53ff., 173f.: Berichte aus Petersburg 26.1.1891, 12.3.1891.

Macht, die der neuen Entwicklung gegensteuerte. Die Berliner Regierung hielt die neuen Tendenzen in der internationalen Entwicklung tatsächlich nicht für bestimmend. Nach wie vor ließ sie sich von einer absehbaren Zweifrontenkriegsgefahr leiten, folglich von militärischen Gesichtspunkten und vom Blockdenken. So war es die deutsche Außenpolitik, weniger die eigenen Interessen der Mächte, die der Blockbildung Vorschub leistete. Diese Interessen führten weg vom kontinentalen Kriegsfall, suchten in Europa die Absicherung und Entspannung für die Expansion, benötigten einen möglichst großen internationalen Bewegungsspielraum, dem die Blockbildung widersprach. In dem Augenblick, in dem sich international die Erkenntnis durchsetzte, daß eine europäische Kriegsgefahr gar nicht bestand, Bedrohungskomplexe überflüssig waren und der Expansionstrend bestimmend werden konnte, in dem Moment konnte erwartet werden, daß sich die festen Mächtegruppen wieder relativierten und allein auf den Status quo ausgerichtet blieben.

Derzeit erhielt allerdings Großbritannien bereits mit der sich neu abzeichnenden Konstellation besonderen außenpolitischen Bewegungsspielraum, solange das relative Gleichgewicht zwischen den Mächtegruppen gewahrt blieb. Zugleich bestand zwischen England einerseits sowie Rußland und Frankreich andererseits trotz aller gravierenden Differenzen ein übergreifendes gemeinsames Interesse, Deutschland zu hindern, dieses Gleichgewicht zu stören und diese Konstellation zu verändern.

Mitte 1891 war also auf dem Kontinent eine von potenzierter Unsicherheit und Besorgnis geprägte Gesamtlage entstanden, in der die nun folgenden Ereignisse eine besondere explosive Bewegungskraft entfalteten, die die neue Konstellation geradezu schockartig einleiten mußte. Nach den kurz hintereinander eintreffenden Nachrichten von der vorzeitigen Erneuerung des Dreibundes, dem Besuch Kaiser Franz Josephs bei einem englischen Flottengeschwader in Fiume und dem Verlauf des Besuches Wilhelms II. in England rechnete die Petersburger Führung mit der höchsten Gefahr: England habe sich dem Dreibund angeschlossen. Schon kursierten Zeitungsmeldungen, nach denen die Identität der Interessen des Dreibundes und Englands in einem Protokoll festgehalten worden sei.

Eine Tagebucheintragung des Giers-Vertrauten Lamsdorffs verdeutlicht die Stimmung in der Petersburger Führung: „Es ist unzweifelhaft, daß das materielle Resultat dieser Lage ein Friede sein wird, aber ein solcher Frieden, der eine ständige Bedrohung für die Mächte in sich birgt, die außerhalb des Bundes verbleiben [...] Der Beitritt Englands zu dieser 'Friedensliga', in welcher Form er immer erfolgte, unterliegt keinem Zweifel."[3] Auf ein nach der Dreibunderneuerung von Alexander von Nelidow, dem russischen Botschafter in Konstantinopel, verfaßtes Memorandum für ein russisch-französisches Bündnis reagierten Giers und Lamsdorff noch skeptisch. Doch war die Beunruhigung nach der Englandreise Wilhelms so gestiegen, daß Fürst Alexander Lobanow-Rostowski, der Botschafter in Wien, Kálnokys Versicherung, England sei dem Bündnis nicht beigetreten, schlicht ignorierte. Die französische Diplomatie nutzte die Stunde. Als Mitte Juli Giers dem französischen Botschafter Antoine de Laboulaye eine engere Zusammenarbeit, ja eine Entente vorschlug, empfahl der Botschafter sofort eine Militärkonvention. Vor einer so weitgehenden Verbindung scheute freilich der Minister nach wie vor zurück, aber der Entwurf eines Ententevertrages wurde in den nächsten Tagen im französischen Ministerrat ausgearbeitet.[4] Er sah vor, daß Frankreich

---

3 Lamzdorf, Dnevnik 1891–92, S. 153.
4 Jakobs, Zweibund, S. 73ff.

und Rußland gleichzeitig mobilmachen, wenn einer der beiden Staaten von einem Mitglied des Dreibundes angegriffen werde.

Wenige Tage später geriet die Ententefrage in den Sog der machtvollen öffentlichen Begeisterung, die der Besuch eines französischen Flottengeschwaders vom 23. Juli bis zum 8. August 1891 in Kronstadt auslöste. Vielfältige Gründe waren für die öffentliche Anteilnahme verantwortlich: der Bedrohungskomplex gegenüber den westlichen Nachbarn, der nach der Dreibunderneuerung und dem vermuteten Anschluß Englands an das Bündnis noch gewachsen war. Die Anteilnahme wirkte als Ventil für die angestaute innere Unzufriedenheit, die durch den von mehreren Mißernten hervorgerufenen wirtschaftlichen Notstand verschärft worden war und die die Regierung nach französischen Krediten und Kreise der jungen bürgerlichen Intelligenz auf die freiheitlich-liberalen Verhältnisse in Frankreich als Vorbild blicken ließ, während sie Angehörige der unteren Schichten vorübergehend ihre soziale Not vergessen machte.[5]

Auf der Rückfahrt von Kronstadt besuchte die französische Flotte Portsmouth. Die Bedeutung dieses Treffens war kaum geringer zu veranschlagen als Kronstadt: Die französische Seite demonstrierte gegenüber Petersburg den Willen, die Entente ausschließlich gegen den Dreibund zu richten, und London unterstrich seine bündnispolitische Aktionsfreiheit. Beide Ereignisse wurden in Frankreich als das Ende der seit 1870 währenden „Erniedrigung" und Isolation interpretiert.[6]

Verglichen mit den Reaktionen in der russischen und französischen Öffentlichkeit waren die Konsequenzen in den Ententesondierungen zwischen Petersburg und Paris eher mager. Noch einmal konnte sich Giers durchsetzen und der per Notenaustausch getroffenen Absprache ihre ausschließlich gegen den Dreibund gerichtete Spitze nehmen. Bei einem Angriff auf eine der beiden Mächte, gleichgültig von wem, sollte die gegenseitige Verständigung über gemeinsame Gegenmaßnahmen folgen. Ende August stimmte die französische Regierung zu.[7]

Doch die wirkliche Bedeutung von Kronstadt und Portsmouth ist nicht aus diesen mäßigen Verhandlungsergebnissen abzulesen. Die russisch-französische Allianz war faktisch hergestellt, weil die Sicherheitsinteressen beider Staaten und die entsprechenden Vorstellungen einer breiten Öffentlichkeit so übermächtig geworden waren und die ohnehin geheimen Bremsversuche Giers' Randerscheinungen blieben. Die Allianz bestand, bevor ihre vertragliche Fixierung abgeschlossen war.

Daß die Sicherheitsinteressen der Mächte – und in diesem Zusammenhang die Erwartung, den zumindest in dem vermuteten Umfang gar nicht existenten hegemonialen Zug Deutschlands zurückzudrängen oder zu brechen – in den internationalen Reaktionen auf Kronstadt das bestimmende Element darstellten, zeigt die starke Fixierung auf die Frage des europäischen Gleichgewichts. Bestimmend in den internen Äußerungen der Diplomaten wie in den öffentlichen Stellungnahmen der repräsentativen Zeitungen Rußlands, Frankreichs und Großbritanniens war die Vorstellung, Deutschlands Übergewicht, seine Hegemonie, die Vormacht des Dreibundes seien gebrochen und das europäische Gleichgewicht wiederhergestellt.[8] Die häu-

---

5 BHStA München, MA Nr. 2775, Berichte aus Petersburg 25.7.1891, 1.8.1891, 20.8.1891; GP, Bd. 7, S. 211ff.
6 BHStA München, MA Nr. 2148, Bericht aus Paris 4.9.1891.
7 Jakobs, Zweibund, S. 82ff.; Manfred, Obrazovanie, S. 334ff.; Rybačenok, Obrazovanie, S. 154ff.
8 PA Bonn, Rußland, Nr. 91, Bd. 12, Schoen an Caprivi 7.8.1891, 12.8.1891, Bd. 13, Schoen an Caprivi 29.8.1891, A.v.Bülow an Caprivi 13.9.1891.

fige Verwendung des Begriffs Wiederherstellung zeigt, wie weit verbreitet die Auffassung war, die Gleichgewichtslage, wie sie vor 1871, vor dem Krimkrieg bestanden habe, sei zurückgewonnen.

Eine solche Bezugnahme traf den Kern der Sache. Ein Gleichgewicht zwischen den Mächten des Dreibundes auf der einen sowie Rußland und Frankreich auf der anderen Seite bestand jetzt zweifellos. Es bedeutete für Frankreich und Rußland einen Gewinn an äußerer Sicherheit. Den Hauptnutzen trug allerdings die britische Außenpolitik davon. Sie gewann, zwischen den Blöcken agierend, einen besonders großen Bewegungs- und Handlungsspielraum. London brauchte sich nun erst recht nicht an den Dreibund zu binden, weil bei einem eigenen Konflikt mit Frankreich oder Rußland die Feindschaft des Dreibundes ausgeschlossen und zumindest mit dessen Wohlwollen zu rechnen war. Es bestand aber auch ein gemeinsames Interesse Englands mit Rußland und Frankreich, Deutschland an der Störung dieses Gleichgewichts zu hindern. Die deutsche Außenpolitik hatte mit ihrer Wende gegen Rußland zu dieser für England günstigen Lage in entscheidendem Maße beigetragen. Salisbury erkannte und nutzte dies unverzüglich.[9]

Die Regierung Caprivi hat sowohl in der Europapolitik als auch in Bezug auf die Übersee-Expansion den Zeichen der Zeit entgegen gehandelt. Mit ihrem Kurs drohte sie in eine Zwickmühle zwischen dem wachsenden Drang nach außereuropäischer Expansion und den Folgen ihrer Außenpolitik zu geraten, die, fatalistisch auf den als unabwendbar betrachteten europäischen Zweifrontenkrieg fixiert, nicht allein die Frage der europäischen Absicherung einer überseeischen Expansion unbeachtet gelassen, sondern ohne Not durch falsche Entscheidungen die Risiken für die Stellung des Reiches in Europa sogar gefährlich vermehrt hatte. Die geostrategische Mittellage gebot seiner Führung, feindliche Koalitionen anderer Großmächte zu verhindern, was bei der gegebenen Konstellation nur bei einer noch so losen Verbindung Deutschlands mit Rußland erreichbar gewesen wäre. Kronstadt schloß gleichsam die mit der Nichterneuerung des Rückversicherungsvertrages eingeleitete außenpolitische Wende ab und war – wie Manfred Rauh zutreffend schreibt – eine „Entscheidung von unabsehbarer Tragweite",[10] für Deutschland zweifellos eine Wende zum Schlechteren.

Als eine solche Verschlechterung der außenpolitischen Lage des Reiches interpretierten die großen deutschen Zeitungen die Flottentreffen. Hatten sie noch 1889/90 einen Krieg nach zwei Fronten für durchstehbar gehalten – jetzt, wo für sie die russisch-französische Entente zur Gewißheit geworden war, regte sich Besorgnis. Die „Kölnische Zeitung" sah Deutschland „eingeklemmt" zwischen Rußland und Frankreich, für die Kreuzzeitung ging von der neuen Entente große Gefahr für das Reich aus. Beide Blätter plädierten für neue deutsche Aufrüstungsschritte.[11] Das freisinnige „Berliner Tageblatt" zeigte sich besonders schockiert von Portsmouth: England zeige wegen der wirtschaftlichen und kolonialen Konkurrenz Deutschlands für dieses weniger Sympathie als für Frankreich.[12] Auch bei anderen Zeitungen waren nach Portsmouth die Zukunftsausblicke noch düsterer als zuvor. Enttäuscht von der Haltung Londons verlangte der „Börsen-Courier" verstärkte Kolonialexpansion, ohne auf England Rücksicht zu nehmen. Deutschland müsse „mit Gewalt oder Güte zum Ziel kommen" und

---

9 Hallmann, Rückversicherungsvertrag, S. 224.
10 Rauh, „Deutsche Frage", S. 146.
11 Kölnische Zeitung, Nr. 357, 4.8.1891; Neue Preußische Zeitung, Nr. 367, 9.8.1891, Nr. 406, 1.9.1891.
12 Berliner Tageblatt, Nr. 422, 22.8.1891.

Weltpolitik treiben, um die „wichtigsten nationalen Probleme", Auswanderung und Sozialismus, zu lösen.[13] Noch handelte es sich um eine Einzelstimme, aber immerhin deutete sich an, in welche Richtung die Außenpolitik zukünftig gehen würde.

Derzeit stand die Berliner Zentrale allerdings ganz unter dem Eindruck von Kronstadt. Unsicherheit und Besorgnis beherrschten sie. Zwei Jahre später, als der Kaiser in der Siamkrise wiederum die Nerven verlor, schrieb Eulenburg: „Es war nach dem Besuch der französischen Flotte in Kronstadt 1891 der zweite große Schock, der sich infolge der Nichterneuerung des Geheimvertrages mit Rußland einstellte."[14] Nach dem Zeugnis seines Vertrauten Pindter zeigte sich auch Holstein durch Kronstadt sehr irritiert.[15] Caprivi rang sich gegenüber dem sächsischen Gesandten Mitte Oktober 1891 – unter dem Eindruck eines Artikels von Bismarck in den „Hamburger Nachrichten", der die internationale Stellung Deutschlands seit März 1890 als verschlechtert bewertete – nun doch zu dem bemerkenswerten Eingeständnis durch: „Wäre dieser Vertrag [der Rückversicherungsvertrag - K.C.] erneuert worden, so wären [...] die Feste in Kronstadt vielleicht nicht gefeiert worden."[16] Schweinitz sprach Anfang September nach einem Deutschlandaufenthalt von „gereizter Stimmung" in Berlin über Kronstadt und Portsmouth.[17] Besonders drastisch war der Stimmungsumschwung bei dem entlassenen Generalstabschef Waldersee. Er, der zur Bismarckzeit in Siegeszuversicht immer wieder den Präventivkrieg nach zwei Fronten gefordert hatte, befand jetzt, die äußere Lage des Reiches werde „immer unheimlicher". Kronstadt erzeuge neue Unsicherheit. Diesmal gelte es, die russisch-französische Freundschaft „ernstzunehmen", die Allianz sei perfekt, ebenso das Fiasko der neuen deutschen Außenpolitik.[18]

Aus dieser Äußerung nur die Sicht des Gestürzten herauszulesen, wäre gewiß verfehlt. Vielmehr reflektieren alle diese Stellungnahmen in erster Linie den Verlust an äußerer Machtstellung und außenpolitischem Prestige, den das Reich seit Bismarcks Sturz verzeichnete: Schon in den Reichstagsdebatten im Vorjahr war die Besorgnis aufgekommen, ob die militärische Schlagkraft ausreiche. Die Bemühungen, England an den Dreibund heranzuziehen, waren sichtbar mißlungen. Die Machtstellung und die Autorität der neuen außenpolitischen Führung im In- und Ausland konnten sich mit der Bismarcks nicht messen, sie war verunsichert und litt überdies unter der massiven Kritik des Altkanzlers. Die Abnahme außenpolitischer Geltung verknüpfte sich mit Unsicherheit im Inneren: die Reformvorhaben kamen nicht voran, sie rissen, wie die Handelsvertragspolitik, vielmehr neue Gräben auf.

Die Reichsführung war bestrebt, im eigenen Machtapparat, gegenüber den Verbündeten und in der Öffentlichkeit die Bedeutung der Ereignisse herunterzuspielen. Gegenüber den österreichischen, bayerischen und sächsischen Gesandten hielt man sich an der Vermutung fest, ein Vertrag zwischen Rußland und Frankreich sei nicht zustande gekommen. Die Lage wurde beschwichtigend als nicht unmittelbar gefahrdrohend, doch immerhin als ernst bezeichnet. „Nicht akuter, sondern akzentuierter" sei die Kriegsgefahr geworden, sagte Caprivi, weil das Selbstgefühl der Franzosen gestiegen sei und die Widerstandskraft des Zaren gegen Kriegspläne abgenommen habe. Aber Marschall meinte leichthin, es sei nur wichtig,

---

13 Löbel, Bourgeoisie, S. 69.
14 Haller, Eulenburg, S. 84.
15 BA Potsdam, 90 Ho 5: NL Holstein, Film 62 237, Bl. 36 1320: Tagebuch Pindter 2.8.1891.
16 SHA Dresden, Außenministerium, Nr. 3302, Bericht aus Berlin 24.10.1891.
17 HHStA Wien, MdÄ, PA X, Nr. 95, Bl. 394: Bericht aus Petersburg 2.9.1891.
18 GStA Berlin, Rep. 92 NL Waldersee, A I Nr. 17, Bl. 74f.: Tagebuch 27.8.1891.

Zwischenfälle mit Frankreich zu vermeiden, denn bei einem französischen Angriff springe Rußland der Republik nicht bei.[19]

Fünf Wochen nach Kronstadt schien dem Kanzler die öffentliche Besorgnis so bedenklich, daß er eine Regimentsfeier in Osnabrück zum Anlaß nahm, Beruhigung zu verbreiten. Er betonte in seiner Ansprache, keine europäische Regierung beabsichtige, Krieg herbeizuführen, und „auch die Annäherung von Staaten in der neuesten Zeit gäbe keinen Grund zu Befürchtungen [...]. Vielleicht seien dieselben nichts als die Feststellung des europäischen Gleichgewichts, wie es früher bestanden habe."[20] Aber die Rede wirkte anders, als Caprivi erwartet hatte. Während in der deutschen Öffentlichkeit das Echo erstaunlich zurückhaltend blieb, nahm die internationale Presse, besonders die russische, mit kaum verdecktem Hohn den Gedanken bereitwillig auf, schien doch der deutschen Führung nichts übrig zu bleiben, als die veränderte, ungünstigere Lage zu akzeptieren. Das neue Gleichgewicht, hieß es im noch deutschfreundlichen „Grashdanin", könne für Deutschland kaum wünschenswert sein, „weil dasselbe jenes Übergewicht der Kräfte zugunsten Deutschland vernichtet, welches bis dahin bestand, und welches der ganzen Kombination des Dreibundes die Rolle und die Bedeutung einer Hegemonie über Europa mit dem Anspruch auf Vorrang und Leitung der gesamten internationalen Politik und des internationalen Lebens verlieh."[21] Es waren wohl doch hauptsächlich die Erfahrungen mit der deutschen Rußlandpolitik seit 1890, die die russische Öffentlichkeit die gesamte Außenpolitik des Deutschen Reiches, ja seine Leitung überhaupt, das rapide Wachstum seines gesamten Potentials, in einer rußlandfeindlichen Richtung verstehen ließ, die im Zeichen der negativen Erfahrungen des Berliner Kongresses, der Zollgegensätze und der Enttäuschung über die Bismarcksche Politik seit Mitte der achtziger Jahre stand.

Die Antwort Berlins auf Kronstadt und Portsmouth und auf die vermuteten russisch-französischen Absprachen blieb in der Außenpolitik selbst eher passiv. Das Auswärtige Amt rechnete mit russisch-englischen Differenzen im Gebiet um Afghanistan und die Meerengen[22] und hoffte von daher auf einen Zwang für beide Mächte, sich der Unterstützung durch Deutschland zu vergewissern. Vorrang für Caprivi besaß ein neues Aufrüstungsprogramm.

Noch in den Tagen von Portsmouth, am 27. August 1891, legte der Kanzler eine Denkschrift vor, die von der Prämisse ausging, der Krieg stehe zwar nicht nahe bevor, sei aber „über lang oder kurz unvermeidlich". Nur bei einer Wehrkrafterhöhung „auf das äußerste zulässige Maß" könne Deutschland einem solchen Krieg gewachsen sein. Aber die schwierige äußere Lage verbot dem Kanzler, schon jetzt eine Militärvorlage einzubringen. Denn mit ihr die Vorlage zu begründen, brächte die Gefahr, „nach außen zu provozieren", und außerdem würde der unvermeidliche Konflikt im Innern „unseren auswärtigen Gegnern als ein Zeichen der Schwäche, als eine Aufforderung zum Kriege" erscheinen.[23] Um die potentiellen Gegner nicht durch Beunruhigung zu ermuntern, lehnte Caprivi auch von Wien verlangte Absprachen über die militärische Kooperation ab.[24]

19 BHStA München, MA Nr. 2669, Berichte aus Berlin 4.8.1891, 27.8.1891; Nr. 694, Aufz. Crailsheim 10.9.1891; HHStA Wien, MdÄ, PA III, Nr. 140, Bl. 459f.: Berichte aus Berlin 5.8.1891, 2.9.1891, 24.9.1891.
20 Reden Caprivis, S. 417.
21 PA Bonn, Deutschland Nr. 122 Nr. 8, Bd. 2, Sammlung von Zeitungsausschnitten zur Caprivi-Ansprache.
22 HHStA Wien, MdÄ, PA III, Nr. 140, Bl. 471ff.: Bericht aus Berlin 27.8.1891.
23 Berghahn / Deist, Rüstung, S. 37ff.
24 GP, Bd. 7, S. 110ff.

Doch die langfristige Vorbereitung einer umfangreichen Militärvorlage begann. Sie schien noch aus einem zweiten Grunde geboten. Der neue Generalstabschef Alfred von Schlieffen hatte bereits im Frühjahr 1891 wegen neuer russischer Befestigungen im Grenzgebiet die Sinnfälligkeit der bisherigen Aufmarschstrategie bezweifelt.[25]

Als von Ende August an deutsche Diplomaten nach Berlin meldeten, russische Expeditionen rücken weiter in Richtung Pamir vor, Rußland ziele auf die Unterwerfung Afghanistans und werde am Hindukusch, den London als unantastbare Grenzlinie betrachtete, nicht stehenbleiben, registrierte das Auswärtige Amt jetzt endlich diese Entwicklung mit gebührender Aufmerksamkeit, oder besser: Es griff nach diesem Strohhalm und erwartete dort eine von den Vereinbarungen mit Frankreich abgesicherte russische Offensive.[26] Es rechnete in diesem Gebiet zwar nicht mit ernsthaften militärischen Konflikten zwischen beiden Kontrahenten, jedoch mit dem Zwang für England, an den Dreibund heranzurücken. Denn weil England in Indien ohne Bundesgenossen agieren müsse, werde es bestrebt sein, den Kampf in solche Territorien zu verlegen, in denen seine Interessen identisch mit denen weiterer Mächte seien, etwa an den Meerengen.[27]

Nachdem Holstein und Hatzfeldt bereits Anfang August neue Versuche starteten, England in Konstantinopel gegen Rußland in Stellung zu bringen, schien ein solcher Vorstoß aussichtsreicher, als am 16. September die Pforte bekanntgab, ein Abkommen mit Rußland abgeschlossen zu haben, das der russischen „freiwilligen Flotte" die freie Passage der Dardanellen zugestand. Unterstaatssekretär Wolfram von Rotenhan forderte Hatzfeldt auf, Salisbury klarzumachen, die Verteidigung der Meerengen gegen Rußland sei nicht in erster Linie die Sache des Dreibundes, sondern die Englands. Hatzfeldt möge dem Premier zu einer Übereinkunft mit dem Sultan raten, die Ägypten einschließe, und ihm dazu seine Vermittlung anbieten.[28] Gleichzeitig wurde Wien aufgefordert, die deutsche Initiative zu unterstützen, und insgeheim arrangierte Berlin ein Treffen Giers' mit Rudini, um London unter Druck zu setzen.[29] Doch wenn Kálnoky auch seinen Botschafter Deym mit entsprechenden Sondierungen in London beauftragte, hinsichtlich der Erfolgsaussichten der Aktion blieb er skeptisch. Er vermutete zu Recht, das Auswärtige Amt wolle Wien vorschieben, um Bewegung in die orientalische Frage zu bringen, selbst aber abseits bleiben. Er war entschlossen, in Konstantinopel nichts zu unternehmen, was von Rußland feindselig zu interpretieren wäre, zumal er im November den Eindruck gewann, das deutsche Interesse beginne bereits zu erlahmen, nachdem Hatzfeldt in London unterstrichen hatte, Deutschland sei in der Meerengenfrage nicht direkt interessiert.[30] Er hatte damit Holsteins Intentionen, in Orientfragen nicht neben, sondern hinter Österreich zu bleiben, entsprochen.

25 Haselmayr, Jahrzehnt, S. 71ff.
26 PA Bonn, Asien Nr. 10, Bd. 35, Heyking an Caprivi 30.8.1891, A.v.Bülow an Caprivi 22.9.1891, Heyking an Caprivi 29.9.1891, Marschall an Schweinitz 19.10.1891; Bd. 36, Heyking an Caprivi 21.11.1891.
27 HHStA Wien, MdÄ, PA III, Nr. 141, Bl. 26f.: Bericht aus Berlin 3.10.1891.
28 GP, Bd. 9, S. 68ff.; Hatzfeldt, Papiere, S. 856ff.; Holstein, Papiere, Bd. 3, S. 344ff.; HHStA Wien, MdÄ, PA III, Nr. 141, Bl. 1f: Bericht aus Berlin 10.10.1891.
29 BHStA München, MA Nr. 2669, Bericht aus Berlin 28.9.1891.
30 HHStA Wien, MdÄ, PA I, Nr. 461, Liasse XXV, Bl. 4ff.: Schiessl an Kálnoky 9.10.1891, Bl. 12, 17, 21: Kálnoky an Schiessl 22.10.1891, 24.10.1891, 10.11.1891, Bl. 35ff.: Schiessl an Kálnoky 8.12.1891.

Als sich im September 1891 die italienische Regierung in der Tuatfrage um deutsche Unterstützung gegen Frankreich wandte, sah Holstein eine zweite Gelegenheit, England gegen die neue Entente in Stellung zu bringen. Hatzfeldt sollte in London klarstellen, daß sich Italien nur bei englischer Mitwirkung in der Tuatfrage engagiere und nur ein gemeinsamer Schritt Englands, Spaniens und Italiens in Paris Aussicht auf Erfolg verspreche.[31] Doch der deutsche Eifer war nicht nur Salisbury nicht geheuer, sondern überraschte selbst in Rom.

Für Salisbury war das demonstrative, nervöse Werben Berlins in London nur Beweis, daß seine Rechnung, England unabhängig zwischen den Mächtegruppen agieren zu lassen, nach Kronstadt und Portsmouth noch besser aufging als zuvor. An einen russischen Handstreich an den Meerengen glaubte er zu Recht nicht, und mit dem wankelmütigen Sultan schloß er eine verläßliche Verständigung aus. Das Schicksal des von Hatzfeldt für den Sultan verfaßten Promemorias war damit bereits besiegelt.[32] Die Meerengenfrage wie die italienisch-französischen Differenzen waren für Salisbury Konflikherde, die er erhalten wollte, weil sie sich zum außenpolitischen Taktieren besonders eigneten. Das fiel ihm um so leichter, als er merkte, daß Caprivi und Marschall jetzt zwar Mittel und Methoden Bismarcks anwendeten, aber ohne sein Geschick agierten.[33] Den wichtigen sachlichen Grund für die deutsche Nervosität sah der britische Premier neuerlich in dem mit dem Verzicht auf den Rußlandvertrag verbundenen fehlenden Rückenhalt. Als Deym über eine solche Äußerung Kálnoky informierte, stimmte auch der Wiener Außenminister bei. Auch für ihn war „diese nervöse Stimmung auf die durch den Rücktritt des Fürsten Bismarck herbeigeführte Lostrennung etwa bestandener geheimer Verbindungen mit Rußland zurückzuführen"[34]. Zur gleichen Zeit sprach auch Rudini sein äußerst kritisches Urteil über die Berliner Außenpolitik. Er beklagte ihre hektische Aufgeregtheit. Das gleiche empfinde die Regierung in London, wo „das bloße Erscheinen des Grafen Hatzfeldt bereits ein Gefühl des Mißbehagens hervorrufe". Der Zweck der diplomatischen Manöver bleibe oft unklar. Die Versuche, England an den Dreibund heranzuziehen, gingen Salisbury „gegen den Strich". „Deutschland sei nicht die Macht", resümierte Rudini, „um gegebenenfalls England aus seiner angeborenen Lethargie zu wecken."[35] Gerade die Übereinstimmung der negativen Urteile über die Berliner Außenpolitik in Wien, Rom und London bezeugt, wie beträchtlich der Prestigeverlust war, den Deutschland außenpolitisch erlitten hatte. Er war nicht allein durch Sachzwänge verursacht, sondern ebenso durch das Versagen der Verantwortlichen.

Solche Symptome charakterisierten auch die Rußlandpolitik. Als Anfang September 1891 der Berliner Bankier Mendelssohn im Auftrage von Wyschnegradski bei Marschall anfragte, ob sich deutsche Banken an einer von der Pariser Börse vermittelten Anleihe beteiligen dürfen, die dem Eisenbahnbau und der Notstandsbekämpfung dienen sollte, sprach sich der Staatssekretär gegenüber Caprivi dafür aus, die Beteiligung deutscher Banken nicht zu behindern, weil die Anleihe nicht militärischen Zwecken diene und andernfalls „wir die Russen noch mehr in die Hände der Franzosen treiben". Der letztere, auf die Verunsicherung durch Kronstadt deutende Gesichtspunkt hat vermutlich nicht allein Caprivi, sondern auch den Kaiser veranlaßt, Bedenken zurückzustellen. Um die deutsche Beteiligung dennoch gering zu

---

31 GP, Bd. 8, S. 302f., 315f., 323; zur Tuatfrage vgl. Lahme, Außenpolitik, S. 296ff.
32 Ebenda, S. 179f., Bd. 9, S. 73ff.
33 Bayer, England, S. 22.
34 HHStA Wien, MdÄ, PA I, Nr. 461, Liasse XXIV, Bl. 57: Kálnoky an Deym 10.12.1891.
35 Ebenda, Nr. 470, Liasse XXVIII, Bl. 291ff.: Bruck an Kálnoky 5.1.1892.

Unsicherheit und Schwankungen (1891–1893) 99

halten und zugleich das politische Verhältnis zu Petersburg nicht zu belasten, sollte nur die Presse einige Warnungen ausstreuen. Doch nach kurzer Zeit war eine massive Pressekampagne konservativer Blätter im Gange, die mit der Agitation gegen die Anleihe zugleich eine zukünftige Zolleinigung nach dem Vorbild des österreichischen Handelsvertrages hintertreiben wollten. Gleichzeitig setzten Waldersee und Miquel eine Intrige gegen Caprivi in Szene, indem sie den Kaiser warnten, Rußland beabsichtige mit der Anleihe nur die Rüstung zu forcieren, während Holstein monierte, Rußland sei ehestens kleinzukriegen, wenn der Notstand lange anhalte. Daraufhin wandte sich der Kaiser mit einer Kehrtwendung auf einmal scharf gegen die Anleihe, und, derart unter Druck gesetzt, auch Marschall. Nicht nur Mendelssohn und Wyschnegradski sahen sich dupiert; durch den Verlauf der Beteiligungsangelegenheit und die Begleitmusik hatten die ohnehin gespannten deutsch-russischen Beziehungen einen neuen Schlag erhalten.[36] Es war seit Bismarcks Sturz das dritte solche Kapitalgeschäft, das, politisch motiviert, abgeblockt und als traditionelle Chance des Ausgleichs ungenutzt blieb.

Doch die katastrophale Wirtschafts- und Ernährungslage ließ Giers' Sorge vor einem Konflikt derart wachsen, daß er sich zu einer persönlichen diplomatischen Initiative entschloß. Er reiste im November 1891 zuerst nach Paris, um zu weit gehende Erwartungen in die Entente zu dämpfen, und danach nach Berlin, um dort für Entspannung und die Aufhebung des Lombardverbots zu werben. Vor seiner Berlinvisite ließ er die russische Presse instruieren, den Besuch freundlich zu besprechen, um der rußlandfeindlichen Stimmung in Deutschland entgegenzuwirken.[37] Caprivi und Marschall blieben reserviert, als Giers ihnen versicherte, die Leiter der französischen Republik seien friedlich gesinnt und verhielten sich loyal zu Deutschland.[38] Sein Hinweis, Frankreich sei eine konservative Republik und seine Führung unterstütze republikanische Tendenzen in den südeuropäischen Staaten nicht, war indes weit mehr als taktisches Geplänkel. Gerade in diesen Tagen hatte der Zar, schon wegen der innerrussischen Krisenerscheinungen Systemwechsel in europäischen Staaten fürchtend, angeregt von der spanischen Königin die französische Regierung gemahnt, republikanische Bewegungen im südlichen Europa nicht zu unterstützen, und entsprechende Zusagen erhalten.[39]

Marschall verwies auf die rußlandfeindliche, von Kronstadt bestimmte Stimmung in Deutschland, um sich in den finanz- und handelspolitischen Fragen bedeckt zu halten, und sagte nur verschwommen eine Prüfung zu.[40] Man gewinnt den Eindruck, daß die Verantwortlichen in Berlin die Erwartung hegten, die katastrophale Wirtschaftslage werde die zaristische Regierung zwingen, sich die Einigungsformel in den Handelsfragen von Berlin diktieren zu lassen, wenn man die Krise sich noch weiter vertiefen lasse. Der Botschaftsrat in Petersburg, Alfred von Bülow, riet Holstein, Rußlands Krisenlage, „welche dazu führen wird, Frankreich zu entfremden und Rußland uns in die Arme zu treiben, gründlich reifen (zu) lassen. Rußland muß zappeln, und es kann lange zappeln, ehe es vernünftig wird. Wie mir

---

36 PA Bonn, Rußland Nr. 71 Nr. 1, Bd. 9, Aufz. Marschall 4.9.1891, Marschall an Caprivi 4.9.1891, Caprivi an AA 5.9.1891, 6.9.1891, Aufz. Gabriel 28.9.1891, Wilhelm II. an AA 28.9.1891, Marschall an Wilhelm II. 28.9.1891.
37 BA Potsdam, 90 Ho 5: NL Holstein, Film 62238, Bd. 4 Bl. 188907ff.: A.v.Bülow an Holstein 27.11.1891; PA Bonn, Rußland Nr. 71 Nr. 1, Bd. 10, Marschall an Schweinitz 25.11.1891.
38 GP, Bd. 7, S. 227ff., 401f.
39 PA Bonn, Portugal Nr. 46 secr., Bd. 4, Stumm an Caprivi 25.10.1891, 9.2.1892.
40 SHA Dresden, Außenministerium, Nr. 3302, Bericht aus Berlin 28.11.1891.

scheint, ist man noch weit davon entfernt, seine Abhängigkeit vom Ausland einzusehen und danach handelnd sich mit uns auf gleiche Basis zu stellen."[41] In Rußland dagegen war die Meinung verbreitet, Deutschland werde die handelspolitischen Zugeständnisse an Österreich-Ungarn auch Rußland gewähren müssen, und sie wurde ungewollt von Giers noch gefördert, als er, um den Erfolg seiner Gespräche zum Zwecke der angestrebten Verständigung in ein besseres Licht zu rücken, deutsche Verständigungsbereitschaft in Handels- und Finanzfragen signalisierte. Die Lage sei nach dem Giersbesuch in Rußland etwas gewandelt, meinte Bülow[42]. Doch in den Regierungen wie in der Öffentlichkeit beider Staaten blieben die Vorbehalte noch so dominant, daß die durchaus vorhandenen Chancen für eine Annäherung nicht genutzt wurden. Jeder Seite kam es vordringlich darauf an, die eigene Position als besonders stark erscheinen zu lassen: Giers bewertete seine Reise als „Triumphzug", während Marschall meinte, Rußland mache Deutschland „dermaßen den Hof, daß man sich dessen kaum erwehren könne".[43] Doch die vorherrschende Stimmung in Rußland ist eher davon gekennzeichnet, daß außer der an Auslandsanleihen interessierten „Börsenzeitung" keines der großen russischen Blätter für die Wiederannäherung an Deutschland eintrat. Berlin möge die wirtschaftliche Not Rußlands nicht zu unerfüllbaren Forderungen nutzen, warnte die Moskauer „Wedomosti", und nach der „Nowoje Wremja" brauchte Deutschland handelspolitische Vereinbarungen dringlicher als Rußland.[44]

Zwei Tage nach dem Giersbesuch erwies sich in der Haushaltsdebatte des Deutschen Reichstages, daß die seit Kronstadt wachsende Beunruhigung in der Bevölkerung über die verschlechterte außenpolitische Stellung Deutschlands und über die mögliche Kriegsgefahr anhielt. Auf den Vorwurf, eine schwankende und unsichere Politik zu treiben, gestand Caprivi ein: „Es läßt sich nicht wegleugnen, es geht durch das Land ein Pessimismus, der mir im höchsten Grade bedenklich ist." Doch es gelang ihm nicht, überzeugende Argumente gegen die Vorhaltungen zu finden, mit Kronstadt habe sich das europäische Kräfteverhältnis verändert und der Englandvertrag des Vorjahres sei für das Reich ein einseitiges Verlustgeschäft gewesen. Sein Hinweis, Deutschland sei für einen Krieg jederzeit gewappnet, weil die bessere Qualität der deutschen Armee gegen numerische Überlegenheit der wahrscheinlichen Gegner stehe, erfuhr in den großen Zeitungen nur ein geteiltes Echo.[45] Für russische Blätter war die Caprivirede sogar das Eingeständnis, die deutsche Armee besitze bei einem Zweifrontenkrieg keine Überlegenheit.[46]

Diese von der Außenpolitik genährte Verunsicherung in der Öffentlichkeit erwies sich für die Regierung schon deshalb als prekär, weil sie nur ein Element gesellschaftlicher Krisenstimmung im Lande war. Vor allem hatten sich die wirtschaftlich-sozialen Differenzen vertieft. Die wirtschaftlichen Krisenerscheinungen hielten an. Die Getreide- und Brotpreise stiegen weiter und führten zu neuen von der Sozialdemokratie getragenen Protestaktionen.

---

41 BA Potsdam, 90 Ho 5: NL Holstein, Film 62238, Bd. 4 Bl. 188909: A.v.Bülow an Holstein 27.11.1891.
42 Ebenda, Bl. 188910: A.v.Bülow an Holstein 17.12.1891.
43 Ebenda; HHStA Wien, MdÄ, PA III, Nr. 141, Bl. 97: Bericht aus Berlin 29.11.1891.
44 PA Bonn, Deutschland Nr. 131, Bd. 13, Bl. 102ff.: A.v.Bülow an Caprivi 30.11.1891, Bl. 118ff., 129: Zeitungsausschnitte.
45 Reden Caprivis, S. 141ff.; PA Bonn, Deutschland Nr. 122 Nr. 8 Nr. 2, Bd. 4, Bl. 94ff., 112, 137, 176: Zeitungsausschnitte.
46 HHStA Wien, MdÄ, PA X, Nr. 95, Bl. 412ff.: Bericht aus Petersburg 9.12.1891.

Das Verlangen, die Getreidezölle zu senken, erstreckte sich jedoch bis in die linksliberalen Parteien.[47] Doch gegen eine solche Zollsenkung machten sich die Agrarier weiterhin stark. Gleichzeitig zeigte sich an der Spitze des Herrschaftssystems immer deutlicher ein Vakuum. Dem Kaiser gelang es nicht – aus objektiven wie subjektiven Gründen –, sich mit Bismarckscher Machtvollkommenheit auszustatten. Doch je deutlicher sich die Vergeblichkeit des kaiserlichen Allmachtsstrebens erwies, desto heftiger und anmaßender wurden seine öffentlichen Eskapaden. Sein Ansehen nahm ab. Die Zuneigung der Bevölkerung zu Wilhelm II. schwinde, zu anmaßend und anspruchsvoll seien seine Reden, schrieb der österreichische Botschafter im Dezember 1891 nach Wien. Bismarcks Stern dagegen steige.[48] In der Sozialdemokratie wuchsen Hoffnungen und Illusionen, der Zusammenbruch der bürgerlichen Gesellschaft stehe nahe bevor.[49]

Unter diesen Umständen erwies sich die Annahme der Handelsverträge mit Österreich-Ungarn, Italien, Belgien und der Schweiz im Dezember 1891 im Reichstag zwar außenpolitisch als Erfolg, insoweit es die Stabilisierung des Dreibundes anging. Doch innenpolitisch vertieften sich die Gräben vor allem zwischen den wichtigsten staatstragenden Parteien. Bedenkt man, daß es die liberalen Parteien waren, auf die sich die Regierung bei der Handelsvertragspolitik wie bei anderen innenpolitischen Reformprojekten stützte, mutet die innenpolitische Wende, die Caprivi jetzt vollzog, um so erstaunlicher an. Der Entwurf eines preußischen Volksschulgesetzes, der dem Landtag vorgelegt wurde, räumte der Kirche maßgeblichen Einfluß auf die schulische Erziehung ein.[50] Für den Kanzler sollte das Gesetz Vehikel sein, um im Reichstag eine Majorität aus Konservativen und Zentrum zustande zu bringen. Doch während für die junkerlich-agrarische Führung der Konservativen die Opposition gegen die Handelspolitik bestimmendes Motiv ihrer kritischen Haltung zur Regierung blieb, hatte nun Caprivi auch seine bisherigen parlamentarischen Stützen gegen sich. Darüber hinaus entwickelte sich eine breite, vom liberalen Bildungsbürgertum getragene öffentliche Protestbewegung gegen den Gesetzentwurf. Der gleichzeitige Druck von rechts gegen die Regierung artikulierte sich in Staatsstreichgerüchten. Resultat war eine beträchtliche Schwächung der Position des Kanzlers, der im Frühjahr 1892 das Amt des preußischen Ministerpräsidenten an den Hochkonservativen Botho von Eulenburg verlor.

Es waren außenpolitische Erwägungen, die Caprivi zu dieser Wendung veranlaßt hatten. Er meinte, eine Mehrheit für die Annahme der geplanten großen Militärvorlage sei am ehesten zu sichern, wenn Konservative und Zentrum ihr zustimmten. Über den Sinn dieser Vorlage begann sich seine Meinung zu wandeln, sie wurde ihm noch wichtiger. Angesichts der wachsenden inneren und äußeren Unwägbarkeiten und Risikofaktoren eines großen Krieges, der abnehmenden Möglichkeiten, ihn zu instrumentalisieren, verband sich der große Rüstungsschub – die Friedenspräsenzstärke sollte um 86 000 auf über 550 000 Mann steigen – für ihn mehr und mehr mit der Hoffnung, Krieg nicht führen zu müssen, sondern langfristig hinausschieben zu können und die Kriegsgefahr zu bannen. Militärische Überlegenheit sollte potentielle Gegner vom Angriff abhalten und primär als außenpolitisches Druckmittel dienen.[51] Durch den Rüstungsschub sollte also die Zweifrontenkriegskonstellation ihre fälschlich ver-

---

47 Canis, Kontinuität, S. 25ff.
48 HHStA Wien, MdÄ, PA III, Nr. 141, Bl. 657ff.: Bericht aus Berlin 18.12.1891.
49 Grebing, Arbeiterbewegung, S. 110; Deutsche Geschichte, Bd. 5, S. 351.
50 Röhl, Deutschland, S. 77ff.
51 Canis, Rüstungsfragen, S. 74ff.

mutete aktuelle Gefahr verlieren und neuer außenpolitischer Spielraum erwachsen, nachdem die Hoffnungen auf ein Heranziehen Englands an den Dreibund sich nicht erfüllt hatten und die außenpolitische Stellung des Reiches gefährdeter schien als in den Jahrzehnten zuvor. Rüstungssteigerung sollte indes noch in einem weiteren Sinne Stabilitätsgewinn bringen: über mehr Sicherheit nach außen glaubte man die Faktoren der Beunruhigung auch im Innern abbauen zu können. Erst diese Zusammenhänge erklären, weshalb für Caprivi die Militärvorlage fundamentale Bedeutung erlangte und er für ihre Annahme sogar in Kauf nahm, seine innenpolitische Glaubwürdigkeit zu verlieren.

Während sich der Reichskanzler in diesen Monaten ganz auf Innenpolitik und Militärvorlage konzentrierte und der Außenpolitik wenig Aufmerksamkeit widmete, traten dort deutlicher als zuvor zwei Strömungen hervor.[52] Holstein, Hatzfeldt und Raschdau setzten weiterhin auf Annäherung an England, waren aber hinsichtlich der Erfolgsaussichten ziemlich verunsichert.[53] Im Januar 1892 unternahm Hatzfeldt einen neuen Vorstoß, Italien an England und darüber England an den Dreibund heranzuziehen[54], mußte aber rasch erkennen, daß Salisbury sich angesichts der bevorstehenden Parlamentswahlen totale außenpolitische Zurückhaltung auferlegte.[55] Optimistische Erwartungen, im Pamirgebiet könne es doch noch zu ernsthaften russisch-englischen Konflikten kommen,[56] erwiesen sich bald als illusorisch, wenngleich die Hoffnung blieb, London werde wegen der Gefahren für Indien Anschluß an rußlandfeindliche Mächte in Europa suchen müssen.[57]

Demgegenüber begann Marschall, wenngleich noch mit großer Zurückhaltung, Annäherungsmöglichkeiten mit Rußland zu sondieren.[58] Die Gründe ergaben sich aus der Handelspolitik, aber wohl auch aus der Einsicht in den außenpolitischen Machtverlust. Mittel sollte deshalb ein Handelsvertrag sein, der ebenso wie die mit den Dreibundpartnern abgeschlossenen gleichzeitig politischen Zwecken dienen sollte. Die Tatsache, daß angesichts der fortwährenden Absatzschwierigkeiten der Druck aus Wirtschafts- und Bankkreisen, die russischen Märkte zurückzugewinnen, ohnehin zunahm, bildete den willkommenen Ausgangspunkt.

Diese Stimmen waren schon in den Jahren zuvor niemals verstummt. Bereits im Herbst 1890 wandten sie skeptisch ein, eine auf Mitteleuropa reduzierte Vertragspolitik würde dem gestiegenen Bedürfnis nach neuen Absatzwegen nicht ausreichend Rechnung tragen.[59] Auch für Reichardt, Mitarbeiter im Auswärtigen Amt, gab es keinen Zweifel, daß die deutschen Ausfuhrinteressen Aktionsfreiheit auf allen Weltmärkten erforderten.[60] Besonders die neuen russischen Eisenbahnpläne ließen die Wiederbelebung der früheren Geschäftsbeziehungen lukrativ erscheinen. Auch die am Jahresende ventilierten Anleihepläne Bleichröders, Mendelssohns und Fürstenbergs standen mit diesen Handelsinteressen in Verbindung.[61]

---

52 HHStA Wien, MdÄ, PA X, Nr. 99, Bl. 140: Bericht aus Petersburg 1.3.1892.
53 Ebenda, Bl. 47ff., 375: Berichte aus Petersburg 2.2.1892, 11.7.1892.
54 BA Potsdam, 90 Ho 5: NL Holstein, Film 62 244, Bl. 193255ff.: Hatzfeldt an Holstein Anfang 1892.
55 Holstein, Papiere, Bd. 3, S. 353f.
56 PA Bonn, Asien Nr. 10, Bd. 36, Heyking an Caprivi 6.1.1892. Von Wilhelm II. mit „Das wäre ja herrlich" quittiert.
57 BA Potsdam, 90 Ho 5: NL Holstein, Film 62245, Bl. 194385: Metternich an Holstein 25.1.1892.
58 BA Potsdam, AA, Nr. 10610, Bl. 120: Börsenzeitung 2.4.1892.
59 National-Zeitung, Nr. 563, 14.10.1890.
60 BA Potsdam, AA, Nr. 8374, Bl. 142ff.: Reichardt an Caprivi 4.7.1890.
61 PA Bonn, Deutschland Nr. 131, Bd. 13, Bl. 37: Marschall an Schweinitz 10.11.1890.

Der wachsende Druck aus der Großindustrie, besonders aus dem Eisen- und Stahlbereich, nach einer Korrektur der Zollpolitik gegenüber Rußland[62] zeigte bereits Anfang 1891 Wirkung in den Regierungsämtern. Die Exportinteressen zwingen zum Verzicht auf Ultraprotektionismus nicht nur gegenüber Österreich-Ungarn, hieß es in der sogenannten „Johannesdenkschrift".[63] Goering wurde im März noch deutlicher. Die auf den Export angewiesene deutsche Industrie benötige in einer Zeit zunehmender Konkurrenz um Weltmarktanteile dringend neue Räume, besonders in den Agrarstaaten. Der Vertrag mit Wien könne deshalb nur das erste Glied einer Kette sein. Überdies bestehe die Gefahr, die differentielle Begünstigung Österreich-Ungarns lasse Rußland und die USA sich noch weiter von Deutschland abschließen, und die französische und englische Industriekonkurrenz werde die deutsche in Rußland gänzlich verdrängen.[64] Eindeutig für eine Annäherung an Rußland sprach sich auch eine Denkschrift des Handelsministeriums aus und begründete sie mit der Notwendigkeit, besonders den Export der Eisen- und Maschinenbranche zu steigern.[65]

In mehreren Gesprächen, die Marschall im April 1891 mit Schuwalow führte, schloß der Staatssekretär, noch wohl mehr platonisch, den Nutzen einer handelspolitischen Verständigung für eine politische Annäherung nicht aus. Zu Agrarzollkonzessionen erkläre er sich jedoch bereit, wenn die russische Seite nicht nur zusage, wie Schuwalow versicherte, die russischen Industriezölle auf dem gegenwärtigen Stand zu binden, sondern zu ermäßigen.[66] Selbst Caprivi zweifelte nicht daran, daß Differentialzölle gegenüber Rußland auf Dauer nicht aufrechtzuerhalten wären, eine Einigung langfristig angestrebt werden müßte.[67]

Alle diese Vorgänge verdeutlichen, daß die Mitteleuropapläne höchstens bei der Einleitung der Handelsvertragspolitik im Frühjahr 1890 eine Rolle gespielt haben mochten, auch die Dreibundstabilisierung später nur einen wichtigen Impuls zu ihrer Durchsetzung gab. Dominant blieben allezeit die außenwirtschaftlichen Interessen der Industrie. Und sie waren es, die zuerst auf das besondere Interesse an einer Einigung mit Rußland wiesen. Das begannen die Spitzen der Regierung erst zu einer Zeit zu begreifen, als politische Absichten hinzutraten, eine anders ausgerichtete Orientierung aber bereits in einem solchen Umfang negative Wirkungen erzeugt hatte, daß die nun einsetzenden Korrekturen zwar außenwirtschaftlich noch Erfolg versprachen, ihre außenpolitische Wirkung jedoch begrenzt bleiben mußte.

Bislang schien allerdings auch die handelspolitische Einigung weiter entfernt denn je. Die zaristische Regierung hatte im Sommer 1891 Zölle erhöht – nicht allein auf massiven Druck der zentralrussischen Industrie, sondern auch in dem taktischen Kalkül, spätere Herabsetzungen in Verhandlungen dann leichter verkraften zu können. Außenpolitisch in Vorhand war sie nun ohnehin.

Tatsächlich ließ die Handelserschwernis 1892 vor allem die Handelsunternehmen in den deutschen Ostseestädten aktiv werden. Nachdrücklich verlangte die Königsberger Kaufmannschaft den Handelsvertrag, weil Rußland als Abnehmer für deutsche Waren unersetzbar

---

62 Löbel, Bourgeoisie, S. 38ff.
63 BA Potsdam, AA, Nr. 8375, Bl. 28ff.: Denkschrift Johannes' Anfang 1891.
64 Ebenda, Reichskanzlei, Nr. 414, Bl. 142ff.: Aufz. Goerings 12.3.1891.
65 Ebenda, AA, Nr. 10608, Bl. 77ff.: Denkschrift Handelsministerium 23.3.1891.
66 Ebenda, Bl. 109ff.: Aufz. Marschalls 14.4.1891, Bl. 136ff.: Aufz. Marschalls 21.4.1891, Bl. 148: Marschall an Schweinitz 6.5.1891.
67 Ebenda, Bl. 114, Randbemerkungen Caprivis auf Aufz. Pritschs 19.4.1891; SHA Dresden, Außenministerium, Nr. 3302, Berichte aus Berlin 21.4.1891, 22.8.1891.

sei.⁶⁸ Marschall hoffte, die mit dem Notstand verknüpfte schwierige Lage der russischen Wirtschaft werde es der deutschen Seite erleichtern, Rußland zu Konzessionen zu veranlassen. Immerhin gab es in Rußland sogar Sorge, Berlin könne die russische Notlage zu einem militärischen Angriff nutzen.⁶⁹ Deshalb wurden die Truppenmassierungen an den Westgrenzen fortgesetzt, was nun wiederum in der deutschen Führung, bei den Gegnern einer Annäherung und in militärischen Kreisen die Meinung aufkommen ließ, Rußland könne die innere Notlage durch einen Krieg zu entspannen suchen.⁷⁰ Holstein freilich rechnete nicht mit einem solchen Angriff, sondern setzte auf seine langfristige Schwächung Rußlands durch eine sich weiter vertiefende Krise und sprach sich deshalb gegen wirtschaftliche und finanzielle Zugeständnisse an Petersburg aus.⁷¹

Zu einer handelspolitischen Einigung kam es ohnehin noch nicht. Zwar gab es Anzeichen russischer Verhandlungsbereitschaft, doch einerseits waren die russischen Angebote der deutschen Seite zu geringfügig, andererseits erhöhte Berlin im Vertrauen auf die wirtschaftliche Zwangslage Rußlands seine Forderungen. Mitte April 1892 gab sich Marschall hinsichtlich einer politischen und handelspolitischen Annäherung an das Zarenreich taktisch zurückhaltend und meinte zu Schweinitz, man werde wirkliche Veränderungen des Standpunktes in Petersburg abwarten.⁷²

Doch so einfach lagen die Dinge nicht – zumal was die politischen Beziehungen betraf, bedurfte es nicht des Abwartens, um den Erfolg zu garantieren. Die Situation in der russischen Führung war ähnlich undurchsichtig wie in der deutschen. Auch dort gab es zwei Strömungen. Die militärische Führung, unterstützt von der französischen, war bestrebt, die russisch-französische Entente durch eine Militärkonvention auszubauen, die ein Abkommen über das gemeinsame militärische Vorgehen gegen einen feindlichen Angriff vorsah. Dieses, so wollten es die Franzosen, sollte die Konzentration auf den Krieg gegen Deutschland garantieren. Demgegenüber bevorzugten die leitenden Männer der Außenpolitik – Giers und Lamsdorff – einen anderen Weg. Für sie bedeutete die Entente von Kronstadt die Gewähr, die Isolationsgefahr gebannt und das „Kräftegleichgewicht in Europa wiederhergestellt" zu haben. Sie sollte nicht Ausgangspunkt für weiter vertiefte Beziehungen mit Frankreich sein, sondern nun „unsere Beziehungen zu Deutschland soweit wie möglich wiederherstellen".⁷³ Die Verwendung des Begriffs „Wiederherstellung" deutet auf die Erwägung hin, zu vertraglichen Vereinbarungen zurückzufinden, also die russische Sicherheit, ähnlich wie Bismarck die deutsche in den achtziger Jahren, auf mehrere bilaterale Verträge zu begründen. Er zeigt die Tendenz, nicht bei starrer Blockbildung stehenzubleiben, die die Militärs verlangten.

Diese Konstellation in Petersburg verdeutlicht, welche Gefahren und welche Möglichkeiten in diesem Augenblick für die Stellung Deutschlands zu Rußland bestanden. Bernhard von Bülow, damals Botschafter in Bukarest, hatte in zwei Briefen an Eulenburg die ganze Dimension am genauesten reflektiert. Das Verhältnis zu Rußland „bleibt der Knotenpunkt unserer auswärtigen Politik". Ein gutes Verhältnis zu England sei nicht negativ, aber „reeller

---

68 Ebenda, Reichskanzlei, Nr. 396, Bl. 69ff.: Bericht Kaufmannschaft Königsberg/Pr. 1892.
69 HHStA Wien, MdÄ, PA X, Nr. 99, Bl. 116ff.: Bericht aus Petersburg 1.3.1892, Nr. 96, Bl. 470ff.: Bericht aus Petersburg 30.3.1892.
70 Ebenda, PA III, Nr. 142, Bl. 87ff., 116ff.: Berichte aus Berlin 6.2.1892, 20.2.1892.
71 Nichols, Germany after Bismarck, S. 270.
72 HHStA Wien, MdÄ, PA III, Nr. 142, Bl. 317f.: Bericht aus Berlin 16.4.1892.
73 Zit. nach Kennan, Allianz, S. 204f.

Succurs" für Deutschland kaum zu erwarten. Vor zwei Jahren hatte er das ganz anders gesehen und optimistisch eine Bindung an Rußland für überflüssig gehalten. So sehr hatte sich Deutschlands Stellung verschlechtert, daß er es jetzt für einen großen Nachteil hielt, daß „unser Prestige" in Petersburg „bedenklich zurückgegangen" sei. „Wir imponieren den Russen nicht mehr, sie halten uns für diplomatisch inferior."[74] Diese Warnungen waren noch weit mehr berechtigt, als Bülow ahnte. Denn zur gleichen Zeit arbeitete der französische Generalstabschef M.-J. de Miribel den Entwurf einer Militärkonvention aus. Diesen Entwurf hieß der Zar gut und vertrat gegenüber dem bestürzten Giers sogar den Grundsatz, im russisch-österreichischen Kriegsfall gemeinsam mit Frankreich sofort Deutschland anzugreifen mit dem Ziel, es in seiner jetzigen Gestalt zu vernichten „in eine Anzahl kleiner, schwacher Staaten".[75] Die Linie, Deutschland die Ebenbürtigkeit als Weltmacht nicht zuzugestehen und es nur als sekundären Partner zu akzeptieren, kam in Petersburg wie in London besonders dann zur Geltung, wenn sie das Reich zur Vormacht streben sahen.

Doch zu einer Annahme der Konvention kam es noch nicht. Vielmehr erklärte sich der Zar, „dem Drängen der wirtschaftlichen Ressorts nachgebend", mit einem Treffen mit dem deutschen Kaiser einverstanden.[76]

Bezeichnende Vorgänge spielten sich im Vorfeld der Entrevue ab. Der Zar, sich in Dänemark aufhaltend, war nur zu einem Treffen in Kiel zu bewegen. Der Kaiser aber verlangte den Besuch in der Hauptstadt. Holstein unterstützte ihn in der Hoffnung, über dieser Streitfrage werde der ganze Plan scheitern.[77] In letzter Minute gelang es Marschall, den Kaiser zur Korrektur seines Entschlusses zu bewegen. Von dem Besuch, machte der Staatssekretär zunächst über Eulenburg dem Kaiser deutlich, „hängt nicht nur die Gestaltung des persönlichen Verhältnisses zwischen S.M. und dem Zaren ab, vielmehr kann dies auf Jahre hinaus auf die europäische Gesamtlage und unsere Stellung die einschneidendste Wirkung ausüben"[78]. Am 25. Mai 1892 warnte er Wilhelm II. im Vortrag direkt davor, „den Faden ganz abzuschneiden, denn damit treiben wir französische Geschäfte"[79]. Das Treffen am 7. Juni hat dann wenigstens atmosphärisch im persönlichen Verhältnis zwischen beiden Monarchen zu einer gewissen Entspannung geführt. Möglicherweise trug es dazu bei, im Sommer 1892 in Petersburg die Entscheidung über die Militärkonvention mit Paris noch weiter hinauszuschieben. Marschall rechnete in übertriebenem Optimismus mit weiteren Annäherungsschritten. Doch das geringe Presseecho war es, das die Bedeutung des Treffens adäquat widerspiegelte.

Eingebettet in das Verhältnis zu Rußland war die ebenfalls im Sommer 1892 vollzogene Verlängerung des Allianzvertrages Österreichs und Deutschlands mit Rumänien. Vor allem militärstrategisch schien dieses Bündnis wichtig, weil im Kriegsfall gegen Rußland die österreichisch-ungarische Südostflanke gedeckt war und Rußland gegen Rumänien Truppen abzweigen mußte. Stand Rumänien auf Rußlands Seite, so mußte Wien starke Verbände im Südosten einsetzen, die an der Hauptfront gegen Rußland in Galizien fehlen würden. Auf

---

74 Eulenburg, Korrespondenz, Bd. 2, S. 761ff., 845.
75 Kennan, Allianz, S. 213.
76 PA Bonn, Rußland Nr. 71 Nr. 1, Bd. 12, Lamezan an Caprivi 17.5.1892.
77 Eulenburg, Korrespondenz, Bd. 2, S. 872f.
78 PA Bonn, Preußen Nr. 1 Nr. 4 b secr., Bd. 8, Marschall an Eulenburg 24.5.1892. Im Konzept Marschalls hieß es nach „Gestaltung": „unseres politischen Verhältnisses zu Rußland". Statt dessen auf die „persönliche" Seite abzuheben, hatte sicher in erster Linie den Kaiser als Adressaten im Auge.
79 Eulenburg, Korrespondenz, Bd. 2, S. 878 Fußnoten.

diese militärischen Aspekte legte Caprivi besonderen Wert.[80] Zweitens – und damit rechnete besonders die Wiener Führung – konnte eine prorussische Wendung Rumäniens die gleiche Tendenz in Bulgarien und Serbien beträchtlich fördern.[81] Drittens sah Wien im Rumänienvertrag die einzige vertragliche Verpflichtung Deutschlands, auf dem Balkan gegen Rußland Stellung beziehen zu müssen. „Es ist von der größten Wichtigkeit", schrieb Kálnoky an den Wiener Botschafter in Rumänien, Agenor Graf Goluchowski, „daß Deutschland mit uns vertragsmäßig gebunden bleibt, Rumänien gegen einen Angriff von russischer Seite zu schützen. Es zwingt dies Deutschland vorkommendenfalls, gegen russische Bedrohung der Balkanländer zu Lande Stellung zu nehmen."[82]

Andererseits war Kálnoky nicht in der Lage, die ungarische Exekutive zu veranlassen, ihre Unterdrückungspolitik gegenüber der rumänischen Bevölkerung in Siebenbürgen zu korrigieren. Selbst deutsche Mahnungen fruchteten nicht.

Die deutsche Regierung hatte nach Kronstadt zwar ihre Anstrengungen vermehrt, Wien und Bukarest die Vertragsverlängerung ans Herz zu legen, zugleich aber ihre Entschlossenheit bekundet, selbst „in zweiter Linie" zu bleiben und Österreich die Initiative zu überlassen.[83] Doch die starke rußlandfreundliche Strömung in der rumänischen konservativen Regierungspartei war im Frühjahr 1892 nicht allein von der Magyarisierungswelle motiviert. Es entwickelte sich eine spezifisch deutschfeindliche Strömung, weil Berlin es ablehnte, den deutschen Getreidezoll in dem vorbereiteten Handelsvertrag auf die Höhe des Österreichvertrages zu reduzieren.[84] Als der rumänische König Karl I. drohte, den Bündnisvertrag nicht zu erneuern, falls Deutschland nicht die Getreidezölle senke, schlug Bülow vor, im Gegenzug den Berliner Geldmarkt für rumänische Kreditwünsche zu sperren.[85] Doch wenn es die deutsche Seite war, die schließlich nachgab und die Zollreduktion konzedierte, war dafür weniger die Wichtigkeit des Allianzvertrages ausschlaggebend, sondern vielmehr, daß Bukarest verminderte Industriezölle zugestand. Immerhin lag der deutsche Anteil am rumänischen Import seit 1890 an erster Stelle, erreicht hauptsächlich auf Kosten des österreichischen Handels.[86] Auch die Verbindung Rumäniens mit dem deutschen Kapitalmarkt war eng.[87]

Am 25. Juli 1892 unterzeichneten Vertreter Österreichs und Rumäniens den Vertrag. Deutschland trat erst Ende November bei, um seine reservierte Balkanstellung zu unterstreichen und wohl auch, um die inzwischen eingeleiteten Annäherungssondierungen mit Petersburg nicht zu unterlaufen.[88] Doch während mit dem im nächsten Jahr abgeschlossenen Handelsvertrag Deutschland seine Vorzugsstellung auf dem rumänischen Kapital- und Warenmarkt behaupten konnte, vermochte die Allianz den wachsenden Einfluß Rußlands und Frankreichs auf politischer Ebene nicht aufzufangen.

---

80 GP, Bd. 7, S. 160.
81 HHStA Wien, MdÄ, PA I, Nr. 471, Liasse XXXa, Bl. 48: Kálnoky an Goluchowski 12.4.1891.
82 Ebenda, Bl. 15: Kálnoky an Goluchowski 6.3.1891.
83 PA Bonn, Deutschland Nr. 128 Nr. 2 secr., Bd. 5, Bülow an Caprivi 6.3.1892; Lahme, Außenpolitik, S. 384.
84 Weitowitz, Politik, S. 184ff.
85 PA Bonn, Deutschland Nr. 128 Nr. 2 secr., Bd. 5, Bülow an Caprivi 26.4.1892.
86 Weitowitz, Politik, S. 179.
87 Haupt, Rumänienpolitik, S. 69ff.
88 Lahme, Außenpolitik, S. 384; GP, Bd. 7, S. 181ff.

Die Frage einer Annäherung an Rußland stellte sich der deutschen Führung im Juli 1892 noch aus einem weiteren Grund. In England war nach den Parlamentswahlen die konservative Regierung durch eine liberale unter William Gladstone ersetzt worden. Hatzfeldt und Raschdau rechneten mit verminderter außenpolitischer Aktionsbereitschaft Londons, besonders an den Brennpunkten des mittleren Ostens und der Meerengen. Italien, meinte der Botschafter, werde vergeblich auf englische Intervention gegen französische Vorstöße im Mittelmeerraum warten. Raschdau warnte sogar: Auf wohlwollende Neutralität Englands könne Deutschland bei einem Krieg gegen Rußland und Frankreich nicht mehr hoffen.[89] Es waren die gleichen Erwartungen, die in Petersburg große Hoffnungen auf den britischen Regierungswechsel hervorriefen. Eine Verbindung Englands mit dem Dreibund sei nun nicht mehr zu fürchten.[90]

Für Giers scheint diese Vermutung ein zusätzlicher Grund gewesen zu sein, seinen Widerstand gegen eine russisch-französische Militärkonvention zu verstärken. Um das Verlangen der Militärs zurückzudrängen und den Zaren bei der Stange zu halten, unterstützte er einen neuen Vorstoß, eine zollpolitische Einigung mit Berlin anzubahnen.[91] Die deutsche Regierung erhielt Ende Juli russische Vorschläge überreicht, allerdings fehlte das Zugeständnis eigener Zollsenkungen. Aber die deutsche Seite wurde aufgefordert, Wünsche vorzubringen.

Eine interministerielle Konferenz am 8. August in Berlin signalisierte Petersburg Verhandlungsbereitschaft. Die Reichsregierung versprach, auf die Differentialzölle zu verzichten und Meistbegünstigung zuzugestehen, wenn Rußland entsprechende Gegenleistungen bot.[92] Das Auswärtige Amt hatte unter Holsteins Einfluß im Vorfeld die handelspolitische Annäherung noch zu untergraben versucht, war aber am Widerstand Caprivis gescheitert, der eine Reduzierung der deutschen Getreidezölle gegenüber Rußland befürwortete.[93] Es waren inzwischen weniger handelspolitische, als vielmehr außenpolitische Erwägungen, die derzeit bei ihm den Ausschlag gaben.[94]

Die russische Seite hatte den Zeitpunkt für Handelsvertragssondierungen nach eigener Überzeugung günstig gewählt. Sie rechnete mit deutschem Entgegenkommen, weil sie vermutete, die Wilhelmstraße beabsichtige, der russisch-französischen Entente die Spitze zu nehmen.[95] Den neuen Finanzminister Sergej Ju. von Witte leitete das Interesse, den deutschen Geldmarkt für den riesigen russischen Finanzbedarf wieder zu öffnen.[96] Wie immer in solchen Situationen nahmen die am Rußlandgeschäft interessierten deutschen Banken den Faden auf und versuchten, zwischen den Regierungen in Berlin und Petersburg zu vermitteln. So signalisierte der Bankier Gerson Bleichröder Anfang August 1892 dem Unterstaatssekretär im Innenministerium Rottenburg das Interesse der Landwirtschaft und des Geldmarktes in Rußland an handelspolitischen Übereinkommen und schlug vor, der russischen Seite fünfzigprozentige Reduzierung des Eisenzolls anheimzustellen. Auch Rottenburg wünschte „aus politischen Gründen den Abschluß eines Vertrages mit Rußland", verlangte allerdings weitge-

---

89 GP, Bd. 8, S. 75ff.; Lahme, Außenpolitik, S. 386ff.
90 HHStA Wien, MdÄ, PA X, Nr. 99, Bl. 421ff.: Bericht aus Petersburg 17.8.1892.
91 Weitowitz, Politik, S. 261ff.
92 BA Potsdam, AA, Nr. 10611, Bl. 202: Ergebnis der Besprechung 8.8.1892.
93 HHStA Wien, MdÄ, PA III, Nr. 143, Bl. 21ff.: Bericht aus Berlin 9.7.1892.
94 Ebenda, Nr. 142, Bl. 217ff.: Bericht aus Berlin 20.8.1892.
95 Ebenda, PA X, Nr. 97, Bl. 229ff.: Bericht aus Petersburg 17.8.1892.
96 PA Bonn, Rußland Nr. 86, Bd. 2, Maron an Caprivi 31.8.1892.

hende russische Konzessionen.[97] Diese Auffassung herrschte auch in den interessierten deutschen Industriekreisen vor.[98] Dafür war freilich in Petersburg die Zeit noch nicht reif.

Im Berliner Auswärtigen Amt dagegen ging der Umdenkungsprozeß weiter. Auch Holstein schwenkte verdrossen und halbherzig auf Annäherungskurs ein. Es deutet auf die selbstkritische Einsicht hin, in den vergangenen Jahren einem verfehlten Konzept gefolgt zu sein, wenn Marschall am 13. Oktober gegenüber Schweinitz „offen aussprach, er sehe jetzt ein, daß die einzig vernünftige Politik für uns diejenige sei, welche gute Beziehungen zu Rußland anstrebe".[99]

Gleichzeitig kühlte sich das deutsch-britische Verhältnis weiter ab. Die Erwartungen Raschdaus und Hatzfeldts erfüllten sich nur zum geringen Teil. Denn der neue Außenminister Lord Archibald Rosebery machte an der Wahrung der imperialen Interessen keinerlei Abstriche. Doch waren sie für ihn mit einer Reduzierung der europäischen Verpflichtungen verbunden, nicht nur, um die Kräfte auf die weltpolitischen Ziele zu konzentrieren, sondern auch weil für ihn das Gleichgewicht zwischen Dreibund und russisch-französischer Entente bei englischer Reserviertheit in Europa weltpolitischen Spielraum versprach.[100] So erwiesen sich im August 1892 Spekulationen über einen englischen Rückzug aus Ägypten als hinfällig. Gladstone nahm vielmehr mit Paris Verhandlungen über die Ägyptenfrage auf, ebenso wie er in der Tuatfrage nicht auf Kooperation mit dem Dreibund, sondern mit Frankreich setzte.

Diese veränderten Dispositionen Londons veranlaßten angesichts russischer Vorstöße im Pamirgebiet in Richtung Hindukusch[101] Marschall, inspiriert von Holstein[102], im November 1892 Hatzfeldt zu beauftragen, die Haltung Londons zu einem russischen Vorstoß gegen Indien zu erkunden. Die Frage war ferner, ob England der russischen Aktion mit dem Vorstoß im Meerengenbereich begegnen werde und dabei auf die Mitwirkung Italiens und Österreichs angewiesen sei.[103] Die sich an diese Anfrage anschließende Korrespondenz zwischen Holstein und Hatzfeldt verdeutlicht, wie weit sich inzwischen Hatzfeldt, aber auch Holstein, von den optimistischen Erwartungen in ein Zusammengehen mit Großbritannien aus den Jahren zuvor entfernt hatten.[104] Hatzfeldt verwies darauf, daß sich Rosebery gegenüber der indischen Kolonialregierung, die Truppenverstärkungen verlange, kühl zeige, hielt aber für nicht vertretbar, definitive Stellungnahmen in so heiklen Fragen bereits jetzt zu verlangen. Eine Parteinahme gegen Rußland und Frankreich sei vom britischen Kabinett nicht zu bekommen, zumal Hatzfeldt zu Recht nicht mit einem ernsthaften Vorgehen Rußlands gegen Indien rechnete.

Doch die eigentliche Brisanz der Korrespondenz ergibt sich nicht so sehr aus dem konkreten Fall, sondern vielmehr aus ihrem grundsätzlichen Akzent. Anlaß war Holsteins Vermerk in einem Privatbrief: wenn bei einem russischen Vorgehen gegen Indien Österreich, Italien und

---

97 BA Potsdam, AA, Nr. 10611, Bl. 216ff.: Aufz. Rottenburgs 11.8.1892.
98 Kölnische Zeitung, Nr. 638, 11.8.1892.
99 Schweinitz, Denkwürdigkeiten, 2. Bd., S. 443.
100 Lahme, Außenpolitik, S. 388ff.; Martel, Imperial Diplomacy, S. 63ff.
101 HHStA Wien, MdÄ, PA X, Nr. 99, Bl. 421ff.: Bericht aus Petersburg 17.8.1892; ebenda, Nr. 98, Bl. 660f., 676ff.: Berichte aus Petersburg 25.11.1892.
102 Hatzfeldt, Papiere, S. 896.
103 GP, Bd. 9, S. 88f.
104 GP, Bd. 8, S. 93ff., Bd. 9, S. 90ff.; Hatzfeldt, Papiere, S. 896ff.; Holstein, Papiere, Bd. 3, S. 379ff.

England an den Meerengen stillsitzen, „dann sitzen wir eben auch still"¹⁰⁵. Hatzfeldt widersprach. Er habe vor Monaten Salisbury gesagt, eine „falsche und untätige Politik" Englands werde ihn bestimmen, „mit Rücksicht auf unsere von zwei Seiten bedrohte Lage zu Hause auf Befragen dringend zu einer Annäherung an Rußland zu raten". Und er ließ keinen Zweifel: „Diese Äußerung entspricht, wie ich hinzufüge, vollständig meiner wirklichen Überzeugung, und ich würde nicht anstehen, wenn der von mir gedachte Fall wirklich eintritt, danach zu handeln. Ich gehe also eventuell noch etwas weiter, als Stillsitzen in Aussicht zu nehmen. [...] Meines Erachtens dürfen wir uns niemals isolieren lassen und müssen nach rechts oder links eine Anlehnung haben; es erscheint mir auch fraglich, ob bloßes Stillsitzen genügen würde, um eine Verständigung mit den Russen herbeizuführen." Diese Verständigung, die im entscheidenden Augenblick die Neutralität Rußlands in einem Krieg zwischen Deutschland und Frankreich garantiert, sei – wie Hatzfeldt mit dem Verweis auf Bismarck betonte – um den Preis zu erhalten, daß Deutschland „ruhig zusehen kann, wenn Konstantinopel den Russen in die Hände fällt". Ein solcher Weg sei einzuschlagen, wenn „Österreich und Italien unzuverlässig oder wirklich nicht ausreichend gerüstet sind" und „auf eine ernstliche Mitwirkung [...] Englands im Orient und im Mittelmeer" nicht zu rechnen sei. Noch hielt der Botschafter eine solche Konstellation nicht für gegeben, doch bei fortgesetztem Rüstungswettlauf und zu erwartendem Zurückbleiben Österreichs und Italiens, warnte er, könne die Krise in einem ungünstigen Augenblick zum Ausbruch kommen. Deshalb riet er, in Berlin sich darauf vorzubereiten.¹⁰⁶ Hatzfeldt sah die Gefahr nähergerückt, auf die er schon im April 1891 aufmerksam gemacht hatte.¹⁰⁷

Holstein antwortete zwar, „ich teile ganz Ihren Standpunkt", ging aber auf die grundsätzlichen Erwägungen des Botschafters nicht ein.¹⁰⁸ An eine generelle Korrektur der außenpolitischen Linie dachte er jedenfalls nicht, obwohl sein engster Vertrauter faktisch Bismarcksche Grundsätze ins Feld geführt hatte. Nicht zuletzt wird es dieser Gesichtspunkt gewesen sein, der ihn Hatzfeldts Befürchtungen ignorieren ließ. Er baute darauf, daß auch in dessen Augen die Krisis noch nicht eingetreten war. Wie ernst die Berliner Führung die außenpolitische Lage Deutschlands bewertete, mußte sich nun jedenfalls darin zeigen, ob sie Möglichkeiten außenpolitischer Annäherung zu Rußland nutzte oder aber verstreichen ließ.

Die Erwartungen in eine solche Annäherung schienen sich in dieser Phase zu erhöhen. Die deutsche Exportindustrie verstärkte ihren Druck auf die Regierung erheblich, die Handelsvertragsverhandlungen zu forcieren. So signalisierte die sächsische Großindustrie, sie würde einen handelspolitischen Ausgleich, der mit der Senkung der russischen Einfuhrzölle verbunden sei, „mit großer Freude" aufnehmen.¹⁰⁹ Der Eisen- und Stahlverband beklagte seit langem die schlechte Geschäftslage. Eine Einigung mit Rußland, die zur Wiedergewinnung eines traditionellen Handelsgebietes führe, könnte für den Export „von ganz hervorragender Bedeutung" werden.¹¹⁰ Auf eine Besserung der deutsch-russischen Wirtschaftsbeziehungen hofften auch industrielle und vor allem landwirtschaftliche Kreise in Rußland.¹¹¹

---

105 Hatzfeldt, Papiere, S. 897.
106 Holstein, Papiere, Bd. 3, S. 379ff.
107 Ebenda, S. 338.
108 Hatzfeldt, Papiere, S. 898.
109 Kölnische Zeitung, Nr. 638, 11.8.1892.
110 BA Koblenz, R. 13 I Nr. 107, Bl. 56ff.: Generalversammlung des Vereins deutscher Eisen- und Stahlindustrieller 25.4.1893.
111 PA Bonn, Deutschland Nr. 131, Bd. 16, Bl. 16: Konsul Kiew an Caprivi 4.3.1893.

Hinzu kamen politisch-ideologische Gründe. Antisozialistische Bedrohungskomplexe schienen den Gedanken der monarchischen Solidarität wiederzubeleben.[112] Im Auswärtigen Amt waren während des ganzen Jahres Meldungen über das Wachstum sozialistischer Parteien in vielen Ländern eingegangen.[113] Streiks in den schwerindustriellen Zentren Westdeutschlands um die Jahreswende 1892/93 ließen den Streit über die erfolgversprechende Taktik im Kampf gegen die Arbeiterbewegung wiederaufleben.[114] In Frankreich hatten bereits im Frühjahr 1892 Streiks und anarchistische Attentate politische Unsicherheit verbreitet.[115] Im Spätsommer kündigte sich ein Skandal an, der das politische System der Republik stark erschüttern sollte. Zeitungen enthüllten, daß die Panamakanalgesellschaft an zahlreiche führende Politiker Bestechungsgelder gezahlt hatte. Ganze Regierungen und einzelne Minister traten in der Folge zurück, auch Premier Charles de Freycinet und Außenminister Alexander Ribot, die mit den Allianzverhandlungen mit Rußland befaßt waren. Der Skandal beeindruckte den Zaren immens, seine Skepsis gegenüber der republikanischen Staatsform wuchs, und an eine Ratifikation der Militärkonvention war nicht zu denken.[116]

Vielmehr schien Alexander III. an gebesserten Beziehungen zu Deutschland interessiert. Als er im Herbst 1892 den deutschen Kaiser bat, den um Entlassung eingekommenen Botschafter Schweinitz durch den ihm nahestehenden General von Werder zu ersetzen, weckte dieser Wunsch in der Berliner Führung, besonders bei dem Monarchen, Hoffnungen, aber auch Illusionen. Der Kaiser sah darin den Beweis, daß Rußland keine intimen Beziehungen mit Frankreich besitze, und Marschall interpretierte den Vorgang als wichtiges Friedenssymptom.[117] Aber die Erwartung, Rußland werde auf die Entente mit Frankreich verzichten, trog.

Die Berliner Führung hatte allerdings zur gleichen Zeit selbst die eigenen Annäherungsbestrebungen mit der Militärvorlage und ihrer Begründung durchkreuzt. Gewiß war sie in einem Dilemma. Einen anderen Ausweg, als die eigene Rüstung zu steigern, um die Zweifrontenkriegsgefahr gegenüber zwei mächtig aufrüstenden Rivalen zu reduzieren, konnte sie nicht sehen. Und schwierig war es allemal, den geplanten kräftigen Anstieg im Reichstag durchzusetzen. Um die Mehrheit zu gewinnen erklärte der Kanzler offen, daß „wir" dem Zweifrontenkrieg „nicht gewachsen sind". Darüber hinaus jedoch den Zaren in seiner Machtfülle mit der Bemerkung geradezu zu desavouieren: „Es kann der jetzt regierende Kaiser von Rußland in eine Lage kommen, wo es ihm als dem Souverän eines großen Staates nicht anders möglich ist, als zum Krieg zu schreiten"[118] – das war für Caprivi vielleicht innenpolitisch nützlich, aber außenpolitisch sehr gefährlich und mußte die französisch-russische Verbindung festigen, statt ihr entgegenzuwirken.[119]

---

112 BHStA München, MA Nr. 2776, Bericht aus Petersburg 28.11.1892; PA Bonn, Deutschland Nr. 131 secr., Bl. 81ff.: Reuß an Caprivi 23.11.1892.
113 PA Bonn, Europa Gen. Nr. 82 secr., Bd. 6.
114 Canis, Kontinuität, S. 27; Schulthess 1893, S. 6.
115 Kennan, Allianz, S. 265ff.
116 Ebenda; Jakobs, Zweibund, S. 144ff.
117 HHStA Wien, MdÄ, PA III, Nr. 142, Bl. 330: Bericht aus Berlin 21.11.1892; SHA Dresden, Außenministerium, Nr. 3302, Bericht aus Berlin 21.11.1892.
118 Reden Caprivis, S. 255ff.; PA Bonn, Rußland Nr. 85, Bd. 16, Schweinitz an Caprivi 15.11.1892.
119 BHStA München, MA Nr. 2776, Bericht aus Petersburg 28.11.1892; Herrmann, Dreibund, S. 76.

Der Kanzler war sich des Dilemmas wohl bewußt.[120] Er betrachtete die Rüstungssteigerung als eine „Existenzfrage für das Reich" – nicht um gegen Rußland Krieg zu führen, sondern diesen dank militärischer Stärke auszuschließen. Nur bei solcher Stärke hielt er Deutschland für fähig, sich dem eigentlichen russischen Verlangen, die deutsche Politik „gänzlich in den Dienst der russischen zu stellen", erfolgreich zu widersetzen. Wohl deshalb setzte er sogar auf waghalsige Argumente.

Zur gleichen Zeit, Anfang Januar 1893, kam es zu einer heftigen Kontroverse zwischen der deutschen und der britischen Regierung. Nachdem die deutsche Bahn-Gesellschaft die anatolische Eisenbahn bis Angora fertiggestellt hatte, übertrug ihr der Sultan in Konstantinopel die Weiterführung in Richtung Bagdad mit dem Bau einer Zweigbahn nach Konia. Diesen Bahnbau fanden russische, französische, in erster Linie aber britische Interessenten gegen eigene Pläne gerichtet. Der britische Botschafter in Konstantinopel, Sir Francis Ford, protestierte bei seinem deutschen Kollegen Hugo Fürst Radolin, das Konia-Projekt sei ein „unbefugtes Eindringen in die englische Sphäre" und mache die Fortsetzung der von britischem Kapital gebauten Smyrnabahn, ein „Lebensinteresse englischen Kapitals und als exklusives englisches Recht", zunichte.[121] Diesen Einspruch bewertete Marschall gegenüber Malet als „feindseligen Akt", drohte mit einer „anderen Gruppierung der Interessen" in Kolonialfragen und zog – als ersten Akt – das deutsche Einverständnis mit der von London gewünschten Vermehrung der englisch-ägyptischen Armee zurück.[122] Daraufhin verzichtete Rosebery auf den Protest gegen das deutsche Eisenbahnprojekt.

Es bleibt die Frage, warum beide Seiten in dieser vordergründig wirtschaftlichen Frage so unangemessen heftig mit politischen Mitteln reagierten. Auf beiden Seiten spielten wirtschaftliche Interessen eine Rolle. Die besonders in England spürbaren Folgen der langanhaltenden Depression ließen Rufe nach einem Schutz der britischen Handelsinteressen vor allem gegen die deutsche Konkurrenz laut werden. Der Regierung wurde von der Opposition vorgehalten, die Empireinteressen nicht ausreichend zu vertreten.[123] Die deutsch-türkischen Handelsbeziehungen hatten sich in den letzten Jahren erheblich ausgeweitet. Der deutsche Export in die Türkei war von 1880 bis 1893 um 350% gewachsen, der Import aus der Türkei um 700%. Dennoch konnte er sich mit dem britisch-türkischen Handel nicht messen.[124]

Auffällig aber ist, daß das Interesse der Berliner Regierung an dem Weiterbau der Bahn größer war als das der interessierten Finanzkreise um die Deutsche Bank. Wie stark Prestigedenken im Spiel war, geht aus Radolins Reaktion auf das britische Nachgeben hervor. „Es ist ein sehr großer Erfolg für Deutschland. [...] Die Gegner" – und damit waren nicht nur die Franzosen, sondern auch die Engländer gemeint – „träumten gleich schon, daß nach dem Abgang des Fürsten Bismarck wir doch in den zweiten Plan umlogiert wären und nichts wesentliches mehr bei der Türkei erreichen würden."[125] Die deutsche Regierung, bei den Verhandlungen von 1890 in der Hoffnung auf eine umfassende enge Verbindung mit England in Kolonialfragen noch weitgehend konzessionsbereit, wollte jetzt, unter veränderten Bedingungen, nicht mehr zurückstecken, sondern verlangte faktisch Gleichberechtigung im

---

120 GP, Bd. 7, S. 425ff.
121 GP, Bd. 14/II, S. 447ff., 461.
122 Ebenda, S. 452ff.
123 Kennedy, Antagonism, S. 215.
124 Schöllgen, Imperialismus und Gleichgewicht, S. 80ff.
125 Eulenburg, Korrespondenz, Bd. 2, S. 1024ff.

kolonialen Wettstreit. Doch diese zu gewähren war Rosebery noch weniger geneigt als Salisbury. Er bewertete die imperialen Interessen Englands als „essentiell", die Deutschlands dagegen als „a luxury".[126] Solche Voraussetzungen lassen vermuten, wie schwer Rosebery sein durch die Ägyptenfrage veranlaßtes Einlenken fiel. „Zutiefst angewidert" sei er durch die deutsche Haltung, die ein Schlag gegen „unser gutes Einverständnis" sei, schrieb er an seinen Berliner Botschafter. Die deutsch-englische Verständigung dürfe „nicht ganz und gar einseitig" sein.[127] Doch gerade er ging in englisch-deutschen Kolonialfragen von einem einseitigen britischen Vorteilsanspruch aus.

Diese Differenz, bei der der deutsche Kaiser durch seine enge Verbindung mit dem türkischen Sultan Abdul Hamid selbst involviert war, mag Wilhelm II. zusätzlich ermuntert haben, den Ende Januar 1893 bevorstehenden Besuch des russischen Thronfolgers Nikolaus in Berlin zu einem neuen konzentrierten Annäherungsversuch an Rußland zu nutzen. Bei dem jungen Großfürsten glaubte er leichtes Spiel zu haben, machte sich aber über dessen Machtstellung große Illusionen. Doch war es wiederum die Auseinandersetzung um die Militärvorlage, die mit Mißtönen den Vorstoß begleitete. In den Kommissionsberatungen des Reichstages am 11. Januar 1893 unterstellte der Reichskanzler Rußland Kriegswillen: „Die russischen Kriegsvorbereitungen gehen langsam aber stetig vorwärts. [...] Man sage neuerdings, der Weg über den Balkan gehe nicht mehr allein über Wien, sondern auch durch das Brandenburger Tor [...] Bei der Freundschaft Frankreichs mit Rußland müsse man auf einen Krieg nach zwei Fronten gefaßt sein. [...] Es wäre durchaus falsch, um augenblicklicher Vorteile willen uns Rußland gegen Österreich zu nähern."[128]

Nach Werders Überzeugung ließ diese Rede die seit dem Panamaskandal beim Zaren etwas gebesserte Stimmung gegenüber Deutschland endgültig umkippen.[129] Marschall versuchte den Schaden zu begrenzen, als er Werder anwies, bei der russischen Regierung auf angebliche Irrtümer bei der Druckfassung der Rede zu verweisen.[130] Doch so ließ sich das zerschlagene Porzellan nicht kitten. Werder meldete, auch der in letzter Zeit gegenüber Deutschland freundlichere Ton in der russischen Presse sei gänzlich umgeschlagen.[131] Der Drang zum Bündnis mit Frankreich erhielt einen kräftigen Impuls. So hieß es in „Dnewnik Warschawi", Caprivi habe die Wahrheit der deutschen Politik aufgedeckt, so daß Rußland durch die Macht der Verhältnisse in ein Lager mit Frankreich versetzt werde. Des freikonservativen Parteiführers Wilhelm von Kardorff besorgte Reaktion nach der Rede, sie werde die Beziehungen zu Rußland dauerhaft zerstören, hatte sich bewahrheitet.[132]

Die Gespräche mit dem Thronfolger standen folglich unter keinem guten Stern. Doch in eitler Selbsttäuschung glaubte der Kaiser den Großfürsten überzeugt zu haben, daß der Dreibund zwar gegen Frankreich, nicht aber gegen Rußland gerichtet sei, weil er die „monarchischen Interessen gegenüber dem Radikalismus, Sozialismus, Nihilismus" und „gemeinsame materielle Interessen durch handelspolitische Annäherung" wahre. Wilhelm empfahl Rußland regelrecht den Dreibund zum Eintritt.[133]

126 Martel, Imperial Diplomacy, S. 187.
127 Das Schreiben ist vollständig abgedruckt bei: Bayer, England, S. 113f.
128 Schulthess 1893, S. 2f.
129 HHStA Wien, MdÄ, PA X, Nr. 100, Bl. 78: Bericht aus Petersburg 20.1.1893.
130 PA Bonn, Deutschland Nr. 131, Bd. 15, Bl. 16: Marschall an Werder 13.1.1893.
131 Ebenda, Bl. 22f.: Werder an Caprivi 18.1.1893.
132 Ebenda, Bl. 26ff.: Bruck an Caprivi 20.1.1893, 22.1.1893; Förster, Militarismus, S. 56.
133 GP, Bd. 7, S. 243f.

Eigens für den Zaren fertigte er ein schriftliches Dokument dieser Auslassungen an.[134] Er verlangte von ihm nichts weniger, als die Aufkündigung der Entente mit Frankreich. Doch in Rußland wirkte der Thronfolgerbesuch ganz anders. Der Konsul in Odessa stellte Caprivi Zeitungsausschnitte zusammen, die offenlegten, daß es in russischen Augen gerade die Verbindung mit Frankreich war, die Deutschland zu friedfertigen Beziehungen zu Rußland zwang. In Wirklichkeit beabsichtige Caprivis „Politik des Krieges nach zwei Fronten hin Rußland und Frankreich zu zerschmettern und der teutonischen Krone den Weg zur Weltherrschaft" zu ebnen.[135] Allein der „Grashdanin" lobte den Thronfolgerbesuch, die gesamte übrige Presse stand mit Hinweis auf die Militärvorlage zur russisch-französischen Gemeinschaft.[136] Marschall hatte noch Anfang Februar „von dem Erfolg dieses Besuches recht bald greifbare Resultate" erwartet[137], zwei Wochen später war er schon skeptisch. Nur der Kaiser blieb von der Wirkung seiner Aktion überzeugt und rechnete noch immer mit „willigem Gehör" des Zaren.[138] Schuwalow ließ dagegen österreichischen Diplomaten gegenüber unmißverständlich durchblicken, daß die Gegensätze zwischen beiden Kaisern wie zwischen beiden Staaten unüberbrückbar und eine dauernde Verständigung ausgeschlossen seien.[139]

Obwohl der kaiserliche Vorstoß gescheitert war, trat in den deutsch-russischen Beziehungen eine gewisse Entspannung ein.[140] Um sie zu stabilisieren, versuchte Caprivi im Frühjahr 1893 die Vorbereitungen für den Handelsvertrag zu forcieren.[141] Die internen Absprachen in den deutschen Behörden konnten Ende Februar abgeschlossen werden. Marschall hatte sie an sich gezogen, um den rußlandkritischen Holstein bei den Vorgesprächen auszuschalten.[142] Zur gleichen Zeit unterstrich Marschall gegenüber russischen Diplomaten, in den bulgarischen Fragen auf dem russischen Standpunkt – der Illegalität des Prinzen Ferdinand – zu stehen und diese Position zu unterstützen. Die Unterstützung nahm Petersburg gern in Anspruch, doch Gegenleistungen blieben aus.[143] In Handelsvertragsfragen zeigte sich zunächst in Rußland weder bei der Regierung noch in der Öffentlichkeit Konzessionsbereitschaft. Deutschland, hieß es, sei bezüglich des Getreides ebenso wie politisch auf Rußland angewiesen, nicht umgekehrt.[144] Doch die Fronten begannen sich zu lockern. Dabei mag Marschalls Unterstützung für Mendelssohns russische Anleiheabsichten eine Rolle gespielt haben[145], jedenfalls zeigte Anfang Mai 1893 die zaristische Regierung gewisses Interesse, die Eisenzölle ein wenig zu senken. Es war indes eher von dem gewaltigen Bedarf an Eisenbahnschienen diktiert als von genereller Kompromißbereitschaft.[146]

---

134 Ebenda, S. 244.
135 PA Bonn, Deutschland Nr. 131, Bd. 15, Bl. 57ff.: Konsul Odessa an Caprivi 1.2.1893.
136 HHStA Wien, MdÄ, PA X, Nr. 100, Bl. 145ff.: Bericht aus Petersburg 1.2.1893.
137 Ebenda, PA III, Nr. 143, Bl. 55ff.: Bericht aus Berlin 4.2.1893.
138 Ebenda, Bl. 84ff.: Bericht aus Berlin 18.2.1893.
139 Ebenda, Nr. 144, Bl. 12ff.: Kálnoky an Szögyény 10.2.1893; PA X, Nr. 99, Bl. 14ff.: Bericht aus Petersburg 22.2.1893; Nr. 100, Bl. 10ff.: Kálnoky an Wolkenstein 12.2.1893.
140 PA Bonn, Deutschland Nr. 131, Bd. 16, Bl. 34f.: Bülow an Caprivi 24.3.1893.
141 Weitowitz, Politik, S. 268f.
142 HHStA Wien, MdÄ, PA III, Nr. 144, Bl. 46ff.: Berichte aus Berlin 26.2.1893, 22.3.1893.
143 Herrmann, Dreibund, S. 79f.
144 PA Bonn, Deutschland Nr. 131 Nr. 2 secr., Bd. 1, Bl. 20f.: Wangenheim an Caprivi 30.3.1893.
145 PA Bonn, Rußland Nr. 71, Bd. 15, Aufz. Marschalls 10.3.1893.
146 BHStA München, MA Nr. 2777, Bericht aus Petersburg 3.5.1893.

Obgleich der Weg zu einer Handelsvertragsvereinbarung noch immer verstellt war, hielt die Führung in Berlin an ihrer Hoffnung fest, über sie die politischen Beziehungen zu entspannen. Doch die russische Führung war entschlossen, diese Annäherung nicht über eine unverbindliche Form hinaus zu gewähren. Der Verzicht auf die Entente mit Frankreich stand für sie nicht zur Debatte, weil in ihren Augen erst diese Entente Deutschland zum Annäherungsstreben veranlaßt hatte. Zur Zurückhaltung gemahnte Petersburg weiterhin die deutsche Militärvorlage, hinter der es hegemoniale Absichten vermutete. Neben der Kriegsverhütung sollte sie gewiß auch dazu dienen, die Verhältnisse auf dem Kontinent zu dominieren. Eine solche Zielvorstellung hatte der Kaiser im Juli 1892 in einem Gespräch mit seinem Vertrauten Eulenburg umrissen: „Ich hoffe, daß Europa allmählich den Grundgedanken meiner Politik durchschauen wird: Die Führung im friedlichen Sinn – eine Art Napoleonische Suprematiepolitik, die ihre Ideen mit Gewalt der Waffen zum Ausdruck brachte, – in friedlichem Sinn."[147] Es sollte also eine Suprematie sein, die ohne Krieg, sondern aufgrund überlegenen Potentials bestand, vor allem des militärischen und des wirtschaftlichen.

Jeder Verdacht auf hegemoniale Tendenz mußte England, Rußland und Frankreich gegen Deutschland aufbringen – darüber bestand seit der Krieg-in-Sicht-Krise von 1875 Klarheit. Jetzt bestand der Verdacht, Deutschland wolle das Gleichgewicht zwischen Dreibund und russisch-französischer Entente brechen, die Aufrüstung solle den Zweifrontenkrieg gewinnbar machen. So wirkte Caprivis Begründung der Vorlage mit der Zweifrontenkriegskonstellation. Die Rivalen sahen das Reich noch mehr als bisher als Unruhefaktor.

Um die mit der Reichsgründung von 1871 vollzogene Veränderung des europäischen Gleichgewichts für die anderen Großmächte akzeptabel zu machen, hatte es Bismarck als erstrangige Aufgabe verstanden, das Reich in seiner halbhegemonialen Stellung als Faktor der Stabilität, Berechenbarkeit und Kompromißvermittlung in Europa zu präsentieren, zuletzt, ab Mitte der achtziger Jahre, über ein System bilateraler Verträge mit Österreich/Italien, Rußland und, was mißlang, mit England. Hauptziel war, Frankreich zu isolieren und Rußland durch Disziplinierung nicht in ein feindliches Lager abdriften zu lassen. Ziel und Mittel dieser Diplomatie ließen in Petersburg bereits in diesen Jahren das Mißtrauen in die deutsche Außenpolitik wachsen. Seit 1890 gewann es bestimmenden Charakter. Deshalb wurde Kronstadt vom Zarenreich, doch auch von England und Frankreich, als Wiederherstellung des europäischen Gleichgewichts bewertet, so wie es vor 1871 bestanden hatte. An des Zaren Verzicht auf die Entente mit Frankreich war nicht zu denken. Dies hätte in seinen Augen die Gefahr erzeugt, Deutschland ausgeliefert zu sein. Die Entente setzte dagegen Deutschland unter Zweifrontenkriegsdruck und führte zur Abhängigkeit Deutschlands vom Wohlwollen Rußlands.

War für den Zaren die gegenwärtige Konstellation fast optimal, schwebte Giers zur Verhinderung eines Angriffs eher ein System bilateraler Verträge vor, – auch mit Deutschland, in lockerer Form und nach Bismarckschem Vorbild. Dem Zaren hingegen war ein Zusammengehen mit Deutschland nur genehm, wenn dieses sich in einer Juniorpartnerstellung befand. Eine gleichberechtigte Verbindung, eine Entente ohne die Allianz mit Frankreich, schien ihm zu gefährlich angesichts des gewaltigen ökonomischen, militärischen und politischen Potentials Deutschlands und des Verdachts seines hegemonialen Strebens. Das geringere eigene Potential zwang Petersburg zur Entente mit Paris und ein Zusammengehen mit Berlin nur zu akzeptierten, wenn dieses außenpolitisch zweitrangig blieb. England akzeptierte

---

147 Eulenburg, Korrespondenz, Bd. 2, S. 913.

Deutschland im Grunde ebenfalls nur als Juniorpartner.[148] Wie Rußland sah England das hegemoniale Streben Deutschlands gebannt, wenn man es in jene Stellung zwang. Auch die Londoner Führung empfand das deutsche Potential, besonders das wirtschaftliche, als Gefahr. Sie war nicht bereit, Deutschland Gleichberechtigung in der Kolonialexpansion, im imperialistischen Drang, zuzugestehen. Schon 1890 hatte sich das erwiesen; beim Konflikt um den türkischen Eisenbahnbau 1893 kam diese Tendenz erneut und verschärft zum Ausdruck, als Deutschland diesmal nicht nachgab. Auch für England war das Gleichgewicht zwischen Dreibund und Zweierentente optimal und eine weitergehende Festlegung zugunsten Deutschlands und des Dreibunds nicht opportun.

Diese Position wurde der deutschen Regierung nach dem Amtsantritt der liberalen Regierung in London unmißverständlich klar. Daraus erklärt sich das Bestreben der Berliner Führung, das Zusammengehen mit Rußland zu suchen. Es mußte vergeblich bleiben, denn sie wollte zuviel: der Verzicht auf die Entente mit Frankreich kam nicht in Frage, denn das deutsche Anerbieten erbrachte für Petersburg den Beweis, daß es die Entente war, die Berlin zur Annäherung zwang.

Der Mißerfolg der nachbismarckschen Außenpolitik trat nun offen zutage. Das Reich blieb ohne erstrangigen großmächtlichen Bundesgenossen, was angesichts seiner gefährdeten Stellung in Mitteleuropa von entschiedenem Nachteil war. Zugleich fielen die durch Allianzen vorgeschriebenen Begrenzungen weg. Deutschland war auf sich selbst zurückgeworfen. Der Dreibund bedeutete kein Äquivalent, zumal die Partner bestrebt waren, weg vom Dreibund zu anderen Großmächten engere Beziehungen zu knüpfen – Österreich zu Rußland sowie Italien zu England und auch zu Frankreich.

Für Deutschland gewann das eigene Potential noch mehr an Ausschlag. Die Militärvorlage erhielt immer mehr Bedeutung: Sie sollte den Alleinbehauptungszwang absichern, ähnlich wie um 1900 die Schlachtflotte. Indem die Begrenzungen ebenso wie die Vorteile durch Verträge weitgehend verschwanden, ging der Trend zu einer Politik der Stärke. Die Vorlage ergab sich aus der Isolationsgefahr, verstärkte diese aber zugleich. Diese Politik war gerichtet gegen die von London und Petersburg proponierte Juniorpartnerstellung und verlangte Gleichberechtigung, doch faktisch auch Vormacht. Das Setzen auf Macht, auf das eigene Potential ließ dem Prestigegedanken noch größeren Raum als bislang. Er war es auch, der im Frühjahr 1892 Holstein Wilhelm II. zu mahnen veranlaßt hatte, den Zaren nicht in Kiel zu empfangen, sondern nur in Berlin: „Unserem Prestige geschähe damit namhafter Abbruch, und gleichzeitig damit würde auch die Scheu vor der deutschen Macht verringert; diese Scheu aber ist es, welche bisher den Frieden erhalten hat."[149]

5. Neuorientierung (1893/94)

Die deutsche Führung blieb bei ihrer Taktik, einerseits Annäherungssignale nach Rußland und England auszusenden, andererseits mit der Militärvorlage Stärke zu behaupten und zu demonstrieren. Solche Signale ergingen weiterhin eher nach Rußland als nach England. Es war im Grunde die Rückkehr zur Taktik Bismarcks, nur gestand man sich das in Berlin nicht ein. Die

---

148 Lahme, Außenpolitik, S. 488ff.
149 Eulenburg, Korrespondenz, Bd. 2, S. 872.

Bedingungen hatten sich indes entscheidend verschlechtert, und es sprach wenig dafür, sie doch noch zu korrigieren.

Der außenpolitische Erfolgsdruck wuchs. Internationaler Macht- und Prestigegewinn für Deutschland galt nicht nur den herrschenden Eliten, sondern auch in einer breiten Öffentlichkeit als zwingend geboten. Die Kritik an der weltpolitisch enthaltsamen und kontinentalpolitisch erfolglosen Regierungspolitik nahm zu.

Vier Vorgänge und Ereignisse gewannen ab Mitte 1893 für die deutsche Außenpolitik an Bedeutung. Erstens beabsichtigte Frankreich, in Südostasien sein Kolonialgebiet auf Kosten des Königreiches Siam auszudehnen, was England als Bedrohung seiner indisch-burmesischen Besitzungen empfand. Bei einem Konflikt war die Stellungnahme des Dreibundes gefragt. Zweitens stand ein russisch-französisches Flottentreffen vor Toulon bevor, das mit einem dauerhaften russischen Mittelmeergeschwader in Verbindung gebracht wurde. Dadurch konnte sich dort das maritime Kräfteverhältnis zum Nachteil Englands, Italiens und Österreichs verändern und ihre Interessen in Nordafrika, Ägypten, an den Meerengen und in der Ägäis bedrohen. Drittens mußte in der deutsch-russischen Handelsvertragsfrage eine Entscheidung fallen. Viertens schließlich belasteten Kolonialfragen die Beziehungen zu England.

Die Aufmerksamkeit der Großmächte richtete sich anfangs auf die Mittelmeerfrage.[1] Holstein sah dort den Dreibund zwischen der Gefahr, England werde abwarten und damit seine und des Dreibundes Stellung entscheidend schwächen, und der Chance, daß eine aktive Politik Londons das Verhältnis zu Frankreich und Rußland verschärfte. Um die Entwicklung in die zweite Richtung zu lenken, empfahl er Anfang Juni Hatzfeldt, in London anzuregen, den englisch-österreichisch-italienischen Orientdreibund von 1887 zu reaktivieren. Das Ziel, Deutschland selbst möglichst lange aus Mittelmeerkonflikten herauszuhalten, ist auch aus Holsteins Absicht abzulesen, auf eine deutsche Vermittlung für solche Sondierungen zu verzichten.[2] Der nächste Vorstoß ging Ende Juni von Marschall aus. Unter Hinweis auf Meldungen der internationalen Presse über eine bevorstehende Installierung eines russischen Mittelmeergeschwaders forderte er Hatzfeldt auf, Rosebery nach der britischen Reaktion zu fragen[3] Die Antwort war hinhaltend: Erst wenn sich solche Nachrichten bestätigten, sei eine englisch-italienische Flottendemonstration zu erwägen.[4]

Als in den nächsten Tagen, Mitte Juli, die englisch-französischen Differenzen in Siam in eine gefährliche Krise einmündeten, hoffte Marschall auf ein energisches Auftreten Englands gegen Frankreich.[5] Entstand daraus ein Krieg, ging das Auswärtige Amt nicht nur von einer Beteiligung Österreichs und Italiens aus, sondern auch von der Deutschlands.[6] Doch merkwürdigerweise blieb unerörtert, wie sich dann Rußland verhalten werde. Allem Anschein nach stand jedenfalls die wahrscheinlichste Alternative – die russische Mitwirkung auf Frankreichs Seite –in den Berliner Überlegungen nicht an erster Stelle. Doch der deutschen Diplomatie blieb auch nicht verborgen – und insofern sah sie keinen konkreten Entscheidungsbedarf –, daß Rosebery willens war, gegenüber Frankreich zwar mit dem Dreibund zu operieren, jedoch

---

1 Bayer, England, S. 53.
2 Hatzfeldt, Papiere, S. 916ff.
3 PA Bonn, Deutsche Botschaft London, Geheimakten (im weiteren: BL), Bd. 397/4, Marschall an Hatzfeldt 30.6.1893.
4 Ebenda, Hatzfeldt an Caprivi 15.7.1893.
5 HHStA Wien, MdÄ, PA III, Nr. 143, Bl. 81ff.: Bericht aus Berlin 22.7.1893.
6 Hatzfeldt, Papiere, S. 927.

nicht in kriegerischer Absicht, sondern um es zum Nachgeben zu veranlassen.[7] Bestrebt, England festzulegen und Deutschland auf Hinterhandposition zu halten, brachte Holstein nochmals, wiederum vergebens, den Orientdreibund ins Spiel[8], weil er mit der Eskalation selbst nicht in Siam, sondern im Mittelmeerraum rechnete.[9] Er und Marschall forderten Rom auf, einerseits der britischen Regierung Unterstützungsbereitschaft zuzusichern, andererseits keinen Zweifel zu lassen, daß Italien erst eingreife, wenn der Krieg bereits ausgebrochen sei.[10] Holsteins Auslassung, „Wir stehen ja vertragsmäßig hinter den Italienern", sollte möglicherweise Rom Mut machen, denn laut Dreibundvertrag galt nicht für jeden Kriegsfall im Mittelmeerraum die Beistandspflicht.[11] Hauptanliegen der Wilhelmstraße blieb, daß sich weder Deutschland noch Italien von England zum Blitzableiter degradieren ließen. „Solange [...] die Quadrupelallianz nur eine englische Drohung in der Zeit der Not sei, werde man gut tun, darauf nicht allzuviel Gewicht zu legen."[12]

Am 30. Juli 1893, als Frankreich in ultimativer Weise der britischen Seite neue Forderungen stellte, erreichte die Siamkrise ihren Höhepunkt.[13] Rosebery antwortete mit einer dramatischen Aktion. Er informierte den deutschen Kaiser, der zu Besuch in England weilte, er werde die französischen Forderungen ablehnen, und bat um die Entsendung Hatzfeldts nach London.

Auch in dieser komplizierten Situation kam es für die deutsche Seite entscheidend darauf an, sich nicht oder wenigstens nicht zu früh in die britische Politik einbinden zu lassen. Nicht Hatzfeldt, sondern nur sein Vertreter Metternich, vom Botschafter genau instruiert, erschien am 31. Juli im Foreign Office. Dort hatte er nur seine persönliche Ansicht auszusprechen, daß Deutschland sich „nicht in die siamesische Frage mischen" könne: Komme es zum Krieg mit Frankreich, habe Rosebery bereits den „richtigen Gedanken" geäußert, sich der Mitwirkung Italiens zu versichern, das, sollte Metternich „durchsickern" lassen, „nicht abgeneigt" sei.[14] Doch die feingesponnene Taktik erwies sich als überflüssig: Rosebery erklärte Metternich, die „drohende Kriegswolke" hätte sich zerteilt, denn Frankreich habe seine neuen Forderungen zurückgezogen.[15]

Es hat den Anschein, als ob Rosebery mit seiner Blitzaktion nichts weiter beabsichtigte, als Frankreich zum Nachgeben zu veranlassen. Denn er drohte Paris nicht allein mit einer deutschenglischen, sondern zugleich mit einer englisch-italienischen Verständigung. Er hatte kurz zuvor Italien vom „Ernst der Lage" informiert, aber, stellte der italienische Botschafter Tornielli nicht ohne Verwunderung fest, „verlangt" habe Rosebery von Italien „bisher nichts".[16]

---

7 GP, Bd. 8, S. 105.
8 PA Bonn, BL, Bd. 397/5, Holstein an Hatzfeldt 27.7.1893.
9 Hatzfeldt, Papiere, S. 928f.
10 PA Bonn, BL, Bd. 397/5, Marschall an Hatzfeldt 28.7.1893; ebenda, England Nr. 92 Nr. 3, Bd. 2, Bl. 38: Aufz. Holsteins 28.7.1893.
11 Hatzfeldt, Papiere, S. 928; GP, Bd. 8, S. 106. Hier bleibt Holsteins Auffassung ebenfalls unklar: Deutschland müsse Italien beistehen, wenn es von Frankreich angegriffen wird. Doch wie sollte das geschehen, wenn, wie angemahnt, der Krieg als englisch-französischer begann?
12 GP, Bd. 8, S. 107.
13 Vgl. zur Siamkrise: Hall, History, S. 653ff.; Langer, Alliance, S. 325ff.; Lahme, Außenpolitik, S. 395ff.; Laufer, Entwicklung, S. 20ff.
14 PA Bonn, BL, Bd. 397/5, Hatzfeldt an Botschaft London 31.7.1893; GP, Bd. 8, S. 108f.
15 Ebenda, S. 110ff.
16 PA Bonn, BL, Bd. 397/5, Hatzfeldt an AA 27.7.1893, 28.7.1893.

So war die Folge der Siamkrise für das deutsch-englische Verhältnis ein beträchtlich gewachsenes Mißtrauen der Berliner gegenüber der Londoner Führung. Die Wilhelmstraße hatte sich von Rosebery, ohne es zu wollen, einspannen lassen, weil sie auf Eskalation setzte, doch er hatte es genutzt, um Paris zum Einlenken zu zwingen. Ein Gespräch, das Hatzfeldt und Rosebery Anfang November über die Krise führten, macht die gegensätzlichen Erwartungen und Hoffnungen deutlich[17]: Auf des Botschafters Einwand, bei den Berliner Verantwortlichen sei zuerst der Eindruck entstanden, England „beuge sich nicht" und wolle sich für den Konfliktfall der Hilfe Italiens und in zweiter Linie Deutschlands versichern, entgegnete der Minister, er habe um Unterstützung niemals nachgesucht, sondern nur über die gespannte Lage informiert. Auf ziemlich durchsichtige Weise versuchte Rosebery zwei Wochen später das Mißtrauen abzubauen[18]: Ein Blick auf die englische Öffentlichkeit beweise, daß die Siamfrage „noch nicht" geeignet gewesen sei für einen Krieg gegen Frankreich, auch nicht für Deutschland. Aber die „Krisis werde nicht ausbleiben" und England dann um Unterstützung durch Deutschland und den Dreibund nachsuchen. Doch solche Auslassungen mußten in Berlin den Eindruck, dupiert worden zu sein, nur verstärken. „Durch Redensarten" werden „wir" uns nicht mit Frankreich überwerfen, meinte Hatzfeldt, und Holstein warnte ihn, gegenüber der englischen Diplomatie sei „große Vorsicht am Platze".[19]

Schon in den ersten Tagen nach der Krise hatte Caprivi einen Kriegsbeginn nur dann für wünschenswert gehalten, „wenn der erste Schuß von Bord eines englischen Schiffes fällt"[20]. Das blieb indes eher eine theoretische militärstrategische Erwägung. Praktisch sah sich nun die Wilhelmstraße in ihrer Absicht bestärkt, die Annäherung an Rußland zu intensivieren und gegenüber England eine reservierte Position einzunehmen. Wilhelms II. Vorhalt an Rosebery, „daß ich [...] Versteckspiel [...] nicht mehr dulde", imponierte freilich dem Minister nicht.[21] Die erwarteten russischen Aktivitäten im Mittelmeer sollten nach Auffassung Caprivis und Hatzfeldts England doch noch zwingen, Annäherung bei Italien und beim Dreibund zu suchen. Sie setzten auf Abwarten.[22] Der Handelsvertrag sollte in nächster Zeit die weitere Annäherung an Rußland untermauern.[23]

Doch die deutsche Führung übersah, wie stark die Militärvorlage das deutsch-russische Verhältnis fortwährend belastete. Dabei waren in der zweiten Lesung im Reichstag im Mai 1893 die auf Friedenserhalt und Sicherheit gerichteten Argumente mehr zum Tragen gekommen als zuvor, sowohl in Caprivis Rede als auch in den Beiträgen der Fraktionen. Den in den regierungsnahen Parteien sich abzeichnenden Wandel, auf Verständigung mit Rußland zu setzen, artikulierte der Abgeordnete W. Münch: Er empfahl, nach einem Handelsvertrag mit Rußland auch die politische Allianz zu suchen: „Dann in der Tat wäre der Friede des Reichs geschützt."[24]

Doch diese Trendwende geriet umgehend in den Hintergrund, als nach Ablehnung der Vorlage und Auflösung des Reichstages ein von der Regierung instrumentalisierter Wahl-

---

17 PA Bonn, England Nr. 92 Nr. 3, Bd. 3, Bl. 40ff.: Hatzfeldt an Caprivi 4.11.1893.
18 Ebenda, Bl. 76ff.: Hatzfeldt an Caprivi 18.11.1893.
19 Ebenda, Bl. 88: Hatzfeldt an Caprivi 18.11.1893, Bl. 92ff.: Holstein an Hatzfeldt 24.11.1893.
20 GP, Bd. 8, S. 110.
21 PA Bonn, England Nr. 92 Nr. 3, Bd. 3, Bl. 89: Randbemerkungen Wilhelms II. auf dem Schreiben Hatzfeldts an Caprivi vom 18.11.1893.
22 PA Bonn, BL, Bd. 397/5, Hatzfeldt an Caprivi 13.9.1893, Rotenhan an Hatzfeldt 20.9.1893.
23 HHStA Wien, MdÄ, PA III, Nr. 143, Bl. 112ff.: Bericht aus Berlin 19.8.1893.
24 Canis, Rüstungsfragen, S. 75f.

kampf einsetzte, der im Stil der Bismarckzeit die Kriegsargumente in den Vordergrund stellte. In einer der Propagandaschriften heißt es: „Wir wollen uns nicht verteidigen, indem wir in Geduld abwarten, bis der Gegner auf uns einschlägt, sondern wir wollen uns wehren, und der wehrt sich am besten, der zuerst zuschlägt."[25] Es war nicht zuletzt diese Taktik, die die außenpolitischen Gefahren wachsen ließ und die eigenen Zielvorstellungen unterlief. Als am 16. Juli die Vorlage im Reichstag angenommen war, nutzte die französische Führung die Chance. Die zaristische Regierung erhielt ein Dokument des französischen Generalstabschefs Miribel, das militärische Verstärkungen und den Abschluß der vor einem Jahr entworfenen Militärkonvention für dringlich hielt. Der russische Kriegsminister Wannowski sandte das Dokument, verweisend auf die deutsche Heeresverstärkung, befürwortend an den Zaren. Doch dieser hatte schon zuvor Giers beauftragt, den Konventionsentwurf zu prüfen. Ende September waren faktisch alle Hindernisse auf dem Weg zum geheimen russisch-französischen Militärbündnis gefallen.[26]

Erst diese Vorgänge lassen die wirkliche Bedeutung des Besuchs der russischen Flotte in Toulon erfassen, der vom 13. bis 20. Oktober 1893 stattfand und zu ähnlichen öffentlichen Begeisterungskundgebungen führte wie zwei Jahre zuvor in Kronstadt. Für das Auswärtige Amt richtete sich Toulon nicht gegen Deutschland, sondern gegen Englands Interessen im Mittelmeerraum. Es stützte sich auf Informationen des Botschafters Münster aus Paris, der wie bislang nicht mit einer festen, vertraglich vereinbarten russisch-französischen Allianz rechnete.[27] Hatzfeldt berichtete aus London von Roseberys Besorgnis vor dem Treffen und rechnete optimistisch mit englisch-französischen Differenzen, die England zur Annäherung an Deutschland veranlassen könnten.[28] Er gab englische Zeitungsmeldungen zur Kenntnis, die gegen die russisch-französische „Flottengemeinschaft" eine Verstärkung der britischen Flotte forderten.[29] Der demonstrative Besuch einer britischen Flotte in Italien entsprach auch den Berliner Intentionen. Um bei dem Bündnispartner der Tendenz entgegenzuwirken, dem politischen und finanziellen Druck Frankreichs nachzugeben und dort Annäherung zu suchen, besorgte die deutsche Regierung für Italien bei deutschen Banken einen 40-Millionen-Mark-Kredit und übernahm dafür die Garantie.[30]

Doch die russischen Reaktionen auf das Treffen in Toulon lassen keinen Zweifel, daß der Zusammenhalt und das Zusammengehen gegen Deutschland im Vordergrund standen. Dafür sprechen die im Auswärtigen Amt einlaufenden, aber offenbar nicht ernstgenommenen Berichte aus Rußland. Konsul Wangenheim und Botschaftssekretär Graf Rex meldeten, die seit längerem vorgezeichnete Annäherung Rußlands an Frankreich sei durch Toulon weiter gefördert.[31] Die russische Presse jubilierte: Rußland brauche Deutschland nicht mehr zu fürch-

---

25 Förster, Militarismus, S. 63ff.
26 Kennan, Allianz, S. 292ff.
27 BA Potsdam, 90 Ho 5: NL Holstein, Film 62246, Bl. 194714: Münster an Holstein 10.10.1893; GP, Bd. 7, S. 249ff.; BHStA München, MA Nr. 2671, Bericht aus Berlin 21.10.1893.
28 PA Bonn, BL, Bd. 397/5, Hatzfeldt an Caprivi 19.10.1893; ebenda, Rußland Nr. 91, Bd. 20, Münster an Caprivi 4.11.1893; HHStA Wien, MdÄ, PA III, Nr. 143, Bl. 194ff.: Bericht aus Berlin 14.10.1893; Hatzfeldt, Papiere, S. 948ff.
29 PA Bonn, Rußland Nr. 91, Bd. 19, Hatzfeldt an Caprivi 14.10.1893.
30 HHStA Wien, MdÄ, PA III, Nr. 143, Bl. 219ff.: Bericht aus Berlin 28.10.1893.
31 PA Bonn, Rußland Nr. 91, Bd. 19, Rex an Caprivi 27.10.1893, Bd. 20, Wangenheim an Caprivi 3.11.1893.

ten.³² Der gleichen Auffassung war die russische Führung, wie der österreichische Botschafter aus Petersburg berichtete: sie freue sich über das Ende der deutschen Suprematie.³³

Die Mehrheit der bürgerlichen deutschen Zeitungen stimmte dagegen in der Bewertung des Flottentreffens mit ihrer Regierung überein.³⁴ Sie hielt eine feste Wiederannäherung an Rußland für möglich, befürwortete sie und machte, besonders dezidiert das linksliberale „Berliner Tageblatt", kein Hehl aus ihrer Enttäuschung über die „isolationistische" Politik Englands. Die „National-Zeitung" wandte sich dagegen, einen Krieg gegen Rußland überhaupt ins Kalkül zu ziehen, und der „Export" empfahl, Deutschland möge an den Meerengen Rußland freie Hand lassen. Am weitesten auf Verständigung orientierte der mit dem Bankkapital verknüpfte „Börsenkurier", der auf Anleihen in Rußland reflektierte: Er plädierte für deutsche Konzessionen in Handelsvertragsfragen und für politische Fühlungnahme Rußlands mit Deutschland, „seinem natürlichen Alliierten".

Leitete das Auswärtige Amt Annäherungsschritte mit Rußland ein, konnte es folglich mit breiter Zustimmung im bürgerlichen Lager rechnen, besonders, wenn die handelspolitische Verständigung einbezogen war. Fragt man nach den Chancen solcher Schritte in Rußland, darf man sich von dem russischen Echo auf Toulon nicht täuschen lassen. Bei aller Begeisterung über die Verbindung mit Frankreich hatte die russische Presse es auch als notwendig erachtet, mit Deutschland Frieden zu halten.³⁵ Regierung und Öffentlichkeit in Rußland fanden die in ihren Augen mit der Rüstungssteigerung von Deutschland ausgehende Bedrohung durch die in Toulon demonstrierte Einigkeit mit Frankreich wieder ausgeglichen. Sie sollte und konnte zugleich die Basis sein, Verständigung mit Deutschland in Einzelfragen zu suchen. Als Alliierter stand jedoch Deutschland nicht mehr zur Debatte. Gerade die Ereignisse des laufenden Jahres hatten im Verständnis der russischen Führung nachdrücklich bewiesen, daß die Allianz mit Frankreich gleichsam die feste Grundlage für Sicherheit und außenpolitischen Operationsspielraum bildete, gerade im Verhältnis zu Deutschland. Die deutsche Militärvorlage und die russisch-französische Allianz bezeichneten somit den Rahmen für den weiteren Rückgang der Kriegsgefahr und für eine deutsch-russische Annäherung, der allerdings die russische Seite nur sekundären Rang geben wollte und die die russisch-französische Allianz niemals gefährden durfte.

Die deutsche Führung befand sich vor einem ähnlich gefährlichen Irrtum wie 1890, wenn sie mit ähnlich weitgesteckten Erwartungen wie damals gegenüber England nun die Wende zu Rußland einleitete. Verharrte England außenpolitisch weiterhin in Passivität, sahen Holstein und Hatzfeldt die deutsche Außenpolitik bald am Scheideweg, an dem die Verbindung mit Rußland unvermeidlich sei. Holstein hielt sie für möglich, weil er nicht von einer festen russisch-französischen Allianz ausging.³⁶ Doch das Auswärtige Amt blieb unsicher, ob dieser Weg Erfolg versprach, und folglich wurde eine deutsch-englische Verständigung nicht ausgeschlossen.³⁷

Während der Handelsvertrag als Vehikel für die Annäherung gedacht war, sollte gleichzeitig, weil die deutsche Führung die ausschlaggebende Rolle des Zaren in der Außenpolitik

---

32 Ebenda, Deutschland Nr. 151, Bd. 2, Konsul Kowno an Caprivi 26.10.1893.
33 HHStA Wien, MdÄ, PA X, Nr. 101, Bl. 136ff.: Bericht aus Petersburg 24.10.1893.
34 Vgl. für das folgende: Löbel, Bourgeoisie, S. 182ff.
35 HHStA Wien, MdÄ, PA X, Nr. 101, Bl. 139: Bericht aus Petersburg 24.10.1893.
36 Hatzfeldt, Papiere, S. 951ff.; Holstein, Papiere, Bd. 3, S. 399.
37 PA Bonn, BL, Bd. 397/6, Marschall an Hatzfeldt 11.11.1893, Hatzfeldt an Caprivi 18.11.1893.

besonders hoch bewertete, die ventilierte Heirat des russischen Thronfolgers mit einer französischen Prinzessin verhindert werden.[38] Ferner zielte das Auswärtige Amt darauf, Möglichkeiten des außenpolitischen Zusammengehens mit Rußland, selbst mit Frankreich, außerhalb Europas zu suchen, um beider Gegensätze zu Deutschland in Europa auf eine sekundäre Position zu verlagern und ihre Spannungen mit England in Übersee zu potenzieren. Ein solches Ziel verfolgte um die Jahreswende 1893/94 eine deutsche Einigung mit Frankreich über Territorien im Hinterland von Kamerun, wo deutsche, englische und französische Expansionsinteressen zusammentrafen.[39] Nachdem Deutschland von der englischen Royal Niger Company Gebiete zugesprochen erhielt, bot es im Dezember 1893 einen Teil davon als Kompensationsobjekte Frankreich an. Um Proteste der Kolonialkreise gegen den Verzicht zu kanalisieren, beriet sich das Auswärtige Amt mit ausgewählten Kolonialinteressenten und erklärte ihnen die Notwendigkeit des Kompromisses. Die angebotenen Gebiete, ließ Münster im Januar in Paris durchblicken, werden Frankreich die Möglichkeit eröffnen, seinen Einfluß nach Ägypten und dem Sudan auszudehnen und eine Verbindung zwischen Französisch-Kongo und den französischen Kolonien am Mittelmeer herzustellen – eine Zielrichtung also, die britisch-französische Konflikte erwarten ließen. Aus innenpolitischer Besorgnis vor öffentlicher Entrüstung ließ die Regierung das Protokoll allerdings erst später publizieren.

Alle diese Aktivitäten hielten den geheimen Abschluß der russisch-französischen Militärallianz nicht auf. Am 27. Dezember wurde sie vom Zaren gebilligt. Beide Seiten verabredeten für den Fall von Friedensgefährdung gemeinsame Gegenmaßnahmen und bei dem Angriff auf einen der Partner die Hilfeleistung des anderen. Dieser Truppeneinsatz sollte Deutschland zum Zweifrontenkrieg zwingen.[40] Damit war die Hauptstoßrichtung bestimmt und die 1890 eingeleitete neue Konstellation der Bündnisse abgeschlossen. Den Ausschlag gegeben hatten die von der Bedrohung durch Deutschland ausgehenden Sicherheitserwägungen der herrschenden Kreise in Petersburg und in Paris. Die Verständigung wurde durch die finanziellen Verbindungen gefördert.[41] Die deutsche Regierung erhielt von dem Bündnisabschluß keine Information. Doch gelangten genügend Anzeichen dafür zu ihrer Kenntnis, daß sich das russisch-französische Verhältnis spürbar gefestigt hatte.[42] Es ist erstaunlich, daß ihre Überzeugung anhielt, feste Bündnisbeziehungen existierten nicht. Solche Wunschvorstellungen ließen sie in eigene Annäherungsschritte in Richtung Petersburg immer von neuem übertrieben hohe Erwartungen setzen.

Der beabsichtigte Handelsvertrag entwickelte in den Augen der Regierenden eine geradezu magische Kraft für eine solche Annäherung. Für Philipp Eulenburg hing von dem Vertrag „in der auswärtigen Politik alles ab – unser Verhältnis zu Rußland darf nicht getrübt werden", zumal in einem Augenblick, in dem die Franzosen ihren Eingangszoll besonders zum Nachteil russischer Agrarprodukte erhöhten.[43] Mit dem Handelsvertrag, meinte Goering leichthin, „wird es nicht schwer sein, Rußland von Frankreich abzuziehen und somit die Gefahr eines

---

38 Eulenburg, Korrespondenz, Bd. 2, S. 1151.
39 Laufer, Südafrikapolitik, S. 20ff.
40 Kennan, Allianz, S. 315; Jakobs, Zweibund, S. 153ff.; Manfred, Obrazovanie, S. 335ff.
41 Geyer, Imperialismus, S. 131ff.
42 PA Bonn, Rußland Nr. 91, Bd. 19, Hatzfeldt an Caprivi 28.10.1893, Reuß an Caprivi 27.10.1893; GP, Bd. 7, S. 254.
43 Eulenburg, Korrespondenz, Bd. 2, S. 1216.

Krieges gegen beide Mächte von uns abzulenken"[44]. Auch der Kaiser hoffte auf „Verbesserung der Beziehungen zwischen Rußland und Deutschland und Lockerung derjenigen zwischen Rußland und Frankreich" durch den Vertrag, der deshalb politisch „von größter Wichtigkeit" sei.[45]

Doch die politische Dimension des Abkommens reichte für den Monarchen noch viel weiter, wie seine im Kronratsprotokoll festgehaltene Äußerung zeigt: „Unsere Suprematie sei nicht nur durch unser Heer, sondern auch durch die Handelspolitik Europa vor Augen zu führen."[46] Er stellte sich als nächsten Schritt eine zollpolitische Einigung europäischer Staaten gegen die zollpolitische Abschottung der USA und deren Bestreben vor, vor allem Deutschland von seinem „Hauptabsatzgebiet Südamerika" zu verdrängen. Dadurch waren seit 1891/92 besonders dem deutschen Export tatsächlich schwere Schläge versetzt worden. Dennoch bestanden für eine solche zollpolitische Kooperation keine Chancen. Aufmerksamkeit verdient jedoch etwas anderes. Seine Äußerungen zeigen, wie ernsthaft Wilhelm II. den „Grundgedanken" seiner Politik, die „friedliche Suprematie" in Europa, verfolgte. Auf dem Wege zu ihr sollte der Rußlandhandelsvertrag nach der Militärvorlage ein zweites tragendes Element bilden: über eine handelspolitische Führungsrolle des Reiches und durch gegenseitige wirtschaftliche Abhängigkeiten. Militärische Stärke und überlegene Wirtschaftskraft sollten also diese Suprematie begründen. Wenn die russische Seite solches Vormachtstreben nur ahnte, konnten sich ihre bereits durch die deutsche Heeresverstärkung motivierten Vorbehalte, den Handelsvertrag politisch weitreichend auszubeuten, noch versteifen.

In Deutschland konnte sich der Kurs auf diesen Vertrag auf Wünsche und Forderungen aus dem Wirtschaftsbürgertum stützen, die sich 1893 noch vermehrten. Handelskammern und die großen Wirtschaftsverbände beklagten in ziemlicher Übereinstimmung, daß die bisherigen Handelsverträge den hohen Erwartungen nicht Stand gehalten, neue Absatzgebiete nur in dürftigen Ausmaßen erschlossen und die durch die amerikanische Zollpolitik verursachten Exportverluste auch nicht nur annähernd aufgefangen hätten. Nun sollte der riesige russische Markt Ersatz bieten und die Überproduktion abtragen.[47] Selbst der CDI, bisher aus Rücksicht auf die Großagrarier eher zurückhaltend in der Vertragsfrage, reihte sich nun in die Front der Befürworter ein.

Die russische Seite hegte auf wirtschaftlichem Gebiet keine geringeren Erwartungen in einen Handelsvertrag. Witte benötigte für sein ehrgeiziges Industrialisierungsprogramm reichen Kapitalzufluß: ausländisches Kapital wieder stärker aus Deutschland und inländisches aus wachsenden Getreideexporterträgen, die bei Senkung der deutschen Agrarzölle sich aus hohen Ausfuhren nach Deutschland realisieren konnten.[48] Um den für die wirtschaftliche

---

44 BA Potsdam, Reichskanzlei, Nr. 418a, Bl. 19ff: Aufz. Goering Febr. 1894.
45 GP, Bd. 7, S. 451f.
46 GStA Berlin, Rep. 90a, Abt. B, Tit III, 2c, Nr. 3, Bd. 5, Bl. 68f.: Kronratsprotokoll 18.2.1894. Dieser Satz und der folgende Gedankengang wurden von den Herausgebern der GP beim Abdruck des Kronratsprotokolls ausgelassen (GP, Bd. 7, S. 451).
47 BA Koblenz, R 13 I, Nr. 107, Bl. 56ff.: Generalversammlung des Vereins Deutscher Eisen- und Stahlindustrieller 25.4.1893; BA Potsdam, Reichskanzlei, Nr. 396, Bl. 314: Bericht HK Straßburg für 1892; ebenda, AA, Nr. 8083, Bl. 10: Oberschlesische Eisenindustrie AG Gleiwitz: Bericht für 1893; ebenda, Nr. 8375, Bl. 183f.: HK Bielefeld an Caprivi 6.3.1893.
48 Wegner-Korfes, Vitte, S. 119ff.

Erschließung des riesigen Landes wichtigen Eisenbahnbau zu forcieren, bestand auf diesem Gebiet großer Importbedarf, der ebenfalls am günstigsten aus Deutschland zu tätigen war.[49]

In Deutschland verschärfte die Handelsvertragsfrage gesellschaftliche und innenpolitische Grundsatz- und Machtfragen, die die Außenpolitik, ihre Richtung wie ihre Wirkungskraft, tangierten. Sie gefährdeten Caprivis und Marschalls Machtpositionen, schränkten ihren politischen Bewegungsspielraum im Machtzentrum ein, ebenso den des Auswärtigen Amtes unter den Regierungsinstanzen. Als der Handelsvertrag unter Dach und Fach war, sah der österreichische Botschafter die Stellung des Reichskanzlers eminent geschwächt: Die Konservativen wirkten auf seinen Sturz, das Zentrum sei seit der Militärvorlage von ihm abgerückt, die Nationalliberalen zählten nicht zu seinen Anhängern, Linksliberale und Sozialdemokraten noch weniger, und ihm feindlich gesinnt sei selbst das preußische Staatsministerium, in dem die agrarischen Handelsvertragsgegner starken Einfluß besaßen.[50] Szögyény hatte nur übersehen, daß auch der Kaiser zu den Gegners Caprivis und Marschalls zählte.[51]

Diese Spannungen hatten sich schon verstärkt, als sich der Kaiser während der Debatte um die Militärvorlage in der Frage der Militärdienstzeit in seinen Rechten der militärischen Kommandogewalt von Caprivi und Marschall beschnitten sah; es ist freilich nicht auszuschließen, daß bei dieser Kontroverse junkerlich-konservative Spitzenleute im Hintergrund die Fäden zogen. Doch dieser Komplex blieb zweitrangig angesichts der tiefgreifenden Gegensätze der Konservativen zur Regierung in der Handelsvertragsfrage. Es waren nicht einfach nur das bei einem russischen Handelsvertrag zu erwartende Sinken des Getreidepreises und die russische Konkurrenz; die Junker sahen sich vielmehr in ihrer Stellung als Führungselite des Staates bedroht. So hieß es in einer Erklärung des Landwirtschaftsrates, eine Reduzierung der Zölle beschwöre Gefahren für Staat und Gesellschaft herauf, denn die Landwirtschaft „ist zu allen Zeiten der Staaten festeste Stütze und Grundlage gewesen"[52]. Solche „Gefahren" haben die Junker zugleich aus taktischen Gründen aufgebauscht, um eine Einheitsfront mit bäuerlichen Schichten zu wahren. Am Ende war es ihre radikale Opposition selbst, die das Herrschaftssystem geschwächt hat.

Für diese Opposition, die sich massiv auf Caprivi und Marschall konzentrierte, versuchten die Konservativen, den Kaiser zu gewinnen. Sie glaubten, ihn am ehesten einbinden zu können, indem sie an seine Besorgnis vor dem Anwachsen der sozialdemokratischen Bewegung appellierten, welche soeben bei der Reichstagswahl im Sommer 1893 Stimmengewinne verbucht hatte, die das bürgerliche Lager erschreckten. Schon Ende 1892 hatte Kardorff wachsende Revolutionsgefahr diagnostiziert und die Handelsverträge mit dafür verantwortlich gemacht, weil sie – so die primitive Demagogie – das Wachstum der Industriestädte, folglich Streiks und Zulauf zur Sozialdemokratie, förderten und das „platte Land", das „Rückgrat" der Monarchie, schädigten.[53] Die politischen Sympathien des Kaisers lagen gewiß bei den Konservativen, und wie ihre Führer überlegte auch er, wirksamere Kampfmittel gegen die Sozialdemokratie einzuführen. Doch gerade weil ihm diese Bekämpfung besonders am Herzen lag, nahm er die Opposition der Junker gegen den Handelsvertrag in Kauf, denn der

---

49 Geyer, Imperialismus, S. 108ff., 143.
50 HHStA Wien, MdÄ, PA III, Nr. 144, Bl. 104f.: Bericht aus Berlin 17.3.1894.
51 Röhl, Deutschland, S. 97f.
52 BA Potsdam, Reichskanzlei, Nr. 1107, Bl. 16: DLR an Staatsministerium 15.5.1893; Canis, Kontinuität, S. 28; Leibenguth, Modernisierungskrisis, S. 276ff.
53 Kardorff, S. 274f.

Vertrag versprach ihm eine wichtige Grundlage, um neben den Maßregeln im Innern auch auf internationaler Ebene der Sozialdemokratie entgegenzuwirken. „Der große Gesichtspunkt eines Zusammengehens der Monarchien Europas, um die Revolution zu bekämpfen", sei „eine Lieblingsidee unseres Kaisers", hatte Eulenburg Anfang 1893 festgestellt.[54]

Als Äquivalent für den Handelsvertrag versprach der Kaiser den Junkern und der Landwirtschaft generell Fördermaßnahmen auf wirtschaftlichem Gebiet, die, so Miquel, als „große politische Reform im großen Stil" vom preußischen Staatsministerium bereits konzipiert wurden.[55] Ferner suchte er einen äußerlichen Ausgleich mit Bismarck, um dessen Zustimmung zum Handelsvertrag und damit eine Schwächung der junkerlichen Opposition zu erreichen. Diese Manöver Wilhelms bewirkten, daß sich diese Opposition noch stärker gegen Caprivi und Marschall richtete. Das Mißtrauen des Kaisers gegen beide wuchs ebenfalls, weil sie sich einem verschärften Vorgehen gegen die Sozialdemokratie und Staatsstreichgedanken widersetzten. Andererseits konnte bei der gegebenen Machtstruktur in der Staatsspitze die Zustimmung zu dem Rußlandvertrag im Bürgertum die Stellung Caprivis und Marschalls nicht spürbar stärken.

Auf der Basis von Vorschlägen einer Sachverständigenkonferenz von Industrievertretern[56] hatte die deutsche Seite bereits im Frühjahr 1893 Petersburg eine Wunschliste übergeben, die eine erhebliche Senkung der russischen Eingangszölle auf Maschinen, Elektroartikel, Chemikalien und Metallwaren verlangte.[57] Die russische Regierung lehnte ab. Als zuerst Rußland, dann Deutschland und nochmals Rußland ihre Eingangszölle gegen die Waren des Kontrahenten um 50% erhöhten, wurde im August 1893, um zu einer Entscheidung zu gelangen, ein Zollkrieg ausgelöst. Obwohl sich die Führungen in Berlin und Petersburg stillschweigend darüber einig waren, den Zollkrieg nur kurzzeitig zu führen, und Wilhelm II. an materielle Schäden und politische Trübung der Beziehungen nicht glaubte[58], blieb dieser Weg nicht ungefährlich. Abgesehen von den Exportverlusten, die die russische Landwirtschaft und die deutsche Industrie erlitten, befürchteten Giers und Witte, der Zollkrieg könne bei längerer Dauer zu weiterer Entfremdung führen.[59] Im Zeichen der Militärvorlage und des Touloner Flottentreffens erfolgte aus dem Zollkrieg in der Tat eine Zunahme antideutscher und profranzösischer Stimmung in Rußland.[60] Sie kam auch deshalb zustande, weil, wie der Bankier Schwabach gegenüber Marschall kritisch vermerkte, der deutsche Forderungsdruck unangemessen hoch war.[61] Es waren überhaupt die deutschen Banken, die sich bemühten, die Zollkriegswirkungen nicht ausufern zu lassen.[62]

Die negativen Auswirkungen des Zollkrieges auf die deutsche Industrie und die befürchtete weitere russisch-französische Annäherung im Gefolge von Toulon gaben im Oktober die

---

54 Eulenburg, Korrespondenz, Bd. 2, S. 1026.
55 BA Potsdam, Reichskanzlei, Nr. 1107, Bl. 140ff.: Staatsministerialsitzungsprotokoll 8.12.1893; Canis, Kontinuität, S. 31.
56 BA Potsdam, Reichskanzlei, Nr. 416, Bl. 23ff.: Protokoll Sachverständigenberatung betr. Handelsvertrag mit Rußland 31.1.1893.
57 Wegner-Korfes, Vitte, S. 130ff.; Löbel, Zollkrieg, S. 147ff.; Weitowitz, Politik, S. 269ff.
58 HHStA Wien, MdÄ, PA III, Nr. 144, Bl. 108f.: Bericht aus Berlin 18.9.1893.
59 PA Bonn, Deutschland Nr. 131 Nr. 2 secr., Bd. 1, Bl. 40ff.: Werder an Caprivi 12.8.1893.
60 Altrichter, Konstitutionalismus, S. 118.
61 PA Bonn, Deutschland Nr. 131 Nr. 2 secr., Bd. 1, Bl. 45f.: Schwabach an Marschall 22.8.1893.
62 PA Bonn, Rußland Nr. 71, Bd. 18, Maron an Caprivi 5.4.1894.

letzten entscheidenden Impulse für die Aufnahme der Handelsvertragsverhandlungen.[63] Noch entschiedener als bisher wandten sich die industriellen Körperschaften gegen „weitere einseitige Bevorzugung" der Landwirtschaft, um der Regierung gegen die agrarischen Forderungen nach Beibehaltung der bisherigen Zollsätze den Rücken zu stärken.[64] Doch auch Marschall wollte den Vertrag nur abschließen, wenn die Exportinteressen der deutschen Industrie von Petersburg angemessen gewährleistet würden.[65] Am Ende akzeptierte die russische Seite die deutschen Wünsche in einem solchen Ausmaß, daß, wie der deutsche Verhandlungsführer, der Gesandte Thielmann, hervorhob, „die erzielten Zugeständnisse entschieden über das hinausgehen, was zu Anfang der Verhandlungen zu erhoffen gewesen war."[66] Der Exportbedarf der russischen Landwirtschaft hatte den Ausschlag gegeben.[67] Daß die zaristische Führung unter diesem Druck sich zu so weitgehenden Zugeständnissen in der Industriezollfrage verstand, reduzierte die Wirkung des Vertrages in Richtung auf politische Annäherung in Rußland eher noch, denn in Petersburg setzte sich der Eindruck fest, Deutschland habe die schwierige Lage Rußlands über Gebühr ausgenutzt.

In Deutschland setzten die Konservativen alles daran, in letzter Stunde den Kanzler zu stürzen, um die Annahme des Vertrages noch zu verhindern. Der österreichische Botschafter verwies um die Jahreswende 1893/94 wiederholt auf die labile innenpolitische Lage in Deutschland und nannte dafür als charakteristische Symptome: schroffe konservative Opposition gegen Caprivi, starke radikale „Umsturzkräfte", schlechte parlamentarische Lage der Regierung, mangelhafte Leitung der Außenpolitik durch den Kanzler.[68]

Am 16. März 1894 nahm der Reichstag den Handelsvertrag gegen die Stimmen der meisten Konservativen sowie von Teilen der Nationalliberalen und des Zentrums an. Die deutsche Industrie erhielt das Meistbegünstigungsrecht und für wichtige Exportprodukte den russischen Eingangszoll gesenkt. Im Gegenzug reduzierte die deutsche Seite den Getreidezoll von 5 Mark auf 3,50 Mark pro dz.

Die wirtschaftlichen Vorteile für den deutschen Industriewaren- und den russischen Agrarexport waren enorm. Die Möglichkeiten des Vertrages kamen besonders zum Tragen, weil sie zusammentrafen mit den Vorboten einer langfristigen weltwirtschaftlichen Konjunktur. So stieg der deutsche Export nach Rußland von 101,7 Millionen Rubel 1892 auf 143 Millionen 1894 und 190 Millionen Rubel 1896. Der Import aus Rußland wuchs von 116 Millionen 1892 auf 147 Millionen 1894 und 293 Millionen Rubel 1896.[69]

Aus diesen absehbaren Vorteilen erklärt sich die große Zustimmung, die der Vertrag in der deutschen Industrie und im deutschen Handel fand.[70] Erst dieses Abkommen sicherte in ihren Augen die volle Wirksamkeit der handelspolitischen Wende. Doch nicht minder rechneten sie mit politischer Entspannung zwischen Berlin und Petersburg und mit weit größerer

---

63 HHStA Wien, MdÄ, PA III, Nr. 143, Bl. 273ff.: Bericht aus Berlin 9.12.1893; Löbel, Bourgeoisie, S. 189ff.
64 BA Potsdam, AA, Nr. 8376, Bl. 100: HK Frankfurt/Main 23.11.1893.
65 PA Bonn, Deutschland Nr. 131 Nr. 2 secr., Bl. 72ff.: Marschall an Werder 25.11.1893.
66 BA Potsdam, AA, Nr. 10678, Bl. 43: Bericht deutsch-russische Handelsvertragsverhandlungen 2.1.1894; Weitowitz, Politik, S. 283ff.; Löbel, Bourgeoisie, S. 190f.
67 Weitowitz, Politik, S. 284.
68 HHStA Wien, MdÄ, PA III, Nr. 144, Bl. 150ff., 3f., 48ff.: Berichte aus Berlin 25.12.1893, 6.1.1894, 31.1.1894; ebenda, Nr. 145, Bl. 19ff.: Bericht aus Berlin 31.1.1894.
69 Geyer, Imperialismus, S. 126.
70 Weitowitz, Politik, S. 297ff.

Friedenssicherheit als im vergangenen Jahrzehnt[71], eine nicht allein für die Entfaltung des Handels, sondern für die Konjunkturentwicklung generell wichtige Voraussetzung. Die am Rußlandgeschäft interessierten deutschen Banken hielten die Zeit reif für unbehinderte Geschäftsabschlüsse mit dem Nachbarn und erblickten nun Chancen, das Lombardverbot aufzuheben.[72]

Die Hoffnung, den deutschen Geldmarkt zu öffnen, war eine der wichtigsten Erwartungen, die die russische Regierung in den Handelsvertrag setzte.[73] Beherrschenden Einfluß sollte die Berliner Hochfinanz auf dem russischen Geldmarkt allerdings nicht wieder erlangen[74] – ein Symptom dafür, wie differenziert die Wirkung des Handelsvertrages zu bewerten ist. Aus den diplomatischen Berichten aus Rußland ergibt sich auch kein einheitliches Bild. Registriert werden die Beschwerden der Moskauer Industriellen über die russischen Zollsenkungen, aber dominant sind eher die Anzeichen, die eine allgemeine wirtschaftliche Belebung andeuten.[75] Übereinstimmend wird vermerkt, daß die deutschfeindliche Stimmung in der russischen Presse verschwunden ist[76]; aber während der Kiewer Konsul die deutschfreundliche Tendenz nicht für dauerhaft hielt, meinte Rex, profranzösische Begeisterungsstürme wie in Kronstadt seien jetzt undenkbar.[77] Der bayerische Gesandte in Berlin sah die russisch-französische Annäherung bereits als abgeschlossene Episode.[78]

Doch davon konnte in der russischen Führung keine Rede sein. Zwar bewerteten auch Giers und Schuwalow den Vertrag als ein politisches Ereignis von erstrangiger Bedeutung[79], aber sie stellten die Allianz mit Frankreich nicht in Frage. Die zaristische Führung begrüßte den Handelsvertrag als für das wirtschaftliche Wachstum unverzichtbar, ebenso als Element begrenzter deutsch-russischer Annäherung, um besonders für die Expansion in Mittel- und Ostasien politischen Bewegungsspielraum zu erlangen. Sie ging unverändert davon aus, daß erst ihre Verbindung mit Frankreich Deutschland überhaupt zur Annäherung veranlaßt habe, und hielt schon deshalb an jener fest. So erfaßte die russische Börsenzeitung exakt den Standpunkt ihrer Regierung, als sie in bezug auf den Handelsvertrag schrieb: solche wirtschaftlichen Vereinbarungen lassen sich „ausgezeichnet" in den Rahmen der bestehenden politischen Bündnisse einfügen, „ohne letzteren auch nur den geringsten Nachteil zuzufügen"[80]. Interessant ist, daß

---

71 BA Potsdam, Reichskanzlei, Nr. 418a, Bl. 293: Konservative Korrespondenz Nr. 58, 28.5.1894; GStA Berlin, 2.2.1, Nr. 13301, Bl. 159f.: HK Frankfurt/Main an Lucanus 12.2.1894, Bl. 162ff.: Protokoll Kundgebung rheinischer HK 11.2.1894, Bl. 171: Berlepsch an Wilhelm II. 15.2.1894, Bl. 173: Erklärung Berliner Kaufmannschaft 9.2.1894.

72 BA Potsdam, Reichskanzlei, Nr. 418a, Bl. 318f.: Denkschrift Raschdaus betr. Lombardverbot 20.8.1894; Wegner-Korfes, Lombardverbot, S. 69ff.

73 PA Bonn, Rußland Nr. 71, Bd. 18, Maron an Caprivi 5.4.1894.

74 Ebenda, Bd. 19, Maron an Werder/Caprivi 30.8.1894.

75 Ebenda, Deutschland Nr. 131 Nr. 2 secr., Bd. 2, Bl. 82ff.: Ratibor an Caprivi 9.2.1894; Bd. 3, Bl. 41: Werder an Caprivi 13.2.1894; ebenda, Rußland Nr. 71, Bd. 17, Maron an Caprivi 2.2.1894; BHStA München, MA Nr. 2778, Berichte aus Petersburg 21.2.1894, 14.3.1894, 9.4.1894; HHStA Wien, MdÄ, PA X, Nr. 103, Bl. 95ff.: Bericht aus Petersburg 15.2.1894.

76 PA Bonn, Deutschland Nr. 131, Bd. 17, Bl. 14ff.: Konsul Kiew an Caprivi 9.5.1894.

77 Ebenda, Deutschland Nr. 131 Nr. 2 secr., Bd. 4, Bl. 61f.: Rex an Caprivi 6.4.1894.

78 BHStA München, MA Nr. 2778, Bericht aus Petersburg 9.4.1894.

79 Löbel, Bourgeoisie, S. 196f.: Tolstaja, Otnoženia, S. 174; Naročnickij, Kolonial'naja politika, S. 458; Sobolev, Istorija, S. 112.

80 PA Bonn, Deutschland Nr. 131 Nr. 2 secr., Bd. 3, Bl. 43ff.: Birževija Vedomosti 10.2.1894.

Marschall nach Abschluß des Vertrages in einer Aufzeichnung zum deutsch-russischen Verhältnis zu einem ähnlichen Standpunkt gelangte.[81] Für ihn befanden sich Mächte wie Rußland und Deutschland durch unvermeidliches Expansionsstreben in einem natürlichen Konkurrenzzustand, der zu Kriegsgefahr führen könne, aber auch Entspannung nicht ausschließe. Die Kriegsgefahr des vergangenen Jahrzehnts habe Deutschland zu seinem Schutz zu Bündnissen veranlaßt, „welche heute die Grundlage unserer Politik" sind, aber keine Spitze gegen Rußland tragen. Die Basis einer Entspannung können neben dem handelspolitischen Übereinkommen die persönlichen Beziehungen beider Herrscher, die Gemeinsamkeit der monarchischen und konservativen Interessen und die Tatsache bilden, daß in dem Hauptkonfliktherd, den Meerengen, Deutschland „nur in zweiter Linie und indirekt interessiert" sei. Obgleich er den Stellenwert monarchischer Solidarität und die Konfliktgefahr an den Meerengen überbewertete – die deutsch-russischen Beziehungen begannen nun in der Tat, auf beiden Seiten auf der Basis der jeweiligen Bündnisse, auf eine politische Annäherung ohne Bündnisabsicht, auf Konkurrenz und Kooperation zu tendieren. Eine solche Politik gegenüber Rußland und England schien der Lage und dem Anspruch Deutschlands nun am ehesten gerecht zu werden, nachdem die feste Verbindung weder zuerst mit England noch dann mit Rußland realisiert werden konnte. Der Nachteil der Bündnisabsage der Hauptkonkurrenten sollte gleichsam in den Vorteil der uneingeschränkten Bewegungsfreiheit umgewandelt werden.

Zwei Tendenzen schienen diesen Trend zu unterstreichen. Einmal gewann der Gedanke der monarchischen Solidarität angesichts des fortgesetzten Wachstums der Sozialdemokratie und neuer anarchistischer Anschläge tatsächlich vorübergehend politisch an Gewicht.[82] Die Wirkung, die sich der deutsche Kaiser von der von ihm geförderten Ehe des russischen Zarewitsch mit einer deutschen Prinzessin versprach[83], war indes ungerechtfertigt. Andererseits bot die durch den Handelsvertrag stabilisierte deutsch-russische Annäherung expansionspolitisch interessierten bürgerlichen Kreisen die Voraussetzung, von der Regierung zu verlangen, endlich aus der bisherigen kolonialpolitischen Enthaltsamkeit herauszutreten. So erwartete der „Export", „daß unsere politischen und wirtschaftlichen Interessen, namentlich von England, insbesondere überseeisch, mehr respektiert und auch von den leitenden englischen Staatsmännern mehr geachtet werden, als dies gerade in den letzten Jahren geschehen ist"[84]. Die entspannte europäische Lage ließ die „National-Zeitung" die Regierung aufrufen, „territoriale Absatzgebiete in China" zu erwerben und eine starke Flotte aufzubauen. Sie inaugurierte den Kampfruf, der nicht mehr allein die Alldeutschen, sondern breite Kreise in allen Schichten der Gesellschaft erfassen sollte: „Deutschland muß Weltmacht sein!"[85]

Zur gleichen Zeit, als sich die deutsche Führung mit der Handelsvertragsvorbereitung auf eine Annäherung an Rußland orientierte, hatte Kálnoky in London einen diplomatischen Vorstoß mit dem Ziel unternommen, die Kooperation Österreich-Ungarns, Italiens und Englands bei Konflikten im Mittelmeerraum zu sichern, also die Verträge und Absprachen von 1887 neuzubeleben.[86] Entschlossen, sich bei Gegenaktionen gegen einen russischen Vorstoß

---

81 Ebenda,, Bd. 4, Bl. 37ff.: Aufz. Marschalls 23. 3. 1894.
82 Ebenda, Bd. 3, Bl. 37ff.: Ratibor an Caprivi 13. 2. 1894; Canis, Kontinuität, S. 29.
83 SHA Dresden, Außenministerium Nr. 3305, Bericht aus Berlin 12.5.1894.
84 Export, 4. 1. 1894.
85 National-Zeitung, 13./14./17./30. 3. 1894.
86 Lahme, Außenpolitik, S. 415ff.; Herrmann, Dreibund, S. 92ff.

an den Meerengen selbst nicht zu beteiligen, mußte dem Auswärtigen Amt Kálnokys Plan eigentlich willkommen sein und auch der neuen Linie Vorschub leisten.

Das Treffen von Toulon hatte in Wien und Rom geradezu verheerend gewirkt. Die außenpolitische Besorgnis ging dort einher mit gravierenden innenpolitischen Problemen. In Italien verschärfte sich die Finanzkrise rapide. Die deutsche Regierung leistete neuerlich Hilfe, indem sie mit deutschem Kapital die Gründung der Banca Commerziale Italiana initiierte.[87] Doch die Unterstützung reichte nicht aus, um die Kritiker verstummen zu lassen, die sich einzig von einer Annäherung an Frankreich Besserung versprachen.[88] Die italienische Aufregung und Enttäuschung über das deutsch-französische Kamerunabkommen waren deshalb um so größer.[89]

In Wien fanden riesige Massendemonstrationen für ein demokratisches Wahlrecht statt, bei denen sich die Sozialdemokraten besonders hervortaten.[90] Auf den Plan des österreichischen Ministerpräsidenten Taaffe, Konzessionen in Richtung auf das allgemeine Wahlrecht zu gewähren, reagierten die regierenden Kreise in Berlin mit Bestürzung, überlegten sie doch gerade Schritte, das Wahlrecht in Deutschland einzuschränken.[91]

Für das Mißtrauen freilich, mit dem das Auswärtige Amt der Kálnoky-Initiative begegnete, waren diese Vorgänge eher zweitrangig. Erstens mißfiel sie ihm, weil der Österreicher, und das war nebenher seine Absicht, Führungsfunktionen im Dreibund beanspruchte und wahrnahm.[92] Zweitens fürchtete Marschall, der Vorstoß werde die russisch-französische Kooperation im Mittelmeer eher festigen und damit deutschen Zielen diametral entgegenwirken.[93] Drittens sprachen alle Erfahrungen der deutscher Diplomatie dafür, daß sich London weitergehenden Verpflichtungen wiederum entziehen werde.[94] Viertens schließlich vermutete sie, Kálnoky strebe nur nach letzter Gewißheit, um sich bei fortgesetzter englischer Enthaltsamkeit mit Rußland über einen Kompromiß zu verständigen. Als Caprivi Mitte Dezember Kálnoky fragen ließ, ob ein Gedankenaustausch mit Petersburg über die Abgrenzung von Interessensphären auf dem Balkan bereits im Gange sei, stellte dieser solche Überlegungen nicht in Abrede und erklärte dem überraschten Reuß sogar, die Meerengen lägen „außerhalb der österreichischen Interessensphäre"[95]. Bislang hatte sich Wien dem Gedanken der Interessensphärenabgrenzung mit Rußland stets widersetzt.

In der Sache entsprach der Vorstoß Kálnokys durchaus den Intentionen der deutschen Englandpolitik. Zwei Tage, bevor ihn der Minister einleitete, am 5. Dezember 1893, hatte Hatzfeldt Rosebery, wie er privat Holstein berichtete[96], „ohne Schonung die Sachlage klargemacht [...], noch schärfer und detaillierter als ich in dem Bericht sage". Nach diesem hatte er den neuen liberalen Premierminister gewarnt, die „ganze europäische Politik" müsse „dem-

---

87 HHStA Wien, MdÄ, PA I, Nr. 1109, Aufz. Kálnokys 7.12.1893; Hertner, Kapitalexport, S. 580ff.
88 BA Potsdam, 90 Ho 5: NL Holstein, Film 62240, Bl. 190124: Schoen an Holstein 8.10.1893.
89 Ebenda, Film 62241, Bl. 191284: Bülow an Holstein 28.3.1894.
90 PA Bonn, Österreich Nr. 70, Bd. 26, Bl. 75ff.: Reuß an Caprivi 25.10.1893; Bd. 27, Bl. 53: Ratibor an Caprivi 21.2.1894; HHStA Wien, MdÄ, PA I, Nr. 469, Liasse XXIII, Bl. 127f.: Kálnoky an Franz Joseph 27.10.1893.
91 Ebenda, Bl. 124ff.: Chotek an Kálnoky 26.10.1893.
92 Ebenda, Nr. 468, Liasse XXI, Bl. 584ff.: Kálnoky an Széchényi 18.1.1894.
93 PA Bonn, England Nr. 92 Nr. 3, Bd. 4, Bl. 33f.: Marschall an Hatzfeldt 18.12.1893.
94 Ebenda, Bl. 56ff., 60ff.: Hatzfeldt an AA 28.12.1893, 28.12.1893.
95 Ebenda, Orientalia Gen. Nr. 5, Bd. 5, Reuß an Caprivi 22.12.1893.
96 BA Potsdam, 90 Ho 5: NL Holstein, Film 62244, Bl. 193191: Hatzfeldt an Holstein 6.12.1893.

nächst an einen Wendepunkt kommen", falls London in der „bisherigen Untätigkeit und Gleichgültigkeit verharre"⁹⁷. Überzeugt von der Wirkungskraft eines solchen Druckmittels glaubte der Botschafter, „daß er [Rosebery – K.C.] trotz allen Leugnens endlich einsieht, daß man England nicht mehr traut, und daß er lebhaft wünscht, das Vertrauen wiederzugewinnen, auch begreift, daß dies, solange kein Vertrag möglich, nur durch ernste Flottenvermehrung geschehen kann". Solche Rüstungspläne waren für den Botschafter Anlaß, Holstein umgehend zu warnen, „nicht uns nach irgendeiner Seite schon zu engagieren"⁹⁸, um England nicht zu entmutigen. Es war ein Fehlschluß, denn die Flottenverstärkung im Mittelmeer sollte England gerade unabhängiger von der Unterstützung durch die Dreibundmächte machen.⁹⁹

So reagierte Rosebery anfangs auch auf den Kálnoky-Vorstoß mit seiner üblichen Taktik des Hinhaltens. Doch Ende Februar 1894 lenkte er ihn in einem geschickten Schachzug um in Richtung Berlin. Er erklärte dem deutschen und dem österreichischen Botschafter, England sei fähig und entschlossen, sich einem russischen Meerengenvorstoß erfolgreich zu widersetzen. Doch müßte es die feste Zusage besitzen, daß ihm die Dreibundmächte gegen Frankreich militärisch beistehen, falls dieses Rußland im Westen zu Hilfe komme.¹⁰⁰ Das hieß nichts anderes, als von Deutschland zu verlangen, über alle bisherigen Zusagen weit hinauszugehen und eine Zusicherung zu geben, die im Kriegsfall Deutschland dem Zweifrontenkrieg ausgesetzt hätte. Es stand deshalb für Caprivi außer Frage, sich in Orientfragen nicht aus der Reserve locken zu lassen. Er lehnte die Offerte aber auch deswegen ab, weil Berlin gerade danach trachtete, Rußland von Frankreich abzurücken.¹⁰¹

Gegenüber Szögyény verband Caprivi seine Absage mit der Ermunterung, Wien möge seine Sondierungen in London mit dem Ziel, eine separate Vereinbarung nach dem Vorbild der Abmachungen von 1887 zu suchen, fortsetzen.¹⁰² Noch ließ der Botschafter nicht alle Hoffnung sinken, Caprivi werde der Idee des Briten doch noch folgen – er dachte sogar an „eine besonders starke Pression" auf den Kanzler.¹⁰³ Doch ihm war nicht verborgen geblieben, daß die Berliner Außenpolitik ganz unter dem Vorzeichen einer Annäherung an Rußland stand. Wilhelm II. hatte gegenüber dem österreichischen Militärattaché Grafen Steininger offen eingestanden, den russischen Handelsvertrag unter diesen Auspizien zu betrachten. Um ihm dieses Ziel schmackhaft zu machen, sprach er allerdings von der „Annäherung Rußlands an den Dreibund"¹⁰⁴. Am 23. April 1894 ließ auch Caprivi gegenüber Szögyény keinen Zweifel daran, „daß wir bestrebt sind, Rußland von Frankreich abzurücken, und daß im Laufe der Jahre ein Erfolg in dieser Richtung möglich sei. Wir würden diesen Erfolg gefährden, wenn wir England die Möglichkeit gäben, uns eines Rußland ungünstigen Wortes über die Dardanellenfrage bei Rußland zu denunzieren."¹⁰⁵ Nun kapitulierte der Botschafter.

Wie im übrigen sich die Prioritäten änderten, die Deutschlands Stellung zur Meerengenfrage bestimmten, verdeutlichen die Beweggründe, die Caprivi veranlaßten, Marschall eine

---

97 GP, Bd. 9, S. 103f.
98 BA Potsdam, 90 Ho 5: NL Holstein, Film 62244, Bl. 193191: Hatzfeldt an Holstein 6.12.1893.
99 Martel, Imperial Diplomacy, S. 168.
100 Lahme, Außenpolitik, S. 422ff.
101 GP, Bd. 9, S. 134ff.
102 Ebenda.
103 HHStA Wien, MdÄ, PA III, Nr. 145, Bl. 40ff.: Bericht aus Berlin 10.3.1894.
104 Ebenda, Bl. 45ff.: Bericht aus Berlin 14.3.1894.
105 GP, Bd. 9, S. 144.

Denkschrift über den zukünftigen Kurs ausarbeiten zu lassen: „Für den Fall, daß Rußland Anstalten macht, sich an den Meerengen oder in Konstantinopel festzusetzen, und wir nicht geneigt wären, ihm dabei entgegenzutreten, würde die Frage entstehen, was wir erstreben könnten, um deutsche Industrie, Kapital, Eisenbahnen pp. in der Türkei vor Schaden zu schützen, und wir etwa unseren Absatzmarkt erweitern und uns ein Kolonisationsgebiet in Kleinasien sichern könnten."[106] Und so überrascht es nicht, daß es Kolonialfragen waren, die im Frühjahr 1894 auch das deutsch-englische Verhältnis weit mehr bestimmten als die Konstellation, auf die die Vorstöße Kálnokys abhoben.

Die erste Streitfrage betraf Samoa. Die drei Inselgruppen befanden sich unter gemeinsamer deutscher, englischer und US-amerikanischer Oberhoheit. Seit längerem schien es, als ob die Vereinigten Staaten entschlossen seien, sich aus Samoa zurückzuziehen. Das veranlaßte die beiden anderen Rivalen, Anspruch auf das gesamte Areal zu stellen. Mitte April ließ Marschall in London einen entsprechenden Vorstoß starten. Das Ansinnen stieß auf keinerlei Gegenliebe. Vielmehr entwickelte sich die Kontroverse zu einer deutsch-englischen Machtprobe[107], weil für beide Mächte koloniale Zuwächse die Dimension grundlegender Machtfragen besaßen. Noch bevor der diplomatische Vorstoß aus Berlin eingeleitet war, wurde die Streitfrage von der Presse beider Staaten aufgenommen. Während britische Zeitungen die Vereinigung Samoas mit Neuseeland und den Verzicht Deutschlands und der USA verlangten, forderten deutsche Blätter das Protektorat des Reiches über die Inseln. Die dem Auswärtigen Amt nahestehende „Norddeutsche Allgemeine" wies darauf hin, daß die große Mehrheit des deutschen Volkes dafür stehe.[108] In den in der Öffentlichkeit vorgebrachten Begründungen standen das wirtschaftliche Interesse, aber auch Prestigefragen im Vordergrund. Sozialdarwinistische Betrachtungen bestimmten die Argumentation. In der konservativen Kreuzzeitung z.B. war die Rede von Samoa als „Schöpfung deutschen Fleißes und Kapitals", von nationalen Gefühlen und vom deutschen „Ansehen". Englands Bedeutung gehe zurück, sein Einfluß in der Welt sinke, seine Regierung sei schwach und seine innere Lage verworren. Das dagegen aufsteigende Deutschland verlange kolonialpolitische Gleichberechtigung und dürfe sich von England nicht mehr behindern lassen.[109]

In der deutschen Öffentlichkeit wurde schon seit einiger Zeit die koloniale Stagnation zunehmend beklagt. Das Verlangen nach einer aktiven Kolonialpolitik verband sich in ebenfalls wachsendem Maße mit antienglischen Ressentiments. Auch die Regierung hatte bereits im September 1893, freilich noch ohne Konsequenzen, den Standpunkt vertreten, sich gegenüber englischen Wünschen nur dann aufgeschlossen zu zeigen, wenn sie mit kolonialen Konzessionen einhergingen.[110] Anfang 1894 verstärkte sich der öffentliche Druck auf die Regierung. Bei der Beratung des Kolonialetats im Reichstag verlangte der nationalliberale Abgeordnete und Chef der Alldeutschen, Ernst Hasse, von der Regierung, Kolonialfragen mehr Interesse entgegenzubringen. Noch schärfer war die Kritik des Abgeordneten der Reichspartei, Graf Arnim: Spätere Generationen werden es nicht verstehen, daß sich Deutschland nicht tatkräftig an der Erschließung Afrikas beteilige und sich nicht ein solches

---

106 PA Bonn, Orientalia Gen. Nr. 5 secr., Bd. 1, Caprivi an Marschall 24.3.1894.
107 Kennedy, Relation, S. 59ff.; Laufer, Entwicklung, S. 63ff.
108 Zit. nach: Neue Preußische Zeitung, Nr. 200, 1.5.1894.
109 Ebenda, Nr. 176, 17.4.1894; Nr. 200, 1.5.1894; Nr. 221, 15.5.1894; Nr. 246, 30.5.1894; Nr. 268, 12.6.1894; Nr. 275, 15.6.1894.
110 Oncken, Reich, S. 411.

Kolonialreich schaffe wie England und Frankreich. Mitte März kritisierten Kolonialkreise das deutsch-französische Kamerunabkommen.[111] Anfang April verlangte der Vorläufer des Alldeutschen Verbands zur „Abrundung" des deutschen Kolonialbesitzes u.a. Sansibar, das Südufer des Njassasees, Yola und Samoa.[112] Auch die Deutsche Kolonialgesellschaft sprach sich für die deutsche Herrschaft über Samoa aus.[113]

Die „Magdeburgische Zeitung" hatte schon 1893 das deutsche Protektorat über Samoa für den deutschen Südseehandel für notwendig gehalten.[114] Der wirtschaftliche Faktor gewann im ersten Halbjahr 1894 noch an Bedeutung: Der depressive Druck hielt an, die Ausfuhr bewegte sich angesichts weiterer Verminderung des Exports in die USA rückläufig.[115] Unternehmerverbände und einflußreiche Zeitungen verlangten vom Staat zielstrebige Maßnahmen zur Exportförderung und zählten dazu eine entschlossene Kolonialpolitik. Doch wirtschaftliche, macht- und prestigepolitische sowie ideologische Faktoren verschmolzen in der Argumentation immer mehr. So war für den Vorstand der Berliner Kaufleute und Industriellen die Einrichtung von Auslandskammern notwendig „für die Erhaltung des Deutschtums im Ausland, eine unserer wichtigsten nationalen Aufgaben".[116]

Die deutsche Regierung stand unter besonderem kolonialen Erfolgszwang auch deshalb, weil sie innenpolitisch geschwächt blieb. Die einflußreichen Rechtskräfte, die sie wegen ihrer kolonialen Enthaltsamkeit und wegen des russischen Handelsvertrages angriffen, warfen ihr fortwährend vor, im Kampf gegen die Sozialdemokratie zu versagen. Mit der Kolonialpolitik besonders unzufrieden waren die Nationalliberalen, auf die die Regierung traditionell als parlamentarische Stütze reflektierte. Die koloniale Erfolglosigkeit ließ den gesamten außenpolitischen Machtverlust seit 1890 noch mehr spüren. Somit versprach kolonialer Machtzuwachs der Regierung weit mehr, als nur neuen politischen Rückhalt in den politisch einflußreichsten Schichten der Gesellschaft. Der alldeutsche Nationalliberale Ernst Hasse hatte in den „Alldeutschen Blättern" die Lage der Regierung zutreffend beschrieben: „Die national gesinnten Teile unseres Volkes sind durch die Mißerfolge der Regierung auf kolonialem Gebiet in einer Weise verbittert, wie es die Presse nur teilweise zum Ausdruck bringt. Hierdurch hat sich ein Pessimismus aufgespeichert, der auch der inneren deutschen Politik auf das äußerste abträglich ist. Will unser Auswärtiges Amt nicht endlich einmal Erfolge verzeichnen, die geeignet sind, dem verletzten deutschen Selbstbewußtsein eine freudige Genugtuung zu gewähren? Unser öffentliches Leben könnte einen derartigen Umschwung in der Stimmung recht gut gebrauchen."[117]

Wegen dieser schwierigen Lage der Regierung sollte die Inbesitznahme Samoas nicht nur die unmittelbar tangierten Kolonialinteressen befriedigen und den Kolonialdruck mindern[118], sondern, wie Marschall an Hatzfeldt schrieb, „darüber hinaus auch einen inneren politischen

---

111 Schulthess 1894, S. 55, 63ff., 98.
112 Kruck, Alldeutscher Verband, S. 37.
113 BA Potsdam, RKA, Nr. 2867, Bl. 153: Resolution Deutsche Kolonialgesellschaft 17.3.1894.
114 Ebenda, Bl. 71: Zeitungsausschnitt.
115 National-Zeitung, Nr. 275, 1.5.1894.
116 BA Potsdam, Reichskanzlei, Nr. 397, Bl. 210: Vorstand der Berliner Kaufleute und Industriellen an Berlepsch 4.6.1894; Die Post, Nr. 215, 8.8.1894.
117 Alldeutsche Blätter, Nr. 15, 8.4.1894.
118 BA Potsdam, RKA, Nr. 2867, Bl. 126ff.: Denkschrift Kaysers 4.4.1894, Bl. 148ff.: Aufz. Kaysers 9.4.1894; Ausschnitt National-Zeitung, 2.4.1894.

Erfolg von nicht zu unterschätzender Wirkung bedeuten"[119]. Gleichzeitig sollte der Vorstoß erkunden, was an außenpolitischer Konzessions- und Kooperationsbereitschaft von England überhaupt zu erwarten war. Er stellte also auch einen wichtigen Prüfstein auf dem Wege der außenpolitischen Neuorientierung dar. Eine Tagebuchnotiz Marschalls deutet auf dieses komplexe Ziel hin: „Die Samoafrage quält mich. Das Ansehen des Neuen Kurses hängt davon ab."[120]

Doch Ende April 1894 erwies sich, daß Wilhelms II. Hoffnung – „wenn Samoa annektiert wird, müssen wir es tun" – illusorisch war.[121] Die innenpolitisch schwache britische Regierung befand sich in einer ähnlichen Lage wie die deutsche und war nicht zu Konzessionen bereit. Angesichts der zwar ausklingenden, doch in England besonders rezessiv wirkenden Depression, die den Außenhandel beträchtlich zurückgehen ließ und in der die Kolonialexpansion ebenfalls als rettender Ausweg propagiert wurde, mußte der Vorwurf, die Regierung setze das Schicksal des Empires aufs Spiel, diese besonders hart treffen. Koloniale Konzessionen ausgerechnet an Deutschland, dessen aufsteigende Wirtschaftsmacht für den Verfall der britischen Wirtschaft in der englischen Öffentlichkeit verantwortlich gemacht wurde, waren schlechterdings unmöglich.[122]

Noch gab Hatzfeldt nicht alle Hoffnungen auf ein deutsches Samoa auf und erwog, England auf anderen Konfliktfeldern, z. B. in Ägypten, Schwierigkeiten zu bereiten. Holstein dachte bereits an Kompensationen, z. B. an Sansibar, für den Fall, daß England die Inselgruppe annektiert.[123] Das Dilemma der deutschen Außenpolitik, England nirgends erfolgversprechend unter Druck setzen zu können, ist aus einer Aufzeichnung Caprivis deutlich ablesbar. Die Lage Samoas sei für Deutschland unerträglich, schrieb der Kanzler am 1. Mai, aber „sind die beiden anderen Kontrahenten nicht geneigt, uns freie Hand zu lassen, so werden wir überhaupt nicht weiter kommen". Deutschland könne nur warten, bis London das Bedürfnis nach Verständigung verspüre.[124] Er beschränkte im diplomatischen Verkehr die deutsche Stellung darauf, an der bisherigen Position in Samoa festzuhalten[125], aber an die Öffentlichkeit wagte sich die Regierung mit dieser Position zunächst nicht. Noch am 8. Mai rechnete die Kreuzzeitung mit entschlossenen Schritten in Richtung auf ein deutsches Samoa. Als am 15. Mai zu ihr durchgesickert war, daß alles beim alten bliebe, bewertete sie das als „schwere politische Niederlage" für Deutschland.[126] Anders als Caprivi bewahrte Marschall noch einen Funken Hoffnung für den Fall, daß die USA auf ihre Rechte auf den Inseln verzichten würden.[127]

Mitten hinein in die deutsch-englischen Spannungen platzte die Nachricht von einem Abkommen zwischen England und dem Kongostaat vom 12. Mai 1894, nach dem Frankreich der Zugriff zu den Gebieten am oberen Nil verwehrt und an England zwischen Uganda, das 1893 englische Kolonie geworden war, und Rhodesien im Kongo an der Grenze zu Deutsch-Ostafrika eine 25 km breite Verbindungsstrecke übergeben werden sollte. Eine solche Regelung hätte Deutsch-Ostafrika gänzlich von englischen Besitzungen umgeben und die für

---

119 GP, Bd. 8, S. 418.
120 Zit. nach: Kennedy, Antagonism, S. 215.
121 BA Potsdam, RKA, Nr. 2868, Bl. 20: Wilhelm II. an Caprivi 25.4.1894.
122 Kennedy, Antagonism, S. 216; Mommsen, Faktoren, S. 34ff.; Laufer, Entwicklung, S. 70f.
123 Hatzfeldt, Papiere, S. 982.
124 BA Potsdam, RKA, Nr. 2868, Bl. 80ff.: Aufz. Caprivis 1.5.1894.
125 SHA Dresden, Außenministerium, Nr. 3305, Bericht aus Berlin 12.5.1894.
126 Neue Preußische Zeitung, Nr. 221, 15.5.1894.
127 BA Potsdam, RKA, Nr. 2868, Bl. 39: Marschall an Botschaft Washington 28.4.1894.

den Handelsverkehr wichtige direkte Verbindung zum Kongo unterbrochen. Marschall verlangte deshalb in Brüssel, die Verbindungsstrecke 20 km ins Kongoinnere zu verlegen[128], sah im übrigen jedoch noch am 26. Mai die Interessen Deutschlands nicht nachteilig berührt.[129] Diese Haltung war von der Erwartung diktiert, es werde zwischen England und Frankreich zu Konflikten kommen, bei denen Berlin zunächst im Hintergrund bleiben wollte.

Nur einen Tag später äußerte Marschall doch noch Bedenken zu dem Vertrag.[130] Dieser Sinneswandel beruhte wahrscheinlich auf dem massiven Protest, mit dem die deutschen Zeitungen auf das Abkommen reagierten. Zum Wortführer machte sich die „National-Zeitung", die am 25. Mai die Regierung nachdrücklich davor warnte, nachzugeben: „Jedenfalls haben wir zur Unterstützung der englischen kolonialen Bestrebungen gerade jetzt, angesichts des Mangels an Entgegenkommen seitens Englands in der Samoafrage, keinen Anlaß."[131] Sie verlangte, in London zu protestieren, der freie Verkehr mit dem Kongo müsse gesichert sein.[132] Die „Neue Preußische Zeitung" verlangte Kompensationen und nannte Sansibar sowie die Walfischbai.[133] In den folgenden drei Wochen wurde der antienglische Ton in der konservativen und nationalliberalen Presse schärfer und grundsätzlicher – Anzeichen dafür, daß in den staatstragenden Parteien der Anteil jener weiter wuchs, die sich mit der kolonialpolitischen Zweitrangigkeit des Reiches nicht mehr abfinden wollten: Überall behindere England deutsche Interessen, deshalb müsse Deutschland „jede andere Kombination" lieber sein als ein englisches Afrika. Die Blätter lobten die deutsch-französische Interessengemeinschaft gegen das Abkommen als „eine beachtenswerte Tatsache". Das Abkommen habe somit eine internationale Bewegung hervorgerufen, „wie sie in den letzten zehn Jahren nicht vorgekommen ist". Die Vorwürfe waren auch deswegen so massiv, weil London in einer Frage, die Deutschlands Kolonialbesitz tangierte, eine Entscheidung herbeiführte, ohne das Reich vorher einzubeziehen oder wenigstens zu informieren. Dieses Vorgehen wurde als flagrante Verletzung des Prinzips der Gleichberechtigung bewertet.[134] Die Angriffe gegen England waren die schärfsten, die es bislang in der deutschen Presse gegeben hatte.

In der Berliner Führung stand Ende Mai bei den Differenzen mit England zunächst noch die Samoafrage an erster Stelle. Holstein sah besorgt einen Konflikt heraufziehen zwischen dem Kaiser, der die Samoafrage am liebsten in einem Handstreich per Flotteneinsatz gelöst hätte, und Caprivi, der den Status quo favorisierte: „Wenn uns infolge unserer Unentschlossenheit Samoa entgeht", sei der ohnehin angeschlagene Kanzler nicht mehr zu halten und die von dem Geheimrat befürchtete reaktionäre Wende mit Botho von Eulenburg als Kanzler kaum noch vermeidbar.[135] Mit Hilfe eines eilig bei Hatzfeldt bestellten Gutachtens[136] gelang es, die

---

128 GP, Bd. 8, S. 429
129 SHA Dresden, Außenministerium, Nr. 3305, Bericht aus Berlin 1.6.1894; HHStA Wien, MdÄ, PA III, Nr. 144, Bl. 197f.: Bericht aus Berlin 26.5.1894.
130 Ebenda, Bl. 219: Bericht aus Berlin 27.5.1894.
131 National-Zeitung, Nr. 322, 25.5.1894.
132 National-Zeitung, Nr. 328, 29.5.1894.
133 Neue Preußische Zeitung, Nr. 249, 31.5.1894.
134 National-Zeitung, Nr. 339, 4.6.1894; Nr. 349, 9.6.1894; Nr. 350, 10.6.1894; Neue Preußische Zeitung, Nr. 249, 31.5.1894; Nr. 256, 5.6.1894; Nr. 263, 8.6.1894; Nr. 268, 12.6.1894; Nr. 275, 15.6.1894; Nr. 280, 19.6.1894.
135 Hatzfeldt, Papiere, S. 984ff.
136 PA Bonn, England Nr. 78 secr., Bd. 2, Hatzfeldt an Caprivi 1.6.1894, teilweise veröffentlicht in: GP, Bd. 8, S. 435ff.

deutsche Führung einschließlich des Kaisers doch noch auf einen Nenner zu bringen: Man einigte sich darauf, wegen Samoa den Druck in London zu verstärken, und dazu sollte neben der Ägyptenfrage nun hauptsächlich der Streit um den Kongovertrag dienen. Mit einer solchen Verquickung von Samoa- und Kongofrage hoffte man auch dem Sturm in der Öffentlichkeit begegnen zu können.

Während Holstein bestrebt blieb, die Franzosen in dem Kongostreit in den Vordergrund zu schieben[137], ging Marschall gegenüber London in die Offensive. Mit der von der Brüsseler Regierung für den Kongo inzwischen zugestandenen 20-km-Zone gab er sich nicht mehr zufrieden, sondern bestritt gegenüber dem englischen Botschafter Malet prinzipiell das Recht Belgiens auf Abtretung eines Korridors.[138]

Nun verselbständigte sich die Kongo-Kontroverse und belastete nach wenigen Tagen die deutsch-englischen Beziehungen massiv, erfaßte aber auch die übrige Großmächtediplomatie. Einschüchterungsversuche Roseberys und Lord Kimberleys, des neuen Außenministers, in Rom und Wien ließen beide Dreibundpartner in Berlin Vermittlungsversuche starten, die Berlin entschieden zurückwies.[139] Jetzt ließ es die deutsche Führung auf eine äußerste diplomatische Kraftprobe mit London ankommen. „Wir haben jetzt unsere Stellung ganz fest genommen: Wahrung der Verträge, nicht Kompensation", schrieb Holstein am 14. Juni an Hatzfeldt. Was diese Entschiedenheit wesentlich bestimmte, ließ der Geheimrat nicht im Zweifel: „Wenn hierüber Lord Kimberley fällt, so ist das ein geringeres Unglück, als wenn hier infolge öffentlicher Entrüstung eine Krise kommt [...]. Jedenfalls ist englische Mißstimmung für den Kaiser viel weniger bedenklich als deutsche." Nichts weniger als die weltpolitische Gleichberechtigung visierte Holstein an: Es sollte „diese Kraftprobe einen Beweis unserer Energie" liefern, um England zu veranlassen, bei vergleichbaren Vorhaben in der Zukunft sich vorher mit Kompensationen der deutschen Zustimmung zu versichern.[140]

Es war die öffentliche Stimmung in Deutschland, die Malet veranlaßte, in London zum Nachgeben zu raten. Nach wenigen Tagen verzichtete Rosebery auf den Korridor.[141]

In der deutschen Presse folgte nun auf den massiven Druck das überwältigende Lob für die Regierung.[142] Auch unter den deutschen Diplomaten herrschte nach dem Erfolg Hochstimmung. Er sei „einer der eklatantesten Erfolge unserer Politik seit langen Jahren", der „nach außen wie im Inneren nicht ohne günstige Rückwirkung bleiben" werde, schrieb Bülow an Holstein.[143] Doch als zukunftsweisend erwiesen sich nicht allein der Erfolg und die Zustimmung, die die Regierung dafür erhielt, sondern mehr noch die Erfahrung, die Regierung und Öffentlichkeit daraus ablasen. Die Kreuzzeitung zog aus dem Ausgang des Konflikts die Lehre, „daß England gegenüber Festigkeit in allen Fällen besser als sogenanntes friedliches Entgegenkommen" sei, zumal im deutschen Volke der Gedanke der Freundschaft zu England immer weniger Gegenliebe finde. Aktive Kolonialpolitik müsse mit „fester Sprache" und „entschlossener Aufrechterhaltung nationaler Interessenfragen" betrieben werden.[144] Unter den

---

137 Hatzfeldt, Papiere, S. 990, Fußnote.
138 GP, Bd. 8, S. 440ff.
139 PA Bonn, England Nr. 78, Bd. 8, Bülow an Caprivi 20.6.1894; Laufer, Entwicklung, S. 95ff.
140 Hatzfeldt, Papiere, S. 992f.
141 Lahme, Außenpolitik, S. 485f.
142 HHStA Wien, MdÄ, PA III, Nr. 144, Bl. 325: Bericht aus Berlin 21.7.1894.
143 BA Potsdam, 90 Ho 5: NL Holstein, Film 62241, Bl. 191294: Bülow an Holstein 23.6.1894.
144 Neue Preußische Zeitung, Nr. 282, 20.6.1894; Nr. 285, 21.6.1894; Nr. 292, 26.6.1894.

Diplomaten plädierte Hatzfeldt allerdings besorgt dafür, gegenüber England in nächster Zeit „stillzuhalten und es kommen zu lassen"[145]. Doch traten, wenn auch nur vereinzelt, auch ganz andere Stimmen hervor. So sah Monts die anfänglich zurückhaltende Politik der Zentrale in der Kongosache kritisch: „Unseren Leuten in Berlin fehlt die nationale Leidenschaft." England müsse klargemacht werden, daß Deutschland nicht gewillt sei, ihm Afrika zu überlassen. Der Kampf mit ihm sei unvermeidlich, „wenn wir nicht schließlich das Lokal räumen wollen"[146].

Der Streit um den Kongovertrag markierte das Ende der Bestrebungen des Neuen Kurses, England näher an den Dreibund heranzuführen, um im Kriegsfalle eine Entente zu erreichen.[147] Die britische Regierung hatte dieses deutsche Ansinnen nicht nur aus grundsätzlichen Erwägungen der internationalen Stellung Englands abgelehnt, sondern zugleich erkannt, daß der Verzicht Deutschlands auf das besondere Vertragsverhältnis mit Rußland jenes in starkem Maße vom außenpolitischen Wohlwollen Englands abhängig und vertragliche Verbindungen überflüssig machte. Diese Konstellation nutzte London, um Deutschland gleichsam auf der Position weltpolitischer Zweitrangigkeit zu halten. Diese britische Absicht bekam die deutsche Regierung in allen Kolonialverhandlungen auf direkte Weise zu spüren. Hatte sie dies in den Verhandlungen von 1890 noch stillschweigend hingenommen, war sie 1894 dazu nicht mehr bereit, weil Kolonialfragen, inzwischen von vielfältigen, zum Teil ganz neuen Triebkräften forciert, nun eine Dimension machtpolitischer Grundsatzfragen erlangt hatten. England sah das deutsche Verlangen nach kolonialer Gleichberechtigung als Bedrohung der eigenen Dominanz auf kolonialem Gebiet an und war nicht bereit, das hinzunehmen.

Die Abkehr von England war mit einer Hinwendung zu Rußland verknüpft. Doch die russische Regierung hatte 1890 die Nichterneuerung des Rückversicherungsvertrages und ihre Umstände als Zeichen deutscher hegemonialer Herausforderung interpretiert[148] und sah sich in diesem Urteil durch die Annäherungsbestrebungen Deutschlands und des Dreibundes an London sowie durch die spätere massive deutsche Aufrüstung bestärkt. Als die deutschen Annäherungssondierungen 1892/93 einsetzten, kam deshalb für die zaristische Führung nicht in Frage, auf die Allianz mit Frankreich, die die Antwort auf diesen Bedrohungskomplex darstellte, zu verzichten. Diese Allianz bot nicht allein die erforderliche Sicherheit, in den Augen der russischen Führung hatte sie Berlin überhaupt zur erst Wiederannäherung veranlaßt. Deutschland vermochte Rußland nichts Adäquates zu bieten; der Handelsvertrag besaß für Petersburg nicht die Dimension, die etwa eine für Rußland bedrohliche Verbindung Deutschlands mit England hätte bedeuten können. Doch eine solche gab es nicht.[149] Petersburg blieb gegenüber den Annäherungssondierungen mißtrauisch, hielt sie unverbindlich, beschränkte sie auf konkrete, überschaubare Vorhaben und blieb entschlossen, einen eigenen Führungsanspruch in diesem Prozeß zu wahren. Deutschland kam in einer solchen Verbindung allein als Juniorpartner in Frage, nicht für eine Generalallianz. Obwohl Caprivi mit der festen russisch-französischen Allianz nicht einmal rechnete, machte er sich über die Grenzen deutsch-russischer Annäherung keine Illusionen. Der Dreibund bleibe die Basis

---

145 BA Potsdam, 90 Ho 5: NL Holstein, Film 62244, Bl. 193440f.: Hatzfeldt an Holstein 27.6.1894, Bl. 193443: Hatzfeldt an Holstein 30.6.1894.
146 BA Koblenz, NL Bülow, Nr. 106, Bl. 29: Monts an Bülow 30.6.1894.
147 Kennedy, Antagonism, S. 216f.
148 Lahme, Außenpolitik, S. 495ff.
149 Hildebrand, Außenpolitik, S. 31.

deutscher Außenpolitik, notierte er Ende 1893, denn es bestehe keine Aussicht, „auf die Dauer ein Bündnis mit Rußland eingehen zu können, in dem wir als Gleichberechtigte dastehen"[150].

Blieb die deutsche Außenpolitik entschlossen, auf eine Juniorpartnerschaft weder mit der einen noch mit der anderen Seite einzugehen, sondern auf friedliche Suprematie in Europa zu setzen, stellte eine den Dreibund einbeziehende „Politik der freien Hand" nicht nur die einzige Alternative dar, sondern implizierte Bewegungsspielraum und vielfältige Möglichkeiten. Wechselseitige Annäherung nach beiden Seiten – nach der russischen mehr noch als nach der englischen – versprach Konzessionsbereitschaft, ließ sich mit Druckausübung kombinieren und hatte in der Kongovertragsfrage, so interpretierte die Wilhelmstraße den Vorfall, zum Erfolg geführt. Sie mußte unverbindlich bleiben, nicht allein, weil Verbindlichkeit mit dem Führungsanspruch einer Macht verknüpft werden konnte, sondern auch um die Wechselseitigkeit zu gewährleisten. Diese Grundlinie, eigentlich aus Verlegenheit geboren, schloß bei günstigen Voraussetzungen die feste Anlehnung an die eine oder die andere Seite nicht für alle Zukunft gänzlich aus, vor allem wenn der eigene Führungsanspruch gewahrt schien. Denn es war kein festes Konzept, schon gar nicht in dieser frühen Phase, und neue Bündnisvorstöße besonders in Richtung Petersburg ließen, als die Lage günstig schien, nicht lange auf sich warten. Diese Taktik versprach zu funktionieren, weil zwischen Rußland und England an den Meerengen, in Mittelasien und im Fernen Osten, sowie zwischen England und Frankreich im westlichen Mittelmeer und im nördlichen Afrika gravierende Spannungen bestanden.

Diese Konstellationen bildeten die außenpolitischen Voraussetzungen für einen latenten europäischen Suprematieanspruch Deutschlands, dessen entscheidende innere Bedingungen wirtschaftliche, militärische und demographische Stärke und gesellschaftlich-politische Stabilität des Reiches waren. Um die anderen Mächte zur stillschweigenden Anerkennung dieser Vormacht zu bewegen, setzte Berlin besonders auf die handelspolitische Verständigung. Dieser Vormachtanspruch begrenzte sich auf Europa und dort auf den territorialen Status quo, visierte keine grundlegende Veränderung des gegebenen Mächtegleichgewichts und folglich auch keinen Krieg an. Die Rivalen bekämpften ihn nicht offen, sondern indirekt, solange er auf den Status quo ausgerichtet blieb, denn er gefährdete die relative Ruhelage in Europa nicht, die ihnen gelegen kam, weil sie sich auf weltpolitische Ausdehnung konzentrierten.

Deutschlands europäisches Suprematiestreben war verknüpft mit dem Drang nach weltpolitischer Gleichberechtigung. Dieser Anspruch war für die anderen Mächte, besonders für England und Rußland, einschneidender als jenes Verlangen nach Suprematie in Europa, weil es auf machtpolitische Veränderung zugunsten des kolonial zurückgebliebenen Deutschlands orientierte. Die kolonialen Ambitionen des Reiches sind folglich von den anderen Großmächten eher als hegemoniales Streben bewertet worden, als die europäische Suprematietendenz. Vor allem England war nicht bereit, die deutschen Ansprüche als berechtigt anzuerkennen. Doch nicht allein wegen der daraus folgenden massiven Behinderung wirkte das Streben nach Hegemonie so aufreizend. Der Streit um den Kongovertrag bewies, daß die massive Schubkraft weltpolitischen Drangs aus dem Ineinandergreifen und der Potenzierung von großmachtpolitischem Anspruch, wirtschaftlichen Erfordernissen, dem Prestigegedanken, einem imperialistischen Zeitgeist, der alle Schichten der Gesellschaft zunehmend erfaßte, sowie aus gesellschaftlich-innenpolitischen Zwängen resultierte. So ist es gewiß symptomatisch, daß Alfred Tirpitz in den Tagen der Kongokontroverse seine große Flottendenkschrift

---

150 Zit. nach: Leibenguth, Modernisierungskrisis, S. 217ff.

vorlegte, in der er für das Reich eine der Offensive fähige Flotte zu bauen verlangte, weil eine substantiell rasch wachsende Großmacht Welt- und Seeinteressen zu vertreten hat, die sie mit militärischen Mitteln zu wahren imstande sein muß.[151]

151 Kaulisch, Tirpitz, S. 53ff.

Kapitel II

Auf dem Weg in die Weltpolitik (1894–1897)

1. Weltmachtinteressen und „Ostasiatischer Dreibund" (1894/95)

Die mit dem deutsch-britischen Streit um den Kongovertrag verknüpfte öffentliche Bewegung erwies sich bald nur als ein Vorpostengefecht. Ende 1894 gewann in Deutschland das Verlangen nach Kolonialexpansion eine ganz neue Dimension. Wirtschaftliche Erwartungen, prestigepolitische Vorstellungen und innergesellschaftliche Zukunftshoffnungen gewannen an Triebkraft. Äußeren Ausdruck fand die neue Qualität darin, daß der Begriff „Weltmachtpolitik" den Begriff „Kolonialpolitik" überwölbte und letztere als einen Teil eines umfassenderen, globalen Strebens verstand. Das bekannteste Beispiel für dieses Denken ist die vielzitierte Freiburger Antrittsrede Max Webers vom Mai 1895, in der es hieß: „Wir müssen begreifen, daß die Einigung Deutschlands ein Jugendstreich war, den die Nation auf ihre alten Tage beging und seiner Kostspieligkeit halber besser unterlassen hätte, wenn sie der Abschluß und nicht der Ausgangspunkt einer deutschen Weltmachtpolitik sein sollte."[1] Diese Rede wirkte als Initialzündung und fand großen Widerhall, denn eine solche Bewegung war bereits im Gange.

Delbrück hatte sich im November 1894 in den „Preußischen Jahrbüchern" kritisch mit den Ergebnissen der deutschen Kolonialpolitik auseinandergesetzt. Von „großem Zug" sei nichts zu spüren. „Nachdem der Drang auf nationale Einheit befriedigt ist, ist die Kolonialpolitik das Feld, wo die Nationalentwicklung ihre Genugtuung sucht."[2] Von der nationalistischen Bewegung waren nach den Vertretern des Wirtschafts- und Bildungsbürgertums und den konservativen Junkern inzwischen stärker Angehörige des Mittelstandes erfaßt, besonders seine rasch anwachsenden neuen Schichten. Das politische Selbstbewußtsein des Mittelstandes wuchs und drängte nach politischer Aktivität. Auf der Suche nach überzeugenden Weltbildern waren diese Schichten, häufig desorientiert und in Zukunftsangst angesichts der sie mittelbar und unmittelbar betreffenden wirtschaftlichen und innergesellschaftlichen Krisenerscheinungen, besonders empfänglich für nationalistische Ideologie. Sie sprach ihre Gefühle, Erfahrungen und Illusionen besonders an. Die Vorstellung, die eigene Nation könne dank besonderer wirtschaftlicher, politischer und kultureller Potenzen aus dem Daseinskampf mit anderen Mächten siegreich hervorgehen, erzeugte Optimismus, versprach Auf-

---

1 Weber, Nationalstaat, in: Schriften, S. 29.
2 PJ, Bd. 78 (1894), S. 542.

stiegschancen und Klassenharmonie. Viele, die dem Alldeutschen Verband beitraten, fühlten sich von ihm angezogen, weil er ihre dominanten Alltagswerte wie Ordnung, Autorität und Kultur auch auf die soziale und ethnische Sphäre übertrug. So wie sie für sich einen höheren Platz in der deutschen Gesellschaft anstrebten, verlangten sie für die deutsche Nation einen Spitzenplatz unter den Weltmächten.[3]

Machtentfaltung nach außen schien die vielfältigsten Ziele verwirklichen zu können. So hieß es weiter in Webers Antrittsrede: „Nicht in erster Linie für die Art der volkswirtschaftlichen Organisation, die wir ihnen überliefern, werden unsere Nachfahren uns vor der Geschichte verantwortlich machen, sondern für das Maß des Ellenbogenraumes, das wir ihnen in der Welt erringen und überlassen. Machtkämpfe sind in letzter Linie auch die ökonomischen Entwicklungsprozesse, die Machtinteressen der Nation sind, die letzten und entscheidenden Interessen, in deren Dienst ihre Wirtschaftspolitik sich zu stellen hat."[4] In bildungsbürgerlichen Kreisen, die sich gegen das in der Umgebung des Kaisers eruierte Wiederaufleben einer Repressionspolitik gegen die Sozialdemokratie wandten, gewann die Überzeugung Raum, die koloniale Expansion könne der Schlüssel zur Lösung der sozialen Fragen sein. Die Ausdehnung des britischen Empires – so der Publizist Karl Jentsch in den „Grenzboten" – vermochte die sozialen Spannungen im Mutterland zu vermindern. Kolonialpolitik sei folglich „die Erfüllung einer nationalen Pflicht und ein Gebot der Menschlichkeit".[5] Es waren gerade die besonders von Bildungsbürgern gelesenen Periodika wie „Grenzboten", „Deutsches Wochenblatt", „Zukunft" und „Preußische Jahrbücher", die sich Ende 1894 prononciert für Weltmachtstreben und Kolonialexpansion aussprachen und auf England als Haupthindernis verwiesen. Weltpolitik sei für Deutschland lebenswichtig, schrieb Karl Kaerger in der „Zukunft", wolle es seine derzeitige internationale Stellung behaupten. Doch es überwogen kritische Töne an die Adresse der Regierung. So warf Ernst Hasse im Reichstag der Regierung anläßlich einer Interpellation über den mangelnden Schutz der Deutschen im Ausland vor, das Ansehen Deutschlands sei seit Bismarcks Abgang gesunken.[6]

Der neue Reichskanzler Chlodwig Fürst Hohenlohe-Schillingsfürst, seit Ende Oktober 1894 im Amt, schien der neuen Entwicklung entsprechen zu wollen. In seiner Antrittsrede vor dem Reichstag, die im übrigen farblos wie der neue Kanzler überhaupt wirkte und eine Art Warenhausangebot darstellte, nahm er zur Kolonialpolitik in grundsätzlicher Weise Stellung[7] und hatte sich auf diese Partien gedanklich intensiv vorbereitet.[8] Kolonialpolitik besaß für ihn wirtschaftliche, nationale und religiöse Beweggründe. Während er den Gedanken der christlichen und kulturellen Mission nur kurz streifte, legte er das Hauptgewicht auf die beiden ersten Gesichtspunkte. Es habe sich erwiesen, „daß Deutschland, um sich den Wettbewerb auf dem Weltmarkt zu sichern und damit auch seine internationale Machtstellung zu bewahren, darauf bedacht sein müsse, sich neue und unabhängige überseeische Absatzgebiete zu schaffen und den überschüssigen Kräften der Heimat, statt sie sich zu entfrem-

---

3 Chickering, We Men, S. 86ff.
4 Weber, Nationalstaat, S. 20.
5 Jentsch, Kommunismus, S. 335; vgl. Kundel, Ideologie, S. 15ff.
6 Schilling, Nationalismus, S. 46ff.
7 Sten. Berichte RT, 9. Leg.-Per., 3. Session, S. 20ff.
8 BA Koblenz, NL Hohenlohe, Nr. 1596, Bl. 93f.: Aufz. (nur zum Komplex Kolonialpolitik angefertigt).

den, einen neuen Raum zur Entfaltung zu gewähren". Die koloniale Bewegung sei aber auch „dem erstarkten Nationalgefühl entsprungen, welches nach Gründung des Reichs ein Feld der Tätigkeit für das gekräftigte nationale Empfinden sucht; sie ist eine wertvolle Stärkung des Einheitsgedankens, und keine Regierung wird dieses neue und feste, die einzelnen Stämme der Nation und die verschiedenen Schichten der Bevölkerung umschließende Band entbehren können und wollen". Mit diesen Begründungen nahm Hohenlohe nicht nur die vielfältigen Antriebskräfte für Expansionspolitik auf, sondern machte auch kein Geheimnis aus seiner Hoffnung, eine solche Politik werde im Interesse des Herrschaftssystems gesellschaftlich integrierend und stabilisierend wirken. Er unterstrich diese Erwartung mit dem Satz: „Zur Erlangung dieses Ziels bedarf die Regierung der Unterstützung aller Kräfte der Nation." Gleichzeitig versprach er, die Kriegsmarine zu vergrößern, um „unseren überseeischen Interessen" Schutz zu gewähren.

Für den kolonialpolitischen Teil der Rede traf es zu, „daß sie die den staatserhaltenden Parteien gemeinsamen Gedanken traf und klar herausarbeitete", wie die offiziöse „Norddeutsche Allgemeine" die Rede bewertete.[9] Doch in ihr, wie das Blatt meinte, bereits das Programm der „Vereinigung der staatserhaltenden Parteien zu gemeinsamer Arbeit" zu erblicken, ließe außer acht, daß die innenpolitischen Ankündigungen eher auf Konfrontation hinausliefen oder verschwommen blieben. Weil sich Sammlung und Ausgleich unter den „staatserhaltenden" Parteien auch in den folgenden Jahren als außerordentlich kompliziert erweisen sollten, verband freilich die Regierung mit außenpolitischem Erfolg in wachsendem Maße innenpolitische Hoffnungen. Doch auch in dieser Beziehung markierte Hohenlohes Rede bestenfalls einen Ausgangspunkt. Mehr als eine Absichtserklärung war sie erst einmal nicht.

Unter den Antriebsfaktoren für die Kolonialexpansion standen in dieser Phase die wirtschaftlichen Erwartungen im Vordergrund. Noch war die langanhaltende Depression nicht vollends überwunden. Die sich mehrenden Symptome einer Konjunktur schrieb die breite Öffentlichkeit den durch die Handelsverträge, besonders den mit Rußland, wachsenden Exportchancen zu.[10] Nur wenn diese erweitert werden, nur durch „regelmäßigen und starken Export", schrieb das Zentrumsblatt „Kölnische Volkszeitung", sei eine „gründliche Heilung" der Eisen- und Stahlgroßindustrie möglich.[11] Trotz der enormen Steigerungsraten des Rußlandhandels herrschte die Auffassung vor, erst wenn der Überseehandel sich spürbar steigere, sei die Konjunktur langfristig zu stabilisieren.[12] Diese Erwartung trog, auch wenn es in den nächsten Jahre so schien, als könnten durch Exportsteigerung wirklich Wirtschaftskrisen vermieden werden. Die Konjunktur verdankte ihren Erfolg viel mehr dem Export in europäische Staaten als dem Überseehandel, wo die Hindernisse sich als schwer überwindbar erwiesen. Doch die Fixierung blieb. Wie stark sie war, zeigte sich, als 1895 die Alldeutschen für ein mitteleuropäisches Wirtschaftsgebiet unter deutscher Führung plädierten, doch weithin ohne Echo blieben.[13]

Anerkannte Wissenschaftler setzten sich für eine solche Orientierung ein. So verlangte Max Weber eine kraftvolle Außenpolitik zur Öffnung neuer Märkte und Investitionsmög-

9 Norddeutsche Allgemeine Zeitung, Nr. 583, 13.12.1894.
10 BA Potsdam, AA, Nr. 8083, Bl. 19ff., 67ff., 171ff.: Zeitungsausschnitte.
11 Ebenda, Nr. 8085, Bl. 26: Kölnische Volkszeitung 16.6.1895.
12 Die Post, Nr. 215, 8.8.1894.
13 Fischer, Krieg der Illusionen, S. 29.

lichkeiten. Ohne erheblich gestiegenen Außenhandel, ohne den Kampf um die Weltmärkte, sei Deutschland den anderen Industriestaaten nicht gewachsen und sinke zu einer Nation zweiten Ranges ab. Exportpolitik und Weltmachtpolitik bildeten für ihn zwei Seiten derselben Sache.[14]

Den gleichen Standpunkt vertrat Marschall von Bieberstein. Nachdem er am 14. Januar 1895, eine Interpellation Hasses beantwortend, die Notwendigkeit des Flottenausbaus mit den rasch wachsenden Handelsinteressen in Übersee begründet hatte[15], nahm er am 1. März anläßlich der Beratung des Marineetats im Reichstag zu dem Gesamtkomplex dezidiert Stellung. Da die europäischen Märkte zu einem Zuwachs „voraussichtlich nicht mehr fähig" seien, sich vielmehr auf „absteigender Linie" bewegten, „treten in dem Maße doch die überseeischen Märkte für uns, sowohl für die industriellen wie für die landwirtschaftlichen Produkte, in den Vordergrund, die noch nicht ganz, sondern erst teilweise erschlossen sind"[16]. Wiederum verband die „Norddeutsche Allgemeine" ihre Zustimmung zu der Rede mit weitergehenden Erwartungen, die in die gleiche Richtung wie nach der Hohenlohrede liefen. „Wenn sich ein Zukunftsbild mit klarster Deutlichkeit abzeichnet, dann ist es das der wachsenden Notwendigkeit, den verstopften wirtschaftlichen und Bevölkerungsverhältnissen der europäischen Staaten Ventile zu öffnen und zu einer Politik großen Stils überzugehen, die in dieser Hinsicht regulierend eingreift und ohne die Basis der Gewinnung eines entscheidenden Einflusses auch in anderen Erdteilen nicht denkbar ist." Die Bewilligung der Flottenforderungen sei ein Votum, „an dem sich die patriotischen Empfindungen erquicken und die Hoffnung auf die gedeihliche Weiterentwicklung unseres inneren politischen Lebens sich neu aufrichten kann"[17]. In diesen Monaten schieden sich im Innern die Geister über die Umsturzvorlage.

Aus dem globalen Anspruch und angesichts des bislang dürftigen deutschen Kolonialbesitzes ergab sich für Marschall als außenpolitisches Prinzip, europäische und koloniale Veränderungen an Deutschlands Zustimmung zu binden und diese nur zu gewähren, wenn Gegenseitigkeit und Gegenleistung, vor allem auf kolonialem Gebiet, gewährleistet sei.[18] Die Alldeutschen hatten dieses Prinzip bereits kurz zuvor und später wiederholt ins Feld geführt.[19]

Ein solches Verlangen mußte bei der gegebenen Macht- und Interessenlage hauptsächlich das Verhältnis zu England betreffen und belasten. Denn die deutsche Führung forderte von England nichts weniger als Gleichberechtigung in Kolonialfragen. Werde das von London akzeptiert, so Marschall, sei Verständigung leicht möglich.[20] Doch England, und das hatte die deutsche Führung immer wieder erfahren müssen, war nicht bereit, diese Ebenbürtigkeit anzuerkennen. Schon weil er für gewöhnlich abgeblockt wurde, blieb der Drang nach Ebenbürtigkeit nicht immer dabei stehen und wurde von den Rivalen, zumal angesichts des mächtigen deutschen Potentials und des rasanten Aufstiegstempos, eher als Vormachtstreben verstanden. „Deutschland ist einerseits national wie kulturell das älteste Volk in Europa,

---

14 Mommsen, Weber, S. 73f.
15 Schulthess 1895, S. 17.
16 Sten. Berichte RT, 9. Leg.-Per., 3. Session, S. 1177f.
17 Norddeutsche Allgemeine Zeitung, Nr. 105, 2.3.1895.
18 PA Bonn, England Nr. 83 secr., Bd. 1, Marschall an Hatzfeldt 30.11.1894.
19 Laufer, Südafrikapolitik, S. 157.
20 HHStA Wien, MdÄ, PA VIII, Angleterre III, Bl. 814ff., 819f.: Berichte Szögyénys 24.11.1894.

andererseits politisch und namentlich diplomatisch ein Emporkömmling und Eindringling in die europäische Staatenfamilie", heißt es in einer Aufzeichnung Bülows 1895.[21] Später gibt er eine Äußerung Bismarcks aus dem gleichen Jahr wieder, nach der dieser England als gefährlichsten wirtschaftlichen Gegner Deutschlands klassifizierte: Es halte sich für unbesiegbar und glaube, Deutschlands nicht zu bedürfen. „England hält uns nicht für ebenbürtig und würde nur ein Bündnis schließen unter Bedingungen, die wir nicht annehmen können. [...] Bei einem Bündnis, welches wir schließen, müssen wir stets den stärkeren Teil bilden."[22] Eulenburg gab sich im Mai 1895 gegenüber Holstein erfreut über „die erneute Wendung gegen Albion", denn „der Schwerpunkt unserer Entwicklung in der Zukunft liegt im Welthandel, und unser Todfeind ist auf diesem Gebiet England, gleich ob Rosebery oder Salisbury am Ruder sind"[23].

Die gleichen Vorhalte liefen in die umgekehrte Richtung. Kimberley hielt Hatzfeldt vor, die deutsche Presse provoziere in britischen Kolonialkreisen eine Animosität gegen Deutschland, wie sie bisher nicht bestanden habe.[24] Deutschland brauche „uns zuliebe" nicht auf Kolonialpolitik zu verzichten, dürfe jedoch britische Interessen nicht ignorieren, sagte der Außenminister zu dem österreichischen Botschafter Deym. Doch im Grunde hielt er Deutschland nicht für ebenbürtig: Komme es einmal zum Konflikt mit Deutschland, meinte er weiter, sei ihm nicht bange. „Was könnte denn Deutschland mit seiner Flotte der englischen gegenüber ausrichten?"[25]

Bereits im Herbst 1894 hatte sich in Südafrika ein neuer deutsch-englischer Kolonialkonflikt angebahnt, in dem sich die neuen Entwicklungstendenzen widerspiegelten.[26] Transvaal ließ, hauptsächlich mit deutschem Geld, eine Eisenbahn nach Lourenco Marques an der Delagoabai in Portugiesisch-Mocambique bauen, um sich der wirtschaftlichen Umklammerung durch die umliegenden britischen Kolonien zu entziehen. Die Londoner Regierung strebte deshalb an, die Delagoabahn, die kurz vor der Vollendung stand, unter ihre Kontrolle zu bringen. Die deutsche Seite hatte zunächst wirtschaftliche Interessen in Transvaal zu wahren. Die reichen Goldvorkommen des Landes übten eine besondere Anziehungskraft aus. Die Deutsche und die Dresdner Bank besaßen Niederlassungen. Krupp sowie Siemens&Halske versorgten den dortigen Markt mit Eisen, Stahl, Maschinen und Werkzeugen. In der Nationalbank, in der Minenindustrie, im Eisenbahnbau und in der Staatsverwaltung wirkten deutsches Kapital und deutscher Einfluß. All dies galt es zu behaupten. Doch stärker noch wirkte der Drang, die lukrativen südafrikanischen Märkte einer wachsenden deutschen Wirtschaftsexpansion offenzuhalten. Transvaal sollte deshalb weitgehend unabhängig bleiben und die Delagoabahn nicht in britischen Besitz übergehen. Diese Position hatten der Kaiser und der Kanzler Ende November formuliert, zugleich aber Anspruch auf das Gebiet nördlich des Sambesi und auf Britisch-Sansibar angemeldet, falls eine Aufteilung Mocambiques in Betracht gezogen werde.[27] Das Ziel war also, wirtschaftliche Zukunftsinteressen zu wahren und

---

21 BA Koblenz, NL Bülow, Nr. 151/C, Bl. 31.
22 Ebenda, Nr. 151/F, Bl. 2.
23 Holstein, Papiere, Bd. 3, S. 457.
24 HHStA Wien, MdÄ, PA VIII, Nr. 116, Bl. 464ff: Bericht aus London 1.11.1894.
25 Ebenda, Angleterre III, Bl. 800f.: Bericht Deyms 1.11.1894.
26 Das weitere folgt Laufer, Südafrikapolitik, S. 60ff.
27 PA Bonn, England Nr. 92 Nr. 3, Bd. 5, Bl. 134: Aufz. Hohenlohes 28.11.1894.

Stärke zu demonstrieren, um England zu Konzessionen in Kolonialfragen und zur Verständigung in europäischen Streitfällen zu bewegen.

Doch London blieb entschlossen, nicht nachzugeben und seine Souveränitätsrechte über den Burenstaat zu behaupten. Nun versuchte jede Seite, die andere zu zwingen, die Interessen des Kontrahenten zu akzeptieren. Dadurch erhielt die Kontroverse eine Brisanz, die weit über den eigentlichen Anlaß hinausging und zusätzlich verschärft wurde, als die Angelegenheit von der regierungsnahen Presse beider Staaten aufgegriffen wurde. Am 16. November erhielt Hatzfeldt die Weisung, der britischen Regierung zu erklären, „daß wir [...] den englischen oder kapländischen Ausdehnungsbestrebungen in jenem Gebiet nicht ruhig zusehen können"[28]. Am gleichen Tage führte der „Standard" die deutsch-englische Entfremdung darauf zurück, daß Deutschland England überall in den Weg trete, und schloß mit der provokativen Warnung, ob das Reich zur isolierten Macht in Europa werden wolle.[29] Einen Tag später lobte der „Globe" die russisch-englische Verständigung in der Pamirfrage und bezeichnete den Dreibund als wertlos für die britischen Weltinteressen.[30] Am 20. November beschuldigte die „Kölnische Zeitung" England, „auf jede Weise dem deutschen Kolonialwagen Steine in den Weg zu werfen"[31]. Am gleichen Tag trug Hatzfeldt Kimberley die deutsche Forderung nach Erhalt des Status quo in der Delagoabai vor. Der Minister zeigte sich „unangenehm überrascht und ließ in einer vorübergehenden Aufwallung die Bemerkung entschlüpfen, daß England schließlich doch die größte Seemacht sei".[32] Ebenso an diesem Tage betonten „Standard" und „Times", England könne Deutschland nicht alle Kolonialwünsche erfüllen. Berlin möge beachten, daß die Außenpolitik Transvaals von England geleitet werde.[33] Zwei Tage später wies der „Standard" die Vorwürfe der „Kölnischen Zeitung" zurück und drohte mit der englisch-russischen Annäherung.[34]

Um den deutschen Druck von der Transvaal-Frage abzulenken, erklärte sich Kimberley bereit, sich mit Deutschland „über das fernere Schicksal von Mocambique" zu verständigen. Solche Gespräche darüber kamen Anfang 1895 auf deutsches Drängen zustande. Beide Seiten einigten sich auf den Grundsatz, bei einer zukünftigen Verteilung die deutschen Interessen auf den Norden, die englischen auf den Süden zu konzentrieren. Als aber Kimberley als Preis für die Abmachung von Deutschland die Anerkennung Transvaals als Teil der britischen Interessensphäre verlangte, brachen die Verhandlungen ab, denn diesen Preis zu zahlen war Berlin nicht bereit. Die südafrikanische Krisensituation blieb in der Schwebe.[35] Um den von den Verhandlungen über Mocambique möglicherweise irritierten Buren Vertrauen einzuflößen, ließ Marschall am 1. März im Reichstag an seiner Parteinahme für Transvaal gegen die englischen Interessen keinen Zweifel. „Wir suchen dort keinen politischen Einfluß, wir wollen keine Veränderung des dort bestehenden Zustandes; im Gegenteil, wir wollen territorial, politisch und wirtschaftlich den Status quo erhalten, und glauben, daß dies unseren Interessen dienlich ist; wir wollen die wirtschaftlichen Beziehungen, die wir mit der Süd-

---

28 BA Potsdam, RKA, Nr. 9012, Bl. 167: Marschall an Hatzfeldt 16.11.1894.
29 PA Bonn, England Nr. 92 Nr. 3, Bd. 5, Bl. 76: Hatzfeldt an Hohenlohe 16.11.1894.
30 Ebenda, Bl. 79: Hatzfeldt an Hohenlohe 17.11.1894.
31 Kölnische Zeitung, Nr. 938, 20.11.1894.
32 Laufer, Südafrikapolitik, S. 69.
33 PA Bonn, England Nr. 78, Bd. 8, Hatzfeldt an Hohenlohe 22.11.1894.
34 Ebenda, England Nr. 83 secr., Bd. 1, Hatzfeldt an Hohenlohe 22.11.1894.
35 Laufer, Südafrikapolitik, S. 69ff.

afrikanischen Republik [d.i. Transvaal – K.C.] angeknüpft haben, und die in erfreulichem Steigen begriffen sind, uns erhalten. Das sind unsere Interessen, diese Interessen wollen und werden wir schützen."[36]

Die Prinzipien deutscher Kolonialpolitik lassen sich auch an dem Vorgehen Hatzfeldts erkennen, als er Anfang 1895 von englisch-französischen Verhandlungen über eine Interessenabgrenzung im Hinterland von Togo erfuhr. Hatzfeldt verlangte von London eine Kompensation. Als er ein Gebiet am Niger zugesagt erhalten hatte, gab er in Berlin zu erwägen, den Franzosen dieses Angebot mitzuteilen und sie zu fragen: „Wir wollen lieber mit euch gehen. Was bietet ihr uns?"[37] Hauptgrund für Hatzfeldts Eifer war, dem Reichskanzler „irgendeinen Erfolg im Reichstag" zuzuspielen. Entscheidungen in der Togofrage fielen freilich erst Jahre später.

Wie störend London die weltpolitischen Aktivitäten Deutschlands empfand, zeigt sich in dem britischen Bestreben, Berlin mit einer russisch-englischen Annäherung unter Druck zu setzen. Zwischen beiden Mächten war im November 1894 eine Einigung in der Pamirfrage zustande gekommen, und im folgenden Monat schienen sich gegenüber Konstantinopel Schritte beider Staaten gemeinsam mit Frankreich in der Armenienfrage abzuzeichnen.[38] Die russische Presse begrüßte die Annäherung und empfahl, sich über weitere internationale Streitfelder zu einigen. Der „Swjet" schoß zwar weit über mögliche Ziele hinaus, wenn er England empfahl, sich dem russisch-französischen Bündnis anzuschließen, auf diese Weise Deutschland zu isolieren und zu einer Macht zweiten Ranges zu degradieren[39], aber ein Alarmzeichen für die Zukunft, wohin Weltmachtstreben das Reich international führen konnte, war es schon. In Berlin entstand Beunruhigung, als sich die Annäherung auch auf die Meerengenfrage zu erstrecken schien. Holstein kam auf die unrealistische Idee, Deutschland möge eine russisch-englische Meerengenverständigung vermitteln, und die neuentstandene Mächtegruppe werde Frankreich isolieren.[40]

Ein solcher Plan hätte den Dreibund in Frage gestellt. Geschwächt war dieser durch die englisch-deutschen Spannungen ohnehin. Kálnoky hatte Ende November gegenüber Eulenburg das endgültige Scheitern seiner Initiative verärgert auf die Kolonialpolitik Deutschlands geschoben, das „eine geradezu abstoßende Haltung England gegenüber einnehme"[41] Er sah sich in der Idee bestärkt, sich mit Petersburg über das Prinzip der Nichtintervention zur Wahrung des Status quo auf dem Balkan zu verständigen. Er konstatierte Österreichs entspannte Beziehungen zu Deutschland, Rußland und England, und die Strategie der Konfliktverhütung schien ihm vor allem wegen der zunehmenden inneren Gefährdungen der Vielvölkermonarchie geboten.[42]

Schwieriger gestaltete sich die Lage Italiens. Bülow, der neue Botschafter in Rom, berichtete häufiger von Klagen italienischer Diplomaten über die Auswirkungen der deutsch-engli-

---

36 Sten. Berichte RT, 9. Leg.-Per., 3. Session, S. 1181ff.
37 BA Potsdam, 90 Ho 5: NL Holstein, Film 62244, Bl. 193469, 193485: Hatzfeldt an Holstein 2.1.1895, 20.3.1895.
38 Kennedy, Antagonism, S. 216f.; Oncken, Reich, S. 414f.; Bayer, England, S. 109ff.
39 PA Bonn, England Nr. 83 secr., Bd. 2, Werder an Hohenlohe 29.12.1894.
40 GP, Bd. 9, S. 245f., 159ff.; Hatzfeldt, Papiere, S. 1009ff.
41 HHStA Wien, MdÄ, PA VIII, Angleterre III, Bl. 827ff.: Kálnoky an Szögyény 30.11.1894.
42 Stein, Neuorientierung, S. 24ff.

schen Spannungen.⁴³ Ende November warnte Außenminister Baron Blanc nachdrücklich vor einer weiteren Verschlechterung dieser Beziehungen, denn die italienische Außenpolitik beruhe auf dem Zusammengehen Englands mit dem Dreibund.⁴⁴ Die französische Regierung blieb dabei, nur bei einer Abwendung Italiens vom Dreibund finanzielle Hilfe und handelspolitische Verständigung leisten zu wollen, auf die das Königreich angesichts der fortwährenden wirtschaftlichen Krisenerscheinungen angewiesen war.⁴⁵ Anfang 1895 wuchsen die Schwierigkeiten Italiens bei seinen kolonialen Vorstößen im nordöstlichen Afrika. Rom beklagte, von seinen Bundesgenossen nicht unterstützt zu werden.⁴⁶ Doch die Partner, obwohl nicht ohne Sorge wegen eines befürchteten republikanischen Umsturzes, schoben sich die Verantwortung gegenseitig zu.⁴⁷ Was hätten sie indes, außer diplomatischen Demarches, Italien auch bieten können? Solche Zwänge und Erfahrungen ließen bei den führenden Männern in Rom, gleichgültig welcher Partei sie angehörten, die Verständigung mit Frankreich zur Conditio sine qua non werden, ohne den Dreibund in Frage zu stellen.⁴⁸

Vor allem der Drang des Reiches nach außereuropäischer Expansion, der besonders das deutsch-englische Verhältnis belastete, war es also, der die Gräben zwischen den Mächtegruppen partiell auffüllte. Die Bündnisse blieben in Kraft, aber zwischen ihnen bestanden für ein knappes Jahrzehnt keine festen Fronten. Charakteristisch waren wechselnde Konstellationen, zeitlich und auf konkrete Zwecke begrenzte Verbindungen zwischen den Mächten. Die europäischen Widersprüche zwischen ihnen traten in den Hintergrund. Kriegsgefahr in Europa bestand für längere Zeit nicht. Selbst die französische Animosität gegen Deutschland ging in diesen Jahren beträchtlich zurück, nicht zuletzt auf Grund mehrerer kolonialpolitischer Übereinkommen.⁴⁹

Ein zweites wichtiges Charakteristikum war die wachsende wirtschaftliche Verflechtung zwischen den Mächten, die zu bestimmten Abhängigkeiten führte und, wenn die politischen Gegebenheiten dem gerade nicht entgegenstanden, für eine allgemeine bilaterale Annäherung sorgte. Das galt insbesondere für das Verhältnis zu Rußland, und die Frage für die deutsche Führung war noch immer, ob daraus für die russische Seite die von Berlin erhofften Impulse für eine außenpolitische Orientierung auf Deutschland entstanden.⁵⁰

Die öffentlichen Erwartungen waren groß. Constantin Rößler, lange Jahre überzeugter Rußlandgegner, hielt die Kriegsgefahr in Europa durch den Handelsvertrag für gebannt, denn der gewachsene Güteraustausch „bewirkt ein System wechselseitiger Abhängigkeit". Die Besinnung auf die Freundschaft mit Deutschland, hervorgerufen durch die asiatischen Pläne des Zarenreichs, werde nur durch wirtschaftlichen Austausch forciert.⁵¹

---

43 PA Bonn, England Nr. 78, Bd. 8, Bülow an Caprivi 20.6.1894; ebenda, England Nr. 92 Nr. 3, Bl. 28f.: Bülow an Caprivi 14.10.1894, Bl. 69: Marschall an Hatzfeldt 16.11.1894.
44 Ebenda, Italien Nr. 82, Bd. 5, Bülow an Hohenlohe 30.11.1894.
45 Ebenda, Deutschland Nr. 128 Nr. 1 secr., Bd. 11, Bl. 47: Bülow an Hohenlohe 17.1.1895; HHStA Wien, MdÄ, PA III, Nr. 146, Bl. 8ff.: Kálnoky an Szögyény 9.1.1895.
46 PA Bonn, Deutschland Nr. 128 Nr. 1 secr., Bd. 11, Bl. 64ff: Eulenburg an Hohenlohe 23.2.1895.
47 Ebenda, Bl. 86: Eulenburg an Hohenlohe 6.3.1895, Bl. 95: Marschall an Eulenburg 19.3.1895; Bd. 12, Bl. 18f.: Eulenburg an Hohenlohe 30.3.1895.
48 Ebenda, Bd. 11, Bl. 83: Blanc an Nigra 22.2.1895.
49 PA Bonn, Frankreich Nr. 102, Bd. 13, Bl. 89: Schoen an Caprivi 6.9.1894.
50 Hillgruber, Rußland-Politik, S. 74ff.
51 PJ, Bd. 79 (1895), S. 353ff.

Tatsächlich übertrafen die Handelszuwächse die großen Erwartungen. Von 1892 bis 1896 verdoppelte sich fast der Export nach Rußland. In umgekehrter Richtung wuchs die Ausfuhr noch rascher, geschuldet hauptsächlich dem Export von Getreide.[52] Die Berichte der Handelskammern begründeten bereits die Verbesserung des Handelsverkehrs im Jahre 1894 mit den Wirkungen des russischen Handelsvertrages.[53] Besonders großen Exportzuwachs verbuchte die wirtschaftlich wie politisch einflußreiche deutsche Schwerindustrie.[54] Als die Zeitungen Anfang 1896 die beträchtlichen Exportzuwächse im abgelaufenen Jahr vermerkten, fügten sie hinzu, daß der Handelsvertrag mit Rußland die Erwartungen weit übertroffen habe.[55]

Der russische Bedarf an Produkten der Schwerindustrie, besonders an Eisenbahnschienen und Lokomotiven, war deshalb so groß, weil Rußland in den neunziger Jahren sein Eisenbahnnetz in Sibirien und Mittelasien, aber auch im europäischen Teil ausbaute.[56] Dadurch florierte auch die eigene Schwerindustrie, die, anders als noch zu Beginn der neunziger Jahre, nicht mehr gegen die Importe aus Deutschland protestierte.[57] Da ferner die rapide Steigerung des Getreideexports nach Deutschland den Agrariern höhere Getreidepreise sicherte[58], war die Stimmung gegenüber Deutschland in der gesamten russischen Wirtschaft so gut wie seit zwei Jahrzehnten nicht.[59]

Unter diesen günstigen Voraussetzungen konnten deutsche Banken im Oktober 1894 die deutsche Regierung veranlassen, das Lombardverbot aufzuheben.[60] Rasch erhöhte die russische Regierung ihre Guthaben bei deutschen Bankhäusern. Diese stiegen verstärkt in das lukrative russische Eisenbahngeschäft ein. Anfang Dezember beteiligten sich die Discontogesellschaft, das Bankhaus Bleichröder und die Darmstädter Bank an einer 400-Millionen-Auslandsanleihe Rußlands.[61] Die in das Rußlandgeschäft integrierten deutschen Banken, vereint im sogenannten Russenkonsortium, bildeten ein konstitutives Element des Ausgleiches und der Kooperation in den deutsch-russischen Beziehungen.

Bei dem deutschen Kaiser weckte diese günstige Lage neue Hoffnungen auf ein politisches Übereinkommen mit Rußland. Als am 1. November 1894 Alexander III. starb, ging er in die Offensive. Den unerfahrenen neuen Zaren Nikolaus II. glaubte er bei dessen Besuch im Jahr zuvor auf das Prinzip der monarchischen Solidarität festgelegt und mit ihm leichtes Spiel zu haben.[62] Die Dardanellen sollten die Lockspeise werden, um die früheren Beziehungen zu reaktivieren. Er meinte, die Wiener Führung darauf eingestellt zu haben. Dort hatte er leichthin erklärt, „Rußland brauche den Hausschlüssel für seine Flotte, und uns kön-

---

52 Vgl. Kap. I/5.
53 BA Potsdam, AA, Nr. 8377, Bl. 41.
54 Ebenda, Nr. 8084, Bl. 75: Oberschlesische Eisenindustrie AG Bericht 1894; Nr. 8085, Bl. 28, 47: Zeitungsausschnitte; BA Koblenz, R 13 I, Nr. 107, Bl. 97: Generalversammlung des Vereins deutscher Eisen- und Stahlindustrieller 26.6.1895.
55 BA Potsdam, AA, Nr. 8085, Bl. 47, 127, 128: Zeitungsausschnitte.
56 Wegner-Korfes, Aspekte, S. 16ff.
57 BA Potsdam, AA, Nr. 10547, Bl. 81, 94: Zeitungsausschnitte.
58 Ebenda, Nr. 13590, Bl. 105: Maron an Hohenlohe 11.12.1895.
59 BA Koblenz, R 2, Nr. 1695, Zeitungsausschnitte.
60 BA Potsdam, Reichskanzlei, Nr. 418a, Bl. 318f.: Denkschrift Raschdaus 20.8.1894.
61 PA Bonn, Rußland Nr. 71, Bd. 19, Zeitungsausschnitte.
62 Briefe Wilhelms II., S. 1ff.; Brandenburg, Bismarck, S. 42; GStA Berlin, 2.2.1, Nr. 3577, Bl. 211: Großherzog von Baden an Wilhelm II. 4.11.1894.

ne dies gleichgültig sein. [...] Österreich könne sich nehmen, was es wolle."[63] Nun beauftragte er seinen Bruder Heinrich, bei den Trauerfeierlichkeiten in Petersburg dem neuen Zaren zu erklären, er, Wilhelm, sei bereit, sich mit Rußland zu verständigen, und lege, „vom deutschen Standpunkt auf die Meerengen keinen Wert".[64] Holstein, wie die gesamte Reichsführung von der Aktion nicht informiert, erfuhr durch Zufall Mitte Dezember davon und war entsetzt. Er sah seine Vermittlungsaktion scheitern und Deutschland gänzlich ausgebootet, wenn sich die anderen Großmächte mit Rußland über die Meerengen einigten. Petersburg nahm den kaiserlichen Vorstoß indes gar nicht ernst und würdigte ihn nicht einmal einer Antwort.[65]

Doch der Kaiser brüstete sich nun in aller Öffentlichkeit mit seinem Einfluß, den er glaubte, auf den Zaren zu besitzen.[66] Unbeeindruckt leitete er am 11. Januar 1895 den nächsten Vorstoß ein. Er ließ Botschafter Schuwalow wissen, der Dreibund könne zu einem Vierbund werden. Bezeichnenderweise schwieg der überraschte Diplomat darauf.[67] Doch in eine ähnliche Richtung gingen diesmal auch Überlegungen Holsteins. Er schloß die Perspektive eines neuen Dreikaiserbundes an Stelle des Dreibundes nicht aus, weil Italien kaum noch im Dreibund zu halten sein würde.[68]

In einer am 1. Januar im Auswärtigen Amt eingegangenen Aufzeichnung hatte der Geschäftsträger in Petersburg, Graf Rex, gerade vor dem Weg gewarnt, den der Kaiser eingeschlagen hatte: „Nach der Lage der Verhältnisse in Rußland kann seitens Deutschlands an einer Annäherung an Rußland nur in der diskretesten Weise gearbeitet werden. Zur Zeit ist die gewisse russisch-französische Verbrüderung so stark in der Gesellschaft und im Volke eingewurzelt, daß ein Lösen dieser Beziehungen nur ganz allmählich von oben aus erfolgen kann. Offenkundige Annäherungsversuche Deutschlands an Rußland würden einen solchen Ansturm auf den Zaren zur Folge haben, dem standzuhalten er noch nicht in der Lage sein würde."[69] Doch selbst dieses Bild war noch zu rosig. In fast allen russischen Zeitungen stieß das Ansinnen, Rußland an den Dreibund zu ziehen, auf Ablehnung. Sie verteidigten die russisch-französische Verbindung, denn sie sichere gegen den Dreibund das europäische Gleichgewicht, schließe deutsche Hegemonie aus und garantiere Frieden in Europa.[70] Das waren genau die Bedingungen, die eine angesichts des in den gebildeten Schichten wachsenden russischen Nationalismus[71] auf Prestige und Weltmacht orientierte zaristische Expansionspolitik in außereuropäische Richtung bedurfte. In einer zu engen Verbindung mit dem mächtigen Deutschen Reich sah Rußland, zumal wenn Coups des Kaisers eine Rolle spielten, immer die Gefahr, in der außenpolitischen Entfaltung eingeschränkt zu werden. Wie stark Prestige im Spiel war, zeigte sich, als einige Wochen später der Zar einen neuen Botschafter für Berlin bestimmte, ohne den Kaiser zuvor zu informieren, woraufhin dieser im Gegenzug Werder plötzlich abberief und ihn durch Radolin ersetzte.[72]

---

63 Hohenlohe, Denkwürdigkeiten der Reichskanzlerzeit, S. 8.
64 Eulenburg, Korrespondenz, Bd. 2, S. 1427f.
65 Ebenda, S. 1441; Hatzfeldt, Papiere, S. 1005f.
66 BA Potsdam, 90 Ho 5: NL Holstein, Film 62246, Bl. 195120: Radolin an Holstein 2.1.1895.
67 Hohenlohe, Denkwürdigkeiten der Reichskanzlerzeit, S. 29.
68 SHA Dresden, Außenministerium, Nr. 3305, Bericht aus Berlin 19.1.1895.
69 GP, Bd. 9, S. 337ff.
70 HHStA Wien, MdÄ, PA X, Nr. 105, Bl. 116f.: Bericht aus Petersburg 27.2.1895.
71 Ebenda, Bl. 26: Bericht aus Petersburg 15.1.1895.
72 BHStA München, MA Nr. 2779, Bericht aus Petersburg 25.3.1895; GP, Bd. 9, S. 344ff.

Doch alle diese Vorgänge standen in Deutschland im Schatten der innenpolitischen Probleme. Wilhelms Kampf gegen den „Umsturz" und für die monarchische Solidarität bezog sich nur zum geringeren Teil auf äußere Aspekte. Er war vielmehr fest entschlossen, diesen Kampf in Deutschland selbst auf spektakuläre Weise einzuleiten und so sein „persönliches Regiment" zu installieren. Mit der Gefolgschaft Hohenlohes meinte er rechnen zu können – deshalb hatte er ihn berufen. Diese Lage im Innern, nicht die Außenpolitik, stand seit etwa Mitte 1894 im Zentrum der Überlegungen der Reichsleitung, besonders unter den Rechtskräften in der Umgebung des Monarchen. Die „momentan eminent friedliche äußere Lage" war, wie Eulenburg, auch als Botschafter in Wien weiterhin politischer Intimus des Kaisers, meinte, ein wichtiges Argument, den Vorstoß rasch einzuleiten.[73] Caprivi hatte sich im Herbst 1894 widersetzt, eine Vorlage im Reichstag einzubringen, die, so Eulenburg, „eine feste Handhabe zur Bekämpfung des Sozialismus und der Umsturzparteien" geben sollte. Im Auswärtigen Amt, besonders bei Marschall und Holstein, war der Widerspruch gegen einen solchen Kurs noch immer besonders ausgeprägt.[74] Nach Caprivis Sturz leitete ihn Hohenlohe Mitte Dezember mit der Umsturzvorlage, wenngleich halbherzig, dennoch ein.[75]

Die Erfolgsaussichten blieben indes gering. Ein Kurs, der eine seit den Zeiten des Sozialistengesetzes diskreditierte Repressionspolitik wiederzubeleben, langfristig dabei die Rechte des Reichstages zu beschneiden und das demokratische Reichswahlrecht durch ein Klassenwahlrecht zu ersetzen trachtete, stieß nicht allein in den unteren und mittleren Schichten auf Ablehnung, sondern auch im Bildungsbürgertum. So scheiterte im Mai 1895 die Umsturzvorlage, weil schließlich selbst die Nationalliberalen sie ablehnten.

Dennoch bestand in allen Gesellschaftsklassen eine wenngleich unterschiedlich starke Strömung für autoritäres Regieren, die besonders auf der obrigkeitsstaatlichen Tradition und dem ungebrochenen Monarchismus gründete. Gerade im Bürgertum sah Max Weber einen Mangel an eigenständiger politischer Tatkraft, der es einen „neuen Caesar" ersehnen lasse.[76] Das war indes keine „Sehnsucht" nach spätabsolutistischen Rezepten, innerpolitischer Repressionspolitik und willkürlichen Eingriffen in die Tagespolitik, denn sie mochten die Konfliktgefahr erhöhen. Eher schwebte solchen Strömungen eine Art von Volkskaisertum vor, für das kurze Zeit später Friedrich Naumann warb – von modernem Zuschnitt, weltpolitisch aktiv und sozialpolitisch engagiert, mit plebiszitären Elementen und auf breiter gesellschaftlicher Grundlage. Das Grundproblem hierbei hatte Bülow im Auge, als er Wilhelm vorsichtig warnte: „Die innere Basis der kaiserlichen Politik muß eine möglichst breite sein, damit Konservative, Nationalliberale, gemäßigte Klerikale und maßvolle Linksliberale auf ihr Platz finden."[77] Doch wie fern der Kaiser solchen Vorstellungen stand, zeigte seine Reaktion auf Miquels Bemühen, der Regierungspolitik eine solche Basis zu verschaffen. Er warf dem Minister vor, er habe „für die Machtstellung der Krone keineswegs jenes ideelle oder auch nur praktische Verständnis, welches ich wünschen würde"[78].

---

73 Eulenburg, Korrespondenz, Bd. 2, S. 1353f.
74 Ebenda, S. 1360ff., 1458f.
75 Vgl. für das folgende: Deutsche Geschichte, Bd. 5, S. 394ff., 399ff.
76 Weber, Nationalstaat, S. 26ff.
77 Eulenburg, Korrespondenz, Bd. 2, S. 1453.
78 HHStA Wien, MdÄ, PA III, Nr. 146, Bl. 26ff., 42ff.: Berichte aus Berlin 2.2.1895, 24.2.1895.

Des Kaisers besonderes Mißfallen richtete sich allerdings gegen Marschall.[79] Dieser hatte zuletzt im Staatsministerium erklärt, Verbotsgesetze verbittern nur die Arbeiter und treiben sie zu Tausenden in das Lager der Sozialdemokratie.[80] Wilhelm hätte ihn gern entlassen, stieß jedoch bei Hohenlohe auf hartnäckigen Widerstand. Letzterer benötigte Marschall als Sprecher der Regierung im Reichstag und im Abgeordnetenhaus, und auch Holstein ließ keinen Zweifel, abzugehen, wenn Marschall entlassen werde. Holstein war der wichtigste Mitarbeiter des Kanzlers, nicht nur für die Außenpolitik.[81] Eine neue Kanzlerkrise hätte für den Kaiser eine Katastrophe bedeuten können. Im übrigen liegt in seinem Mißtrauen gegenüber Marschall auch eine der Erklärungen dafür, weshalb der Kaiser in der ihm außen- wie innenpolitisch so wichtigen Rußlandpolitik persönliche Vorstöße bevorzugte.

Das Scheitern der Umsturzvorlage führte nicht zu politischen Impulsen in eine neue Richtung. Ein gefährlich latenter Spannungszustand blieb bestehen. Lediglich in den Fördermaßnahmen für die Landwirtschaft war so etwas wie Programmatik in der Regierungspolitik erkennbar.[82] Doch die Opposition des neuen Bundes der Landwirte gegen die Handelsvertragspolitik, besonders akzentuiert gegen die Agrarimporte aus Rußland, ließ nicht nach; und wenn der Rückhalt des Bundes inzwischen auch in bäuerlichen Schichten wuchs, zeigte sich, welche für die Regierung gefährliche Richtung die steigende politische Mobilität der Mittelschichten nehmen konnte.[83]

Bessere Perspektiven boten sich der Regierung dadurch, daß Teile der bildungsbürgerlichen Opposition gegen die Umsturzvorlage auf eine aktive Außenpolitik setzten. In der Kolonialexpansion sahen sie die wirkliche Alternative zur Repressionspolitik, das „einzige Mittel, um der sozialdemokratischen Gefahr" zu begegnen. In einer im März 1895 in der „Hilfe" veröffentlichten Erklärung warnten Professoren, Gymnasiallehrer und Pfarrer davor, das Reich durch Klassenegoismus und Beschneidung der Meinungsfreiheit für den „Machtkampf der Staaten und Völker" zu schwächen. Die Kritik Delbrücks an Rußland als dem „Land der dunklen Zukunft"[84] machte allerdings deutlich, daß eine unter dem Vorzeichen monarchischer Solidarität proponierte reaktionäre Innenpolitik den Vorstellungen dieser Kreise nicht entsprach.

Da ergab sich im April 1895 unerwartet die Gelegenheit für die von der Regierung immer wieder gewünschte Verbindung mit Rußland. Die zaristische Regierung beabsichtigte, Japans Festsetzen auf dem asiatischen Festland, mit dem nach seinem siegreichen Krieg gegen China zu rechnen war, zu verhindern. Sie strebte einen Einspruch mehrerer Mächte, eine internationale diplomatische Aktion für den Erhalt des territorialen Status quo in China an, auch um England, falls es sich nicht beteiligte, durch Isolation an einer Gegeninitiative zu hindern. Deshalb wandte sie sich an Berlin und anschließend an Paris. Sie glaubte, mit Berlin leichtes Spiel zu haben und ging recht plump vor. Graf Osten-Sacken, der neue russische

---

79 Eulenburg, Korrespondenz, Bd. 2, S. 1460; Holstein, Papiere, Bd. 3, S. 443ff., 446, 449f.; Hatzfeldt, Papiere, S. 1021f.; Hohenlohe, Denkwürdigkeiten der Reichskanzlerzeit, S. 40f.
80 GStA Berlin, Rep. 90a, Abt. B, Tit. III, 2b, Nr. 6, Bd. 116, Bl. 203: Staatsministerialsitzungsprotokoll 13.2.1895.
81 BA Koblenz, NL Bülow, Nr. 106, Bl. 69ff.: Monts an Bülow 1.11.1894; Eulenburg, Korrespondenz, Bd. 2, S. 1463; Hohenlohe, Denkwürdigkeiten der Reichskanzlerzeit, S. 1f.
82 Canis, Kontinuität, S. 31ff.
83 Puhle, Interessenpolitik, S. 230ff.
84 Kundel, Ideologie, S. 35ff.

Botschafter in Berlin, wandte sich am 6. April mit der Idee einer Demarche an Eulenburg. Er lobte Wilhelm II. in höchsten Tönen: „seine kraftvolle Art gegen die destruktiven Elemente in Deutschland" und als „Hort des Friedens" in Europa. Bewahre der Kaiser seine „dominierende Stellung, [...] so garantiert Rußland den Frieden an Deutschlands Grenze". Indirekt warnte er jedoch vor allzu hochfliegenden Erwartungen, da er eine Änderung der „jetzigen Gruppierung der europäischen Mächte [...] kaum wünschenswert oder notwendig" hielt. Doch Wilhelm erkannte die vordergründige Absicht nicht und war in Hochstimmung versetzt: „So zeigt sich der Welt das so erwünschte Bild von Dreibund plus Rußland", vermerkte er am Rande.[85] Doch der ganze Pomp war überflüssig. Das außenpolitische Interesse stellte Deutschland in dieser Frage ohnehin an Rußlands Seite. Die russische Initiative kam ihm höchst gelegen. Doch bald sollte ihm besonders schmerzlich bewußt werden, wie illusorisch alle weitergehenden Hoffnungen waren.

Berlin hatte sich, als der chinesisch-japanische Krieg im Sommer 1894 ausbrach, politisch zurückgehalten. Das Reich sei nur handelspolitisch interessiert, meinte Holstein, und „könne eigentlich nur gewinnen" für den Export, gleichgültig, wie der Krieg ausgehe.[86]

Solche Erwartungen ergaben sich auch aus dem Umstand, daß die deutsche Rüstungsindustrie beide Seiten mit Kriegsmaterial versorgte. Seit Jahren vermittelte die deutsche Gesandtschaft in Peking Angebote deutscher Industrieunternehmen, und deutsche Militärinstrukteure verschafften Krupp lukrative Aufträge. Dennoch blieben die Umsätze gering. Der deutsche Export nach China war von 1885 bis 1893 nur von 16,5 Millionen auf 33,25 Millionen Mark angewachsen, was einen Anteil von ca. 1% am deutschen Gesamtexport bedeutete. Aber das Auswärtige Amt und die deutsche Wirtschaft gingen davon aus, daß der chinesische Markt angesichts der hohen Bevölkerungszahl und reicher Bodenschätze ungeheuer ausdehnungsfähig sei. Voraussetzung dafür blieb die Verkehrserschließung, die den Bau von Eisenbahnstrecken und den Ausbau der Flußschiffahrt in Angriff nahm. Durch die Gründung der Deutsch-Asiatischen Bank und eines Geschäftskonsortiums, dem große deutsche Unternehmen angehörten, schien man in einer günstigen Ausgangslage. Die Industrie verlangte von der Regierung wirksamere Unterstützung und begrüßte Überlegungen, einen festen Stützpunkt an der chinesischen Küste zu gewinnen.[87]

Als nach japanischen Siegen die britische Regierung, besorgt um die führende Stellung im Chinahandel, im Oktober 1894 in Berlin eine Intervention der Großmächte empfahl, reagierte Marschall zurückhaltend und empfahl, erst Rußlands Haltung als der nächstinteressierten Macht zu erkunden.[88] Die ausschlaggebenden Motive traf indes eher die Kreuzzeitung, in der es hieß, „daß die deutschen Interessen in Ostasien zu den russischen in keinem Widerspruch stehen und daß die wirtschaftlichen Interessen Deutschlands dort nur durch England bedroht sind"[89]. Besonders der Kaiser setzte auf russisch-englische Differenzen und sah für Deutschland die Möglichkeit, sich eine spätere Parteinahme mit einem Stützpunkt in China

---

85 GP, Bd. 9, S. 348ff.
86 BHStA München, MA Nr. 2672, Bericht aus Berlin 1.8.1894.
87 Jerussalimski, Außenpolitik, S. 479ff.; Hallgarten, Imperialismus, Bd. 1, S. 400ff.; Stingl, Ferner Osten, S. 87ff., 103ff., 156ff.; Ratenhof, Chinapolitik, S. 125f.; Müller-Jabusch, Deutsch-Asiatische Bank, S. 48ff.
88 GP, Bd. 9, S. 243.
89 PA Bonn, China Nr. 20 Nr. 1 secr., Bd. 1, Zeitungsausschnitte.

oder mit Samoa belohnen zu lassen.[90] Doch im November schien es eher, als könnte sich Rußland mit England in den ostasiatischen Fragen einigen.[91] Der Kaiser vermutete, beide würden demnächst Stützpunkte in China besetzen, und verlangte aufgeregt von Hohenlohe, Formosa für Deutschland zu requirieren.[92] Marschall stellte zu Recht russische und englische Aufteilungspläne in Abrede, so daß ein Hervortreten Deutschlands zu diesem Zeitpunkt „unsere Politik schwer kompromittieren" würde.[93] In diese Richtung gingen auch Empfehlungen Max von Brandts, des früheren Botschafters in Peking: Die Interessen des deutschen Handels verlangten die Parteinahme für China und für seine Integrität.[94]

In den folgenden Monaten begann Marschall schwankend zu werden. Als Rosebery Mitte Februar 1895 ein russisch-englisches Zusammengehen in Asien ankündigte[95] und bereits zuvor durch die russische Presse die Idee geisterte, beide Mächte würden gemeinsam mit Frankreich China unter sich in Einflußsphären aufteilen[96], befürchtete der Staatssekretär, Deutschlands bisherige Zurückhaltung werde es diplomatisch ins Abseits führen und in China leer ausgehen lassen.[97] Zugleich wuchs der politische Druck der Öffentlichkeit auf die Regierung. „Von privater, kolonialfreundlicher Seite in der Presse und sonst", heißt es in einer Aufzeichnung des Ostasienreferenten Reinhold Klehmets, werde verlangt, Deutschland möge die Lage nutzen, in China zu Kolonialbesitz zu gelangen.[98] So fand es die Kreuzzeitung „im höchsten Maße wünschenswert [...], daß auch Deutschland irgendeinen Punkt in jenen Gewässern zu eigen gewinnt. Rußland, England und Frankreich haben hier festen Fuß gefaßt, es ist kaum möglich, daß wir zurückstehen, schon um einen sicheren Punkt zu haben, der unseren Handelsschiffen bei immerhin möglichen Verwicklungen eine Zuflucht und Schutz bietet."[99]

Anfang März 1895 fragte Holstein den Staatssekretär, ob Deutschland „ruhig zusehen" könne, wenn sich Rußland und Frankreich Territorien in China einverleiben. „Nein", erwiderte er, „das ist unmöglich gegenüber dem Kaiser wie der deutschen öffentlichen Meinung". Dann, empfahl Holstein, „müssen wir vorgehen, um entweder die japanischen Erwerbungen so zurückzuschrauben, daß niemand einen Vorwand hat, etwas für sich zu nehmen; oder um in der Aktion drinzusein und mitzugrapschen, wenn's zum Grapschen kommt"[100]. Ein solches Vorgehen bot mehrere Vorteile. Es beachtete die deutschen Handelsinteressen, berücksichtigte die Stimmung in der öffentlichen Meinung, wahrte außenpolitisch das Großmachtprestige und konnte in Deutschland das ramponierte Ansehen der Regierung erhöhen.

Am 6. März ging Berlin diplomatisch in die Offensive und riet Japan, Frieden zu schließen und in den Kriegsforderungen Mäßigung walten zu lassen.[101] Es blieb zunächst bei dieser

---

90 Wippich, Japan, S. 76.
91 BHStA München, MA Nr. 76008, Lerchenfeld an Crailsheim 14.11.1894; HHStA Wien, MdÄ, PA VIII, Nr. 116, Bl. 508: Bericht aus London 14.11.1894.
92 GP, Bd. 9, S. 245f.; Hohenlohe, Denkwürdigkeiten der Reichskanzlerzeit, S. 15f.
93 GP, Bd. 9, S. 246f.
94 Wippich, Japan, S. 90ff.
95 HHStA Wien, MdÄ, PA VIII, Nr. 117, Bl. 64ff.: Bericht aus London 21.2.1895.
96 PA Bonn, England Nr. 83 secr., Bd. 2, Werder an Hohenlohe 29.12.1894.
97 Wippich, Japan, S. 101ff.
98 PA Bonn, China Nr. 20 Nr. 1 secr., Bd. 1, Aufz. Klehmets 20.2.1895.
99 Ebenda, Bd. 2, Zeitungsausschnitte.
100 Holstein, Papiere, Bd. 3, S. 466.
101 Vgl. für das folgende: Wippich, Japan, S. 108ff.; Brandenburg, Bismarck, S. 47ff.

Demarche, die erst einmal einen deutschen Mitsprachewillen dokumentieren sollte, falls es zu einer diplomatischen Intervention anderer Großmächte oder gar zu einer Inbesitznahme von Stützpunkten auf dem chinesischen Festland kam. Das Auswärtige Amt wollte abwarten, wie sich über dieser Frage das Verhältnis zwischen Rußland und England entwickelte. Beide seien anders als Deutschland in Ostasien primär interessiert, umriß Hohenlohe gegenüber dem Kaiser die Position der Regierung und schlug vor, so lange in reservierter Stellung zu verharren, wie die Machtverhältnisse der Großmächte in Ostasien unverändert blieben.[102] Hinter dieser Positionierung steckte freilich insbesondere bei Holstein eine ziemliche Unsicherheit. Ein Protest Rußlands gegen japanische Annexionsforderungen auf dem chinesischen Festland schien zwar sicher, doch blieb unklar, ob Petersburg darüber ein Einvernehmen mit England – die für die Sicherstellung deutscher Eigeninteressen ungünstigste Variante – erzielen konnte.[103] Deshalb signalisierte Berlin im März nach Petersburg vorsorglich erst einmal Interessenübereinstimmung bezüglich Ostasiens.

Rußland konnte also eine positive Aufnahme erwarten, als es, nach dem Vorstoß auf Wilhelm II., am 8. April in Berlin offiziell anregte, die Großmächte mögen Japan die Reduzierung seiner Annexionsforderungen empfehlen.[104] Marschall stimmte sofort zu, und es war nicht „eine hastige und rückhaltlose Bindung an das zaristische Rußland"[105], sondern die seit 1893 immer wieder erhoffte Gelegenheit zur politischen Kooperation mit ihm. Ostasien schien dafür ein geradezu ideales Feld zu bieten, orientierte es doch Rußland auf Entspannung an seinen europäischen Westgrenzen und führte unausbleiblich zu Differenzen zwischen Rußland und England, wie sich schon in den nächsten Tagen bei der britischen Ablehnung einer Demarche in Tokio zeigte.

Als am 17. April 1895 die chinesisch-japanischen Friedensverhandlungen in Shimonoseki abgeschlossen waren und Japan sich neben anderen, unstrittigen Vorteilen auch Liautung mit dem Hafen Port Arthur auf dem chinesischen Festland vertraglich sicherte, sah der russische Außenminister Fürst Lobanow den Zeitpunkt für die Intervention gekommen. Am 23. April protestierten die Gesandten Rußlands, Deutschlands und Frankreichs in Tokio gegen die Inbesitznahme der Halbinsel. Der deutsche Botschafter Gutschmid brachte unklug die deutsche Erklärung in scharfer, ultimativer Weise vor, so daß sich das Reich die besondere Empörung Japans zuzog. Nachdem England in Tokio zum Nachgeben geraten hatte, verzichtete Japan am 5. Mai auf Liautung.

Die Beweggründe, sich an der Intervention zu beteiligen, liegen auf der Hand. Zu Recht verweist Rolf Wippich auf die deutschen Handelsinteressen in China, die Erwartung einer intensiveren Annäherung an Rußland und die Hoffnung auf einen Stützpunkt an der chinesischen Küste, die die deutsche Richtung bestimmten. Weltpolitische Erwartungen und Entlastung vom Zangendruck in Europa schienen sich gleichzeitig zu verwirklichen. Doch hat die Reichsführung, gleichsam im Überschwang, die Freihandpolitik zugunsten der Verbindung mit Rußland aufgegeben?[106] Gewiß erschien ihr besonders verlockend, daß sich mit dem „Ostasiatischen Dreibund" europäische und außereuropäische Ziele auf scheinbar ideale

---

102 GP, Bd. 9, S. 253ff.
103 PA Bonn, China Nr. 20 Nr. 1 secr., Bd. 2, Gutschmid an Hohenlohe 13.3.1895; Hatzfeldt, Papiere, S. 1030f.
104 GP, Bd. 9, S. 265.
105 So Wippich, Japan, S. 127; vgl. für das folgende: ebenda, S. 129ff.
106 Das meint Wippich; vgl. ebenda, S. 147ff.

Weise miteinander verbinden ließen. Indes gaben sich Marschall und Holstein, anders als der Kaiser, nicht der Erwartung hin, mit Rußland sei die frühere Bündnispolitik wiederzubeleben. Sie schien von vornherein aussichtslos, weil Frankreich in Ostasien einbezogen worden war. Dieselbe Unterredung Osten-Sackens mit Eulenburg, die bei Wilhelm so große Hoffnungen weckte, bewertete der Staatssekretär mit Recht erheblich vorsichtiger. Rußland verfolge friedliche Absichten, aber ein Wiederaufleben des Dreikaiserbündnisses beabsichtige es nicht. Nachdrücklich warnte er den Kaiser vor Illusionen, als er auf dem Schreiben vermerkte, daß „der Gedanke eines *engeren* [Hervorhebung im Text – K.C.] Anschlusses Rußlands an Deutschland oder Deutschland und Österreich für die Dauer der Amtsführung des Fürsten Lobanow und des Grafen Osten-Sackens kaum Aussicht auf Verwirklichung hat"[107].

Die zaristische Grundlinie offenbarte sich deutlich in dem Bestreben, Frankreich in die Fernostintervention einzubeziehen. Daß sich freilich die russisch-französische Entente bei ihrem ersten praktisch-politischen Vorstoß nicht gegen, sondern gemeinsam mit Deutschland realisierte, bedeutete in Marschalls Augen gleichermaßen einen beträchtlichen außenpolitischen Positionsgewinn für Deutschland wie eine unvorhergesehene Schwächung der internationalen Stellungen Frankreichs und Englands.[108] Hätten Rußland und Frankreich dagegen die Aktion allein unternommen, hätte Japan nicht nachgegeben und die Folge wäre die militärische Intervention der beiden Mächte gewesen. Daraus wäre Waffenbrüderschaft entstanden, „die, einmal besiegelt, unberechenbare Folgen nach sich gezogen haben würde"[109]. Demgegenüber sah das Auswärtige Amt optimistisch nun Rußland nach Ostasien abgelenkt, die antideutsche Spitze der russisch-französischen Entente entschärft, fortschreitende Entspannung in Europa und erweiterten Spielraum für die deutsche Außenpolitik auf dem europäischen, mehr noch auf dem außereuropäischen Parkett, sowie eigenen Einflußgewinn in Ostasien bis hin zur territorialen Festsetzung.[110]

Auf den ersten Blick schien das Ereignis tatsächlich den größten außenpolitischen Erfolg seit der Bismarckzeit zu markieren, und die Formulierung, mit der der österreichisch-ungarische Botschafter Szögyény die Bewertung durch das Auswärtige Amt wiedergab – ein „ganz wichtiger neuer Faktor in der europäischen Politik, dessen hohe Bedeutung von der deutschen Regierung sogleich erfaßt und in geschickter Weise verwertet wurde" –, das Richtige zu treffen.[111] So nimmt es nicht wunder, wenn der Kaiser und Eulenburg dabei blieben, auf die Erneuerung der Dreikaiserpolitik zu reflektieren, und Wilhelm sogar den Zeitpunkt gekommen sah, China zum Abtreten einer Niederlassung veranlassen zu können.[112] Die im Glückwunsch Bülows an Holstein ausgesprochene Erwartung, die durch das Scheitern der Umsturzvorlage geschwächte Stellung der Regierung im Innern könne sich durch den außenpolitischen Erfolg wieder festigen, schien nicht unbegründet.[113] Holstein ließ sich von der verbreiteten Begeisterung am wenigsten anstecken. A. Hillgruber meint, es sei sein Ziel

---

107 PA Bonn, Deutschland Nr. 131, Bd. 17, Bl. 40f.: Marschall an Eulenburg 11.4.1895; Eulenburg, Korrespondenz, Bd. 3, S. 1492.
108 HHStA Wien, MdÄ, PA III, Nr. 145, Bl. 405ff.: Bericht aus Berlin 14.5.1895.
109 BHStA München, MA Nr. 2673, Bericht aus Berlin 4.5.1895.
110 BA Potsdam, 90 Ho 5: NL Holstein, Film 62246, Bl. 194725f.: Münster an Holstein 20.4.1895.
111 HHStA Wien, MdÄ, PA III, Nr. 145, Bl. 405ff.: Bericht aus Berlin 14.5. 1895.
112 PA Bonn, China Nr. 20 Nr. 1 secr., Bd. 3, Seckendorff an Hohenlohe 25.4.1895 mit Randbemerkungen Wilhelms II.; Holstein, Papiere, Bd. 3, S. 457f.
113 BA Potsdam, 90 Ho 5: NL Holstein, Film 62241, Bl. 191319: Bülow an Holstein 10.5.1895.

gewesen, mit der Kooperation in Ostasien England „bündnisreif" zu machen.[114] Als Druckmittel auf England wollte der Geheimrat den Vorgang gewiß nutzen – doch wohl eher mit dem Ziel, die Gleichberechtigung auf kolonialer Ebene zu erlangen, das Freihandprinzip mit Vorteilsmöglichkeiten nach beiden Seiten funktionstüchtig zu gestalten und Bündnismöglichkeiten höchstens für eine weitere Zukunft nicht auszuschließen.

Auch in wirtschafts- und handelspolitischer Hinsicht waren mit der deutschen Intervention enorme Erwartungen verknüpft, in erster Linie bei Marschall. Er hielt die Vorgänge in Ostasien für das folgenreichste handelspolitische Ereignis jener Zeit.[115] Wäre Japan in den Besitz Formosas, der Peskadoren und Liautungs gelangt, hätte es alle wichtigen Handelsstraßen zwischen Nord- und Mittelchina beherrscht. China sei dann total abhängig von ihm. Deutschland durfte nicht zusehen, „wenn eine enge Verbindung zwischen China und Japan den deutschen Handel und die deutsche Industrie aus Ostasien hinausdrängt".[116]

In der Reichsführung bestand kein Zweifel, daß es, vor allem um den weitgesteckten Zukunftserwartungen gerecht zu werden, erforderlich sei, koloniale Stützpunkte an der chinesischen Küste zu erwerben. Die interne Diskussion zwischen den Reichsbehörden um geeignete Plätze ging weiter. Marinestaatssekretär Admiral Hollmann hielt zwei Flottenstützpunkte – einen im Norden, einen im Süden – für notwendig und empfahl Marschall mehrere wirtschaftlich und strategisch geeignete Plätze.[117] Für das Auswärtige Amt kam nicht in Frage, jetzt mit solchen Ansprüchen hervorzutreten, beruhte doch die Aktion der drei Mächte auf dem Prinzip, die territoriale Integrität Chinas zu wahren. Max von Brandt, der für das Amt Gutachten anfertigte und als Experte Einfluß besaß, sah das Haupthindernis für eine Okkupation allerdings darin, daß Deutschland ohne starke Flotte „nicht imstande sein würde", sie „gegen Widerstand einer oder mehrerer der europäischen Seemächte oder auch nur Japans mit Gewalt durchzuführen". Einen durch Druck erzwungenen käuflichen Erwerb einer Station in China schloß er selbst für den Fall nicht aus, daß die Intervention ohne Kompensationen abgeschlossen werde. Alle Vorbereitungen müßten „absolut diskret" erfolgen. Nur falls andere Mächte Stützpunkte erwerben, dürfe Deutschland „rücksichtslos" zugreifen.[118]

Die deutsche Ostasienpolitik fand in der deutschen Wirtschaft, in den staatstragenden Parteien und in ihrer Presse starken Rückhalt. Hatte in der Öffentlichkeit nach Kriegsausbruch noch Sympathie für Japan vorgeherrscht und stieß die Interventionsentscheidung in der Sozialdemokratie und unter den Linksliberalen bei ihrer englandfreundlichen und rußlandfeindlichen Grundhaltung auf scharfen Protest[119], konstatierte der österreichische Botschafter Mitte Mai in den politischen, vor allem aber in den wirtschaftlichen Eliten überwiegend Lob für die Intervention.[120]

---

114 Hillgruber, Rolle, S. 19.
115 Hallgarten, Imperialismus, Bd. 1, S. 406ff.
116 BHStA München, MA Nr. 2673, Bericht aus Berlin 4.5.1895; SHA Dresden, Außenministerium, Nr. 3305, Bericht aus Berlin 22.4.1895.
117 GP, Bd. 14/I, S. 8ff.
118 PA Bonn, China Nr. 20 Nr. 1 secr., Bd. 2, Promemoria Brandt 21.4.1895; Bd. 3, Promemoria Brandt 20.4.1895.
119 Gollwitzer, Gefahr, S. 170ff.; Wippich, Japan, S. 145; Volkszeitung, Nr. 185, 21.4.1895, Nr. 186, 22.4.1895, Nr. 194, 26.4.1895; Stingl, Ferner Osten, S. 112f.
120 HHStA Wien, MdÄ, PA III, Nr. 145, Bl. 407: Bericht aus Berlin 14.5.1895.

Die wirtschaftlichen Erwägungen und Zukunftserwartungen standen im Vordergrund aller Überlegungen. Während Krupp seine Vorzugsstellung auf dem chinesischen Rüstungsgütermarkt durch Japan gefährdet sah und in unverfälschtem Profitinteresse von der Regierung Unterstützung erbat[121], dominierte in der regierungstreuen Presse das generelle Handelsinteresse. Welchen hohen Stellenwert es inzwischen erlangt hatte, beweist die Einlassung in der „National-Zeitung", die Kämpfe der Völker spielten sich jetzt hauptsächlich auf den Märkten statt auf den Schlachtfeldern ab.[122] Weil er in China den meistversprechenden Absatzmarkt für die deutsche Industrie sah, wandte sich der Publizist E. von Hesse-Wartegg Ende April in einem Grundsatzartikel in der „Kölnischen Volkszeitung" gegen die japanischen Ansprüche.[123] Nach der „National-Zeitung" war es Anliegen der Intervention, „China politisch und kommerziell vor Japans Übermacht zu bewahren".[124] Die Kreuzzeitung verlangte, Europa dürfe eine japanische Vorzugsstellung im chinesischen Handel nicht dulden[125], und aus der Zentrumspresse vernahm man ähnliche Bedenken.[126] Solche Überlegungen mischten sich, wie in der „National-Zeitung", mit „Besorgnis vor der gelben Rasse" – Vorurteile, die auch der deutsche Kaiser übernahm.[127]

Ein weiteres hervorstechendes Merkmal in den öffentlichen Reaktionen war der antienglische Akzent. Während die agrarierfreundliche „Deutsche Tageszeitung" in erster Linie England als den Handelskonkurrenten in China kritisch betrachtete[128], war für die nationalliberale und konservative Presse das Zustandekommen der Intervention ohne England für die weltpolitische Mächtekonstellation von erstrangiger Bedeutung.[129] Englands Weltstellung sei ein Schlag versetzt worden, von dem sie sich nur schwer erholen wird, meinte, vom Wunschdenken beherrscht, die Kreuzzeitung, und für die „National-Zeitung" war, ebenso illusorisch, Großbritannien bereits aus seiner beherrschenden Stellung verdrängt, zumal am Stillen Ozean, wo nun die „deutsche Flagge" eine „mitentscheidende Rolle" spiele.

Mit der antienglischen Stoßrichtung war die prorussische verknüpft, womit sich vor allem in der Kreuzzeitung ein fundamentaler Wandel gegenüber dem früheren Standpunkt zeigte. Die Zweifrontenkriegsdrohung trete in den Hintergrund, und Deutschland sei für Rußland wichtiger als Frankreich.[130] Die Kreuzzeitung ging auch bei der Stützpunktforderung voran. „Je fester wir zugreifen, umso besser", formulierte sie stramm.[131] Stand das Reich bei weltpolitischen Aktionen mit vornan, konnte die Regierung der Zustimmung der regierungsnahen Presse sicher sein. So begrüßte die Kreuzzeitung die Ostasienintervention nicht zuletzt deshalb, „weil es seit langer Zeit das erste Mal ist, daß das Reich bei einer großen internationalen Aktion in erster Reihe steht und mitbestimmend ist"[132].

---

121 Hallgarten, Imperialismus, Bd. 1, S. 406ff.
122 National-Zeitung, Nr. 307, 12.5.1895.
123 Gollwitzer, Gefahr, S. 165f.
124 National-Zeitung, Nr. 307, 12.5.1895.
125 Neue Preußische Zeitung, Nr. 187, 23.4.1895.
126 Gollwitzer, Gefahr, S. 168f.
127 National-Zeitung, Nr. 307, 12.5.1895.
128 PA Bonn, China Nr. 20 Nr. 1 secr., Zeitungsausschnitte.
129 National-Zeitung, Nr. 280, 2.5.1895, Nr. 307, 12.5.1895; Neue Preußische Zeitung, Nr. 199, 30.4.1895, Nr. 211, 7.5.1895.
130 Ebenda, Nr. 223, 14.5.1895, Nr. 245, 28.5.1895.
131 Ebenda, Nr. 223, 14.5.1895.
132 Ebenda, Nr. 187, 23.4.1895, 192, 25.4.1895; National-Zeitung, Nr. 307, 12.5.1895.

Wie groß die Illusionen waren, die in diesen Stellungnahmen mitschwangen, sollte sich schmerzlich erweisen. Doch über den konkreten Anlaß hinaus blieb wichtig, daß eine Außenpolitik zur Ausdehnung des deutschen Einflusses in der Welt, die sich mehr an Rußland als an England anlehnt, in den staatstragenden Gesellschaftsklassen wachsende Zustimmung verbuchen konnte. Auf diesem Feld hatten sich seit 1890 beträchtliche Veränderungen vollzogen.

Ende Mai 1895 traf im Auswärtigen Amt die Hiobsbotschaft ein, die von China zur Bezahlung der Kriegskontributionen an Japan benötigten Kredite würden nicht in einer kollektiven Aktion unter Mitwirkung deutscher und britischer Banken realisiert, sondern über eine separate russisch-französische Anleihe.[133] Indem sie allein die Garantieleistung für das Geld französischer Banken übernahm, sah die zaristische Regierung den idealen Weg, Peking zu zwingen, auf Widerstand gegen ihre Absicht zu verzichten, den Schlußabschnitt der Transsibirischen Eisenbahn durch die Mandschurei zu bauen und für den Endpunkt einen eisfreien Hafen an der chinesischen Küste zu gewinnen. Der französischen Regierung war der russische Plan hochwillkommen, bot ihr die Separatanleihe doch ein zugkräftiges Argument, um der Kritik entgegenzuwirken, die sich in der Öffentlichkeit gegen die Kooperation mit Deutschland in der Ostasienpolitik artikulierte.

Vergeblich hatte Holstein noch versucht, als Alternative die englischen Rothschilds als Wortführer eines internationalen Angebots an China ins Feld zu führen.[134] Doch schockierend für ihn war nicht der Ausschluß Deutschlands aus dem Finanzgeschäft, sondern der außenpolitische Aspekt. „Die von jetziger deutscher Regierung zum ersten Mal seit längeren Jahren gemachte Probe, gemeinsam mit Rußland zu operieren, ist nicht glücklich ausgefallen", telegraphierte er dem Botschafter Radolin in Petersburg.[135] Einige Tage lang erwog er sogar, gemeinsam mit Marschall zurückzutreten. Der Schock saß deshalb so tief, weil er begreifen mußte, daß wie England auch Rußland nicht bereit war, Deutschland auf weltpolitischem Terrain die Gleichberechtigung zuzugestehen. Doch eine Alternative sah er nicht. Wollte das Reich seine handelspolitischen Interessen in China wahren und sich seine Stützpunktwünsche erfüllen, schien der „Ostasiendreibund" noch immer die günstigste Konstellation. Sich aus ihm zu verabschieden, hätte dagegen den Verzicht auf Interessensicherung und Einwirkungsmöglichkeiten bedeutet und die russisch-französische Kooperation weiter gefestigt. Aus innenpolitischen Gründen verbot sich ebenfalls eine Kurskorrektur. Sie hätte den Mißerfolg eingestanden, den die oppositionelle linksliberale und sozialdemokratische Presse der Regierung nun vehement vorhielt. Diese habe sich durch die Trennung von England zwischen zwei Stühle gesetzt und könne den Fehler nur wettmachen, indem sie neuerlich Annäherung an Großbritannien suche.[136]

Deutschland werde zu Rußland „nach außen freundlich" bleiben, um das Mißgeschick zu verschleiern und auf diese Weise die Presse zu beruhigen, schrieb Holstein seinem Vertrauten Kiderlen. Hoffnung setzte er außerdem auf Salisbury, der Ende Juni wieder britischer Premier geworden war. Neue weltpolitische Differenzen Englands mit Rußland schienen un-

---

133 Vgl. für das folgende: Wippich, Japan, S. 193ff.
134 Hatzfeldt, Papiere, S. 1041ff.
135 Holstein, Papiere, Bd. 3, S. 463.
136 HHStA Wien, MdÄ, PA III, Nr. 146, Bl. 474f.: Bericht aus Berlin 17.6.1895; Holstein, Papiere, Bd. 3, S. 463; Hohenlohe, Denkwürdigkeiten der Reichskanzlerzeit, S. 82.

ausweichlich. Man werde „sehen, wie England unter der neuen Regierung seine Beziehungen zu Rußland gestalten wird".[137]

So sprachen die Umstände deutlich für das Freihandkonzept, das das Auswärtige Amt in der außenpolitischen Strategie auch mit dem „Ostasiatischen Dreibund" nicht aufgegeben hatte. Noch während der Kontroverse um die Anleihe traten neue Gründe hinzu. Am 10. Juni antwortete Außenminister Gabriel Hanotaux in der französischen Nationalversammlung auf Kritik an Frankreichs Rolle in Ostasien und an der Beteiligung französischer Schiffe an der bevorstehenden Eröffnung des Nordostseekanals, Frankreich vertrete eigenständige Ziele und sei durch gemeinsame Interessen und Empfindungen mit Rußland in einer Entente verbunden. Ministerpräsident Ribot fügte hinzu: „Diese Allianz macht heute unsere Stärke aus."[138] Das Echo in der französischen Presse ebenso wie Berichte aus Petersburg unterstrichen, wie festverwurzelt diese Verbindung mit der Spitze gegen Deutschland besonders in den gebildeten Schichten beider Mächte war.[139] Der Rassengegensatz zwischen Deutschen und Slawen habe zur Entfremdung zwischen Deutschland und Rußland geführt, und das Bündnis mit Frankreich sei gegen das Vordringen des Deutschtums gerichtet, zitierte Radolin einen zaristischen Generaladjutanten und vermerkte eine wachsende deutschfeindliche Stimmung im russischen Volke.[140] Daß nun erstmals eine der beteiligten Regierungsseiten öffentlich von Allianz sprach, war vermutlich der Preis, den die russische Regierung für die chinesische Anleihe zu zahlen hatte. Ein Protest aus Petersburg erfolgte jedenfalls nicht.[141]

Doch Holstein und Hatzfeldt blieben dabei, an der Existenz eines schriftlich fixierten Allianzvertrages zu zweifeln.[142] Diese Haltung verdeutlicht einerseits die Tendenz, existentielle Gefahren zu verdrängen, andererseits wollte die Berliner Diplomatie auch den verbliebenen Spielraum in den Beziehungen mit Rußland nutzen. Natürlich ging sie von einer Verbindung zwischen beiden Kontrahenten aus und auch von ihrer Funktionsfähigkeit im Kriegsfall. Doch rechnete man nur mit einer Entente, und den Konsequenzen fühlte man sich gewachsen. „Diese Entente ist ein Zustand, in den man sich [...] finden müßte, namentlich solange Deutschland an der Dreibundpolitik festhält", schrieb der bayerische Gesandte aus Petersburg.[143] Tröstlich war gewiß, daß eine Kriegsgefahr derzeit nicht bestand und daß Möglichkeiten einer zukünftigen Korrektur nicht ausgeschlossen schienen. Die deutsche Diplomatie geriet jedenfalls durch die französische Erklärung nicht aus der Fassung. Rußland sei ohnehin nur dann ein verläßlicher Partner, meinte Hatzfeldt, wenn Deutschland in allem nachgebe.[144]

Machtbewußt reagierte auch die regierungstreue Presse auf den Anleihestreit und die französische Erklärung. Die Existenz einer russisch-französischen Allianz erschrecke Deutschland nicht, hieß es in der „National-Zeitung", denn einmal sitze Europa nicht mehr auf einem

---

137 GStA Berlin, Rep. 92 NL Cleinow, Nr. 110, vol. 2, Bl. 40: Holstein an Kiderlen-Wächter 6.7.1895.
138 Schulthess 1895, S. 258.
139 BA Koblenz, NL Hohenlohe, Nr. 1635, Bl. 16ff.: Radolin an Rotenhan 15.7.1895.
140 PA Bonn, Deutschland Nr. 131, Bd. 17, Bl. 55f.: Radolin an Hohenlohe 25.6.1895.
141 BHStA München, MA Nr. 2779, Bericht aus Petersburg 29.9.1895.
142 Eulenburg, Korrespondenz, Bd. 3, S. 1509; GP, Bd. 9, S. 353ff.
143 BHStA München, MA Nr. 2779, Bericht aus Petersburg 22.9.1895.
144 GP, Bd. 9, S. 353f.

Pulverfaß, und zum anderen sei Deutschland seit langem auf diesen Krieg vorbereitet.[145] Deutschland sei stark genug für den Zweifrontenkrieg und werde sich deshalb nicht mit der Stellung einer Macht zweiten Ranges begnügen, schrieb die Kreuzzeitung. Rußlands Schwenk in der ostasiatischen Politik habe dem Deutschen Reich seinen Bewegungsspielraum zurückgegeben, den es nun nützen müsse, um einen festen Stützpunkt in China zu erwerben. „Der staatsmännische Ruf unserer führenden Politiker steht und fällt mit der richtigen Lösung dieser Frage." In der Ostasienfrage wie in der Kolonialpolitik „verlangt das Ehrgefühl Deutschlands eine entschlossene und kühne Politik"[146]. Die „National-Zeitung" empfahl in Ostasien eine Wendung zu Japan. „England ist das lästige Hindernis unserer kolonialen Ausdehnung und Rußland der bitterste Feind unserer Festlandsmacht, wie sollten wir da nicht als Freund ein Volk begrüßen, das zu beiden sich in Gegensatz befindet."[147] Es ist nicht zu entscheiden, ob hinter diesem auftrumpfenden Machtbewußtsein eher das Gefühl der Bedrohung oder der überlegenen Stärke stand.

Es hat den Anschein, als ob auch die Reichsführung nach ihrer beträchtlichen Enttäuschung darüber, von Rußland und Frankreich in Ostasien ausgespielt worden zu sein, und auf auftretende Verunsicherung, sich ihrer Allianz in Europa gegenüber zu sehen, in der Öffentlichkeit auf eine Demonstration von Stärke setzte. Sie versuchte Beruhigung zu verbreiten, Kriegsbesorgnis im Keime zu ersticken, vielmehr die größere Friedenssicherheit und die öffentliche Friedenserwartung zu betonen, und das Reich als militärisch überlegenen Friedensgaranten in Europa zu präsentieren. Diesem Ziel dienten die Feiern zur Kanaleröffnung ebenso wie die zum Reichsjubiläum. So pries der Kaiser am 19. Juni 1895 bei der Einweihung in Kiel den Nordostsee-Kanal als „Sinnbild des Friedens [...], des Zusammenwirkens aller europäischen Kulturvölker". Zwei Tage später bezeichnete er anläßlich der Schlußsteinlegung es als die „vornehmste Pflicht unseres kaiserlichen Amtes", „durch Erhaltung des Friedens die Errungenschaften der deutschen Stämme auf dem Gebiet der nationalen Wohlfahrt, Freiheit und Gesittung" zu bewahren und „der vaterländischen Arbeit im heißen Wettbewerbe freie Bahn zu schaffen"[148]. Friedenssicherheit durch militärische Stärke und Wohlfahrt durch Wirtschaftswachstum – das deutet wiederum auf die beiden Komponenten der „friedlichen Suprematie". Leitbilder, die Stabilität, Frieden, Sicherheit, Ordnung und Wirtschaftswachstum verhießen, fanden starken Widerhall in allen Gesellschaftsklassen, zumal in einer Phase, in der für alle spürbar eine wachsende europäische Friedenssicherheit an die Stelle einer in der zweiten Hälfte der achtziger Jahre ausgelösten fortgesetzten Kriegsbesorgnis getreten war und eine neue Wirtschaftskonjunktur begann, die langanhaltende Krisen- und Depressionsperiode zu überwinden.

Eine Welle von Paraden, Fahnenweihen und Gedenkkundgebungen mobilisierte anläßlich der Jahrestage des Deutsch-Französischen Krieges und der Reichsgründung beträchtliche Massen. Doch der Kaiser feierte als Redner auf zahllosen Veranstaltungen das Reich nicht allein als Friedensbewahrer in Europa, sondern rief zugleich die Teilnehmer auf, „jedweden Tendenzen, die zum Umsturz führen, entgegenzuarbeiten". Die Sozialdemokraten, die ihm als Hauptumstürzler galten, nahm er bei dem Paradediner zum Sedantag am 2. September neuerlich aufs Korn. Er bezeichnete sie als „eine Rotte von Menschen, nicht wert, den

---

145 National-Zeitung, Nr. 389, 22.6.1895, Nr. 409, 30.6.1895.
146 Neue Preußische Zeitung, Nr. 279, 18.6.1895, Nr. 267, 11.6.1895.
147 National-Zeitung, Nr. 451, 22.7.1895.
148 Schulthess 1895, S. 158ff.

Namen Deutscher zu tragen", und verlangte, „einen Kampf zu führen, der uns befreit von solchen Elementen". Ganz bewußt instrumentalisierten der Kaiser und seine Umgebung die Jubiläumskundgebungen, um mit Hilfe von Monarchismus und Nationalismus, Friedenssehnsucht und Stabilitätserwartung das angestrebte „Persönliche Regiment" gegen sozialdemokratischen und bürgerlich-liberalen Widerstand doch noch zu installieren.[149]

Das Echo indes blieb zwiespältig. Als Gewinn konnte die Regierung verbuchen, daß selbst in der linksliberalen Presse die Kaiserreden bei der Kanaleröffnung als eine „grandiose Friedensproklamation" positiv bewertet wurden.[150] In den regierungstreuen Zeitungen und bei den Jubiläumsveranstaltungen, insbesondere bei den Sedanfeiern, traten nationalistische Ressentiments gegen Rußland und Frankreich deutlicher hervor. „Solchen Nachbarn gegenüber" seien Kraft und Selbstbewußtsein erforderlich, deshalb sei nur ein „starkes Deutschland" des Friedens sicher, hieß es in der Kreuzzeitung.[151] Noch einen Schritt weiter ging die „National-Zeitung": Das wiedererstarkte Deutschland habe „der Welt einen Frieden gegeben, der jetzt ein Vierteljahrhundert gedauert hat".[152] Angesichts solcher internationaler Verantwortung des Reiches müßten die Oppositionsparteien im Reichstag auf Widerspruch gegen die Außenpolitik verzichten.

Doch damit war nach dem unglücklichen Verlauf des Ostasienvorstoßes angesichts der seit 1890 anhaltenden Erfolglosigkeit dieser Außenpolitik nicht zu rechnen. Besonders in Kreisen des liberalen Bildungsbürgertums, die eine deutsche Weltpolitik verlangten, nahm die Kritik rapide zu. Hatte anfangs Rößler in den „Preußischen Jahrbüchern" die deutsche Interventionsbeteiligung in Ostasien noch als „äußerst glücklichen, wohlüberlegten und im richtigen Moment getanen Zug" begrüßt, sahen nach der Anleihenttäuschung Delbrück ebenso wie Jentsch in den „Grenzboten" die deutsche Politik allein russischen Interessen dienen. Sie sahen ihre Vorbehalte gegen eine Kooperation unter reaktionärem Vorzeichen bestätigt. „Was in aller Welt", fragte Delbrück, „hat Deutschland für einen Grund gehabt, Rußland [...] gegen Japan zu unterstützen." Es war die kritischste Stellungnahme zur Außenpolitik, die von ihm bisher zu hören war. Unverblümt sprach er von einer „demütigen Rolle", die Deutschland in der internationalen Politik spiele.[153] Der öffentliche Erwartungsdruck in Richtung auf eine aktive, besonders auf koloniale Expansion und internationalen Prestigegewinn ausgerichtete Außenpolitik verlangte sichtbare Erfolge und ließ sich auf die Dauer selbst mit größter Friedenssicherheit nicht abspeisen.

Das Interesse der öffentlichen Meinung an außenpolitischen Themen, an Deutschlands internationaler Stellung überhaupt, stieg. Davon zeugt die gegenüber früheren Vorgängen sprunghaft angestiegene Zahl von Einzelpublikationen sowie von Berichten und Kommentaren in der Tagespresse zu der Ostasienintervention und ihren Folgen.[154] Dadurch gewann der Stellenwert von außenpolitischen Fragen in der innergesellschaftlichen Auseinandersetzung ebenso an Bedeutung wie die Möglichkeit ihrer innenpolitischen Instrumentalisierung.

---

149 Vgl. Deutsche Geschichte, Bd. 5, S. 404.
150 Volkszeitung, Nr. 284, 20.6.1895.
151 Neue Preußische Zeitung, Nr. 291, 25.6.1895.
152 National-Zeitung, Nr. 436, 13.7.1895.
153 Kundel, Ideologie, S. 42ff.
154 Ebenda, S. 46f.

Verstärkt wurde auch nach den inneren Voraussetzungen einer erfolgreichen Außenpolitik gefragt. Welche innere Konstellation vermochte die verlangte Kraftentfaltung nach außen am besten zu tragen? Harmonie statt Konfrontation war gefordert. Auch das entzog einem Repressionskurs immer mehr den Boden. Das Zentrumsblatt „Germania" traf die vorherrschende Stimmung: „Im Volke fehlt für ein Sozialistengesetz das Verständnis."[155] Die herrschenden Kreise einschließlich des Kaisers hätten sich von den unteren Klassen zu weit entfernt, um von diesen noch als ideales Zentrum der Nation anerkannt zu werden, schrieben Delbrück und Jentsch in ihren Zeitschriften. Nur ein „soziales Reformkönigtum" vermöge die soziale Frage zu lösen, und erst dieses sei auch Voraussetzung für eine erfolgreiche Außenpolitik. Einem auf diese Weise „innerlich und äußerlich geeinten Deutschland" vermöge dann „selbst eine Welt von Feinden nicht zu widerstehen"[156].

Am prägnantesten kommen Delbrücks Vorstellungen über den Zusammenhang von Innen- und Außenpolitik in der Julikorrespondenz der „Preußischen Jahrbücher" zum Ausdruck. Unter dem bezeichnenden Titel: „Stagnation in der inneren und äußeren Politik" verfaßte er einen politischen Grundsatzartikel von weitreichender Bedeutung.[157] Ähnlich wie Max Weber in seiner Freiburger Antrittsrede einige Monate zuvor erwartete Delbrück weder von den preußischen Junkern noch vom Bürgertum und der Arbeiterschaft, folglich auch nicht von ihren Parteien, Impulse für eine kräftige und stabile Regierung. Er setzte vielmehr auf einen überragenden Staatsmann in einer starken Monarchie, der die inneren Freiheiten garantierte und die Sozialgesetzgebung ausbaute. Doch eine rasche, durchgreifende Lösung schien ihm nicht in Sicht. Ebenso vermißte er bei der ihm wichtigsten Staatsaufgabe, der Aufrechterhaltung und Zukunftssicherung der nationalen Machtstellung, jede Offensivkraft. „Man würde diese Zustände im Innern, so unerquicklich sie sind, mit Leichtigkeit ertragen, wenn der Anblick der auswärtigen Politik Deutschlands eine größere Befriedigung gewährte." Webers Aufruf zur Gewinnung einer deutschen Weltmachtstellung aufgreifend kam Delbrück zu dem erschütternden Resultat: „In den eigentlichen Wettbewerb der Weltpolitik, die einem großen Volke Befriedigung gewähren kann, in eine solche Weltpolitik sind wir noch gar nicht eingetreten." Gegenüber allen Großmächten sah der Autor das Reich in einem Zustand demütigender Gebundenheit.

Während also die Lösungsvorschläge für die offenen Fragen der Innenpolitik in den verschiedenen politischen Strömungen junkerlicher und bürgerlicher Observanz weit auseinanderdrifteten, stimmten in dem Verlangen nach einer aktiven Weltmachtpolitik die Alldeutschen, die beiden konservativen Parteien, die Nationalliberalen und das liberale Bildungsbürgertum weitgehend überein. Das Bewußtsein von der Notwendigkeit staatlicher Machtentfaltung entsprach dem Lebensgefühl und dem nationalen Empfinden einer Generation, die in der staatlichen Außenpolitik, in Wirtschaft und Gesellschaft die Führungskräfte stellte. Sie waren in den Reichsgründungsjahren aufgewachsen und von den Vorstellungen der preußisch-deutschen Schulen der Geschichtsschreibung und der Nationalökonomie geprägt.[158]

---

155 Zit. nach: Schulthess 1895, S. 179.
156 Kundel, Ideologie, S. 50.
157 PJ, Bd. 81 (1895), S. 383ff.
158 Gall, Liberalismus und bürgerliche Gesellschaft, S. 334; Wandlungen, in: Holl/List, S. 110; Hardtwig, Aufgabe, S. 265ff.

Neben Vorstellungen über die Wachstumsbedingungen wirtschaftlicher Weltreiche formten in erster Linie die preußisch-deutsche nationale Machtstaatsidee und sozialdarwinistisches Gedankengut diesen deutschen Nationalismus imperialistischer Prägung. Aufbauend auf der Machtstaatsidee als dem zentralen Gedanken der borussischen Geschichtsschreibung erhielt das Weltmachtstreben ein plausibles ideologisches Fundament. Es ging auf Gustav Droysen zurück, der als erster Historiker aus geschichtlichen Vorgängen den Anspruch und die Berechtigung des neuen Kaiserreiches auf eine weltherrschaftliche Stellung ableitete.[159] Noch wirkungsstärker war Heinrich von Treitschke. Ihn hat Walter Bußmann als den geistigen Vater der deutschen Weltpolitik bezeichnet.[160] Sein Werk fand in diesen Jahren in den akademisch gebildeten Schichten ungewöhnlich starke Resonanz und hat die politische und geistige Elite maßgeblich geprägt. Das galt hauptsächlich für seine „Deutsche Geschichte", die er ausdrücklich als Geschichte eines aufsteigenden Volkes verstand, und für seine Politik-Vorlesungen. Dort hat er die koloniale Expansion als zwingendes Erfordernis für die Wahrung der Großmachtstellung des Reiches wiederholt hervorgehoben. „Wer bei diesem gewaltigen Wettkampf nicht mitwirkt, wird später einmal eine klägliche Rolle spielen. Es ist daher eine Lebensfrage für eine große Nation heute, kolonialen Drang zu zeigen." „Bei der Verteilung dieser nichteuropäischen Welt unter die europäischen Mächte ist Deutschland bisher immer zu kurz gekommen, und es handelt sich doch um unser Dasein als Großstaat bei der Frage, ob wir auch jenseits der Meere eine Macht werden können."[161]

Drei aus der Machtstaatsidee abgeleitete Gedankengänge zur Begründung einer deutschen Weltmachtstellung spielten 1895 im Zusammenhang mit den Reichsjubiläumskundgebungen eine besondere Rolle. Erstens wurde eine Kontinuitätslinie gezogen zwischen vergangener, gegenwärtiger und zukünftiger Macht und Größe des Reiches. Das Kaiserreich sah sich nun auch in der Tradition des mittelalterlichen Großreichs. Ihren äußeren Ausdruck fand diese Sicht beispielsweise im Kyffhäuserdenkmal, das vom Kaiser im folgenden Jahr eingeweiht wurde. Zweitens wurde auf die besondere Kraft und Wirksamkeit der preußisch-deutschen Monarchie und der deutschen Verfassungswirklichkeit, ihre angebliche Überlegenheit gegenüber sowohl den parlamentarischen Systemen des Westens als auch der zaristischen Despotie abgehoben – eine Auffassung, die sich insbesondere Delbrück zu eigen machte.[162] Das dritte war die schon erwähnte Präsentation des Reiches als Garanten des europäischen Friedens. Auch diese Sicht geht u.a. auf Droysen zurück, der den deutschen Friedensstaat als Schutzmacht Europas gegenüber eroberungssüchtigen Großmächten wie England, Rußland und Frankreich betrachtete.[163]

In den Vorstellungen von Aufstieg und Niedergang der großen Weltreiche gewannen sozialdarwinistische Argumente besonderes Gewicht. Die Gründe für ihre Wirkung hat Hans-Ulrich Wehler prägnant beschrieben: „In den Augen seiner Anhänger rechtfertigte er kapitalistischen Konkurrenzkampf und imperialistische Expansion, untermauerte er nationales Selbstbewußtsein, ja rassisches Überlegenheitsgefühl, gab er der bevorzugten Stellung des

---

159 Ebenda, S. 297.
160 Bußmann, Treitschke, S. 274ff.
161 Treitschke, Politik, 1. Bd., S. 42ff., 121, 123f. Die Vorlesung hielt Treitschke seit 1874 regelmäßig.
162 Kundel, Ideologie, S. 57.
163 Hardtwig, Aufgabe, S. 303.

eigenen Landes und Volkes eine naturgesetzliche Weihe."[164] Webers Antrittsrede ist auch für solche Auffassungen ein beredtes Zeugnis. „Nicht Frieden und Menschenglück haben wir unseren Nachfahren mit auf den Weg zu geben, sondern den ewigen Kampf um die Erhaltung und Emporzüchtung unserer nationalen Art. Und wir dürfen uns nicht der optimistischen Hoffnung hingeben, daß mit uns die Arbeit getan sei und die Auslese im freien und friedlichen ökonomischen Kampfe dem höher entwickelten Typus alsdann von selbst zum Siege verhelfen werde."[165]

Nach der Debatte um die Kolonialpolitik aus Anlaß der deutsch-englischen Kolonialstreitigkeiten 1894 gab die Auseinandersetzung um das Für und Wider der deutschen Ostasienpolitik ein Jahr später der öffentlichen Diskussion den weltmachtpolitischen Zuschnitt, eine erhebliche Ausbreitung in Publikation und Tagespresse und durch die Beteiligung bildungsbürgerlicher Kreise eine akademische Untermauerung. Es entstand ein ideologisches Klima, für das auch bestimmte Vorstellungen und Empfindungen breiter Massen der Bevölkerung empfänglich waren. Eine aktive Weltmachtpolitik, das konnte für die Regierenden eine wichtige Erfahrung sein, vermochte der Führung des Reiches Ansehen und Autorität zu sichern. Doch solange solche Ansätze ohne durchgreifenden Erfolg blieben, war die Regierung ebenso der Kritik und den Forderungen ausgesetzt. Andererseits war es nicht zuletzt dieser Druck, der die expansionspolitischen Forderungen der Regierung gegenüber den anderen Großmächten weiter heraufschraubte und ihnen zusätzliche Dynamik verlieh. Dadurch und im Zusammenhang mit den nationalistischen Forderungen der Öffentlichkeit verdichtete sich im Ausland der Eindruck, Deutschland habe mehr als die Gleichberechtigung im Sinn.

Es war dieses Klima, das im Spätsommer 1895 in der Öffentlichkeit in der Ostasienfrage dem Verlangen nach einem kolonialen Stützpunkt an der chinesischen Küste neue Schubkraft gab. Nachdem die Ergebnisse eines wissenschaftlichen Gutachtens veröffentlicht worden waren, in dem der bekannte Berliner Geograph Ferdinand von Richthofen zu dem Resultat kam, die Erschließung Chinas „wird sich in der nächsten Zeit zum höchsten Motiv in der Weltwirtschaft gestalten", und als sich Nachrichten über Festsetzungsabsichten der anderen Mächte verdichteten – Rußland hatte sich den Bahnbau in der Mandschurei, Frankreich in einem Vertrag mit Peking die Ausdehnung seines Einflusses in Südchina gesichert, und über englische und amerikanische Vorhaben gab es immerhin Gerüchte –, schlug auch in der regierungstreuen Presse die Stimmung gegen die Regierung um. Nun warf man ihr vehement Versagen vor. Nur Rußland und Frankreich hätten bisher Nutzen aus dem „Ostasiatischen Dreibund" gezogen. Deutschland habe sich ausbooten lassen. Jetzt sei es höchste Zeit, einen Hafen in China zu besetzen. Die Kreuzzeitung schloß mit der Warnung: „Hoffentlich werden wir nicht wieder wie in Sansibar und Westafrika den Anschluß versäumen und nachher das Nachsehen haben."[166] Zum Wortführer der vorherrschenden öffentlichen Meinung machte sich Anfang September die „Allgemeine Marine- und Handelskorrespondenz": „Die Stimmung in Deutschland verlangt immer gebieterischer, daß wir uns den durch unsere handelspolitische Stellung in Ostasien wohlverdienten Anteil an dem direkten Einfluß auf die ostasiatischen Verhältnisse sichern und zwar womöglich in greifbarer

---

164 Wehler, Sozialdarwinismus, S. 139.
165 Weber, Nationalstaat, S. 20.
166 National-Zeitung, Nr. 461, 27.7.1895; PA Bonn, China Nr. 20 Nr. 1 secr., Bd. 3, Zeitungsausschnitte.

Gestalt." Zeitungen „der verschiedensten Richtung", hieß es weiter, verlangten einen deutschen Stützpunkt in China.[167]

Der massive öffentliche Druck veranlaßte den Kaiser zu einem hektischen Vorstoß. Sobald sich Rußland einen festen Punkt auf chinesischem oder koreanischem Boden gesichert habe, telegraphierte er dem Kanzler, sollte Deutschland Wei-hai-wei besetzen. „Es würde in unserem freudig begeisterten Volke einen vorzüglichen Eindruck machen und das Selbstgefühl der Nation wesentlich heben."[168] Um dem Monarchen gefällig zu sein, befürworteten Hohenlohe und Marschall sogar den Erwerb einer Kohlenstation ohne russisches Vorangehen. Doch Wei-hai-wei hielten sie für ungeeignet und empfahlen erst eine eingehende Prüfung, welches Objekt den Ansprüchen besser genügte.[169] Diese Erörterungen setzten sich nun im Auswärtigen Amt und gemeinsam mit dem Reichsmarineamt fort. In der Öffentlichkeit entstand neuerlich der Eindruck des Nichtstuns. Die Kritik an der Regierung spitzte sich zu. So wandte sich Anfang Oktober 1895 die Deutsche Kolonialgesellschaft an Hohenlohe mit dem Anspruch, der Wettbewerb um die wirtschaftliche Erschließung, der jetzt begonnen habe, verlange eine deutsche Station in Ostasien. „Diese zu erzwingen scheint uns der gegenwärtige Zeitpunkt geeignet."[170] In noch schärferem Ton berief sich Hasse auf die „beunruhigte" Öffentlichkeit, die von russischer und französischer, nicht aber von deutscher Machterweiterung erführe, und mahnte bei der Regierung deren Prinzipien an. „Das Ansehen und die Interessen des Reiches erfordern es gleichermaßen, daß nirgends auf der Erde eine Änderung der Besitz- und Machtverhältnisse stattfinden darf ohne eine gleichwertige Entschädigung des Reiches."[171]

Doch weder Rußland noch Frankreich hatten bisher regelrechte Annexionen auf chinesischem Gebiet vorgenommen. Ein kolonialer Vorstoß der Deutschen hätte, vermutete das Auswärtige Amt, den „Ostasiatischen Dreibund" aufgekündigt, und das erschien ihm nicht sinnvoll, denn es könnte bedeuten, auf jeglichen Einfluß auf die ostasiatischen Verhältnisse verzichten zu müssen.[172] Zwar hatte der Zar, nachdem ihm Wilhelm neuerlich den Rücken in Europa freizuhalten und weitere Kooperation in Fernost versprach, dem Kaiser einen deutschen Flottenstützpunkt in China zu akzeptieren zugesagt, doch die möglicherweise gar nicht genau informierte zaristische Regierung fühlte sich an solche Zusagen nicht gebunden.[173] Deutsche Vorhaltungen wegen des Ausschlußes von der Anleihe wies sie mit dem zwar plumpen, aber wirksamen Argument zurück, von Frankreich unter Druck gesetzt worden zu sein[174], doch wolle sie die Kooperation mit Paris aufrechterhalten, weil so Frankreich auf einem Friedenskurs zu halten sei. Andererseits nutzte der neue Außenminister Lobanow den kaiserlichen Übereifer, sich dem Zaren gefällig zu zeigen, um Auswärtiges Amt und Kaiser in der Kriegsentschädigungsfrage gegeneinander auszuspielen.[175] Auf das kaiserliche Einverständnis hin akzeptierte das Amt schließlich, daß, wie von Petersburg und Paris ge-

---

167 Ebenda.
168 Ebenda, Wilhelm II. an Hohenlohe 31.8.1895; GP, Bd. 14/I, S. 11ff.
169 Wippich, Japan, S. 280f.
170 PA Bonn, China Nr. 20 Nr. 1 secr., Bd. 4, DKG an Hohenlohe 2.10.1895.
171 Ebenda, Hasse an Hohenlohe 9.10.1895.
172 SHA Dresden, Außenministerium, Nr. 3305, Bericht aus Berlin 16.8.1895; GP, Bd. 14/I, S. 16.
173 Briefe Wilhelms II., S. 14ff.; Hohenlohe, Denkwürdigkeiten, 2. Bd., S. 520f.
174 BHStA München, MA Nr. 2779, Berichte aus Petersburg 4.8.1895, 12.8.1895.
175 GP, Bd. 9, S. 311ff.

wünscht, China für die Räumung von Liautung von japanischen Truppen statt der von Tokio verlangten 50 Millionen Taels nur 30 Millionen zu zahlen hatte.[176] Verärgert beklagte Holstein, daß die Privatkorrespondenz des Kaiser mit dem Zaren wegen der häufig abweichenden Auffassungen Wilhelms das Auswärtige Amt oft regelrecht lähme.[177]

Nach der Einigung in der Entschädigungsfrage ging nach der Räumung Liautungs die Intervention der drei Mächte Ende 1895 noch in einiger Eintracht zu Ende. Anders als für Rußland und Frankreich blieb das Resultat für Deutschland dürftig. Nur zwei Handelskonzessionen in Hankou und Tientsin rang Berlin der chinesischen Regierung ab.[178] Schon deshalb verschwand die Stützpunktfrage weder für die Regierung noch in der Öffentlichkeit von der Tagesordnung. Doch gegen diplomatische Vorstöße Berlins begründete die Pekinger Regierung ihren Widerstand unablässig mit dem Argument, die territoriale Integrität Chinas werde bisher von allen Mächten respektiert. Die Stützpunktfrage verband sich noch enger mit Forderungen nach einem großangelegten Ausbau der Flotte, denn es war nicht zuletzt die maritime Unterlegenheit Deutschlands, die für seine geringe Ausbeute in Ostasien verantwortlich gemacht wurde. Doch ging es um weit mehr als nur um ostasiatische Stützpunkte. Es ging um die anhaltende deutsche Erfolglosigkeit in den weltpolitischen Ansätzen überhaupt. Dies tangierte inzwischen wieder stärker das Verhältnis zu England.

2. Im Zeichen der Transvaalkrise 1895/96

Als am 25. Juni 1895 in England die Konservativen unter Salisbury wieder die Regierung übernahmen, vermutete die deutsche Führung auf Grund ihrer früheren Erfahrung, mit London jetzt eher zu konkreten Absprachen und Übereinkommen zu gelangen als in den vergangenen drei Jahren des liberalen Regiments. Das galt vor allem für Hatzfeldt. Sein Optimismus mag ihn geleitet haben, mehrere Gespräche mit Salisbury im Juli so zu interpretieren, als habe dieser für den Fall eines von ihm offenbar bald erwarteten Zusammenbruch des osmanischen Reiches eine Aufteilung desselben im Auge, bei der Rußland mit Konstantinopel, dem Bosporus und kleinasiatischen Gebieten, Österreich-Ungarn mit mazedonischen Territorien und Saloniki sowie Italien mit Albanien und nordafrikanischen Gebieten bedacht werden sollten.[1]

Den Ausgangspunkt der Überlegungen bildete die armenische Krise. Seit Ende 1894 hatten sich die Kämpfe der Armenier gegen die Kurden zu Aufständen gegen das brutale türkische Joch ausgeweitet. Russische und englische Vorstöße in Konstantinopel, die dortige Regierung zu Reformen im Interesse der Armenier zu veranlassen, waren bislang erfolglos geblieben. Die rigide Härte und Uneinsichtigkeit der türkischen Machthaber bis in die unteren Ebenen der Verwaltung hatte in der britischen Öffentlichkeit die Solidarität mit den Armeniern ebenso wachsen lassen wie den Widerspruch gegen das türkische Regime. Die armenische Krise und ihre innenpolitische Wirkung ließen Salisbury von der traditionellen Linie, den Bestand des osmanischen Reiches zu garantieren, abrücken.[2]

176 Wippich, Japan, S. 214ff.
177 Eulenburg, Korrespondenz, Bd. 3, S. 1524.
178 Wippich, Japan, S. 227.
 1 GP, Bd. 10, S. 9ff., 40f.
 2 Kennedy, Antagonism, S. 219; Grenville, Salisbury, S. 24ff.; ders., Goluchowski, S. 340ff.

Doch war es tatsächlich der Sinn von Salisbury Aufteilungsidee, wie Gregor Schöllgen unter Berufung auf Friedrich Meinecke annimmt, „den Teilungsplan den Wünschen des Dreibundes und dann Rußlands anzupassen und Frankreich mit dem abzufinden, was übrig blieb, daß es ihm also vor allem darum ging, dem Dreibund seine von diesem immer wieder geforderte entgegenkommende Haltung zu demonstrieren?"[3]

Will man Salisburys Intentionen durchschauen, gilt es festzuhalten, daß es sich um keinen festen Plan handelte. Er jonglierte ganz locker mit den betreffenden Territorien. Zunächst hatte er gegenüber Hatzfeldt als Kompensation für Italien neben Tripolis auch an Albanien gedacht und auf Hatzfeldts Einwand, Österreich werde das nicht dulden, umgehend Marokko als Ersatz vorgeschlagen.[4] Noch wichtiger ist etwas anderes. Angesichts der engagierten englischen öffentlichen Meinung in der Armenienfrage schloß Salisbury ein „Ende der türkischen Herrschaft" nicht aus, wenn „Rußland und England einmal wieder in der Sache übereinstimmten".[5] Salisbury sprach also gegenüber dem Botschafter nur von einer Einigung mit Rußland, von einem Übereinkommen mit dem Dreibund war gar nicht die Rede.

Der Premier führte in diesen Tagen auch Unterredungen mit dem österreichischen Botschafter Deym. Dessen Berichte lassen Salisburys Überlegungen noch deutlicher werden. Deym fiel die Besorgnis auf, die jenen wegen der englischen Isolierung erfaßt hatte. Sie könne zu einer Annäherung Londons an den Dreibund führen; er fügte aber sofort einschränkend hinzu, daß „eine größere Anlehnung an den Dreibund vorderhand nicht zu erwarten" sei.[6] Obwohl er wußte, daß die Wiener Führung von der Nachricht einer von Rußland und England dominierten Einigung über die türkische Konkursmasse in höchsten Alarmzustand versetzt werden mußte, schloß Salisbury gegenüber Deym die „vollkommene Umkehr" der bisherigen englischen Türkeipolitik und die Möglichkeit, sich dann mit Rußland zu verständigen, nicht aus. Er sicherte nur beruhigend zu, er wünsche eine solche Schwenkung Englands nicht und hoffe noch, die Türkei gebe in der Armenienfrage nach.[7]

Allem Anschein nach stellte also Salisburys Idee gar kein Aktionsprogramm dar. Vielmehr sollte den Dreibundmächten deutlich gemacht werden, daß die Wahrung der territorialen Integrität des osmanischen Reiches nicht mehr zu den Grundanliegen britischer Außenpolitik zählte. Salisbury hatte bereits Ende der achtziger Jahre Bismarcks Absicht durchschaut, dieses britische Ziel zu nutzen, um England und Rußland im Meerengenbereich in Spannungen zu verwickeln, die zu einer Entlastung der außenpolitischen Stellung des Deutschen Reiches in Europa führen sollten. Auch die nachbismarcksche Führung hatte an diesem Ziel, wenngleich bei mancherlei Einschränkung und Schwankung, festgehalten. Doch der Spielraum deutscher Außenpolitik sollte nicht allein durch die angekündigte britische Reserviertheit gegenüber der Türkei, sondern mehr noch durch die Möglichkeit bedroht werden, daß sich England mit Rußland in türkischen Fragen, insbesondere im Meerengenbereich einigen könnte. Auf Deutschland Druck auszuüben, nachdem sich dieses in den „Ostasiatischen Dreibund" begeben hatte – das scheint das eigentliche Ziel des Salisburyschen Vorstoßes gewesen zu sein. Eine Schwachstelle der außenpolitischen Stellung Englands, die es auf ein Zusammengehen mit Österreich-Ungarn und Italien anwies und die

---

3 Schöllgen, Imperialismus und Gleichgewicht, S. 65; Meinecke, Bündnisproblem, S. 41.
4 GP, Bd. 10, S. 17.
5 Ebenda, S. 41.
6 HHStA Wien, MdÄ, PA I, Nr. 462, Liasse XXVc, Bl. 158: Deym an Goluchowski 10.7.1895.
7 Ebenda, PA VIII, Nr. 117, Bl. 284f.: Bericht aus London 11.7.1895.

Deutschland größeren außenpolitischen Bewegungsspielraum versprach, sollte wenigstens partiell geschlossen werden.

Man geht sicher nicht fehl in der Annahme, daß der Premierminister, soeben wieder für mindestens fünf Jahre zur Regierung gelangt, den Vorgang aus einem viel weiteren Blickwinkel betrachtete. Die russische und die französische Führung, aber auch eine breite Öffentlichkeit in diesen Ländern, bewertete Kronstadt und die russisch-französische Allianz wegen der Gegensätze beider zu dem in Europa vormals in einer halbhegemonialen Stellung befindlichen Deutschland als wichtiges Element einer Wiederherstellung des mächtepolitischen Gleichgewichts von vor 1871. Ebenso spielte auch für die britische Führung angesichts der besonders in den letzten Jahren angewachsenen deutsch-britischen Differenzen der Gedanke eine Rolle, eine Einigung mit Rußland könnte die Gleichgewichtskonstellation der Vorkrimkriegszeit wiederbeleben und den als eine störende Ausnahmesituation empfundenen Machtanspruch Deutschlands reduzieren. Als Salisbury am 30. Juli Hatzfeldt seine Vorstellungen vortrug, erinnerte er an die türkischen Teilungspläne Zar Nikolaus I. vor dem Krimkrieg und meinte, London habe seinerzeit den Fehler begangen, sie abzulehnen – eine Äußerung, die der Botschafter für „sehr bezeichnend" hielt. Und als eine Torheit hatte der Minister den Krimkrieg schon 1876 beklagt.[8]

Wie fand er bei seinem erneuten Regierungsantritt die internationale Lage vor? Der Streit mit Deutschland in Kolonialfragen hielt an. Er konnte sich, wie Anfang 1893 anläßlich des deutschen Eisenbahnbaus, auch in Kleinasien neuerlich zuspitzen. Berlin verlangte nichts weniger als adäquate Kompensationen für jeden britischen Kolonialzuwachs. Die Delagoabahn, mit deutschem Kapital gebaut und gegen den wirtschaftlichen Druck Englands auf die Burenstaaten intendiert, wurde im Juli 1895 eröffnet. Der deutsche Kaiser sandte ein Begrüßungstelegramm, das in England als Vorbote aggressiver antibritischer Politik bewertet wurde. In der regierungstreuen deutschen Presse hieß es, das Entgegenkommen gegenüber den Buren entspreche deutschen Interessen. Gegenüber den Vorschlägen einzelner Diplomaten und Wünschen mancher expansionistischer Blätter, die deutschen Interessen in Südafrika gegen England mit offensiven Mitteln zu sichern, verhielt sich die Regierung indes reserviert.[9] Doch unabhängig von konkreten Anlässen begann die deutsche öffentliche Kritik an England, eine globale Dimension zu gewinnen. Seit dem Krimkrieg sei England im Niedergang und seine Weltstellung gefährdet, hieß es im Sinne zeitgemäßer Weltreichsvorstellungen in der „National-Zeitung". Mächtige Nebenbuhler seien ihm erwachsen; Deutschland stelle als Handelsmacht eine „immer weniger zu überwindende Konkurrenz" dar. Bei dem unvermeidlichen Konflikt mit den Rivalen werde England Freunde brauchen, dazu sei freilich „Gegenseitigkeit Voraussetzung".[10]

Dieser Wandel ließ unter den britischen Konservativen die langfristigen außenpolitischen Überlegungen in Bewegung geraten. In einem Artikel im „Saturday Review" vom April 1895 hieß es: Der Krimkrieg sei ein Fehler gewesen, denn wenn England Rußland in der Türkei freie Hand lasse, werden die Reibereien an der indischen Grenze aufhören. Das Blatt empfahl ein englisch-russisches Bündnis, denn das vermöge der ganzen Welt zu trotzen.[11] Anfang September konstatierte die österreichische Botschaft in London, daß in den letzten

---

8 GP, Bd. 10, S. 10; Meinecke, Bündnisproblem, S. 36.
9 Laufer, Südafrikapolitik, S. 83ff.
10 National-Zeitung, Nr. 462, 28. 7. 1895.
11 PA Bonn, England Nr. 93, Bd. 4, Hatzfeldt an Hohenlohe 15. 4. 1895.

Monaten die britische Presse deutlich einer Verständigungspolitik mit Rußland zuneigte.[12] Am 1. September hielt der „Spectator" die Übereinstimmung mit Rußland in der Armenienfrage für gegeben und schloß auch eine allgemeine Verständigung mit Petersburg nicht aus, zumal sie in der Öffentlichkeit gewünscht werde.[13] Salisbury konzentrierte sich nun darauf, in der Armenienfrage zu dieser Kooperation zu gelangen. Für den „bedenklichsten Fall" hielt es Hatzfeldt, wenn Lobanow darauf einging, „denn das würde die orientalische Frage aufs Tapet bringen und zunächst wenigstens eine Annäherung zwischen Petersburg und London bedeuten".[14]

Angesichts dessen kann Holsteins mißtrauische Reaktion auf die Teilungsidee – „Salisburys Äußerungen haben mir keinen günstigen Eindruck gemacht" – nicht verwundern.[15] Der Kaiser bewertete die Vorschläge Salisburys, ohne ihren tieferen Sinn zu begreifen, als Beweis für die, wie er meinte, unangefochtene außenpolitische Stellung Deutschlands, „da niemand in Europa etwas erreichen könne ohne unsere Mithilfe"[16]. Solchen Optimismus besaß Holstein nicht. Erst als vorübergehend der Eindruck entstand, daß Frankreich bei der Teilung leer ausgehen sollte, schien ihm der Gedanke verfolgenswert. Als jedoch Salisbury Mitte August 1895 vorschlug, Frankreich mit Marokko zu entschädigen, verflog ihm der letzte Zweifel: Nun war er sicher, daß der Minister auf den Konflikt unter den Kontinentalmächten rechne. Um so wichtiger waren Holstein die „Brücken nach Rußland". Doch noch ein weiterer, berechtigter Eindruck drängte sich ihm auf: „Lobanow und Salisbury entwickeln gewisse Ähnlichkeiten: Hochmut, Rücksichtslosigkeit, Ablehnung der Gleichberechtigung Mitbeteiligter."[17]

In diesen Tagen war die deutsche Ablehnung längst entschieden. Als erster hatte der Kaiser am 5. August in einem Gespräch mit Salisbury in Cowes auf äußerst rabiate Weise die Aufteilungsidee zurückgewiesen.[18] Kurz darauf trafen sich Hohenlohe und der neue Wiener Außenminister Goluchowski. Sie waren sich einig in ihren „schwerwiegenden Bedenken" gegen die „phantastischen Pläne" des Premiers.[19]

Der Eifer, mit dem die deutsche Führung im September in Wien die Erneuerung der Mittelmeerentente anmahnte[20], zeigte vielmehr, wie wichtig für sie der Status quo im Vorderen Orient war. Die Gründe hierfür waren vielfältig. Durch den Bau der anatolischen Eisenbahn hatte sich der Stellenwert wirtschaftlicher Erwägungen erhöht, die das Reich am Bestand des türkischen Staates interessiert sein ließen. Eine Wiener Initiative sollte London bestärken, an dessen Position gegen mögliche russische Ausbreitungsabsichten im Orient festzuhalten und den von Deutschland befürchteten Ausgleich nicht zu suchen. Der Konfliktherd sollte, ohne akute Verschärfung mit ungewissem Ausgang, erhalten bleiben, um, wie seit Bismarcks Zeiten erprobt, dem Reich, ohne direkt engagiert zu sein, als Manövriermittel zu dienen.

---

12 HHStA Wien, MdÄ, PA VIII, Nr. 117, Bl. 404ff.: Bericht aus London 5.9.1895.
13 PA Bonn, England Nr. 83, Bd. 3, Hatzfeldt an Hohenlohe 1.9.1895.
14 Ebenda, Orientalia Gen. Nr. 5 secr., Bd. 2, Hatzfeldt an AA 24.7.1895.
15 Hatzfeldt, Papiere, S. 1048; GP, Bd. 10, S. 41f.
16 GP, Bd. 9, S. 358ff.
17 GP, Bd. 10, S. 19f., 23, 29.
18 Meinecke, Bündnisproblem, S. 38.
19 HHStA Wien, MdÄ, PA I, Nr. 462, Liasse XXVc, Bl. 169ff.: Aufz. Goluchowskis 9.8.1895.
20 Ebenda, Bl. 226f, 233f: Szögyény an Goluchowski 10.9.1895, 13.9.1895.

Doch die maritime Kräftelage im östlichen Mittelmeer hatte sich, besonders durch das Bündnis mit Frankreich, zum Vorteil Rußlands verändert. Alarmiert durch die Vermutung, selbst London suche deshalb den Kompromiß mit Rußland, sprachen sich inzwischen maßgebliche Vertreter der Wiener Diplomatie statt für die Erneuerung der Entente für eine Verständigung mit Rußland oder für Abwarten aus. So hielt Baron Calice, Botschafter in Konstantinopel, die in den letzten Jahren verstärkte russische Schwarzmeerflotte für fähig, sich in Konstantinopel und im unbefestigten Bosporus festzusetzen, längst ehe eine englische Flotte dort aufkreuzen konnte.[21] Eine Ententeerneuerung befürwortete er nur für den Fall, wenn es gelang, Deutschland in sie einzubinden und es zu verpflichten, das Vorgehen Englands, wie von Kálnoky 1893/94 vergeblich vorgeschlagen, gegen Frankreich zu decken.[22] Weil er diese Bindung für unerreichbar und den Vertrag folglich für wertlos hielt, plädierte Alois von Aehrenthal, Botschaftssekretär in Petersburg, in einer Denkschrift für einen Ausgleich mit Petersburg auf der Basis des Status quo oder durch ein Revirement, das für die russische Einverleibung Kleinasiens und Konstantinopels Österreich mit Serbien entschädigen sollte.[23]

Hatte also die Salisbury-Initiative schon in Österreich für Verwirrung und Skepsis gesorgt, mußte es die außenpolitische Stellung Deutschlands noch weit mehr tangieren, wie sie in Petersburg aufgenommen wurde und wie sie sich auf das deutsch-russische Verhältnis auswirkte. Einer der Gründe, die den Premier zu seinem Vorstoß veranlaßt hatten, war die Annahme, Deutschland sei seit der ostasiatischen Verbindung mit Rußland liiert und liefere ihm im entscheidenden Augenblick Konstantinopel aus.[24] Möglicherweise sollte der Vorstoß auch klären helfen, ob sich in diesem Falle England in den Besitz der Dardanellen setzen könnte. In den Gesprächen mit Hatzfeldt hatte Salisbury die englischen Ansprüche bei einer Teilung der Türkei, abgesehen von Ägypten, offengehalten. In seine Bereitschaft, Rußland Konstantinopel zu überlassen, bezog er die Dardanellen nie ausdrücklich ein, und er machte kein Geheimnis aus seinen Bedenken, daß Rußland im Besitz dieser Wasserstraße die englischen Mittelmeerinteressen gefährde.[25]

Viele Anzeichen sprechen dafür, daß die Salisbury-Initiative in Petersburg den Verdacht erzeugte, der Rivale bereite mit Deutschlands Unterstützung einen Meerengenvorstoß vor. Das Mißfallen Lobanows richtete sich hauptsächlich gegen Deutschland. So hatte Salisbury erreicht, daß in Rußland wie in Frankreich die Besorgnis vor der Machtentfaltung Deutschlands und seiner Verbindung mit England wieder in den Vordergrund trat.[26] Er hatte einen Schlag gegen die deutsche Einbindung in den „Ostasiatischen Dreibund" geführt, dessen Minderwertigkeit für Europa offensichtlich wurde.

Die Meldungen von Dreibunddiplomaten aus Petersburg über eine Festigung der russisch-französischen Entente häuften sich.[27] Demonstrativ nahmen Lobanow und der Chef des Kiewer Grenz-Militärbezirks General Dragomirow im September an französischen Manö-

---

21 Ebenda, Bl. 208ff.: Calice an Goluchowski 12.9.1895.
22 Ebenda, Nr. 461, Liasse XXV, Bl. 325ff., 352ff.: Calice an Goluchowski 26.9.1895, 3.10.1895.
23 Ebenda, Bl. 334ff.: Denkschrift Aehrenthals September 1895.
24 Meinecke, Bündnisproblem, S. 46; Holstein, Papiere, Bd. 3, S. 489.
25 GP, Bd. 10, S. 12, 28, 36.
26 PA Bonn, Frankreich Nr. 102, Bd. 14, Schoen an Hohenlohe 30.8.1895.
27 HHStA Wien, MdÄ, PA X, Nr. 105, Bl. 664: Bericht aus Petersburg 25.9.1895; Nr. 106, Bl. 1ff.: Bericht aus Petersburg 1.10.1895; BHStA München, MA Nr. 2779, Berichte aus Petersburg 22.9.1895, 29.9.1895; Eulenburg, Korrespondenz, Bd. 3, S. 1536ff.

vern teil, während kurz zuvor bei einem Besuch in Petersburg Hohenlohe ein frostiger Empfang durch den Minister zuteil wurde.[28] Spannungsverschärfend wirkte ein Artikel der „Kölnischen Zeitung", der deutsche Banken vor allzu weitherzigen Kapitalexporten nach Rußland warnte – offenbar um Druck auszuüben, deutsches Kapital an einer weiteren chinesischen Anleihe zu beteiligen und deutschen Firmen zusätzliche Bestellungen von Eisenbahnmaterial zu sichern.[29]

Als Wilhelm II. Ende September seinen Flügeladjutanten Kuno von Moltke mit einem neuen Aufruf zum Zusammenschluß gegen innere und äußere Feinde zum Zaren schickte und das Schreiben mit einer allegorischen Zeichnung kredenzte[30], berichtete der Überbringer anschließend zwar von freundlichen Worten des Monarchen, aber auch davon, wie tief verwurzelt die russisch-französische Verbindung selbst in der Zarenfamilie war. Der Kaiser rang sich zu einer bemerkenswerten Erkenntnis durch: „Die Russen haben eine Entente mit Frankreich und rüsten gegen uns. Sie werden Frankreich verbieten, gegen uns vorzugehen, solange es ihnen paßt. Im geeigneten Augenblick wird die Erlaubnis erteilt werden." Nikolaus habe keine Ahnung über diese Verhältnisse. „Ich weiß, wessen ich mich von Rußland zu versehen habe."[31] Doch rasch war diese Einsicht wieder von optimistischen Erwartungen verdrängt.

Sie resultierten besonders aus dem Besuch Lobanows Mitte Oktober 1895 in Berlin. Als ihm Eulenburg versicherte, Deutschland stehe England bei einer Meerengeninitiative nicht bei, war der Minister frappiert, so sehr hatte ihn das Mißtrauen gegen Berlin beherrscht.[32] Doch ebenso berechtigt warnte Hatzfeldt die Zentrale davor, Rußland nicht nachzulaufen, sonst laufe ihm London den Rang ab.[33] Der Kaiser indes, in der Hoffnung, die ihn peinigende russisch-französische Verbindung durchlöchern zu können, gab auf Lobanows Erklärung, eine englische Festsetzung an den Dardanellen nicht zu dulden, die Zusage, „daß er diesen Standpunkt als einen berechtigten anerkenne und nicht abgeneigt sei, ihn moralisch zu unterstützen". Konzessionszusagen erhielt er dafür von Lobanow freilich nicht.[34] Holstein bewertete Wilhelms Versprechen als einen gravierenden Fehler, hielt ihn aber für noch korrigierbar: „Für Deutschland ist jetzt das Richtige: Ruhig sein und die beiden aufeinanderplatzen lassen. [...] Wenn der Krieg im Gange ist, können wir dann sehen, was wir tun."[35]

So war das Auswärtige Amt mit dem Besuch Lobanows nicht unzufrieden, denn es sah ihn von Englandfeindschaft beherrscht und meinte ihn von der deutschen Nichtbeteiligung an britischen Orientinitiativen überzeugt zu haben.[36] Es hatte Mißtrauen abgebaut, doch im Erfolgsgefühl neue Illusionen gewonnen. Denn die deutsch-russischen Beziehungen besser-

---

28 BHStA München, MA Nr. 2779, Bericht aus Petersburg 13.9.1895; GP, Bd. 9, S. 362ff.
29 PA Bonn, Rußland Nr. 71, Bd. 22, Radolin an Hohenlohe 1.10.1895, 16.10.1895, Radolin an AA 28.10.1895.
30 Briefe Wilhelms II., S. 18ff.
31 BA Koblenz, NL Bülow, Nr. 22, Bl. 71ff.: Moltke an Wilhelm II. 30.9.1895 mit Randbemerkungen Wilhelms; vgl. auch die Aufzeichnung Eulenburgs über ein Gespräch mit dem Kaiser (GP, Bd. 9, S. 365ff).
32 GP, Bd. 9, S. 373.
33 Holstein, Papiere, Bd. 3, S. 489.
34 GP, Bd. 9, S. 374.
35 Eulenburg, Korrespondenz, Bd. 3, S. 1574f.
36 BHStA München, MA Nr. 2673, Bericht aus Berlin 18.10.1895.

ten sich nur äußerlich.³⁷ Die russische Presse reagierte reserviert auf die Visite.³⁸ Charakteristisch war die Stellungnahme der „Birshewija Wedomosti": Für sie lag der ausschlaggebende Grund für die verbesserten Beziehungen zu Deutschland im „dauerhaften" Bündnis mit Frankreich, das das erstere „von kriegerischen Plänen abhalte"³⁹.

Salisbury hatte jedenfalls mit der Meerengeninitiative seinen Zweck erreicht. Als am 17. Oktober der Sultan die Vorschläge Rußlands, Frankreichs und Englands in der Armenienfrage akzeptierte, ließ der Premier Hatzfeldt nicht nur wissen, von Teilungsplänen sei nun keine Rede mehr, sondern auch, daß er die Dardanellen „nicht mehr" Rußland zu überlassen gedenke.⁴⁰ Das alles zeigt, daß England wie Rußland kein Interesse daran hatten, es in Europa zum Konflikt zwischen ihnen kommen zu lassen. Diese Erkenntnis blieb der deutschen Führung nicht verborgen. Doch schloß sie daraus, daß sich nun im asiatischen Raum die Konfliktmöglichkeiten zwischen beiden Mächten verstärken würden. Nicht nur Holstein rechnete mit Krieg, auch Marschall: „Der Gang der Ereignisse drängt auf den Konflikt hin." Die „Reibungsfläche" reichte nach seiner Meinung von Konstantinopel bis Port Arthur.⁴¹ Beide Kontrahenten, so die nächste Schlußfolgerung, mußten interessiert sein, Deutschland auf ihre Seite zu ziehen, wenigstens nicht als Gegner zu haben.⁴² Darin sah Berlin die Chance, endlich seinen außenpolitischen Bewegungsspielraum zu erweitern. Es machte beiden Seiten Angebote und setzte sie, durchaus modifiziert angesichts ihrer unterschiedlichen Ausgangslage, gleichzeitig unter Druck: England wurde geraten, dem Dreibund beizutreten, andernfalls gedroht, sich mit Rußland zu verbinden.⁴³ Rußland gegenüber erneuerte der Kaiser das Angebot, ihm Rückendeckung an den Westgrenzen zu gewähren.⁴⁴ Eine Korrektur des russisch-französischen Zusammengehens hielt man nach allen Erfahrungen für aussichtslos. Gleichgültig ob es ein festes Bündnis gebe oder nicht, so Marschall, de facto habe sich Frankreich Rußlands Führung unterworfen. Deshalb rechnete er für die Zukunft nicht mit einem intimen Verhältnis Deutschlands zu Rußland.⁴⁵ Das Angebot der Rückendeckung sollte jedoch die Allianz weg von Deutschland stärker gegen England lenken. Petersburg mit einer deutsch-englischen Annäherung zu drohen mußte unterbleiben, weil sich dann die Zielrichtung der Allianz eindeutig gegen Deutschland gerichtet und auf Europa konzentriert hätte. Der Bewegungsspielraum und damit die Möglichkeit der Druckausübung wurde gegenüber England als größer eingeschätzt als gegenüber Rußland. Dadurch entstand der Anschein, Deutschland beabsichtige sich eher mit Rußland, als mit England zu arrangieren.

In Wirklichkeit wollte die Wilhelmstraße die strikte Festlegung für die eine wie die andere Seite vermeiden. Um beide zum Konfliktkurs zu ermuntern und nicht geradezu davon abzuhalten, meinte sie in erster Linie ihnen überzeugend demonstrieren zu müssen, daß Deutschland bereit war, im Ernstfall nicht als Gegner in Erscheinung zu treten.

---

37 Ebenda, Nr. 2779, Bericht aus Petersburg 18.10.1895.
38 PA Bonn, Deutschland Nr. 131, Bd. 18, Radolin an Hohenlohe 15.10.1895.
39 Ebenda, Radolin an Hohenlohe 24.10.1895.
40 PA Bonn, Orientalia Gen. Nr. 5 secr., Bd. 3, Hatzfeldt an AA 27.10.1895; Schöllgen, Imperialismus und Gleichgewicht, S. 70.
41 GP, Bd. 10, S. 238.
42 PA Bonn, Orientalia Gen. Nr. 5 secr., Bd. 6, Marschall an Bülow 6.12.1895.
43 Meinecke, Bündnisproblem, S. 50ff.; GP, Bd. 11, S. 8ff.
44 Briefe Wilhelms II., S. 28.
45 HHStA Wien, MdÄ, PA III, Nr. 146, Bl. 883f.: Bericht aus Berlin 9.11.1895.

Gewiß war die Freihandpolitik von Anfang an Ausdruck der Verlegenheit, und es bestand die Gefahr, sich zwischen alle Stühle zu setzen. Bislang hatte sie sich als zu schwach erwiesen, um auf dem Gebiet der kolonialen Expansion Erfolge zu verbuchen. Nur beim Wohlwollen Rußlands in Asien und Englands in Afrika, so die Erfahrung der letzten Jahre, schienen solche Gewinne für Deutschland möglich. Dafür sah die deutsche Führung die Chancen jetzt verbessert, wenn sich der russisch-englische Gegensatz wirklich zuspitzte.

Der Sinn der Sondierungen nach beiden Seiten lag darin, neben der Bereitschaft zumindest zum Stillhalten auch Macht zu demonstrieren, um den Weg für Kompensationen auf kolonialpolitischem Gebiet zu öffnen. Das war schwierig genug, denn es galt, die Machtdemonstration so zu dosieren, daß sie nicht beide Seiten zum Verzicht auf den Konflikt veranlaßte. Die Dinge reifen zu lassen und Druck zu machen – so sollten die als längst überfällig ersehnten Kolonialerfolge endlich realisiert werden.

Geht man von einer solchen Zielvorstellung der Berliner Außenpolitik aus, lassen sich ihre anscheinend widersprüchlichen Aktivitäten vor der Transvaalkrise erklären. Nicht nur Versagen, was Schöllgen meint[46], nicht nur Fehleinschätzung, auch Verlegenheit bestimmte diesen Kurs.

Nach dem Lobanowbesuch fühlte sich die Berliner Zentrale durch neue Berichte in ihrem Optimismus bestärkt, daß England immer mehr in eine isolierte Stellung, besonders in Ostasien, gerate.[47] Gleichzeitig rechnete sie mit internationalen Vorstößen Rußlands und Frankreichs. „Gegenüber dieser francorussischen Politik fällt Deutschland die Aufgabe zu, das europäische Gleichgewicht [...] zu schützen", instruierte Hohenlohe am 27. Oktober 1895 Bülow, „daß es da, wo keine vertragsmäßigen Verpflichtungen bestehen, und selbst dann, wenn eine unklare englische Position keine positive Annäherung an England gestattet, doch unter allen Umständen die deutsche Neutralität wahrt und sich freie Hand nach Maßgabe des vaterländischen Interesses vorbehält".[48] Wenige Wochen später hielt Marschall gegenüber dem sächsischen Gesandten die internationale Lage für ernst und gab seiner Hoffnung Ausdruck, Deutschland aus einem Konflikt heraushalten zu können.[49]

Die Mischung aus Angebot und Drohgebärde, die die deutsche gegenüber der britischen Führung im diplomatischen Verkehr bevorzugte, rief in der internationalen Politik und in der Öffentlichkeit beider Staaten den Eindruck hervor, das deutsch-englische Verhältnis verschlechtere sich weiter. Besonders irritiert zeigten sich Goluchowski und Blanc bei ihren Bemühungen, die Mittelmeerentente wiederzubeleben.[50] Anfang November 1895 konfrontierte die deutsche Seite den Wiener Außenminister nicht mehr nur mit der bekannten Version, Deutschland verfolge gegenüber der Türkei und den Meerengen keine direkten Interessen und stehe bei Konflikten nur in zweiter Reihe. Eulenburg machte in Wien darüberhinaus deutlich, „daß Deutschland eine Politik Österreichs nicht unterstützen könne, die in der Besitzergreifung Konstantinopels durch die Russen den Kriegsfall erblickt", und Marschall meinte im Gespräch mit Szögyény, bei der Gefährdung der österreichischen Machtstellung werde es im Kriegsfall „lediglich von unserem Ermessen abhängen, den Zeit-

---

46 Schöllgen, Imperialismus und Gleichgewicht, S. 76ff.; Meinecke, Bündnisproblem, S. 50ff.
47 PA Bonn, England Nr. 93, Bd. 5, Metternich an Hohenlohe 16.10.1895.
48 Ebenda, Nr. 78 secr., Bd. 2, Hohenlohe an Bülow 27.10.1895.
49 SHA Dresden, Außenministerium, Nr. 3305, Bericht aus Berlin 19.11.1895.
50 PA Bonn, England Nr. 78 secr., Bd. 2, Bülow an Hohenlohe 29.10.1895.

punkt und die Modalitäten des Einschreitens zu bestimmen"[51]. Nun sah Goluchowski den Zeitpunkt gekommen, Klarstellung in Berlin über die Voraussetzungen des Casus belli und in London über Englands Haltung in einem Orientkonflikt zu verlangen. Mit einer einfachen Erneuerung der Mittelmeerentente gab er sich nicht mehr zufrieden, sondern verlangte von England, sich zu verpflichten, im Konfliktfall in erster Linie den Kampf für den Status quo an den Meerengen aufzunehmen.[52]

In der Frage einer deutschen Beteiligung in einem russisch-österreichischen Krieg verlangte Hohenlohe am 11. November von Eulenburg, bei seinen österreichischen Gesprächspartnern den Eindruck zu korrigieren, „daß wir Österreich-Ungarn [...] auch dann seinem Schicksal überlassen würden, wenn seine Großmachtstellung bedroht ist".[53] Doch in einer internen Verständigung mit dem Kaiser und dem Staatssekretär am 13. November blieb er bei der Version, die sich in der Instruktion für Eulenburg vom 5. November niedergeschlagen hatte und Ausgangspunkt für Goluchowskis Irritation war: „Wie sich im kritischen Falle diese Machtstellung erhalte lasse, hänge von den Verhältnissen ab, die heute noch nicht zu übersehen seien. Wir würden – und das sei schon heute zu sagen – alles tun, um Österreich zu hindern, daß es den Russen an der Besetzung Konstantinopels entgegenzutreten versuche, während England im Hintertreffen bleibe."[54] Obwohl sich Wilhelm II. mit diesen Erwägungen einverstanden erklärt hatte, erhielt am gleichen Abend Szögyény, angeblich abgesprochen mit Hohenlohe und Marschall, von dem Monarchen nach dem Bericht des Botschafters eine mündliche Interpretation der deutschen Beistandsverpflichtung im Kriegsfall, wie sie so weitgehend bisher niemals gegeben worden war: Wenn die Habsburgermonarchie unprovoziert in Krieg gerät und ihre Großmachtposition bedroht ist, „dann hätten nicht wir, sondern Österreich-Ungarn allein darüber zu urteilen, ob dieser Fall tatsächlich eingetreten sei." Dann sei Deutschland zum Kriegseintritt verpflichtet.[55] Damit gab der deutsche Kaiser, im Gegensatz zu den deutschen Erklärungen gegenüber Wien zuvor, die Entscheidung über einen Kriegseintritt faktisch aus der Hand und lieferte Deutschland dem österreichischen Vorgehen aus. Wien war sich über die enorme Tragweite dieser Zusage sofort im klaren. Wichtig sei, schrieb Szögyény seinem Minister, daß die Entscheidung über die Tatsache der Bedrohung „bei uns liegt".[56] Und Goluchowski hielt die Erklärung für die „bedeutungsvollste Enunciation, welche seit dem Abschluß des österreichisch-deutschen Bündnisses über die Tragweite desselben erfolgt ist".[57]

Nach Marschalls Aufzeichnung gab der Kaiser allerdings dem Staatssekretär und Hohenlohe eine modifizierte Version seiner Aussage: „Deutschland werde allerdings Österreich-Ungarn vor einem bewaffneten Konflikt mit Rußland namentlich dann warnen, wenn England noch nicht fest engagiert ist. Aber selbstverständlich stehe dem Kaiser Franz Joseph und seiner Regierung das endgültige Urteil darüber zu, ob ein Lebensinteresse der österreich-ungarischen Monarchie durch den Eintritt gewisser Ereignisse verletzt sei oder nicht. Falls

---

51 GP, Bd. 10, S. 154, 155f., 158.
52 Stein, Neuorientierung, S. 92ff.
53 GP, Bd. 10, S. 166.
54 Hohenlohe, Denkwürdigkeiten der Reichskanzlerzeit, S. 121.
55 HHStA Wien, MdÄ, PA I, Nr. 476, Liasse XXXIII, Nr. 2, Bl. 698f.: Szögyény an Goluchowski 14.11.1895; vgl. auch Stein, Neuorientierung, S. 66f.
56 HHStA Wien, MdÄ, PA I, Nr. 476, Liasse XXXIII, Nr. 2, Bl. 726: Szögyény an Goluchowski 23.11.1895.
57 Ebenda, Bl. 705: Goluchowski an Szögyény 16.11.1895.

die Großmachtstellung Österreich-Ungarns ohne Provokationen seinerseits bedroht werde, könne sich Kaiser Franz Joseph auf unseren allergnädigsten Herrn verlassen."[58] Sie schließt die von Szögyény festgehaltene Zusage nicht aus; aber sie enthält Einschränkungen und Unklarheiten, so daß es vage bleibt, wie es zum deutschen Kriegseintritt kommt. War das Absicht? Zwei spätere Belege bringen Klarheit. 1899 wiederholte der Botschafter seine Sentenz. Und am 7. Oktober 1908, während der Bosnischen Annexionskrise, erneuerte der Kaiser gegenüber Szögyény, sich auf das Gespräch von 1895 berufend, die weitergehende Zusage: er habe in jenem Jahr „in der entschiedensten Weise erklärt [...], daß er die Bündnisfrage nicht nur nach dem Buchstaben unseres Bundesvertrages auffasse, sondern in jeder großen und kleinen Frage treu an unserer Seite stehen werde. Höchstderselbe habe mir damals gesagt, Kaiser Franz Joseph sei preußischer Feldmarschall und demzufolge habe er nur zu befehlen, die ganze preußische Armee werde seinem Kommando folgen. Er stehe heute auf demselben Standpunkte."[59]

Es ist schlechthin unvorstellbar, daß in einer für Wien so existentiellen Frage, in der der Kaiser nun die von Österreich immer erhoffte, aber von Berlin bislang niemals abgegebene Zusage erteilte, Szögyény den Kaiser falsch verstanden haben könnte. Oder war sich Wilhelm über die Tragweite seiner Ausführungen gar nicht im klaren? Sollte von Marschall die Zusage, ohne den Kaiser zu desavouieren, relativiert werden? Wollte der Staatssekretär mit seiner Version, die Eulenburg telegraphisch zur Verwendung in Wien übermittelt wurde, den Schaden begrenzen, nachdem er dem Kaiser die Dimension seiner Aussage verdeutlicht hatte? Das scheint eine plausible Erklärung. Die Instruktion an Eulenburg hat freilich keine Wirkung auf die Wiener Führung erzielt. Als übereinstimmend Szögyény Marschall informierte und Eulenburg an Hohenlohe berichtete, daß für die österreichische Führung des Kaisers Aussage von besonderer, über bisherige Erklärungen weit hinausreichender Dimension sei, bestand kein Zweifel, welche Version Wien meinte.[60] Doch Wilhelm zeigte sich nur verwundert, er habe lediglich wiederholt, wovon er zuvor schon Kaiser Franz Joseph informiert hätte.[61] Ein dann erst recht notwendiger Versuch zur grundsätzlichen Klarstellung unterblieb. Wollten Hohenlohe und Marschall den Kaiser weiterhin nicht bloßstellen?

58 GP, Bd. 10, S. 203f.
59 Österreich-Ungarns Außenpolitik, 1. Bd., S. 278f., 156f.; Krausnick, Holstein, Österreich-Ungarn, S. 485ff. Es ist erstaunlich, daß die deutschen Historiker, die die Julikrise 1914 und den Kriegsausbruch behandeln, weder auf den Vorgang von 1908 noch auf den von 1895 zurückgreifen. Nur der österreichische Historiker Fritz Fellner hat auf die Identität der Zusagen und Personen wenigstens von 1908 und 1914 verwiesen. Fellner, Mission Hoyos, S. 390ff.
60 GP, Bd. 10, S. 205ff. Der Schriftwechsel Goluchowski – Szögyény mit den Bewertungen der Kaiseraussage fand *nach* diesen Gesprächen bzw. Informationen statt, war also unbeeinflußt von ihnen geblieben (vgl. Anm. 55, 56, 57.). Die GP, Bd. 10, S. 205ff. erweckt allerdings den falschen Eindruck, als ob Goluchowskis Urteil sich auf das Telegramm des AA an Eulenburg vom 14.11.1895 (ebenda, S. 203) und damit auf die reduzierte Aussage des Kaisers beziehe. In Wirklichkeit meint der Minister das Telegramm Szögyénys vom 14.11. an ihn (vgl. Anm. 55). Dieser Fehler kann der Grund sein, weshalb Krausnick (in: Holstein, Österreich-Ungarn, S. 508ff.) der Aussage des Telegramms des AA eine zu weitreichende Dimension gibt und den erheblichen Unterschied zu der Aussage Szögyénys übersieht, dessen Telegramm vom 14.11. Krausnick im Anhang zwar abdruckt, jedoch darauf verzichtet, es zu interpretieren. Er hat es, wie er anmerkt, erst zur Kenntnis erhalten, als sein Aufsatz schon fertig vorlag.
61 GP, Bd. 10, S. 207.

Wilhelms Zusagen an den Botschafter bedeuteten jedenfalls, daß knapp 20 Jahre vor dem fatalen Blankoscheck an Wien im Juli 1914 diese Auslegung des Bündnisfalls erstmals festgehalten und zwischen denselben Personen mehrmals wiederholt worden ist, also als längst geläufig galt und 1914 von ihnen lediglich erneuert wurde. Deutschland hatte sich folglich in dieser existentiellen Frage nicht erst 1914 österreichischen Entscheidungen untergeordnet.

Natürlich bedeutete dieser Tatbestand keinen Automatismus, der sich aus der Festlegung von 1895 auch für die von 1914 ergeben hätte. Das zeigen die öfters aufgetretenen Zweifel und Unsicherheiten auf anderen Ebenen. Alternativen hat es gegeben. Außerdem war die monarchische Ebene nicht allein für die Entscheidung maßgebend. Doch angesichts der exorbitanten verfassungsmäßigen Rechte des Kaisers hinsichtlich Kriegsentscheidung und Außenpolitik war sie eminent bedeutsam. Dennoch ist es erstaunlich, daß in dem Staatswesen des Deutschen Reiches die Instanzen und Mechanismen der Kontrolle so wenig wirksam geworden sind.

In der Historiographie steht der Fall 1914 fast isoliert im Blickpunkt, weil da der Krieg wirklich ausbrach. Doch der Gesamtvorgang verdeutlicht die für das Reich existentiell gefährliche Kontinuität der Macht dieses Kaisers. Deshalb ist der Nachweis der Permanenz dieser Entscheidung, faktisch schon von 1889 über 1895 und 1908 bis 1914, gravierend. Hinzu kommt die unangemessene, höchst leichtfertige Form der Vereinbarung, diese Grundsatzfrage im persönlichen Gespräch zu behandeln und auf schriftliche Dokumentation zu verzichten. Alles macht schlaglichtartig deutlich, wie es um dieses politische System bestellt war.

Es ist nicht ausgeschlossen, daß der von Subjektivismus und plötzlichen Eingebungen beherrschte Kaiser deshalb so weitherzig den Österreichern entgegenkam, weil er in diesen Tagen die Antwort vom Zaren erhielt, daß dieser sein Angebot der Rückendeckung wieder nicht aufnahm. Das Schreiben war, so Hohenlohe an Holstein, „sehr ablehnend und kühl, so daß er S.M. tief verletzt hat". Wilhelms Schlußfolgerung kam Hohenlohe entgegen: „Das Zusammengehen von Österreich, Italien und England entspricht seinen Wünschen."[62] Dies entsprach der außenpolitischen Grundlinie der Regierung. Sie regte jetzt in Wien und Rom direkt an, in London auf eine Klarstellung bezüglich der Mittelmeerentente zu drängen, weil sie fürchtete, England werde im Konfliktfall Österreich und Italien vorschieben und selbst unbeteiligt bleiben.[63] Holstein mahnte gleichzeitig Bülow in Rom zu deutscher Zurückhaltung bei den Sondierungen.[64] Denn eigene Reserviertheit in Orientfragen bildete für die deutsche Regierung die wichtige Voraussetzung, um das russisch-englische Konfliktpotential weiter wachsen zu lassen. Hohenlohe sah dieses in Ostasien, besonders aber im Meerengenbereich sich entfalten, denn er ging davon aus, daß England den Besitz Ägyptens sichern und über den Bau einer Eisenbahn von Port Said zum Persischen Golf diese Gebiete in eine Interessensphäre zu verwandeln trachte und damit russische und französische Interessen durchkreuze. Vermieden Deutschland und der Dreibund den Kontinentalkrieg – er wäre für England der leichteste Weg für die Festsetzung gewesen – sah Hohenlohe den russisch-englischen Konflikt als unausweichlich.[65]

---

62 BA Potsdam, 90 Ho 5: NL Holstein, Film 62245, Bl. 194025: Hohenlohe an Holstein 15.11.1895.
63 HHStA Wien, MdÄ, PA III, Nr. 146, Bl. 921: Bericht aus Berlin 23.11.1895; GP, Bd. 10, S. 207; Hatzfeldt, Papiere, S. 1059.
64 Ebenda, S. 1061.
65 GP, Bd. 10, S. 112ff.

Als Wien den Großmächten vorschlug, deren zur Durchsetzung ihrer Forderungen an die Türkei in der Armenienfrage in Gang gesetzte Flottendemonstration bei den Meerengen durch die Entsendung zweier Schiffe der beteiligten Staaten zu verstärken, verzichtete Berlin darauf, sich zu beteiligen.[66] Marschall drängte aus diesem Anlaß die eigene Diplomatie wiederum, bei einer sich abzeichnenden Annäherung der Mächte der Mittelmeerentente die abwartende Position Deutschlands zu betonen. Dabei kann auch die Absicht eine Rolle gespielt haben, die Wirkung der fatalen kaiserlichen Zusage an Österreich zu konterkarieren. Denn „ganz vertraulich" ließ er Bülow wissen: „Am vorsichtigsten müssen wir [...] mit Wien sein, da beim Grafen Goluchowski der Gedanke, daß Österreichs Großmachtstellung bei Deutschland ihre festeste Stütze findet und in jeder Lage finden muß, mehr hervortritt, als uns angenehm ist und in den Rahmen unserer Orientpolitik paßt."[67]

Mitte Dezember 1895 hielt die deutsche Führung den russisch-englischen Konflikt nun eher an den Meerengen als in Ostasien für möglich. Sie rechnete damit, daß die permanente Unzufriedenheit Londons mit der türkischen Politik in der Armenienfrage bis zum militärischen Druck auf die Pforte führen und daraus der Konflikt mit Rußland erwachsen könnte. Wiederum kam es dem Auswärtigen Amt darauf an, England die Hoffnung zu verbauen, den Krieg von den Kontinentalmächten ausfechten zu lassen, ohne sich selbst zu beteiligen. Nachdrücklich mahnte deshalb Marschall Rom und Wien, sich von London auch in der Armenienfrage nicht vorschieben zu lassen. Nur dann könnte sich England entschließen, selbst Ernst zu machen.[68] Wie sich Deutschland dabei verhalten mußte, hatte Hatzfeldt, ähnlich wie kurz zuvor Radolin, in einem Privatbrief an Holstein nochmals unterstrichen: Es sei daran festzuhalten, „uns nach keiner Seite definitiv zu engagieren, weder nach der russischen noch auch nach der englischen. Kommt die Krisis, und wir haben die Hände frei, so wird es in unserer Hand liegen, unsere Wahl zu treffen und unsere Bedingungen zu stellen". Doch Hatzfeldt wußte, es war ein Teufelskreis: gerade wenn sich Berlin, Rom und Wien zurückhielten, war mit einer Initiative Salisburys nicht zu rechnen.[69]

Die Chancen standen schlecht. Weder Rußland noch England beabsichtigten den Krieg. Die Begleiterscheinungen um die Sondierungen über die Mittelmeerentente schienen vielmehr Salisbury die Erkenntnis zu erleichtern, Deutschland verfahre wieder einmal nach dem bekannten Rezept, England und Rußland an den Meerengen brouillieren zu wollen. Deshalb ließ er verbreiten, England verhandle mit Rußland über ein Kondominium an den Meerengen[70], und ebenso zum Schein ließ er Deym gegenüber durchblicken, England wolle sich dem Dreibund anschließen. Mit der Offerte zielte er darauf ab, Deutschland zum Offenbarungseid zu zwingen.[71] Der schon irritierte Holstein geriet schließlich fast in Panik, als er am 21. Dezember von Wilhelms tags zuvor gegenüber dem englischen Militärattaché Swaine abgegebenen Erklärung erfuhr, England hätte die Dardanellen okkupieren sollen, er, der Kaiser, hätte für diesen Fall vorgesorgt, daß England von Österreich und Italien unter-

---

66 HHStA Wien, MdÄ, PA III, Nr. 146, Bl. 918ff.: Bericht aus Berlin 23.11.1895; GP, Bd. 10, S. 187ff.
67 Ebenda, S. 217.
68 Ebenda, S. 233ff., 237f., 122ff.
69 Holstein, Papiere, Bd. 3, S. 503ff.
70 GP, Bd. 10, S. 249ff.
71 Ebenda, S. 239ff.

stützt worden wäre.[72] Wenn Salisbury diese Information der zaristischen Führung zuspiele, fürchtete Holstein Deutschland der Gefahr ausgesetzt, von Rußland und Frankreich angegriffen zu werden. So war die ausgeklügelte Taktik vom Kaiser unterlaufen worden. Das Reich schien nicht der lachende Dritte zwischen Rußland und England werden zu können, sondern zwischen alle Mühlsteine zu geraten. Zumindest ein Teilrückzug mußte angetreten werden. Holstein konnte Wien und Rom veranlassen, die neuen englischen Dreibundvorschläge abzulehnen und sich ausschließlich auf die Mittelmeerentente zu orientieren.[73] Und Marschall drehte gegenüber dem neuen Botschafter Frank Lascelles den Spieß um: die deutsche Außenpolitik bewege sich „mehr in der russischen als in der englischen Linie", weil Rußland anders als England „aufrichtig die Erhaltung des Status quo im Orient auf dem Boden der Verträge wünsche und allen Abenteuern und Experimenten abgeneigt sei"[74].

Das Vorhaben, die Freihandpolitik zu nutzen, um die russisch-englische Konfliktgefahr zu schüren, war an den fehlenden Voraussetzungen gescheitert, an den Gegenreaktionen Salisburys und an den Unzulänglichkeiten in der deutschen Führung. Doch mit der Konfliktmöglichkeit rechnete sie weiter, und deshalb korrigierte sie das Freihandkonzept nicht. Sie neigte jedoch wieder mehr der russischen Seite zu, drohten doch von dort im Ernstfall größere Gefahren und waren die Gegensätze zu ihr geringer als zu England.

Diese modifizierte Relation entsprach der Dynamik der komplexen bilateralen Verhältnisse zu England und zu Rußland. Der deutsch-russische Handelsverkehr wuchs kontinuierlich, die agrarischen Appelle für hohe Getreidezölle blieben außenpolitisch ohne nennenswerte Wirkung. Im November 1895 gelang es, ohne die Vermittlung der außenpolitischen Behörden beanspruchen zu müssen, auf direktem Wege zwischen dem russischen Finanzministerium und dem Russenkonsortium der deutschen Banken eine russische Eisenbahnanleihe zu realisieren. Nach langer Zeit konnten bei einem russischen Geldgeschäft erstmals wieder deutsche Banken dominieren.[75] Finanzminister Witte hatte sich nach Berlin gewandt, weil die Anleihe in Frankreich nicht zustande kam. Die Aktion des einflußreichen Ministers stärkte zeitweilig die relativ deutschfreundliche Tendenz in der zaristischen Führung[76], die indes vor allem auf den englisch-russischen Widersprüchen fußte.[77] Illusionen über die Perspektiven einer russisch-deutschen Annäherung ließ die deutsche Führung in dieser Phase nicht aufkommen.[78]

Dagegen belastete die deutsch-englische Wirtschaftskonkurrenz die bilateralen Beziehungen immer mehr. Für den „Globe" war Anfang November „die wachsende Rivalität auf kommerziellem Gebiet" der „Hauptfaktor" für die steigenden Spannungen.[79] Stimmen, die in dem

---

72 Ebenda, S. 251ff.; Holstein, Papiere, Bd. 3, S. 516f.; Hatzfeldt, Papiere, S. 1063f.
73 Holstein, Papiere, Bd. 3, S. 516. Die Hg. der Holstein-Papiere beziehen die „englischen Vorschläge" ausschließlich auf die Armenienfrage; in diesen Tagen stand jedoch das Beitrittsangebot weit mehr im Blickpunkt.
74 GP, Bd. 10, S. 255ff.; HHStA Wien, MdÄ, PA III, Nr. 146, Bl. 1035ff.: Bericht aus Berlin 23.12.1895.
75 Ebenda, Bl. 930ff.: Bericht aus Berlin 23.11.1895.
76 Ebenda, PA X, Nr. 106, Bl. 107ff.: Bericht aus Petersburg 2.11.1895; BA Potsdam, 90 Ho 5: NL Holstein, Film 62246, Bl. 195190ff.: Radolin an Hohenlohe 1.12.1895.
77 HHStA Wien, MdÄ, PA X, Nr. 106, Bl. 172ff., 229ff.: Berichte aus Petersburg 20.11.1895, 3.12.1895.
78 Ebenda, PA III, Nr. 146, Bl. 930ff.: Bericht aus Berlin 23.11.1895; GP, Bd. 9, S. 379ff.
79 Ebenda, Frankreich Nr. 102 secr., Bd. 2, Bl. 24: Wilhelm II. an AA 9.9.1896; BHStA München, MA Nr. 2674, Bericht aus Berlin 9.9.1896; SHA Dresden, Außenministerium, Nr. 3308, Bericht

immensen deutsch-englischen Handelsverkehr ein Element freundschaftlichen Verhältnisses erblickten, blieben in der Minderheit. Der bilaterale Handelsverkehr hatte sich im übrigen von Januar bis September 1895 zum Vorteil des britischen Exports verändert.[80]

Die seit langem anhaltenden Spannungen auf kolonialem Gebiet konzentrierten sich noch mehr auf Transvaal. Es waren vor allem die hochgeschraubten wirtschaftlichen Erwartungen, die das Interesse an dem Schicksal dieses Staates in der deutschen Wirtschaft und Öffentlichkeit wachhielten. So verlangte die „Kolonialgesellschaft für Südafrika", das „Deutschtum" auf Gebiete zu konzentrieren, die in wirtschaftlicher Hinsicht rasche Entwicklung versprachen, und orientierte besonders auf Südostafrika.[81]

Das Auswärtige Amt bevorzugte eine eher abwartende Haltung. Es rechnete im November mit einem eigenständigen Vorgehen Transvaals im Streit mit der britischen Kapkolonie und mit englischem Zurückweichen.[82] So antwortete der deutsche Konsul Graf Pfeil dem burischen Staatssekretär W.J. Leyds auf dessen Wunsch nach deutscher Unterstützung gegen die englischen Umklammerungsversuche: „Wir müssen eine aktive Transvaalpolitik erkennen können, dann kann Deutschland Sie unterstützen, und diese Unterstützung muß ihren Lohn wieder in der Zusicherung wirtschaftlicher Vorteile finden."[83] Transvaal war für die deutsche Führung nicht allein Objekt vor allem wirtschaftlichen Vormachtstrebens, sondern auch angesichts des enormen britischen Südafrikainteresses ein Druckmittel, um von England koloniale Konzessionen an anderer Stelle zu erhalten. Doch die herannahende Krise entwickelte mit der Aktivierung der Konfliktparteien, dem wachsenden Expansionsdruck in Deutschland und der Eigenmächtigkeit der deutschen Konsuln zusehends eine Eigendynamik und ließ sich im Auswärtigen Amt immer weniger beherrschen.[84] Schon Mitte Oktober hatte der scheidende britische Botschafter Malet gegenüber Marschall die deutsche Haltung in der Transvaalfrage als den „schwarzen Punkt" in den deutsch-englischen Beziehungen bezeichnet. Als in den letzten Dezembertagen in Berlin Nachrichten über Konfliktvorbereitungen der englischen Partei in Johannesburg eintrafen, informierte Marschall die britische wie die transvaalische Regierung, Deutschland werde eine Störung der Unabhängigkeit des südafrikanischen Staates nicht zulassen.[85]

Geflissentlich ignorierte der Staatssekretär, daß die Unabhängigkeit bereits insoweit eingeschränkt war, als der Burenstaat völkerrechtliche Verträge nur mit Billigung Englands abschließen durfte. Die britische Öffentlichkeit betrachtete deshalb Transvaal faktisch als einen Teil des Empires. Bei so gegensätzlichen Interpretationen der Unabhängigkeit waren im Konfliktfall gefährliche englisch-deutsche Spannungen vorprogrammiert.

Zur gleichen Zeit schlug Hohenlohe in Wien Goluchowski für den Fall des Zusammenbruchs der Türkei erstmals eine russisch-österreichische Verständigung vor, nach der Österreich für eine Inbesitznahme Konstantinopels durch Rußland mit Mazedonien bis

---

aus Berlin 9.9.1896; HHStA Wien, MdÄ, PA III, Nr. 147, Bl. 218f.: Bericht aus Berlin 7.9.1896, ebenda, Nr. 148, Bl. 213ff.: Mitteilung der deutschen Botschaft in Wien 11.9.1896; GP, Bd. 11, S. 357ff.

80 Ebenda, Nr. 78, Bd. 9, Hatzfeldt an Hohenlohe 22.11.1896.
81 BA Potsdam, Reichskanzlei Nr. 562, Bl. 149: Aufruf der Kolonialgesellschaft für Südafrika Ende 1895.
82 Laufer, Südafrikapolitik, S. 93f.
83 PA Bonn, Afrika Gen. Nr. 13, Bd. 1, Bl. 40ff.: Pfeil an Hohenlohe 13.11.1895.
84 Laufer, Südafrikapolitik, S. 95ff.
85 GP, Bd. 11, S. 16.

Saloniki und eventuell mit Serbien entschädigt werden sollte. Goluchowski lehnte ab. Eine solche Lösung ließ ihn die russische Vormacht auf dem Balkan und neue innere Kontroversen angesichts der Stärkung des slawischen Elements in der Habsburgermonarchie fürchten. Er hielt den Status quo für die beste Variante. Auch die Mittelmeerentente wollte er nur dann erneuern, wenn England die Garantie übernahm, den Status quo im Mittelmeer notfalls als erste Macht zu verteidigen.[86]

Wichtiger als die konkreten Vorschläge war jedoch: Goluchowski erfuhr, daß die deutschen Zukunftsüberlegungen auf Kooperation mit Rußland/Frankreich gingen. Sie sind aus einer Aufzeichnung abzulesen, die Holstein am 30. Dezember niederschrieb. Unter dem Blickwinkel der deutsch-englischen Spannungen erwog er die Frage, unter welchen Voraussetzungen „Deutschland nach den Erfahrungen wegen Transvaal, Voltagrenze pp." mit seinen Dreibundpartnern zu konkreten Zwecken für bestimmte Zeit „auf die franko-russische Seite" treten könnte: wenn sich die Mächte einigten, daß Rußland Korea, Frankreich den Kongo und Deutschland Tschusan erwerben und Österreich von Rußland den Status quo auf dem Balkan garantiert erhält. Um Indien mit seinen Zugängen Persien und Ägypten notfalls mit Hilfe der Dreibundmächte zu verteidigen, sah der Geheimrat England dann genötigt, sich dem Dreibund wieder zu nähern, aber um die Erfahrung reicher, „daß der Dreibund nicht unter allen Umständen Heeresfolge leistet"[87], sondern nur bei Gegenleistung. In diesem Schriftstück sind Anspruch und Dilemma des Deutschen Reiches dokumentiert: der Drang nach Zuwachs insbesondere in Übersee; die Abhängigkeit von Rußland und England; die Hoffnung, als lachender Dritter die Spannungen zwischen ihnen nutzen zu können; der Wille, den Zwang zur Defensive durch die ausgreifende Offensive zu ersetzen, auch zum Zwecke innerer Stabilisierung. Das Geheimnis des Erfolges sah Holstein in der Befriedigung der Eigeninteressen aller Partner.

Diese von ihm als „Pläne für eine neue Politik gegen England" bewerteten Gedanken Holsteins nahm Marschall sofort auf.[88] Als am nächsten Tag, dem 31. Dezember, neue Nachrichten über bevorstehende Unruhen in Transvaal einliefen, bestellte der Staatssekretär den neuen britischen Botschafter Lascelles und unterstrich die deutsche Entschlossenheit, eine Veränderung des Status quo in Südafrika nicht hinzunehmen. Er verlangte Reziprozität als Voraussetzung für bessere deutsch-englische Beziehungen und drohte mit einer Verständigung der beiden kontinentalen Staatengruppen gegen England.[89]

Der Kurs war also bereits eingeschlagen und ergab sich folgerichtig aus der erfolglosen Englandpolitik der vergangenen Jahre, als am Mittag des gleichen Tages, nach dem Gespräch mit Lascelles, die Nachricht vom Einfall der Truppen der britisch-südafrikanischen Char-

---

86 HHStA Wien, MdÄ, PA I, Nr. 478, Liasse XXXIII, Nr. 39, Bl. 43ff.: Aufz. Goluchowskis Dezember 1895; vgl. auch Hohenlohe, Denkwürdigkeiten der Reichskanzlerzeit, S. 145f.
87 GP, Bd. 11, S. 67ff.
88 Eulenburg, Korrespondenz, Bd. 3, S. 1633; vgl. auch Meinecke, Bündnisproblem, S. 61.
89 Die Darstellung der Vorgänge der Krisentage folgt überwiegend den Arbeiten von Laufer, Südafrikapolitik, S. 98ff., und Thimme, Krügerdepesche, S. 202ff. Letztere besitzt ihren Wert in der Auswertung der Marschall-Tagebuchaufzeichnungen. Einwände gegen ihre Analyse bzw. gegen Auswahl und Anordnung der betreffenden Schriftstücke in der GP finden sich bei Laufer; vgl. GP, Bd. 11, S. 17ff. Dort wird nämlich der Eindruck erweckt, als habe das Gespräch am 31. Dezember stattgefunden, nachdem Marschall die Nachricht vom Einfall Jamesons bereits erhalten hatte. Marschall bezog sich jedoch auf ein früheres Telegramm aus Pretoria, in dem erst die Zuspitzung der Lage gemeldet wurde.

tered Company unter L. S. Jameson in Transvaal eintraf. „Nun muß gehandelt werden", notierte Marschall in sein Tagebuch.[90] Da der Reichskanzler noch in Wien weilte, vereinbarte der Staatssekretär mit dem Kaiser, zum Schutz der Deutschen ein deutsches Korps von 50 Marinesoldaten über Lorenzo Marques in Portugiesisch-Moçambique nach Pretoria zu schicken, band diese Entscheidung jedoch an die Zustimmung Lissabons und Pretorias. Hatzfeldt erhielt die Anweisung, die Stellung der britischen Regierung zum Einfall zu erkunden und, falls die ihn billigte, die Pässe zu verlangen. Als drittes suchte Marschall Verständigung mit dem französischen Botschafter Herbette und schlug ihm am 1. Januar, ganz im Sinne der Holsteindenkschrift, eine Verständigung der kontinentalen Mächtegruppen „für konkrete Zwecke" vor. Herbettes sofortiger Hinweis auf Ägypten verdeutlichte, wie wenig er davon hielt, die Krise für eine globale Lösung zu nutzen, erst recht wenn die deutsche Seite nicht auch dieses Streitobjekt zur Disposition stellen wollte.

Salisbury zog in bezug auf Transvaal einen englischen Rückzug oder eine Verständigung mit Deutschland auch nicht für einen Augenblick in Erwägung. Doch er distanzierte sich von dem Jamesonraid und versuchte, in Berlin zu beschwichtigen. Hatzfeldt unterstützte ihn. Die britische Regierung war deshalb der portugiesischen dankbar, daß diese sie von der deutschen Landungsabsicht unterrichtete und nach Absprache mit London keine Erlaubnis dafür gab.[91] Denn einen Einmarsch deutscher Marinesoldaten hinzunehmen war unmöglich. Salisbury schloß den Konflikt mit Deutschland nicht gänzlich aus. Darauf lassen Sondierungen in Dänemark schließen, wie sich das Land in einem deutsch-englischen Krieg zu verhalten gedenke.[92] Als es am 2. Januar so aussah, als ob die Buren die Schlacht verlören, entschloß sich Marschall nochmals „zu handeln". Er wies Hatzfeldt an, Salisbury mit einem neuen Protest Deutschlands Entschlossenheit klarzumachen, die Unabhängigkeit Transvaals zu wahren. Als am Abend Jamesons Niederlage gemeldet ward, zog Marschall die Note, die noch nicht übergeben war, zurück.

Welche Beweggründe bestimmten die deutsche Haltung in den Tagen der Krise? Einmal stand dahinter das Ziel, Transvaals Unabhängigkeit zu wahren, um die englische Vormacht in Afrika zu begrenzen und die beträchtlichen deutschen Kapitalinteressen zu schützen.[93]

Doch es ging um mehr. Nochmals sei hervorgehoben, daß die deutsche Führung von der Krise mitten in einem Umdenkungsprozeß ihrer Englandpolitik getroffen wurde. Die Transvaalfrage hatte diesen Prozeß gefördert, nun sollte die Krise dazu dienen, die Probe aufs Exempel zu machen. „Ich glaube nun doch, daß wir mit England in der bisherigen Art und Weise nicht weiterkommen", heißt es in einem Privatbrief Holsteins an Hatzfeldt vom 1. Januar 1896, einem Schlüsseldokument für die Berliner Motive.[94] Denn die Krise bedeutete für den Geheimrat „eine reductio ad absurdum unserer bisherigen Englandpolitik". Neuerlich plädierte er für die Verständigung der Kontinentalmächte. Holsteins Ziel war nicht eine unrealistische Allianz, sondern eine Verständigung über konkrete Ziele zum Nutzen der einzelnen Mächte, in der Absicht, das Freihandkonzept mit seiner eher passiven Handhabung durch ein Aktionsprogramm zu modifizieren. Sie sollte in England die Einsicht wecken, „daß sie uns brauchen". Doch Holstein betonte auch: Die jetzige Krise „müssen wir allein erledi-

---

90 Zit. nach Thimme, Krügerdepesche, S. 210.
91 HHStA Wien, MdÄ, PA VIII, Nr. 118, Bl. 44ff.: Bericht aus London 23.1.1896.
92 PA Bonn, Afrika Gen. Nr. 13, Bd. 3, Bl. 129: Kiderlen an Hohenlohe 8.2.1896.
93 BHStA München, MA Nr. 76011, Lerchenfeld an Crailsheim 3.1.1896.
94 Hatzfeldt, Papiere, S. 1065f.

gen". Ein Prestigegewinn sollte herausspringen und Macht und Handlungsfähigkeit demonstriert werden.

Holstein beabsichtigte mit der Transvaalkrise, gleichsam den Ausgangspunkt für die ganze neue Richtung zu gewinnen. Wenn es gelänge, „den Engländern eine Lektion zu geben", sollten sie wie die anderen Mächte auch den Vorteil erkennen, den das Zusammengehen mit Deutschland für sie bringen würde. Schließlich ist auch auf ein psychologisches Moment aufmerksam zu machen. Man darf nicht vergessen, daß sich die deutsche Führung, seit sie 1890 naiv und ehrlichen Herzens Bündnisfühler nach London ausgestreckt hatte, immer wieder dupiert, schnöde zurückgewiesen und hintergangen fühlte. Der ganze angestaute Unmut entlud sich am 4. Januar in einem Gespräch Marschalls mit Szögyény: Nie sei die englische Führung der englandfreundlichen Strömung der deutschen Außenpolitik seit 1890 entgegenkommen, nie habe sie Verständnis gezeigt, und die liberale Regierung sei ihr sogar oft feindlich entgegengetreten. Jetzt wollte Salisbury „auf Kosten der wohlbekannten speziellen deutschen Interessen eine rein egoistische Politik machen, welche von Deutschland nie und nimmer geduldet werden könne". Natürlich hatte der Botschafter recht, wenn er in seinem Bericht hinzufügte: Die Konkurrenz auf dem Weltmarkt, der Interessengegensatz in der Kolonialpolitik und die Vorstellungen von der traditionell unzuverlässigen englischen Politik haben des Terrain für die feindliche Stimmung gegen England vorbereitet, die jetzt ganz einmütig sei.[95]

Den Engländern eine Lektion zu erteilen – das war der ausschlaggebende Beweggrund für das Verhalten der Berliner Führung in den Tagen der Krise. Das gilt auch für die Idee des Landungstruppeneinsatzes, dem zweifellos risikoreichsten Element des Vorgehens. Marschall hatte es vermieden, in London mit einem solchen Einsatz zu drohen, sondern nur in Lissabon um Landeerlaubnis gebeten und in Pretoria den Einsatz angeboten. So liegt es nahe, daß London höchstens indirekt davon erfahren, es also nur ein Druckmittel sein sollte, wenn beispielsweise Pretoria England mit einem solchen Einsatz drohte. Die deutsche Führung hielt den Jamesonraid für ein so fragwürdiges Unternehmen, daß sie von Anfang an davon ausging, England werde um einen Rückzieher nicht herumkommen.[96] Die offene Konfrontation mit England strebte sie in keiner Minute an. Um so mehr fällt der hohe Einsatz auf, mit dem sie spielte und über den sich Marschall im klaren war. Am 2. Januar fand er die noch unentschiedene Situation „recht unheimlich", und mit dem Stoßseufzer „Gottlob" quittierte er darauf die Nachricht vom Sieg der Buren.[97] Es ist schon zu fragen, wie er reagiert hätte, wenn die Entscheidung anders ausgefallen wäre. Wie hätte sich die Berliner Führung verhalten, wenn der Burenpräsident Krüger Deutschland um militärische Hilfe gebeten hätte? Sicher hätte es dann, wenn auch nicht ohne Gesichtsverlust, noch Möglichkeiten gegeben, die Sache so zu bemänteln, daß es nicht zum deutsch-englischen Krieg gekommen wäre. Doch das Vorgehen der Wilhelmstraße barg ein solches Risiko in sich, und das Merkwürdige, ja entschieden Kritikwürdige ist, daß sie sich offensichtlich diese Frage nicht gestellt hat.

In einer Beratung, an der der Kaiser, der Kanzler und der Staatssekretär sowie Marinevertreter teilnahmen, einigte sich die Führung am nächsten Tag, Krüger telegraphisch zu beglückwünschen, daß es ihm gelungen war, „ohne an die Hilfe befreundeter Mächte zu ap-

---

95 HHStA Wien, MdÄ, PA III, Nr. 147, Bl. 10ff.: Bericht aus Berlin 4.1.1896.
96 Laufer, Südafrikapolitik, S. 103.
97 Thimme, Krügerdepesche, S. 211.

pellieren, [...] die Unabhängigkeit des Landes gegen Angriffe von außen zu wahren"[98]. In der Literatur ist unter Berufung auf Marschalls Tagebuch die Meinung verbreitet worden, der Kanzler und der Staatssekretär hätten das Telegramm nur akzeptiert, um den Kaiser von seinen gefährlichen auf ein deutsches Protektorat über Transvaal abzielenden Plänen abzubringen.[99] Das mag eine Rolle gespielt haben. Doch zu Recht geht J. Laufer von einer „zuversichtlichen Grundstimmung" und „gemeinsamen Grundposition" aller Teilnehmer aus. Er stützt sich hauptsächlich auf Aufzeichnungen des Berliner „Times"-Korrespondenten Valentine Chirol von Gesprächen mit Marschall.[100] Sie besitzen deshalb Überzeugungskraft, weil sich in ihnen die Problematik der bisherigen Englandpolitik widerspiegelt. Nach Chirol war das Telegramm „als eine Lektion für England gedacht [...], daß es nicht ungestraft mit der deutschen Freundschaft spielen könne" und somit, wie der Journalist resumiert, „die natürliche Kundgebung [...] einer seit Jahren allmählich reifenden Politik". Die Verweise auf die befreundeten Mächte und die Unabhängigkeit Transvaals markieren deutlich London als eigentlichen Adressaten. Doch am wichtigsten ist eben die innere Logik, die in der Sache liegt. Erst das sofort publizierte Telegramm sollte und konnte die „Lektion" vollenden und für die Öffentlichkeit nachvollziehbar machen. Wie aufmerksam Marschall das öffentliche Echo registrierte und wie wichtig es für die Regierung war, offenbart seine Tagebuchaufzeichnung vom 3. Januar: „Unsere Presse ist vorzüglich. Alle Parteien einig."[101]

Wie bitter nötig die Regierung politischen Erfolg und Autoritätsgewinn hatte, ergab sich schon aus den weiter gewachsenen Schwierigkeiten und ungelösten Fragen im Innern.[102] Drei Problemkomplexe standen um die Jahreswende 1895/96 im Mittelpunkt. Erstens hielt die agrarische Opposition gegen den handelspolitischen Kurs der Regierung an. Vor allem die Junker verlangten Gegenleistungen. Doch deren Vorstoß im Reichstag, formuliert im Antrag Kanitz, der ein staatliches Monopol für den Getreidehandel, also staatlich garantierte Festpreise für Getreide, verlangte, um die Getreidepreise möglichst hoch zu halten, scheiterte im Parlament, weil ihn lediglich die beiden konservativen Parteien unterstützten.

Zweitens legte, inspiriert vom Kaiser, der ultrakonservative preußische Innenminister Koeller dem Staatsministerium Entwürfe für gesetzliche Regelungen vor, nach denen sozialdemokratische Versammlungen und Vereine aufgelöst und verboten werden konnten. Wie die gescheiterte Umsturzvorlage und die Bestrebungen zur Wahlrechtsverschlechterung sollten solche Vorhaben das atemberaubende Tempo abbremsen, mit dem bei den letzten beiden Reichstagswahlen die Sozialdemokratie Stimmengewinne verbuchen konnte[103] Doch bereits im Staatsministerium sah sich Koeller isoliert, und an parlamentarische Mehrheiten war erst recht nicht zu denken. Gedeckt vom Monarchen, umging Koeller nun Staatsministerium sowie Parlament und setzte die Polizei ein, ließ am 25. November die Räume des sozialdemokratischen Parteivorstandes durchsuchen und verbot ihn sowie weitere sozialdemokratische Organisationen. Das Staatsministerium ließ sich jedoch dieses Vorgehen in einem beispiellosen Akt der Gegenwehr nicht gefallen und verlangte von Wilhelm die Entlassung des Ministers. Der Kaiser, schäumend vor Wut, warf der Regierung „geradezu republikanisches

---

98 GP, Bd. 11, S. 31f.
99 So zuletzt in: Drang nach Afrika, S. 101.
100 Laufer, Südafrikapolitik, S. 111ff.
101 Thimme, Krügerdepesche, S. 213.
102 Vgl. für das folgende: Deutsche Geschichte, Bd. 5, S. 406ff.; Röhl, Deutschland, S. 133ff.
103 Canis, Unterschiedliche Richtungen, S. 90ff.

Benehmen" vor, mußte sich aber im Dezember beugen. Einen neuen Regierungswechsel, zumal unter solchen Vorzeichen, konnte er sich unmöglich leisten.

Wiederum zog sich Marschall, Wortführer der Anti-Koeller-Fronde, den besonderen Haß des Kaisers zu. Dieser verlangte von Hohenlohe, Marschall von innenpolitischen Fragen fernzuhalten.[104] Des Kaisers Widerwille verstärkte sich, als ihm Koeller bei seinem Abgang einredete, Marschall betröge ihn. Ihr Vertrauensverhältnis war jedenfalls tief gestört. Vielleicht erklärt sich Marschalls Eifer in den Tagen der Transvaalkrise auch aus seinem Bestreben, mit dem massiven Vorstoß, zumal wenn er erfolgreich verlief, dem Kaiser zu imponieren und sich wieder in ein besseres Licht zu setzen.

Drittens schließlich gab es zwischen Kaiser und Reichstagsmehrheit Streit um die Reform der Militärstrafprozeßordnung. Der Kaiser widersetzte sich vor allem der verlangten Öffentlichkeit des Gerichtsverfahrens und bestand auf seinem Bestätigungsrecht für Militärgerichtsurteile. Für ihn waren mit diesen militärjuristischen Details grundsätzliche Fragen seiner Machtstellung aufgeworfen, hielt er doch seine von den Prärogativen der monarchischen Kommandogewalt weitgehend gesicherte unbeschränkte Verfügungsgewalt über die Armee für die wichtigste Grundlage des von ihm angestrebten „Persönlichen Regiments". Armeeangelegenheiten sollten deshalb nicht in die Öffentlichkeit bürgerlichen Strafverfahrens einbezogen werden.

Wiederum standen die Minister, insbesondere Hohenlohe, Marschall und selbst der Kriegsminister Walter Bronsart von Schellendorff gegen die Pläne des von seinen Kabinetten gestützten Kaisers. Wie entrüstet er diesen neuen Widerspruch aufnahm, läßt sich daraus ablesen, daß selbst in den Tagen der Transvaalkrise, wie die Aufzeichnungen seiner Gesprächspartner beweisen, ihn diese Militärfrage weit mehr tangierte als die auswärtigen Komplikationen[105] In welcher politischen Vorstellungswelt der Kaiser lebte, wird ob der Wirklichkeitsferne geradezu erschreckend aus einem Gespräch deutlich, das der sächsische Militärattaché wenige Monate später aufzeichnete. Danach sagte der Kaiser: „Ich will keine Hausmeier. Ich habe schon Caprivi und Bismarck entlassen, weil sie mich zu ihrem Willen zwingen wollten. [...] Dem Marschall stecken als Süddeutschem auch solche parlamentarischen Ideen im Kopf. Wenn ich einen neuen Reichskanzler nehme, nehme ich einen jungen und energischen. [...] Immer wollen es die Leute besser wissen als ich. [...] Worauf es ankommt, weiß ich. [...] Mit Mühe und Not habe ich eben den Dreibund wieder für einige Zeit gesichert, und da kommen die Leute und quälen mich mit solchen Kleinigkeiten."[106]

Was sich in diesen Worten ausdrückt, ist die alte, völlig unzeitgemäße friderizianische Auffassung von der Aufgabe des Königs: selbst zu regieren, mit „seinen" Adjutanten, Kabinetten und Ministern als „Gehilfen" an der Seite. Der Friderizianismus hatte seit der Mitte des Jahrhunderts beträchtliche Aufwertung erfahren. Eine besondere ideologische Rolle spielte er im politischen Denken der Potsdamer Offizierswelt, dort, wo der junge Prinz seine geistig-politische Prägung erhielt. Dieser Horizont war es, der ihn veranlaßte zu glauben, die wirkliche Außenpolitik betreibe er in seinem mündlichen und schriftlichen Verkehr mit den Monarchen der großen Mächte, gerade mit dem Zaren, dessen Selbstherrschaft ihm gewis-

---

104 Hohenlohe, Denkwürdigkeiten der Reichskanzlerzeit, S. 112.
105 Waldersee, Denkwürdigkeiten, 2. Bd., S. 363f.
106 SHA Dresden, Kriegsministerium, Sonder-Rep. Militärbevollmächtigter, Nr. 4513, Bl. 68ff.: Bericht aus Berlin 4.5.1896.

sermaßen als Vorbild galt. Der zudem noch vom „unpreußischen" Parlamentarismus angekränkelte Marschall konnte in seinen Augen nur zweitrangige Aufgaben übernehmen.

Noch etwas kommt hinzu. Dieses Eingreifen in den Gang der Außenpolitik geschah, wie wir immer wieder gesehen haben, kaum einmal wohlabgewogen, behutsam, überlegt im Sinne eines langfristigen Konzepts, sondern plötzlich, unabgesprochen, plump und buhlte beim Partner so sehr um Zustimmung, daß die Prämissen des Regierungskurses häufig genug auf der Strecke blieben. Ständig gefiel er sich in Selbstdarstellung und warb um Anerkennung.

Und noch eins. Es gab in diesen Jahren immer öfter heftige Zornesausbrüche, bei denen die Betroffenen an seinem Verstande zweifelten. Lascelles, kaum ins Amt gerufen, berichtete schon Anfang Dezember, es bestehe Gefahr, daß der Kaiser völlig den Kopf verliere.[107] Am 3. Januar 1896, dem Tag der Krügerdepesche, erzählte Bronsart dem Reichskanzler von einem vorangegangenen Streit mit dem Kaiser um die Militärstrafprozeßordnung und meinte, „daß es bei S.M. nicht ganz normal aussehe und daß er große Besorgnis für die Zukunft hege". Doch geradezu erschütternd ist Hohenlohes Antwort: „Ich erwiderte Bronsart, daß dies eben ein Grund sei, im Interesse des Landes auszuharren und dafür zu sorgen, daß die etwaigen allzu raschen Entschlüsse (ursprünglich: die etwaigen Mißgriffe) S.M. in die richtige Bahn geleitet werden."[108] Von ähnlichem, nur nicht ganz so eindeutig, ist in diesen Jahren auch in Briefen anderer Personen seiner Umgebung die Rede. Was damals vermutet wurde, hält Röhl heute für gesicherte Erkenntnis: ein krankhaftes Verhalten des Kaisers.[109]

Freilich liegen auch Zeugnisse etwa von Unternehmern und Gelehrten vor, die seine modernen Anschauungen rühmten. Andere, bis in die unteren Schichten, sahen in seinen öffentlichen Äußerungen den Aufstieg des Reiches und ihre eigenen Hoffnungen symbolisiert und begrüßten sie.

Angesichts solcher Widersprüchlichkeit konnte es um das öffentliche Ansehen eines solchen Regimes nicht gut stehen, auch wenn die Interna nicht allgemein bekannt waren. Dennoch waren die Eskapaden Wilhelms nur äußere Faktoren. Sie verschärften allerdings – dort liegt ihr eigentliches Gewicht – den systemimmanenten Mangel, daß die Regierung zeitgemäße, überzeugende und mehrheitsfähige politische Antworten auf die in hohem Tempo wachsende Modernisierung in Wirtschaft und Gesellschaft mit ihren gravierenden sozialen Folgen oftmals schuldig blieb. Die Eingriffe und Pannen untergruben die Autorität der Regierung deshalb so nachhaltig, weil sich in ihnen das Unzeitgemäße in der Politik der Staatsspitze und die Widersprüchlichkeit des Kurses bloßstellten. Doch aus der Programmatik der Regierungsparteien ergaben sich die erforderlichen Antworten ebensowenig. Und je mehr sich angesichts der neuen Herausforderungen die Lage im Innern verwirrte und sich keine Lösungen in der Regierungspolitik abzeichneten, desto mehr richteten sich die Blicke auf die Außenpolitik. So sah der ultrakonservative Waldersee das Reich vor bisher ungekannten gewaltigen Interessen- und Klassengegensätzen stehen, vermißte Wege für ihre Beherrschbarkeit, befürchtete große Explosionen und schloß in den Tagen der Krügerdepesche mit dem Stoßseufzer: „Vielleicht kann die auswärtige Politik helfen."[110] Für den Liberalen Max Weber lag der Ausweg im Machtzuwachs des Bürgertums. Das dafür nötige

---

107 Kennedy, Antagonism, S. 219f.
108 Hohenlohe, Denkwürdigkeiten der Reichskanzlerzeit, S. 151.
109 Röhl, Kaiser, Hof und Staat, S. 29ff.
110 GStA Berlin, Rep. 92 NL Waldersee, A I Nr. 21, Bl. 78, 91f.: Tagebuch 2.11.1895, 31.12.1895, Nr. 22, Bl. 2f.: Tagebuch 7.1.1896.

Selbstbewußtsein sollte es durch eine von der Nation getragene Weltpolitik finden und auf solchen Wegen zugleich das Proletariat zur Mitarbeit gewinnen.[111]

Bei dieser komplizierten gesellschaftlichen und politischen Lage in Deutschland liegt die Frage nach der inneren Wirkung der Krügerdepesche auf der Hand. Die Zustimmung war in den ersten Tagen groß und erfaßte alle politischen Lager. Hochgestimmt resümierte am 6. Januar die „National-Zeitung": „In Deutschland hat kaum jemals seit zwei Jahrzehnten das Auftreten der Regierung in einer Frage der auswärtigen Politik so durchaus ungeteilte Zustimmung erfahren."[112] Nicht anders fiel am gleichen Tage das nüchterne Urteil Chirols aus: „Mit Sicherheit ist keine Handlung des gegenwärtigen Herrschers jemals mit einem solch allgemeinen Enthusiasmus aufgenommen worden."[113] Monts, inzwischen Gesandter in München, meldete ebenfalls an diesem Tage als Resultat des Echos in Bayern: „Tatsächlich gesellt sich zu dem nach außen errungenen Erfolg ein kaum minder hoch zu veranschlagender innerer Gewinn."[114]

Das war voreilig und ist zu bezweifeln. Denn bereits nach wenigen Tagen waren aus dem oppositionellen englandfreundlichen Lager – den Linksliberalen und den Sozialdemokraten – sowie aus dem regierungskritischen Zentrum, wegen der Auswirkungen der Krise auf das Verhältnis zu England, andere Stimmen zu hören. Am 17. Januar warf der „Vorwärts" den „deutschen Chauvinisten" vor, das Telegramm für eigensüchtige Interessen zu nutzen, und der Regierung unterstellte er, außenpolitisch mehr zu Rußland als zu England zu neigen. Tage später wandte er sich dezidiert gegen den Englandhaß der nationalliberalen und konservativen Presse, konnte freilich nicht verleugnen, daß sein Englandbild mehr von einseitignaivem Fortschrittsglauben als von den Realitäten dieser Jahre bestimmt war.[115] Als der Kaiser die Krise zu einer Flottenverstärkung nutzen wollte, warnte der konservative Reichstagsabgeordnete von Levetzow: Die Oppositionsparteien werden im Reichstag die Forderung „noch entschiedener ablehnen", weil sie „im jetzigen Augenblick als Kriegsvorbereitung gegen England" aufgefaßt werde und die „öffentliche Meinung dort noch mehr erregen" müßte.[116] Der Zentrumsvertreter Fritzen sah bei Zustimmung zu Marineforderungen die Wahlchancen der Partei rapide sinken.

Die Antwort der britischen Öffentlichkeit auf die Krügerdepesche hatte in der deutschen Öffentlichkeit Besorgnis ausgelöst und reduzierte rasch ihre integrierende Wirkung. Es war eine beispiellose nationale Hysterie, die in der englischen Presse sofort auf die Krügerdepesche folgte, viel schärfer als bei dem Kongostreit vor knapp zwei Jahren und – so Deym – viel schlimmer als befürchtet. In den Beziehungen war ein Tiefpunkt erreicht.[117] Der „Globe" z.B. verlangte, eine deutsche Einmischung in Südafrika nicht zu dulden[118], und die „Daily Chronicle" forderte die Regierung auf, das Deutsche Reich nicht mehr als Partner, sondern

---

111 Mommsen, Weber, S. 95.
112 National-Zeitung, Nr. 8, 6.1.1896.
113 Berliner Korrespondenz der „Times" 6.1.1896, zit. nach: Laufer, Südafrikapolitik, S. 114.
114 PA Bonn, Afrika Gen. Nr. 13, Bd. 1, Bl. 118: Monts an Hohenlohe 6.1.1896.
115 Vorwärts, Nr. 14, 17.1.1896.
116 Hohenlohe, Denkwürdigkeiten der Reichskanzlerzeit, S. 157.
117 HHStA Wien, MdÄ, PA VIII, Nr. 118, Bl. 44ff.: Bericht aus London 23.1.1896; Kennedy, Antagonism, S. 220; Langer, Diplomacy, S. 242ff.; Taylor, The Struggle, S. 365; Anderson, The Background, S. 227ff.
118 PA Bonn, England Nr. 78, Bd. 9, Hatzfeldt an Hohenlohe 5.2.1896.

als politischen und kommerziellen Gegner zu betrachten.¹¹⁹ Dahinter verbirgt sich die in der Konservativen Partei, vor allem jedoch in den großen Agitationsverbänden inzwischen weitgehend unumstrittene Formel, das Empire, zu dem auch der Burenstaat gehöre, gegen eine deutsche Anmaßung verteidigen zu müssen.¹²⁰ Der koloniale Anspruch und der wirtschaftliche Konkurrenzdruck aus Deutschland hatten sich im Bewußtsein der britischen Öffentlichkeit in den letzten Jahren zu einer globalen Herausforderung gesteigert.

Wortführer dieser extrem imperialistischen Richtung in der Regierung war Kolonialminister Chamberlain, dessen von Nationalismus, Sozialdarwinismus und Rassismus beherrschte politische Vorstellungswelt die englische Entsprechung zu den Alldeutschen darstellte. Sein Bewunderer Alfred Harmsworth begründete im Mai 1896 das Massenblatt „Daily Mail" und stellte es unter das Bekenntnis zur „Macht, Überlegenheit und Stärke des britischen Empire".¹²¹ Daß in dieser Vorstellung der wirtschaftliche Faktor besondere Bedeutung besaß, verdeutlichte Chamberlain im März 1896 in einer Rede. Für die Verteidigung des Empire sei der Handel von besonderem Interesse. Immerhin war in den letzten Jahren selbst in die Dominien Kanada und Australien der englische Export gesunken, der deutsche gewachsen, wenngleich der Abstand zu Gunsten des ersteren immer noch groß blieb. Gravierender gestalteten sich die englischen Einbußen in den traditionellen Absatzmärkten in Lateinamerika. Dort sank zwischen 1890 und 1895 die britische Ausfuhr von 25 auf 20 Millionen Pfund, während die deutsche von 7 auf 9 Millionen anstieg.

Die geradezu emphatische Zustimmung zur Krügerdepesche, die die Berliner Regierung von der imperialistischen Bewegung in Deutschland erhielt, erfuhr durch die erbitterte Reaktion Englands noch eine erhebliche Steigerung. Sie erhielt neuen Zündstoff, als der Kaiser am 18. Januar in einer Rede zur 25. Jahresfeier der Reichsgründung erklärte: „Aus dem Deutschen Reich ist ein Weltreich geworden", das es fest an das heimische anzugliedern gelte.¹²² Obwohl die Aussage unausgegoren und wie so häufig unterschiedlich ausdeutbar blieb, griffen sie die weltpolitischen Presseorgane und Vereine begeistert auf und verstanden sie in ihrem Sinne. Die Alldeutschen organisierten Zustimmungsveranstaltungen und Glückwunschadressen an die Regierung und sahen sich mit ihr einig wie nie zuvor.¹²³ In den „Preußischen Jahrbüchern" drängte die weltpolitische Argumentation in ihrer grundsätzlichen Dimension die äußeren Sicherheitserfordernisse des Reiches gänzlich in den Hintergrund. Nach scharfen Angriffen Rößlers gegen England und der Prognose einer „Veränderung der politischen Kombinationen" verwies Delbrück auf das Zusammentreffen des Jubiläumsfestes mit den Tagen, „die einen großen Umschwung in der auswärtigen Politik Deutschlands heraufgeführt haben", der auf die inneren Verhältnisse „starke Rückwirkung" erziele und die Notwendigkeit einer starken Marine unterstreiche. „Große Krisen stehen im nächsten Jahrzehnt bevor, und Deutschland wird und muß bei der Lösung dieser Fragen so mitsprechen, daß es seine Interessen in jeder Beziehung wahrt. Dabei rivalisiert es mit England wie mit Frankreich oder Rußland an anderen Stellen. Wir ersticken in unserer eigenen Fülle, wenn wir uns auf die Wahrung des heutigen deutschen Reichsgebietes beschränken wollen, während England, Frankreich und Rußland sich halbe Kontinente unterwerfen. [...] Deutschland muß und will eine Weltmacht sein."¹²⁴ Geradezu programmatisch verlangte

---

121 Vgl. für das weitere: Schädlich, Handelsrivalität, S. 72ff.
122 Schulthess 1896, S. 12f.
123 Laufer, Südafrikapolitik, S. 155f., 171ff.
124 PJ, Bd. 83 (1896), S. 393ff., 403ff.

der Historiker und Publizist Theodoor Schiemann im Märzheft, die Konsequenzen des Wachstums und der Modernisierung über äußere Ausdehnung zu bewältigen: „Unfertig sind wir und hungrig, gezwungen durch unsere geographische Lage, durch den ärmeren Boden, den wir bebauen, durch den erstaunlichen Zuwachs unserer Bevölkerungsziffer, durch die mit elementarer Gewalt sich vollziehende Umwandlung, die aus dem Staat mit überwiegendem Ackerbau einen Staat bildet, in welchem Industrie und Handel vorherrschen werden – kurz, durch unser Eintreten in eine neue Phasis der Entwicklung gezwungen uns auszubreiten und neuen Raum zu gewinnen für unsere Söhne." Schiemann benannte auf jedem Kontinent konkrete territoriale Ziele deutscher Weltpolitik, die vorwiegend im Zusammengehen mit Rußland und Frankreich gegen England realisierbar seien.[125] Das gleiche Argumentationsmuster ist in anderen Zeitschriften dieser Richtung zu erkennen.[126] Die „Grenzboten" rechneten nach den Transvaalereignissen mit einer Veränderung des politischen Bewußtseins der Bevölkerung in weltpolitischer Richtung.[127]

Eine solche Hoffnung blieb indes zumindest kurzfristig vergeblich. Bei Sozialdemokraten, Linksliberalen und Zentrum kam es nicht zu einer Korrektur ihrer negativen oder kritischen Haltung zur Weltpolitik. In der Kaiserrede sahen sie nur die Ankündigung neuer Flottenpläne, die sie ablehnten und für zu teuer hielten.[128] Expansionspläne nannten sie chauvinistische Schwärmereien. Gegen einen solchen Kurs führte die „Germania" Bismarcks Warnung von 1888 vor der deutschen Isolation bei einer gefährdeten Mittellage ins Feld und warf den Bismarckanhängern von damals vor, heute diese Überzeugung über Bord geworfen zu haben.[129] Eine verbreitete Besorgnis vor Konflikten mit England motivierte diese Kritik.

So hat die rasche Ernüchterung dazu beigetragen, daß sich der Ausgang der Transvaalkrise für die Regierung in der inneren Auseinandersetzung nicht bezahlt machte. Nicht die Außenpolitik, sondern die inneren Themen blieben die dominierenden. Wie bislang überwogen dort die kritischen Stellungnahmen. Eine Auflockerung der bestehenden Fronten im Innern fand nicht statt. Symptomatisch war das Echo auf die Feier zum Reichsjubiläum. Der „Vorwärts" erneuerte seine prinzipielle Kontrastellung. Die „Germania" verwies auf aktuelle Kulturkampftendenzen. Nach der „Freisinnigen Zeitung" entsprach die innere Gestaltung des Reiches nicht den Erwartungen. Die Kritik dieser Parteien an der Regierungspolitik erhielt aus der Sorge vor Spannungen mit England zusätzliche Impulse. Doch selbst in der Kreuzzeitung standen die innenpolitischen Vorbehalte im Vordergrund. Auf die Ablehnung des Antrages Kanitz anspielend, schrieb sie: „Der Kampf im Innern dauert in voller Schärfe fort. [...] Wenn die heimische Arbeit nicht mehr lohnt, sind wir verloren." Die Kritik an der Zollpolitik blieb bei den Konservativen dominant.[130] Nach wie vor waren es nur die Alldeutschen, nationalliberale, manche konservative und hauptsächlich bildungsbürgerliche Kreise, bei denen die weltpolitischen Erwartungen und außenpolitische Fragen generell stärker die Stimmung beherrschten als die inneren Probleme.[131] Ihr Erwartungsdruck auf die Staatsführung nahm zu und stellte deren außenpolitische Sicherheitserwägungen in Frage.

125 Ebenda, Bd. 84 (1896), S. 153ff., 329ff., 490ff.
126 National-Zeitung, Nr. 57, 26.1.1896.
127 Schilling, Nationalismus, S. 68ff.
128 Vorwärts, Nr. 17, 21.1.1896; Germania, Nr. 17, 22.1.1896, Nr. 22, 28.1.1896.
129 Ebenda, Nr. 21, 26.1.1896.
130 Ebenda, Nr. 15, 19.1.1896 („Pressestimmen zum 18. Januar"); Vorwärts, Nr. 16, 19.1.1896.
131 Vor allem für das Bildungsbürgertum trifft zu, was F. Meinecke später aus der Erinnerung schrieb: Meinecke, Bündnisproblem, S. 65f. Vgl. auch Kap. III, S. 225.

Das Verhältnis zu England blieb äußerst gespannt. Die Isolationsgefahr konnte wachsen, erst recht als nun die gerade in Angriff genommene Kontinentalligaabsicht scheiterte.

Noch am 3. Januar 1896 wähnte sich die Berliner Führung des Erfolges sicher. Die Botschafter in Wien, Rom und Paris wurden entsprechend instruiert, Rußland in Gestalt des Zaren übernahm der Kaiser selbst.[132] Das Auswärtige Amt betrachtete mit der Depesche die Krise als abgeschlossen und den gewünschten außenpolitischen Erfolg als erreicht: die „Lektion" für England und den eigenen Prestigegewinn.[133] Nun sollte beides als Impuls wirken, Deutschland den anderen Mächten als Inspirator der kontinentalen Erwerbsgenossenschaft zu empfehlen. Frohgemut sah Marschall Deutschland als „Herr der Lage" und hielt eine Verständigung Englands mit Frankreich und Rußland für ausgeschlossen.[134]

Diese Stimmungslage gilt es hervorzuheben, um zu verstehen, welchen Schock der englische Entrüstungssturm für die deutsche Führung bedeutete. Daß sie ihn nicht kommen sah, ist freilich erstaunlich, sprach doch alle Erfahrung seit dem Sansibarvertrag für eine solche Antwort. Allein Hatzfeldt hatte wegen solcher Befürchtungen die Depesche gerügt. Als am Tag danach die massive britische Reaktion begann, begriff das Auswärtige Amt sofort die Gefahr, daß sich der erhoffte Effekt ins Gegenteil verkehren konnte. Denn akute deutschenglische Hochspannung mußte zweierlei bewirken: beträchtliche Irritation bei den Dreibundpartnern und freudige Zurückhaltung bei Rußland und Frankreich – beides konnte der erhofften Kooperation nur abträglich sein.

Marschall reagierte mit Versuchen, den Schaden zu begrenzen. Im Gespräch mit Szögyény bedauerte er am 5. Januar die englische Kritik an der Depesche und leugnete ihre englandfeindliche Spitze – nur einen Tag nach seinem heftigen antienglischen Ausbruch gegenüber dem Botschafter.[135] Um dem befürchteten Autoritätsverlust im Innern zu begegnen, suchte der Staatssekretär Unterredungen mit Vertretern der Bundesstaaten und bezeichnete das Verhältnis zu England trotz des Presselärms als ungetrübt, weil das Reich nur für den Status quo in Transvaal zur Wahrung der deutschen Kapitalinteressen eingetreten sei.[136] Diese Position ließ er am 6. Januar auch in der „Kölnischen Zeitung" publizieren.[137]

Gegenüber London und Pretoria verfolgte Marschall ebenfalls diese Linie.[138] Am 5. Januar erhielt der deutsche Konsul in Pretoria, Herff, die Instruktion, die Regierung des Transvaal von Provokationen abzuhalten, die zum Krieg mit England führen könnten. Lascelles sagte er, mit dem Telegramm keine Feindseligkeit gegen England beabsichtigt zu haben. Als der Kaiser gegenüber Leyds abenteuerliche Interventionspläne mit dem Ziel, die Delagoabai zu besetzen, entwickelte, trat ihm Hohenlohe mit seltenem Nachdruck entgegen. Auch seine Argumente beweisen, daß er klar erkannt hatte, auf welch gefährlichem Wege sich Deutschland befand: Es durfte in isolierter Stellung nicht die Kriegsgefahr mit England heraufbeschwören. „Jede Initiative unsererseits ist zunächst ausgeschlossen, wenn wir nicht in die Gefahr geraten sollen, von Frankreich und Rußland mehr und mehr gegen England vorgescho-

---

132 GP, Bd. 11, S. 69ff.; Eulenburg, Korrespondenz, Bd. 3, S. 1633; Holstein, Papiere, Bd. 3, S. 522; Briefe Wilhelms II., S. 30ff.
133 GP, Bd. 11, S. 73.
134 Ebenda, S. 74.
135 HHStA Wien, MdÄ, PA III, Nr. 147, Bl. 19ff.: Bericht aus Berlin 5.1.1896.
136 SHA Dresden, Außenministerium, Nr. 3308, Bericht aus Berlin 8.1.1896.
137 Ebenda; Kölnische Zeitung, Nr. 15, 6.1.1896.
138 Vgl. für das weitere: Laufer, Südafrikapolitik, S. 115.

ben zu werden und uns zu isolieren." Der Kaiser gab nach und schrieb sogar einen unterwürfigen Brief an die englische Königin, in dem er beklagte, von der englischen Presse mißverstanden worden zu sein. Gegenüber Szögyény spielte er am 10. Januar den Zwischenfall herunter.[139] Waldersee dagegen erfuhr, wie tief Wilhelms Verstimmung über England wirklich saß. Durch das Gespräch wurde dem General klar, daß die Idee der Verbindung des Dreibundes mit England endgültig gescheitert und angesichts der Abneigung Rußlands und Frankreichs Deutschland wirklich in Gefahr sei, isoliert zu werden.[140] Doch unverdrossen entwickelte der Kaiser nun im Gespräch mit dem russischen Botschafter abenteuerliche Pläne, Indien von England zu trennen.[141]

Die eiligen Beschwichtigungsversuche reichten jedoch nicht aus, um die negativen Antworten der Kontinentalmächte auf das Berliner Kooperationsanerbieten noch aufzuhalten. Das galt unter den Dreibundpartnern für Italien mehr noch als für Österreich-Ungarn. Goluchowski kamen zwar die deutsch-englischen Spannungen ungelegen[142], einen Anschluß an eine Liga schloß er indes nicht aus, wenn sie sich über die Anerkennung des Balkan-Status-quo verständigte.[143] Doch in Wien mehrten sich die Stimmen, die eine solche Garantie am sichersten über ein bilaterales Abkommen mit Rußland gewährleistet fanden.[144] Überdies löste in der österreichischen Führung der Gedanke einer Erwerbsgenossenschaft wegen der Einbeziehung Italiens und seiner Balkanziele Besorgnis aus. Dessen Außenminister stand bis zum 3. Januar der Idee wohlwollend gegenüber.[145] Danach änderte sich das Bild grundlegend. Im Gespräch mit Bülow sah Blanc mit den deutsch-englischen Spannungen die Grundlage seiner Außenpolitik zerstört und drohte ziemlich kopflos mit einer Annäherung Italiens an Rußland und Frankreich.[146] Die Schuld an den deutsch-englischen Spannungen gab die italienische Regierung der „schroffen" Haltung Deutschlands.[147]

Die Entscheidung über den Mißerfolg der Kontinentalligaidee fiel allerdings in Paris und Petersburg. Frankreich nutzte die Krise, um sich nicht Deutschland, sondern England zu nähern und mit ihm koloniale Vereinbarungen zu treffen. Am 9. Januar meldete Hatzfeldt die bevorstehende Einigung über das strittige Nigergebiet in Afrika.[148] Eine Woche später war die Interessenabgrenzung dort und auch am oberen Mekong in Siam perfekt.[149] Wie Paris das Kräfteverhältnis der Mächte bewertete, läßt sich daraus ablesen, daß es gleichzeitig Deutschland die Wiederaufnahme der Verhandlungen über die Interessenabgrenzung in Togo anbot, sie nach kurzer Zeit jedoch verzögerte, um in England die Stimmung für eine Annäherung an Frankreich nicht zu stören.[150]

---

139 HHStA Wien, MdÄ, PA III, Nr. 147, Bl. 33: Bericht aus Berlin 10.1.1896.
140 GStA Berlin, Rep. 92 NL Waldersee, A I Nr. 22, Bl. 5ff.: Tagebuch 21.1.1896.
141 Jerussalimski, Außenpolitik, S. 160.
142 BHStA München, MA Nr. 2464, Bericht aus Wien 9.1.1896.
143 GP, Bd. 11, S. 75f.
144 HHStA Wien, MdÄ, PA X, Nr. 104, Bl. 30ff.: Goluchowski an Liechtenstein 29.1.1896, Bl. 5ff.: Bericht aus Petersburg 12.3.1896.
145 GP, Bd. 11, S. 72.
146 Ebenda, S. 78; PA Bonn, England Nr. 78, Bd. 9, Eulenburg an Hohenlohe 28.1.1896.
147 BHStA München, MA Nr. 2345, Bericht aus Rom 5.2.1896.
148 PA Bonn, Frankreich Nr. 102, Bd. 15, Hatzfeldt an Hohenlohe 9.1.1896.
149 Ebenda, Hatzfeldt an Hohenlohe 15.1.1896; HHStA Wien, MdÄ, PA IX, Nr. 135, Bl. 120ff., 168: Berichte aus Paris 16., 17., 24.1.1896.
150 PA Bonn, Frankreich Nr. 102, Bd. 15, Hatzfeldt an Hohenlohe 9.1.1896, 23.1.1896, 20.2.1896.

Um die erwünschte Eskalierung der deutsch-englischen Spannungen nicht durch Parteinahme für eine Seite zu behindern, bevorzugte Petersburg eher Zurückhaltung. Dagegen machte die Regierungspresse kein Hehl aus ihrer Hoffnung, Deutschland möge nicht auf halbem Wege stehenbleiben.[151] „Nowosti" trieb die Verschleierungstaktik schließlich auf die Spitze, als sie Ende Januar vorgab, Rußland müsse neutral bleiben, weil es ihm anders als im Jahr zuvor nicht gelungen sei, Frankreich auf die deutsche Seite zu ziehen.[152] Doch bereits am 8. Januar zweifelte Radolin nicht daran, welcher Seite Lobanow zuneige: „So fand ich zum ersten Male seine Sprache für England etwas milder als bisher, [...] als ob er [...] die englische Haltung entschuldigen wollte."[153] Doch anders als Paris reagierte Petersburg zurückhaltend, als Salisbury Lobanow Botschaftergespräche über die Zukunft der Türkei anbot.[154]

Alle diese Reaktionen bestärkten die deutsche Regierung, sich aus ihrer exponierten Stellung in Südafrika zurückzuziehen. So lehnte am 10. Januar der Direktor im Auswärtigen Amt, Mühlberg, gegenüber Leyds eine deutsche Vermittlung zwischen England und Transvaal wiederum ab – mit einer Begründung, die den Kern der Sache traf: Die Vermittlung führe zum englisch-deutschen Streit, bei dem „wir ebenso isoliert [würden] wie England, und den Transvaal günstigen Mächten wäre die Möglichkeit genommen, sich um uns zu gruppieren, sie würden vielmehr förmlich darauf hingewiesen, uns und England gegenüber zu versuchen, das Schiedsrichteramt zu übernehmen."[155] Am 11. Januar traf Lascelles auf einen Marschall, der geneigt war, klein beizugeben.[156] Alle Hoffnungen waren von den Realitäten überholt. Worin diese bestanden, drückte Mitte Januar der konservative „Standard" offen aus: „Es gibt nur zwei Staaten, die jede Gruppierung der europäischen Mächte mit Gleichmut betrachten können: Rußland und England."[157]

Am 19. Januar gestand Marschall ein, daß beide außenpolitischen Ziele, die Lektion für England ebenso wie die Kontinentalliga, gescheitert waren. „Für Deutschland liegt in den Ereignissen der Transvaalkrise eine Mahnung zur Vorsicht bei der ferneren Behandlung der zwischen uns und England teils vorhandenen, teils noch entstehenden Differenzpunkte. Der Gedanke, daß ein zeitweiliges Zusammengehen der Kontinentalmächte das beste Mittel sei, um die eine oder andere zwischen dem Kontinent und England anhängige Streitfrage womöglich ohne Krieg lediglich durch diplomatischen Druck zu erledigen, stellte sich als unpraktisch heraus angesichts der Haltung Frankreichs. [...] Wir können diese Weltlage bedauern, vermögen an derselben vorläufig aber nichts zu ändern."[158] Während in der deutschen Führung Übereinstimmung darüber bestand, nicht mehr auf eine Annäherung an Frankreich zu setzen[159], herrschte über den zukünftigen Verkehr mit England verbreitete Unsicherheit

---

151 BHStA München, MA Nr. 2780, Bericht aus Petersburg 22.1.1896; PA Bonn, Afrika Gen. Nr. 13, Bd. 3, Radolin an Hohenlohe 20.1.1896.
152 Ebenda, Radolin an Hohenlohe 29.1.1896.
153 GP, Bd. 11, S. 44.
154 HHStA Wien, MdÄ, PA VIII, Nr. 119, Bl. 34ff.: Salisbury an Monson 28.1.1896, PA X, Nr. 106, Bl. 81ff., 145: Berichte aus Petersburg 14./21.1.1896.
155 BA Potsdam, RKA, Nr. 8842, Bl. 44ff.: Aufz. Mühlbergs 10.1.1896.
156 Hatzfeldt, Papiere, S. 1066, Anm.
157 PA Bonn, Frankreich Nr. 102, Bd. 17, Hatzfeldt an Hohenlohe 17.1.1896.
158 GP, Bd. 11, S. 83.
159 Ebenda, S. 189.

und standen Defensivüberlegungen im Vordergrund.[160] Nur der Kaiser hielt in totaler Fehleinschätzung der internationalen Stellung Englands seine Hoffnung aufrecht, London werde „zur Besinnung kommen" und sich dem Dreibund nähern.[161]

Praktisch bestimmend blieb nun wieder die Linie, wie vor der Transvaalkrise „uns nach keiner Richtung für die Zukunft die Hände zu binden"[162]. Wie so oft bei Spannungen mit England gab sich allerdings die deutsche Führung trotz fortgesetzter negativer Erfahrungen doch wieder dem Trugschluß hin, die Verbindung mit Rußland für den Fall verschärfter englisch-deutscher Spannungen und englisch-französischer Verständigung aufrechterhalten zu können. Dieser Optimismus war durch die relative Zurückhaltung inspiriert, die das Zarenreich in der Transvaalkrise geübt hatte. Unsicherheit blieb freilich und zeigte sich in unterschiedlichen allesamt illusionären Vorstellungen über das Ziel, das mit einer solchen Verbindung erreichbar schien. Sträflich leichtfertig war, wie Hohenlohe sich den Weg vorstellte. Entfremdete sich England von Deutschland, würde dieses „ipso facto und ohne irgendeine Anstrengung sich Rußland nähern; denn Rußland hat gegenwärtig nur einen Feind, und das ist England"[163]. Wilhelm II. rechnete sogar wie zu Zeiten Bismarcks auf intime Beziehungen. Selbst Holstein schrieb von einem „festen Zusammenschluß mit Rußland", und auch Hatzfeldt sah Deutschland im Falle deutsch-englischer Unversöhnlichkeit in die Lage kommen, „den Gedanken des Dreikaiserbundes wieder aufzunehmen".[164] Allein Marschall hielt eine solche Alternative für unerreichbar.[165]

Die Berliner Führung überschätzte den Bewegungsspielraum und die alternativen Möglichkeiten der deutschen Außenpolitik, weil sie die Bewegungsgesetze und Triebkräfte der zaristischen Außenpolitik nicht richtig durchschaute. Sie sah in der russischen Expansion in Asien die Interessenkonzentration, die Entspannung in den deutsch-russischen Beziehungen in Europa implizierte. Doch in der russischen Gesellschaft wie in der zaristischen Führung artikulierte sich in wachsendem Maße ein weltpolitisches Expansions- und Herrschaftsstreben, das sich nicht auf Asien beschränkte, sondern Europa einschloß.[166] Auf beiden Feldern sah sich Rußland durch den rasch aufstrebenden Rivalen und Konkurrenten Deutschland zunehmend herausgefordert. Deshalb behielt für die zaristische Außenpolitik die Allianz mit Frankreich ihre Priorität und setzte der Annäherung an Deutschland enge Grenzen. So blieben die florierenden deutsch-russischen Wirtschafts- und Kapitalbeziehungen trotz ihres beträchtlichen Stellenwertes in ihrer politischen Effizienz letztlich zweitrangig. Es war ganz unrealistisch – doch vielleicht stellte es nur ein taktisches Sicherheitsmittel für stabile Geschäftsverbindungen dar –, wenn das Blatt des mit Marschall auf vertrautem Fuße stehenden Bankkapitals, die „Berliner Börsenzeitung", die russisch-französische Allianz eine künstliche Schöpfung und die deutsch-russische „Interessengemeinschaft" von Verstimmung frei wähnte.[167]

---

160 PA Bonn, Deutschland Nr. 167, Bd. 1, Marschall an Bülow 21.1.1896.
161 HHStA Wien, MdÄ, PA III, Nr. 147, Bl. 49ff.: Bericht aus Berlin 18.1.1896.
162 GP, Bd. 11, S. 56.
163 Ebenda, S. 87.
164 Ebenda, S. 56f.
165 HHStA Wien, MdÄ, PA III, Nr. 147, Bl. 37ff.: Bericht aus Berlin 18.1.1896.
166 Ebenda, PA X, Nr. 106, Bl. 117f.: Berichte aus Petersburg 29.1.1896; PA Bonn, Rußland Nr. 99, Bd. 2, Radolin an Hohenlohe 25.1.1896.
167 Ebenda, Rußland Nr. 71, Bd. 23, Zeitungsausschnitt 24.2.1896.

Es war der illusionsreiche Optimismus, die Gefährdung der internationalen Stellung des Reiches geringzuschätzen, der die Berliner Zentrale sich noch immer wundern ließ über die so erbitterte Gegenreaktion der britischen Öffentlichkeit und besonders über ihren nahezu kriegswilligen Zuschnitt.[168] Noch Wochen später sah Holstein zwischen der Depesche selbst und dieser Wirkung ein flagrantes Mißverhältnis, das er sich besonders in seinem Ausmaß nicht erklären konnte. Er fand es unverständlich, daß die schroff gegen Englands Interessen gerichtete Venezuelabotschaft des US-Präsidenten Cleveland nicht eine vergleichbare Reaktion hervorgerufen hatte.[169]

Betrachtet man die Krügerdepesche allein, erscheint die massive Erbitterung darüber tatsächlich unberechtigt. Doch für viele Engländer war jene nur der Tropfen, der das Faß zum Überlaufen brachte. Denn es waren eben nicht die USA, sondern – und das reflektierte sich in der Vorstellungswelt der britischen Gesellschaft in wachsendem Maße – die benachbarte, neue, wirtschaftlich und militärisch starke, aufstrebende und unberechenbare europäische Großmacht Deutsches Reich, deren industrielle Konkurrenz gegen die britischen Weltmarktpositionen auf allen Kontinenten wirkte, deren kolonialer Anspruch britische Ausdehnungsbestrebungen konterkarierte, in deren Öffentlichkeit das Verlangen nach Weltgeltung immer stärkere Konturen gewann, mit der Tendenz, England als absteigende Weltmacht zu diskreditieren. Es war für weite Kreise der englischen Gesellschaft folglich natürlich, sich dem deutschen Anspruch zu widersetzen, erst recht, weil sie Deutschland, vor allem als Weltmacht, nicht als ebenbürtig betrachteten. So fiel für sie nicht ins Gewicht, daß in der Sache die deutsche Regierung und die weltpolitische Bewegung im Reich noch nichts anderes taten als die Regierungen und Expansionsströmungen der anderen großen Mächte auch. Erst diese britischen Vorstellungen machen es erklärlich, weshalb die Krügerdepesche, zumal sie einen zentralen Punkt britischen Weltinteresses tangierte, als eine Herausforderung von globalem Ausmaß verstanden wurde.

Da sich die Verstimmung der Londoner Regierung eher in Grenzen zu halten schien, hielt es das Auswärtige Amt für möglich, das Verhältnis entspannen zu können.[170] Darin drückt sich zum einen die nachwirkende Bismarcksche Tradition der Kabinettsdiplomatie aus, zum anderen wiederum die Neigung, das volle Eingeständnis des Mißerfolges zu umgehen – aber vielleicht war es doch zuerst die Erkenntnis, daß ihr gar keine andere Alternative blieb, als das Freihandkonzept wieder aufzunehmen und wie zuvor auf englisch-russische Unversöhnlichkeit zu setzen.[171]

Bei aller Zurückhaltung englischer Regierungsmitglieder im Verkehr mit deutschen Diplomaten bestand allerdings unter den britischen Diplomaten kein Zweifel an der fundamentalen Bedeutung der Transvaalkrise für das deutsch-englische Verhältnis. So bewertete der englische Botschafter in Paris, Lord Dufferin, gegenüber dem österreichischen Gesandtschaftsvertreter von Lützow das Krügertelegramm als einen „Faustschlag, den England nie vergessen oder vergeben wird"[172]. Auch Diplomaten anderer Staaten sahen aus der Krise die Wahrscheinlichkeit neuer internationaler Mächtegruppen entstehen.[173] Bülow hat 1914 je-

---

168 GP, Bd. 11, S. 53.
169 Ebenda, S. 58; Hatzfeldt, Papiere, S. 1073; Campbell, Great Britain, S. 15ff., 127.
170 SHA Dresden, Außenministerium, Nr. 3308, Bericht aus Berlin 24.1.1896.
171 HHStA Wien, MdÄ, PA III, Nr. 147, Bl. 89ff.: Bericht aus Berlin 1.2.1896.
172 Ebenda, PA IX, Nr. 135, Bl. 8: Bericht aus Paris 4.1.1896.
173 Ebenda, NL Aehrenthal, Karton 1, Hegelmüller an Aehrenthal 14.1.1896.

denfalls zu Recht die Krügerdepesche mit ihren Folgen als den Riß in den deutsch-englischen Beziehungen bezeichnet, der „ganz nicht mehr zu heilen war".[174] Freilich stand bei diesem Urteil auch seine Absicht Pate, nachträglich die schwierige Ausgangslage bei seiner Amtsübernahme zu überhöhen.

Während die Regierung es für die beabsichtigte deutsch-englische Entspannung sogar gern sah, daß eine umfassende Flottenverstärkung im Reichstag nicht durchzusetzen war, bestand für den Kaiser und die Marineführung, unterstützt von der weltpolitischen Propaganda, die Lehre der Krise darin, die Flotte als das notwendige Mittel zu betrachten, das erst den weltpolitischen Erfolg ermöglichen konnte, gerade im Verhältnis zu England.[175] Es ging ihnen nicht auf, daß ein solches Ziel, verbunden mit der entsprechenden Agitation, für England eine noch viel stärkere Herausforderung als die Krügerdepesche darstellen mußte.

So schließt sich der Kreis. Die Transvaalkrise war für die deutsche Regierung am Ende nicht das erhoffte außen- und innenpolitische Stärkungsmittel, sondern das Gegenteil trat ein. Außenpolitisch hatte sich der Gegensatz zu England rapide verschärft, und die Kontinentalligapläne erwiesen sich schon deshalb als illusorisch. Die Isolationsgefahr war entstanden, als die Führung glaubte, die bisherigen Zwänge durchbrechen zu können. Schließlich hatte sie enorme Erwartungen geweckt, und die weltpolitischen Strömungen griffen sie auf. Nun stand die Regierung unter noch größerem Erfolgsdruck als zuvor, jedoch bei schlechteren Erfolgsaussichten. Der Begeisterungssturm über die Krügerdepesche war nach wenigen Tagen abgeebbt und konnte die inneren Themen nicht verdrängen. Vor allem für die Oppositionsparteien, das Zentrum, aber selbst für die Nationalliberalen traten die Gefahren für das Reich in den Vordergrund, die sie aus der Kontroverse mit England erwachsen sahen. Hätten sie das ganze Ausmaß des außenpolitischen Mißerfolges gekannt, wäre der Gesichtsverlust der Regierung weit größer gewesen. Doch da er zu neuer Handlungsschwäche führte, war mit zusätzlicher negativer Wirkung zu rechnen. Angesichts der inneren und äußeren Zwänge sah die Leitung des AA einzig die Chance, die Gefahren herunterzuspielen. Sie bewegte sich auf dem schmalen Pfad zwischen Scylla und Charybdis: Wenn sie neue weltpolitische Initiativen vorbereitete, geschah dies unter dem Vorzeichen, das Verhältnis zu England nicht neuerlich zu belasten. Dafür blieb ihr nur der Weg, zur Freihandpolitik zurückzukehren, der Versuch, weltpolitische Erfolge mittels des Gegeneinanderausspielens der großen Kontrahenten doch noch zu erzwingen. Ausdruck dieser Linie war es, sich nun politisch gänzlich aus dem südafrikanischen Konfliktherd zurückzuziehen.[176]

Im Februar 1896 bestellte Marschall bei dem nationalliberalen Abgeordneten Friedrich Hammacher eine Interpellation, in der das Auswärtige Amt aufgefordert wurde, die deutsche Haltung in der Transvaalkrise und die Auswirkungen auf das deutsch-englische Verhältnis im Reichstag offenzulegen. Mit einem solchen öffentlichkeitswirksamen Vorstoß beabsichtigte der Staatssekretär, den internationalen Ansehensverlust zu korrigieren, England gegenüber Verständigungsbereitschaft glaubhaft zu machen und nicht zuletzt in Deutschland der verbreiteten Unsicherheit über die außenpolitische Lage des Reiches und über die deutsch-englischen Beziehungen entgegenzuwirken. Deutschland habe – so seine Antwort – sich darauf beschränkt, die deutschen Wirtschaftsinteressen in Transvaal zu wahren und den territo-

---

174 BA Koblenz, NL Bülow, Nr. 151/E, Bl. 141: Merkbuch 1914.
175 Deist, Flottenpolitik und Flottenpropaganda, S. 52ff.
176 Laufer, Südafrikapolitik, S. 120ff.

rialen Status quo in Südafrika zu erhalten.[177] Die guten Beziehungen zu England seien keinen Augenblick gefährdet gewesen. Er schloß in rhetorisch äußerst wirksamer Weise mit Bezug auf das Krügertelegramm, als er die Berechtigung Deutschlands hervorhob, „daß wir offenkundiges Unrecht, welches unsere Interessen bedroht, als solches bezeichnen, und daß wir unsere Genugtuung darüber, daß das Unrecht unterlegen und das Recht doch Recht geblieben ist, in der Form Ausdruck geben, wie es dem Empfinden der ganzen Nation entspricht".

Marschall erhielt in selten einmütiger Weise Beifall. Nicht allein die Nationalliberalen, auch die oppositionellen Linksliberalen lobten die Krügerdepesche noch einmal als Ausdruck der Sympathie breiter Kreise der Bevölkerung. Doch gleichfalls war die Besorgnis über die englische Reaktion geblieben, wenn sich alle Parteien in dem Verlangen einig waren, die deutsch-englischen Beziehungen sorgsam zu pflegen. Der Zentrumspolitiker Ernst Lieber machte allerdings die mit Beifall quittierte Einschränkung, diesen Beziehungen nicht die deutsche Großmachtstellung unterzuordnen. Nur Bebel stellte die Bedeutung der deutsch-englischen Verständigung so hoch, daß er, anders als fünf Wochen zuvor, die Depesche nun doch als einen feindseligen Akt gegen England bewertete.

So konnte sich die Regierung in ihrem modifizierten außenpolitischen Kurs ein wenig bestärkt fühlen. Doch was das Votum wert war, konnte sich erst in der Zukunft erweisen. Es blieb jedenfalls offen, ob sich die weltpolitischen Strömungen auf Dauer damit zufriedengaben, ihre Expansionspläne von der Akzeptanz der anderen Großmächte abhängig zu machen. Welche Antwort würde die Regierung geben, wenn der Expansionsdruck aus wirtschaftlichen und prestigepolitischen Motivationen noch wuchs, wenn sich die weltpolitischen Strömungen weiter dynamisierten und an gesellschaftlicher und parteipolitischer Breite gewannen? Würde die Regierung sich weltpolitischem Verlangen nicht weiter öffnen, wenn sich auf den inneren Konfliktfeldern Lösungen noch immer nicht abzeichneten oder dort bestimmte Wege sie nicht bereit oder nicht imstande war zu gehen? Würde sie, unter starken Druck geraten, mit solchen Vorstößen Entlastung suchen und außenpolitische Verwicklungen in Kauf nehmen? Inwieweit würde sie dann noch bedenken, daß solche Aktionen, wenn sie zu deutscher Isolationsgefahr führen konnten, für das Reich bei seiner besonders gefährdeten europäischen Mittellage ganz andere, existentielle Probleme aufwarfen als ähnliche Konstellationen in den Hauptstädten der übrigen Großmächte? Die Aufgabe der Zukunft blieb jedenfalls, das hatte die Transvaalkrise bewiesen, zwischen imperialistischem Expansionsstreben und den Gefährdungen der internationalen Stellung des Reiches zu lavieren und Lösungen zu suchen, die beides angemessen berücksichtigten. Doch konnte diese Aufgabe noch abgewogen erfüllt werden? Denn schon jetzt schien Expansion unlösbar mit dem Funktionieren dieses Reiches und seiner Gesellschaft verknüpft. Es blieb offen, ob eine Lösung wie der Teilrückzug in der Südafrikafrage, den die Regierung nun eingeleitet hatte, in Zukunft auf mehrheitliche innere Akzeptanz überhaupt noch rechnen konnte.

3. Dreibund- und Orientfragen 1896/97

Es war die durch die Transvaalkrise hervorgerufene deprimierte Stimmung in Wien, die Mitte Januar 1896 Goluchowski zu einem neuen Vorstoß in London veranlaßte, um sich endgültig Klarheit über die Chancen einer Verbindung mit Großbritannien zu verschaffen. Nach-

---

177 Die Reichstagsdebatte ist abgedruckt: Vorwärts, Nr. 78, 14.2.1896.

dem bei den bisherigen Sondierungen Salisbury nicht über die unverbindliche Zusage hinausgegangen war, sich an die Mittelmeerentente von 1887 noch gebunden zu fühlen, verlangte Goluchowski nun die feste Verpflichtung Londons, den Status quo an den Meerengen zu wahren und bei einer Störung „den Kampf in erster Linie aufzunehmen"[1].

Hohenlohe hielt die österreichische Initiative von Anfang an für aussichtslos und wies die deutschen Diplomaten in Wien und London an, sich jeder Vermittlung zu enthalten.[2] Für ihn strebte England den Konflikt der Kontinentalmächte untereinander an und würde sich deshalb jeder Festlegung entziehen, zumal sich Salisbury seit Mitte 1895 von einer Zusage zum Vorteil des Sultansregimes immer weiter entfernt hatte.

Bereits Anfang Februar blieb Deym kein Zweifel mehr. Salisbury verwies wie so häufig auf die englische öffentliche Meinung, die eine Verteidigung der Sultansherrschaft nicht zuließ. Er schloß allerdings die Möglichkeit eines Wechsels nicht aus, wenn Rußland die freie Durchfahrt seiner Kriegsschiffe durch die Dardanellen ins Mittelmeer erzwang. Für diesen Fall bezog sich deutsche Hoffnung auf den russisch-englischen Konflikt.[3] Deutschlands Hauptsorge dabei war, Österreich vom Eingreifen abzuhalten. Deshalb verwies Berlin Wien auf die Einigung mit Rußland, die dieses zugleich zum Vorgehen ermuntern sollte. Doch nur der Status quo konnte die Grundlage einer Einigung sein: ihn wollte Österreich und auch Rußland wegen seiner fernöstlichen Prioritäten erhalten.

Wenn auch Goluchowski das definitive Ende der Mittelmeerentente, das mit dem Scheitern seines Vorstoßes verbunden war, gegenüber Eulenburg auf die deutsch-englische Entfremdung schob[4] – seine Enttäuschung hielt sich in Grenzen. In erster Linie benötigte er das Londoner Votum zur Klarstellung, um sich auf den Weg der Annäherung an Rußland zu begeben. Hohenlohe erklärte er später, gar nicht gehofft zu haben, von Salisbury die gewünschte Zusage zu erhalten. „Seine [Goluchowskis – K.C.] Absicht sei nur gewesen, die ablehnende Haltung Englands zu konstatieren."[5] Nachdem das geschehen war, blieb nur der Weg nach Petersburg, für den hohe Diplomaten wie Wolkenstein, Aehrenthal, Merey und Calice seit längerem plädierten. Der Minister näherte sich ihren Argumenten, daß der Dreibund sich für österreichische Balkaninteressen nicht engagiere, England im Vorderen Orient zurückweiche und Rußland dagegen kontinuierlich an Terrain gewinne. Doch wegen Rußlands ostasiatischen Prioritäten sei zugleich von seiner „absoluten Friedensliebe [...] für die nächste Zeit" auszugehen[6], weshalb sich eine „freundschaftliche Vereinbarung auf konservativer Basis mit Rußland" empfehle, die den Status quo und die Teilung der Machtsphären auf dem Balkan festschreibt. Calice sah aus der Verbindung gleichzeitig Vorteile für die wirtschaftlichen Interessen der Habsburgermonarchie erwachsen, wenn sich der Bau der Bahn von Bosnien nach Saloniki realisierte.[7] Es war auch die Sorge vor einer bündnisähnlichen Verbindung Deutschlands und Rußlands, die Wien den Weg nach Petersburg empfahl.

---

1 Stein, Neuorientierung, S. 98ff., 105.
2 GP, Bd. 11, S. 95ff., Winzen, Englandpolitik, S. 116.
3 GP, Bd. 11, S. 102ff.
4 Winzen, Englandpolitik, S. 117.
5 GP, Bd. 11, S. 132.
6 HHStA Wien, MdÄ, NL Aehrenthal, Karton 3, Merey an Aehrenthal 14.2.1896.
7 HHStA Wien, MdÄ, PA I, Nr. 474, Liasse XXXII a–f, Bl. 7ff.: Calice an Goluchowski 20.2.1896, 12ff.: Memoire Calices betr. Verständigung mit Rußland betr. Balkan 30.4.1896.

In Fehleinschätzung der österreichischen Absichten vermutete Eulenburg, die Ententesondierungen in London könnten zu einer Vereinbarung führen, die Wien ermunterte, im Falle eines Vorstoßes Rußlands an den Meerengen gegen dasselbe den Krieg auszulösen.[8] Aufgeregt eilte er am 30. Januar 1896 zu dem österreichischen Generalstabschef Beck, um klarzustellen, daß ein solcher Krieg nicht den Casus foederis für Deutschland bedeute.[9] Er unterstrich: Österreichs Großmachtstellung, die Berlin zu schützen verpflichtet sei, wäre ohnehin „bei Beginn eines österreichischen Krieges nicht bedroht". Doch in dem Gespräch stellte er fest, daß die von Hohenlohe und ihm an Goluchowski gelangte Einlassung Beck nicht nur unbekannt war, sondern dieser unter der Wirkung der 1895 erfolgten Zusage des deutschen an den österreichischen Kaiser stand, „daß Österreich unter allen Umständen auf Deutschland zu zählen hat". Dieser Zusage hatte sich die noch weiter gehende Zusicherung Wilhelms II. an Szögyény angeschlossen. Nun fragte der General den Botschafter, an welchem Punkt Österreichs Existenz für Deutschland bedroht sei. Man hat den Eindruck, Österreichs Führer waren bestrebt, die mündlichen kaiserlichen Zusagen sozusagen staatspolitisch festzuschreiben, um Bestrebungen deutscher Politiker zu begegnen, sie immer aufs neue zu relativieren. Eulenburgs Antwort, eine solche Festlegung sei im voraus nicht zu treffen, konnte in Wien als Korrektur der kaiserlichen Erklärung jedenfalls nicht verstanden werden.

Eulenburg hielt das Gespräch für wichtig genug, um seinen Inhalt dem Kaiser mitzuteilen und sich die eigene Position von diesem bestätigen zu lassen. Der sonst so randbemerkungssüchtige Wilhelm gab das Schreiben kommentarlos zur Beantwortung an den Reichskanzler. Dieses Vorgehen läßt auf die Absprache zwischen ihnen schließen, daß nicht mehr der Kaiser Antworten zu diesem Gegenstand übernimmt, einerseits um diesen nicht zu desavouieren, andererseits anderen deutschen Politikern die Möglichkeit zu geben, die kaiserliche Zusage zu verwässern. In seiner Antwort an den Kaiser, die Eulenburg zur Verwendung in Wien übermittelt wurde, vertrat Hohenlohe am 2. Februar den Standpunkt, sich für zukünftige Entscheidungen die Bindung offenzuhalten, aggressive Pläne Österreichs jedenfalls nicht zu unterstützen und den Casus foederis auf den russischen Angriff auf Österreich-Ungarns Territorium zu beschränken. Eulenburg wurde ermächtigt – und nur für diese Passage erbat und erhielt der Kanzler das Einverständnis des Kaisers –, österreichische Anfragen zur deutschen Haltung im Falle einer russischen Meerengenaktion dahingehend zu beantworten, „daß, wenn Österreich-Ungarn aus solchem Anlaß in einen Krieg mit Rußland gerate, es auf eigene Verantwortlichkeit handle, daß wir aber allerdings nicht zugeben würden, daß Österreich-Ungarns Großmachtstellung ernsthaft bedroht werde"[10].

Mit dieser Formulierung war ein Gesichtsverlust des Kaisers vermieden und die Österreicher konnten auch keinen Widerspruch zur früheren Kaiserzusage herauslesen. Ein Ausweichen, das zeigte sich immer von neuem, führte nicht zum Ziel: Um die kaiserliche Zusage wirklich zu korrigieren, hätte sie eindeutig fallengelassen werden müssen. Das aber tat die deutsche Seite nicht. So konnte Goluchowski im Gespräch mit Eulenburg Anfang März 1896 das Kaiserwort nutzen, um von Deutschland stärkere Unterstützung selbst in Orientfragen gegen Rußland zu verlangen. Gerade nachdem Berlin „uns die bündigsten Zusicherungen hinsichtlich deutscher Vertragstreue" gegeben hätte, sei es „auf die Dauer absolut nicht mög-

---

8 Holstein, Papiere, Bd. 3, S. 529f.
9 GP, Bd. 11, S. 109ff.; KA Wien, NL Beck-Rzikowski, Rep. A/II, Fasc. 7, Nr. 271, Aufz. Becks 30.1.1896.
10 Ebenda, S. 112ff.

lich", daß die „täglichen Ereignisse" damit in Widerspruch stehen. Es genüge nicht, nur im Konfliktfall auf Beistand rechnen zu können. Eulenburg hörte sich die Vorwürfe an, ohne dem Minister zu widersprechen.[11]

Der Ausweg für die Berliner Führung lag nun darin, der österreichischen Seite klarzumachen, daß einerseits eine generelle Verbindung mit Rußland nach Dreikaiserart oder gar auf Kosten Österreichs nicht ihr Ziel sei, und daß andererseits freundschaftliche Beziehungen mit Rußland auf der Basis einer Verständigung in konkreten Fragen nützlich für Deutschland wie für Österreich sein könnten. Das bedeutete eine Politik auf der Grundlage des Dreibundes bei Wahrung seines defensiven Charakters.[12] Diese Linie sollte den Partner bei Deutschland halten und ihn, um die Kriegsgefahr zu vermindern und die weitgehende Kriegszusage in den Hintergrund zu verlagern, zugleich auf den Weg des Kompromisses mit Rußland lenken.

Als Goluchowski Mitte März 1896 mehrere Tage in Berlin weilte, vermied die deutsche Seite sorgfältig, die kaiserlichen Zusagen zu erwähnen.[13] Wilhelm hielt sich im Gespräch exakt an die verabredete Linie: Er bezeichnete die Beziehungen mit Rußland zwar als gut, schloß aber eine „nähere Verbindung" wegen der russisch-französischen Entente aus. Zugleich gab er sich gewiß, das gute Verhältnis zu England reaktivieren zu können. Besonders willkommen mußte dem Minister Wilhelms Bemerkung sein, der russischen Führung versichert zu haben, bei einer Bedrohung der Großmachtstellung Österreichs in orientalischen Fragen für dessen Interessen einzutreten. Die Zusage ermunterte Goluchowski klarzustellen, bei allem Interesse an guten Beziehungen zu Petersburg eine Verschiebung der Machtverhältnisse auf dem Balkan durch eine russische Expansion nicht zuzulassen. Als Gegengewicht gegen den wachsenden Einfluß Rußlands in Bulgarien empfahl er, die Beziehungen zu Griechenland und Rumänien zu pflegen. Das waren für die deutsche Führung Nebenfragen, die sie unverbindlich akzeptierte.

Viel wichtiger war für sie, für den Bündnisfall der Zusage jeden akuten Charakter zu nehmen. Obwohl man sie dergestalt umging, verlor sie in Wien freilich nicht ihre Bedeutung. Das zeigte sich, als im Juni 1896 Max Prinz Lichnowsky, der Erste Sekretär der deutschen Botschaft in Wien, in einem Privatbrief an Hohenlohe den Preßleiter Goluchowskis, Sektionschef Doczi, zitierte: Goluchowski wie alle Wiener Diplomaten seien „der festen Überzeugung, daß Deutschland sich nicht an den Buchstaben des Vertrages allein halten werde, sondern daß es, mögen die Dinge liegen wie sie wollten, immer am Kriege sich beteiligen werde". Es sei „kein Fall denkbar, daß Deutschland, wenn Österreich-Ungarn aus irgendeinem Grund Krieg führt, nicht militärisch eingreift". Diese Sicherheit sei für Österreich „ungeheuer wertvoll".[14]

---

11 HHStA Wien, MdÄ, PA I, Nr. 476, Liasse XXXIII, Nr. 4, Bl. 683ff.: Unterredung mit Eulenburg, Aufz. Goluchowski 3.3.1896.
12 GP, Bd. 11, S. 119ff.
13 HHStA Wien, MdÄ, PA I, Nr. 476, Liasse XXXIII, Nr. 6, Bl. 654ff.: Aufz. Goluchowski März 1896.
14 BA Koblenz, NL Hohenlohe, Nr. 1637, Bl. 23f.: Max Prinz von Lichnowsky an Hohenlohe 14.6.1896. Peter Steins Auffassung, Hohenlohe habe am 29.12.1895 mit seiner Erklärung gegenüber Franz Joseph, Deutschland werde wegen Konstantinopel keinen Krieg führen, praktisch Wilhelms Zusage annulliert, scheint folglich nicht stichhaltig zu sein, zumindest was ihre Wirkung in Wien betrifft. Vgl. Stein, Neuorientierung, S. 74. Auch Bridge gibt der Kaiserzusage faktisch keine Bedeutung. Vgl. Die Habsburgermonarchie, Bd. 6/1, S. 288.

Doch Hohenlohe änderte seine Taktik nicht. Er setzte – und das war realitätsbezogen – auf russisch-österreichische Entspannung. Zum einen war Goluchowski mit seinen Berliner Gesprächen nicht unzufrieden.[15] Zum anderen war mit russischem Interesse an einer Status-quo-Verabredung für den Balkanbereich zu rechnen. Kam sie zustande, verlor die kaiserliche Zusage ihre praktische Bedeutung. Brachen die Differenzen allerdings wieder auf, dann stellte sich wahrscheinlich heraus, daß die ohnehin skeptische Prognose Holsteins der wirklichen Lage nur partiell entsprach: „Wenn es den Österreichern ans Leben geht, müssen wir mit oder ohne Vertrag eintreten, aber wann wir den psychologischen Augenblick als gekommen ansehen, das ist unser Geheimnis, und durch diese Ungewißheit veranlassen wir die Österreicher, vorher sorgfältig zu prüfen, was sie tun."[16]

Den Geheimgesprächen zwischen der deutschen und der österreichischen Führung folgte noch ein publizistisches Nachspiel. Die offiziöse Wiener „Neue Freie Presse" warf am 24. März – vielleicht als Versuchsballon – die Frage auf, ob Österreich auf deutsche Unterstützung rechnen könne, „wenn seine Interessen auf dem Balkan, die in dem bestehenden österreichisch-deutschen Bündnisvertrag formell nicht ausbedungen sind, berührt werden". Nicht die deutsche offiziöse Presse, aber Bismarck wies in den „Hamburger Nachrichten" das Ansinnen zurück. Der Casus foederis sei „streng auf den Fall eines Überfalls auf österreichische Besitzungen beschränkt".[17] Diese Grenze hatte Bismarck seinerzeit im Verkehr mit Wien stets konsequent eingehalten.

Eulenburg hatte nach seinem Gespräch mit Beck auch dessen Wunsch nach einer Aussprache mit seinem deutschen Amtskollegen Schlieffen über die Aufmarsch- und Kriegsplanung im Osten nach Berlin übermittelt. Auf ein Treffen verzichtete man zwar, um Rußland und Frankreich nicht zu provozieren, doch beide Seiten intensivierten nun den schriftlichen Gedankenaustausch. Er war 1895 wieder aufgenommen worden, als Schlieffen den zwei Jahre zuvor vereinbarten gemeinsamen deutsch-österreichischen Aufmarsch in Schlesien aufgegeben hatte und zu der früheren Regelung zurückgekehrt war, nach der die österreichischen Truppen in Galizien aufmarschieren und nach Nordosten angreifen, während die deutschen Verbände sich in Ostpreußen versammeln und nach Südosten vorstoßen.[18] Beide Truppenkörper sollten sich offensiv in einer Zangenbewegung östlich der mittleren Weichsel vereinigen und dort die Hauptmasse der versammelten russischen Truppen zu einer Entscheidungsschlacht stellen.

Den Hintergrund für Schlieffens Korrektur bildete die Verlagerung des deutschen Operationsschwerpunkts an die Westfront gegen Frankreich, die er den Österreichern verschwieg. Der getrennte Aufmarsch sollte es den Deutschen überlassen, mit welcher Truppenzahl und zu welchem Zeitpunkt sie im Osten die Offensive aufnahmen. Außerdem wollte Schlieffen vermeiden, in Ostpreußen zu Kriegsbeginn russische Truppen eindringen zu lassen.

Beck zögerte zunächst, der Aufmarschkorrektur zuzustimmen. Nur die wiederholte Zusage Schlieffens, einen kräftigen deutschen Offensivstoß zu führen, ließ ihn schließlich

---

15 HHStA Wien, MdÄ, PA I, Nr. 476, Liasse XXXIII, Nr. 7, Bl. 608ff.: Goluchowski an Pasetti 17.4.1896; ebenda, NL Aehrenthal, Karton 1, Goluchowski an Aehrenthal 24.3.1896; BHStA München, MA Nr. 2464, Berichte aus Wien 16.3.1896, 19.3.1896, 21.3.1896.
16 Holstein, Papiere, Bd. 3, S. 531f.
17 Zit. bei: Jerussalimski, Außenpolitik, S. 244.
18 Vgl. für das weitere: Behnen, Rüstung, S. 265ff.

akzeptieren. Anfang 1897 warf auch Beck die Frage des Casus foederis direkt gegenüber seinem deutschen Kollegen auf und nannte sie die wichtigste Voraussetzung des gemeinsamen Kriegsplans. Doch Schlieffen winkte ab und verwies auf die politische Führung. Beck gab sich zufrieden, als der Deutsche wiederum „seine feste Absicht einer energischen und raschen Offensive klar zu erkennen" gab.[19] Doch zwei Jahre später stellte er, ohne Wien zu informieren, diese Zusage in Frage, als er sich angesichts des kontinuierlich verstärkten Westaufmarschs entschlossen zeigte, im Osten notfalls bis zur unteren Weichsel zurückzugehen.[20]

Komplizierter als zur Habsburgermonarchie gestaltete sich Anfang 1896 das Verhältnis Deutschlands zu dem anderen Dreibundpartner Italien. Dessen kolonialer Eroberungsfeldzug in Abessinien stand vor dem Scheitern. Seine Truppen befanden sich in harten Abwehrkämpfen, und alle Versuche der römischen Regierung, bei den Bündnispartnern und England Unterstützung zu erhalten, wurden abgelehnt. Ende Januar nutzte Rom die bevorstehende Dreibundverlängerung, um in Berlin und Wien seinen Wunsch nach Vertragserweiterung vorzutragen, nach der Österreich für den östlichen und Deutschland für den westlichen Mittelmeerraum Mitverpflichtung für italienische Interessen übernehmen sollten.[21] Doch Hohenlohe wies das Ansinnen diesmal noch entschiedener zurück. Der Dreibund sei keine „Erwerbsgenossenschaft" und unterstütze nicht einen „aggressiven Akt" wie die Abessinienexpansion.[22]

Als am 1. März die italienische Kolonialarmee bei Adua eine vernichtende Niederlage erlitt und wenige Tage später die dreibundfreundliche Regierung Crispi nach Tumulten innerhalb und außerhalb des Parlaments stürzte, wuchs freilich die Besorgnis in Berlin. In einem Gespräch mit Lascelles rief der Kaiser London zur Unterstützung auf, denn Italiens Verdrängung aus Nordostafrika werde dort dem russischen und französischen Einfluß Tür und Tor öffnen und Englands Seeweg nach Indien bedrohen.[23] Daß Wilhelm auch noch London zum Beitritt in den Dreibund aufforderte, ließ den bestürzten Holstein neuerlich Schwierigkeiten mit Rußland fürchten, falls London diese Nachricht nach Petersburg weiterleitete.[24]

Nachdem Salisbury eine militärische Unterstützung für Italien zunächst abgelehnt hatte, überraschte das britische Kabinett am 12. März mit dem Beschluß, eine – wie Hatzfeld meldete – „den Italienern nützliche militärische Diversion von Ägypten aus nach Dongola zu unternehmen"[25], die jedoch weit mehr den Zweck verfolgte, einem Vordringen Frankreichs zum oberen Nil zuvorzukommen. Die Hoffnungen, die die Nachricht in Berlin weckte, waren folglich nur zum geringen Teil berechtigt. Lediglich die Erwartung neuer Spannungen Englands zu Rußland und zu Frankreich erfüllte sich, während sich Hatzfeldts Prognose, England suche Anlehnung an den Dreibund[26], als ebenso illusorisch erwies wie Holsteins Zuversicht auf eine Festigung des Bündnisses.[27]

---

19 KA Wien, Chef des Generalstabs, Oper.-Büro, Fasc. 32, Schönburg an Beck 5.2.1897.
20 Behnen, Rüstung, S. 275.
21 HHStA Wien, MdÄ, PA I, Nr. 470, Liasse XXVIII, Bl. 387: Pasetti an Goluchowski 25.1.1897.
22 Winzen, Englandpolitik, S. 118, wo allerdings der Bezugsrahmen unrichtig ist.
23 GP, Bd. 11, S. 235ff.
24 BA Koblenz, NL Hohenlohe, Nr. 1602, Bl. 213: Holstein an Hohenlohe 4.3.1896.
25 GP, Bd. 11, S. 241.
26 HHStA Wien, MdÄ, PA VIII, Nr. 118, Bl. 234: Bericht aus London 24.3.1896.
27 Winzen, Englandpolitik, S. 124.

Zwar erklärte der neue Ministerpräsident Rudini im Parlament, sogar ohne Protest bei regierungsfeindlichen Abgeordneten hervorzurufen, am Dreibundkurs festzuhalten[28], ergänzte aber kurz darauf, „daß die Freundschaft mit England das System unserer Allianzen vervollständigt"[29]. Deshalb schlug er vor, anstelle der Mittelmeerentente die 1882 vereinbarte, später nicht festgehaltene Deklaration, daß sich Italien in keine gegen England gerichtete Kombination einfügen lasse, in die Vertragserneuerung aufzunehmen.[30] Die deutsche Führung lehnte den Antrag ab; Holstein hielt ihn „für unannehmbar, weil überflüssig und für den Dreibund schädlich", denn er konnte den defensiven Charakter des Bündnisses in Frage stellen und in Rußland neues Mißtrauen wecken.[31] Rudini gab erst einmal nach.[32] Während des Kaiserbesuches Mitte April 1896 verstummten in Rom sogar Zeitungsstimmen, die der Regierung immer wieder vorhielten, keinen Nutzen aus dem Dreibund ziehen zu können.[33] Doch einen Monat später erneuerte Rudini seinen Vorbehalt in bezug auf England und schlug die stillschweigende Annahme einer italienischen Verbalnote vor, die Italien im Falle eines kombinierten englisch-französischen Angriffs auf einen seiner Dreibundpartner von der Beistandspflicht ausnahm.[34] Auch diesen Plan mußte Rom schließlich fallenlassen und die unveränderte Verlängerung des Bündnisses akzeptieren. Im Parlament verkündete Rudini jedoch nicht nur die Fortsetzung der Allianz, sondern zugleich die Absicht, „die Bedingungen des Bündnisses immer mehr zu vervollkommen im gegenseitigen Interesse der Alliierten und der Freunde. Die Bedingungen der Allianz sind verbesserungsfähig, sobald sich das als opportun erweist."[35]

Nichts läßt die Brüchigkeit des Dreibundes deutlicher erkennen als die Begleitumstände seiner Verlängerung. Aufgrund der Transvaalkrise schien Italien ein dreibundfeindlicher Kurs nicht allein Englands, sondern einer englisch-französischen Verbindung nicht mehr ausgeschlossen, die eine essentielle Gefahr bedeutete. Sie konnte jegliche italienische Übersee-Expansion durchkreuzen. Im Kriegsfall wäre das Königreich von seinen Überseebesitzungen abgeschnitten und müßte mit der Zerstörung seiner Flotte, mit Seeblockade und Truppenlandungen an seinen weiten Küsten rechnen. Diese Gefahren veranlaßten die neue Regierung zu einer grundlegenden Revision ihres außenpolitischen Kurses. Während sie sich in Ostafrika auf den Besitz Eritreas beschränkte sowie in und um Äthiopien das Feld seinen Konkurrenten England und Frankreich überließ, startete sie konzentrierte Versuche des Ausgleichs mit Frankreich, die in Paris in Erinnerung an die Ansätze unter Rudini 1891 auf zustimmendes Echo stießen.[36]

Von ihrer Amtsübernahme an ließen Rudini und der neue Außenminister Herzog von Sermoneta keinen Zweifel an ihrem Willen, insbesondere über einen Handelsvertrag die

---

28 HHStA Wien, MdÄ, PA XI, Nr. 117, Bl. 326: Bericht aus Rom 18.3.1896.
29 Ebenda, Bl. 343, Bericht aus Rom 22.3.1896.
30 Fellner, Dreibund, S. 42.
31 PA Bonn, Deutschland Nr. 128 Nr. 1 secr., Bd. 12, Bl. 110: Telegramm Holsteins 1.4.1896; GP, Bd. 11, S. 273ff.
32 HHStA Wien, MdÄ, PA I, Nr. 470, Liasse XXVIII, Bl. 437: Szögyény an Goluchowski 4.4.1896.
33 Ebenda, PA XI, Nr. 117, Bl. 432ff.: Bericht aus Rom 15.4.1896.
34 Ebenda, PA I, Nr. 470, Liasse XXXVIII, Bl. 449ff.: Goluchowski an Pasetti 23.5.1896.
35 Ebenda, PA XI, Nr. 118, Bl. 26: Bericht aus Rom 3.7.1896.
36 Lill, Geschichte Italiens, S. 236.

Beziehungen zu Frankreich zu verbessern.[37] Obwohl in Italien zwei Milliarden Mark deutsches Kapital in Aktien und Obligationen angelegt und somit in beträchtlichem Ausmaß deutsche Unternehmen an italienischen beteiligt waren, obgleich der italienische Export nach Deutschland den in umgekehrter Richtung 1895 übertroffen hatte[38] – der in diesen Jahren einsetzende Industrialisierungsschub konnte sich ohne den reichen französischen Kapitalmarkt nicht entfalten. Noch 1896 kam es zu einem Handelsvertrag zwischen Rom und Tunis, in dem auch Frankreichs politische Stellung in dem Protektorat anerkannt wurde. Er ebnete den Weg für den italienisch-französischen Handelsvertrag zwei Jahre später, der den Zollkrieg beendete und ein enges finanzielles Verhältnis und regen Handelsverkehr herstellte.[39] Eine effiziente wirtschaftliche Verbindung und übereinstimmende außenpolitische Interessen stabilisierten somit die Annäherung zwischen beiden Staaten rasch, wobei die französische Regierung klug beraten war, nach außen hin die Mitgliedschaft Italiens im Dreibund nicht in Frage zu stellen. Sie respektierte damit den hochfahrenden italienischen Großmachtanspruch, während die deutsche Führung die Bedeutung der italienischen Wendung erheblich unterschätzte.

Als die Dreibundverlängerung unter Dach und Fach war, hatte sich die Aufmerksamkeit der Mächte bereits wieder dem türkischen Orient zugewandt. Alte und neue Konfliktherde brachen auf. Im Frühjahr 1896 begannen auf Kreta regelrechte militärische Auseinandersetzungen zwischen von Griechenland unterstützten aufständischen Christen und türkischen Truppen, die am 24. Mai in Kania zu einem Massaker führten. Die Konsuln der Großmächte in Kreta forderten daraufhin zum Schutz ihrer Staatsbürger Kriegsschiffe an. Nur Deutschland schloß sich aus. Als die Unruhen im Sommer auf die zwischen Serbien, Griechenland und Bulgarien umstrittene, von Wien der österreichischen Einflußsphäre zugerechnete türkische Provinz Mazedonien übergriffen, versuchte Goluchowski zur Befriedung der Unruhen die griechische und die türkische Regierung auf ein Reformprogramm festzulegen. Schließlich erarbeiteten die Botschafter der Großmächte in Konstantinopel ein Konzept, das Kreta weitgehende Autonomie zugestand.[40]

Als für die Insel eine Lösung gefunden schien, trat die Armenienfrage wieder in den Vordergrund. Armenische Guerilleros besetzten am 26. August die ottomanische Staatsbank. Die Geiselnahme löste in Konstantinopel ein Massaker aus, dem 8000 Armenier zum Opfer fielen. In Europa rief die Metzelei eine Welle der Empörung gegen das Regimes des Sultans hervor, der sich selbst Wilhelm II. nicht entzog.

Im Grunde kamen diese Komplikationen allen Großmächten höchst ungelegen. Keine war zu diesem Zeitpunkt daran interessiert, die orientalische Frage aufzuwerfen. Unabhängigkeitsbewegungen sollten rasch eingedämmt und der Status quo stabilisiert werden, weil dieser den einen Mächten wie Deutschland, Österreich-Ungarn und Frankreich ihre Interessen

---

37 HHStA Wien, PA I, Nr. 470, Liasse XXVIII, Bl. 408ff., 418ff.: Pasetti an Goluchowski 16.3.1896, 27.3.1896; PA XI, Nr. 117, Bl. 612, 728: Berichte aus Rom 16./28.5.1896.
38 PA Bonn, Italien, Nr. 82, Bd. 5, Bülow an Hohenlohe 10.11.1896.
39 Fellner, Dreibund, S. 44.
40 Vgl. zu den Orientfragen 1896/97: Tatsios, The Megali Idea, S. 74ff.; Grenville, Salisbury, S. 83ff.; Zürrer, Nahostpolitik, S. 338ff.; Lhéritier, Histoire, Bd. 4, S. 323ff.; Bridge, Sadowa, S. 44ff.; Dülffer, Kretakrise, S. 15ff.; Jerussalimski, Außenpolitik, S. 271ff.; Sutter, Großmächte, S. 214ff.; Langer, Diplomacy, S. 318ff.

optimal zu wahren erlaubte und den anderen wie England und Rußland die Interessenkonzentration an anderen Schauplätzen ermöglichte.

Für diese beiden Mächte stellte China einen der Interessenschwerpunkte und ein potentielles Konfliktfeld dar, auf das besonders die deutsche Politik seit dem Krieg von 1894 rechnete. In Rußland verknüpften sich die großmachtpolitische Ostorientierung sowie die verkehrstechnische Erschließung Sibiriens und Mittelasiens mit dem Industrialisierungsschub im europäischen Teil. Dieser Prozeß überforderte die Ressourcen und verschärfte die sozialen Gegensätze. Die gesellschaftlichen und politischen Krisenerscheinungen brachen sich im Frühjahr 1896 Bahn in großen Streiks der Petersburger Textilarbeiter, die sich auf Moskau auszubreiten drohten.[41]

Doch es waren nicht allein die Zwänge der Chinapolitik und der Widersprüche im Innern, die dem Zarenreich Zurückhaltung in Konstantinopel empfahlen. Militärisch vor der türkischen Hauptstadt ohnehin am längeren Hebel, reflektierte es darauf, dort mit friedlichen Mitteln eine dominierende Position gewinnen zu können, um im Konfliktfall die eigenen Bedingungen an den Meerengen diktieren zu können. Die faktische Zusage an Abdul Hamid, den Meerengenstatus nicht in Frage zu stellen, gab dem Sultansregime nicht nur neue Zuversicht, sondern stärkte dort vor allem den russischen Einfluß.[42] Bezeichnend war, daß selbst die neuen Massaker an den Armeniern kein Mitgefühl mehr in Petersburg auslösten.[43] Gleichzeitig begrub Rußland auch gegenüber Bulgarien den alten Streit und anerkannte Ferdinand von Coburg als König, womit die letzte Barriere gefallen war, die der Restaurierung des früheren Prestiges noch im Wege stand.[44] Die Status-quo-Politik empfahl sich Petersburg überdies im Verhältnis zu seinem Bundesgenossen Frankreich, das eine russische Besetzung der Meerengen kaum akzeptiert hätte.[45] Und schließlich stand auf einer solchen Basis einer Verständigung auch mit Österreich nichts mehr im Wege.

Verharrte Rußland bei dem Status quo im Meerengen- und Balkanbereich, sah die Wiener Führung die entscheidende Voraussetzung gegeben, daß die slawische Frage in der Doppelmonarchie kein sie selbst gefährdendes Ausmaß annahm. Die Verständigung zwischen Wien und Petersburg über die Eindämmung der Mazedonienproblematik Anfang 1896 gab der Habsburgermonarchie letzte Sicherheit[46], und Goluchowski lobte Mitte April im Gemeinsamen Ministerrat die „besten Beziehungen" mit Rußland.[47]

Frankreichs Interesse am Status quo war geprägt von dem starken finanziellen Engagement im Osmanischen Reich, vom Religionsprotektorat über die katholischen Christen sowie von dem Bestreben, den Einfluß in Syrien und Libanon zu festigen und die totale Inbesitznahme Ägyptens durch England zu verhindern.[48] Im Juni schlug Salisbury dem französischen Botschafter Courcel eine Neuordnung des orientalischen Problems vor, bei der Frankreich mit Syrien bedacht werden sollte.[49] Ernstgemeint war der Vorschlag kaum. Ähnlich wie ein

---

41 HHStA Wien, MdÄ, PA X, Nr. 107, Bl. 494ff: Bericht aus Petersburg 18.6.1896.
42 BA Potsdam, 90 Ho 5: NL Holstein, Film 62240, Bl. 190073: Saurma an Holstein 20.5.1896.
43 HHStA Wien, MdÄ, PA X, Nr. 107, Bl. 249: Bericht aus Petersburg 24.9.1896.
44 Ebenda, PA III, Nr. 147, Bl. 145ff., 337ff.: Berichte aus Berlin 16.2.1896, 25.4.1896.
45 BA Potsdam, 90 Ho 5: NL Holstein, Film 62245, Bl. 194420ff.: Metternich an Holstein 8.5.1896.
46 HHStA Wien, NL Aehrenthal, Karton 4, Zwiedineck an Aehrenthal 29.1.1896, 26.2.1896.
47 Ebenda, MdÄ, PA XL, Nr. 297, Bl. 129ff.: Protokoll des Gemeinsamen Ministerrats 13.4.1896.
48 Dülffer, Kretakrise, S. 16f.
49 Zürrer, Nahostpolitik, S. 152ff.

Jahr zuvor, als der Premier mit seinem Vorstoß gegenüber Hatzfeldt Mißtrauen zwischen Rußland und Deutschland säen wollte, gedachte er nun Rußland und Frankreich zu entzweien. Courcel ließ sich nicht beirren und lehnte ab.

Salisbury sah in dieser Phase die Gefahr, die britischen Kräfte zu überdehnen.[50] Neben den Spannungen mit Deutschland in Südafrika und mit Rußland in Ostasien lag England mit den USA in Venezuela im Streit, der erst im nächsten Jahr unter Preisgabe englischer Positionen beigelegt wurde. Als sich der deutsche Rückzug aus dem südafrikanischen Krisenherd abzuzeichnen begann, ließ Salisbury gegenüber Berlin umgehend Annäherungsabsichten erkennen.[51] Im August sprach sich die „Morning Post" demonstrativ für eine Hinwendung zu Deutschland aus, weil die Beziehungen zu den USA, Rußland und Frankreich jederzeit ernsthafte Verwicklungen hervorrufen könnten.[52] Ausgehend von der Einsicht, bei einem russischen Vorstoß auf Konstantinopel die Meerengen militärisch gar nicht verteidigen zu können, zog sich das Interesse Englands in der Orientfrage schwerpunktmäßig auf den Suezkanal, auf Ägypten sowie auf die Sicherung der Verbindung nach Indien zurück.[53] Englische Zeitungen kündeten nun sogar von der Entschlossenheit Londons, einer Aggression Rußlands in der Türkei keinen Widerstand entgegenzusetzen.[54] In Wirklichkeit stand dahinter das Bestreben, sich an den Meerengen aus der ersten Reihe der Gegner Rußlands zurückzuziehen und dieses dort zu Vorstößen zu ermuntern, die es in Spannungen mit Frankreich und Österreich verwickeln würden, um Deutschland vor die schwierige Wahl zu stellen, zwischen Rußland und Österreich entscheiden zu müssen. Auf eine Öffnung der Meerengen für Kriegsschiffe aller Mächte war London nunmehr bereit, sich einzulassen.[55]

Das Interesse Deutschlands am territorial unveränderten Fortbestand des Osmanischen Reiches war von zwei Gesichtspunkten diktiert. Erstens war bei einer russischen Inbesitznahme der Meerengen nicht mit einer Gegenwehr der Mächte der ehemaligen Mittelmeerentente zu rechnen; nicht auszuschließen war jedoch, daß Österreich im Vertrauen auf die deutsche Beihilfe sofort den Kampf gegen Rußland aufnahm. Es sprach vieles dagegen, wenn es die deutsche Führung für möglich hielt, im Falle einer russischen Meerengenbesetzung zu erreichen, „daß diese Aktion keine schädlichen Folgen für den europäischen Frieden habe".[56] Diese Schwierigkeiten ließen sich für Deutschland jedenfalls nur vermeiden, wenn der Status quo an den Meerengen gewahrt blieb.

Der zweite Grund, der das Deutsche Reich für eine Bestandssicherung des Osmanischen Reiches eintreten ließ, ergab sich aus seinen wirtschaftlichen Interessen. Im Sommer 1896 begann nach nur dreijähriger Bauzeit die mit deutschem Geld unter deutscher Leitung fertiggestellte Eisenbahnlinie Eskischehir–Konia ihren Betrieb aufzunehmen. Das Geschäft war ungewöhnlich lukrativ, denn in den vergangenen fünf Jahren konnte die Anatolische Bahngesellschaft ihren Reingewinn mehr als verdreifachen. Vor allem jedoch begann die Idee der Eisenbahnverbindung Konstantinopel–Bagdad Gestalt anzunehmen.[57] Überhaupt weitete

50 Dülffer, Kretakrise, S. 15; Kent, Great Powers, S. 172ff.
51 BA Potsdam, 90 Ho 5: NL Holstein, Film Nr. 62244, Bl. 193570: Hatzfeldt an Holstein 10.6.1896.
52 PA Bonn, England Nr. 78, Bd. 10, Hatzfeldt an Hohenlohe 4.8.1896.
53 Dülffer, Kretakrise, S. 15.
54 HHStA Wien, MdÄ, PA VIII, Nr. 118, Bl. 147, 162: Berichte aus London 20.2.1896, 25.2.1896.
55 PA Bonn, Orientalia Gen. Nr. 5 secr., Bd. 9, Marschall an Hohenlohe 29.8.1896.
56 Ebenda, Promemoria Marschalls für Mumm von Schwarzenstein 28.8.1896; Hohenlohe, Denkwürdigkeiten der Reichskanzlerzeit, S. 258f.
57 Schöllgen, Imperialismus und Gleichgewicht, S. 81ff.; Earle, Turkey, S. 34.

sich der deutsche wirtschaftliche und finanzielle Einfluß in der Türkei weiter aus, häufig auf Kosten britischer und französischer Interessengruppen.

Angesichts einer solchen Interessenlage kam es besonders Deutschland darauf an, die Unruhen in Kreta rasch einzudämmen, um nicht die großen orientalischen Fragen aufzurollen[58] Anfangs schien dem Auswärtigen Amt eine solche Gefahr kaum gegeben, maß es doch dem Aufstand keine ernstere Bedeutung bei, sondern rechnete mit einer raschen Beruhigung.[59] Später war es bestrebt, Deutschland in einer zurückhaltenden Position zu belassen und sich nur an gemeinsamen Schritten der Mächte zu beteiligen, etwa um auf die griechische Regierung einzuwirken, ihre Unterstützung der Aufständischen einzustellen.[60] Die vereinbarte Autonomieregelung für die Insel, die ihr weitgehende Selbständigkeit im Rahmen des Osmanischen Reiches gewährte, weckte bei den beteiligten Mächten Mitte 1896 die Hoffnung auf eine dauerhafte Befriedung, was sich jedoch rasch als Illusion erwies.[61]

Es lag ganz im deutschen Interesse, daß Goluchowski und Lobanow einer Teileinigung in der Orientfrage näher kamen.[62] Auch wenn sie die umstrittene Meerengenfrage ausklammerten und sich Lobanow die russische Option mit seiner Prognose offenhielt, langfristig den Zusammenbruch der Türkei als unvermeidlich zu betrachten – den Status quo auf dem Balkan zu wahren, stimmten beide überein. Daraus erwuchs die Grundlage für die Einigung von 1897.

Lobanows gegenüber Goluchowski wiederholter Vorwurf an die Londoner Adresse, eine Aufteilung des Osmanischen Reiches zu beabsichtigen, um Ägypten definitiv in seinen Besitz zu nehmen, ließ den Österreicher zu Recht annehmen, daß Rußland selbst diese Aufteilung für die nächste Zeit nicht beabsichtige. Erst nach der Fertigstellung der sibirischen Bahn, vermutete er, könnte Petersburg die orientalische und insbesondere die Meerengenfrage aufwerfen.

Die Berliner Führung, von Goluchowski allerdings über die Tragweite der Balkanverständigungsabsicht zuvor nicht exakt informiert, setzte darauf, die Meerengenfrage überhaupt aus der internationalen Diskussion heraushalten zu können. Dieses im Sinne des deutschen Großmachtinteresses vernünftige Bestreben sollte freilich zugleich den eigenen Kaiser zur Räson bringen, der, erregt von den neuen Massakern an den Armeniern, vorübergehend die Absetzung des Sultans für geboten hielt. Er hatte in hektischem Übereifer die britische Regierung von der österreichisch-russischen Verständigungsabsicht informiert, konnte sich nicht enthalten, ihr seinen aus der Luft gegriffenen Verdacht mitzuteilen, Lobanow plane einen Coup bezüglich Ägyptens, und empfahl ihr entsprechende Vorkehrungen.[63] Die Offerte war um so verwirrender, weil der Kaiser beabsichtigte, den bevorstehenden Besuch des Zaren in Breslau zu einer verbesserten Kooperation, auch in Orientfragen, zu nutzen.

Da sich Deutschland oftmals als Partner eines Status-quo-Kurses bezüglich des türkischen Orients empfohlen hatte, zeigte Petersburg verstärkt Interesse an einer solchen Kooperation. Zudem wuchsen die Schwierigkeiten im Innern Rußlands. Die Streiks dehnten sich aus, und

---

58 BHStA München, MA Nr. 2674, Bericht aus Berlin 7.8.1896.
59 Ebenda, MA Nr. 76008, Lerchenfeld an Crailsheim 28.5.1896.
60 PA Bonn, BL, Bd. 401/1, Holstein an Hatzfeldt 4.8.1896, Hatzfeldt an AA 4.8.1896; GP, Bd. 12/I, S. 164ff.
61 Dülffer, Kretakrise, S. 34f.
62 HHStA Wien, MdÄ, PA I, Nr. 478, Liasse XXXIII, Nr. 39, Bl. 87ff.: Aufz. Goluchowskis August 1896; ebenda, NL Aehrenthal, Karton 1, Goluchowski an Aehrenthal 1.9.1896.
63 GP, Bd. 12/1, S. 20ff., 55ff., 60f.

unter den Streikenden gewannen sozialistische Strömungen an Einfluß.[64] Folglich stießen die Mahnungen des deutschen Kaisers zur monarchischen Solidarität mit antisozialistischer Stoßrichtung beim Zaren jetzt auf vermehrtes Interesse.

Schließlich litt der forcierte Eisenbahnbau im asiatischen Teil an Kapitalmangel. Witte plante, ausländische Anleihen in dem riesigen Umfang von einer Milliarde Rubel aufzunehmen, die nicht allein von den ohnehin reservierten, mit russischen Krediten überfütterten französischen Banken, sondern nur unter Beteiligung deutscher Institute zu realisieren waren.[65] Im Frühsommer 1896 reisten der Pariser Rothschild und Mendelssohn vom deutschen Russenkonsortium zu Verhandlungen nach Petersburg. Doch in der deutschen Diplomatie stieß das Ansinnen nicht auf ungeteilte Zustimmung. Nach der Auffassung Konsul Marons durfte Deutschland die innere Stabilisierung Rußlands, „unseres gefährlichsten Feindes", nicht fördern[66], und auch für den deutschen Botschafter Radolin lag es nicht in deutschem Interesse, Rußland finanziell zu unterstützen, weil das Geld in die Rüstung fließen werde.[67] Nur wenn es gelang, „über unsere Banken" die russische Führung zu veranlassen, das deutsche Ziel in China, die Gewinnung einer Flottenstation an der chinesischen Küste, zu unterstützen, sollte dem russischen Wunsch nachgegeben werden.[68] Eine solche Erwartung deutete Unterstaatssekretär Rotenhan gegenüber Lobanow und Witte an, als er ihnen das Wohlwollen das Auswärtigen Amtes gegenüber dem Bankgeschäft signalisierte; der Unterstaatssekretär war freilich auch von dem Wunsch motiviert, „dem französischen Markt nicht das Monopol zu lassen".[69] Ende Juli kam als erste Etappe auf dem Weg zum großen Kredit eine internationale Anleihe von 100 Millionen Rubel zustande, an der sich hauptsächlich französische Banken und mit nur 20% das deutsche Russenkonsortium beteiligten.[70]

Der mit dem Geldgeschäft verknüpfte politische Druck Deutschlands auf Rußland schien partiell Erfolg zu zeigen: Der deutsche Geschäftsträger Tschirschky meldete immerhin eine russische Zusage, keine militärischen Verstärkungen an der deutschen Grenze zu planen sowie auf Repressionen im Handelsverkehr zu verzichten.[71] Lobanow lobte auffällig die Übereinstimmung mit Deutschland in der Kretafrage.[72] Doch schien es gerade diese Druckausübung gewesen zu sein, die Witte veranlaßte, das weitere Anleihegeschäft nun doch wieder hauptsächlich in Frankreich realisieren zu wollen und die Europareise des Zaren für diesen Zwecke zu nutzen.[73] Aus einem Bericht des österreichischen Diplomaten Mensdorff, den Eulenburg zur Kenntnis bekam, erfuhr die deutsche Führung, daß ihre Taktik in Petersburg wiederum nur mäßigen Erfolg zeigte: Die Stimmung gegenüber Deutschland sei gut, doch Rußland werde niemals seine Westgrenze entblößen und die Allianz mit Frankreich aufkündigen.[74]

64 HHStA Wien, MdÄ, PA X, Nr. 107, Bl. 99ff.: Bericht aus Petersburg 16.7.1896.
65 PA Bonn, Rußland Nr. 71, Bd. 24, Münster an Hohenlohe 3.7.1896, Radolin an AA 6.7.1896, 8.7.1896, Aufz. Rotenhans 8.7.1896.
66 Ebenda, Maron an Hohenlohe 9.7.1896.
67 Ebenda, Deutschland Nr. 131, Bd. 18, Bl. 93f.: Radolin an AA 16.7.1896.
68 Ebenda, Rußland Nr. 71, Bd. 24, Radolin an AA 8.7.1896.
69 Ebenda, Rotenhan an Hohenlohe 14.7.1896 mit Antwort Hohenlohes 15.7.1896.
70 Ebenda, Bd. 25, Maron an Hohenlohe 23.7.1896.
71 Ebenda, Tschirschky an Hohenlohe 5.8.1896.
72 Ebenda, Deutschland Nr. 131, Bd. 18, Bl. 102: Tschirschky an Hohenlohe 15.8.1896.
73 HHStA Wien, MdÄ, PA X, Bd. 107, Bl. 149: Bericht aus Petersburg 11.8.1896.
74 GP, Bd. 11, S. 353.

Am Ende demonstrierte Witte trotz seiner Geldnot sogar Stärke gegenüber Deutschland, als er versuchte, auf einem dritten Gebiet die gestörte Kooperation wiederherzustellen. Er drohte Anfang August dem überraschten Auswärtigen Amt nun doch mit handelspolitischen Repressalien, falls nicht die veterinärpolizeilichen Maßnahmen zurückgenommen würden, die in Oberschlesien die Einfuhr russischen Viehs und Schweinefleischs erheblich erschwerten.[75] Diese Maßregel hatte das preußische Landwirtschaftsministerium durchgesetzt, über das die Agrarier mit sogenannten kleinen Mitteln den von ihnen nach wie vor heftig bekämpften deutsch-russischen Handelsvertrages partiell zu korrigieren suchten. Der Streit erzeugte eine Pressepolemik, in der sich russische und konservative deutsche Zeitungen gegenseitig vorwarfen, einseitig Vorteil aus dem Handelsvertrag zu ziehen.[76] Als Witte einzelne Zollerhöhungen gegen Industrieimporte aus Deutschland durchsetzte und Lobanow das Auswärtige Amt warnte[77], die preußischen Agrarier stellten die deutsch-russischen Beziehungen in Frage, gewann das Problem in der innenpolitischen Auseinandersetzung wie für die Außenpolitik eine neue Dimension und veranlaßte Marschall zum Eingreifen. Das Ziel, die veterinärpolizeilichen Maßnahmen in Deutschland zu reduzieren und so eine Korrektur der russischen Repressalien zu erreichen, versuchte er den Agrariern beider Staaten zunächst damit schmackhaft zu machen, daß er ihnen ein gemeinsames Vorgehen gegen die übermächtigen Agrarimporte aus den USA empfahl. Einen ersten Impuls in dieser Richtung sollte nach Marschalls Willen das Treffen beider Kaiser Anfang September geben.

Wie immer vor solchen Zusammenkünften, befleißigte sich die russische Presse auch diesmal eines freundlicheren Tones gegenüber Deutschland. Doch hätte die deutschen Führung angesichts der Auslassung der russischen Börsenzeitung gewarnt sein müssen: „Wir verhehlen es nicht, daß eine günstigere Lage der Dinge seit der Zeit des offenen Bündnisses Rußlands und Frankreichs eingetreten ist."[78] Das Treffen bestätigte in wesentlichen die längst bekannten Tatsachen: die russische Konzentration auf den Fernen Osten, die beiderseitige Bereitschaft zur Wahrung des Status quo in der Türkei und das Mißtrauen gegenüber den britischen Absichten im Orient. Verabredet wurde die Klärung der handelspolitischen Differenzen. Ziemlich vage blieb die Zusage des Zaren, in Frankreich auf ein geeintes europäisches Vorgehen gegen den neuen US-amerikanischen Zolltarif zu drängen. Doch seltsamerweise zeigten sich Hohenlohe und Marschall hochbefriedigt über den Besuch[79], und der Kaiser glaubte sich sogar – wieder einmal – des Zaren „sicher" zu sein.[80] Dieser werde, meldete Wilhelm dem Auswärtigen Amt, in Paris seine Bereitschaft ankündigen, „mit Frankreich Hand in Hand zur Verteidigung des europäischen Kontinents zu gehen"[81], und in einem Trinkspruch in Görlitz sprach er gar von seinem und des Zaren Streben, die europäi-

---

75 Wulff, Zollkrieg, S. 65ff.
76 BA Potsdam, AA, Nr. 10547, Bl. 104: Zeitungsausschnitte.
77 BA Koblenz, R 2 Nr. 1695, Tschirschky an Hohenlohe 29.7.1896.
78 PA Bonn, Preußen Nr. 1 Nr. 4b secr., Bd. 10, Tschirschky an Hohenlohe 5.9.1896.
79 Ebenda, Frankreich Nr. 102 secr., Bd. 2, Bl. 24: Wilhelm II. an AA 9.9.1896; BHStA München, MA Nr. 2674, Bericht aus Berlin 9.9.1896; SHA Dresden, Außenministerium, Nr. 3308, Bericht aus Berlin 9.9.1896; HHStA Wien, MdÄ, PA III, Nr. 147, Bl. 218f.: Bericht aus Berlin 7.9.1896, ebenda, Nr. 148, Bl. 213ff.: Mitteilung der deutschen Botschaft in Wien 11.9.1896; GP, Bd. 11, S. 357ff.
80 BA Koblenz, NL Bülow, Nr. 21, Bl. 361: Meine Eindrücke September 1896.
81 GP, Bd. 11, S. 360.

schen Völker „auf der Grundlage gemeinsamer Interessen zu sammeln zum Schutze unserer heiligsten Güter"[82].

Der Zar und seine Begleitung hatten mehr Grund, mit dem Besuch zufrieden zu sein.[83] Ihre Zuversicht und die positive Aufnahme, die in Rußland selbst die bombastischen Erklärungen fanden[84], rührten vor allem aus der Erkenntnis, wie wichtig der deutschen Führung das russische Wohlwollen war. Rußland konnte sich, so die bedeutsame Erfahrung, unbedrängt an den Westgrenzen den inneren Problemen sowie der Expansion in Ostasien zuwenden. Nur in der Anleihefrage hatte Rußland keine deutschen Zusagen erhalten.

So nimmt es nicht wunder, daß das Treffen in der internationalen Öffentlichkeit als Symptom deutscher Machteinbuße gewertet wurde, besonders von englischen Zeitungen. Nicht Deutschland, so der „Standard", sondern Rußland spiele jetzt die leitende Rolle auf dem Kontinent, und für den „Morning Star" sicherte das gegenwärtige Gleichgewicht zwischen Dreibund und russisch-französischem Zweierverband den außenpolitischen Bewegungsraum Englands. Der „Globe" konnte sich die deutsch-russische Herzlichkeit nur damit erklären, daß Deutschland von Rußland „etwas will" oder „Angst" habe.[85]

Für die Berliner Führung schlug negativ zu Buche, daß auch in Deutschland selbst das Kaisertreffen in gleichem Licht gesehen wurde. Delbrück hielt in den „Preußischen Jahrbüchern" Rußland für die bestimmende Macht in der Weltpolitik, „wir sind die Schwächeren", weil die deutsche Politik sich viel zu sehr in dem Gedanken verzehrt habe, den Zweifrontenkrieg bestehen zu müssen. Das Bewußtsein militärischer Schwäche diktiere Deutschland eine „demütige Rolle in der Weltpolitik", auch in den Orientfragen. Die Stellung, die das Reich „nach 1870 gewonnen hatte", sei verloren.[86]

Am Ende konnte das Kaisertreffen nicht einmal im deutsch-russischen Schweinestreit eine Verschärfung verhindern. Zwar hatte Witte im Einvernehmen mit seiner außenpolitischen Führung, die auf das Zusammenwirken mit Deutschland in den Orientfragen Wert legte, eine deutsch-russische Zollkonferenz vorgeschlagen, seine Repressalien als Druckmittel jedoch beibehalten. Um die Ausgangsposition zu verbessern, warnte Rotenhan Mitte September Mendelssohn vor einem Eingehen auf die zu erwartenden neuen russischen Anleihewünsche, falls Witte seinen Kurs nicht revidiere.[87] Doch eine Woche später signalisierte Berlin über die „Vossische Zeitung" Verständigungsbereitschaft: Gegenmaßnahmen gegen die russischen Zollschranken folgen erst, wenn die Verhandlungen scheitern sollten.[88] Offensichtlich kam das Signal dafür aus dem Auswärtigen Amt. Denn auf einer Beratung zwischen dem preußischen Landwirtschaftsminister Freiherr von Hammerstein, dem Staatssekretär des für Zollfragen zuständigen Reichsamtes des Innern, Karl Heinrich von Boetticher, und Marschall am 3. Oktober verteidigte nur noch Hammerstein die Importschranken für russisches Schweinefleisch, während Marschall mehr Rücksichtnahme auf die

---

82 Schulthess 1896, S. 105.
83 PA Bonn, Preußen Nr. 1 Nr. 4b secr., Bd. 11, Tschirschky an Hohenlohe 9.9.1896.
84 Ebenda, Tschirschky an Hohenlohe 7.9.1896, 11.9.1896 mit Zeitungsausschnitten; HHStA Wien, MdÄ, PA X, Nr. 107, Bl. 223: Bericht aus Petersburg 13.9.1896.
85 PA Bonn, Preußen Nr. 1 Nr. 4b secr., Bd. 10, Hatzfeldt an Hohenlohe 3.9.1896, 7.9.1896.
86 PJ, Bd. 86 (1896), S. 219f.
87 PA Bonn, Rußland Nr. 71, Bd. 25, Rotenhan an Hohenlohe 18.9.1896, Tschirschky an Hohenlohe 24.9.1896.
88 BA Koblenz, R 2 Nr. 1695, Ausschnitt „Vossische Zeitung" 24.9.1896.

außenpolitischen Beziehungen verlangte und Boetticher agrarisches Entgegenkommen wegen des Interesses der deutschen Industrie am Rußlandexport für geboten hielt.[89] Doch den Zollkrieg selbst tangierten alle diese Überlegungen zunächst nicht. Er ging mit unverminderter Schärfe weiter.[90]

Wie eng begrenzt der Spielraum der deutschen Außenpolitik blieb, zeigte Ende September 1896 das Treffen des Zaren mit der britischen Führung in Balmoral. Salisbury schlug dem Zaren nicht nur ein neues Reformprogramm für die Türkei vor, sondern versprach auch, falls Österreich, Frankreich und Italien eine russische Inbesitznahme der Meerengen akzeptierten, dem zuzustimmen, wenn England den Besitz Ägyptens garantiert werde.[91] Es mag sein, daß bei Salisburys Zusage die Hoffnung eine Rolle spielte, Spannungen zwischen Rußland und Frankreich zu erzeugen – ein aktuelles Aktionsprogramm stellte sie jedenfalls ebensowenig dar wie die gleichzeitigen Erwägungen in Rußland, sich mit Frankreich über die Inbesitznahme der Meerengen zu verständigen und danach den Ausgleich mit den anderen Kontinentalmächten und schließlich mit England zu suchen.[92] Letztere waren vielmehr Überlegungen für den äußersten Fall, wenn das Sultansregime zusammenbrach. Nach wie vor bevorzugten England und Rußland den Status-quo-Kurs. Doch faktisch verabredeten sie, auch im Krisenfall auf Verständigung zu setzen. Auch hier zeigte sich, wie illusorisch die deutschen Hoffnungen auf russisch-englische Spannungen oder gar Kriegsgefahr in diesem Raum waren. Die deutschen Versuche, beide Mächte gegeneinander auszuspielen, und gar die plumpen Indiskretionen Wilhelms II. verstärkten eher auf beiden Seiten das Streben nach gegenseitiger Verständigung.

Die Sondierungen in Balmoral standen auch im Zeichen der neuen Massaker an den Armeniern. In der konservativen englischen Regierungspartei mehrten sich die Stimmen, die energische Maßnahmen gegen die Türkei verlangten, und ein Teil der britischen Presse plädierte für eine grundlegende Verständigung mit Rußland.[93] Noch in den Tagen des Treffens hielt der „Standard" eine solche Verständigung für möglich, mit der bezeichnenden Anmerkung übrigens, sie würde überall begrüßt werden, nur nicht in Berlin.[94] Nun ließ Petersburg kurz darauf im „Nord" dementieren, daß Orientverhandlungen überhaupt stattgefunden hätten.[95] Doch während die Nachricht nur bewies, daß es sich nicht um eine aktuelle Kursänderung oder um ein Aktionsprogramm handelte, weckte sie in Berlin neue Illusionen.

Ihren krönenden Abschluß fand die Rundreise des Zaren schließlich Anfang Oktober in Paris. Dort kam die von Witte gewünschte Anleihe wegen des Widerstandes der mit russischen Werten überfütterten französischen Banken nicht zustande.[96] Ebensowenig erfüllten sich die französischen Hoffnungen, die Entente noch deutlicher gegen Deutschland zu akzentuieren. Doch für die Öffentlichkeit in Paris gab es keinen Zweifel: Sie feierte das Treffen als

---

89 BA Potsdam, Reichskanzlei, Nr. 419, Bl. 59ff.: Beratung betr. landwirtschaftlichen Verkehr mit Rußland 3.10.1896.
90 HHStA Wien, MdÄ, PA X, Nr. 107, Bl. 230, 276: Berichte aus Petersburg 13.9.1896, 8.10.1896.
91 Zürrer, Nahostpolitik, S. 167; Jefferson, Salisbury's Conversations, S. 216ff.; Grenville, Salisbury, S. 70ff.
92 Zürrer, Nahostpolitik, S. 152, 184; Chvostov, Proekt, S. 55ff.
93 HHStA Wien, MdÄ, PA VIII, Nr. 118, Bl. 18ff.: Bericht aus London 18.9.1896.
94 PA Bonn, England Nr. 83, Bd. 4, Hatzfeldt an Hohenlohe 28.9.1896.
95 Schulthess 1896, S. 202.
96 PA Bonn, Rußland Nr. 71, Bd. 25, Münster an Hohenlohe 23.10.1896, 22.11.1896, Radolin an Hohenlohe 7.11.1896.

Manifestation gegen Deutschland[97], und für die übergroße Mehrheit der russischen und französischen Zeitungen war die Allianz endgültig besiegelt.[98] Auf Veranlassung Hanotaux' hatte der Zar die anfängliche Zurückhaltung partiell korrigiert[99], als er in öffentlichen Erklärungen nicht nur die „wertvollen Bande" zwischen den beiden Reichen lobte, sondern sogar von „einem tiefen Gefühl der Waffenbrüderlichkeit" zwischen beiden Armeen sprach.[100] In den Verhandlungen selbst dominierte die Orientfrage. Beide Mächte blieben beim Statusquo-Kurs und verabredeten die Vorlage eines neuen Reformplanes.[101] Für die Erwartungen auf einen russisch-französischen Orientzwist in Berlin und London fehlten wiederum die Voraussetzungen. Die Mehrheit der deutschen Zeitungen, die konservativen, die freisinnigen und die sozialdemokratischen Blätter, reagierte auf das Treffen erstmals seit der Caprivizeit wieder darüber besorgt, daß das russisch-französische Einvernehmen für Deutschland in der Perspektive die Gefahr eines Zweifrontenkrieges bedeute. Sie warf der Regierung eindringlich vor, diese Gefahr nicht abgewendet zu haben.[102] Doch Marschall verbreitete Optimismus. Anfangs meinte er gegenüber Szögyény wie bislang, ein schriftliches Abkommen existiere nicht.[103] Nachdem Münster nach jahrelanger Fehleinschätzung am 10. Oktober nicht mehr umhinkam, die praktische Tatsache einer Allianz einzugestehen, spielte der Staatssekretär – so im Gespräch mit dem sächsischen Gesandten – mit der Bemerkung, es handele sich „höchstens" um ein Defensivbündnis[104], die Gefahr herunter, als ob im Konfliktfall die Allianz, wenn sie sich stark genug wähnte, die Defensivverabredung erst nehmen müßte. Schließlich waren alle Bündnisverträge formal auf den Verteidigungsfall fixiert. Doch Marschalls Taktieren, aber wohl auch seine Selbsttäuschung gingen noch weiter. Gegenüber dem bayerischen Gesandten fand er bei dem erstaunlichen Argument Trost, das Defensivbündnis sei für Deutschland günstiger als für die französischen Revanchisten.[105] Der Kaiser stand dem Staatssekretär nicht nach: Es gebe zwischen den beiden Mächten keinen Bündnisvertrag, „höchstens" eine Militärkonvention, beruhigte er Szögyény.[106] Die beträchtliche öffentliche Beunruhigung ließ sich auf solche Weise nicht glätten.

Tatsächlich jedoch demonstrierte die mit der neuerlichen Bekundung der festen russisch-französischen Verbindung abgeschlossene Rundreise des Zaren die starke internationale Stellung Rußlands, aber auch Englands und selbst Frankreichs.[107] Es waren hauptsächlich englische Zeitungen, die die nachteiligen Folgen für Deutschland hervorhoben: Während sich das russisch-französische Verhältnis festige, werde der Dreibund durch die Hinwendungen Italiens zu Frankreich und Österreichs zu Rußland geschwächt und die deutsch-englischen Spannungen wachsen. Deutschlands dominierende Stellung in Europa neige sich dem

---

97 Ebenda, Frankreich Nr. 102, Bd. 16, Alvensleben an Hohenlohe 26.10.1896.
98 Schulthess 1896, S. 224, 268f.
99 BA Potsdam, 90 Ho 5: NL Holstein, Film 62238, Bl. 189228: A.v. Hohenlohe an Holstein 23.10.1896.
100 Schulthess 1896, S. 223f.
101 HHStA Wien, MdÄ, PA X, Nr. 107, Bl. 356: Bericht aus Petersburg 21.10.1896; Zürrer, Nahostpolitik, S. 169ff.
102 Jerussalimski, Außenpolitik, S. 530f.
103 HHStA Wien, MdÄ, PA III, Nr. 147, Bl. 312ff., 334: Berichte aus Berlin 10./14.10.1896.
104 SHA Dresden, Außenministerium, Nr. 3308, Bericht aus Berlin 17.10.1896; GP, Bd. 11, S. 369.
105 BHStA München, MA Nr. 2674, Bericht aus Berlin 17.10.1896.
106 HHStA Wien, MdÄ, PA III, Nr. 147, Bl. 399f.: Bericht aus Berlin 14.11.1896.
107 Ebenda, PA X, Nr. 107, Bl. 338ff.: Bericht aus Petersburg 19.10.1896.

Ende zu.¹⁰⁸ Dieser Eindruck war es auch, der die Besorgnis in der deutschen Öffentlichkeit hervorrief. In Rußlands Führung war die noch vor einigen Jahren permanente Sorge, bei der Fernostexpansion gleichzeitig an den Westgrenzen auf die Gefahr eines Angriffes der Dreibundmächte gefaßt sein zu müssen, nun gänzlich verflogen.¹⁰⁹ Mitten hinein in die außenpolitischen Bedrängnisse des Reiches und seiner Regierung platzte am 24. Oktober 1896 die von Bismarck veranlaßte Veröffentlichung des deutsch-russischen Rückversicherungsvertrages von 1887, den die neue Führung 1890 nicht mehr verlängert hatte. Bismarck wollte womöglich, wie M. Hank meint, gegen die freisinnigen und klerikalen Kritiker vorgehen, die seine Rußlandpolitik für die derzeitigen Schwierigkeiten mitverantwortlich machten¹¹⁰ – es wird freilich mehr noch der fortgesetzte außenpolitische Machtverfall des Reiches gewesen sein, der den Altkanzler sorgenvoll umtrieb. Der Schritt war jedoch allemal unlogisch, denn neue Komplikationen konnten nicht ausbleiben, im Innern wie nach außen.

Das Auswärtige Amt reagierte auf die Veröffentlichung überrascht und ratlos.¹¹¹ Marschall veranschlagte sie als die dritte große Niederlage der deutschen Außenpolitik im Jahre 1896, nach der Transvaalkrise und dem Zarenbesuch in Paris, deren negative Folgen für Deutschland er nun höher bewertete als zuvor.¹¹² Zunächst ging es um Schadensbegrenzung bei den Dreibundpartnern, denn in Österreich-Ungarn klassifizierte eine breite Öffentlichkeit den Vertrag als schweren Vertrauensbruch gegenüber Wien. Besonders erregten sich die slawisch-klerikalen Adelskreise, die in der cisleithanischen Regierung großen Einfluß besaßen.¹¹³ Als das Wiener Außenministerium, um sich aus seiner Bedrängnis zu befreien, in der Presse verlautbaren ließ, von Berlin über das Abkommen informiert gewesen zu sein, drängte Marschall Goluchowski – vergeblich – zu einem Dementi, weil er in Italien, dessen Regierung 1890 keine Kenntnis erhalten hatte, einen Proteststurm fürchtete.¹¹⁴ Dort blieb die öffentliche Erregung zwar geringer, die politischen Folgen aber waren um so nachteiliger. Denn die Regierung sah sich nun in ihrem Streben bestärkt, eine feste Verbindung mit Frankreich zu suchen, die, wie Rudini gegenüber Botschafter Bülow durchblicken ließ, dem Dreibund nicht mehr widerspreche als der Rückversicherungsvertrag.¹¹⁵

In Rußland sahen sich die deutschfeindlichen Hof- und Regierungskreise in ihrer Animosität gegen Deutschland bestätigt¹¹⁶, und ihnen war besonders unangenehm, daß 1890 der Zar und Giers für die Verlängerung des Vertrages votiert hatten.¹¹⁷ Ansonsten blieb in Rußland das Echo gering, war doch dort die Zeit über den Vertrag längst hinweggegangen.¹¹⁸ Man sah

---

108 PA Bonn, Deutschland Nr. 137 secr., Bd. 2, Bl. 91ff.: Hatzfeldt an Hohenlohe 24.10.1896.
109 HHStA Wien, MdÄ, PA X, Nr. 107, Bl. 387f.: Bericht aus Petersburg 4.11.1896.
110 Hank, Kanzler ohne Amt, S. 422ff.
111 HHStA Wien, MdÄ, PA I, Nr. 476, Liasse XXXIII, Nr. 8, Bl. 497ff., 506ff.: Szögyény an Goluchowski 6.11.1896, 14.11.1896.
112 Friedrich I. von Baden, 3. Bd., S. 561f.
113 BHStA München, MA Nr. 76007, Lichnowsky an Hohenlohe 27.10.1896.
114 HHStA Wien, MdÄ, PA I, Nr. 476, Liasse XXXIII, Nr. 8, Bl. 533ff., 574ff.: Goluchowski an Szögyény 21.11.1896, Szögyény an Goluchowski 17.12.1896, Goluchowski an Szögyény 18./21.12.1896.
115 BHStA München, MA Nr. 76007, Bülow an Hohenlohe 2.11.1896, ebenda, MA Nr. 2345, Bericht aus Rom 6.11.1896, PA Bonn, Italien Nr. 88 secr., Bd. 1, Bülow an AA 28.11.1896.
116 Ebenda, Deutschland Nr. 131, Bd. 19, Bl. 16: Holleben an Hohenlohe 17.11.1896.
117 HHStA Wien, MdÄ, PA III, Nr. 147, Bl. 422f.: Bericht aus Berlin 21.11.1896.
118 BHStA München, MA Nr. 2780, Bericht aus Petersburg 11.11.1896.

sich nur in der Erfahrung bestätigt, daß Berlin 1890 statt an Rußland die Annäherung an England gesucht hatte. Demgegenüber zog die britische Presse eine Kontinuitätslinie der Englandfeindschaft von Bismarck bis in die Gegenwart.[119] Der Kaiser, doch wer nahm das dort noch allzu ernst, empfahl sich aufgeregt fast gleichzeitig der englischen wie der russischen Führung als Sachwalter jeweiliger Kooperation.[120]

In Deutschland war es von Vorteil für die Regierung, daß die offiziöse, die oppositionelle und die Zentrums-Presse den Bismarckschen Schritt schärfstens mißbilligten.[121] Die nationalliberalen und konservativen Zeitungen, die sich mit dem Vertrag selbst sachlich auseinandersetzten und seine Nichterneuerung für einen fundamentalen Fehler hielten, gingen in dem verbreiteten Entrüstungssturm so sehr unter, daß Waldersee, in den achtziger Jahren noch massiver Kritiker der Bismarckschen Rußlandpolitik, verwundert feststellte: „Daß die Nichterneuerung ein haarsträubender Fehler gewesen ist, wollen die Leute in ihrer durch Wut gänzlich getrübten Einfalt nicht einsehen."[122] So konnte die Regierung mit einem Vertrauensvotum rechnen, als sie sich Mitte November einer Reichstagsdebatte stellte. Doch während dort Marschall international allseits um Vertrauen warb, indem er die deutsche Außenpolitik auf den Dreibund, „freundschaftliche Beziehungen mit Rußland" und ein gutes Verhältnis zu den anderen Mächten gegründet präsentierte, ließ die Diskussion gerade Deutschlands komplizierte Stellung zu Rußland wie zu England deutlich werden. Die Redner der Freisinnigen, der Sozialdemokraten und des Zentrums griffen Rußland scharf an, und die einer Annäherung an Rußland zuneigenden Vertreter der Nationalliberalen und Konservativen hingegen zeigten sich kritisch gegenüber England.[123] So sahen sich durch die Reichstagsdebatte die gegenüber Deutschland kritischen Stimmen in Rußland wie in England ebenso bestätigt wie während des gesamten Enthüllungsskandals.

Dieser Zwischenfall verdrängte die Orientfrage nur kurzzeitig aus den Beziehungen der großen Mächte. Bei den Zarenreisen hatte sie im Mittelpunkt gestanden. Den Hintergrund bildeten neben den Armeniermassakern neue Unruhen in den asiatischen Provinzen der Türkei sowie Anzeichen neuer Bewegungen bei den unterdrückten Völkern in Mazedonien, Albanien und Kreta. Am 20. Oktober schlug Salisbury in einer Zirkularnote an die Großmächte die Ausarbeitung eines neuen Reformprogramms vor, bei dessen Durchsetzung vor Zwangsmaßnahmen gegen das Sultansregime nicht zurückgeschreckt werden sollte.[124] Der Premierminister sah nach den Balmoralgesprächen die Chance, England aus seiner isolierten Position in der Orientfrage herauszuführen und zu einer Annäherung an Rußland zu kommen.[125] Außerdem stand er nach den Armeniergreueln noch mehr unter dem Druck einer breiten sultansfeindlichen englischen Öffentlichkeit.[126]

---

119 PA Bonn, England Nr. 78, Bd. 10, Hatzfeldt an Hohenlohe 7.12.1896; HHStA Wien, MdÄ, PA VIII, Nr. 119, Bl. 183ff.: Bericht aus London 17.11.1896.
120 Ebenda, PA I, Nr. 476, Liasse XXXIII, Nr. 8, Bl. 553ff.: Szögyény an Goluchowski 23.11.1896; Eulenburg, Korrespondenz, Bd. 3, S. 1759; Briefe Wilhelms II., S. 38f.
121 Schulthess 1896, S. 114.
122 GStA Berlin, Rep. 92 NL Waldersee, A I, Nr. 22, Bl. 42: Tagebuch 11.11.1896.
123 Jerussalimski, Außenpolitik, S. 308ff.
124 Zürrer, Nahostpolitik, S. 172ff.; Grenville, Salisbury, S. 84.
125 HHStA Wien, MdÄ, PA VIII, Nr. 119, Bl. 167f., 175f., 180: Berichte aus London 22.9.1896, 15.10.1896, 29.10.1896.
126 Ebenda, Nr. 118, Bl. 96ff.: Bericht aus London 3.11.1896.

Österreich und Italien stimmten dem englischen Vorschlag umgehend zu.¹²⁷ Die französische Regierung zögerte.¹²⁸ Sie hatte sich kurz zuvor mit der zaristischen Führung auf einen gemeinsamen Reformplan geeinigt, der zu einer Verbesserung der türkischen Verwaltung und zu einer Konsolidierung der Finanzen führen sollte.¹²⁹ Doch überraschend für Paris erklärte sich Ende Oktober der amtierende russische Außenminister Schischkin mit Salisburys Vorschlag prinzipiell einverstanden.¹³⁰ Wenige Tage später widerrief er jedoch seine Zusage und fand den antitürkischen Akzent des Planes nicht akzeptabel.¹³¹ Doch Ende November stimmte er endgültig zu.¹³²

Schischkins Schwanken war Ausdruck der wachsenden inneren Schwierigkeiten des Zarismus. So begleitete die letzte Entscheidung die Erwartung, Anleihen auf dem britischen Geldmarkt unterzubringen, nachdem Paris eine Absage erteilt hatte und deutsche Banken allein das russische Kreditbedürfnis nicht befriedigen konnten und wollten.¹³³ Und schließlich schien der russischen Führung ein kollektives Reformpapier die sicherste Gewähr dafür, daß an den Meerengen alles beim alten blieb. Die inneren Krisenerscheinungen und die finanziellen Überanstrengungen besonders in der Fernostexpansion diktierten zwingend die Beschränkung auf diese Expansionsrichtung. Schon die mit dem französischen Reformplan verknüpfte Idee Hanotaux', notfalls Flottendemonstrationen als Zwangsmaßnahmen gegen die Türkei zu starten, erschien Petersburg suspekt, weil sie die Spannungen verschärfen und England zum Eingreifen veranlassen könnten.¹³⁴ So sollte die Zusage an London auch die Pariser Initiative ins Leere laufen lassen. Als am 5. Dezember die russische Führung den von dem Botschafter in Konstantinopel, Nelidow, ausgehenden, für den äußersten Notfall gedachten Plan einer militärischen Intervention an den Meerengen besprach, waren es bezeichnenderweise die politischen Amtsträger unter Führung Wittes, die den Präventivschlagvorstellungen der Militärs entschieden widersprachen und sich durchsetzten.¹³⁵

Noch mehr Zurückhaltung zeigte allerdings Deutschland. Es hielt seine Zusage am längsten offen und bezog am Ende wiederum den Standpunkt, sich einheitlichen Beschlüssen der übrigen Mächte lediglich anzuschließen.¹³⁶

Obwohl alle Mächte mehr oder weniger den Status quo bevorzugten und eine akute Krisengefahr im Orient eigentlich nicht drohte, blieb die Spannung zwischen ihnen in der Orientfrage dennoch erhalten. Sie alle waren vom Mißtrauen beherrscht, eine Macht könnte sich mit einem Vorstoß einseitig Vorteile verschaffen, von der Hoffnung, ein Vorstoß erzeuge zwischen den Rivalen neue Widersprüche, und von der Sorge, solche Konflikte könnten Drittmächte nutzen oder sogar das eigene Eingreifen erzwingen. Das galt insbesondere für

---

127 GP, Bd. 12/I, S. 216, 220.
128 HHStA Wien, MdÄ, PA VIII, Nr. 118, Bl. 91, 113: Berichte aus London 30.10.1896, 9.12.1896.
129 Ebenda, PA X, Nr. 107, Bl. 356: Bericht aus Petersburg 21.10.1896; Zürrer, Nahostpolitik, S. 169ff.
130 HHStA Wien, MdÄ, PA VIII, Nr. 118, Bl. 85: Bericht aus London 29.10.1896.
131 Ebenda, PA X, Nr. 107, Bl. 377ff.: Bericht aus Petersburg 4.11.1896.
132 Zürrer, Nahostpolitik, S. 189.
133 HHStA Wien, MdÄ, PA VIII, Nr. 118, Bl. 138ff.: Bericht aus London 10.12.1896.
134 Ebenda, PA III, Nr. 148, Bl. 230f.: Aufz. für den deutschen Botschafter 18.12.1896; Zürrer, Nahostpolitik, S. 173ff.; DDF, Bd. I/13, Nr. 11, 15.
135 Chvostov, Proekt, S. 64ff.; Zürrer, Nahostpolitik, S. 185f.
136 HHStA Wien, MdÄ, PA III, Nr. 147, Bl. 472: Bericht aus Berlin 15.12.1896; PA VIII, Nr. 118, Bl. 152: Bericht aus London 22.12.1896; GP, Bd. 12/I, S. 232.

Deutschland. Es schien schwierig, die Haltung zu den verschiedenen Eventualitäten festzulegen, stellte sich der Führung doch die Lage unklarer und komplizierter als früher dar. So kam es gegen Jahresende 1896 zu einem umfassenden Gedankenaustausch zwischen Marschall, Hatzfeldt und Holstein zur Bestimmung des Kurses.[137] Im Zentrum der Überlegungen stand wiederum das Verhältnis zu Rußland und England. Deren Absichten galt es genau zu erkunden. Dabei mußte das Auswärtige Amt in Rechnung stellen, daß sich das deutsch-englische Verhältnis in den letzten Jahren kontinuierlich verschlechtert hatte und die deutsch-russische Annäherung über bestimmte Grenzen nicht hinausgegangen war. Somit mußte die deutsche Führung mit der Möglichkeit rechnen, beide Mächte könnten sich doch auf einen Verteilungsplan verständigen, der Rußland Konstantinopel übereigne. Hiervor gab es auch in Paris wachsende Besorgnis, von der Münster im Dezember mehrfach berichtete.[138]

Weit mehr jedoch noch beschäftigte das Auswärtige Amt die Variante, Rußland würde die Uneinigkeit und Unentschlossenheit der Mächte nutzen, um sich mit einem Handstreich in den Besitz des Bosporus zu setzen. Militärisch aussichtsreich schien ein solcher Vorstoß schon seit langem, weil mit rascher Gegenwehr nicht zu rechnen war. Marine- und Militäreinheiten anderer Großmächte würden immer zu spät eintreffen. Es stand überdies zu erwarten, daß angesichts des Stimmungsumschwungs in der Öffentlichkeit und des Kurswechsels der Regierung eine russische Besetzung Konstantinopels für England keinen Kriegsgrund mehr darstellte.[139]

Anfang Dezember versuchte Hatzfeldt bei Salisbury zu erkunden, was London zu tun gedenke, wenn Rußland den Bosporus okkupiere. Der Premier antwortete, er werde abwarten, was die anderen Mächte tun, und nehme an, Österreich werde sich gegen Rußland wenden. Österreich allein nicht, entgegnete der Botschafter. Deutschland stehe ja hinter Österreich, erwiderte der Minister.[140] Hatzfeldt war schockiert. Diese Antwort offenbarte wiederum das Dilemma, in dem sich die deutsche Außenpolitik befand. Widerstand gegen einen russischen Vorstoß war höchstens von Österreich zu erwarten; kam es zum Krieg, dann konnte, wie die Dinge lagen und trotz aller Warnungen an die Wiener Adresse, Deutschland nicht umhin, früher oder später Österreich beizustehen.

Hatzfeldt erwog zwar in seinen Grundsatzüberlegungen als zweiten möglichen Weg für Deutschland noch die umfassende Verständigung mit Rußland, also seine rückhaltlose Unterstützung, betrachtete ihn jedoch als unausführbar, solange Rußland nicht Neutralität in einem deutsch-französischen Krieg zugestand. Doch einen Bruch der russisch-französischen Allianz hielt er zu Recht für unwahrscheinlich, und schon deshalb verbot es sich für Berlin, Rußland zu einer so gravierenden Machterweiterung zu verhelfen und Österreich fallenzulassen.

So blieb Deutschland nur die totale Reserviertheit, auf die sich das Auswärtige Amt verständigte. Entsprechend wurde Saurma, der Botschafter in Konstantinopel, für die Konferenz angewiesen: keine Initiative zu zeigen und allem zuzustimmen, worauf sich Rußland und Österreich verständigten. Dieser Kurs war vernünftig, weil er in beiden Staaten die Kräfte zu stärken wünschte, die einem für Deutschland gefährlichen Konflikt zwischen ihnen wider-

---

137 Hatzfeldt, Papiere, S. 1104ff., 1107ff., 1118f.; GP, Bd. 12/I, S. 251.
138 HHStA Wien, MdÄ, PA VIII, Nr. 119, Bl. 3ff.: Bericht aus London 7.1.1897; BA Koblenz, NL Hohenlohe, Nr. 398, Bl. 67ff.: Münster an Hohenlohe 4.12.1896, 29.12.1896.
139 HHStA Wien, MdÄ, PA VIII, Nr. 120, Bl. 31ff.: Bericht aus London 21.1.1897.
140 Ebenda, Nr. 119, Bl. 197ff.: Bericht aus London 10.12.1896; GP, Bd. 12/I, S. 66ff.

sprachen. Er war realistisch, weil der Einfluß dieser Kräfte in Rußland und Österreich unaufhörlich wuchs. Er war bereits so groß, daß die deutschen Sorgen vor einem Konflikt praktisch unbegründet waren. Doch die in den letzten Dezembertagen in Berlin bekannt gewordenen Nachrichten von der zaristischen Geheimkonferenz hatten die Beunruhigung im Auswärtigen Amt noch weiter wachsen lassen. Allerdings beruhigte Witte wenige Wochen später Radolin, als letzterer ihn besorgt nach einer russischen Kriegspartei fragte.[141]

Während Anfang Januar 1897 Holstein den verabredeten Kurs der Zurückhaltung von Wien noch akzeptiert glaubte[142], erhielt er kurz darauf von Hatzfeldt aus London neue Informationen, die von strikter österreichischer Entschlossenheit kündeten, eine russische Besetzung der Meerengen nicht hinzunehmen, zumal selbst territoriale Kompensationen in den Augen der Wiener Führung die nationalen Widersprüche in der Habsburgermonarchie nur vermehren mußten. Da auf England nicht zu rechnen sei, schloß der Botschafter, werde Wien auf deutsche Unterstützung warten.[143] Holstein war alarmiert, denn er hatte erfahren, daß Wilhelm II. Goluchowski bei dessen bevorstehendem Besuch in Berlin darin bestärken wollte, die russische Inbesitznahme der Meerengen nicht zuzulassen. In seinem überzogenen Mißtrauen schloß Holstein nach der Geheimkonferenz, trotz gegenteiliger Beteuerung aus Petersburg, einen russischen Vorstoß nach Konstantinopel nicht mehr aus und sah für diesen Fall bei einem folgenden russisch-österreichischen Konflikt Deutschland rasch in eine komplizierte Lage geraten. Deshalb versuchte er über Hohenlohe, den Kaiser zu einer Korrektur seines Vorhabens zu veranlassen, indem er ihm die Perspektive verdeutlichte, die er sah, wenn Österreich sich nicht einem russischen Meerengenvorstoß widersetzte: es würde zu einer Neugruppierung der Mächte kommen, bei der Rußland und Frankreich nicht mehr auf der gleichen Seite stehen[144] Die außenpolitischen Grundsätze des Zarenreiches erfaßte Holstein wiederum nicht; nicht zuletzt, um das Bündnis mit Frankreich nicht zu gefährden, hatte Petersburg bislang den Vorstoß ausgeschlossen.

Der Kaiser schloß sich Holsteins Vorstellung an. Er riet Goluchowski, eine russische Besetzung der Meerengen zu akzeptieren, weil England sich ihr nicht widersetzen werde und dann mit einer Lockerung der russisch-französischen Allianz zu rechnen sei.[145] Doch die deutsche Führung erfaßte auch das österreichische Interesse nicht richtig. Sie hatte vermutet, von Goluchowski mit dem Vorschlag einer festen Verbindung gegen einen russischen Meerengenvorstoß konfrontiert zu werden. In Wirklichkeit wollte er ein letztes Mal die deutschen Vorstellungen sondieren, bevor er sich mit Petersburg abschließend auf der Basis verständigte, den Status quo zu wahren. Er konnte sich darin bestärkt fühlen, von Deutschland keine Unterstützung gegen Rußland erwarten zu dürfen. Das deutsche Ansinnen ins Leere laufen zu lassen, fiel ihm folglich nicht schwer. Im übrigen rechnete in der Folge auch Berlin nicht mehr mit einem russischen Überraschungscoup.[146]

Die Okkupationsplanungen der russischen Militärs liefen indes weiter[147], und es gab schon wegen der instabilen Lage in Rußland keine Sicherheit, ob sie nicht eines Tages auch zum

---

141 Ebenda, S. 249; HHStA Wien, MdÄ, PA X, Nr. 108, Bl. 15ff.: Bericht aus Petersburg 13.1.1897.
142 Ebenda, PA III, Nr. 147, Bl. 3ff.: Bericht aus Berlin 2.1.1897.
143 GP, Bd. 12/1, S. 69f.
144 Ebenda, S. 72ff.; Hatzfeldt, Papiere, S. 1122ff.
145 HHStA Wien, MdÄ, PA I, Nr. 462, Liasse XXVc, Bl. 278ff.: Aufz. Goluchowskis Januar 1897.
146 Ebenda, PA III, Nr. 148, Bl. 4ff.: Bericht aus Berlin 25.1.1897.
147 Zürrer, Nahostpolitik, S. 201.

Zuge kämen. Deshalb waren die weitgehenden Zusagen, die der neue russische Außenminister Murawjew von der deutschen Führung bei seinem Besuch in Berlin Ende Januar 1897 erhielt, alles andere als abstrakte diplomatische Floskeln. Sie konnten eminente Tragweite erhalten. Als Marschall den Eindruck gewann, geheime Absprachen zwischen Rußland und England über die Aufteilung der Türkei existierten nicht und Rußland halte so lange wie möglich am orientalischen Status quo fest, versprach er dem Minister, Deutschland werde „alles" tun, um einen Krieg zu verhindern oder ihn wenigstens zu lokalisieren, falls Rußland dennoch „gezwungen" sei, „zur Aktion überzugehen". Lediglich eine Bedingung stellte er: „Wir müßten nur dabei voraussetzen, daß es in einer Weise geschehe, welche den Interessen Österreich-Ungarns Rechnung trage."[148] Der Kaiser ging anschließend über diese Zusicherung noch weit hinaus und stellte in Bezug auf seinen Bündnispartner überhaupt keine Bedingungen mehr: „Ich werde Österreich zurückhalten."[149] Tatsächlich lief für den Ernstfall alles darauf hinaus, Österreich davon abzuhalten, einen russischen Vorstoß zu den Meerengen mit einem militärischen Gegenschlag zu beantworten. Nach den 1895 erfolgten weitgehenden Zusagen an Österreich für den Kriegsfall war die deutsche Führung nun genötigt, die Habsburgermonarchie mit allen Mitteln an einem Kriegskurs zu hindern, um nicht zur Unzeit selbst mit in einen Krieg hineingerissen zu werden. Ihr konnte desto eher die Beihilfe versagt und sie dadurch am Gegenschlag gehindert werden, so meinte das Auswärtige Amt, desto mehr die Doppelmonarchie in eine Satellitenstellung herabgedrückt war. Dieses Bestreben der Berliner Zentrale nahm mit der wachsenden inneren Zerrissenheit und Handlungsschwäche Österreichs infolge der Badenikrise zu.

Murawjews Reaktion verdeutlicht, wie hochwillkommen ihm die deutschen Zusicherungen waren. Er sagte nicht allein Verständigungsbereitschaft gegenüber Wien zu, sondern erkannte, wie Marschall hervorhob, „vollkommen [...] die Berechtigung unseres Wunsches, in Ostasien einen Stützpunkt [...] zu gewinnen, [...] an." Er räumte sogar die Hindernisse beiseite, die dem Abschluß der deutsch-russischen Zollkonferenz noch entgegenstanden, indem er Witte bat, auf letzte Forderungen zu verzichten. Tatsächlich ging die Anfang Februar erzielte Einigung mehr zum Vorteil Deutschlands aus. Petersburg hob seine deutschfeindlichen Zollbehinderungen auf, aber Berlin hielt daran fest, die Schweine- und Fleischeinfuhr aus Rußland nach Oberschlesien weiterhin zu erschweren. Nur für andere Produkte erfolgten Erleichterungen im Grenzverkehr.[150]

In diesen Tagen erhielt Goluchowski zugleich letzte Sicherheit darüber, daß bei einer russischen Besetzung Konstantinopels an ein militärisches Eingreifen Englands nicht zu denken war. Er hatte angesichts der verbreiteten Vermutungen über die Möglichkeit eines russisch-englischen Ausgleichs in Orientfragen wie die deutsche Führung um die Jahreswende in London auf diese Klarstellung gedrängt, um ganz sicher zu sein, daß es zur Verabredung mit Rußland über die Wahrung des Balkan-Status-quo keine vernünftige Alternative gab. Salisburys Antwort war so eindeutig wie selten: „Allein zum Zwecke des Status quo in der Türkei England und Rußland in einen Krieg zu verwickeln, würde heute keine englische Regierung wagen."[151] Das bedeutete für Goluchowski, sich nunmehr endgültig auf die Wahrung der

---

148 GP, Bd. 13, S. 56ff.
149 Jerussalimski, Außenpolitik, S. 343.
150 Wulff, Zollkrieg, S. 92ff.
151 Zit. nach: Zürrer, Nahostpolitik, S. 367.

österreichischen Interessen ohne England einzurichten.[152] Hohenlohe, der vom Ergebnis der Wiener Sondierungen in London informiert wurde, sah seine Vermutung bestätigt, England spekuliere auf den Krieg der Kontinentalmächte.[153] Goluchowskis neuerliche Enttäuschung über England bedeutete jedoch für den Kanzler eher größere Sicherheit darüber, daß sich Österreich nicht auf Konflikt, sondern auf Einigung mit Rußland einstellte. So schien am Ende dieser vielfältigen diplomatischen Aktivitäten das Deutsche Reich der von ihm gewünschten Konstellation der Großmächte im Orient nähergekommen zu sein.

Von diesen Entwicklungen erfuhr freilich die Öffentlichkeit nichts. Dort herrschte der Eindruck vor, die strikte Zurückhaltung Deutschlands in den Orientfragen zeuge von Machtverlust, von Zweitrangigkeit. Nachdem britische Zeitungen bereits seit Herbst 1896 erfreut eine sinkende europäische Machtstellung des Reiches konstatierten[154], trat am 15. Januar 1897 das britische Massenblatt „Daily Mail" mit einem Artikel unter der Überschrift „Isolation Deutschlands" hervor. Die Zeitung sah diese Isolation kommen, weil nach der russisch-französischen Allianz nun auch Österreich das freundschaftliche Übereinkommen mit Rußland suche. Deutschland müsse, so die Quintessenz des Artikels, „den Gedanken aufgeben, die Weltpolitik nach seinem eigenen Gutdünken leiten zu wollen, und darauf verzichten, andere Nationen, welche in Frieden miteinander zu leben wünschen, zu verfeinden"[155].

Nun mochte zwar der gegenseitige Verfeindungswille der anderen Mächte nicht geringer als der deutsche ausgeprägt gewesen sein, doch über die unbefriedigende internationale Geltung des Reiches machte sich auch Holstein keine Illusionen.[156] Den geradezu verheerenden Eindruck, den sie inzwischen in der deutschen Öffentlichkeit vermittelte, beschrieb Delbrück im Februar in der Politischen Korrespondenz, die inzwischen eine Art Barometer für die vorherrschende Stimmung in den bildungsbürgerlichen Schichten darstellte, in einer geradezu vernichtenden Kritik der Außenpolitik. Die deutsche Orientpolitik „erinnert an die schwächlichsten Epochen der preußischen Geschichte", an die Zeit vor 1806, als kein positives Ziel, kein Mut zum Entschluß, nur der Wunsch nach Friedenserhaltung die Regierungspolitik geprägt habe.[157] Die Bloßstellung der außenpolitischen Erfolglosigkeit wirkte um so nachhaltiger, weil die Komplikationen im Innern, wie zu zeigen sein wird, sich seit Ende 1896 ebenfalls verstärkten.

So kamen Berlin neue Konflikte im Orient schon deshalb ungelegen, weil sie die Schwierigkeiten für die öffentliche Darstellung der Außenpolitik neuerlich offenbarten. Die bilateralen diplomatischen Sondierungen und die Botschafterkonferenzen über ein neues Reformprogramm waren gerade abgeschlossen, als Unruhen auf Kreta eine neue Lage schufen. Am 5. Februar rief der griechische Generalkonsul wegen angeblich bevorstehender Christenmassaker auf der Insel die Regierung in Athen um Hilfe.[158] Diese sandte zwei Kriegsschiffe nach Kreta, reguläre Soldaten und Hunderte Freiwillige folgten. Bevor sie eintrafen, proklamierten bewaffnete Christen die Vereinigung der Insel mit Griechenland.

---

152 HHStA Wien, MdÄ, PA VIII, Nr. 119, Bl. 22ff.: Goluchowski an Deym 10.2.1897.
153 GP, Bd. 12/I, S. 79f.
154 PA Bonn, England Nr. 78, Bd. 10, Hatzfeldt an Hohenlohe 16.10.1896.
155 Ebenda, Deutschland Nr. 137 secr., Bd. 2, Hatzfeldt an Hohenlohe 15.1.1897.
156 Eulenburg, Korrespondenz, Bd. 3, S. 1775.
157 PJ, Bd. 87 (1897), S. 600.
158 Vgl. für das folgende: Dülffer, Kretakrise, S. 40ff., dort auch weitere Literaturhinweise.

Alle Großmächte sahen sich durch die einseitige Aktion herausgefordert. Ihre Bemühungen, das Konzert der Großmächte zum Funktionieren zu bringen, standen unter dem Motto, die Gefahr eines großen Krieges zurückzudrängen. William Langer meint sogar: „Die Mächte waren von der Aussicht eines europäischen Krieges so sehr erschreckt, daß sie sich in gemeinsame Aktionen flüchteten."[159]

In Wirklichkeit sollten wohl die in den Hauptstädten der Mächte tatsächlich auffälligen Friedensbeschwörungen eher davon ablenken, daß das Konzert wie bei den vorangegangenen Krisen im Orient wiederum darauf abzielte, das morsche, überlebte, christenfeindliche Regime des Sultans in Südosteuropa zu zementieren und Unabhängigkeitsbewegungen der unterdrückten Völker zu ersticken. Immerhin standen die Regierungen in London, Paris und Rom unter dem beträchtlichen Druck einer philhellenischen Solidaritätsbewegung.

Die Versuche, die neue Krise zu bewältigen, konzentrierten sich auf die Sicherung des territorialen Status quo im Orient und dem darauf beruhenden Gewicht zwischen den Mächten. Besonders die deutsche Regierung ließ sich von der Sorge leiten, aus den kretischen Vorgängen könnten Impulse auf die Unruhen in Mazedonien übergreifen und diese könnten Bulgarien und Serbien ermuntern, sich nach Griechenland ebenfalls auf Kosten der türkischen Erbmasse territorial zu vergrößern. Solche Verteilungskämpfe vermochten leicht, und das fürchtete Berlin, die sich gerade stabilisierende Balance zwischen Österreich und Rußland zu stören. Deshalb setzte Marschall in den nächsten Wochen Bulgarien massiv unter Druck, um es zum Stillhalten zu veranlassen.[160] Andererseits setzte die deutsche Führung angesichts der griechenfreundlichen Öffentlichkeit in Paris und London auf Differenzen nicht nur zwischen England und Rußland, sondern auch zwischen den Bündnispartnern Rußland und Frankreich. Auf die Forderung nach einem Rückzug der Griechen aus Kreta und auf ein Autonomieversprechen für die Insel im Rahmen des osmanischen Reichsverbandes konnten sich die Mächte hingegen rasch verständigen.

Über die Mittel, mit denen diese Ziele erreicht werden sollten, bestanden freilich unter ihnen von Anfang an Differenzen. Deutschland hatte sich zunächst auf die altbewährte <Position begeben, keine Initiative zu zeigen, sondern sich Vorschlägen anderer Staaten, und da dachte es in erster Linie an Rußland, anzuschließen. Als Petersburg die Blockade des Piräus durch Schiffe der Mächte als Druckmittel gegen Griechenland gegenüber der deutschen Führung empfahl, signalisierte diese umgehend Zustimmung. Wenige Tage später, am 14. Februar, nahm der deutsche Kaiser die Idee nicht nur auf, sondern schlug, ohne Rücksprache mit dem Auswärtigen Amt, über die Botschafter der Großmächte diesen vor, den Piräus sofort zu blockieren.[161] Hohenlohe und Holstein wandten ein, dieser Vorschlag könnte von der zuvor verabredeten, vom Auswärtigen Amt zunächst als notwendig angesehenen gemeinsamen Aktion der Geschwader der Großmächte gegen die griechischen Schiffe vor Kreta ablenken und das dort gewünschte gemeinsame Vorgehen gefährden.[162] Der Geheimrat vermutete zusätzlich, auch nicht ganz unzutreffend, der Kaiser habe seinen Vorstoß unternommen, um in Deutschland die angebliche Notwendigkeit seiner Flottenbaupläne zu unterstreichen. Doch nachdem sich vor Kreta die Schiffskommandanten über das gemeinsame Vorgehen verständigt hatten und der Blockadevorschlag bei den Mächten eine Chance zu

---

159 Langer, Diplomacy, S. 361.
160 GP, Bd. 12/I, S. 142ff.
161 Ebenda, Bd. 12/II, S. 327.
162 Eulenburg, Korrespondenz, Bd. 3, S. 1787.

haben schien, übernahm ihn der Reichskanzler offiziell und dehnte ihn auf griechische Häfen generell aus, obwohl eine solche Aktion ihm immer noch zu früh erschien.[163] Kurz darauf erfuhr Holstein, daß der Kaiser auch noch dem Sultan den Rat erteilt hatte, seine Armee die Grenze nach Griechenland überschreiten zu lassen. Wäre dieser Rat befolgt worden, monierte Holstein zu Recht, hätte Berlin die Verantwortung für diesen Krieg zugeschoben bekommen.[164] Zum Glück für Deutschland behielt der Sultan die Empfehlung für sich. So blieb allein der Blockadevorschlag, und mit ihm hatte das Reich unter der auf Konfrontation mit Griechenland setzenden kaiserlichen Devise „Erst handeln, dann verhandeln" zum ersten Mal Initiative in der Orientfrage ergriffen.

Eine solche Initiative schien in dieser Situation für die Stellung Deutschlands unter den Mächten günstig zu sein, griff man doch einen ursprünglich russischen Vorschlag auf. Holstein ließ seine Bedenken fallen. „Jedenfalls haben wir damit", schrieb er an Bülow, „ohne es weiter zu betonen, in Petersburg den Beweis geliefert, daß in schwierigen Lagen, wie deren die Orientfrage noch viele bringen wird, auf uns der meiste Verlaß ist. Eben deshalb sollten wir auch, wenn die Russen das gleiche tun, ohne Ziererei auf die Griechen schießen." An einer gegebenenfalls unumgänglichen Besetzung der Insel sollte sich Deutschland dagegen nicht beteiligen, sondern sie Rußland, England und Frankreich überlassen. „Zwischen den dreien würde sich bald eine ausgezeichnete Laune entwickeln."[165]

Überhaupt zielte der deutsche Vorstoß auf Differenzen zwischen den Kaiserstaaten und den Westmächten ab. Doch seine konfrontative Komponente, die Blockade vor die Verhandlungen zu setzen, konnte ein gefährliches Eigengewicht gewinnen. In einer im In- und Ausland verbreiteten Atmosphäre der Kriegsbesorgnis, der die Mächte mit ihrem zum Prinzip erhobenen Gebot der Friedenserhaltung Rechnung getragen hatten, konnte das Reich mit seiner überraschenden, die bisherige Zurückhaltung in Orientfragen ohne Angabe überzeugender Gründe aufgebende und auch noch auf Gewalt und Hochspannung setzende Initiative eher an Prestige verlieren als gewinnen, denn sie schien den Frieden eher zu gefährden als zu sichern. Es ist nicht auszuschließen, daß für die deutsche Initiative auch die Erwartung, innenpolitisch Terrain zu gewinnen, eine Rolle gespielt haben mag.

Doch der deutsche Vorstoß erfuhr eine für das Reich demütigende Antwort. Er wurde faktisch ignoriert. Murawjew legte ein Programm vor, das die ursprünglichen Ziele wieder aufgriff, die griechische Annexion Kretas ablehnte, die Autonomie der Insel im osmanischen Reichsverband vorsah und eine Blockade erst dann empfahl, wenn Griechenland sich verweigerte. Obwohl mit diesem Vorschlag der deutsche Konfrontationskurs abgewiesen und zugleich auf die Einheit der Mächte orientiert wurde, erklärte sich die Berliner Führung sofort einverstanden. Immerhin waren es Forderungen, die sie von Anfang an vertreten hatte. Zudem hoffte sie noch auf englische Ablehnung.[166] Dabei hatte Hatzfeldt angesichts der Gefahr, daß sich die Krise auf Mazedonien ausweitete, das Auswärtige Amt beschworen, wegen der möglichen Folgen für die europäische Konstellation auch auf Einigkeit mit England zu setzen.[167] Aber Salisbury stimmte dem russischen Vorschlag ohnehin zu. Das

---

163 Ebenda, S. 1789f.
164 BA Koblenz, NL Hohenlohe, Nr. 1605, Bl. 184f.: Aufz. Holsteins 3.3.1897.
165 Ebenda, NL Bülow, Nr. 90, Bl. 226ff.: Holstein an Bülow 17.2.1897, vgl. auch: Winzen, Englandpolitik, S. 137f.
166 Ebenda, S. 142f.
167 PA Bonn, BL, Bd. 401/4, Hatzfeldt an AA 20.2.1897.

Interesse aller Mächte am Status quo und zugleich das Bestreben der Westmächte, die Krise ohne allzu scharfe Zurückweisung Griechenlands zu bewältigen, hatten den Ausschlag gegeben und den deutschen Spaltungsabsichten einen Riegel vorgeschoben. Auch Rußland legte auf die Kooperation mit Frankreich und selbst mit England mehr Wert, als sich allein mit Deutschland auf ein schärferes Vorgehen zu verstehen. Nun blieb Berlin nur noch der Ausweg, den Schein zu wahren. Hohenlohe gab sich auf einmal erfreut über Salisburys Zustimmung und begrenzte die deutschen Ziele auf die „Erhaltung des Friedens durch möglichste Niederhaltung der Begehrlichkeiten"[168].

Am 2. März präsentierten die Mächte in einer Kollektivnote in Athen und Konstantinopel ihre Forderungen und verlangten von den Griechen, ihre Schiffe und Truppen zurückzuziehen.[169] Obwohl die Griechen nur den Abzug ihrer Schiffe zugestanden, zeigte sich Murawjew, noch immer auf die Einheit der Mächte fixiert, nicht willens, zur Blockade zu schreiten.[170] Wenige Tage später jedoch vollzog er die Wende. Im mazedonischen Unruhegebiet in Thessalien konzentrierten sich griechische und türkische Truppen, und es schien nicht allein der Krieg zwischen beiden Mächten, sondern in einem größeren und noch unberechenbareren Rahmen der, wie Holstein meinte, von England gewünschte Balkankrieg bevorzustehen.[171] Mit dem Ziel, den Schaden im letzten Augenblick wenigstens zu begrenzen, schlug der russische Außenminister nun die Blockade nicht nur Kretas, sondern auch des thessalonischen Hafens Volo und schließlich sogar die gemeinsame Okkupation der Insel vor.[172]

Doch nun war es Deutschland, das sich der Teilnahme entzog. Dessen Entscheidung reifte bereits in den Tagen der russischen Unentschlossenheiten. Das russische Okkupationsersuchen beantwortete Hohenlohe mit dem Gegenvorschlag, die Befriedung von einer oder zwei Mächten ausführen zu lassen, und Marschall ersuchte Österreich, in Paris zu empfehlen, Rußland möge allein zur Besetzung schreiten.[173]

Nachdem diese Idee selbst von Salisbury unterstützt zu werden schien, setzte vor allem Holstein auf sie große Hoffnung: Eine Okkupation durch Rußland könnte dessen Gesamtstellung schwächen, denn sie würde die Eifersucht der anderen Mächte, insbesondere Frankreichs, hervorrufen.[174] Doch Holstein täuschte sich. Wegen dieser Eifersucht kam die Idee gar nicht zur Ausführung. Schon Goluchowski ließ sich nicht dafür einspannen.[175] Aus dem Taktieren der Mächte um den Pazifizierungsauftrag schien schließlich Italien als Kompromißkandidat hervorzugehen, bis auch dieser Plan scheiterte.[176]

Die Blockade der Insel kam dagegen am 21. März 1897 zustande. Deutschland beteiligte sich nicht. Doch seine Hoffnung, die anderen würden sich nun um so leichter entzweien, trog. Mehr noch: Weil den anderen Mächten die deutsche Zersetzungsabsicht unzweifelhaft war, richtete sich ihr ganzer Mißmut gegen Berlin.[177] Ihn schürte besonders die französische Diplomatie. „Die französische Politik wird überhaupt als hemmendes und zersetzendes Ele-

---

168 GP, Bd. 12/II, S. 353f.
169 Dülffer, Kretakrise, S. 43; Zürrer, Nahostpolitik, S. 352ff.; DDF, Bd. I/13, Nr. 146.
170 GP, Bd. 12/II, S. 360ff.
171 PA Bonn, BL, Bd. 401/4, Holstein an Hatzfeldt 11.3.1897.
172 GP, Bd. 12/II, S. 366ff.; Langer, Diplomacy, S. 360ff.; Zürrer, Nahostpolitik, S. 345ff.
173 GP, Bd. 12/II, S. 369, 375.
174 PA Bonn, BL, Bd. 402/1, Holstein an Hatzfeldt 16.3.1897.
175 Ebenda, Hohenlohe an Hatzfeldt 22.3.1897.
176 Zürrer, Nahostpolitik, S. 353.
177 GP, Bd. 12/II, S. 391; PA Bonn, BL, Bd. 402/1, Holstein an Hatzfeldt 27.3.1897.

ment mehr und mehr erkennbar", schrieb Holstein verärgert an Hatzfeldt. Eine neue Korrektur folgte. Anfang April setzte Berlin wieder auf das einheitliche Vorgehen der Mächte. In der anstehenden Frage des Rückzuges türkischer Truppen aus Kreta entschied es sich, österreichisch-russischen Vorschlägen zu folgen[178], und Saurma wurde angewiesen, sich an der Botschafterkonferenz zu beteiligen, die die Einzelheiten der Autonomie für Kreta regeln sollte. Auf Initiative hatte er zu verzichten.[179] Indes geriet das Deutsche Reich noch einmal in das diplomatische Abseits, als es sich weigerte, sich an der inzwischen verabredeten Blockade griechischer Häfen zu beteiligen und damit den Franzosen die Chance bot, den ihnen nicht genehmen Plan zum Scheitern zu bringen und dieses in London und Petersburg allein den Deutschen anzulasten.[180]

Die komplizierte Lage, in die sich die deutsche Außenpolitik manövriert hatte, ging ihren Exponenten nicht auf. In ihrem Hang, diplomatische Einzelaktionen aus dem Zusammenhang zu lösen, zu verabsolutieren und mit Wunschdenken zu verbinden, sahen sie die partielle englisch-französische Kooperation als Anzeichen der Lockerung der russisch-französischen Allianz. In Verbindung mit den sich abschwächenden russisch-österreichischen Differenzen rechneten sie deshalb auf eine bevorstehende Veränderung der Allianzen in Europa und betrachteten die Gewinnung Rußlands für den Dreibund als ein realistisches Ziel.[181]

Um die Kritik der Mächte an der deutschen Enthaltsamkeit zu begrenzen, verwies am 11. April nun auch Marschall, wie die Vertreter der Westmächte seit langem, auf die gebotene Rücksichtnahme auf die öffentliche Meinung. „Die öffentliche Meinung in Deutschland ist in dieser Frage äußerst empfindlich", instruierte er Hatzfeldt, „jede weitergehende Aktion [...] würde im Lande einen Sturm der Entrüstung hervorrufen." Breche er die Zusage an den Reichstag, sich mit der Entsendung eines Schiffes zu begnügen, erleide nicht nur die Autorität der Regierung „einen schweren Schlag", sondern es würden „in unserer öffentlichen Meinung Stimmungen und Kritiken [hervorgerufen], die weit bedenklicher sind als die vorübergehenden Launen einzelner Mächte und die durchsichtigen Versuche, dem anderen aufzubürden, was die eigene Schwäche verschuldet hat"[182].

Obgleich der Staatssekretär hier aus taktischem Kalkül das Gewicht der öffentlichen Meinung überbewertete, konnte die Regierung schon wegen ihrer geschwächten Lage im Innern nicht an ihr vorbeigehen. Dabei erfuhr sie in der ersten Debatte zur Kretafrage, die am 22. Februar im Reichstag stattfand, sogar mehr Unterstützung als Kritik. Eine philhellenische Bewegung wie in den westlichen Ländern gab es in Deutschland nicht. Kritik an Griechenland bestimmte folglich auch die Stellungnahmen der Zentrums- und Freisinnigenführer Lieber und Richter. Lieber sprach sich zwar für das Ende der Mißhandlungen christlicher Bürger durch die Türkei aus, doch den Griechen versagte er zugleich das Recht, die kretischen Glaubensbrüder beschützen zu wollen. Am Ende verstieg er sich zu dem Aufruf, die Großmächte mögen „den Gernegroß [...] zu Paaren [...] treiben". Richter begrüßte, daß die Regierung für die Autonomie Kretas eintrat, machte allerdings Bedenken gegen den Vorstoß in der Blockadefrage geltend. Überhaupt zog sich der Wunsch nach Friedenssicherung und folglich nach deutscher Zurückhaltung leitmotivisch durch die Debatte und wurde von

---

178 Ebenda, Bd. 402/2, Holstein an Hatzfeldt 3.4.1897.
179 Ebenda, Marschall an Saurma 8.4.1897.
180 GP, Bd. 12/II, S. 399.
181 HHStA Wien, MdÄ, PA III, Nr. 149, Bl. 223ff.: Bericht aus Berlin 10.4.1897.
182 GP, Bd. 12/II, S. 403.

Marschall als Prinzip der Regierungspolitik ausdrücklich bestätigt. Der griechenfeindliche Akzent erhielt am Ende noch einen zusätzlichen Impuls, als die Regierung aufgefordert wurde, die gefährdeten Interessen deutscher Gläubiger in Griechenland, meist Angehörige des unteren und mittleren Mittelstandes, zu wahren. Die regierungsfreundliche Einhelligkeit der Debatte erfuhr ihre Krönung, als der nationalliberale Abgeordnete Maquardsen sich bei Lieber und Richter dafür bedankte,daß sie Stützen der Außenpolitik der Regierung seien.[183]

In den folgenden Wochen erhielt die Übereinstimmung Risse. Die Besorgnis in der freisinnigen, nun aber auch in der konservativen Presse nahm zu, eine aktive deutsche Orientpolitik könnte das Reich in einen Krieg hineinreißen. Die Sozialdemokraten, die sich an der Reichstagsdebatte nicht beteiligt hatten, warfen der Regierung zum wiederholten Male vor, sich zu eng mit dem Zarismus zu liieren, und W. Liebknecht rechnete, reich an Illusionen, schon mit einem Krieg der Westmächte gegen Rußland, in dem er den Auftakt einer osteuropäischen Befreiungsbewegung sah.[184] Der Druck im Parlament auf die Regierung wuchs, und am 18. März versprach Marschall, keine weiteren Kreuzer nach Kreta zu entsenden. Doch am nächsten Tag hielt Eugen Richter es bereits für einen Fehler, daß sich dort überhaupt ein deutsches Schiff befand.[185] Eine Woche später protestierte Bebel namens der Sozialdemokraten gegen aktive deutsche Beteiligung in orientalischen Fragen und verlangte, die Neigung der Kreter zu den Griechen nicht zu hindern. So weit gingen die bürgerlichen Parteien nicht. Aber es bedeutete für die Regierung schon eine herbe Enttäuschung, als Kardorff erklärte, die deutschen Initiativen in der Kretafrage erweckten auf der rechten Seite des Hauses „hin und wieder Bedenken". Richter weitete seine Kritik an dem Blockadevorschlag auf das deutsches Hervortreten überhaupt aus.[186]

Dagegen setzten die weltpolitischen Strömungen die Regierung gerade deshalb unter Druck, weil sie ihnen zu enthaltsam war. Hasses Forderung im Reichstag, Deutschland müsse seine Interessen wahren, wenn es im Orient zu einer Verschiebung der Machtverhältnisse komme, blieb dort zwar ohne Echo, weil diese Verschiebung auf sich warten ließ.[187] Auf breiten positiven Widerhall stieß indes die bildungsbürgerlich-liberale Kritik. Es entsprach ihren Vorstellungen, wie Delbrück den politischen und moralischen Verfall des Sultansregimes, seine grausame Unterdrückungspraxis aufs Korn nahm und den Großmächten vorwarf, die Integrität dieses Reiches deshalb zu verteidigen, weil sie sich über eine Neuordnung des Orients nicht einigen können. Als besonders peinlich empfand er die Haltung Deutschlands, das, um Rußland gefällig zu sein, eine beschämende Initiative zur Unterdrückung des Freiheitskampfes der Griechen auf Kreta ergriffen habe. Doch weil es Deutschland an einer schlagkräftigen Kriegsflotte fehle, hätte es mit seinem Interventionsvorstoß auch noch eine Niederlage einstecken müssen. Delbrücks Schlußerkenntnis konnte des Beifalls aller Befürworter der Weltpolitik gewiß sein: „Erst wenn wir eine Flotte haben, können wir eine selbständige Politik treiben, brauchen nicht vor den Engländern in Afrika zurückweichen, noch den Russen zuliebe Japaner oder Griechen zu bändigen noch vor der Welt mit dem grauenhaftesten Mörder gute Freundschaft zu halten."[188] Was den hohen Stellenwert der

183 Sten. Berichte RT, 9. Leg.-Per., 4. Sess., S. 4852ff.
184 Jerussalimski, Außenpolitik, S. 369f., 373.
185 Sten. Berichte RT, 9. Leg.-Per., 4. Sess., S. 5151, 5185.
186 Ebenda, S. 5278ff.
187 Ebenda, S. 4852.
188 PJ, Bd. 87 (1897), S. 597ff.

Flotte betraf, teilte Delbrück den Standpunkt des Kaisers.[189] Doch viel mehr fällt das Dilemma ins Auge, in dem die Regierung saß. Nach der kurzen Phase der Übereinstimmung im Februar sah sie sich nun wieder teils massiver, teils zaghafter Kritik fast aller Seiten an ihrer Außenpolitik ausgesetzt.

Mitte April 1897 begann in Thessalien der Krieg zwischen Griechenland und der Türkei. Die Besorgnis, er könnte weitere Balkanstaaten erfassen, gab den letzten Anstoß, daß sich Ende April bei dem Besuch der Wiener Führung in Petersburg Österreich-Ungarn und Rußland auf die Wahrung des Status quo im Balkanraum einigten.[190] Sie klammerten die Meerengenfrage als ein europäisches Problem wiederum aus; unverkennbar war jedoch auch hier das russische Interesse am gegenwärtigen Zustand, die Dardanellen für fremde Kriegsschiffe zu sperren. In einem Gedankenaustausch über das Verhalten bei einem Zusammenbruch des türkischen Reiches erzielten sie darüber Übereinstimmung, auf eigenen Gebietszuwachs zu verzichten und das Gleichgewicht zwischen den Balkanstaaten zu wahren. Als primäres eigenes Interesse reklamierte Wien die Unantastbarkeit der Okkupationsländer und die Selbständigkeit Albaniens. Rußland lehnte es allerdings ab, alle diese Vorstellungen schriftlich zu bestätigen. Dennoch besaß die Absprache eine beträchtliche Bedeutung. Sie entsprach einem in beiden Staaten weitverbreiteten Interesse am Status quo im Balkanraum und gab der russischen Expansion in Ost- und Mittelasien zusätzliche Absicherung. Die Lage an den Meerengen schien ungefährdet.[191] Auch Deutschlands Vorteil aus der Entente liegt auf der Hand, lag ihm doch besonders daran, daß es zwischen beiden Mächten nicht zu gravierenden Spannungen oder gar zum Kriege kam. Österreich-Ungarn war sein erster Bündnispartner, und Berlin hatte in den letzten Jahren seine Verpflichtungen für den Bündnisfall derart ausgeweitet, daß es bei einem russisch-österreichischen Krieg dem Beistand noch weniger ausweichen konnte als zuvor. Deutschland strebte seit Jahren, wenngleich mit nur mäßigem Erfolg, nach Reduzierung der Spannungen mit Rußland, nach Annäherung. Die Gründe, die das bislang durchkreuzten, hatten sich mit der Vereinbarung vermindert.

Doch die unmittelbare Wirkung war eher zwiespältig. In der Habsburgermonarchie begrüßten gerade die sozialen Schichten und politischen Strömungen die Absprache, die einer allzu engen Verbindung mit Deutschland eher skeptisch gegenüber standen und die wachsende Abhängigkeit von ihm zu vermindern trachteten: die konservativ-klerikalen deutschen Aristokraten, die slawische Oberschicht und das jungtschechische Bürgertum. Ihr Interessenvertreter, der cisleithanische Ministerpräsident Graf Badeni, hatte den Tschechen in der strittigen Sprachenfrage Konzessionen zugestanden, die in Böhmen und Mähren die tschechische Sprache der deutschen im Amtsverkehr gleichstellten und auf den erbitterten Widerstand der bürgerlichen deutschen Fraktionen und vor allem der alldeutschen Nationalisten trafen. Sie sahen, unterstützt von den Magyaren, in der Vereinbarung eine neue Konzession an das Slawentum und eine Lockerung des Bündnisses mit Deutschland.[192] Als Faktor der Friedenssicherung indes fand die Entente parteiübergreifend Lob.

Im Auswärtigen Amt löste die Verständigung im Blick auf Italien wegen der Albanienbestimmung Bedenken aus.[193] Zweifellos hat sie auch die eingeleitete Umorientierung der

---

190 GP, Bd. 12/I, S. 296; Wolf, Beziehungen, S. 250ff.; Die Habsburgermonarchie, Bd. 6/1, S. 293f.; Stein, Neuorientierung, S. 191ff.; Zürrer, Nahostpolitik, S. 366ff.
191 PA Bonn, England Nr. 83, Bd. 4, Tschirschky an Hohenlohe 4.4.1897.
192 Die Habsburgermonarchie, Bd. 3/1, S. 223ff.; GP, Bd. 12/I, S. 292ff.
193 Ebenda, S. 298ff.

italienischen Außen- und Handelspolitik auf Frankreich noch gefördert.[194] Insgesamt blieb die Berliner Führung eher skeptisch, ob die Vereinbarung halten werde. Deshalb finden sich die greifbaren Vorteile ebensowenig artikuliert wie neue Hoffnungen auf die Kooperation der drei Kaiserreiche gegen England. Vielleicht rechnete das Auswärtige Amt auch wirklich mit der Gefahr einer Lockerung der Abhängigkeit Österreichs von Deutschland.

Inzwischen hatten die türkischen Truppen die griechische Armee besiegt. England versuchte, einen Waffenstillstand zu vermitteln, Deutschland jedoch verlangte die Unterwerfung der Griechen. Sie sollten den Abzug ihrer Truppen aus Kreta und die Autonomie der Insel zugestehen.[195] Die Folge war, daß die Sondierungen ohne das Reich und die Habsburgermonarchie fortliefen und am 19. Mai zum Waffenstillstand führten.

In den folgenden Verhandlungen zeigten sich erstmals deutlich neue Konturen. Es war vor allem für die Petersburger Führung eine unerfreuliche Überraschung, daß sich der Sultan in erster Linie nicht mehr auf Rußland, sondern auf Deutschland orientierte. So wandte er sich an Wilhelm II. mit der Bitte, für eine hohe Kriegsentschädigung durch Griechenland und die Annexion eines Teils Thessaliens zu sorgen. Das Auswärtige Amt winkte ab, um sich nicht gegen Rußland festzulegen.[196] Doch als Hanotaux ein neues Reformprogramm kreieren und dabei die finanzielle Notlage des Sultans als Druckmittel nutzen wollte, erhielt dieser Vorschüsse von der Deutschen Bank, die dafür weitere Vorteile im anatolischen Eisenbahngeschäft eintauschte.[197] Deutsche Zeitungen feierten seit Mai den türkischen Sieg als Resultat des Wirkens deutscher Militärinstrukteure in der Türkei.[198] Es war im Jahre 1897 ein wichtiges Signal für die Zukunft, daß der beträchtliche wirtschaftliche und militärische Einfluß Deutschlands im Osmanischen Reich, einem internationalen Hauptkrisenherd, auf den sich vielfältige Interessen aller Großmächte konzentrierten, auch eine politische Dimension gewann.

---

194 HHStA Wien, MdÄ, PA I, Nr. 474, Liasse XXXII a–f, Bl. 152ff.: Pasetti an Goluchowski 13.5.1897.
195 Zürrer, Nahostpolitik, S. 375ff.
196 GP, Bd. 12/II, S. 423ff.
197 Zürrer, Nahostpolitik, S. 382ff.
198 HHStA Wien, MdÄ, PA III, Nr. 149, Bl. 285ff.: Bericht aus Berlin 22.5.1897.

Kapitel III

Die erste Phase der imperialistischen Weltpolitik (1897–1901/02)

1. Die Triebkräfte für die Einleitung der Weltpolitik

Als Zäsur für den außenpolitischen Eintritt Deutschlands in die Phase der Weltpolitik, der, so bezeichnet von Imanuel Geiss, „deutschen Version des Imperialismus", gilt das Jahr 1897, in dessen Mitte Bernhard von Bülow und Alfred Tirpitz Staatssekretäre des Auswärtigen Amtes bzw. der Marine wurden und gegen dessen Ende die Okkupation Kiautschous erfolgte. Imperialismus war „eine generelle Erscheinung" unter den großen Mächten[1], er bestimmte ihre Außenpolitik zumeist lange bevor Deutschland die Weltpolitik einleitete. Insofern bedeutete dieser Übergang, und das hat ihn besonders charakterisiert, den Nachvollzug dessen, was die Rivalen seit langem erfolgreich betrieben und was sich auf vielfältige Weise zu ihrem äußeren und inneren Vorteil bezahlt gemacht hatte.

Vier Triebkraftbündel haben den Ausschlag gegeben, auf die Weltpolitik zu setzen, sie als ebenso zwangsläufig wie zweckmäßig zu betrachten. Weltpolitik zu betreiben entsprach erstens einem inzwischen in allen Schichten der Bevölkerung, besonders im Bürgertum und im Mittelstand, weit verbreiteten Zeitgeist. Sie erschien zweitens als unverzichtbares Mittel, die wirtschaftliche Konjunktur zu sichern. Drittens galt sie als geboten, um das großmachtpolitische Prestige zu behaupten. Viertens schließlich bestand die Erwartung, dem durch ungelöste gesellschaftliche und innenpolitische Probleme angeschlagenen Image der Staatsmacht im Innern über außenpolitische Erfolge wieder aufzuhelfen.

Nicht aus dem einen oder dem anderen dieser einzelnen Faktoren ist der Übergang zur Weltpolitik zu erklären, sondern aus der Summe, der Kombination dieser vier eng miteinander verflochtenen Elemente. Alle vier stellten sich den verantwortlichen Politikern, den herrschenden Eliten, einer breiten Öffentlichkeit, den Exponenten von Wirtschaft und Wissenschaft, obzwar für den einzelnen unterschiedlich akzentuiert, komplex als unausweichlich, notwendig und zukunftssichernd dar. Ihre Dynamik und besondere Sinnfälligkeit gewann die Weltpolitik aus dieser Verknüpfung; die einzelnen Bäche flossen zusammen in einen reißenden Strom. Das war die Wirkung auf die Führung des Reiches. Weltpolitik versprach Hoffnung und Ausweg auf fast all den Feldern, auf den man sich in unlösbar scheinenden Widersprüchen verstrickt befand, im Nachtrab sah, Mißerfolge einstecken mußte oder auf die Zukunft setzte. Ein solches Interpretationsmuster war von mir, noch thesenhaft, im

---
1 Geiss, Weltpolitik, S. 148f.

April 1988 auf einem Kolloquium der Association Internationale d' Histoire Contemporaine de l'Europe vorgestellt worden.² Diese vier Triebkräfte stellen im Einzelnen keine neuaufgefundene Kriterien dar; über sie läuft seit Jahrzehnten die Diskussion. Was die theoretische Grundlegung, die wesentlichen Merkmale dieser einzelnen Komponenten betrifft, gründet sich unsere Position auf die Resultate der bisherigen Imperialismusforschung. Mein Einwand gegen letztere bezieht sich darauf, daß in der Vergangenheit und zum Teil noch heute jeweils eine dieser Triebkräfte zur konstant primären oder sogar zur ausschließlich bestimmenden erhoben worden ist, worauf unterschiedliche Richtungen der Imperialismusgeschichtsschreibung basierten.³ Die Fixierung auf nur einen oder einen bestimmenden Faktor hatte zu einer gewissen Einseitigkeit in der Betrachtung geführt, die sich allerdings nicht aus der für die Forschung vielmehr äußerst fruchtbaren Begründung der Sinnfälligkeit der favorisierten Triebkraft ergab. Inzwischen ist, wie K. Hildebrand 1989 hervorgehoben hat, in der Historiographie nicht mehr die Vorstellung vorherrschend, daß es für die Geschichte der deutschen Außenpolitik „ein für allemal eine verbindliche Dominanz ihrer inneren oder äußeren Faktoren gebe". Die für ihn in Betracht kommenden Triebkräfte sind „die Regeln der Staatengesellschaft, das Phänomen der wirtschaftlich oder gesellschaftlich nicht reduzierbaren Macht und die Wirksamkeit der in der zeitverhafteten Gedankenbildung von handelnden Staatsmännern vorwaltenden Mentalität". Es gelte, fallweise das Wechselverhältnis zwischen diesen Faktoren zu bestimmen, um das Spezifische zu erkennen.⁴

In gleicher Richtung äußerten sich zuletzt T. Nipperdey und I. Geiss. Als Gründe für Aufstieg und Dominanz des Imperialismus führt Nipperdey die gleichen auf, die wir als Triebkräfte hervorgehoben haben, schließt aber weitere an: „strategische Gesichtspunkte in der Weltverkehrswirtschaft; soziale Ambitionen von Aufsteigern auf imperiale Positionen in Übersee" sowie Peripheriekonflikte. Er geht auf diese Faktoren nicht näher ein; nach unserer Auffassung scheinen sie nicht gleichrangig mit den übrigen Komponenten zu sein. Übereinstimmung besteht, wenn Nipperdey festhält, daß die einzelnen Komplexe „entgegen den Neigungen von Monokausalerklärern – alle, wechselseitig sich bedingend, zusammenwirkten"⁵. Auch Geiss wendet sich gegen alle „Primate" und für eine Verknüpfung innenpolitischer, wirtschaftlicher und außenpolitischer Faktoren.⁶

---

2 Canis, Von Bismarck zur Weltpolitik, S. 136.
3 Die Arbeiten zur Geschichte des modernen Imperialismus sind inzwischen Legion. Alle für unser Thema relevanten Titel aufzuführen, würde die Grenzen des wissenschaftlichen Apparates sprengen. Es sei deshalb auf Arbeiten verwiesen, die die ausführlichsten Literaturberichte und die umfangreichsten Titellisten besitzen: Wehler (Hg.), Imperialismus, S. 11ff., 443ff.; Schmidt, Imperialismus, S. 114ff., 177ff.; Schöllgen, Zeitalter, S. 91ff., 175ff.; Hildebrand, Außenpolitik, S. 53ff., 128ff.; zuletzt: Hildebrand, Das vergangene Reich, S. 966ff.; Schöllgen (Hg.), Flucht. Die einzelnen Imperialismusauffassungen behandelt ausführlich Mommsen, Imperialismustheorien. Unter Imperialismus verstehen wir nach der klassischen Definition von Heinrich Friedjung „den Drang der Völker und der Machthaber nach einem wachsenden Anteil an der Weltherrschaft, zunächst durch überseeischen Besitz. Diese Begriffsbestimmung ist aber durch das Merkmal zu ergänzen, daß der Trieb zu klarem Bewußtsein gediehen, zur Richtschnur des Handelns erhoben worden ist." (Friedjung, Zeitalter, Bd. 1, S. 5).
4 Hildebrand, Außenpolitik, S. 107ff. Arbeiten, die seinen Positionen entsprechen, sind für ihn: Schmidt, Imperialismus, und Dülffer, Deutschland, S. 469 – 567.
5 Nipperdey, Deutsche Geschichte, Bd. 2, S. 629f.
6 Geiss, Weltpolitik, S. 148f.

Die Komplexität der Triebkräfte der Weltpolitik festzustellen, bedeutet nicht, sich bei der Interpretation ihrer einzelnen Vorgänge und Ereignisse damit zu begnügen. Hierbei ist es vielmehr geboten, das Wechselspiel der Faktoren und ihre jeweilige Wertigkeit im einzelnen konkret nachzuweisen. Deshalb sollen im folgenden zuerst die Substanz der vier Triebkräfte für die deutsche Weltpolitik generell und in den nächsten Abschnitten der Stellenwert und das Wechselverhältnis der Antriebskräfte im konkreten Einzelfalle dargestellt werden.

Als erstes soll der weltpolitische Zeitgeist um 1897 in Deutschland untersucht werden. Friedrich Meinecke hat ihn Jahrzehnte später rückblickend prägnant beschrieben: „Wie die Welt damals aussah, mußte eine Nation wie die deutsche in ihrem beengten und durch ihr Wachstum immer enger werdenden Dasein mit elementarer Notwendigkeit auf den Gedanken kommen, daß die Schaffung eines größeren Kolonialreiches unentbehrlich sei, um ihre Zukunft zu sichern. [...] Deutschland war, das empfanden wir alle damals intensiv und schmerzlich, bei der Weltverteilung zu spät gekommen und zu schlecht weggekommen, während Albion sich im Glücke sonnte und mit seinem breiten Ellbogen uns abzuspeisen schien."[7] Seit 1895 häuften sich z.B. in den „Preußischen Jahrbüchern" die Aufrufe zu einer deutschen Weltpolitik. So schrieb Hans Delbrück Ende Januar 1897: „Ungeheure Ländermassen kommen in den verschiedensten Weltteilen in den nächsten Jahrzehnten zur Verteilung. Die Nationalität, die dabei leer ausgeht, ist in der darauf folgenden Generation aus der Reihe der großen Völker, die dem Menschengeist seine Prägung geben, ausgeschieden."[8] Diese Vorstellung war vor allem von Treitschke geprägt, der insbesondere mit seiner „Deutschen Geschichte" und seinen Politik-Vorlesungen das in den staatstragenden Schichten vorherrschende Bild von Vergangenheit, Gegenwart und Zukunft Deutschlands maßgeblich bestimmte. 1897 erschien der erste Band der „Politik" als Buch. Dort heißt es: „Es ist sehr gut denkbar, daß einmal ein Land, das keine Kolonien hat, gar nicht mehr zu den europäischen Großmächten zählen wird, so mächtig es sonst sein mag."[9]

Treitschkes Gedankengut hat Bülow stark beeinflußt. Die „Deutsche Geschichte", schrieb er später, wurde „die Grundlage meines politischen Denkens und Fühlens"[10]. Vor allem in seinem nationalistischen Denken prägte ihn Treitschke.[11] Regelmäßig las er die „Preußischen Jahrbücher", und mit deren Herausgeber Delbrück war er gut bekannt.[12] Bülows Auffassung von der Notwendigkeit der Weltpolitik entsprach ganz dieser Linie: „Die Frage liegt nicht so, ob wir kolonisieren wollen oder nicht, sondern wir müssen kolonisieren, ob wir wollen oder nicht. Der Drang und Zwang zur Ausdehnung des eigenen Volkstums, zu einer kolonialen Expansion, war und ist in jedem Volk vorhanden, das sich eines gesunden Wachstums und einer nationalen Lebensenergie erfreut."[13]

Den eigentlichen Hintergrund dieses Dranges und Zwanges bildeten die vielfältigen Probleme, die mit dem sich vollziehenden gesellschaftlichen Wandlungsprozeß zur Industriegesellschaft verbunden waren. Meinecke nannte sie „die zerrissene Problematik des

---

7 Meinecke, Bündnisproblem, S. 66.
8 PJ, Bd. 87 (1897), S. 402.
9 Treitschke, Politik, 1. Bd., S. 124.
10 Bülow, Denkwürdigkeiten, 4. Bd., S. 460.
11 Winzen, Bülows Weltmachtkonzept, S. 34ff.
12 Deutsche Staatsbibliothek, Handschriftenabteilung, NL Hans Delbrück, Briefe B.v. Bülows; BA Koblenz, NL Bülow, Nr. 70, Briefe Bülows und Delbrücks.
13 BA Koblenz, NL Bülow, Nr. 29, Entwurf einer Rede zur Kolonialpolitik Anfang 1904.

modernen Lebens", für die er jedoch „neuen Sinn" erwachen sah in dieser Zeit, in der es „politisch [...] abwärts, geistig wieder aufwärts" gehe.[14] In dem Bestreben, auf die ungelösten, sich drohend auftürmenden gesellschaftlichen Phänomene eine Antwort zu finden, stand nationalistisches Gedankengut in vorderster Linie. Von der Basis einer vertrauten Umgebung aus sollten in der Geborgenheit einer großen, sozial abgestuften Gemeinschaft Veränderungen zum Besseren ins Auge gefaßt werden[15], die letztlich die traditionelle Ordnung gegen den Ansturm des Wandels verteidigten und neu stabilisierten. Nationale Gemeinschaft stand als Gegenthese zur wachsenden sozialen Zersplitterung und zum Internationalismus der Sozialdemokratie.

Unter den Theorien des Nationalismus gewann in dieser Phase der Sozialdarwinismus die Funktion eines allgemeinen Deutungsschemas. Zu Recht hebt Arno J. Mayer hervor: „Im Zuge der ideologischen Aufwertung und Remobilisierung der alten Ordnung wurde der Sozialdarwinismus zum zentralen Element in der Weltanschauung der herrschenden und regierenden Klassen Europas."[16] In diesem Komplex standen 1896/97 im einzelnen neomerkantilistische, geopolitische und spezielle machtstaatspolitische Aspekte im Vordergrund.[17]

Neomerkantilistische Argumente, seit der „Großen Depression" weitverbreitet, hatten mit Beginn der neuen Konjunktur neue Schubkraft erhalten. Nur durch eine Ausweitung des Exports, die langfristige Sicherung von neuen Märkten vor allem in Übersee, durch Wirtschaftsexpansion im großen Rahmen also meinte man die neue Konjunktur stabilisieren und langfristig sichern zu können.[18]

1897 erschien das Hauptwerk der Geopolitik, die „Politische Geographie" von Friedrich Ratzel. Dort entwickelte der Autor in umfassender Weise seine zentrale Idee, das „Gesetz der wachsenden politischen Räume"[19]. Staaten und Völker führen einen Kampf um den politisch beherrschbaren Raum. Ein wachsendes Volk müsse neuen Boden und Raum erkämpfen und erschließen, um existieren zu können, denn die Zukunft gehöre dem Großraum.

Unter den machtstaatspolitischen Aspekten trat die Vorstellung vom Aufstieg und Niedergang der großen Weltreiche besonders hervor. Konkurrenz und Rivalität beherrschten danach das Beziehungsgefüge der großen Mächte und prägten ihre gesamte Politik.[20]

In der Veröffentlichung solcher Vorstellungen gab es ganz unterschiedliche Ebenen des Anspruchs und Niveaus. Es gab extreme Radikalität und sachliche Abgewogenheit, pseudowissenschaftliche Emotionalität und wissenschaftlich untermauertes Argumentieren.

Unter den Publikationen sowie weiteren überlieferten mündlichen und schriftlichen Zeugnissen reichte der weltpolitische Anspruch am weitesten bei den Alldeutschen. 1897 veröffentlichte der Verbandsvorsitzende Ernst Hasse die programmatische Schrift „Deutsche Weltpolitik". Die ganze Darstellung ist auf die Quintessenz bezogen, für das deutsche Volk biete im 20. Jahrhundert „Weltpolitik die einzige Gewähr dafür, den Kampf ums Dasein zu bestehen". Breiten Raum nehmen neomerkantilistische Argumente ein: Die besondere Ab-

---

14 Meinecke, Erlebtes, S. 167.
15 Gall, Nationalisierung.
16 Mayer, Adelsmacht, S. 278. Zum Nationalismus vgl. Dann, Nation, S. 85ff.; Lemberg, Nationalismus, 2 Bde.; Snyder, German Nationalism; Hobsbawm, Nationen, S. 121ff.; Alter, Nationalismus, S. 46ff.; Winkler (Hg.), Nationalismus, S. 5ff., 138ff.
17 Kundel, Ideologie, S. 112; Gollwitzer, Weltpolitisches Denken, Bd. 2, S. 24ff.
18 Hobsbawm, Zeitalter, S. 91ff.
19 Ratzel, Politische Geographie; Faber, Geopolitik, S. 391ff; Kundel, Ideologie, S, 114ff.
20 Dehio, Ranke, in: Deutschland, S. 40ff.

hängigkeit Deutschlands vom Weltmarkt und die wachsende Rivalität in diesem Bereich zwinge dazu, große geschlossene Weltwirtschaftsgebiete anzuvisieren. Deutschland sei zu besonderem Anteil schon deshalb berufen, weil es in Gewerbefleiß, Kunst und Wissenschaft führend sei in der Welt. Soll Weltpolitik zu deutschem Weltreich und deutscher Herrschaft führen, fragte Hasse am Ende. „Ja und nein" ist die Antwort, und sie ist symptomatisch nicht allein für die Alldeutschen. Ein deutsches Weltreich sei „nicht zwingend geboten", doch ohne deutsche Zustimmung und Äquivalente dürfe eine Verschiebung internationaler Machtverhältnisse nicht stattfinden.[21] Eine solche Zielvorstellung galt bis in die Regierungsspitze und ins Auswärtige Amt hinein als angemessen. Es war nicht die offene, sondern eine verdeckte, latente Hegemonie, die mit dieser Formel ausgesprochen war, von den Rivalen freilich als hegemonialer Anspruch gewertet wurde.

Die Mitgliedschaft des Alldeutschen Verbandes wuchs an: Sie hatte sich von 7 700 1895 auf über 10 000 Anfang 1897 erhöht. Und, was noch wichtiger war, es gehörten ihm überwiegend Personen an, die Einfluß und Wirkungsmöglichkeiten besaßen. 40% kamen als Unternehmer und als hohe oder mittlere Angestellte aus der Wirtschaft und anderen Bereichen, und 50% waren Professoren, Gymnasiallehrer, Juristen und Beamte im öffentlichen Dienst. Auf lokaler Ebene gab es enge Beziehungen zu Massenorganisationen wie den Kriegervereinen und ideologische Einflußnahme auf sie.[22]

Der weltpolitischen Zielrichtung verpflichtet, zeigte sich auch der Ende 1896 von Friedrich Naumann gegründete Nationalsoziale Verein. Auch in ihm gaben Vertreter des Bildungsbürgertums den Ton an. Aber seine gesellschafts- und innenpolitische Ausrichtung unterschied sich vom Alldeutschen Verband beträchtlich. Die Nationalsozialen sprachen sich für eine Kombination von „wirtschaftlicher und politischer Machtentfaltung der deutschen Nation nach außen" und „Reform nach innen" aus. Weltpolitik sollte also auch die Voraussetzungen schaffen, die adlige Vormacht zu brechen und den inneren Liberalisierungsprozeß zur Entfaltung bringen. Doch die Massenwirksamkeit des Vereins blieb gering. 1897 zählte er kaum 1 000 Mitglieder.[23]

In der weltpolitischen Agitation bildungsbürgerlicher Kreise bildeten die „Grenzboten" und die „Preußischen Jahrbücher" gleichsam das Zentrum zwischen den beiden Extremen: den konservativ-obrigkeitsstaatlich ausgerichteten Alldeutschen und den sozialliberal geprägten Nationalsozialen. Doch in der weltpolitischen Argumentation näherten sich besonders die „Grenzboten" 1897 mehr und mehr den Alldeutschen an. Die sozialexpansive Komponente, bis 1896 von Karl Jentsch verkörpert, trat zu Gunsten von Neomerkantilismus und Weltreichstheorien in den Hintergrund. Aus den Erfolgen der Weltpolitik werde sich innenpolitische Stabilität von selbst ergeben, war jetzt die Erwartung. Südamerika, der Vordere Orient und Ostasien seien von besonderem Interesse für das Reich, um dort mit Stützpunkten ein globales wirtschaftliches Gleichgewicht zu erreichen, das die industrielle Zukunft Deutschlands garantieren sollte. Wie die Alldeutschen erklärten jetzt auch die „Grenzboten" England als weltpolitischen Hauptkonkurrenten zum Hauptfeind des Reiches und hielten die „Brechung der englischen Vorherrschaft" gemeinsam mit dem „natürlichen" Verbündeten Rußland und selbst mit Frankreich für möglich.[24]

---

21 Hasse, Weltpolitik, S. 4f., 14ff.
22 Chickering, We Men, S. 57, 77, 103, 200.
23 Theiner, Sozialer Liberalismus; Düding, Nationalsozialer Verein.
24 Kundel, Ideologie, S. 112ff.

Noch höher zu veranschlagen für den weltpolitischen Zeitgeist ist die Wirksamkeit der „Preußischen Jahrbücher". Neben den „Politischen Korrespondenzen" erschienen spezielle Artikel, die sich mit dem weltpolitischen Thema auseinandersetzten. So war für den Publizisten Rudolf Martin 1896 das „gleichzeitige Anschwellen der Gefahr von innen und außen" Ausdruck naturgegebener Gegensätze der Rassen, Klassen und Nationen. Die Lösung liege im Kampf um neuen Raum. In diesem Ringen steigen dank höherem Wirtschafts- und Bevölkerungswachstum und dank höherer politischer Stabilität neue Nationen auf und verdrängen die alten Weltreiche. Auf diesem Wege können für die ländliche Überbevölkerung z.B. in der Türkei fruchtbare Gebiete als Ackerbaukolonien gewonnen werden. Die Lösung der sozialen Frage sei nur über Kolonialpolitik möglich, letztlich nur über Krieg, der somit auf vielfältige Weise die „Einheit der Stände" zu schaffen imstande sei.[25]

In einer vierteiligen Serie über „Deutschland und die Weltpolitik" verlangte im gleichen Jahre Theodor Schiemann: „Unser Ansehen nach außen, unsere Stärke im Innern hängt daran, daß die deutsche Politik ganz ebenso zur Weltpolitik werde, wie der deutsche Handel zum Welthandel geworden ist." Der Wandel zum Industriestaat, die geographische Lage und das Bevölkerungswachstum zwingen Deutschland zur Ausbreitung. Wie die Alldeutschen verlangte er, keine politische Entscheidung in Europa und der Welt dürfe ohne deutsche Mitwirkung fallen. Auch nach seiner Auffassung richtete sich Deutschlands weltpolitisches Streben in erster Linie gegen den Hauptrivalen England, „den Tyrannen der Welt". Dagegen habe die russisch-französische Allianz auf ihre Spitze gegen Deutschland verzichtet. Schiemann schloß mit dem Aufruf an die „deutsche Nation", sich von dem derzeitigen schlaffen Gleichmut zu befreien und zur Weltpolitik aufzuraffen. „Sonst dankt es [Deutschland – K.C.] politisch ab."[26]

In Delbrücks Korrespondenzen aus dem Jahre 1897 traten ebenfalls, beeinflußt von Gustav Schmoller, neomerkantilistische Argumente und in Verbindung damit Englandfeindschaft prononciert hervor. „Die merkantile Eifersucht Englands auf Deutschland" als „neues Moment" im internationalen Verhältnis habe eine kommerzielle Rivalität von „ungeheurer Wucht" erzeugt. England fühle sich ernsthaft vom Aufschwung der deutschen Industrie und des deutschen Handels bedroht. Für Delbrück bestand kein Zweifel mehr: „Wir sind mit England unwiderruflich auseinander." Dagegen sah er mit Rußland und Frankreich Möglichkeiten der Kooperation, machte allerdings eine bemerkenswerte Einschränkung: „Die große Kontinentalallianz ist aber für uns jedenfalls nicht eher tunlich, als bis wir mit einer genügenden Seemacht auftreten."[27] Ein Jahr zuvor hatte Delbrück hervorgehoben, daß eine Entspannung mit Rußland und Frankreich überhaupt erst eine der Grundvoraussetzungen einer „großen überseeischen Politik" des Reiches darstelle. Zugleich verwies der Autor auf die innere Wirkung, die von einer erfolgreichen Weltpolitik ausgehen konnte. „Je mehr eine Regierung hier dem berechtigten Nationalgefühl des Volkes Genugtuung verschafft, desto mehr Zustimmung und Anhänglichkeit wird sie auch in inneren Fragen finden."[28]

Insbesondere diese Äußerungen Delbrücks lassen den Schluß zu, daß eigentlich alle wichtigen außenpolitischen Überlegungen und Gedankenspiele, die Bülow 1897 anstellte, in der

---

25 PJ, Bd. 83 (1896), S. 282ff.
26 Ebenda, Bd. 84 (1896), S. 151ff., 325ff., 489ff., Bd. 85 (1896), S. 112ff.
27 Ebenda, Bd. 90 (1897), S. 175ff.
28 Ebenda, Bd. 85 (1896), S. 193.

öffentlichen Diskussion dieser Zeit eine Rolle spielten und sich auf die Akzeptanz starker, einflußreicher Strömungen des Zeitgeistes stützen konnten.

Man sollte freilich nicht übersehen, daß die Intellektuellen in der wissenschaftlichen Debatte Begriffe und Zusammenhänge feiner spannen als in ihren publizistischen Beiträgen. So sah Delbrück, nach Notizen für eine Vorlesung, statt in der sozialdarwinistischen Vorstellung des Daseinskampfes im Spannungsverhältnis von Freiheit im Innern und Machttrieb des Staates, begrenzt durch die Konkurrenz des Systems der Nationalstaaten, den Schlüssel für die Weltpolitik der Gegenwart und für die historische Entwicklung generell. In der „Rückwirkung der Bedürfnisse der Kriegführung auf das Innere" liege „das stärkste aller treibenden Momente der Weltgeschichte, viel stärker als Wirtschaft oder Rasse". „Aber", war sich Delbrück nicht im Zweifel, „es ist daraus kein Schlagwort für die Menge zu machen."[29] Dort galten die Vergröberungen des Sozialdarwinismus, und daran hielten sich diese Gelehrten auch in ihren öffentlichen Äußerungen.

Gerade diese „Arbeitsteilung" ist es gewesen, die der Ideologie der Weltpolitik zusätzliche Dynamik verlieh. Wenn mit den Neorankeanern, zu denen Delbrück, Max Lenz, Hermann Oncken, Otto Hintze und Erich Marcks zählten, in diesen Jahren in der Geschichtswissenschaft eine Strömung in den Vordergrund trat, die, anders als die Treitschkeaner und die Alldeutschen, ein höheres Objektivitätsniveau ins Feld führte und vordergründige Parteinahme zugunsten Preußen-Deutschlands ablehnte, bedeutete das eine Ausweitung des Forschungsgegenstandes auf das internationale Feld, auf das sogenannte Gleichgewichtssystem der großen Mächte im besonderen. Für unseren Zusammenhang belangvoller war jedoch, daß aus der objektivierten Wissenschaft – ähnliches gilt für die der Historischen Schule der Nationalökonomie zugehörigen Wirtschaftshistoriker wie Gustav Schmoller – neue Argumente flossen, die die vorherrschende Betrachtungsweise untermauerten. Im Werden, Kämpfen und Vergehen der Staaten erfülle sich das Schicksal der Menschheit, hieß es in Delbrücks Vorlesungsnotizen. In der Sache gab es folglich zwischen Ranke- und Treitschkeepigonen mehr Übereinstimmendes als Trennendes. Staat, Macht und Politik blieben im Zentrum der Geschichtsbetrachtung beider Richtungen. Die Wissenschaft selbst lieferte somit neue Argumente für die vorherrschende These vom Primat der Außenpolitik. Und wie ideal ließen sich diese Vorstellungen mit den „Schlagwörtern für die Menge", besonders mit dem sozialdarwinistischen Gedankengut verknüpfen.

Die einzelnen weltpolitischen Argumentationen konzentrierten sich in der öffentlichen Meinung schließlich auf die Überzeugung, die Rivalität mit England als das bestimmende Problem der deutschen Außenpolitik zu betrachten. So stellte sich der Kaiser eine Flotte vor, die geeignet sei, England die Stirn zu bieten, gemeinsam mit Rußland und Frankreich.[30] Bülows Vorstellung im Sommer 1897 entsprach also genau der des Kaisers. In einer Notiz aus dem Jahre 1900 heißt es: „Ich mußte England entgegentreten, um uns Platz an der Sonne zu verschaffen, wie Bismarck russische Hegemonie beseitigte."[31] Für diese Rivalitätsvorstellung sprachen die Erfahrungen der deutschen Außenpolitik seit 1890. Drei Belege für die Stimmung um die Jahreswende 1896/97 seien angeführt. Szögyény berichtete nach Wien, die öffentliche Meinung in Deutschland sei nicht freundlich zu England.[32] Waldersee notierte

---

29 Vgl. Kundel, Ideologie, S. 121ff., der die Vorlesungsnotizen auffand und interpretierte.
30 BA Koblenz, NL Bülow, Nr. 90, Bl. 166: Holstein an Bülow 16.11.1896.
31 Ebenda, Nr. 150, Bl. 2: Heft III der Merkbücher.
32 HHStA Wien, MdÄ, PA III, Nr. 147, Bl. 448: Bericht aus Berlin 5.12.1896.

in sein Tagebuch, angesichts der großen Gegensätze zu England sollte die deutsche Politik Anschluß an Rußland suchen, falls er noch zu erreichen sei.[33] Und Monts schrieb aus München: England werde auch in Süddeutschland „als der europäische Störenfried angesehen. Man möchte mit Frankreich und Rußland in Eintracht leben, aber jede Annäherung an die Briten [...] würde im Süden von allen bürgerlichen Parteien mit Unwillen und Mißtrauen begrüßt werden."[34] Die vorherrschende Stimmung, jedenfalls im Regierungslager, war, verglichen mit 1889/90, total umgeschlagen: bezüglich Englands vom Wunsch nach Kooperation zur Feindschaft, bezüglich Rußlands von Feindschaft zum Willen zur Annäherung.

Nicht minder feindlich stellte sich die öffentliche Meinung in England zu Deutschland. Die Pressepolemik beider Seiten wurde zu einem Faktor von eigenständigem Gewicht, der zur Verschlechterung der Beziehungen in den nächsten Jahren beträchtlich beitrug. In der britischen Presse empfand man erstens die wirtschaftliche Konkurrenz Deutschlands als immer bedrohlicher.[35] Immer stärker sah man sich vom deutschen Handel in aller Welt eingeengt.[36] Eine besorgte Diskussion darüber war jedenfalls seit Mitte 1896 in vollem Gange.[37] Einen zweiten Schwerpunkt des Streites bildeten die fortgesetzten Differenzen in Kolonialfragen. Sie betrafen insbesondere Südafrika.[38] Drittens jedoch verbreitete die britische Presse insoweit Optimismus, als sie von einer rückläufigen internationalen Stellung Deutschlands ausging. Vor allem seit Ende 1896 hielten englische Zeitungen die ehemals führende Stellung Deutschlands in Europa für verloren: Dem gefestigten russisch-französischen Bündnis stehe ein geschwächter Dreibund gegenüber, weil Italien zu Frankreich und Österreich zu Rußland neige, während England dem Dreibund völlig entfremdet sei.[39] Anfang 1897 prognostizierte die „Daily Mail" die bald vollständige außenpolitische Isolation Deutschlands.[40] Doch der schärfste publizistische Angriff geschah im Herbst 1897. Nach der „Saturday Review" konnte nur durch Vernichtung Deutschlands die gedeihliche Entwicklung Großbritanniens sichergestellt werden.[41]

Es war verständlich, daß die deutsche Seite, um den Aufstieg der eigenen Nation zu unterstreichen, auf die wachsende Wirtschaftskraft und Bevölkerung, auf seine militärische Stärke, sowie auf das hohe Niveau von Wissenschaft und Kultur verwies. Wenn Delbrück auch die Qualität des politischen Systems als vorbildlich pries, galt das immerhin als umstritten, nicht allein wegen des obrigkeitsstaatlichen Zuschnitts, sondern zugleich angesichts der Erscheinungen von Labilität. Wenn die britische Seite dem Rivalen koloniale Schwäche und Verlust an europäischer Machtstellung bescheinigte, hatte sie dessen Schwachpunkte allerdings genau getroffen. Daher war es das Ziel, dieses gewichtige Manko auszugleichen, überdies die inneren Labilitätserscheinungen zu überwinden und damit erst den Aufstiegsprozeß zu komplettieren und gegen die Konkurrenten durchzusetzen. Der materielle und immateriel-

---

33 GStA Berlin, Rep. 92 NL Waldersee, A I Nr. 23, Bl. 21: Tagebuch 9.3.1897.
34 PA Bonn, England Nr. 78 secr., Bd. 3, Monts an Hohenlohe 15.11.1896.
35 BA Potsdam, AA, Nr. 9082, Bl. 161: Hatzfeldt an Hohenlohe 26.8.1896.
36 Ebenda, Bl. 151: Hatzfeldt an Hohenlohe 27.8.1896.
37 Frankfurter Zeitung, Nr. 238, 27.8.1896.
38 PA Bonn, England Nr. 92 Nr. 3 secr., Bd. 7, Bl. 102: Hatzfeldt an Hohenlohe 8.4.1896; ebenda, Nr. 78, Bd. 10, Hatzfeldt an Hohenlohe 10.8.1896.
39 Ebenda, Hatzfeldt an Hohenlohe 16.10.1896; ebenda, Deutschland Nr. 137 secr., Bd. 2, Bl. 91f.: Hatzfeldt an Hohenlohe 24.10.1896.
40 Ebenda, Bl. 10, Bl. 96ff.: Hatzfeldt an Hohenlohe 26.10.1896, 15.1.1897.
41 Zit. nach: Hoffman, Great Britain, S. 281.

le Gewinn könne dann der gesamten Nation, freilich abgestuft, zugute kommen – für dieses globale Ziel galt Weltpolitik als einziger Weg und begründete ihre Dynamik.

Das Aufstiegsstreben der eigenen Nation, das allen Großmächten immanent war, wurde in Deutschland in dieser Phase und expressis verbis überwiegend nicht als hegemonialer Drang verstanden, sondern als Überwindung der britischen Welthegemonie – in England, Rußland und Frankreich dagegen als Ablösung der deutschen Hegemonie in Europa. Delbrück verstand es als allgemeine Bewegung gegen England, vergleichbar der Erhebung gegen das napoleonische Frankreich, mit dem Ziel der Ablösung der englischen Vormacht durch ein Konzert gleichberechtigter Weltmächte. Die Großmächte gewährleisteten ein Weltgleichgewicht, an dem Deutschland nur dann gleichberechtigt Anteil nehmen könne, wenn es eine starke Flotte besitzt.[42] Doch dem deutschen Aufstiegsstreben wurde von den Kontrahenten eine hegemoniale Dimension zugemessen, weil das Potential, das hinter diesem Streben stand, so gewaltig und der Anspruch so lautstark und kompromißlos waren. Objektiv lag in beidem ein hegemonialer Zug. Einzelne Wortführer, so der Kathedersozialist Lujo Brentano, verkündeten ihn schon unverblümt: „Nur wenn Deutschland auch wirtschaftlich die erste Stellung unter den umgebenen Nationen erringt, wird es auch politisch die erste Stelle zu wahren imstande sein."[43]

Neben dieser hauptsächlich im Bürgertum verwurzelten, bildungsbürgerlich geprägten Richtung des Nationalismus gab es eine zweite, völkisch-irrational gestimmte, die in den eher politisch desinteressierten Kreisen aller Klassen und Schichten, aber besonders im Mittelstand von Einfluß war. Den Ausgangspunkt bildeten auch hier Unsicherheit und Zukunftsangst, die in diesen Schichten besonders verbreitet waren. Seit Anfang der neunziger Jahre traf auf viele Menschen in einer solchen Stimmungslage Julius Langbehns zunächst anonym erschienenes Buch „Rembrandt als Erzieher" wie eine Offenbarung. „Langbehn hatte die Stimmung eines suchenden, unzufriedenen, aufstrebenden Volkes eingefangen, und so begrüßten die Menschen Langbehns Buch als einen Ausdruck ihres eigenen aufkeimenden Unbehagens."[44]

Für Langbehn bestand der Ausweg aus dem Unbehagen der Gegenwart in der Wiedergeburt des Volkes auf der Basis der völkischen Kultur, durch die Wiederbelebung der deutschen Vergangenheit, ihrer volkstümlichen Überlieferung, die er von der modernen Wissenschaft verdrängt fand. Auch Imperialismus erschien bei Langbehn durch die Kultur gerechtfertigt. Herr sein unter den Völkern soll das Volk mit der überlegenen Kultur. Das deutsche, dem eine solche Überlegenheit zugemessen wurde, sei folglich prädestiniert zur Vorherrschaft. Eine Vorstellung, die die Zugehörigkeit zum Volke höher stellte als die zu Klassen, Schichten und Gruppen, mußte besonders bei vielen Vertretern unterer Volksschichten auf Zustimmung stoßen, weil sie sich im Lande und nach außen aufgewertet fühlten. Viele vor allem konservative Verbände, an vorderster Stelle der Bund der Landwirte, lebten von dieser Stimmung. Besonders wirkte sie jedoch in der Millionenorganisation der Kriegervereine mit dem 1896 gegründeten Kyffhäuserbund als Dachverband. Dort fand sich gerade das Mitglied aus unteren Schichten gesellschaftlich aufgewertet in einer Atmosphäre, die von traditionellem Monarchismus, Militärverherrlichung, Religiosität und völkischem Nationalismus geprägt war und eine Vorstellung von Gleichheit vermittelte.

---

42 Dehio, Ranke, S. 40ff.; Thimme, Delbrück, S. 103.
43 Zit. nach: PJ, Bd. 83 (1896), S. 290.
44 Langbehn, Rembrandt; Stern, Kulturpessimismus, S. 190; vgl. für das folgende: S. 191ff.

Bülow hat Langbehn gelesen und manche eigene Auffassung bestätigt gefunden.[45] Eulenburg vermutete anfangs in Bülow sogar den Autor des „Rembrandt", fand somit dessen Anschauung in dem Buch beschrieben.

Doch wie weit verbreitet war das imperialistisch-nationalistische Denken, wie stark hat es den Zeitgeist bestimmt? Auch in jüngster Zeit gehen Historiker von einer weiten Verbreitung aus. Für W. J. Mommsen fand in den neunziger Jahren der Durchbruch des imperialistischen Gedankens in der öffentlichen Meinung, besonders in der bürgerlichen Intelligenz statt.[46] T. Nipperdey geht noch weiter. Für ihn war Ende der neunziger Jahre die Mehrheit der Deutschen imperialistisch-nationalistisch und zwar nicht durch Manipulation, sondern aus eigenem Antrieb.[47]

Der Verbreitungsgrad ist jedoch schwer meßbar. Uns liegen die Zeugnisse der Wortführer vor, doch viel weniger und vor allem wenig Genaues läßt sich über das Echo sagen. Immerhin von dem preußischen Finanzminister Miquel ist aus dem Jahre 1898 eine Aussage belegt, die zur Vorsicht mahnt. „Die deutschen Massen sind klerikal, sozialdemokratisch oder partikularistisch, nicht national."[48]

Ein zwar nicht genaues, aber dennoch bemerkenswertes Bild vermittelt die im gleichen Jahr abgelaufene Reichstagswahl. Dort erreichten die drei großen politischen Blöcke jeweils etwa die gleiche Zahl von Wählerstimmen, nämlich ein Viertel bis ein Drittel.[49] Doch nur im regierungstreuen Lager dominierte der Nationalismus, bei Konservativen, Freikonservativen und Nationalliberalen. Im Zentrum und bei den Linksliberalen nahm zwar die Zahl der Befürworter zu, doch gab es noch beträchtliche Vorbehalte. Das dritte Lager, die Sozialdemokratie, stand in Gegnerschaft zur Weltpolitik.

Aufschlußreich ist ferner die Analyse einer Reichstagsdebatte vom 18. bis 20. März 1897[50], in der die Beratung der Flottennovelle eine Diskussion über Weltpolitik auslöste. Auch wenn Vertreter der Regierung und der regierungsfreundlichen Parteien an der Notwendigkeit von Weltpolitik und Flottenbau keinen Zweifel hegten, argümentierten sie, verglichen mit den von uns untersuchten weltpolitischen Strömungen, eher zurückhaltend. Angriffe auf England unterblieben, die deutsch-englische Rivalität fand keine Erwähnung. Es dominierte die neomerkantilistische Argumentationslinie. Zur Sicherung des Wirtschaftswachstums sei angesichts zunehmender Konkurrenz Flottenmachtentfaltung notwendig, damit „wir" zum Beispiel in China, so Marschalls weitreichendste Formulierung, „unsere Rechte und unsere Interessen vertreten und schützen können wie es andere Nationen, die mit uns konkurrieren, auch tun". Bennigsen und Kardorff sahen in einer Flotte überdies einen bündnispolitischen Vorteil, während der Konservative Werner als Preis für die Zustimmung zum Flottenbau eine Änderung der Zollpolitik verlangte. Der Freikonservative C.v.Stumm sah in deutscher Weltmacht ein Instrument der Friedenserhaltung.

Auch Theodor Barth von der Freisinnigen Vereinigung hielt eine deutsche Weltpolitik zwar für unverzichtbar, verlangte aber, angesichts der gefährdeten europäischen Lage auf

---

45 Winzen, Bülows Weltmachtkonzept, S. 27.
46 Mommsen, Triebkräfte, S. 187ff.
47 Nipperdey, Deutsche Geschichte, Bd. 2, S. 645.
48 Zit. nach: Winzen, Bülows Weltmachtkonzept, S. 66.
49 Das Deutsche Kaiserreich, S. 366f.
50 Sten. Berichte RT, 9. Leg.-Per., 4. Session, S. 5149f., 5161, 5171, 5174, 5187, 5190, 5199, 5208, 5215.

Abenteuerlichkeiten zu verzichten. Wegen der außenpolitischen Gefährdungen lehnten Richter und Vollmar die Weltpolitik rundweg ab. Der Freisinnige hielt sie für überflüssigen Aktionismus, und der Sozialdemokrat sagte ihr den Kampf an: „Das, was man Weltpolitik nennt, kann von uns gar nicht entschieden genug bekämpft werden." Die tiefgründigste Durchleuchtung des Phänomens stammte von dem Zentrumsabgeordneten Karl Bachem. Er nahm die Forderungen der weltpolitischen Strömungen mit ihren Konsequenzen wirkungsvoll aufs Korn: „Will man in alle Händel der Welt eingreifen? [...] Will man in allen Angelegenheiten die Führung übernehmen? Will man als Schiedsrichter Europas auftreten?" Nur wenn Weltpolitik einen „vernünftigen" Inhalt bekomme, gebe es keinen Grund zur Beunruhigung. Friedenswahrung habe dabei im Mittelpunkt zu stehen, verlangte Bachem nicht zuletzt angesichts der Kriegsgefahr im Orient. Hegemoniales Streben gefährde dagegen den Frieden und kompromittiere die deutsche Außenpolitik. Auch der sozialimperialistischen Tendenz erteilte er eine Absage. Die soziale Lage verlange vielmehr, sich auf die inneren Aufgaben zu konzentrieren. „Der Frieden unter diesen Ständen ist noch weit wichtiger als der Frieden unter den Nationen."

Ähnlich ist das Bild, wenn man wichtige Zeitungen der großen Parteien bis zum Herbst 1897 betrachtet. Im sozialdemokratischen „Vorwärts", in dem linksliberalen „Berliner Tageblatt" und dem Zentrumsblatt „Germania" dominieren eindeutig die inneren Themen; Weltpolitik findet sich nirgends befürwortet und kaum besprochen.[51] Die konservative Kreuzzeitung verlangte im zweiten Quartal zweimal nachdrücklich den Erwerb eines Stützpunktes in China, im übrigen standen in den außenpolitischen Kommentaren die Orientkrise und die deutsch-englische Rivalität im Vordergrund.[52] Weit mehr profilierte sich die nationalliberale „National-Zeitung" als Protagonist der Weltpolitik. Die neomerkantilistische Deutung dominiert. Häufig besprach das Blatt die deutsch-englische Rivalität und engagierte sich für die Annäherung an Rußland, in der sie eine europäische Friedensbürgschaft sah.[53]

Die zweite wichtige Triebkraft für den Übergang zur Weltpolitik, der wirtschaftliche Faktor, ergab sich nicht zuletzt aus dem Zusammenhang, der zwischen der neomerkantilistischen Argumentationslinie des imperialistischen Zeitgeistes und den immer weiter wachsenden außenwirtschaftlichen Interessen in der deutschen Wirtschaft bestand. Meinecke hat schon 1927 zu Recht hervorgehoben: „Interessen und Ideologien zusammen wandelten die nationale Idee zum Nationalismus um."[54]

Das wirtschaftliche Antriebsmoment des Expansionsstrebens definiert Wehler als den „Ausdehnungsdrang eines auf anhaltendem Wachstum basierenden sozioökonomischen Systems und zugleich auch die von den Entwicklungsstörungen und ihren weitverzweigten Wirkungen ausgelöste Staatshilfe mit dem Ziel, auf den Außenmärkten für dieses System Stabilität zurückzugewinnen"[55]. Seit der Zeit der „Großen Depression" herrschte unter Wirtschaftsbürgern die Auffassung vor, hohe eigene Anteile am Weltmarkt und ihre dauer-

---

51 „Vorwärts" und „Germania" wurden für das 2. und 3. Vierteljahr, das „Berliner Tageblatt" für das 1. bis 3. Vierteljahr 1897 durchgesehen.
52 Neue Preußische Zeitung, Nr. 253, 2.6.1897; Nr. 275, 16.6.1897; Nr. 287, 23.6.1897.
53 National-Zeitung. Aus einer Vielzahl von Zeugnissen: Nr. 225 (4.4.1897), Nr. 187 (19.3.1897), Nr. 262 (27.4.1897), Nr. 459 (3.8.1897), Nr. 461 (4.8.1897), Nr. 477 (13.8.1897), Nr. 491 (21.8.1897).
54 Meinecke, Bündnisproblem, S. 6.
55 Wehler, Bismarck und der Imperialismus, S. 453.

hafte Sicherung sowie die Abschirmung des nationalen Marktes könnten die Wirkung von Wirtschaftskrisen und Depressionen zurückdrängen. Ab 1895/96 verstärkten sich die enormen, weit übertriebenen Exporterwartungen, die Bestrebungen auf neue Kapitalanlage- und Kapitalverwertungsmöglichkeiten besonders in Übersee in der Hoffnung, die sich abzeichnende neue Konjunktur nur auf diese Weise langfristig stabilisieren zu können. Darin begründet lag das Interesse an der „nationalen" Wirtschaftspolitik, wie sie der Centralverband Deutscher Industrieller verlangte. Nicht nur als Konjunkurausgleichskatalysator, wie Wehler im Blick auf die Bismarckzeit hervorhob, sollte Imperialismus wirtschaftspolitisch fungieren, sondern auch als Konjunktursicherungskatalysator in der Zeit nach 1895/96. Welchen hohen Stellenwert dieser Gesichtspunkt für die Führungselite des Wirtschaftsbürgertums besaß, brachte später der CDI-Generalsekretär H. A. Bueck prägnant zum Ausdruck: „Die Erkenntnis, daß das wirtschaftliche Gedeihen die hauptsächliche Grundlage aller modernen Kulturstaaten bildet, ist nachgerade allgemein geworden. Dieses Gedeihen unter allen Umständen zu sichern und zu fördern, ist heute Hauptaufgabe der großen Politik."[56] Wenn Bülow Weltpolitik als „Pflege und Entwicklung der uns durch die Ausdehnung unserer Industrie, unseres Handel und unserer Schiffahrt erwachsenen Aufgaben" definierte, läßt das darauf schließen, wie hoch er diesen Anspruch der Wirtschaft bewertete.[57]

Solche Äußerungen verabsolutierend und Lenins Imperialismusauffassung dogmatisierend, hat W. Gutsche Weltpolitik und Imperialismus primär als ökonomisches Expansionsinteresse des Monopolkapitals verstanden. Nach Gutsche besaß der Übergang zur Weltpolitik „letztlich darin seine wichtigste Wurzel", daß die staatliche Außenpolitik „in steigendem Maße enger und direkt mit unmittelbaren ökonomischen Machtinteressen einflußreicher Teile der Monopolbourgeoisie verknüpft" war. Der Umschlag des Konzentrationsprozesses von Produktion und Kapital in die Vorherrschaft der Monopole bewirke den Übergang zur Weltpolitik.[58]

Gerade in den Jahren 1895 bis 1897 standen das wirtschaftliche Interesse an der Weltpolitik und seine ideologische Reflexion stark im Vordergrund. Deutschlands Handel in China könne dem englischen in Zukunft nur dann gewachsen sein, „wenn von Seiten der deutschen Politik das nötige geschieht", hieß es im Juli 1895 in den von schwerindustriellen Unternehmern finanzierten „Berliner Neuesten Nachrichten".[59] Vom Staat wurde erwartet, die Sicherheit der deutschen Kapitalanlagen zu garantieren, neue Möglichkeiten für die Erweiterung der Anlagesphären zu fördern, vor allem aber adäquate Anteile oder Äquivalenzen für Deutschland durchzusetzen, wenn andere Mächte sich neue Einflußsphären oder Kolonien sicherten.

Wie gravierend die Außenwirtschaft war, erklärt sich auch daraus, daß sich zwischen 1895 und 1900 in Deutschland die Produktion um ein Drittel, der inländische Konsum aber nur um ein Fünftel vermehrte.[60] Deshalb löste es Anfang 1897 beträchtliche Besorgnis aus, daß für das zweite Halbjahr 1896 ein geringeres Exportwachstum als im Vorjahr, ja sogar Exportrückstände zu konstatieren waren.[61] Nach den Mitteilungen des Vereins für Eisen- und

---

56 Kaelble, Interessenpolitik, S. 149.
57 Zit. nach: Winzen, Bülows Weltmachtkonzept, S. 123.
58 Gutsche, Gewicht, S. 532ff.
59 Berliner Neueste Nachrichten, Nr. 324, 6.7.1895.
60 Wehler, Kaiserreich, S. 52.
61 BA Potsdam, AA, Nr. 8087, Bl. 189ff.: Zeitungsausschnitte.

Stahlindustrie beispielsweise gab es in seinen Branchen Zuwächse hauptsächlich im Export in die europäischen Staaten, besonders nach Rußland, während nach England 1897 Rückgänge zu verzeichnen waren. Besonders stark verminderte sich die Ausfuhr in die USA. Doch geradezu alarmierend hatte sich der Export in solche Staaten reduziert, die im Blickfeld der deutschen Exportinteressen standen: in die Türkei, nach Argentinien, Brasilien und China – bei letzterem war wenigstens von 1895 auf 1896 ein Anstieg zu verzeichnen gewesen.[62]

Die enormen Erwartungen schienen also bereits nach kurzer Zeit enttäuscht zu werden. Die Rufe nach dem Staat wurden lauter. Nach Max Webers Überzeugung näherte sich nunmehr „das handelspolitische Ausdehnungsstreben" der Phase, „wo nur die Macht über das Maß des Anteils des Einzelnen an der ökonomischen Beherrschung der Erde" entscheidet.[63] Der Druck aus der Wirtschaft auf die Regierung wuchs. Die „National-Zeitung" verlangte wirksamere gemeinsame Anstrengungen von Industrie, Handel und Politik, um der deutschen Ausfuhr neue Wege vor allem im Kampf gegen die britische Konkurrenz zu sichern.[64] Die liberale „Frankfurter Zeitung" forderte apodiktisch, „daß unsere Politik dahin zu streben hat, uns den Absatz nach außen zu erhalten"[65]. M. Weigert, Mitglied des Ältestenkollegiums der Berliner Kaufmannschaft, erklärte am 15. Mai 1897 auf der Generalversammlung des „Vereins zur Förderung der Handelsfreiheit" im Blick auf Deutschland: Weil sich die Industrie immer weiter ausbreite und dem Industriewachstum keine Grenzen gesetzt sind, habe der Staat, in dem mehr als für das eigene Bedürfnis produziert wird, die Pflicht, für den Absatz zu sorgen.[66]

Wie dies am wirkungsvollsten zu geschehen habe, darüber bestanden unterschiedliche Vorstellungen. Während der genannte Verein wie generell viele Bereiche der Fertigwarenindustrie auf Freihandel und Wirtschaftsexpansion setzte, votierte die Schwerindustrie zwar ebenfalls für das letztere, doch auch für eine begrenzte Rückkehr zum Schutzzoll. Als Antwort auf die Zollerhöhungen der USA, die den deutschen Industriewaren- und Zuckerexport dorthin beträchtlich schädigten, sollten die deutschen Getreidezölle ansteigen, um den amerikanischen Getreideexport nach Deutschland zu benachteiligen.[67] Hier lag das wirtschaftliche Motiv des Montanindustriebürgertums für das primär gesellschaftlich und innenpolitisch geprägte Streben nach Kooperation mit den Agrariern.

Doch vor allem wuchs in Wirtschaft und Politik die Zahl derer, die die wirtschaftliche Zukunft Deutschlands in einer Weltmachtstellung sahen. „Die Weltgeschichte steht jetzt im Zeichen des wirtschaftlichen Kampfes", hieß es in einer 1896 verfaßten Denkschrift des späteren Marinekabinettchefs und Admirals G. A. von Müller. Mitteleuropa werde zu eng für den deutschen Handel, und seine freie Ausdehnung sei durch die englische Weltherrschaft bedroht. „An Expansionsbedürfnis und Expansionsberechtigung – und als solche muß man das auf dem Gebiet des Welthandels schon Geleistete wohl gelten lassen – steht Deutschland

---

62 Ebenda, Nr. 8088, Bl. 99: Verein Deutscher Eisen- und Stahlindustrieller Nr. 17 (1897), Nr. 8090, Bl. 44: Verein Deutscher Eisen- und Stahlindustrieller Nr. 18 (1898).
63 Weber, Schriften, S. 30.
64 National-Zeitung, Nr. 75, 3. 2. 1897.
65 BA Potsdam, AA, Nr. 8088, Bl. 58: Zeitungsausschnitte.
66 Ebenda, Bl. 88: Bericht Generalversammlung des Vereins zur Förderung der Handelsfreiheit 15. 5. 1897.
67 Stegmann, Erben, S. 64f.

weit voran."⁶⁸ Hauptmann Jaeschke, Chef des Stabes einer Kreuzerdivision und bald darauf Gouverneur von Kiautschou, notierte im Mai 1896 in einer Aufzeichnung: Deutschland sei durch „lange Ohnmacht [...] zu spät in den Wettbewerb um überseeischen Besitz eingetreten, [...] der allein unter allen Umständen ein sicheres Absatzgebiet bleibt." „Will Deutschland mit der Zeit in der Reihe der Großmächte, vielleicht in der der selbständigen Staaten, nicht ausgelöscht werden, dann muß es sich zur Weltmacht aufschwingen; [...] mit unbeugsamer Energie, ohne Furcht vor Konflikten mit Konkurrenten und Widersachern."⁶⁹

In Wirklichkeit blieb jedoch auch in diesen Jahren, in denen der deutsche Export erheblich anwuchs – von 1895 bis 1898 von 163 auf 185 Millionen Pfund Sterling, der englische dagegen nur von 226 auf 233 Millionen –, sein Hauptabsatzmarkt der europäische Raum. Der umfangreiche direkte Handelsverkehr zwischen Deutschland und England hielt seinen hohen Stand ebenso wie der zwischen Deutschland und Österreich-Ungarn, dessen Import aus Deutschland 35 bis 40% seines Gesamtimportes betrug. Der deutsche Warenexport nach Rußland stieg von 1893 bis 1898 sogar um 24,7%; auch in die Balkanstaaten, besonders nach Rumänien und Serbien, wuchs er an.⁷⁰ Dennoch gingen Unternehmer, Wirtschaftsverbände und staatliche Instanzen davon aus, daß für die deutsche Ausfuhr in die großen Industriestaaten angesichts ihres hohen eigenen Produktionswachstums und der Abschirmung vieler Binnenmärkte in Zukunft kaum Steigerungen zu erwarten seien.

Territorial konzentrierte sich das wirtschaftlich motivierte Expansionsinteresse in diesen Jahren auf Kleinasien und auf China. Angesichts der weit fortgeschrittenen Aufteilung ganzer Kontinente unter die anderen Großmächte sei es für die deutsche Handelspolitik geboten – so der Journalist Robert Jannasch im März 1896 in der „Täglichen Rundschau" –, sich noch verfügbare koloniale Handelsstützpunkte zu sichern, vor allem aber mit selbständigen Staaten feste Beziehungen zu knüpfen. Dort gelte es Eisenbahnen und Häfen zu bauen und Dampferlinien einzurichten. Besonders interessieren müsse sich das Reich, „die asiatische Türkei unserem Handel offen zu halten und durch Eisenbahnbau zu erschließen⁷¹". Dieser Prozeß war längst eingeleitet. Die mit deutschem Kapital und von deutschen Firmen gebaute Anatolische Eisenbahn erreichte 1896 nach der Eröffnung der Zweiglinie nach Konia eine Länge von 1 000 Kilometern. Überlegungen, die Bahn bis nach Bagdad weiterzubauen, gab es, und mit dem Bahnbau verknüpft sein sollte die wirtschaftliche Erschließung des gesamten Raumes durch deutsches Kapital.

Dieser Raum war auf dem Landweg erreichbar und versprach einen großen Markt für die deutsche Exportindustrie, wertvolle Bodenschätze und Entwicklungsmöglichkeiten für die Landwirtschaft, besonders für den Anbau von Getreide und Baumwolle. Noch blieb der deutsch-türkische Handel weit hinter dem englisch-türkischen zurück, die Steigerungsraten seit Ende der achtziger Jahre waren jedoch beträchtlich und weckten enorme Erwartungen.⁷² Die „Alldeutschen Blätter" schrieben 1896 von einem „deutschen Indien" in Vorderasien. Solche Vorstellungen gab es auch unter in Westasien tätigen deutschen Diplomaten. So empfahl Ende 1896 der Konsul in Bagdad, Richarz, neben dem Eisenbahnbau die Eröffnung eines regelmäßigen Dampferverkehrs zum Persischen Golf, die Installation der Flußschiffahrt

---

68 Aufzeichnungen Admiral von Müllers, S. 37.
69 PA Bonn, China Nr. 20 Nr. 1 secr., Bd. 7, Aufz. Hauptmann Jaeschkes Mai 1896.
70 Deutsche Geschichte, Bd. 5, S. 421.
71 GStA Berlin, Rep. 120, C XIII, Fach 1, Nr. 4, vol. 4, Bl. 59ff.: Zeitungsausschnitte.
72 Earle, Turkey, S. 36.

in Euphrat und Tigris und den Straßenbau mit deutschem Kapital, deutscher Leitung und Arbeitskraft. Dies „würde als die dankbarste handelspolitische und damit auch vielleicht später reinpolitische Aufgabe erscheinen, welche sich dem Deutschtum hier in Vorderasien vor der Hand darbieten könnte"[73].

Verfügte die deutsche Wirtschaft im Nahen Osten bereits über lukrative Positionen, war ihr das in China kaum ansatzweise gelungen. Doch dieser Markt versprach noch mehr als der türkische. Er galt als das wichtigste außereuropäische Handelsgebiet, denn in diesem Reich wohnte ein Viertel der außereuropäischen Menschheit.[74] Mit dem Konsortium für asiatische Geschäfte und der Deutsch-Asiatischen Bank hatten sich die Deutsche Bank, die Discontogesellschaft, die Berliner Handelsgesellschaft und Krupp wichtige Ausgangsbasen geschaffen, um den Export zu fördern, sich Zugang zu Bodenschätzen zu verschaffen und den Bau von Eisenbahnlinien in Angriff zu nehmen.

Deutschlands Engagement im „Ostasiatischen Dreibund" 1895 hatte in der deutschen Wirtschaft neue große Hoffnungen geweckt. Doch im Unterschied zu seinen Partnern ging das Reich bei der Vergabe handelspolitischer Konzessionen in China fast leer aus. Noch im Herbst 1895 erbat ein deutsches Konsortium mit Krupp und Berliner Großbanken an der Spitze die Unterstützung der Regierung bei der Bewerbung um lukrative Eisenbahnkonzessionen bei der chinesischen Regierung. Trotz diplomatischer Vorstöße mußte das Konsortium schließlich der französischen Konkurrenz den Vortritt lassen.[75]

Die Mißerfolge ließen den Druck der Wirtschaft auf die Regierung wachsen. Die Einrichtung eines territorialen Stützpunktes in China als Basis einer globalen Wirtschaftsexpansion wurde neben Konzessionswünschen für den deutschen Handel in dieser Phase zur wichtigsten konkreten weltpolitischen Forderung überhaupt.[76] Richthofen mit seiner wissenschaftlichen Autorität hatte ihr einen wichtigen Impuls gegeben, als er einen Stützpunkt für die Entwicklung der deutschen Handelsmacht in dem Land zur unverzichtbaren Voraussetzung erhoben hatte.[77]

Jedoch konnten nur einige Geschäfte des Warenexportes staatlich vermittelt werden, so für Menshausen und Krupp einen Posten Eisenbahnmaterial.[78] Einzelne Exportförderungsmaßnahmen oder die Erarbeitung von Gutachten über Ein- und Ausfuhrverhältnisse in Ostasien[79] reichten indes den Wirtschaftsinteressenten längst nicht mehr. Doch die großen Hoffnungen in der deutschen Industrie, die im Frühjahr 1896 die Gespräche des leitenden chinesischen Ministers Li Hung Tschang mit der Reichsführung in Berlin weckten, endeten enttäuschend. Vergeblich hatte Marschall verlangt, der Deutsch-Asiatischen Bank die Konzession für den Eisenbahnbau Nanking-Shanghai zu gewähren und sie auch bei zukünftigen Projekten angemessen zu berücksichtigen.[80] Anfang 1897 beklagte der Kolonialpublizist Eugen Wolf im „Berliner Tageblatt", Deutschland trete in China zu schwach auf, „flöße ihm keine Angst ein". Auch die Großindustrie sei in China zu wenig vertreten. Politik und Wirt-

---

73 Rathmann, „Volldampf", S. 140f.
74 PA Bonn, China Nr. 20 Nr. 1 secr., Bd. 5, Denkschrift Knorrs 8.11.1895, Zeitungsausschnitte.
75 Canis, Von Bismarck zur Weltpolitik, S. 133.
76 PA Bonn, China Nr. 20 Nr. 1 secr., Bd. 10, Heyking an Hohenlohe 25.2.1897.
77 Ebenda, Bd. 3, F.v. Richthofen an Hohenlohe 19.6.1895.
78 Ebenda, Bd. 5, Radolin an AA 10.11.1895.
79 BA Potsdam, Reichskanzlei, Nr. 563, Bl. 45f.: Posadowsky/Boetticher an Hohenlohe 10.5.1896.
80 GP, Bd. 14/I, S. 27ff.

schaft müßten Vorteile nicht erbitten, sondern koordiniert verlangen, besonders für Hafen- und Eisenbahnbauten.[81] Der Druck der deutschen Diplomatie auf die Pekinger Regierung hatte freilich längst zugenommen. So erklärte Botschafter Heyking Li unverblümt, wenn China Furcht entwickle vor Deutschland, dann sei es doch am besten, China öffne sich deutschem Kapital und Fachpersonal. Umgehend werde Berlin auf feindliche Schritte gegenüber Peking verzichten und ihm politisch Unterstützung gewähren.[82]

Auch bei der Erörterung in den Reichsbehörden, welcher Platz in China sich als deutsche Flottenstation besonders eignete, waren Industrievertreter einbezogen. Als im Frühjahr 1897 die Entscheidung auf Kiautschou fiel, fanden sie die wirtschaftlichen Aussichten des Hinterlandes, der Halbinsel Schantung, ausnehmend günstig.[83] In einem Resümee Klehmets, das am 1. August die Argumente für die Wahl Kiautschous zusammenfaßte, spielten jedenfalls die wirtschaftlichen Faktoren eine bestimmende Rolle: die günstigen Hafenbedingungen für den Handelsverkehr, die Kohlefelder in Schantung, Bodenschätze in angrenzenden Gebieten, Möglichkeiten für den Bau einer Eisenbahnlinie dorthin sowie nach Peking.[84] Die Firma Krupp entwickelte bereits Pläne für Befestigungsanlagen in Kiautschou und rechnete ebenso mit Zusagen der chinesischen Regierung wie die Howaldtwerft, die wegen der Lieferung von Kreuzern mit Li verhandelte – ein Gespräch, das von Heyking vermittelt wurde.[85] So waren Mitte 1897 die Vorbereitungen weit gediehen, einen Stützpunkt in China zu gewinnen. Das wirtschaftliche Interesse spielte dabei eine wichtige Rolle, und die Kooperation zwischen Reichsbehörden und Wirtschaft funktionierte in der aktiven Vorbereitungsphase bestens.

Im Ringen um Marktanteile und Kapitalanlagen war für die deutsche Seite die britische Rivalität beherrschend. Obwohl der umfangreiche bilaterale Handelsverkehr beide Volkswirtschaften aufeinander angewiesen bleiben ließ und die Londoner ebenso wie die Berliner, Hamburger und Frankfurter Finanzwelt an Kooperation interessiert waren, somit auch ökonomische Faktoren für eine Kurs der Verständigung bestanden – die aus der wirtschaftlichen Konkurrenz erwachsenden Spannungen bestimmten das Bild und verbanden sich mit den Wirkungen der kolonialen Differenzen. Hohenlohes Urteil, die antideutsche Stimmung in England als „das Ergebnis unserer kolonialen Politik und des Aufblühens unserer Industrie und der dadurch geschaffenen Konkurrenz auf dem Welthandel" zu bewerten, war in Deutschland besonders in den beiden konservativen Parteien und bei den Nationalliberalen verbreitet, ebenso wie in England hauptsächlich die Konservativen und die liberalen Unionisten mit dem gegen die deutsche Wirtschaftskonkurrenz gerichteten Rivalitätsargument operierten.[86] Das Syndrom einer bedrohlich wachsenden Wirtschaftsrivalität gewann in der Öffentlichkeit beider Länder rasch an Boden. Nach der „Times" ging von dieser Rivalität größere Gefahr aus als von den politischen Reibereien.[87] Die große Wirkung, die sie in der

---

81 PA Bonn, China Nr. 7, Bd. 2, Zeitungsausschnitte.
82 Ebenda, Heyking an Hohenlohe 27.11.1896.
83 Ebenda, Nr. 20 Nr. 1 secr., Bd. 10, Heyking an AA 23.5.1897, Knorr an Marschall 12.6.1897, Bd. 11, Knorr an Bülow 30.7.1897.
84 Ebenda, Resümee Klehmets 1.8.1897.
85 Ebenda, Aufz. Klehmets 23.7.1897, Heyking an Hohenlohe 9.6.1897, Bd. 10, Heyking an Hohenlohe 13.4.1897.
86 Hohenlohe, Denkwürdigkeiten der Reichskanzlerzeit, S. 192; Kennedy, Antagonism, S. 306; BA Potsdam, AA, Nr. 9081, Bl. 126: Hatzfeldt an Hohenlohe 22.1.1896.
87 Ebenda, Nr. 9082, Bl. 60ff.: Hatzfeldt an Hohenlohe 25.7.1896, Bl. 130, 160: Zeitungsausschnitte, Bl. 161: Hatzfeldt an Hohenlohe 26.8.1896.

Öffentlichkeit erzielte, läßt sich jedoch erst vollständig erfassen, wenn man beachtet, daß sich die ökonomischen mit politischen Interessen und ideologischen Vorstellungen vermischten.

Dagegen wirkten die deutsch-russischen Wirtschaftsbeziehungen als Faktor der Entspannung und Kooperation. Nachdem der kurzzeitige Dissens über die russischen Fleischexporte beigelegt war, bestimmten wieder die langfristigen handelspolitischen Trends auf Kooperation die Lage. Der deutsche Export nach Rußland stieg von 1896 bis 1898 von 190,2 auf 202,2 Millionen Rubel. Diese Exportzunahme machte etwa die Hälfte des gesamten russischen Importwachstums aus. Die Ausfuhr Rußlands nach Deutschland stieg sogar von 292,5 auf 335,1 Millionen Rubel.[88] Es handelte sich fast ausschließlich um Agrarprodukte und um Rohstoffe. In umgekehrter Richtung vervierfachte sich von 1893 bis 1898 der Export von Produkten der Metallurgie und des Maschinenbaus. Rußland erweiterte in den neunziger Jahren sein Eisenbahnnetz um 20 000 Streckenkilometer, und deutsche Firmen lieferten große Mengen Eisenbahnschienen und Lokomotiven. Allein vom 1. April 1895 bis zum 1. April 1896 stieg im Eisen- und Stahlbereich der russische Bedarf um 100%, 40% davon setzten Firmen aus Deutschland um.[89] Dennoch setzte die deutsche Schwerindustrie primär auf den inländischen Bedarf und zeigte sich gegenüber den agrarischen Zollwünschen aufgeschlossen.[90] Daraus entstanden später Spannungen im deutsch-russischen Verhältnis.

Ein zweites die Kooperation stabilisierendes Element in den deutsch-russischen Wirtschaftsbeziehungen bildeten die finanzpolitischen Verbindungen. Auch sie hatten sich in den letzten Jahren gefestigt. Zuletzt waren deutsche Banken neben französischen in die russische Anleihe vom Juli 1896 einbezogen. Schon kurz darauf leitete Witte einen neuen Vorstoß ein, um die Fortführung des mandschurischen Eisenbahnbaus zu sichern.[91] Anfangs regte sich weder in Berlin noch in Paris Interesse; die französische Reserviertheit resultierte nicht zuletzt aus der zaristischen Orientpolitik, die französischen Vorstellungen widersprach.[92] Nachdem Witte auch noch in London eine Absage erhalten hatte, erreichte Mendelssohn am 10. April 1897 doch noch einen Abschluß, bei dem sich nun die französischen Banken ausgebootet fühlten. Tatsächlich war es seit vielen Jahren die erste russische Auslandsanleihe, die nicht mit Paris zustande kam. 200 Millionen Rubel brachten das deutsche Bankenkonsortium sowie holländische und Petersburger Banken zusammen auf.[93]

Relativ störungsfrei gestaltete sich auch der bilaterale Handelsverkehr mit Frankreich.[94] Im Rahmen internationaler Finanzaktionen kam es zwischen deutschen und französischen Banken sogar zu weitreichender Zusammenarbeit. Auf den internationalen Märkten sahen

---

88 Geyer, Imperialismus, S. 126.
89 BA Koblenz, R 13/I, Nr. 107, Bl. 121ff.: Generalversammlung des Vereins Deutscher Eisen- und Stahlindustrieller 10.12.1896; Deutsche Geschichte, Bd. 5, S. 421.
90 BA Koblenz, R 13/I, Nr. 82, Bl. 37f.: Vorstandssitzung des Vereins Deutscher Eisen- und Stahlindustrieller 4.4.1898.
91 PA Bonn, Rußland Nr. 71, Bd. 26, Hatzfeldt an Hohenlohe 11.3.1897; HHStA Wien, MdÄ, PA X, Nr. 107, Bl. 368: Bericht aus Petersburg 22.10.1896.
92 PA Bonn, Rußland Nr. 71, Bd. 26, Hatzfeldt an Hohenlohe 13.3.1897; Geyer, Imperialismus, S. 138.
93 PA Bonn, Rußland Nr. 71, Bd. 27, Hatzfeldt an AA 22.3.1897; HHStA Wien, MdÄ, PA X, Nr. 108, Bl. 321f.: Bericht aus Petersburg 11.4.1897; ebenda, PA VIII, Nr. 120, Bl. 231ff., 247: Berichte aus London 26.3.1897, 5.4.1897; ebenda, PA III, Nr. 149, Bl. 231f.: Bericht aus Berlin 10.4.1897.
94 Vgl. ausführlich: Lenzner, Annäherung, S. 56ff.

sich allerdings französische Firmen zunehmend hauptsächlich von deutschen verdrängt; eine Ausnahme bildeten noch die französischen Kolonien und inzwischen auch wieder Italien. Rom hatte mit dem italienisch-tunesischen Handelsvertrag seinen handelspolitischen Verständigungswillen mit Frankreich demonstriert. Bereits im Vorfeld des 1898 zustandekommenden italienisch-französischen Handelsvertrages besserten sich so Handelsbeziehungen und Handelsverkehr, zumeist auf deutsche Kosten.[95]

Für die außenpolitische Wendung Italiens vom Dreibund zu Frankreich stellte der wirtschaftliche Faktor ein wichtiges Element dar. Im deutsch-französischen Verhältnis erlangten die beträchtlichen gemeinsamen Geschäfte des Handels und der Banken kaum politische Effizienz, obwohl, ähnlich wie im deutsch-englischen Verhältnis, die wechselseitige Abhängigkeit der beiden Volkswirtschaften im Rahmen der von wachsender Internationalisierung der Produktion geprägten Weltwirtschaft zunahm. Es gab nicht nur keine lineare und standardisierte Abhängigkeit außenpolitischer von wirtschaftlichen Vorgängen, sondern die politische Wirkung der letzteren ergab sich zumeist erst in Verbindung mit anderen Faktoren. Ausschlaggebendes politisches Gewicht unter den Wirtschaftsfaktoren gewann in dieser Phase neben der Konkurrenz auf Drittmärkten das Wachstumstempo der deutsche Wirtschaft. Immerhin betrug es in den neunziger Jahren 45%, das der englischen Produktion nur 18%, und noch geringer war das französische.[96] Verknüpft mit den demographischen und militärischen Zuwächsen sahen in England, in Frankreich, aber auch in Rußland nicht nur die Führungseliten, sondern weite Kreise in allen Schichten das deutsche Wirtschaftswachstum als eminente Bedrohung an, auch deshalb, weil es in Deutschland ein tragendes Argument des weltpolitischen Anspruchs bedeutete.

Eine besondere Rolle spielte diese Entwicklung in den Beziehungen zwischen Deutschland und seinem Bündnispartner Österreich-Ungarn. Die Abhängigkeit seiner Wirtschaft vom deutschen Kapital war groß und wuchs weiter. Ganze Industriezweige wie die Schwerindustrie, die elektrotechnische und chemische Industrie wurden von deutschen Firmen beherrscht. Deutsche Kreditinstitute dominierten die Wiener und Budapester Großbanken. Diese Abhängigkeit bildete zwar eine Klammer des Bündnisses, ihr entsprangen jedoch häufig Störungen, wenn das deutsche Kapitel deutsche vor österreichische Interessen stellte, beispielsweise bei der Wirtschaftsexpansion auf dem Balkan.[97] Insofern gab es auch ein wirtschaftliches Interessen, Österreich-Ungarn auf eine Satellitenstellung herabzudrücken.

Auch bei dem dritten weltpolitischen Triebkraftbündel, dem außenpolitischen, gilt es die Verknüpfungen von Interessen und Ideologie zu beachten. „Die Großmachtstellung in Europa", so Schöllgen, „war nur zu halten, wenn man sich auch in der außereuropäischen Welt betätigte und behauptete." Dieses Staatsinteresse stand in Einklang mit den zeitgenössischen Wachstumsvorstellungen. Die sich aus Konkurrenz und Rivalität der Mächte ergebenden Antriebskräfte hält Schöllgen apodiktisch für das „wichtigste Motiv" für den Übergang zur Weltpolitik.[98]

Bislang war das Reich an weltpolitischer Geltung hinter seinen europäischen Hauptkonkurrenten England, Rußland und Frankreich beträchtlich zurück geblieben. War Deutschland

---

95 HHStA Wien, MdÄ, PA XI, Nr. 118, Bl. 11ff., 397: Berichte aus Rom 3.10.1896, 19.12.1896; BA Koblenz, R 2, Nr. 1497, Pückler an Hohenlohe 18.10.1897.
96 Baudis/Nußbaum, Wirtschaft und Staat, S. 55.
97 Klein, Widersprüche, S. 226f.
98 Schöllgen, Großmacht als Weltmacht, S. 79ff., 83f.

schon in den achtziger Jahren, als es seine Kolonien erwarb, eine Kolonialmacht minderen Ranges, so hatte es in den neunziger Jahren, als die Rivalen ihren Kolonialbesitz beträchtlich erweiterten, bisher leer ausgehen müssen. Koloniale Ambitionen scheiterten immer wieder am Widerstand Englands und Rußlands. Diese Erfolglosigkeit auf weltpolitischem Gebiet wog um so schwerer, weil das Reich auch in seinen Bestrebungen, die europäische Mächtekonstellation zu seinem Vorteil zu gestalten, nicht zum Zuge kam.

Deutschland mußte folglich auch in seiner europäischen Machtstellung Einbußen erleiden. Es waren vor allem britische und russische Zeitungen, die 1896 konstatierten, Deutschland habe seine prädominante Stellung in Europa verloren, ebenso wie der Dreibund sein Übergewicht gegenüber der russisch-französischen Allianz. Auf der anderen Seite wuchs das militärische, wirtschaftliche und demographische Potential Deutschlands. Im Reich mehrten sich die Stimmen, die nicht allein seine europäische Machtstellung zu behaupten, sondern eine machtvolle Weltstellung zu gewinnen verlangten. Potential und Anspruch Deutschlands steigerten Besorgnis und Mißtrauen der Rivalen und ihr Bestreben, das Reich in der internationalen Mächtekonstellation möglichst in eine weniger gefährliche Einzelposition gelangen zu lassen. Nicht zuletzt wegen seiner komplizierten geostrategischen Lage schien ein solches Vorhaben nicht ohne Aussicht zu sein.

Die deutsche Außenpolitik sah sich somit einer von England wie von Rußland forcierten Eindämmungspolitik ausgesetzt, die von Frankreich bereitwillig unterstützt wurde. Demgegenüber wurde die Kraftentfaltung des Dreibundes eher schwächer, weil die außenpolitische Aktionsfähigkeit Österreich-Ungarns wegen der sich verschärfenden Krisenerscheinungen innerhalb der Monarchie weiter nachließ und Italien sein Heil mehr und mehr in einer wirtschaftlichen wie außenpolitischen Verbindung mit Frankreich suchte. In Deutschland empfanden besonders die Kreise, die weltpolitische Vorstöße verlangten, diese Lage als einen wachsenden Widerspruch, der sich zwischen Potential und Anspruch des Reiches einerseits und seiner eher schwächlichen Außenpolitik andererseits auftat. Die Kritik an der Außenpolitik nahm zu, und sie war für die Regierung um so gravierender, weil sie die Labilitätssymptome des Herrschaftssystems förderte. Für Delbrück war 1896 angesichts der zweitrangigen Rolle, die Deutschland bei den Orientspannungen spielte, die „unfruchtbare auswärtige Politik" sogar „der letzte und wahre Grund des herrschenden Gefühls der Unbefriedigung" im Land. Im Blick darauf, daß die anderen Großmächte die Welt unter sich aufteilten, monierte er, daß es der deutschen Außenpolitik an solchen weitgesteckten Zielen fehle. Sie sei zu stark auf die Zweifrontenkriegskonstellation fixiert und von der 1870/71 gewonnenen Stellung wieder heruntergeglitten.[99]

Das Reich hatte also seither den für die anvisierte latente europäische Suprematiestellung notwendigen Machtzuwachs nicht verbucht und sogar Einbußen erlitten, besonders an außenpolitischem Ansehen. Angesichts der starren europäischen Mächtekonstellation sah das Auswärtige Amt Machtgewinn eher auf außereuropäischem Feld realisierbar, weil dort die Widersprüche unter den Rivalen anhielten. Trat er ein, rechnete es auch mit einer für das Reich günstigen Wirkung in Europa, wenigstens für sein Prestige. Deshalb sah Holstein, obwohl er sicher war, daß sich die internationale Stellung des Reiches 1896 nicht verbessert hatte, optimistisch in die Zukunft und glaubte, das seit 1893/94 bevorzugte, allerdings aus der Verlegenheit geborene Freihandkonzept könnte jetzt Früchte tragen.[100] Es beruhte auf der

---

99 PJ, Bd. 86 (1896), S. 219ff.
100 Eulenburg, Korrespondenz, Bd. 3, S. 1775.

Überzeugung von dem alles überragenden Weltgegensatz zwischen Rußland und England, der im als unvermeidlich angesehenen Konflikt dem Deutschen Reich Gelegenheit gebe, je nach Kompensationsangebot der einen oder der anderen Seite wohlwollende Neutralität oder gar Unterstützung zu gewähren und aus dem Konflikt als der eigentliche Nutznießer hervorzugehen. Das Auswärtige Amt sah es als sicher an, daß bei einer zwischen den Kontrahenten drohenden Auseinandersetzung beide auf Deutschland angewiesen seien und sich zu weitgehenden Zugeständnissen bereit finden müßten. „Der Augenblick kann einmal über Nacht kommen, wo England die so oft vergeblich gebotene Hand anzunehmen genötigt ist, und von uns wird dann abhängen, die weitere Entwicklung der Dinge zu bestimmen", schrieb Hatzfeldt im Mai 1896 an Holstein.[101] Für das Verhältnis zu Rußland galt das nicht anders.

Der Optimismus der deutschen Führung beruhte auf der Überzeugung, aus der Orientkrise und aus dem Wettlauf um Stützpunkte in China könnte in absehbarer Zeit eine russisch-englische Krise hervorgehen. Holstein und Hatzfeldt setzten seit Mitte 1896 besonders auf die Orientfrage. Geriet sie in ein akutes Stadium, rechneten sie mit einer Veränderung der Mächtekonstellation, die Deutschland die Freiheit der Entscheidung eröffne.[102] Im Januar 1897 erwartete Holstein die Neugruppierung der Mächte besonders wegen der unterschiedlichen Ziele, die Rußland und Frankreich im Orient verfolgten.[103] In den aktuellen Streitpunkten sprach er sich für die Anlehnung an die russische Position aus[104]; hinsichtlich der weiteren Entwicklung plädierte er für strikte deutsche und österreichische Zurückhaltung, damit England wie Rußland, wenn sich neue Gruppierungen abzeichnen, um Deutschland werben.[105] Gegen Ende des Jahres bezeichnete nochmals Hatzfeldt grundsätzlich und präzise das Ziel der Freihandpolitik: „Wir müssen vielmehr wünschen, daß [...] zunächst England in einen Konflikt hineingezogen und dann durch seine Isolierung darauf hingewiesen wird, sich im übrigen Europa Freunde zu sichern. Wir würden dann umgekehrt in die Lage kommen, das entscheidende Wort zu sprechen und die Entwicklung der Dinge zu unserem Vorteil zu lenken." Wenn der Botschafter für Deutschland „politische Zurückhaltung, die wir hier zu zeigen hätten", anmahnte, zielte er damit offenbar auf eine deutsche Neutralität ab, die zwar mehr zu England neigte, aber damit „den Wert unserer Freundschaft in den Augen der Russen wesentlich erhöhen" müßte.[106] Faktisch lief das wiederum auf eine Art latenter deutscher Hegemonie hinaus, indem Rußland und England durch ihren Konflikt in bestimmten Maße von Deutschland abhängig würden. Knapp ein Jahr zuvor hatte Hatzfeldt als erste Variante für die Haltung Deutschlands noch ein generelles Offenhalten der Entscheidung nach beiden Seiten empfohlen und jene von den Bedingungen und Zugeständnissen abhängig gemacht. Als Alternative dazu nannte er die einseitige Verständigung mit Rußland, wandte jedoch ein, daß Klarheit über die letzten russischen Ziele fehle und die entscheidende Kompensation, die Neutralität bei einem deutsch-französischen Krieg, kaum erreichbar erscheine.[107] Holstein war mit den Grundgedanken des Schriftstückes einverstanden, das nun an Bülow ging.

101 BA Potsdam, 90 Ho 5: NL Holstein, Film Nr. 62244, Bl. 193565: Hatzfeldt an Holstein 24.5.1896.
102 Hatzfeldt, Papiere, S. 1091.
103 Ebenda, S. 1125.
104 GP, Bd. 13, S. 51ff.
105 Hatzfeldt, Papiere, S. 1126.
106 Ebenda, S. 1147.
107 Ebenda, S. 1107ff.

Es war diesem längst bekannt, daß der Kaiser und das Auswärtige Amt eine russisch-englische Verständigung für ausgeschlossen hielten und Holstein für das Reich „Stillsitzen" empfahl.[108] Bülows Standpunkt war der gleiche. Auch er hielt den russisch-englischen Konflikt für unvermeidlich.[109] Schon 1895 hatte er Holstein geraten, „freie Hand gegenüber England wie gegenüber Rußland sich zu bewahren, aber Bruch weder mit dem einen noch mit dem anderen. Die Hauptsache sei, ruhig abzuwarten, die Dinge reifen zu lassen, eventuell zu lavieren, nicht sein letztes Wort zu sagen." Diesen Standpunkt hat er wiederholt Eulenburg zur Kenntnis gebracht.[110] Als letzte Entscheidung lag ihm, anders als Hatzfeldt, die Option für Rußland näher. Immerhin hatte Bülow seit Anfang der neunziger Jahre der Zentrale öfters empfohlen, das Verhältnis zum Zarenreich zu pflegen.[111] Doch die Generalentscheidung stand zur Zeit nicht an. Und so ermahnte er nach seiner Amtseinsetzung Holstein, Deutschland sollte mit England nicht schlechter stehen als dieses mit Rußland.[112] Aus dieser Sicht ergab sich auch für Bülow ein optimistisches Bild der internationalen Lage des Reiches[113], und es stellte auch für ihn eine wichtige Grundlage dar, weltpolitische Vorstöße einzuleiten.

Doch diese Vorstellungen bauten auf gravierenden Fehlurteilen auf. Wichtige Symptome und Erfahrungen der letzten Jahre wurden von der deutschen Führung außer acht gelassen. Es hatte sich gerade in den Orientfragen immer wieder bestätigt, daß Rußland und England trotz gravierender Differenzen auf Verständigung aus waren, nicht zuletzt wegen Deutschland, dessen Potential und weltpolitischer Anspruch als Bedrohung empfunden wurden. Gewiß war die Zeit längst noch nicht reif für die globale Verständigung zwischen ihnen, doch vor einem Konflikt untereinander schreckten sie zurück, denn sie spürten, daß er sich zum Vorteil Deutschlands auswirken könne. Daß die deutsche Führung so fest auf den russisch-englischen Konflikt setzte, ist nach allen Erfahrungen der letzten Jahre erstaunlich. Oder war, um aus den Verlegenheiten herauszukommen, der Wunsch der Vater des Gedankens?

Das Auswärtige Amt unterschätzte die deutsch-englischen Spannungen. Noch drei Jahre zuvor hatte Bülow zu Recht vermutet, daß schon die deutsche Wirtschaftskonkurrenz „die Engländer mehr fürchten als die russischen Weltmachtsträume"[114]. Bezüglich Rußlands gab es noch größere Illusionen. Bülow hielt ein Zerbröckeln der russisch-französischen Allianz für denkbar[115], Marschall gar die Gewinnung Rußlands für den Dreibund für ein erreichbares Ziel.[116] Und es war verfehlt, von russisch-französischen Differenzen in den Orientfragen auf eine Aushöhlung der Allianz zu schließen. Die Nachrichten aus Petersburg, die in Berlin einliefen, machten vielmehr deutlich, daß das Gegenteil zutraf. Das galt für die Hof- und Regierungskreise ebenso wie für die Presse. Radolin bemühte sich, die kritischen Stimmen zu verharmlosen[117], konnte aber nicht umhin, einen Auszug aus dem „Swjet" zu zitieren, der

---

108 BA Koblenz, NL Bülow, Nr. 21, Bl. 361ff.: Aufz. September 1896.
109 BA Potsdam, 90 Ho 5: NL Holstein, Film 62241, Bl. 191396: Bülow an Holstein 28.4.1896.
110 Eulenburg, Korrespondenz, Bd. 3, S. 1524ff., 1583, 1552.
111 Ebenda, S. 1049f., 1133ff., 1218, 1239, 1417.
112 Holstein, Papiere, Bd. 4, S. 42.
113 Eulenburg, Korrespondenz, Bd. 3, S. 1742.
114 Ebenda, S. 1134.
115 Ebenda, S. 1742.
116 HHStA Wien, MdÄ, PA III, Nr. 149, Bl. 225: Bericht aus Berlin 10.4.1897.
117 PA Bonn, Deutschland Nr. 131, Bd. 19, Radolin an Hohenlohe 24.11.1896, Holleben an Hohenlohe 17.11.1896, Bd. 18, Eulenburg an Hohenlohe 29.8.1896.

auf die Festigung der russisch-französischen Allianz, in Zukunft auf eine Vereinbarung mit England und auf die deutsche Isolation setzte.[118] Gewiß übertrieb das Blatt, doch es traf die Grundstimmung. Darauf deutete ein Bericht des österreichischen Botschaftervertreter in Petersburg, Fürst Pallavicini: Berlin, insbesondere Radolin, haben noch Illusionen, wenn sie auf eine Lockerung der Allianz hofften. Haß und Rivalität gegen Deutschland bestimmen wie seit langem in Rußland die Atmosphäre, nur sehe man dort im Dreibund nicht mehr das mächtige Hindernis für eine russische Expansion.[119]

In einem Punkt war der Berliner Optimismus berechtigt. Angesichts der Konzentration aller Großmächte auf außereuropäische Expansion und trotz des griechisch-türkischen Krieges rechnete das Auswärtige Amt nicht mit Komplikationen in Europa, als es, um dem weltpolitischen Erwartungsstau nachzugeben, eine außereuropäische Erwerbung nun fest ins Auge faßte. Holstein und Hatzfeldt stimmten darin überein, die aus der Transvaalkrise geborenen Spannungen mit England abzubauen und sich den englischen Zielen in Südafrika nicht mehr zu widersetzen, sondern, wenn die wirtschaftlichen Interessen Deutschlands dort gewahrt würden, sich auf Äquivalente zu orientieren, die durch Verhandlungen mit England zu sichern seien.[120] Als am 22. April 1897 englische Kriegsschiffe in die Delagoabai einliefen, und Berlin auch gar nicht die Möglichkeit sah, wirksam Protest einzulegen, war für Holstein der Zeitpunkt gekommen, einen Kompensationsvorstoß einzuleiten. Am 30. April schrieb er an Kiderlen zur Weiterleitung an den Kaiser: „Unter diesen Umständen möchte ich zur Erwägung geben, ob wir nicht unseren berechtigten Groll diplomatisch zudecken und uns ohne allgemeine heuchlerische Freundschaftsbeziehungen ganz nüchtern über einzelne konkrete Punkte verständigen."[121] Auch Bülow gegenüber begründete der Geheimrat seinen Kompensationsvorschlag mit der Erfahrung, Krieg gegen England nicht ausfechten und mit Unterstützung dritter Mächte nicht rechnen zu können.[122]

Hatzfeldt erhielt Anfang Mai den Auftrag, bei Salisbury zu sondieren. Doch bereits nach wenigen Tagen meldete der Botschafter das „wenig befriedigende" Ergebnis: „Koloniale Kompensationen scheinen mir vollständig ausgeschlossen."[123] Er empfahl nun, sich „eine Zeitlang [...] auf Seiten der Gegner Englands zu stellen, vielleicht werden sie dann mürber werden"[124]. Eine Verständigung zwischen beiden Regierungen sei schon wegen der gereizten Stimmung gegen Deutschland in England nicht möglich. Sobald die russische Zusage vorliegt, möge Berlin deshalb in Ostasien den Stützpunkt besetzen, ohne eine Verständigung mit London zu suchen. Hatzfeldt erwartete darauf dort einen ähnlichen Vorstoß der Briten, und unverdrossen optimistisch rechnete er für diesen Zeitpunkt auf neue russisch-englische Spannungen.[125] Im Juli nahm das Auswärtige Amt den amerikanisch-hawaiischen Annexionsvertrag zum Anlaß, um in London die Kompensationsfrage nochmals aufzuwerfen, diesmal durch eine Regelung der Samoafrage. Doch wiederum erhielt Berlin eine Abfuhr.[126]

---

118 Ebenda, Bd. 19, Radolin an Hohenlohe 23.12.1896.
119 HHStA Wien, MdÄ, PA X, Nr. 107, Bl. 387f.: Bericht aus Petersburg 4.11.1896.
120 GP, Bd. 13, S. 16ff.; Holstein, Papiere, Bd. 4, S. 19ff.
121 Winzen, Englandpolitik, S. 170ff.; Jerussalimski, Außenpolitik, S. 381ff.
122 BA Koblenz, NL Bülow, Nr. 90, Bl. 318: Holstein an Bülow 6.5.1897.
123 GP, Bd. 13, S. 21; PA Bonn, BL, Bd. 402/3, Hatzfeldt an Holstein 12.5.1897.
124 Holstein, Papiere, Bd. 4, S. 32.
125 Ebenda, S. 32f.
126 GP, Bd. 13, S. 28ff.

Die Triebkräfte für die Einleitung der Weltpolitik

Faktisch hatte die Reichsregierung nichts anderes versucht, als das Prinzip durchzusetzen, das in den weltpolitischen Strömungen bis in die Regierung hinein inzwischen unumstritten war: Kompensationen für Deutschland zu erhalten, wenn irgendwo territoriale Veränderungen zu Gunsten einer Großmacht stattfinden. Natürlich stieß dieses Vorgehen auf keinerlei Verständnis. Es zeigt nur, in welche hektische Unruhe die deutsche Führung inzwischen geraten war angesichts des enormen weltpolitischen Erwartungsstaus im Lande und der anhaltenden Erfolglosigkeit auf diesem Gebiet wie generell in der Außenpolitik. Hatzfeldt und Holstein glaubten in seltener Naivität, England werde auf die Kompensationswünsche eingehen, obwohl es, wie im Falle der Delagoabai in Portugiesisch-Ostafrika, nicht einmal die Absicht hatte, an dieser Kolonie territorial zu partizipieren.

Als Bülow die Leitung des Amtes übernahm, herrschte dort jedenfalls die Überzeugung, daß die Großmachtstellung des Reiches, sein Prestige, an weltpolitischen Erfolgen hing. Das entsprach ganz der Auffassung des neuen Staatssekretärs. Kurz nach seinem Antritt erklärte er Holstein: „Es ist mir eine Beruhigung und eine Freude, daß wir in allen großen Fragen uns immer finden."[127]

Das vierte Antriebsmittel für den Übergang zur Weltpolitik ergab sich aus dem Bestreben der Reichsführung, die Außenpolitik für innenpolitische Zwecke zu instrumentalisieren.

Aus diesem Ansatz hat vor knapp drei Jahrzehnten Hans-Ulrich Wehler am Beispiel der Bismarckschen Kolonialpolitik das sozialimperialistische Erklärungsmuster entwickelt, das sich für Forschung und Diskussion als besonders fruchtbar erwiesen hat[128] Obgleich er besonders ökonomische, auch außenpolitische Faktoren einbezog, überbewertet er in seiner knappen Einordnung der Weltpolitik im „Kaiserreich" einige Jahre später den innenpolitisch-manipulatorischen Aspekt, wenn es dort heißt: „Der wilhelminischen Weltpolitik kann man offenbar nur unter dieser Perspektive des Sozialimperialismus ihren eigentlichen Sinn abgewinnen." Dieser Weltpolitik liege, ist auch in dem kürzlich erschienenen dritten Band der „Gesellschaftsgeschichte" zu lesen, „vorwiegend eine kühl kalkulierte Instrumentalisierung der Expansionspolitik zu innenpolitischen Zwecken zugrunde".[129] Diesen Gesichtspunkt hat kürzlich Wolfgang J. Mommsen für die Bülowpolitik unterstrichen.[130]

Festzuhalten ist zunächst, daß die bereits im April 1897 erfolgte Entscheidung, Bülow zum Staatssekretär zu machen, nicht von außen-, sondern von innenpolitischen Prämissen diktiert war. Sowohl in der Regierungstätigkeit als auch in der öffentlichen Diskussion standen die innenpolitischen Probleme weit mehr im Vordergrund als die auswärtigen.

Der neue Modernisierungsschub, der sich aus der zweiten Phase der industriellen Revolution ergab und zu einem tiefgreifenden wirtschaftlichen, sozialen und ideellen Wandel führte, war in diesen Jahren überall in den Gesellschaften und politischen Systemen der Großmächte mit Krisensymptomen und Labilitätserscheinungen verknüpft. Sie erreichten verschiedenartige Tiefe. In England traten sie aus Anlaß der unerwarteten Schwierigkeiten im Burenkrieg hervor, in Frankreich im Zusammenhang mit der Dreyfusaffaire, und in

---

127 BA Potsdam, 90 Ho 5: NL Holstein, Film 62241, Bl. 191442: Bülow an Holstein 26.9.1897.
128 Wehler, Bismarck und der Imperialismus, S. 486ff., vgl. auch: Stegmann, Erben, S. 110; Berghahn, Tirpitz-Plan, S. 13ff.; Mommsen, Triebkräfte, S. 185.
129 Wehler, Kaiserreich, S. 178; Wehler, Gesellschaftsgeschichte Bd. 3, S. 1139. Der aus dem „Kaiserreich" zitierte Satz ist auch, nur unwesentlich verändert die „Gesellschaftsgeschichte" aufgenommen worden.
130 Mommsen, Großmachtstellung und Weltpolitik, S. 139f.

Österreich-Ungarn verflochten sie sich mit den nationalen Widersprüchen zu einer permanenten Staatskrise. In Rußland potenzierten sich die Widersprüche und Gegenkräfte und zeigte sich das Verteidigungspotential des Herrschaftssystems als derart reaktionär und unflexibel, daß die Konflikte bis zur Revolution gediehen.[131]

Angesichts der weitverbreiteten Unsicherheit im bürgerlichen Lager bestachen Stärke und wachsender Einfluß der Sozialdemokratie um so mehr. Befürchtungen wuchsen, sie werde durch Wahlerfolge und parlamentarischen Einfluß Macht gewinnen und ausdehnen.[132] Aus dieser Lage entstand in ihr der unrealistische Optimismus, der große „Kladderadatsch" stehe nahe bevor. Wenn sich in der zweiten Hälfte der neunziger Jahre, hauptsächlich initiiert von Spitzenkräften des schwerindustriellen Großbürgertums und von Regierungsmitgliedern wie Miquel, der Sammlungstrend verstärkte, bestand ein entscheidender Ansatzpunkt in dem Bestreben, die Sozialdemokratie zurückzudrängen. Mit Blick auf die agrarisch-industriellen Zollstreitigkeiten hatte der CDI-Funktionär und nationalliberale Reichstagsabgeordnete Theodor Möller schon 1894 gewarnt, der „Krieg der Stände" sei „nur nützlich für die soziale Revolution"[133]. Weitere Impulse für Schritte gegen die Sozialdemokratie erwuchsen aus der wirtschaftlichen Entwicklung. Die neue Konjunktur sollte nicht allein über Exportförderung und großangelegte Wirtschaftsexpansion besonders nach Übersee stabilisiert werden, sondern die Schwerindustrie verlangte auch nach Zöllen gegen ausländischen Import, um den inneren Markt total zu beherrschen. Aus diesem Blickwinkel sah sie zugleich die Möglichkeit eines Zolltarifkompromisses mit den Agrariern. Ihr schien überdies größere gesellschaftliche Stabilität geboten, weil sie zur Sicherung der Wettbewerbsfähigkeit der deutschen Industrie einen Stopp der sozialreformerischen Initiativen für geboten hielt.

Schon diese Konstellation verdeutlicht, daß vom Bürgertum der Hauptgegner in der Sozialdemokratie, nicht im konservativen Adel gesehen wurde. Doch der Widerstand gegen mehr Bürgerlichkeit, der inneren Bedingung für mehr gesellschaftliche und politische Stabilität, rührte hauptsächlich vom Adel her. Er war es, der den „vorbürgerlichen Überhang" (Wehler) in Politik und Gesellschaft trug, der primär aus seiner Sonderstellung und seinen Privilegien, aus dem besonders starken Gewicht der Staatsmacht und ihrem obrigkeitlichen Charakter und aus der mangelhaften Ausprägung des Parlamentarismus resultierte[134] Die Agrarzollfrage, die staatlichen Repressionsbestrebungen und die kaiserlichen Selbstherrschaftsansprüche spielten eine herausragende Rolle in der politischen Debatte, was zeigt, welche destabilisierende Funktion solche Faktoren für das Herrschaftssystem besaßen. Andererseits gab es in der Sozialdemokratie zwar weitgehende Ansätze für innere Reformen, doch sie entwertete sie faktisch mit ihrem Verlangen, dieses Gesellschaftssystem stürzen zu wollen. So befand sich der Liberalismus zwischen zwei äußerst starken Extremen und kam deshalb mit parlamentarischen Vorstößen nicht zum Zuge. Aber Parlamentarismus und Sozialreform waren nicht einmal im Liberalismus unumstritten. Selbst im liberalen Bildungsbürgertum waren grundlegende Zweifel an der Substanz des bestehenden politischen Systems eher in der Minderheit – auch deshalb, weil die parlamentarischen Staaten des Westens ebenfalls schwer an den Übergangsproblemen trugen und keineswegs beispielhafte Stabilität verkörperten.

---

131 Mommsen, Zeitalter, S. 101ff.
132 Canis, Unterschiedliche Richtungen, S. 90.
133 Sten. Berichte 19. Deutscher Handelstag, S. 15.
134 Kocka, Das europäische Muster, S. 36; Wehler, Wie bürgerlich, S. 258ff.

Zwischen den beiden Extremen befand sich in bestimmtem Maße aber auch die Regierung. Auch ihr Spielraum blieb dadurch begrenzt. Sie rang sich allein im sozialpolitischen Bereich und für mittelständische Belange zu Reformansätzen durch, die in der Sozialpolitik, auch wegen der Vorbehalte der Industrie, eher kümmerlich ausfielen.

Als wichtigster strategischer Ansatz, um die Labilitätserscheinungen zu bewältigen, galt ihr die Linie der Sammlung. Anfang 1896 gab die einflußreiche schwerindustrielle „Deutsche Volkswirtschaftliche Correspondenz" die Richtung vor: ein „Kartell der gesamten bürgerlichen Gesellschaft" müsse zustande kommen und sich folgende Aufgaben stellen: „zunächst eine planvolle nationale Wirtschaftspolitik mit großen Zielen; das nach innen und außen, was der Kaiser in seiner Rede vom 18. Januar Weltpolitik genannt hat. [...] Eine andere, nicht minder wichtige und dringliche Aufgabe wäre die zielbewußte Bekämpfung der Sozialdemokratie."[135] Ende des Jahres sprach sich auf dem Parteitag der Konservativen eine Mehrheit der Delegierten für den Sammlungskurs aus. Im März 1897 war es schließlich der Altkanzler Bismarck, der vermächtnisgleich zum Zusammenschluß der „produzierenden Stände" in Industrie und Landwirtschaft gegen die Gefahr „latenter Parlamentsherrschaft" und zur „Bekämpfung und Unschädlichmachung der Sozialdemokratie" aufrief.

Dagegen setzte eine einflußreiche Minderheit im Regierungslager unter Führung des Kaisers, darunter Waldersee und der Großindustrielle Stumm, auf Staatsstreich. Doch während Waldersee die gesellschaftliche Dimension der sich vollziehenden Veränderungen begriff[136], stand dem Kaiser wie immer seine persönliche Machtstellung im Vordergrund. Im Grunde schwebte ihm die Stellung eines spätabsolutistischen Monarchen vor – eine vollkommen unzeitgemäße Vorstellung. Sie verwirklichen zu wollen, konnte in der komplizierten, widerspruchsvollen Lage eher existentielle Gefahren für das Herrschaftssystem hervorrufen. Im Mai 1897 war es wiederum der sächsische Militärbevollmächtigte, der dem Kaiser als Medium diente, seine politische Gedankenwelt an den Mann zu bringen. Jener gab den Monolog Wilhelms II. seiner Regierung wieder: „Der Kanzler habe zu gehorchen, und das könne er nicht. [...] Die unter des Kanzlers Leitung stattfindenden Sitzungen des Staatsministeriums seien der reine Skandal. Da werde debattiert und abgestimmt. Der Kanzler komme ihm hernach mit Majoritätsabschlüssen des Staatsministeriums. [...] Da sei er dazwischengefahren. Er habe den Leuten gesagt, daß sie zu gehorchen hätten und sonst nichts."[137] Doch für den Behauptungswillen der Regierung machte der Kaiser nicht Hohenlohe verantwortlich, sondern Marschall. Deshalb „müsse Marschall weg"[138].

Der Staatssekretär war seit Caprivis Entlassung in der Regierungsspitze der Wortführer derer, die gegen reaktionäre Gesetzentwürfe und Kurskorrekturen immer wieder Vorbehalte geltend gemacht hatten. Durch seine Handelsvertragspolitik hatte er sich den anhaltenden Unwillen der Agrarier zugezogen. Als er Ende 1896 mit seiner spektakulären „Flucht in die Öffentlichkeit" gerichtlich gegen Agenten der Berliner Politischen Polizei vorging, die als Werkzeug der reaktionären Cliquen in der Umgebung des Kaisers Kritiker, auch den Staatssekretär und weitere Mitarbeiter des Auswärtigen Amtes, überwacht und verleumdet hatte, war sein Schicksal besiegelt. „Der Prozeß hat dem Faß den Boden ausgeschlagen.

---

135 Stegmann, Erben, S. 63ff.; auch für das folgende.
136 GStA Berlin, Rep. 92 NL Waldersee, A I Nr. 22, Bl. 50f.: Tagebuch 30.12.1896.
137 SHA Dresden, Kriegsministerium, Sonderrep. Militärbevollmächtigter, Nr. 4514, Bl. 75: Bericht aus Berlin 5.5.1897.
138 Ebenda, Bl. 76: Bericht aus Berlin 5.5.1897.

Darum rüste Dich", erfuhr Bülow von Eulenburg[139], der, wie Waldersee auch[140], selbst eine Bloßstellung in den Prozessen fürchtete. Doch in seltener Einmütigkeit stand die öffentliche Meinung auf Marschalls Seite, so daß es für den Kaiser und für Bülow keinen Zweifel gab, erst nach Ende der Prozesse die Entlassung Marschalls realisieren zu können.[141]

Der Monarch gab seine Staatsstreichhoffnungen nicht auf. Um die Jahreswende 1896/97 glaubte er in dem Streik Hamburger Hafenarbeiter einen Anlaß gefunden zu haben, mit einem präventiven und möglicherweise gewaltsamen Einschreiten gegen die Sozialdemokratie den Kurswechsel einleiten zu können. Waldersee lieferte ihm Denkschriften, die neben dem Gewaltstreich ein rigoroses Ausnahmegesetz, eine Änderung des Wahlrechts und äußerstenfalls eine Neugründung des Reiches unter reaktionärem Vorzeichen vorsahen.[142] Diese Vorschläge ähnelten fatal den Bismarckschen Staatsstreichambitionen von 1890. Dem Kaiser gefielen sie, und öffentlich machte er sich zum Wortführer eines Vorstoßes gegen den „Umsturz". Einen weiteren Impuls erhielten seine Staatsstreichgedanken, als im März 1897 nur nationalliberale, konservative und rechtsfreisinnige Abgeordnete die Flottenvorlage im Reichstag guthießen, die Mehrheit hingegen – Zentrum, Sozialdemokraten und vor allem Linksfreisinnige– erhebliche Streichungen an den Marineforderungen durchsetzte.

So war die Lage im Frühjahr 1897 ziemlich verworren. Es gab Krisensymptome im einzelnen, doch eine umfassende Staatskrise gab es nicht. Die gesellschaftlichen Spannungsmomente erhielten ihren besonderen Zündstoff in erster Linie aus den völlig unzeitgemäßen Rezepten und Mitteln, mit denen der Kaiser und seine Umgebung gegensteuern wollten. Die Warnung des nationalliberalen „Leipziger Tageblatts" traf die vorherrschende Stimmung: „Wichtigeres als die Marineforderungen [...] steht auf dem Spiele: es gilt einen stillen, aber sich mehr und mehr vertiefenden Gegensatz zwischen dem Träger der deutschen Kaiserkrone und einem namhaften Teile des deutschen Volkes zu beseitigen."[143] Das Volk sei national und monarchistisch gesonnen, verstehe aber den Kaiser nicht. Deshalb steige die weitverbreitete Unzufriedenheit, schrieb der AA-Mitarbeiter Keudell.[144] Die wirkliche Lage sei gut, meldete auch Monts aus Süddeutschland, doch die Opposition gegen den Monarchen wachse, weil die Nation nicht am absolutistischen Gängelband zu führen sei.[145] Die kaiserlichen Vorhaben werden in einem elementaren politischen Erdrutsch nach links enden, warnte Holstein.[146] Sondierungen bei konservativen Parteiführern und Bundesfürsten ergaben, daß auch sie einen Staatsstreichkurs ablehnten.[147] Selbst in der Frage der Militärstrafprozeßordnung schien eine liberalismusfeindliche Lösung, wie sie dem Kaiser noch immer vorschwebte,

---

139 Eulenburg, Korrespondenz, Bd. 3, S. 1767; vgl. auch Röhl, Deutschland, S. 186ff.
140 GStA Berlin, Rep. 92 NL Waldersee, A I Nr. 23, Bl. 7f., 32: Tagebuch 17.1.1897, 29.5.1897.
141 Eulenburg, Korrespondenz, Bd. 3, S. 1770ff.
142 GStA Berlin, Rep. 92 NL Waldersee, B I Nr. 22, Bl. 13ff.: Waldersee an H.v. Goßler 20.2.1897; Waldersee, Denkwürdigkeiten, Bd. 2, S. 377, 386ff.
143 Leipziger Tageblatt, Nr. 110, 2.3.1897.
144 BA Koblenz, NL Bülow, Nr. 112, Bl. 6f: Aufz. Keudells 14.4.1897.
145 Ebenda, Nr. 106, Bl. 199, 207ff.: Monts an Bülow 23.3.1897, 4.6.1897.
146 GStA Berlin, Rep. 92 NL Cleinow, Nr. 110, vol. 2, Bl. 16: Holstein an Kiderlen 19.5.1897; Eulenburg, Korrespondenz, Bd. 3, S. 1815.
147 BA Koblenz, NL Bülow, Nr. 90, Bl. 258ff.: Holstein an Bülow 24.3.1897; Röhl, Deutschland, S. 201ff.

weiterhin ausgeschlossen.[148] Zumindest im Ansatz schien sich die gesellschaftliche Basis der Opposition zu verbreitern. In der linksliberalen Presse artikulierte sich Anfang 1897 eine Strömung für die Kooperation mit den Nationalliberalen mit dem Ziel „der Beseitigung der Vorherrschaft der Junker"[149], eine vielversprechende Idee, die indes Episode blieb.

In dieser nicht ungefährlichen Situation, in der sich die Oppositionsfront gegen den Kaiser immerhin gegen das Herrschaftssystem ausdehnen und von der Sozialdemokratie bis in die staatstragenden Parteien entfalten konnte, entschlossen sich Eulenburg und Bülow zum Handeln und Marschalls Entlassung einzuleiten.

Hinter der personellen Veränderung verbarg sich weit mehr als nur der Wechsel in der Leitung des Auswärtigen Amtes. Marschall war für den Kaiser hauptsächlich deshalb nicht mehr zu halten, weil er die parlamentarische Komponente in der Konstellation der Reichsinstanzen zu schwächen nicht bereit war. Ihn zu opfern, sollte den Kaiser dazu bringen, auf Staatsstreichambitionen zu verzichten und mit Bülow auf einen gemäßigt konservativen Kurs zu setzen, der ohne spektakuläre Vorstöße auskam. Die Basis dafür schien mit dem Sammlungskurs gewonnen werden zu können, dessen Umrisse sich bereits zeigten und dessen Inspirator Miquel war. Dank der engen persönlichen Bindung Bülows an den Kaiser hielten jener und Eulenburg es für möglich, den Kaiser politisch aus der vorderen Schußlinie zurückzunehmen, ihn einzubinden und seine exaltierten, stabilitätsgefährdenden politischen Eingriffe wenigstens zu reduzieren. Diese, die ja nicht zuletzt die Außenpolitik tangierten, hatten neben den Staatsstreichgelüsten, die nicht allein bei Marschall, sondern auch bei Holstein und anderen Beamten des Auswärtigen Amtes auf Widerspruch stießen, dafür gesorgt, daß die Gegensätze zwischen Amt und Kaiser, wie Eulenburg vermerkte, „an der Grenze des möglichen angelangt sind". „Das Auswärtige Amt hält jetzt ganz unverhüllt S.M. für toll."[150] Offenbar zeigte sich jetzt vor allem Holstein entschlossen, den kaiserlichen Bewegungsspielraum einigermaßen zu begrenzen, um die persönliche Eingriffe in die Außenpolitik zu reduzieren. Ob, wie Bülow vermutete, im Winter im Auswärtigen Amt sogar die Entmündigung Wilhelms diskutiert wurde, steht dahin.[151] Um die Funktionsfähigkeit der Regierungspolitik, nicht zuletzt im auswärtigen Bereich, zu wahren, das Auswärtige Amt an Übergriffen in andere Bereiche ebenso zu hindern wie ein Hineinregieren anderer in die Außenpolitik, sollte Abhilfe geschaffen werden. Sie galt als schwer erreichbar, u.a. weil der schwache Reichskanzler Hohenlohe es an Leitungs- und Koordinationsfähigkeit fehlen ließ, doch als formeller Garant des staatspolitischen Status quo im Amte bleiben sollte. Zumindest für die Außenpolitik sollte Bülow faktisch diese Funktion wahrnehmen. Unter ihm, so rechneten die beiden Initiatoren des Wechsels, werde auch der im Auswärtigen Amt tonangebende Holstein, der wegen seiner außenpolitischen Sachkenntnis unersetzlich war, von den inneren Kontroversen abzuziehen und in seiner Aktivität auf die Außenpolitik zu beschränken sein.

Ende März, Anfang April 1897 entschloß sich Wilhelm, den Wechsel im Sommer vorzunehmen. Als erster erfuhr davon der österreichische Botschafter.[152]

---

148 GStA Berlin, Rep. 92 NL Cleinow, Nr. 110, vol. 2, Bl. 28, 38: Holstein an Kiderlen 13.5.1897, 18.5.1897.
149 Berliner Tageblatt, Nr. 40, 23.1.1897; Nr. 45, 26.1.1897; Nr. 55, 31.1.1897.
150 Eulenburg, Korrespondenz, Bd. 3, S. 1797.
151 Ebenda, S. 1851, 1857ff.
152 HHStA Wien, MdÄ, PA III, Nr. 148, Bl. 45: Bericht aus Berlin 10.4.1897; Eulenburg, Korrespondenz, Bd. 3, S. 1810.

Die Entscheidung für den personellen Wechsel ergab sich also aus der Innenpolitik. Letztere blieb zunächst tonangebend – auch deshalb, weil sich die Entscheidung erst in der Zukunft auswirken konnte. Einzig durch den Wechsel konnte der Kaiser zunächst veranlaßt werden, eine Staatsstreichpolitik wegen ihrer wahrscheinlich systemgefährdenden Resultate hintanzustellen. Dies hieß für ihn nicht, von reaktionären Vorstößen abzulassen. Nur wenige Tage nach der Personalentscheidung kündigte sich eine neue Kontroverse an. Die Regierung bereitete ein Gesetz vor, das die zugesagte Aufhebung des Koalitionsverbots mit einer Präzisierung des Vereinsrechts verbinden sollte. Sondierungen bei den Parteien ergaben jedoch, daß die beabsichtigte Beschränkung des Vereins- und Versammlungsrechts nur von den konservativen Parteien akzeptiert, von den Linksliberalen und dem Zentrum strikt abgelehnt und der Sicherheitsparagraph selbst von den Nationalliberalen zurückgewiesen werden würde. Miquel schlug daraufhin vor, auf die Vorlage zu verzichten, um nicht neue Gegensätze zwischen den Parteien hervorbrechen zu lassen, die die Sammlungsbestrebungen tragen sollten.[153] Doch der Kaiser widersprach. Wenige Monate zuvor hatten Kaiser und Minister übereinstimmend den Ersatz des allgemeinen Wahlrechts durch ein Klassen-Wahlrecht für die beste Lösung im Kampf gegen die Sozialdemokratie gehalten. „Unser monarchischer Staat könne sich auf die Dauer mit dem allgemeinen Wahlrecht nicht vertragen", hatte Miquel im Staatsministerium erklärt. Es gelte jenes zu korrigieren, damit die Sozialdemokraten die Hoffnung verlören, jemals die Majorität im Reichstag zu gewinnen.[154] Doch die starken Worte konnten nicht verdecken, daß es derzeit keine Chancen gab, das Wahlrecht zu verändern. Nun auch noch auf die Beschränkung des Vereinsrechts als Mittel im Kampf gegen die Arbeiterbewegung zu verzichten, weigerte sich jedoch der Kaiser. Auf seine Veranlassung legte das Ministerium dem preußischen Abgeordnetenhaus schließlich einen Gesetzentwurf mit verschärften Bestimmungen vor.[155]

Gegen die Vorlage formierte sich heftiger Widerspruch innerhalb und außerhalb des Parlaments. Er reichte von der Sozialdemokratie über das Zentrum und die Linksliberalen bis in nationalliberale Kreise. Neuerlich wurde „im Volke ein Zug nach links" konstatiert.[156] Der neue Widerspruch zwischen Kaiser und Parlament, schrieb die nationalliberale „Münchner Allgemeine", kennzeichne „das Unsichere und Unerquickliche der gegenwärtigen Situation, den tiefen Ernst der politischen Lage im Innern"[157]. Im Reichstag konzentrierten sich die Angriffe sozialdemokratischer und linksliberaler Abgeordneter wiederum auf die kaiserlichen Absichten des „Persönlichen Regiments".

Der neuerliche Autoritätsverlust der Regierungspolitik, besonders aber die neuen Gräben zwischen Konservativen und Nationalliberalen, die den wirtschaftlichen Annäherungsprozeß zwischen Industriebürgertum und Junkeradel zu unterlaufen drohten, ließen den CDI sowie Miquel und Posadowsky in der Regierung ihr Bestreben forcieren, dem Sammlungstrend politisch zum Durchbruch zu verhelfen. Es war der Kaiser selbst, der am 18. Juni in einer Rede in Bielefeld das Ziel verkündete: „Schutz der nationalen Arbeit aller produktiven Stände, Kräftigung eines gesunden Mittelstandes, rücksichtslose Niederwerfung jedes Um-

---

153 GStA Berlin, Rep. 90a, Abt. B, Tit. III 2b, Nr. 6, Bd. 129, Bl. 87ff., 103ff., 121ff.: Staatsministerialsitzungsprotokolle 2.4.1897, 9.4.1897, 14.4.1897.
154 Ebenda, Bd. 128, Bl. 47ff.: Staatsministerialsitzungsprotokoll 26.1.1897.
155 Ebenda, Bd. 129, Bl. 157ff., 192ff.: Staatsministerialsitzungsprotokolle 6.5.1897, 12.5.1897.
156 Berliner Tageblatt, Nr. 294, 13.6.1897, Nr. 301, 17.6.1897.
157 Germania, Nr. 101, 5.5.1897 (Zeitungsübersicht).

sturzes und die schwerste Strafe dem, der sich untersteht, einen Nebenmenschen, der arbeiten will, an freiwilliger Arbeit hindern."[158] Miquel folgte im Juli mit zwei programmatischen Reden nach. Er verlangte eine auf den gemeinsamen Interessen von Großindustrie und Großgrundbesitz aufbauende Wirtschafts- und Handelspolitik. Der Streit zwischen ihnen nütze allein der Sozialdemokratie. Er kündigte „eine Politik der Ausgleichung der Interessen, die sich von keinem Extrem abhängig machen wolle", an.[159] Um Konservative, Nationalliberale und Zentrum „auf wirtschaftlichem Gebiet zusammenzuführen", empfahl Miquel, eine ständige Zolltarifkommission aus Vertretern der Regierung, der Industrie, der Landwirtschaft und des Handels zu bilden.[160] Wirtschaftspolitisch sollte sich das Bündnis auf einer begrenzt schutzzöllnerischen Mittelposition zwischen Freihandel und agrarischem Hochschutzzoll bewegen, politisch auf einer konservativ-rechtsliberalen Stellung zwischen Parlamentarisierung und Staatsstreichplänen. Es war wirtschaftspolitisch wie innenpolitisch eine sachte Wendung nach rechts: Die Begünstigung der Agrarier und der Kampf gegen die Sozialdemokratie bildeten die Schwerpunkte. Auf umfassende Verbotsgesetze sollte zwar verzichtet werden, doch nach dem Scheitern des Vereinsgesetzentwurfs waren nun gesetzliche Regelungen gegen das Streikrecht zu erwarten.[161]

Die konservative Wende fand ihren Ausdruck auch in den personellen Veränderungen an der Regierungsspitze – nicht allein in der Amtsübernahme Bülows. Die Inauguratoren der Sammlungspolitik übernahmen die innenpolitisch wichtigsten Ressorts: Miquel wurde Vizepräsident des Preußischen Staatsministeriums sowie Arthur Graf Posadowsky-Wehner Stellvertreter des Reichskanzlers und Chef des Reichsamtes des Innern. Marschall und Boetticher, Repräsentanten der Caprivischen Handelspolitik und Gegner von Verbotsgesetzen, traten ab.

Doch wie sollte eine primär auf das wirtschaftliche Interesse von Gruppen – Schwerindustrie, Junker, Bauern – orientierte, eine Öffnung zum Parlamentarismus verstellende, die Sozialreform in den Hintergrund drängende und auf Konfrontation mit der Sozialdemokratie ausgerichtete Kurskorrektur die inneren Schwierigkeiten erfolgreich bekämpfen, das Herrschaftssystem stabilisieren und ihm gar eine Massenbasis sichern? Nicht einmal der Großgrundbesitz, nur das schwerindustrielle Wirtschaftsbürgertum begrüßte die Sammlungspolitik. Positive Signale kamen vom Bund der Landwirte, einzelne auch vom agrarischen Zentrumsflügel. Die Mehrheit blieb kritisch. Von der Sozialdemokratie konnte Zustimmung nicht erwartet werden. Die Unternehmer der exportorientierten Fertigwarenindustrie und des Handels blieben reserviert. Kritisch reagierte die nationalliberale, ablehnend die linksliberale Presse und das Bildungsbürgertum. Miquels Reden werden zur Aussöhnung der Gegensätze kaum beitragen, hieß es in der „National-Zeitung", die von der Regierung verlangte, fest zu bleiben gegen „Ansprüche einer Partei, die darauf zielt, dem Verkehr Fesseln anzulegen, ihn in mittelalterliche Formen zurückzuzwängen und die wichtigsten Produktionsmittel zu verteuern"[162]. Miquels Sammlungssignal habe „nirgends das entsprechende Echo zu wecken

---

158 Miquels Reden, Bd. IV, S. 279.
159 Ebenda, S. 281ff.
160 GStA Berlin, Rep. 90a, Abt. B, Tit. III 2b, Nr. 6, Bd. 130, Bl. 78ff., 162ff.: Staatsministerialsitzungsprotokolle 10.7.1897, 29.7.1897.
161 Eley, Sammlungspolitik, S. 100ff.; Stegmann, Erben, S. 13ff.
162 National-Zeitung, Nr. 430, 17.7.1897; Nr. 459, 3.8.1897.

vermocht", schrieb das „Berliner Tageblatt" und erneuerte seine Hoffnung auf die Einheit des Liberalismus im Ringen mit der Reaktion.[163]

Die Berliner Führung machte sich im Sommer 1897 keine Illusionen, wie schwierig es werden würde, die innenpolitischen Probleme zu lösen. Zu drei inneren Komplexen hatte sie Stellung zu beziehen. Sie mußte Voraussetzungen schaffen, um die Annahme der geplanten Flottenvorlage im Reichstag zu sichern, sie stand vor der Entscheidung zur Reform der Militärstrafprozeßordnung, und sie hatte sich über das weitere Vorgehen gegen die Arbeiterbewegung zu verständigen. Die Minister waren sich rasch einig, die Flotte nur bei Konzessionen in den beiden anderen Fragen auf den Weg bringen zu können.[164]

Die Regierung beschloß, den nächsten Vorstoß gegen die Sozialdemokratie bis nach den Reichstagswahlen im Jahre 1898 zurückzustellen und dann als Arbeitsschutzgesetz gegen das Streikrecht einzubringen. Es gelang, den Kaiser, für den der Flottenbau im Mittelpunkt stand, für die Vertagung zu gewinnen.[165] Nach aller Erfahrung würde es freilich auch später schwierig sein, das Gesetz durchzusetzen, wenn sich die Konstellation der Parteien im Reichstag nicht änderte. Die Reform in der Militärstrafprozeßordnung erhitzte die Gemüter schon seit Jahren, deshalb ließ sich hier eine Verschiebung schwer bewerkstelligen. Zwei Ansatzpunkte ergaben sich. Erstens konnte auf die Notwendigkeit neuer Verhandlungen mit Bayern über den obersten Militärgerichtshof, gegen den München unter Hinweis auf seine Reservatrechte Einspruch erhob, verwiesen werden. Zweitens sollte dem Paragraphen, in dem die Öffentlichkeit der Gerichtsverhandlung zugestanden wurde, ein Absatz folgen, daß entsprechend seiner Kommandogewalt die Disziplinarbefugnis des Monarchen davon unberührt bleibe. Der Kaiser würde folglich das Recht besitzen, in besonderen Fällen die Öffentlichkeit auszuschließen.[166] Doch ob sich im Reichstag für solche Vorbehalte jemals eine Mehrheit finden ließ, blieb angesichts des fortwährenden Widerstands, der von den Sozialdemokraten bis zu den Nationalliberalen reichte, äußerst zweifelhaft.

Ebenfalls wenig Aussicht bestand, im Reichstag die Mittel für den Bau einer Schlachtflotte bewilligt zu bekommen, nachdem er vergangenes Frühjahr schon die Gelder für den Kreuzerbau zusammengestrichen hatte. Tirpitz inszenierte eine großangelegte Propagandakampagne, um in den Parteien die Stimmung für die Flotte günstiger zu gestalten. Den für die politische Atmosphäre in Süddeutschland wichtigen Großherzog von Baden konnte er ebenso für den Flottenplan einnehmen wie den Altkanzler Bismarck, dessen Votum für die Position der noch zögernden Konservativen bedeutsam war.[167] Doch als entscheidend sah es die Regierung an, das Zentrum zu gewinnen.[168] Wenn Eulenburg in diesem Zusammenhang empfahl, Tirpitz mit Miquel „zusammenzuspannen", sollten dessen Initiativen zum wirtschaftlichen Sammlungsprozeß für die Flottenfrage nutzbar gemacht werden.[169] Miquel hatte als wirtschafts- und zollpolitisches Beratungsgremium die Bildung eines „Wirtschaftlichen

---

163 Berliner Tageblatt, Nr. 329, 2.7.1897; Nr. 385, 3.8.1897.
164 Eulenburg, Korrespondenz, Bd. 3, S. 1856ff.
165 Ebenda, S. 1862.
166 Ebenda, S. 1847f., 1862, 1870ff.; Röhl, Deutschland, S. 222f.
167 Eulenburg, Korrespondenz, Bd. 3, S. 1854ff.; Bülow, Denkwürdigkeiten, 1. Bd., S. 138ff.; BA Koblenz, NL Bülow, Nr. 126, Bl. 3: Tirpitz an Bülow 26.8.1897.
168 GStA Berlin, Rep. 90a, Abt. B, Tit. III 2b, Nr. 6, Bd. 131, Bl. 43ff.: Staatsministerialsitzungsprotokoll 6.10.1897.
169 Eulenburg, Korrespondenz, Bd. 3, S. 1862.

Ausschusses" erreicht, der vom CDI, vom Deutschen Landwirtschaftsrat und vom Handelsvertrag beschickt wurde.[170] Doch die gravierenden Meinungsunterschiede in der Zollfrage zwischen Landwirtschaft einerseits sowie Industrie und Handel andererseits blieben bestehen und lähmten oft genug die Funktionsfähigkeit des Ausschusses. Zweige der exportorientierten Fertigwarenindustrie verstanden sich sogar zu einer Gegengründung. Wenn besonders Miquel, Posadowsky und der preußische Innenminister v. d. Recke in den wirtschaftlichen Annäherungsprozeß auch politische Hoffnungen setzten und glaubten, dafür alle bürgerlichen Parteien mit Ausnahme des Freisinns und vor allem das Zentrum gewinnen zu können[171], waren für sie angesichts der starken Gegenströmungen alternative Überlegungen zwingend geboten. Das galt um so mehr, weil auch die anderen politischen Hauptvorhaben im Innern stockten.

Es bestand also ein gesellschaftlicher und innenpolitischer Spannungszustand, in dem die Regierung strategisch auf den Status quo setzte und mit ihrer taktisch bestimmten praktischen Politik der Kompromisse und Halbheiten keine größere Stabilität herbeiführen konnte. Die Sammlungspolitik ließ keinen sozial breiteren Zuspruch und Massenanhang erwarten.

Aber schon die „Deutsche Volkswirtschaftliche Correspondenz" hatte in ihrem Sammlungsaufruf auch die Weltpolitik als Integrationsfaktor genannt. Außenpolitik zu innenpolitischen Zwecken zu instrumentalisieren, knüpfte an Bismarckschen Traditionen und am Zeitgeist, besonders an der Vorstellung vom Primat der Außenpolitik, an und war von der Regierung in den letzten Jahren in begrenztem Rahmen praktiziert worden. Die Außenpolitik, im großen Stil eine Weltpolitik, bot sich als Ersatzoperationsfeld gleichsam wie von selbst an. Dort gab es Bewegungsspielraum, und dort konnte besonders bei überseeischen Vorstößen mit breiter Zustimmung aus allen Schichten der Bevölkerung gerechnet werden, ganz anders als bei den innenpolitischen Streitfragen.

Die Komplexität und Vielfalt dieser Komponente und ihre Verknüpfung mit den anderen weltpolitischen Triebkräften spiegeln sich in Bülows Vorstellung wider. Nur erfolgreiche Außenpolitik vermöge zu „versöhnen, beruhigen, sammeln, einigen", schrieb er nach dem gelungenen Coup in China am Jahresende 1897.[172] Die Sozialdemokratie meinte er 1902 schwächen zu können, „wenn es gelingt, den nationalen Eifer gerade der Bevölkerungsklassen zu steigern, welche mit den unteren Schichten in direkter Tuchfühlung stehen"[173]. Mehrere Jahre später hieß es: „Gerade der deutsche Industriearbeiter hat das größte Interesse an unserer Weltpolitik, denn unser Wohlstand beruht auf dem Emporblühen unserer Industrie, der wir den Bezug der Rohstoffe sicherstellen und deren Produktion wir den Weltmarkt offenhalten müssen."[174]

Als das Auswärtige Amt im Frühjahr 1897 seinen kolonialkompensatorischen Vorstoß an die Adresse Londons einleitete, erwartete es eine positive innenpolitische Rückwirkung. Für Holstein stand in der Begründung des Vorhabens die innere Zielrichtung sogar obenan. „Die Regierung Kaiser Wilhelms II. braucht einen greifbaren Erfolg nach außen, der dann wieder nach innen zurückwirken würde. Dieser Erfolg ist nur zu denken entweder als Ergebnis eines

---

171 GStA Berlin, Rep. 90a, Abt. B, Tit. III 2b, Nr. 6, Bd. 131, Bl. 258ff., Bd. 132, Bl. 158ff.: Staatsministerialsitzungsprotokolle 22.11.1897, 30.12.1897; Wehler, Bismarck und der Imperialismus, S. 498.
172 Eulenburg, Korrespondenz, Bd. 3, S. 1877f.
173 PA Bonn, Europa Gen. Nr. 82 Nr. 1, Bd. 18, Bülow an Ressortminister 13.1.1902.
174 BA Koblenz, NL Bülow, Nr. 151/E, Bl. 155: Aufz., wahrscheinlich 1913.

europäischen Krieges, eines weltgeschichtlichen Hazardspieles oder aber einer außereuropäischen Erwerbung."[175] Auch für Hatzfeldt war ein positives Resultat dringlich, damit der Kaiser, wie er diesem erklärte, über einen äußeren Erfolg seine Stellung im Innern stärken konnte.[176]

Neben dieser in der Regierungspolitik ihre Basis findende, auf den politischen Status quo und seine Stabilität orientierten Ablenkungsvorstellung gab es zwei Strömungen, die mit Hilfe äußerer Vorgänge zu inneren Veränderungen kommen wollten, in liberaler Richtung die eine, in reaktionärer die andere. Die Nationalsozialen Friedrich Naumanns, aber auch liberale Imperialisten wie Max Weber glaubten, Sozialreform und Parlamentarisierung einerseits und Weltpolitik andererseits gleichsam im Wechselspiel miteinander, über gegenseitige Impulse realisieren zu können. Waldersee dagegen setzte darauf, „den auswärtigen Horizont zu verfinstern", also den Druck von außen, die Kriegsgefahr, so wachsen zu lassen, daß sich die Bevölkerung reaktionäre Vorstöße gefallen lasse, wenn sie mit der notwendigen Stärkung der Verteidigungsfähigkeit motiviert werden.[177]

Mit welchen außenpolitischen Vorstellungen nun ist Bülow in das Amt eingetreten, das er am 28. Juni vertretungsweise und am 20. Oktober formell übernahm? Peter Winzen meint, dieser habe über ein „festes außenpolitisches Programm" verfügt, doch „nur vage Vorstellungen über die von der deutschen Außenpolitik zu verfolgenden Fernziele" besessen. „Der im Sommer 1897 gefaßte Entschluß des designierten Staatssekretärs Bülow, die Weltpolitik auf seine Fahnen zu schreiben, entsprang zunächst einmal dem Bedürfnis, dem Flottenbau eine politische Legitimation zu geben." Nach seiner Verständigung mit Tirpitz und dem Kaiser über die Grundsätze des Flottenbaus Mitte August „begann" Bülow, „seine künftige Weltmachtpolitik zu konzipieren. [...] Die Beseitigung der englischen Seeherrschaft, die jeder größeren deutschen Expansion von vornherein einen Riegel vorschob, war denn auch das eigentliche Ziel der Weltpolitik, die Bülow seit der formellen Übernahme des Staatssekretariats [...] konsequent verfolgte."[178]

Doch von einem regelrechten Weltmachtkonzept und von seiner Ausarbeitung gar schon in diesen ersten Wochen im Amt zu sprechen, scheint bedenklich. Sie beziehen sich auch auf die von Winzen angeführten Quellen: Bülows „Denkwürdigkeiten" und Notizen für ihre Ausarbeitung, die nicht aus den endneunziger Jahren, sondern aus der Zeit nach seinem Sturz stammen. Über die entscheidenden Gespräche mit dem Kaiser und Tirpitz im August liegt überhaupt nur das nachträgliche Zeugnis der „Denkwürdigkeiten" vor. Es ist also besondere Vorsicht bei der Bewertung geboten. Doch ein Weltmachtkonzept findet sich auch dort nicht. Das, was im Mittelpunkt der Gespräche stand, war tatsächlich der Flottenbau: Man habe sich geeinigt, das Verhältnis zu England so lange nicht übermäßig zu belasten, solange die Flotte im Bau war. „Ich sollte Frieden mit England wahren, während Eduard VII. und die Tories regierten und unsere Flotte gebaut wurde", schrieb er später.[179] Läßt das auf ein Weltmachtkonzept in Winzens Sinne schließen, hat ein solches 1897 überhaupt zur Debatte gestanden? Aus jenem Sommer liegt von Tirpitz eine Begründung für die Flottenrüstung vor, die ganz

---

175 Zit. bei Winzen, Englandpolitik, S. 170.
176 BA Koblenz, NL Bülow, Nr. 90, Bl. 318: Holstein an Bülow 6.5.1897.
177 GStA Berlin, Rep. 92 NL Waldersee, B I Nr. 16, Bl. 155ff.: Waldersee an Engelbrecht 29.8.1897; Eulenburg, Korrespondenz, Bd. 3, S. 1818.
178 Winzen, Bülows Weltmachtkonzept, S. 61, 63, 72, 80.
179 BA Koblenz, NL Bülow, Nr. 150, Bl. 10: Merkheft III (1909).

auf das Ziel ausgerichtet scheint, die Flotte als Voraussetzung erfolgreicher Weltpolitik zu errichten. „Für Deutschland ist zur Zeit der gefährlichste Gegner zur See England. Es ist auch der Gegner, gegen den wir am dringendsten ein gewisses Maß an Flottenmacht haben müssen."[180]

Rückblickend notierte Bülow 1909: „Die Aufgabe, die mir im Sommer 1897 gestellt wurde, war: Entwicklung unseres Handels, Übergang zur Weltpolitik und insbesondere Schaffung einer deutschen Flotte ohne Zusammenstoß mit England, dem wir noch in keiner Weise gewachsen waren; auf der anderen Seite Erhaltung und Festigung unserer Stellung in Europa."[181] Dieser Vermerk deutet nicht auf ein Weltmachtkonzept, sondern vielmehr darauf, daß der seit langem geforderte und aus vielfältigen Gründen verlangte und für notwendig gehaltene Übergang zur Weltpolitik nun endlich eingeleitet werden sollte. „Wir können gar nichts anderes als Weltpolitik treiben", hieß es im März 1900 in einer Aufzeichnung für eine Rede in der Etatskommission des Reichstages.[182] Die Weltpolitik war das bestimmende und aktuelle Ziel; die Flotte sollte dafür wichtiges Druckmittel sein, denn die maritime Unterlegenheit war in den vergangenen Jahren immer wieder dafür verantwortlich gemacht worden, daß England die weltpolitischen Ambitionen Deutschlands nicht akzeptierte.

Für diesen Übergang hielt Bülow die außenpolitische Lage Deutschlands für nicht ungünstig. In seinen späteren Aufzeichnungen hat er diese Lage als schwieriger dargestellt – nicht so sehr komplizierter, als sie war, sondern komplizierter, als er sie selbst 1897 gesehen hat. 1914 nannte er drei gewichtige Haupthindernisse, die er bei seiner Amtsübernahme vorgefunden habe: die russisch-französische Allianz, die durch die Kündigung des Rückversicherungsvertrages herbeigeführt worden und inzwischen beiden Völkern „in Fleisch und Blut übergegangen" sei; der Riß im deutsch-englischen Verhältnis durch die Krügerdepesche, „der nicht mehr ganz zu heilen war"; die Gegnerschaft Japans durch den ostasiatischen Dreibund.[183] Im September 1897 setzte er die Akzente beträchtlich anders: „In der auswärtigen Politik müssen wir jetzt ruhig und vorsichtig operieren, den Dreibund zusammenhalten, ohne denselben in provozierender Weise zu akzentuieren, Rußland soignieren, ohne uns von ihm dupieren zu lassen, England nicht nachlaufen, aber den Faden dorthin nicht ganz abreißen lassen."[184] Das war kein neues außenpolitisches Konzept, sondern nichts anderes als die Freihandpolitik, wie sie seit Jahren vom Auswärtigen Amt in unterschiedlicher Akzentuierung praktiziert wurde. Auf dieser Basis sollten nun, wenn sich die Gelegenheit ergab, weltpolitische Vorstöße erfolgen. Die Flotte sollte gebaut werden, um solche Initiativen in Zukunft mit mehr Nachdruck vertreten zu können. Mehr als das stand 1897 nicht zur Debatte. Wie bisher setzte das Auswärtige Amt auf den russisch-englischen Antagonismus.

Die Entschlossenheit, Möglichkeiten und Gelegenheiten für weltpolitische Aktivitäten jetzt zu nutzen – das war das Neue. Daraus sollte die deutsche Weltmachtstellung erstehen, gleichberechtigt zunächst der englischen und russischen, doch dabei mußte es nicht bleiben angesichts des deutschen Aufstiegs und Potentials sowie des Anspruchs, der daraus erwuchs. Doch war das schon exakt zu prognostizieren, auch der genaue Weg dorthin?

---

180 Berghahn, Tirpitz-Plan, S. 188.
181 BA Koblenz, NL Bülow, Nr. 151/D, Merkbuch 1909, Bl. 168.
182 Ebenda, Nr. 24, Aufz. Bülows März 1900.
183 Ebenda, Nr. 151/F, Merkbuch 1914, Bl. 141.
184 Eulenburg, Korrespondenz, Bd. 3, S. 1866.

Winzen meint, für die „Beseitigung der englischen Seeherrschaft" sei Bülow „schon 1897 entschlossen" gewesen, „im geeigneten Augenblick das russische Bündnis zu suchen", das sich realisieren sollte, wenn es zwischen Rußland und England zum „Entscheidungskampf um die Weltherrschaft" kam.[185] Die Quellen indes belegen das nicht. Es war Bülow, der 1909 Delbrück warnte, als Historiker bei dem handelnden Politiker den konzeptionellen Faktor überzubewerten: „Es liegt nahe, daß der Historiker bei seinem Helden lang vorbereitete Pläne voraussetzt. In Wirklichkeit ist es die Eigentümlichkeit großer Taten von Menschen, mehr die Ereignisse zu benutzen als sie einzufädeln oder sich von langer Hand auf sie vorzubereiten."[186]

2. Der Start in die Weltpolitik. Die Okkupation von Kiautschou 1897/98

Die Orientierung auf einen Flottenstützpunkt in China als Ausgangspunkt einer umfassenden deutschen Wirtschaftsexpansion in das Land erhielt im Sommer 1897 – in den Wochen, als Bülow sein Amt übernahm – einen zusätzlichen Impuls, als gleichzeitig mit dem Inkrafttreten des erhöhten US-amerikanischen Zolltarifs Großbritannien den Handelsvertrag mit Deutschland zum nächsten Jahr kündigte. Englands Hauptziel war, den in den letzten Jahren sprunghaft gewachsenen Handel Deutschlands mit den britischen Kolonien zum Vorteil des Mutterlandes zu beschränken.[1] Der Stellenwert des chinesischen Marktes erhöhte sich folglich auch deshalb, weil der deutsche Export von solch riesigen Märkten wie dem US-amerikanischen und dem kanadischen verdrängt zu werden drohte.

Da der deutsche Hauptausfuhrartikel auf den nordamerikanischen[2] wie auf den englischen Markt der Rübenzucker war, erwuchs aus diesen handelspolitischen Vorgängen in Deutschland selbst ein zusätzlicher Antrieb für die landwirtschaftlich-schwerindustrielle Sammlung unter schutzzöllnerischem Vorzeichen; hier schon deshalb von Bedeutung, weil der CDI-Generalsekretär Bueck auch Geschäftsführer des deutschen Zuckerkartells war.[3]

Während die Vertragskündigung die Polemik in der deutschen und englischen Presse noch anheizte[4] und Wilhelm II. sich in seinen Flottenplänen bestärkt sah[5], zeigten sich die beiden Regierungen eher einem Kompromiß geneigt, galt es doch, den umfangreichen bilateralen Handel auch für die Zukunft zu garantieren. Obwohl Bülow zunächst im Handel mit den Kolonien entschlossen war, die Benachteiligung Deutschlands gegenüber dem Mutterland nicht hinzunehmen, gab er sich im Handel mit dem Mutterland selbst gegenüber dem Londoner Angebot kompromißbereit, schon „aus allgemeinen politischen Gründen"[6]. Er bemühte sich um die Zollfreiheit des deutschen Zuckerexports nach England, ansonsten war er

---

185 Winzen, Bülows Weltmachtkonzept, S. 80f.
186 BA Koblenz, NL Bülow, Nr. 70, Bl. 1ff.: Bülow an Delbrück 2.8.1909.
1 Hallgarten, Imperialismus, Bd. 1, S. 429ff.
2 Lekschas, Reibungsflächen, S. 145ff.
3 Hallgarten, Imperialismus, Bd. 1, S. 430.
4 BA Koblenz, R 2, Nr. 1634, Bd. 1, Zeitungsausschnitte; HHStA Wien, MdÄ, PA VIII, Nr. 120, Bl. 402ff.: Bericht aus London 21.9.1897; PA Bonn, England Nr. 78, Bd. 10, Flotow an Hohenlohe 6.8.1897, Hatzfeldt an Hohenlohe 13.9.1897.
5 GStA Berlin, Rep. 89 H I, Nr. 13, Bl. 40ff.: Wilhelm II. an Miquel 1.8.1897; GP, Bd. 13, S. 34f.
6 BA Koblenz, R 2, Nr. 1634, Bd. 1, Bülow an Reichsschatzamt 8.10.1897.

bereit, sich zur Sicherung des bilateralen Handels am Ende auf einen Vertrag ohne die Kolonien einzulassen. Der Kompromiß, auf den sich beide Seiten verständigten, den bisherigen Vertrag unter Ausschluß Kanadas auf ein Jahr zu verlängern, fand seine Zustimmung, und dieser Verlängerung folgten weitere. Denn auch Bestrebungen einer gegen die USA und gegen Großbritannien gerichteten mitteleuropäischen Zollunion, neuerlich gestartet bei dem Kaiserbesuch im August in Rußland, liefen wie bislang ins Leere.

Die politischen Beweggründe für die Verständigungsbereitschaft ergaben sich aus den Bedingungen für das Funktionieren der Freihandpolitik. Wenn, wie zu erwarten, Berlin bei einem Festsetzen in China auf die russische Zustimmung angewiesen war, sahen Bülow und Holstein diese um so eher erreichbar, je mehr sie zugleich mit einer Verständigungsmöglichkeit mit London operieren konnten. Eine solche galt seit der Transvaalkrise als äußerst schwierig, weshalb Bülow im September die Losung ausgab, Deutschland dürfe mit England nicht schlechter stehen als dieses mit Rußland.[7] Nur dann schien auch bei Kompensationsvorstößen an die Londoner Adresse vielleicht doch noch eine Erfolgschance gegeben.

Um den Spielraum der Freihandpolitik zu erweitern, wollte Bülow das Verhältnis zu Frankreich beweglicher gestalten. Ausgangspunkt für eine begrenzte Annäherung sollte die im Juli 1897 mit Paris verabredete Abgrenzung des Hinterlandes von Togo sein.[8] Die französische Regierung hatte das Übereinkommen geschlossen, um London in anderen strittigen Kolonialfragen am Niger unter Druck zu setzen und um Deutschland im Dauerstreit um Ägypten zur Stellungnahme gegen England zu veranlassen. Immerhin konnte Deutschland durch die Vereinbarung nicht nur die Sicherheit seines Kolonialgebiets erhöhen, sondern durch Landzuwachs und eine Wasserstraße wichtige Handelsvorteile gewinnen. Aber Bülow ging es um mehr. Er nahm den Vertrag zum Anlaß, um dem französischen Botschafter Noailles Anfang August in konkreten Fragen eine Kooperation zum beiderseitigen Vorteil vorzuschlagen, die selbst die beide Mächte trennende „historische Schwierigkeit" „überwinden" helfen könnte.[9] Ob er am Anfang seiner Laufbahn in Berlin es ernsthaft für möglich hielt, die Franzosen über Kolonialvereinbarungen mit dem Verlust von Elsaß-Lothringen auszusöhnen, steht dahin. Aber auf Annäherung war er aus, sie sollte auch als Druckmittel gegen England wie gegen Rußland nützlich sein und damit den Bewegungsspielraum der deutschen Außenpolitik erhöhen.

Der Dreibund war nach Bülows Überzeugung als eine Basis der Freihandpolitik eher von sinkender Bedeutung. Zum einen reduzierten die innergesellschaftlichen Probleme in Österreich-Ungarn die außenpolitische Aktionsfähigkeit, zum anderen lief die italienisch-französische Annäherung weiter. Bülow hielt die finanzielle Regulierung in Kooperation mit Frankreich zur inneren Konsolidierung des Partners für geboten und hatte nicht die Absicht, sie diplomatisch zu torpedieren.[10]

In Österreich hatte sich in der seit Jahrzehnten strittigen Sprachenfrage der Widerstand gegen den Kompromiß Badenis mit dem jungtschechischen Bürgertum verschärft.[11] Radikale Interessenvertretungen und Zeitungen der Deutsch-Böhmen und der Deutschen in den österreichischen Kernlanden verlangten in einer militanten Massenbewegung die Zurücknahme

---

7 Holstein, Papiere, Bd. 4, S. 42.
8 Lenzner, Annäherung, S. 93ff.
9 DDF, Bd. I/13, S. 495.
10 Klein, Widersprüche, S. 230ff.
11 Die Habsburgermonarchie, Bd. 3/1, S. 222ff.

der Verordnungen. Der Siedepunkt war erreicht, als im Mai 1897 der Alldeutsche K. H. Wolf im Reichsrat Tschechen und andere slawische Völker als „im Vergleiche mit dem deutschen Volke kulturell tief minderwertige Nationalitäten" bezeichnete[12] Aus dem Deutschen Reich erhielten die österreichischen Deutschnationalen vor allem von den Liberalen publizistische Schützenhilfe, die die Schlagzeilen der Zeitungen über das Jahr 1897 hinweg mehr beherrschte als alle Außenpolitik. Welche Ausmaße in Deutschland der militante Deutschnationalismus in der tschechischen Sprachenfrage erreichte, verdeutlicht das Beispiel Theodor Mommsens.[13] Die Berliner Zentrale hielt sich mit öffentlichen Stellungnahmen zurück. Obwohl alles andere als tschechenfreundlich, war ihr der deutschnationalistische Sturmlauf dennoch zuwider. Sie setzte auf die magyarische Oberschicht als Garanten der Monarchie und des deutsch-österreichischen Bündnisses. Als Wilhelm II. im September 1897 Ungarn besuchte, notierte Bülow zufrieden, in des Kaisers Rede in Budapest sei „die Bedeutung der Magyaren als einer sicheren Karte in unserem politischen Spiel" klargeworden.[14]

Wie dominant in Bülows Vorstellung die angestrebte Übereinstimmung mit Rußland war, zeigen die großen Erwartungen, die er mit seinem und des Kaisers Besuch in Petersburg Mitte August verknüpfte. Daß die hauptsächlich an die eigene Bevölkerung adressierten Friedensappelle beider Herrscher nebenbei die englische Diplomatie verärgerten, lag ebenso in der Absicht der Gäste, wie sie die empfohlene Gemeinsamkeit in der Abwehr der amerikanischen Zollpolitik zugleich gegen die britische Handelspolitik gerichtet wissen wollten.[15] Auch für eine Okkupation Kiautschous durch Deutschland meinten der Kaiser und sein Staatssekretär das russische Einverständnis erhalten zu haben.[16] Die Presse in Rußland, Österreich und Deutschland lobte das Treffen als Demonstration und Bürgschaft des Friedens[17], worin sich nochmals ausdrückte, wie stark in der Öffentlichkeit die Orientspannung mit Kriegsbesorgnis einhergegangen war. Die „National-Zeitung" prognostizierte die weitere Annäherung Rußlands und Deutschlands[18] und traf damit Bülows Erwartung. Für ihn waren die Beziehungen intimer geworden, er erwartete eine fortgesetzte Konsolidierung[19], auch wenn die internationale Konstellation „zunächst" unverändert bleibe.[20] Für einen Schlag gegen England hielten die beiden Besucher das Treffen allemal. Die Briten haben „uns" lange „angeblufft", notierte der Kaiser in seiner unnachahmlichen Art, „weil sie uns für isoliert und machtlos hielten, und nun merken sie, daß dem nicht so ist, und da bekommen sie Angst. Sie werden es bereuen."[21]

---

12 Zit. nach ebenda, S. 224.
13 Fenske (Hg.), Unter Wilhelm II., S. 129ff.
14 PA Bonn, Österreich Nr. 95 secr., Bd. 1, Aufz. Bülows 22.9.1897.
15 HHStA Wien, MdÄ, PA III, Nr. 149, Bl. 412ff.: Bericht aus Berlin 14.8.1897; ebenda, PA X, Nr. 108, Bl. 516ff.: Berichte aus Petersburg 8.8.1897, 11.8.1897.
16 Ebenda, PA III, Nr. 149, Bl. 439ff.: Bericht aus Berlin 20.8.1897; GP, Bd. 14/I, S. 58ff.
17 PA Bonn, Preußen Nr. 1 Nr. 4b secr., Bd. 11, Radolin an Hohenlohe 10.8.1897, Bd. 12, Eulenburg an Hohenlohe 17.8.1897; HHStA Wien, MdÄ, PA III, Nr. 149, Bl. 412ff: Bericht aus Berlin 14.8.1897.
18 National-Zeitung, Nr. 447, 13.8.1897.
19 PA Bonn, BL, Bd. 402/3, Bülow an Hatzfeldt 20.8.1897.
20 SHA Dresden, Außenministerium, Nr. 3308, Bericht aus Berlin 22.8.1897.
21 PA Bonn, Preußen Nr. 1 Nr. 4b secr., Bd. 11, Hatzfeldt an Hohenlohe 6.8.1897 mit Randbemerkungen Wilhelms II.

Doch wenige Tage später folgte die Ernüchterung. Der Besuch des französischen Präsidenten Felix Faure beim Zaren erfuhr seine Krönung, als beide während einer Flottenparade ihre Staaten als alliierte („alliées") Nationen bezeichneten und der Zar damit eine Formel verwandte, die er bislang sorgsam vermieden hatte.[22] Die französische Presse reagierte mit frenetischem Beifall und wiederholte ihr Urteil, die deutsche Vorherrschaft sei beendet und das europäische Gleichgewicht wiederhergestellt.[23] Auch in der zurückhaltender agierenden russischen Presse gab es Stimmen, die von deutscher Isolation sprachen.[24]

In der Berliner Zentrale schlug die Nachricht „wie eine Bombe" ein.[25] Doch nach außen gaben sich die deutschen Diplomaten unbeeindruckt. Optimistisch erläuterte Bülow dem österreichischen Botschafter, die Allianzbekundung des Zaren sei ein taktischer Schachzug zur innenpolitischen Stabilisierung des französischen Kabinetts und im Interesse des russischen Kapitalbedarfs. Ob die Allianz tatsächlich bestehe, sei nicht erwiesen, und die europäische Konstellation bleibe unverändert.[26] Wohlweislich hatte er schon vor dem Treffen die staatsnahe deutsche Presse instruieren lassen, auf „tendenziöse" Berichterstattung zu verzichten.[27] Sie reagierte tatsächlich mit kühler Distanz ohne ausdrückliche Kritik an der Führung[28], und erleichterte dieser somit die verharmlosende Interpretation.

Erstaunlicherweise setzte sich eine solche Einschätzung jedoch auch in der internen Verständigung unter den deutschen Diplomaten durch. Die beiden Botschafter Radolin und Münster zweifelten nach wie vor an der Existenz eines regelrechten Allianzvertrages, und Hohenlohe hielt das Bündnis schlicht für „Schwindel". Der Kaiser sah gar die französische Außenpolitik auf eine russisch-deutsche Linie eingeschwenkt.[29] Wie bislang ging es ihnen nicht auf, daß in den maßgeblichen Schichten der russischen Gesellschaft die Abneigung gegen Deutschland wuchs, weil, wie der österreichische Botschafter Prinz Liechtenstein schrieb, im Bewußtsein dieser Gesellschaftskreise der Deutsche dem Russen „überall Konkurrenz macht".[30]

Holstein allerdings gab sich über die nachteiligen Folgen des Faurebesuchs weniger Illusionen hin. Wie Bülow verlangte auch er, das englisch-deutsche Verhältnis gezielt zu verbessern, um es als Druckmittel gegen Rußland einsetzen zu können. Hanotaux, ließ der Geheimrat Eulenburg wissen, pflege das Verhältnis zu Großbritannien und werde vom Zarenregime „wie ein rohes Ei" behandelt.[31] Doch Frankreich besaß mehr Bewegungsspielraum als das Reich. Deutschland war mächtiger und weit mehr als Frankreich Rivale von Rußland wie von England. Geostrategisch ohnehin permanent gefährdet, bestand die Zweifrontenkriegskonstellation als eine dauerhafte latente Bedrohung. Der außenpolitische Spielraum der Bismarckzeit, in der die von Holstein empfohlene Konstellation gewöhnlich funktionierte, war geschwunden. Außerdem sah sich das Reich für den vorbereiteten weltpolitischen Vorstoß abhängig vom Wohlwollen Rußlands. Und nach wie vor verliefen die Sondierungen

22 Lenzner, Annäherung, S. 98f.
23 HHStA Wien, MdÄ, PA IX, Nr. 138, Bl. 466ff.: Bericht aus Paris 3.9.1897.
24 PA Bonn, Deutschland Nr. 131, Bd. 20, Bl. 35: Radolin an Hohenlohe 24.9.1897.
25 Spitzemberg, Tagebuch, S. 359.
26 HHStA Wien, MdÄ, PA III, Nr. 149, Bl. 485ff.: Bericht aus Berlin 11.9.1897.
27 GP, Bd. 13, S. 78.
28 HHStA Wien, MdÄ, PA III, Nr. 149, Bl. 454ff.: Bericht aus Berlin 28.8.1897.
29 Hohenlohe, Denkwürdigkeiten der Reichskanzlerzeit, S. 384; Lenzner, Annäherung, S. 99.
30 HHStA Wien, MdÄ, PA X, Nr. 108, Bl. 605ff.: Bericht aus Petersburg 8.10.1897.
31 Eulenburg, Korrespondenz, Bd. 3, S. 1873.

Hatzfeldts bei Salisbury über koloniale Kompensationen oder den Tausch von Kolonialgebieten enttäuschend. Der Botschafter empfand es als geradezu anmaßend, als der Minister ihm vorschlug, den englischen Anteil von Samoa gegen das wertvolle deutsche Neuguinea einzutauschen.[32]

Um so mehr konzentrierte sich die deutsche Führung auf den Vorstoß in China. Es waren zuletzt wohl die wirtschaftlichen Erwägungen, die den Druck auf die Regierungsorgane noch einmal verstärkten. Angesichts der Gefahr, aus dem US-amerikanischen und dem kanadischen Markt verdrängt zu werden, wirkten die Nachrichten, daß der deutsche Export nach China weit unter den Erwartungen blieb und deutsche Firmen im verschärften Wettstreit um den chinesischen Eisenbahnbau entweder nicht zum Zuge kamen oder sich nicht beteiligten[33], immer alarmierender. Am deutlichsten forderte schließlich der „Ostasiatische Lloyd" die Regierung zum Handeln auf. In einer Betrachtung über die unbefriedigende Lage des deutschen Chinahandels machte er auf zweierlei aufmerksam: „Wirtschaftlicher Einfluß in China hat zur Voraussetzung politische Macht", und nur „derjenige, der es versteht, am meisten und keckesten zu fordern", wird etwas erlangen.[34]

Ermuntert durch die Sondierungen während des Kaiserbesuches in Rußland, erhielten im Herbst 1897 die Regierungen in Petersburg und Peking aus Berlin die Mitteilung, daß deutsche Kriegsschiffe im Winter zeitweilig vor Kiautschou vor Anker gehen werden.[35] Nach dieser Vorankündigung wartete die Berliner Zentrale auf eine günstige Gelegenheit. Als Anfang November die Nachricht von der Ermordung zweier katholischer Missionare in Schantung im Auswärtigen Amt eintraf, befahl der Kaiser am 6. November die Okkupation Kiautschous.[36] Der langersehnte Anlaß für die Aktion schien nun sogar in besonders vielversprechender Weise gegeben. Denn bereits einige Tage zuvor, nach einem eher harmlosen Zwischenfall vor Hankau, befahl der Kaiser, „den Vorfall zur Förderung unserer Interessen in China auszunutzen"[37], und war von Bülow unterstützt worden.[38] Der Staatssekretär ließ zwei Wochen später gegenüber dem sächsischen Gesandten vertraulich keinen Zweifel, „daß das Unternehmen von langer Hand vorbereitet und die Ermordung der deutschen katholischen Missionare nur der Tropfen gewesen sei, der den Becher zum Überfließen gebracht habe". Grund der Aktion sei vielmehr, der deutschen „Industrie, die den amerikanischen Markt doch über kurz oder lang verlieren werde, einen vermehrten Absatz nach Ostasien zu verschaffen"[39]. Für den Kaiser stand daneben der erhoffte innen- und außenpolitische Ansehensgewinn gleich in diesen ersten Tagen obenan.[40]

---

32 GP, Bd. 13, S. 33. 38, 43ff.
33 BA Potsdam, AA, Nr. 15283, Zeitungsausschnitte, Nr. 12660, Zeitungsausschnitte, Nr. 12661, Zeitungsausschnitte, Heyking an Hohenlohe 7.9.1897.
34 Ebenda, Dt. Gesandtschaft China, Nr. 1095, Bl. 161: Ostasiatischer Lloyd 6.8.1897.
35 Wippich, Japan, S. 333.
36 Zur Kiautschou-Okkupation vgl. Irmer, Kiautschou, S. 47ff.; Jerussalimski, Außenpolitik, S. 508ff.; Heyking, Tagebücher, S. 233ff.; Möller, Chinapolitik, S. 73ff.; Langer, Diplomacy, S. 445ff.; Winzen, Bülows Weltmachtkonzept, S. 130ff.; ders., Englandpolitik, S. 179ff.; Wippich, Japan, S. 334ff.; GP, Bd. 14/I, S. 66ff.; Ratenhof, Chinapolitik, S. 153ff.
37 PA Bonn, China Nr. 7, Bd. 3, Admiral Koester an Bülow 2.11.1897.
38 GP, Bd. 14/I, S. 69.
39 SHA Dresden, Außenministerium, Nr. 3308, Bericht aus Berlin 27.11.1897.
40 GP, Bd. 14/I, S. 70.

Vergleicht man den Okkupationsbeschluß mit der Krügerdepesche von 1896, zeigen sich trotz aller Unterschiede manche wichtigen Übereinstimmungen. Beidemale ging der Entschluß vom Kaiser aus. Er hat in beiden Fällen nicht versäumt, sich mit dem Staatssekretär und dem Reichskanzler zu verständigen. Die Atmosphäre in der Zentrale war von Zustimmung getragen: 1896 von der Überzeugung, England eine Lektion erteilen zu müssen, 1897 von der Vorstellung, daß der weltpolitische Vorstoß zwingend geboten sei. Holstein sparte nicht mit Kritik, aber jedesmal erst einige Tage, nachdem die Aktionen eingeleitet waren. Noch am 8. November begrüßte er die „lange erwartete Aktion in China" und hielt es für geboten, „daß wir uns furchtlos zeigen. Sobald die anderen glauben, daß wir kneifen, wird es an Versuchen nicht fehlen, uns in die Ecke zu drängen."[41]

Nur einen Tag später war das mutige Bekenntnis vergessen. Aus Petersburg traf die Nachricht ein, daß Murawjew das russische Landerecht in Kiautschou nicht aufgebe und im Falle einer deutschen Besetzung entschlossen sei, russische Schiffe ebenfalls dorthin zu entsenden.[42] Das vom Zaren dem Kaiser nochmals zugesagte russische Desinteressement, auf das sich das deutsche Vorgehen bisher stützte, schien aufgehoben. In hektischer Unruhe sah nun Holstein die Gefahr eines Krieges gegen Rußland und Frankreich bevorstehen, und auf der Suche nach Sündenböcken schoß er sich auf den Marinekabinettschef Freiherr Gustav von Senden-Bibran ein, dem er die auf einmal als voreilig klassifizierte Kiautschouaktion ebenso vorhielt wie die Krügerdepesche, die es nun erschwere, über eine Annäherung an England Druck auf Rußland ausüben zu können.[43]

Doch nichts spricht dafür, daß, wie Winzen meint, Deutschland wirklich am Rande eines Krieges stand.[44] Nichts deutet in Petersburg auf eine Kriegsoption. Man startete vielmehr einen letzten Versuch, Deutschland von seiner Absicht, sich in China festzusetzen, doch noch abzubringen; andernfalls war man entschlossen, ebenfalls einen Stützpunkt zu okkupieren, um die Balance zu wahren. Mehr schon sprach für Hohenlohes Befürchtung, die Okkupation könnte zum Kriegszustand mit China führen, der nicht allein den deutschen Handel in dem Land schädigen mußte, sondern sich als Vorteil für die anderen Großmächte erweisen würde. Es war folglich für das Gelingen der Aktion wichtig, daß sie rasch zum Erfolg führte und am Ende das Interesse der anderen Mächte an eigenen Stützpunkten den Ausschlag gab.

Doch das Auswärtige Amt blieb schwankend. Der verunsicherte Holstein gab den Ton an; Bülow befand sich in diesen Tagen in Rom. Der Geheimrat startete mit Hatzfeldt einen Vorstoß in London, Kiautschou gegen einen anderen Platz einzutauschen, der sich in der britischen Interessensphäre befand, und signalisierte dafür Bereitschaft, England in afrikanischen Kolonialfragen, etwa in Mocambique, entgegenzukommen.[45] Doch ein solcher Versuch mußte scheitern. Wie sollte sich Salisbury bereit finden, die ihm höchst willkommenen deutsch-russischen Spannungen wegen Kiautschou dadurch zu entschärfen, daß er Deutschland als Konkurrenten in die eigene chinesische Sphäre aufnahm? Noch gravierender ist ein anderer Gesichtspunkt. Welchen enormen Ansehensverlust für die deutsche Außenpolitik im In- und Ausland hätte es bedeutet, wenn, nachdem die deutschen Kreuzer am 14. November in Kiautschou angelegt hatten, sie diesen Platz auf Intervention anderer Mächte verlassen

---

41 Zit. nach Winzen, Englandpolitik, S. 180.
42 GP, Bd. 14/I, S. 74.
43 Eulenburg, Korrespondenz, Bd. 3, S. 1873f.; Holstein, Papiere, Bd. 4, S. 43ff.
44 Winzen, Bülows Weltmachtkonzept, S. 132.
45 Wippich, Japan, S. 341ff.; GP, Bd. 14/I, S. 81ff.

mußten, um sich schließlich ersatzweise dort niederzulassen, wo es diesen Mächten genehm schien.

Insofern erwies sich bei der einmal geschaffenen Lage das Vorgehen des Kaisers als das einzig akzeptable. Er glaubte nicht an den Krieg mit Rußland und legte in einer Beratung am 15. November Hohenlohe, Rotenhan als dem Vertreter Bülows und die Spitzen der Marine darauf fest, sich an die Aussage des Zaren zu halten und die dauerhafte Besitzergreifung Kiautschous vorzunehmen, schon wegen der von ihm erwarteten günstigen Folgen für die deutsche Regierungspolitik im Innern. Um den Krieg mit China zu umgehen, sollten dessen Hoheitsrecht gewahrt bleiben, die Sühneforderungen allerdings so hoch geschraubt werden, daß Peking sie nicht erfüllte.[46]

Kurz darauf mußte Hatzfeldt das Scheitern seines Verständigungsversuches bei Salisbury eingestehen. Ihm blieb nur noch die Warnung, „die schlimmste aller Lösungen in unserem Interesse wäre die Festlegung unserer Politik im russischen Sinne"[47]. Auch Holstein verlor nun den letzten Zweifel daran, daß es dem Premier nur darauf ankam, die deutsch-russischen Differenzen zu erhalten. Zur Verständigung mit Rußland um jeden Preis sah der Geheimrat nun ebenfalls allein die Alternative, die Okkupation trotz aller Unwägbarkeiten bis zum Ende zu führen und zu hoffen, Rußland werde sich schließlich fügen.[48] Inzwischen von der Überzeugung geleitet, ein Zurückweichen vor Rußland wegen des unvermeidlichen Prestigeverlustes ausschließen zu müssen, begab er sich auf den Kurs des Kaisers, obgleich er, anders als dieser, noch immer mit der Möglichkeit des großen Krieges rechnete.[49] Gerade weil im Innern das Echo auf die Okkupation weit über die regierungstreuen Parteien hinaus Zustimmung signalisierte, schloß sich ein Rückzug aus.

Nach seiner Rückkehr aus Rom unternahm Bülow Ende November den konzentrierten Versuch, Rußland mit der Okkupation auszusöhnen. Radolin erhielt den Auftrag, die Verständigung mit dem einflußreichen, der Okkupation jedoch besonders kritisch gegenüberstehenden Witte zu suchen. Er sollte ihm klarmachen, daß die Anlehnung an Rußland „mehr als jede andere in die Bahn einer deutschen Weltpolitik paßt", das Reich jedoch auch für England mit seiner großen Flotte und kleinen Armee eine „unvergleichliche Ergänzung" sein könnte. Mit der Festsetzung in der Nähe der russischen Interessensphäre biete Deutschland dem Zarenreich Sicherheit und Bereitschaft zur Verständigung und Kompensation an, während eine Okkupation nahe der britischen Sphäre Berlin auf die Unterstützung der Londoner Politik verweise.[50] Im Staatsministerium sorgte Bülow dafür, daß es keine neuen Restriktionsmaßnahmen gegen die Schweineeinfuhr aus Rußland gab. Wären sie eingeführt worden, hätte man kaum mit Witte als Vermittler der Verständigung rechnen können.[51] Am 1. Dezember meldete Tschirschky aus Petersburg, Witte akzeptiere Bülows Argumente: Wenn Deutschland für Rußland statt für England optiere, sei die Haltung Rußlands, das mit England noch mehr Streitpunkte besitze, klar. Am Tag zuvor hatte Bülow schon im Gespräch

---

46 Ebenda, S. 84ff.
47 Ebenda, S. 95.
48 PA Bonn, BL, Bd. 402/4, Holstein an Hatzfeldt 18.11.1897, 20.11.1897; Holstein, Papiere, Bd. 4, S. 49.
49 Eulenburg, Korrespondenz, Bd. 3, S. 1874f.
50 PA Bonn, BL, Bd. 402/5, Bülow an Radolin 28.11.1897.
51 GStA Berlin, Rep. 90a, Abt. B, Tit III 2b Nr. 6, Bd. 132, Bl. 11ff.: Staatsministerialsitzungsprotokoll 29.11.1897, Bd. 133, Bl. 18ff: Staatsministerialsitzungsprotokoll 6.1.1898.

Der Start in die Weltpolitik: Die Okkupation von Kiautschou (1897/98)

mit Osten-Sacken den Eindruck, daß die Hochspannung sinke.⁵² Der Bann war gebrochen. Auch Murawjew schien einzulenken. Kompensation hieß die Lösung.⁵³ Petersburg entschied sich, mit der Okkupation eines eigenen Stützpunktes an der chinesischen Küste zu antworten.

So ging der deutsche Vorstoß am Ende erfolgreich aus. Doch die Mahnzeichen waren nicht zu übersehen. Weltpolitische Aktionen des Reiches stießen weder auf Wohlwollen Rußlands noch Englands. Berlin blieb jedoch auf die Akzeptanz wenigstens einer der beiden Mächte angewiesen. Sie war nur zu bekommen, weil die Aktion deren Interessen nicht gravierend verletzte, Kompensationsmöglichkeiten noch bestanden und die russisch-britische Rivalität noch erhebliche Ausmaße besaß. Solange funktionierte das Freihandkonzept.

Solche Bedenken bestimmten indes nicht die Überlegungen der deutschen Diplomatie. Nur von Hatzfeldt liegt aus diesen Tagen eine Aussage vor, die die Problematik der Lage Deutschlands prinzipiell zu erfassen sucht: „Man darf, wie ich glaube, annehmen, daß England, solange es allein steht, nichts gegen unsere Interessen in China unternehmen wird. Dies kann sich aber ändern, wenn man hier [in London – K.C.] zu der Überzeugung gelangen sollte, daß Rußland uns die Erwerbung von Kiautschou definitiv nicht gönnen und die Unterstützung Englands bei seinen Bestrebungen dagegen nicht ungern sehen würde, wie auch in dem Fall, wenn Frankreich mit oder ohne Zustimmung Rußlands in China gegen uns Partei ergriffe."⁵⁴

Frankreich hielt sich mit Stellungnahmen in der Kiautschoufrage zurück.⁵⁵ Seine Interessen in Südchina waren nicht vom deutschen Vorgehen tangiert. Die ihr hochwillkommenen deutsch-russischen Widersprüche fürchtete die Pariser Zentrale offenbar mit eigenen Reaktionen nur an ihrer Entfaltung zu hindern. Münster freilich sah voller Illusionen das russisch-französische Verhältnis bereits wieder abgekühlt.

Mitte Dezember ließ Murawjew die deutsche Führung von dem russischen Entschluß informieren, Port Arthur zu okkupieren. Am 19. Dezember lief ein russisches Geschwader in den Hafen ein. Bülow nutzte den neugewonnenen Spielraum zur diplomatischen Offensive. Er mahnte russische Unterstützung für weitere deutsche Forderungen in China an: einen langjährigen Pachtvertrag für die Kiautschoubucht sowie Eisenbahn- und Kohleabbaukonzessionen auf der als deutsche Interessensphäre vorgesehenen Halbinsel Schantung. Sich in der Nähe der russischen und nicht in der englischen Interessensphäre niedergelassen zu haben, offerierte er Salisbury auf einmal als ein Zeichen des Willens zur Harmonie mit London.⁵⁶

Der vermehrte Bewegungsspielraum stärkte auch die deutsche Position gegenüber Japan.⁵⁷ Beunruhigt durch das deutsche und russische Festsetzen an der chinesischen Küste, erwog die Tokioter Regierung, sich nicht aus Wei-hai-wei zurückzuziehen, erfuhr jedoch von London nicht die nötige Unterstützung. Dennoch rechnete die deutsche Marineführung mit Kriegsgefahr. Bülow und Holstein glaubten nicht daran. Seiner Parole: „Leben und leben lassen" getreu, ließ der Staatssekretär der aufstrebenden asiatischen Macht keinen Zweifel, sie als Miterben in China bei der Verteilung von Stützpunkten anzuerkennen, doch die allge-

---

52 GP, Bd. 14/I, S. 102ff.; PA Bonn, BL, Bd. 402/5, Tschirschky an Bülow 1.12.1897.
53 Ebenda, Bülow an Hatzfeldt 2.12.1897.
54 GP, Bd. 14/I, S. 116f.
55 Lenzner, Annäherung, S. 102f.
56 GP, Bd. 14/I, S. 121–129.
57 Wippich, Japan, S. 372ff.

meine Aufteilung Chinas nicht zuzulassen, sondern seine formelle Souveränität zu wahren. Das japanische Mißtrauen glaubte er auf diese Weise gegen Rußland zu lenken und hoffte, dieses werde auf deutsches Wohlwollen erst recht angewiesen sein.

Um die eigene Perspektive in China und zugleich die Grenzen der Chinapolitik der anderen Mächte festzuschreiben, strebte die deutsche Führung nach einer raschen vertraglichen Regelung mit Peking. Auf massiven Druck der deutschen Instanzen kamen Anfang Januar 1898 Abkommen zustande, die faktisch ein Diktat waren und von Peking erst nach einigem Zögern akzeptiert wurden.[58] Deutschland pachtete Kiautschou für 99 Jahre. Es erhielt Bergwerkskonzessionen in Schantung und durfte Eisenbahnlinien von Kiautschou nach Tsinan und Tschifu bauen, um die Halbinsel, auf der 33 Millionen Chinesen lebten, dem Handel zu erschließen.

Bülow blickte am Jahresende zufrieden auf seine ersten Monate im Amt. Der längst überfällige Start in die Weltpolitik war geglückt. Er bedeutete eine grundlegende Zäsur. Es war, wenngleich begrenzt, die Wende zur Expansion, zur Offensive, bei der die Rücksicht auf die Zweifrontenkriegsbedrohung nicht mehr das ausschlaggebende Kriterium des außenpolitischen Handelns darstellte. Die Mahnzeichen des Faurebesuches waren nach Rußlands Einlenken in der Kiautschoufrage endgültig vergessen. Da schließlich das Reich wegen der Okkupation mit keiner Macht in Konflikt geriet, dominierte im Auswärtigen Amt am Ende wieder der Optimismus. Nicht allein bezüglich ihrer Wirkung nach innen, was noch zu untersuchen sein wird, sondern auch im Hinblick auf die Konsequenzen für die internationale Stellung des Reiches, schien in den Augen der Führung ein weltpolitischer Kurs nicht Gefahren heraufzubeschwören, sondern einen beträchtlichen Vorteil zu gewähren. Weit mehr als die internationale Konstellation bereiteten dem Auswärtigen Amt in diesen Wochen die über das „gewöhnliche Maß" hinausreichenden inneren Erschütterungen in der Habsburgermonarchie Sorge. Bei einem Thronwechsel hielt es dort eine Revolution nicht mehr für ausgeschlossen.[59]

Bülow sah in dem geglückten Coup jedenfalls einen wichtigen Fingerzeig für die zukünftige Außenpolitik. Als ihre „Summa summarum" definierte er zwar wie bislang „keinen unheilbaren Bruch mit England, aber tunlichste Annäherung an Rußland auf sachlich-diplomatischer Basis, Zusammenhalten des Dreibundes solange als irgend möglich", aber er nannte als Prinzip nun auch „Taten und nicht Worte" und versprach, Rußland wie England nicht „durch allzu lebhafte Avancen übermütig" zu machen.[60] Das „deutsche Interesse" sollte mehr als bisher Kriterium des Handelns sein. Das galt zunächst für die weitere Ausgestaltung der deutschen Stellung in China, doch darüber hinaus auch als Prinzip für neue Expansionsvorhaben: „Wir müssen deshalb alles vermeiden, allem vorbeugen, was geeignet wäre, uns zu vermehrter Rücksichtnahme nach außen hin zu nötigen." Es bedeutete nicht zuletzt einen Testfall für die Zukunft, den Vertrag mit China „lediglich als eine deutsch-chinesische Angelegenheit zu behandeln, unbekümmert um die Gedanken der Zuschauer"[61]. Hier zeigt sich, wie der Erfolg die Berliner Führung nicht allein die gefahrvollen Aspekte der Aktion vergessen ließ, sondern auch ihren Blick für zukünftige Gefahren einer offensiven Weltpolitik trübte.

---

58 Jerussalimski, Außenpolitik, S. 524ff., 536ff.
59 SHA Dresden, Außenministerium, Nr. 3308, Bericht aus Berlin 30.12.1897.
60 Eulenburg, Korrespondenz, Bd. 3, S. 1878.
61 GP, Bd. 14/I, S. 142ff.

Den stärkeren Bezug der Außenpolitik auf das Expansionsinteresse hielt Bülow als Kriterium des Handelns nicht nur für geboten und möglich, sondern er ergab sich für ihn zwangsläufig aus der Tatsache, daß vor allem die wirtschaftliche Lage alle Großmächte auf die Bahn der Expansion leitete. Die Konkurrenz zwischen ihnen werde in der Zukunft ihre Beziehungen noch stärker beherrschen, meinte er. Auch Deutschland habe deshalb mit vermehrten Komplikationen zu allen Mächten zu rechnen.[62] Selbst mit Rußland hielt er sie für unvermeidlich, weil dessen „Eifersucht" auf das Reich wachse.[63] Doch er blieb entschlossen, „nur Rußland gegenüber" von der „Politik der völligen Aktionsfreiheit in gewissem Grade und in einer bestimmten Richtung abzuweichen". Im übrigen bedeutete Interessenwahrung als oberstes Prinzip natürlich auch, nicht nur die eigenen, sondern ebenso die Interessen der anderen Mächte als Kriterium der Außenpolitik zu akzeptieren. Darin lag der eigentliche Sinn von Bülows Grundsatz: „Leben und leben lassen".[64] Auf einer solchen Grundlage sah er, bedingt durch die Vielfalt der Interessen, die Möglichkeit der Kooperation zur Lösung konkreter Probleme je nach Interessenlage mit dieser oder mit jener Macht. Selbst mit Frankreich war der Staatssekretär entschlossen, solche Verständigungen zu suchen und war deshalb bestrebt, das Problem Elsaß-Lothringen als unlösbar gleichsam ins Abseits zu stellen.[65]

Gewiß vermochte Deutschland, mit diesem noch ausgeprägteren Freihandkonzept zu bestimmten außenpolitischen Resultaten und Erfolgen zu gelangen. Doch den Handlungsspielraum, den Bülow mit dieser Politik zu gewinnen für möglich hielt, hat er nicht nur überschätzt. Es war überdies ein Irrtum zu glauben, daß das Reich weniger als die anderen Mächte angewiesen sei, Anlehnung bei ihnen zu suchen, „weil die anderen Mächte uns nötiger brauchen als wir sie bzw. weil sie durch unsere Gegnerschaft und sogar schon durch unsere Nichtbeteiligung bei der Durchführung ihrer eigenen Pläne allzusehr gefährdet oder behindert werden würden"[66]. In Wirklichkeit sahen die anderen Großmächte das europäische Gleichgewicht seit 1871 durch Deutschland zu ihrem Nachteil verändert, und die besondere deutsche Stärke und der ausgeprägte deutsche Anspruch führten sie mehr und mehr zu Kompromissen und zur Kooperation untereinander zusammen. Beides war für das Reich um so bedrohlicher, weil es wegen seiner geostrategischen Nachteile mehr auf die Rivalen angewiesen war als umgekehrt.

In den konkreten Zusammenhängen, beispielsweise in der Rußlandpolitik, blieben Bülow solche Gefahrenmomente nicht verborgen, wenn er in diesen Tagen gegenüber Radolin konstatierte, die deutsche Politik müsse um so vorsichtiger agieren, je unsicherer sich die russische zeige.[67] Als geradezu bezeichnend erweist sich dagegen die Fehlkalkulation, der Bülow und Holstein unterlagen, als sie Mitte Januar 1898 vergeblich mit einer englischen Besetzung Kretas rechneten. Verwirklichte sie sich, erwarteten sie euphorisch eines der günstigsten Ergebnisse für das Reich seit 1871. Den englisch-russischen Antagonismus sahen sie zur Perfektion und die russisch-französische Verbindung an ihr Ende kommen. Eine gefährliche deutschfeindliche Mächtegruppierung hielten sie dann für ausgeschlossen. Nach ihrer Über-

---

62 HHStA Wien, MdÄ, PA III, Nr. 150, Bl. 1ff.: Bericht aus Berlin 2.1.1898.
63 PA Bonn, Deutschland Nr. 131, Bd. 20, Bl. 41ff.: Bülow an Wilhelm II. 31.12.1897.
64 GP, Bd. 14/I, S. 143f.
65 Vgl. S. 385ff.
66 Holstein, Papiere, Bd. 4, S. 55.
67 PA Bonn, China, Nr. 20 Nr. 1 secr., Bd. 29, Bülow an Radolin 12.1.1898.

zeugung schien damit die von ihnen erstrebte europäische Suprematiestellung des Reiches realisierbar: Deutschland gewinne unter den europäischen Mächten die entscheidende Stellung, meinten sie, und vermöge einen neuen außereuropäischen Gebietserwerb zu planen, ohne auf Abmachungen mit anderen Mächten angewiesen zu sein.[68]

Doch die Erfahrungen der Orientspannungen besagten das Gegenteil. Rußland wie England scheuten sich vor Schritten, die zum Konflikt untereinander führen konnten, weil sie diesen als einen eminenten Vorteil für Deutschland betrachteten. Die permanente Sorge beider Partner vor der wachsenden Stärke Deutschlands hielt auch die russisch-französische Allianz trotz mancher orientalischer Widersprüche fest zusammen.

Daß gerade die Okkupation Kiautschous in Wirklichkeit in Rußland wie in England den deutschfeindlichen Akzent verstärkte, macht ein anderer Vorgang deutlich. Unbemerkt von der deutschen Führung kam es Anfang 1898 zwischen Petersburg und London zu Sondierungen mit dem Ziel einer globalen Verständigung über die strittigen bilateralen Fragen in aller Welt, um die internationale Dominanz zwischen beiden Mächten zu teilen und Deutschland in Schach zu halten. Der Versuch blieb zwar im Ansatz stecken. Die Spezifik der Gespräche bewies jedoch, welcher Anreiz bereits von der Idee einer Verständigung gegen Deutschland ausging.

Die Initiative hierfür ging von London aus. Nach der Landung russischer Schiffe in Port Arthur reichte Abwarten nicht mehr aus. Zunächst galt es zu erkunden, ob ein russisch-deutsches Einvernehmen bestand und wie weit es reichte. Überdies geriet die Regierung unter Druck der Öffentlichkeit. Die „Times" verlangte unumwunden Kompensationen für England, wenn Rußland in Port Arthur blieb.[69] Doch das die Regierung maßgeblich bestimmende britische Handelsinteresse in China war nicht auf Aufteilung, sondern auf Handelsfreiheit auf dem gesamten chinesischen Markt gerichtet. Sich mit Rußland darüber zu verständigen, stellte das Ziel des von Salisbury eingeleiteten Vorstoßes dar. Er wandte sich an Witte, von dem bekannt war, daß er ebenfalls die wirtschaftliche Penetration bevorzugte, auf ein enges Sonderverhältnis zu Peking setzte und deshalb der Aktion in Port Arthur, von Murawjew als kompensatorischer Gegenzug zu Kiautschou initiiert, kritisch gegenüberstand.[70]

Und nicht nur Witte, auch der Zar und Murawjew reagierten entgegenkommend auf die britische Initiative.[71] Ihre Bereitschaft zu einer Entente bekundend schlugen beide russischen Minister eine Aufteilung der Interessensphären in China vor. Danach sollten Rußland die nördliche Sphäre Tientsin-Peking-Mandschurei und England das Jangtsetal erhalten. Doch Salisbury ging es um mehr. Er visierte nicht eine begrenzte Lösung an, sondern eine generelle Teilung der Vormacht, die nicht allein China, sondern weitere strittige Territorien, in erster Linie das osmanische Reich, umfassen sollte. Dort, schlug er vor, sollte Rußland im Gebiet zwischen Schwarzmeer und Bagdad dominieren, England im türkischen Afrika und Arabien sowie im Euphrattal südlich Bagdads.[72] Obwohl nach dem Zeugnis des britischen Botschafters Nikolas O'Conor die zaristische Führung Mitte Februar ein solches Programm zur „Teilung des überwiegenden politischen Einflusses" in den betreffenden Territorien guthieß, verzichtete sie schließlich dennoch nicht darauf, Port Arthur dauerhaft zu besetzen. Deshalb

---

68 Holstein, Papiere, Bd. 4, S. 55f.
69 HHStA Wien, MdÄ, PA VIII, Nr. 120, Bl. 527ff.: Bericht aus London 23.12.1897.
70 Geyer, Imperialismus, S. 151ff.
71 BD, Bd. I/1, S. 10ff.
72 Ebenda, S. 14.

brach London die Sondierungen ab und setzte nun ebenfalls auf territoriale Kompensation.[73] London zeigte sich entschlossen, sich auch im Norden Chinas der Konkurrenz zu stellen und sich nicht auf das Jangtsetal beschränken zu lassen.

Gewiß mögen taktische Gesichtspunkte bei den Sondierungen eine beträchtliche Rolle gespielt haben. Salisbury ging es nicht zuletzt darum, Petersburg zum Verzicht auf Port Arthur zu bewegen, während die in sich uneinige zaristische Führung zumindest Verständigungsbereitschaft dokumentieren wollte. Doch ein solcher Teilungsplan als Grundlage einer globalen Verständigung zwischen beiden Mächten, auch wenn er keine unmittelbare politische Resonanz gewann, verschwand nicht mehr aus der politischen Debatte, sondern blieb nun als eine mögliche Alternative für die Zukunft in den Raum gestellt. Es war nicht ausgeschlossen, daß er eines Tages aktuell werde, wenn beide Mächte gewiß sind, daß die von Deutschland ausgehende Machtentfaltung ihre Interessen stärker bedroht als die zwischen ihnen selbst liegenden Differenzen.

Wenn im Wettlauf der Großmächte um das asiatische Land derzeit Einflußsphären und Stützpunkte favorisiert blieben, erleichterte das die Stellung Deutschlands, weil sich sein Vorgehen relativierte. Sein Hauptopponent in Rußland, Witte, mußte sich als Befürworter des Prinzips der „offenen Tür" dem neuen Trend unterordnen.[74] London, enttäuscht von Petersburg, begann sich Berlin zu nähern. Anfang März brachte ein deutsch-englisches Bankensyndikat eine chinesische Anleihe zustande. Ihre Folge war, daß die freie Schiffahrt auf den chinesischen Binnengewässern gewährt und somit der Handelsverkehr erleichtert wurde.[75] Das Deutsche Reich erhielt von der britischen Seite ferner die Zusage, vom Innern Chinas aus keine Eisenbahnen auf die Halbinsel Schantung zu bauen, sondern die britischen Linien an die dort zu errichtenden deutschen anzuschließen.[76]

Ende März rechnete Bülow nicht mehr mit ernsten Verwicklungen in Ostasien. An einen englischen Vorstoß, einen Stützpunkt zu erwerben, glaubte er nicht. London werde Japan vorschicken, prophezeite er, und sich im Süden ausdehnen, so daß sich seine Differenzen mit Frankreich vermehrten.[77] So war die Berliner Zentrale total überrascht, als England nach Absprache mit Peking Anfang April Wei-hai-wei, das auf Schantung zwischen Port Arthur und Kiautschou liegt, in Besitz nahm.[78] Die anfänglich starke Beunruhigung – das Reich fürchtete Konkurrenz in der eigenen Einflußsphäre – legte sich, als London zusagte, auch von dem Stützpunkt aus ins Landesinnere Schantungs keine Eisenbahnen zu bauen.[79] Erwartungsfroh und nicht ohne neue Illusionen betrachtete der Staatssekretär nun die englische Festsetzung als Keimzelle für zusätzliche Differenzen zwischen England und Rußland, das auf Dauer die neue Konkurrenz in Nordchina nicht dulden würde.[80] Doch so festgelegt waren die zukünftigen Konkurrenzrelationen noch nicht.

---

73 Ebenda, S. 20ff.
74 HHStA Wien, MdÄ, PA X, Nr. 109, Bl. 207ff.: Bericht aus Petersburg 23.3.1898.
75 Ebenda, PA VIII, Nr. 121, Bl. 108ff.: Bericht aus London 3.3.1898.
76 PA Bonn, China Nr. 4 Nr. 1 secr., Bd. 1, Heyking an AA 5.3.1898, Bülow an Heyking 8.3.1898, Bülow an Hatzfeldt 26.3.1898.
77 BHStA München, MA Nr. 2676, Bericht aus Berlin 27.3.1898.
78 HHStA Wien, MdÄ, PA III, Nr. 150, Bl. 165ff.: Bericht aus Berlin 9.4.1898.
79 Ebenda, Bl. 187ff.: Bericht aus Berlin 23.4.1898.
80 PA Bonn, Deutschland Nr. 122 Nr. 2f., Bd. 2, Bülow an Wilhelm II. 22.4.1898.

Dieser Vorgang lieferte Bülow den letzten Beweis dafür, daß nun auch in Ostasien die deutsche Politik der freien Hand voll funktionsfähig sei. Anlehnung meinte er je nach Bedarf bei Rußland oder England suchen zu können, doch mit unterschiedlichem Akzent. Eine vertragsmäßige Verständigung hielt er nicht mit Rußland, „aber noch viel weniger [...] mit England" für nötig. „Hauptsächlich" mit Rußland zielte er auf gute Beziehungen, aber auch die mit England beabsichtigte er zu bessern.[81] Indes blieben die englisch-deutschen Beziehungen vom Konkurrenzverhältnis beherrscht. Als Preis für die Schantungzusage bootete London die Deutsch-Asiatische Bank in einem Bahnbauprojekt im Jangtsegebiet aus und verwies auf eine britische Vorzugsstellung in diesem Raum. Doch was Bülow für Schantung in Anspruch nahm, war er nicht bereit, den Engländern im Jangtsetal zuzubilligen. Dieses Hauptabsatzgebiet sollte der deutschen Wirtschaft nicht verschlossen werden. Für den Jangtseraum müsse weiterhin das Prinzip der „offenen Tür" gelten.[82]

Von mindestens gleichem Gewicht wie das Verhalten der Großmächte war für die Regierung angesichts ihrer komplizierten Lage im Innern die Reaktion auf die Okkupation in Deutschland selbst. Wenn sich die Presse der regierungstreuen Parteien wegen der außenpolitischen Schwierigkeiten in den ersten Wochen auch Zurückhaltung auferlegte, ließ sie dennoch keinen Zweifel, daß sie die Aktion billigte.[83] Die Zustimmung der Kreuzzeitung am 24. November klang entschiedener als die der „National-Zeitung": „Mit außerordentlicher Befriedigung haben wir das energische Vorgehen unserer Regierung in China begrüßt."[84] Doch mit einem solchen Votum konnte die Regierung rechnen. Erfreulich für sie erstreckte sich die Akzeptanz, freilich nicht ohne Seitenhiebe, auch auf das rechtsfreisinnige „Berliner Tageblatt" und die „Germania" des Zentrums. Beide lobten die Aktion als Schutzmaßnahme für die Deutschen in China, ohne ihre kritische Position in anderen Grundsatzfragen zu verdrängen. Das „Tageblatt" monierte, daß das Auswärtige Amt darauf verzichte, bei der Wiener Regierung für die Rechte der Deutschen in Böhmen einzutreten[85], während für die „Germania" die Verfolgung der Jesuiten in Deutschland dem Vorgehen in China widersprach.[86]

In der regierungstreuen Presse spielten in diesen ersten Wochen untergründige Sorgen wegen der außenpolitischen Absicherung der Okkupation eine gewisse Rolle. Besonders lag ihr an der deutsch-russischen Entspannung, die sie mit englandfeindlichen Spitzen zu fördern meinte. „Unsere nationalen Verbündeten gegen England sind [...] Frankreich und Rußland", ging die Kreuzzeitung noch einen Schritt weiter.[87]

Die latente Besorgnis, die Bruno Schoenlank am 6. Dezember in der Beratung der Flottenvorlage im Reichstag aufgriff, war nicht auf die Sozialdemokratie beschränkt. Er begründete den Vorwurf der Prestigepolitik an die Adresse der Regierung mit dem Argument, die Vorgänge in Ostasien werden zu neuen Zusammenstößen der Großmächte führen. Bülow, die Verständigung mit Rußland im Auge, wies den Vorwurf außenpolitischen Abenteurertums

---

81 HHStA Wien, MdÄ, PA III, Nr. 150, Bl. 186ff.: Bericht aus Berlin 23.4.1898.
82 GP, Bd. 14/I, S. 173; Barth, Hochfinanz, S. 175ff.
83 National-Zeitung, Nr. 652, 24.11.1897.
84 Neue Preußische Zeitung, Nr. 549, 24.11.1897.
85 Berliner Tageblatt, Nr. 591, 21.11.1897, Nr. 617, 5.12.1897.
86 Germania, Nr. 265, 19.11.1897.
87 Neue Preußische Zeitung, Nr. 539, 17.11.1897; National-Zeitung, Nr. 641, 17.11.1897, Nr. 646, 20.11.1897, Nr. 656, 26.11.1897.

zurück. Deutschland habe in Ostasien die Interessen von Handel, Industrie und Schiffahrt zu schützen. Eindrucksvoll schloß er: „Die Zeiten, wo der Deutsche dem einen seiner Nachbarn die Erde überließ, dem anderen das Meer und sich selbst den Himmel reservierte, wo die reine Doktrin thront – diese Zeiten sind vorüber. [...] Wir wollen niemand in den Schatten stellen, aber wir verlangen auch unseren Platz an der Sonne."[88]

Die Rede traf nicht allein im nationalistischen Lager den Nerv. Sie gab der Stimmung erst Richtung und Ausmaß. Da sie den Eindruck vermittelte, die Okkupation sei außenpolitisch abgesichert, brach sich enthusiastische Zustimmung Bahn. Erstmals sah sich die Kreuzzeitung „geneigt", die Frage nach Deutschlands Stellung in der Welt positiv zu beantworten. Das Reich habe den mit der Krügerdepesche eingeleiteten Wandel vertieft und sich endgültig von der Politik des Sansibarvertrages abgewandt.[89] Nachdem in den ersten Jahrzehnten nach der Reichsgründung der innere Ausbau des Reiches im Vordergrund gestanden habe, hieß es in der „National-Zeitung", gelte es jetzt, mit dem äußeren Ausbau „eine neue Bahn des Wohlstandes, des Ruhms und der Kulturtätigkeit" zu eröffnen. „Dem deutschen Volk hat die staatliche Einheit [...] vielleicht den stärksten Antrieb unter allen gegeben, seinen Handel und seine Industrie auszubreiten."[90] Diese Entwicklung mußte nach Überzeugung der konservativen und nationalliberalen Presse das Verhältnis zu England weiter belasten. Um so notwendiger erschien ihnen deshalb die Verbindung mit Rußland. Nachdem mit Bülows Rede ihre anfänglichen Sorgen verschwanden, feierten sie nun diese Verbindung in den höchsten Tönen[91], ohne zu bemerken, daß eine deutsche Weltpolitik auch das Konkurrenzverhältnis Deutschlands mit Rußland verstärken mußte.

Selbst das „Berliner Tageblatt" registrierte die Besetzung Port Arthurs voller Lob als Zeichen deutsch-russischen Einvernehmens.[92] Die „Germania" schloß dagegen bei einer fortgesetzten Weltpolitik die Möglichkeit schwerer Konflikte mit „mächtigen Gegnern" nicht aus. Doch an Kiautschou war festzuhalten – wegen der wirtschaftlichen Vorteile und weil internationale Konflikte ausgeblieben seien.[93] Auf eine fundamentale Kritik der Okkupation verzichtete sogar der sozialdemokratische „Vorwärts". Er prangerte nur die Mittel der Annexion an. Kultureller Fortschritt sei möglich, wenn die „niedere" Kultur der Asiaten – in Bezug auf die Chinesen eine besonders fragwürdige Bewertung – von einer „höheren" europäischen unterworfen werde.[94]

Die Reichstagsdebatten im Februar und März 1898 unterstrichen, daß die Okkupation, wie Waldersee notierte, einen „frischen nationalen Zug" im Lande erzeugte[95] und, wie Szögyény berichtete, die Zustimmung fast aller politischen Parteien und Faktoren des Reiches fand.[96] Für die Nationalliberalen und für beide konservativen Parteien überraschte das nicht. Die permanente Kritik an der weltpolitischen Enthaltsamkeit der vergangenen Jahre machte nun höchstem Lob Platz, so bei Bennigsen, der überschwenglich von „einer glänzenden Initia-

---

88 Sten. Berichte RT, 9. Leg.-Per., 5. Session, S. 43ff., 60f.
89 Neue Preußische Zeitung, Nr. 607, 29.12.1897.
90 National-Zeitung, Nr. 706, 19.12.1897.
91 Ebenda, Nr. 707, 20.12.1897; Neue Preußische Zeitung, Nr. 597, 22.12.1897, Nr. 607, 29.12.1897.
92 Berliner Tageblatt, Nr. 645, 20.12.1897.
93 Germania, Nr. 289, 18.12.1897, Nr. 297, 29.12.1897.
94 Heymann, Sozialdemokratie, S. 74ff.
95 GStA Berlin, Rep. 92 NL Waldersee, A I Nr. 23, Bl. 71ff.: Tagebuch 28.12.1897.
96 HHStA Wien, MdÄ, PA III, Nr. 150, Bl. 32ff.: Bericht aus Berlin 15.1.1898.

tive, einer geschickten diplomatischen Behandlung und [...] großer Energie in der Ausführung" der Stützpunktnahme sprach.[97] Die markigen Worte der Konservativen waren freilich auch von der Absicht bestimmt, die Regierung als Gegenleistung zur Korrektur der Handelspolitik im agrarzollfreundlichen Sinne zu veranlassen.[98] Kardorff rechnete darmit, daß sich das nationalistische Element in den unteren Schichten etablierte, wenn durch Expansion die Exportindustrie wachse und imstande sei, ihre Löhne zu erhöhen.[99]

Die wirtschaftlichen und bildungsbürgerlichen Kräfte in der Freisinnigen Vereinigung ließen die Partei nun vollends auf den imperialistischen Kurs einschwenken. Wenn Barth im Reichstag hauptsächlich die mit Kiautschou verknüpften wirtschaftlichen Erwartungen hervorhob, standen dahinter die in der Partei einflußreichen Interessen der mit der Deutsch-Asiatischen Bank verbundenen Banken sowie der Reedereien und Werften der Hansestädte.[100] Neu war die Zustimmung der Freisinnigen Volkspartei. Richter motivierte die Korrektur der bisherigen Haltung mit den besonderen Vorteilen, die der Stützpunkt im Vergleich mit den anderen deutschen Kolonien biete.[101] Zu der Wende hat beigetragen, daß auch kleine und mittlere Unternehmer auf die wirtschaftlichen Möglichkeiten der Chinaexpansion setzten und nicht nur im Bildungsbürgertum, sondern im Mittelstand generell die Akzeptanz der Weltpolitik wuchs.

Ebenso von Interessen und Ideologie, aber auch von politischer Taktik bestimmt erwies sich die Zustimmung des Zentrums zur Okkupation. Wenn Lieber und besonders der bayerische Zentrumspolitiker Hertling auf die mit ihr verbundenen wirtschaftlichen Hoffnungen verwiesen[102], standen dahinter Interessen mittlerer und kleiner Fabrikanten in Süddeutschland. Überdies etablierten sich beide Kirchen als Befürworter der Weltpolitik.[103] Daß die Aktion als Sühnemaßnahme gegen die Ermordung der Missionare galt, bedeutete einen zusätzlichen Impuls. Und schließlich sorgten sich die Spitzen der Fraktion, durch eine konsequente Oppositionspolitik sich selbst von der Verbindung mit der Regierung und damit von der Macht auszuschließen.[104]

Bei den sozialdemokratischen Stellungnahmen im Reichstag war der kritische Akzent stärker als im „Vorwärts". Die außenpolitischen, mehr noch die innenpolitischen Folgen der Expansionspolitik standen im Zentrum der Reden Liebknechts und Bebels. Diese Folgen würden, so die zutreffende Replik, das Reich in gefährliche außenpolitische Verwicklungen führen. Liebknecht warnte die Regierenden vor der Spekulation, „Abenteuer im Ausland" könnten dem Volk „den Blick ablenken von dem Elend im Inland". Dieser Trick werde nicht verfangen, sondern nur die äußeren Komplikationen vermehren.[105] Bebel machte auf einen Zusammenhang zwischen Sammlungs- und Weltpolitik in der Gesamtstrategie von Junkern und Großindustrie aufmerksam. Beide trachteten die für das Wachstum des Chinaexports gebotenen billigen Ausfuhren mit aufgrund gestiegener Industrie- und Agrarzölle erhöhten

---

97 Sten. Berichte RT, 9. Leg.-Per., 5. Session, S. 1737ff.
98 Ebenda, S. 149.
99 Zit. nach: Schulthess 1898, S. 40.
100 Elm, Fortschritt, S. 64f.
101 Lexikon Parteiengeschichte, Bd. 2, S. 699.
102 Sten. Berichte RT, 9. Leg.-Per., 5. Session, S. 1708ff., 1760ff.
103 Dülffer/Holl, S. 33ff.; S. 56ff.
104 Loth, Katholiken, S. 66f.
105 Sten. Berichte RT, 9. Leg.-Per., 5. Session, S. 1981ff.

Inlandspreisen zu kombinieren und somit die „Beute" auf Kosten der Verbraucher zu teilen.[106]

Trotz der sozialdemokratischen Kritik hatte sich insgesamt die Akzeptanz der Außenpolitik in den Parteien deutlich verbreitet. Der langerwartete, von breiten Kreisen verlangte Übergang zu einer aktiven, offensiven Weltpolitik, wie der Vorstoß nach Kiautschou übereinstimmend gewertet wurde, und seine eindrucksvolle Begründung durch Bülow im Reichstag ebenso wie die der Führung gelungene außenpolitische Absicherung der Okkupation – das alles erzeugte einen Wandel in der vorherrschenden Stimmung. Optimismus und Zustimmung verdrängten wenigstens zeitweilig und partiell die bislang weitverbreitete Kritik an der Reichspolitik. Baronin Spitzemberg notierte nach Bülows zweiter Chinarede im Reichstag im Februar 1898: „Einstweilen ist die allgemeine Stimmung in Deutschland eine ungleich freudigere und zuversichtlichere als noch vor vier Monaten."[107] Gerade unter den Angehörigen der herrschenden Eliten, die einen Machtverfall beklagt hatten, verbreitete sich neue Zuversicht.[108] Monts, der in den letzten Jahren aus Süddeutschland weit überwiegend kritische Äußerungen zur Reichspolitik übermittelt hatte, sah jetzt dort das Verhältnis zur Reichsleitung neu belebt.[109] Und Szögyény berichtete, nach allgemeinem Eindruck bedeute Bülows Auftreten die „unbedingte Rückkehr zu den Traditionen des Bismarckschen Regimes, sowohl dem Wesen als der Form nach"[110].

Neben dem außenpolitischen Erfolg trug zum Gewinn an öffentlichem Ansehen für die Regierung der erwartungsfrohe Optimismus der interessierten Wirtschaftskreise bei. Hansemann, Chef der Discontogesellschaft, stellte Anfang 1900, als längst wieder Ernüchterung eingekehrt war, rückblickend fest, daß Industrie, Banken und Handel Deutschlands die Inbesitznahme Kiautschous einhellig begrüßt hatten.[111] Sie versprachen sich von dem Stützpunkt bessere Voraussetzungen für die seit langem prognostizierte, bislang ausgebliebene Exportsteigerung und generell bessere Profitmöglichkeiten, weil die Forderungen an Peking auch Eisenbahnkonzessionen und Bergbaurechte enthielten und Schantung als deutsche Einflußsphäre ausgebaut werden sollte. Das Deutsche Reich bot mit der Besatzung in Kiautschou die nötige Sicherheit für den Ausgangspunkt der Bahnen. Der Hafen sollte modernisiert werden.[112] Von Kiautschou aus sollte ein Gebiet dem Handel und Verkehr erschlossen werden, in dem eine zahlreiche Bevölkerung mit relativ hoher Kaufkraft versorgt werden konnte und reiche Erzvorkommen der Ausbeutung harrten. Ferdinand von Richthofen meinte jedenfalls, daß mit Schantung eine der vielversprechendsten chinesischen Provinzen zu hoher Entwicklung geführt werden könnte.[113]

Während sich bislang deutsche Firmen nur marginal am chinesischen Eisenbahnbau beteiligten und sich auch nur selten für Konzessionen beworben hatten, rechneten sie diesmal mit besonderen Vorteilen. Das Auswärtige Amt sah sich seit Ende 1897 einer Flut von Ange-

---

106 Ebenda, S. 899ff.
107 Spitzemberg, Tagebuch, S. 365.
108 BA Koblenz, NL Hohenlohe, Nr. 1608, Bl. 121f.: Münster an Hohenlohe 3.1.1898; GStA Berlin, Rep. 92 NL Waldersee, A I Nr. 24, Bl. 2ff.: Tagebuch 20.1.1898.
109 BA Koblenz, NL Bülow, Nr. 106, Bl. 257: Monts an Lichnowsky 10.1.1898, Bl. 274ff., Monts an Bülow 12.2.1898.
110 HHStA Wien, MdÄ, PA III, Nr. 150, Bl. 78ff.: Bericht aus Berlin 13.2.1898.
111 PA Bonn, China Nr. 4 Nr. 1 secr., Bd. 8, Hansemann an Bülow 22.2.1900.
112 BA Potsdam, AA, Nr. 13028, Bl. 228ff.: Aufz. Mühlbergs 5.5.1898.
113 PJ, Bd. 91 (1898), S. 169ff.

boten zum Eisenbahnbau, zum Bergbau und zur Errichtung von Docks ausgesetzt. Als erstes bewarb sich das älteste deutsche Unternehmen in China, die Firma Carlowitz.[114] Ihre Aussichten sanken, als die Deutsch-Asiatische Bank unter Leitung von Hansemann, verbunden mit allen wichtigen deutschen Großbanken, den größten Montanunternehmen und einer großen Zahl mittlerer und kleiner Betriebe, in das Geschäft einzusteigen trachtete.[115] Die Liste der beteiligten Firmen liest sich wie ein „Gotha" der deutschen Großunternehmerschaft: Deutsche Bank, Dresdner Bank, Discontogesellschaft, Nationalbank für Deutschland, Berliner Handelsgesellschaft, Schaaffhausenscher Bankverein, Warschauer, Mendelssohn, Oppenheim, Norddeutsche Bank sowie Borsig, Bochumer Verein, Schwarzkopff, Hapag, Krupp, Siemens&Halske, Vulcanwerft, Gelsenkirchener Bergwerks AG, Gutehoffnungshütte, Hörder Verein und Vereinigte Königs- und Laurahütte.[116]

Die Reichskanzlei war überzeugt, daß der Eisenbahnbau „die nächste und wichtigste Aufgabe der wirtschaftlichen Erschließung des Landes" darstellte, und begrüßte es, daß das im Entstehen begriffene Syndikat „weite Kreise der deutschen Industrie umfaßt"[117]. Nachdem es der Diplomatie gelungen war, Konkurrenzprojekte von Firmen aus England in Schantung auszuschließen, rechnete Heyking im Februar 1898 dort mit einer langjährigen Tätigkeit des deutschen Kapitals. Doch seiner Schlußfolgerung, daß der Bahnbau in anderen chinesischen Provinzen „uns" gleichgültig bleiben könnte, widersprach Bülow wiederum: „Das ist zu viel gesagt."[118] Auch die interessierten deutschen Wirtschaftskreise, von ihrer Wettbewerbsstärke überzeugt, waren nicht bereit, sich mit der beherrschenden Stellung in Schantung zu begnügen, und verloren ihr Fernziel, die wirtschaftliche Beherrschung des Jangtsetals, nicht aus den Augen.[119] Die Reflektion auf besonders lukrative Wirtschaftsräume entsprach der Forderung des Alldeutschen Verbandes nach einer „energischen Weltwirtschaftspolitik" mit dem Ziel, „uns den gebührenden Anteil an der wirtschaftlichen Ausnutzung der Welt zu sichern"[120].

Vor diesem Hintergrund verschärfte sich in China der Konkurrenzkampf mit den britischen Interessenten, die entschlossen blieben, sich das Jangtsetal als eigene Einflußsphäre zu reservieren. Englische Banken verlangten von Peking im Frühjahr 1898 Konzessionen für den dortigen Bahnbau im Ausgleich für die Konzessionen an Deutschland und Rußland.[121] Neue Nachrichten über eigene Exportrückgänge zum Vorteil der deutschen Ausfuhr beunruhigten seit Anfang 1898 die englische Öffentlichkeit und heizten den Konkurrenzkampf an.[122]

---

114 BA Potsdam, AA, Nr. 13028, Bl. 13ff.: Wahl an AA 28.11.1897, Bl. 69ff.: Carlowitz an AA 22.12.1897.
115 Ebenda, Bl. 78: Hansemann an AA 17.1.1898, Bl. 90: Deutsche Banken an AA 10.2.1898.
116 Ebenda, Bl. 90: Deutsche Banken an AA 10.2.1898, Bl. 104ff.: Hansemann an AA 5.3.1898, Protokoll Syndikat 12.2.1898.
117 BA Potsdam, Reichskanzlei, Nr. 563, Bl. 216ff.: Denkschrift zur Entwicklung Kiautschous Oktober 1898.
118 Ebenda, AA, Nr. 13028, Bl. 173ff: Heyking an Reg.-Baumeister Hildebrandt 10.2.1898 mit Randbemerkungen Bülows.
119 PA Bonn, England Nr. 78, Bd. 11, Zeitungsausschnitte; Ratenhof, Chinapolitik, S. 148ff.
120 BA Potsdam, AA, Nr. 13251, Bl. 61: Zeitungsausschnitt.
121 Ebenda, Nr. 15284, Bl. 48ff.: Aufz. Heykings 26.4.1898.
122 Ebenda, Nr. 9083, Bl. 143ff.: Hatzfeldt an Hohenlohe 11.1.1898 mit Beilagen.

Der außenpolitische Durchbruch und die wirtschaftlichen Erwartungen förderten im Zentrum und in der Freisinnigen Vereinigung die Bereitschaft, der neuen Flottenvorlage zuzustimmen, die den Übergang zum Schlachtflottenbau bedeutete. Unverblümt hieß es in der „Centrumscorrespondenz": „Die Ereignisse in Kiautschou und die neuen Hoffnungen für den Handel und die Missionen haben die Opferwilligkeit für die Marine gesteigert."[123]

Der Verweis auf Kiautschou in der Reichstagsdebatte im März 1898 lag nahe, weil wie bei der Beratung der Flottenvorlage ein Jahr zuvor die neomerkantilistischen und prestigepolitischen Argumente die Diskussion prägten.[124] Doch die in der neuen Vorlage anvisierte Flotte besaß eine ganz andere Dimension. Nichts hätte also näher gelegen, als im Reichstag die außenpolitischen Gefahren zu diskutieren, die mit ihr heraufbeschworen werden konnten. Abgesehen von einer einzigen Ausnahme, die noch zu besprechen sein wird, geschah das jedoch nicht. Fragt man nach den Gründen, sind die der Regierung leicht zu bezeichnen. Sie hat ganz bewußt darauf verzichtet, in der Vorlage die politischen Motive aufzuführen, um, wie Tirpitz im Staatsministerium hervorhob, den potentiellen Gegnern keine Argumente und kein Material in die Hand zu geben.[125] Haben auch die bürgerlichen Parteien entsprechende Hinweise erhalten? Belegen läßt sich das bislang nicht.

Hinsichtlich der Sicherheitsinteressen des Reiches verdeutlicht das Verfahren der Regierung immerhin, daß sie die außenpolitischen Folgen des Flottenbaus besonders für das Verhältnis zu England kritisch sah. Und intern hatten Bülow und Tirpitz auch keinen Zweifel daran gelassen, daß der Flottenbau die Spannungen mit England erhöhen mußte. Doch welche Rolle spielten in ihren Überlegungen die letzten Konsequenzen? Eine Flotte, die der britischen wirklich Konkurrenz machte und am Ende die Fähigkeit zur Bedrohung Englands besaß, wurde in London als unvereinbar mit den britischen Sicherheitsinteressen betrachtet. Es scheint so, als ob die Berliner Führung eine solche Konsequenz nicht ins Kalkül zog. Vielmehr war die Flotte als Mittel gedacht, Gleichberechtigung für Deutschland in der Weltpolitik und latente Suprematie auf dem Kontinent zu garantieren. Sie sollte gewährleisten, bei weltpolitischen Vorstößen nicht mehr an England zu scheitern, sondern es erfolgreich unter Druck setzen zu können. Doch wo lag die Grenze zur Bedrohung, vor allem in den Augen der Engländer? Gebot nicht das eigene deutsche Sicherheitsinteresse, die Möglichkeit zu erwägen, daß die Engländer wegen ihrer Sicherheitsbedenken die gefährlichste Version, England Paroli bieten zu können, auch wenn sie derzeit unrealistisch blieb, zur Grundlage ihrer Planung erheben mußten? Taktisches Verschweigen der eigentlichen Motive konnte diese Richtung eher noch fördern. Insofern mußte Bebels Rede, mit der er die grundsätzlichen außenpolitischen Gefahren des Flottenbaus bloßlegte, die derzeitigen Beweggründe der Regierung jedoch nicht traf, die Besorgnis in England noch erhöhen: „Zu glauben, daß wir mit unserer Flotte, [...] wie es jetzt gefordert wird, den Kampf mit England aufnehmen könnten, das grenzt an Wahnsinn."[126] Die Regierung verzichtete wiederum auf eine Klarstellung.

England reagierte auf die Vorlage eher zurückhaltend, und von Bedrohung war kaum die Rede. Doch Flottenverstärkungen wurden umgehend vorbereitet. Als zwei Jahre später in

---

123 Germania, Nr. 49, 2.3.1898.
124 Sten. Berichte RT, 9. Leg.-Per., 5. Session, S. 43ff., S. 1705ff.
125 Berghahn/Deist, Rüstung, S. 144.
126 Sten. Berichte RT, 9. Leg.-Per., 5. Session, S. 1746.

Berlin mit einem neuen Gesetz eine Steigerung des Flottenbaus festgelegt wurde, sah eine besorgte Mehrheit in Großbritannien auch den Auftakt mit anderen Augen.

So bleibt nach der positiven Wirkung des außenpolitischen Erfolges auf die Flottenentscheidung zu fragen, ob er der Regierung auch innenpolitisch ihre Basis stärkte und verbreiterte und ob er die Chancen erhöhte, die sich um die Sammlungspolitik rankenden Ziele zu verwirklichen.

Schon eine Woche nach der Okkupation setzte selbst Miquel auf einmal auf die erfolgreiche Außenpolitik, um bei der Kooperation „der besitzenden Klassen" und „für ein möglichst gutes Verhältnis mit dem Zentrum" voranzukommen: „In auswärtigen Fragen würden die Gefühle der Nation am meisten auf einen gemeinsamen Nenner gebracht. Unsere unleugbaren Erfolge in der auswärtigen Politik würden bei einer Besprechung im Reichstag einen guten Eindruck machen und dadurch die politischen Gegensätze gemildert werden."[127] Für Bülow galt dieser Grundsatz noch stärker in einem strategischen Sinn. Er schrieb am Jahresende an Eulenburg: „Ich lege den Hauptakzent auf die auswärtige Politik. Wenn unser Volk fortgefahren hätte, sich nur mit Artikel 272 Absatz II der Militärstrafgerichtsvorlage, Prozeß Leckert-Lützow-Tausch und ähnlichem zu beschäftigen, trieben wir Zuständen wie den österreichischen entgegen [...] Nur eine erfolgreiche äußere Politik kann helfen, versöhnen, beruhigen, sammeln, einigen."[128] Aber er vergaß nicht hinzuzufügen, was geschehen wäre, wenn die ostasiatische Aktion zu einem Mißerfolg geführt hätte. Dann, daran hatten Miquel und Posadowsky ihm gegenüber am Tage der Landung keinen Zweifel gelassen, sähe man sich bei der „grenzenlosen Unpopularität Seiner Majestät" „österreichischen" Zuständen ausgesetzt. Daran ist zu erkennen, welchen Ansehensverlust das kaiserliche Regime zuvor erlitten hatte.

Um so größer waren nun Autoritätsgewinn und Erwartungshaltung. Vor allem Bülow profitierte davon. Seine Führungsposition in der Regierungsspitze erwies sich in kürzester Frist als unangefochten. Die überschäumende Begeisterung das Kaisers über seinen Staatssekretär[129] führte zu einem politischen Bewegungsspielraum, den sein Vorgänger niemals besessen hatte. Dadurch gewann auch das Auswärtige Amt höheres Ansehen unter den Regierungsämtern zurück, und seine Reibereien mit dem Kaiser schienen überwunden.[130] Mehr noch: Stabilität der Führung und Homogenität der obersten Regierungsbehörden hatten nach dem Personenwechsel des vergangenen Sommers insgesamt sichtbar zugenommen.

Natürlich registrierte Bülow den großen Gewinn an Ansehen, den eigenen wie den der Regierungspolitik, mit Genugtuung. Doch während er am Jahresende noch abgewogen unterschied zwischen den „monarchisch-national gesinnten Kreisen", die „zufriedener und hoffnungsfreudiger" agierten, und den inneren Gegenströmungen, die zwar zurückgedrängt, aber nicht geschlagen seien, sah er zwei Monate später selbst in den inneren Streitfragen „die Stimmung [...] eine ganz andere geworden"[131]. Wie es scheint, haben erst die Kiautschouaktion und ihre Wirkung dem Staatssekretär die Augen ganz geöffnet, daß sich außen-

---

127 GStA Berlin, Rep. 90a, Abt. B, Tit. III 2b, Nr. 6, Bd. 131, Bl. 258ff.: Staatsministerialsitzungsprotokoll 22.11.1897.
128 Eulenburg, Korrespondenz, Bd. 3, S. 1877f.
129 BA Koblenz, NL Bülow, Nr. 150, Heft III, Bl. 27; PA Bonn, Deutschland Nr. 122 Nr. 2f., Bd. 1, Wilhelm II. an Bülow 7.12.1897.
130 HHStA Wien, MdÄ, PA III, Nr. 150, Bl. 78: Bericht aus Berlin 13.2.1898.
131 Eulenburg, Korrespondenz, Bd. 3, S. 1877ff., 1884ff.

Der Start in die Weltpolitik: Die Okkupation von Kiautschou (1897/98)

politischer Erfolg in innenpolitischen Prestige- und Stabilitätsgewinn umsetzen ließ. Doch die frühzeitig und im Ausmaß überraschend eingetretene positive Stimmung ließ ihn diese ebenso überschätzen wie überhaupt die manipulatorischen Möglichkeiten auf diesem Terrain.

In der Reform der Militärstrafprozeßordnung kam im März 1898 im Reichstag die seit einiger Zeit diskutierte Kompromißformel zur Annahme. Ein langjähriger innenpolitischer Streit fand sein Ende. Doch von weit größerem Gewicht war die Auseinandersetzung mit der Sozialdemokratie. Obgleich Kultusminister Bosse ein „gewisses Vertrauen" zwischen Kaiser, Regierung und Bevölkerung zurückgewonnen sah[132], blieben die Erwartungen gering, der Start in die Weltpolitik könnte zu einem Stimmungsumschwung in der Arbeiterschaft führen. Die „Interessen des Vaterlandes" entwickeln bei den unteren Schichten wenig Zugkraft, gab der badische Großherzog einer weitverbreiteten Überzeugung Ausdruck.[133] Doch selbst in sozialdemokratisch dominierten Arbeiterkreisen bildete sich Vaterlandsbewußtsein, auch wenn ihre Opposition gegen Expansion und Außenpolitik erhalten blieb. In der übrigen Arbeiterschaft gewann der Nationalismus schon Resonanz, im ländlichen wie im städtischen Milieu besonders über die zahllosen Vereine, über Kirche und Militär. Natürlich wirkten dabei Erfolge besonders begeisternd. Eduard Bernsteins revisionistischer Vorstoß begann besonders bei Bülow Hoffnungen auf einen Wandel der Sozialdemokratischen Partei zu wecken. Das mag ein Grund dafür gewesen sein, auf eine rigorose Ausnahmegesetzpolitik zu verzichten; vor allem jedoch war sich die Regierung nach allen Erfahrungen seit 1895 darüber im klaren, sie nicht durchsetzen zu können. Zu einer konsequenten Sozialpolitik entschloß sie sich freilich ebensowenig, nur zu einem „schrittweisen Fortschreiten in vorsichtiger Weise" konnte sie sich in ihrem Programm[134] durchringen, weil, wie Miquel zur Begründung der Zurückhaltung meinte, die weitere Inanspruchnahme der „sehr belasteten Arbeitgeber" vermieden werden müsse.[135] Eine überzeugende Sozialpolitik hätte dem Einfluß des Nationalismus im Proletariat weit größeren Vorschub leisten und selbst in der Sozialdemokratie die prinzipielle Opposition zum Staat in Verbindung mit dem Vaterlandsgedanken vermindern und schließlich wandeln können. Diese Entwicklungsrichtung wurde zusätzlich erschwert, als ein Geheimerlaß Posadowskys vom Dezember 1897 bekannt wurde, in dem er die Regierungen der Einzelstaaten aufforderte, Vorschläge für gesetzliche Regelungen gegen das Streikrecht und gegen die Koalitionsfreiheit zu unterbreiten.

Aus den programmatischen Überlegungen der Regierung für die bevorstehenden Wahlen läßt sich ablesen, wie sie den außenpolitischen Autoritätsgewinn in größere Stabilität und Homogenität der Regierungspolitik umsetzen wollte. Vor allem aber sollte die breitere Zustimmung zur Weltpolitik übergeleitet werden in ein stabiles Zusammengehen der staatserhaltenden Kräfte und Parteien, wozu sie neben den konservativen Parteien und den Nationalliberalen vor allem das Zentrum zählte. Um diesen Übergang zu erleichtern, sollten „rein politische" Streitfragen vermieden und vor allem auf Wahlrechtseinschränkungen und Repressionsgesetzgebung verzichtet werden. Die Regierung hoffte vielmehr, daß die mit der Sammlungspolitik verbundene Orientierung auf wirtschaftliche Interessen im Zentrum auf

---

132 Röhl, Deutschland, S. 224.
133 Friedrich I. von Baden, 4. Bd., S. 20.
134 Abgedr. bei: Puhle, Interessenpolitik, Anhang.
135 GStA Berlin, Rep. 90a, Abt. B, Tit. III 2b, Nr. 6, Bd. 132, Bl. 163: Staatsministerialsitzungsprotokoll 30.12.1897.

positiven Widerhall stoßen werde.[136] Zollerhöhung, Agrargesetzgebung und Mittelstandsförderung waren nicht zuletzt auf die Interessen der mittleren und kleinen Unternehmer sowie der größeren und mittleren Bauern im Zentrum abgestimmt, und seine agrarische Fraktion war es auch, die ein Einlenken auf die Sammlungspolitik empfahl. Zwei Monate vor der Wahl unterstrich Miquel: Um die „Ordnungsparteien" und das Zentrum auf Regierungskurs zu bringen, „könne man die Mittelklassen, Bauern und Handwerker unbedenklich der fortgesetzten Fürsorge der Regierung versichern" und müsse man die Zölle erhöhen.[137]

Zu diesem Kurs gab es allerdings selbst im Regierungslager viele kritische Stimmen. Marschall warnte Eulenburg, die proagrarische Sammlungspolitik werde bei den Wahlen die Wirkung der erfolgreichen Außenpolitik wieder aufheben.[138] Tatsächlich konnte die Ausrichtung auf einseitiges wirtschaftliches Profit- und Klasseninteresse das nationale Element verblassen lassen. Das erwies sich auf verheerende Weise bei den Auseinandersetzungen um den Wahlaufruf des Wirtschaftlichen Ausschusses. Gegen dieses extrem protektionistische Programm wandten sich selbst das Zentrum und ein Teil der Nationalliberalen.[139] Initiiert von den Linksliberalen sowie der Exportindustrie, dem Handelsbürgertum und den Großbanken kam ein Gegenaufruf zustande, der sich gegen die Bevorzugung einzelner, besonders agrarischer Interessen wandte und die Sammlungspolitik als „irreführendes Schlagwort" zurückwies.[140]

So wurde der Stabilisierungseffekt, der mit der Okkupation auf der Basis der Weltpolitik eintrat, am Ende durchkreuzt: Die Gräben zwischen den konservativen Parteien und den Nationalliberalen rissen neu auf; innerhalb der Nationalliberalen kam es zu tiefgreifenden, die Partei beherrschenden Differenzen zwischen Befürwortern und Gegnern des Protektionismus; die Freisinnige Vereinigung befand sich neuerlich in Kontrastellung zur Reichsleitung. In den Wahlprogrammen spielte Weltpolitik nur eine marginale Rolle. Schließlich einigte alle diese Parteien einschließlich des Zentrums mit Ausnahme der Konservativen das Mißtrauen gegen die Regierung, weil sie ihr unterstellten, neue Ausnahmegesetze vorzubereiten.

Faktisch gestand die Regierung das Scheitern ihrer Wahlprogrammatik ein, als sie sich kurz vor der Wahl entschloß, auf das alte Mittel der Sozialistenfurcht zu setzen. Im Juni und nochmals vor der Stichwahl rief sie die bürgerlichen Parteien auf, es sei ihre wie der Staatsführung oberste Pflicht, interne Differenzen beiseite zu legen und geschlossen gegen die Sozialdemokraten Front zu beziehen.[141]

Doch bei der Wahl erhöhte die SPD ihren Stimmenanteil von 23,3% auf 27,2%. Die Wählerzahlen für die drei Kartellparteien und die Linksliberalen gingen, wenn auch geringfügig, zurück, das Zentrum konnte seine Position behaupten.[142] Die Grenzen der Sammlungspolitik waren aufgezeigt. Unter ihrem Vorzeichen hatte sich der außenpolitische Gewinn für die Regierung bei der Wahl nicht bezahlt gemacht.

---

136 Ebenda, Bd. 131, Bl. 259ff.: Staatsministerialsitzungsprotokoll 22.11.1897.
137 Ebenda, Bd. 134, Bl. 292ff.: Staatsministerialsitzungsprotokoll 19.4.1898.
138 Eulenburg, Korrespondenz, Bd. 3, S. 1883.
139 Stegmann, Erben, S. 74.
140 BA Potsdam, AA, Nr. 13251, Bl. 80: Zeitungsausschnitte.
141 GStA Berlin, Rep. 90a, Abt. B, Tit. III 2b, Nr. 6, Bd. 135, Bl. 161ff.: Staatsministerialsitzungsprotokoll 17.6.1898; Schulthess 1898, S. 130f.
142 Das Deutsche Kaiserreich, S. 366f.

3. Freihandpolitik und Bagdadbahnprojekt (1898/99)

Ostasien, besonders China, blieb ein Zentrum des Interesses der großen Mächte. Als im April 1898 der Krieg zwischen Spanien und den USA ausbrach, verfolgten diese erstens das Ziel, sowohl den Volksaufstand in Kuba zu beenden als auch die zur Erstickung der revolutionären Bewegung offensichtlich unfähige spanische Kolonialherrschaft auszuschalten, um zum einen die wirtschaftliche Prosperität zu stabilisieren und zum anderen die Vormacht der Vereinigten Staaten in Mittelamerika zu sichern. Zweitens aber bot der Krieg die Chance, Spanien die Philippinen zu entreißen und ein Sprungbrett nach China zu gewinnen, um dort gegen die latenten Aufteilungsabsichten das Prinzip der „offenen Tür", die Freiheit des Handels im Interesse der starken Wirtschaftsmächte zu gewährleisten.[1] So beschloß die amerikanische Regierung nach Kriegsausbruch, das Pazifikgeschwader und ein Expeditionskorps nach den Inseln zu entsenden, um Manila, wie seit zwei Jahren vorgesehen, als Stützpunkt zu besetzen. Doch dabei blieb es nicht. Um konkurrierenden Mächten, die sich ebenfalls auf den Philippinen festsetzen wollten, zuvorzukommen, entschloß sich Washington, das gesamte Archipel in Besitz zu nehmen. Grausam erstickte es die Unabhängigkeitsbewegung. Mit den Philippinen, Hawaii sowie den Inseln Wake und Guam verfügten die USA schließlich über eine feste Stützpunktkette auf dem Weg nach Asien.

Die Reaktion der deutschen Reichsleitung auf den Krieg ließ sich von drei Faktoren leiten. Erstens galt es, den umfänglichen, von der amerikanischen Zollpolitik jedoch bedrohten Export in die USA nicht noch stärker zu gefährden. Die zollpolitischen Differenzen hatten in den vergangenen Jahren öfters politische Dimensionen erhalten, beispielsweise als der deutsche Kaiser versuchte, europäische Großmächte zu einer kontinentalen Kooperation gegen die USA zu veranlassen. Trat zu diesen latenten Spannungen jetzt eine dezidiert USA-feindliche Position Deutschlands in dem Krieg hinzu, war zweitens zu gewärtigen, daß die Gefährdungen für die Freihandpolitik wuchsen, wenn sich die Vereinigten Staaten unter deutschfeindlichem Vorzeichen den Konkurrenten England oder Rußland näherten. Unter expansionspolitischem Vorzeichen konnte drittens die Chance von Kompensationen entstehen, wenn es durch den Krieg zu territorialen Veränderungen kam. Wahrscheinlich würde es zur Auflösung der Reste des spanischen Kolonialreiches kommen, an dem zu partizipieren Deutschland angesichts der knapp gewordenen kolonial geeigneten freien Territorien seit langem hoffte.

Alle diese Gesichtspunkte empfahlen der Berliner Zentrale die Neutralität, allerdings mit deutlichem Wohlwollen in Richtung Amerika. „Mitentscheidend aufzutreten" – dafür fehlte, so Tirpitz, auch die Flotte. Deshalb kam ihm der Krieg entschieden zu früh.[2] Während der Kaiser noch im Herbst 1897 auch aus monarchischer Solidarität für ein Eingreifen der europäischen Mächte in dem sich abzeichnenden Konflikt zugunsten Spaniens plädierte[3], war Bülow von Anfang an entschlossen, Spanien nicht zu unterstützen. Obgleich er auch gegenüber deutschen Diplomaten sein Interesse am Erhalt der spanischen Dynastie und deshalb an der Rettung des Friedens betonte, lehnte er jede diplomatische Initiative des Reiches zu einer konzertierten Aktion europäischer Mächte zum Vorteil Spaniens ab.[4] Ein konflikt-

---

1 Vgl. für das folgende: Wehler, Grundzüge, S. 209ff.
2 BA Koblenz, NL Bülow, Nr. 22, Bl. 255: Aufz. Klehmets 16.3.1898.
3 Pommerin, Kaiser, S. 73ff.
4 BHStA München, MA Nr. 2676, Bericht aus Berlin 27.3.1898; SHA Dresden, Außenministerium, Nr. 3311, Bericht aus Berlin 6.4.1898.

freies deutsch-amerikanisches Verhältnis war ihm wichtiger.[5] Dabei sah er sich durch die innenpolitische Lage zum Taktieren veranlaßt. Die nachteiligen Wirkungen der Washingtoner Zollpolitik und die amerikanische Getreidekonkurrenz förderten prospanische Sympathien bei den Konservativen und Nationalliberalen, selbst im Zentrum gab es Widerspruch gegen die amerikanische Zuckerpolitik. Eine proamerikanische Stimmung bestand lediglich bei den freisinnigen und sozialdemokratischen Oppositionsparteien.[6] Noch 1919 war es Bülow eine Notiz wert, 20 Jahre zuvor der prospanischen Mentalität des Reichstages widerstanden zu haben.[7] Unterstützung erfuhr er ausgerechnet von Herbert von Bismarck, der sich überhaupt gegen eine deutsche Stellungnahme für die eine oder andere Seite wandte, sondern empfahl, aus dem Krieg selbst Vorteil zu ziehen.[8]

Für Bülows Haltung gaben seine Prämissen der Freihandpolitik den Ausschlag. Er hatte sich in Petersburg bestätigen lassen, daß Rußland sich nicht an einem prospanischen Vorstoß beteiligen würde, weil ein solcher eine britisch-amerikanische Kooperation geradezu fördern müßte, die Rußland vor allem in Ostasien fürchtete.[9] Bülow fand seine Ansicht bestätigt, daß London alles tat, diese Verbindung für den Entscheidungskampf mit Rußland zustande zu bringen. Am 30. Juni erklärte er dem sächsischen Gesandten – und am gleichen Tag auch dem Vertreter Bayerns[10] –, daß England „in nicht zu ferner Zeit genötigt sein wird, in Asien mit Rußland um seine Existenz zu kämpfen, und es scheint bereit zu sein, jedes Opfer zu bringen, ja eventuell sogar Kanada und Westindien aufzugeben, wenn es sich um diesen Preis die Bundesgenossenschaft Amerikas für jenen Entscheidungskampf sichern kann"[11]. England unterstützte deshalb nach Bülows Überzeugung das Festsetzen der USA in China, weil dann deren auf den freien Handel gerichtete Prinzipien mit den russischen kollidieren mußten. Aber der Staatssekretär schloß ebensowenig aus, daß es Rußland gelingen könnte, selbst die USA als Partner gegen England zu gewinnen.[12] Im Grunde fürchtete er, die USA könnten in dem englisch-russischen Entscheidungskampf durch ihre Parteinahme für die eine oder andere Seite gleichsam an Stelle Deutschlands in die ausschlaggebende Position gelangen. Wenn ein deutschfeindliches Amerika die eine Seite übermäßig stärkte, blieb dem Reich nur übrig, sich der schwächeren Seite zuzuwenden oder sich jeder Beteiligung zu enthalten.

Als nach dem Sieg der amerikanischen über die spanische Flotte die Philippinenfrage in ein akutes Stadium geriet, mußte Bülow versuchen, einen gangbaren Mittelweg zu finden, der diesen erwarteten außenpolitischen Erfordernissen ebenso Rechnung trug wie den sich nachdrücklich bemerkbar machenden Forderungen der imperialistischen Strömungen in Deutschland, die Philippinen selbst in Besitz zu nehmen oder wenigstens eine koloniale Kompensation zu erhalten. Das Auswärtige Amt suchte deshalb die Verständigung mit London und Washington. Zunächst plädierte es unter Hinweis auf deutsche Interessen auf der Inselgruppe für eine Aufteilung mit dem Argument, ihre Abtretung an eine Großmacht

---

5 Pommerin, Kaiser, S. 80; Kaikkonen, Deutschland, S. 60ff.; Jerussalimski, Außenpolitik, S. 644f.
6 Ebenda, S. 641ff.
7 BA Koblenz, NL Bülow, Nr. 151 J, Bl. 60: Merkbuch 1919.
8 Ebenda, Nr. 66, Bl. 427: H.v. Bismarck an Bülow 15.3.1898.
9 BHStA München, MA Nr. 95007, Bericht aus Berlin 30.6.1898.
10 Ebenda.
11 SHA Dresden, Außenministerium, Nr. 3311, Bericht aus Berlin 30.6.1898.
12 Ebenda.

bedeute eine bedenkliche Machtverschiebung, bei der auch Deutschland zu bedenken sei.[13] Zur Erkundung der Lage, aber auch, um Entschlossenheit zu demonstrieren, entsandte Berlin im Mai und Juni mehrere Kriegsschiffe vor die philippinische Küste. Dieser Vorstoß gewann rasch ein Eigengewicht: Die regierungstreue Presse applaudierte emphatisch, Tirpitz verlangte die Inbesitznahme Manilas, und mit der amerikanischen Flottenmacht vor den Insel schienen Friktionen bevorzustehen.[14] Doch sogar die Marineführung warnte vor einer kriegerischen Alternative. Deutsche Flottenstützpunkte gewännen ihren Wert erst dann, ließ Admiral Knorr das Auswärtige Amt wissen, wenn nach dem Bau der deutschen Schlachtflotte im Bündnis mit Rußland und Frankreich die englische Seeherrschaft in einem Krieg wirklich gefährdet werden könnte.[15] Dieses Votum bestärkte Bülow in seiner Verständigungsbereitschaft mit London und Washington, zumal sich auch die Hoffnung nicht verwirklichte, mit der Philippinenfrage das englisch-amerikanische Verhältnis zu belasten.[16] Salisbury durchschaute die deutsche Absicht und blockte ab.[17] Nun trat im Auswärtigen Amt die Kompensationsfrage noch stärker in den Vordergrund. Die Kolonialabteilung fertigte eine Übersicht über lukrative Objekte an – es handelte sich hauptsächlich um Gebiete, die sich im Besitz Spaniens und Portugals befanden.[18] Die mit London eingeleiteten Gespräche über das Schicksal der portugiesischen Kolonien in Afrika schienen eine Einigung nicht auszuschließen. In Madrid begannen Sondierungen über die Abtretung der Karolinen an Deutschland. Wenig erfolgversprechend verliefen dagegen im Juli Gespräche O. v. Richthofens mit dem USA-Botschafter White, in denen der Stellvertretende Staatssekretär auf einem Stützpunkt auf den Philippinen ebenso wie auf der Übernahme des amerikanischen Teils von Samoa als Ausgleich für die Annexion Hawaiis beharrte.[19] Die diplomatischen Spannungen mit den Vereinigten Staaten wuchsen, doch Mitte August schuf der amerikanisch-spanische Friedensschluß in der Philippinenfrage vollendete Tatsachen zum Vorteil der USA.

Obwohl Holstein in höchstem Zorn am liebsten Krieg gegen die USA geführt hätte[20], die Linie Bülows und des Amtes war das nicht. Der Staatssekretär war gewiß, daß die Kompensationsfrage nur im Einklang mit Amerika und England zum Vorteil des Reiches zu regeln sei. Aber angesichts des Drucks der Öffentlichkeit hielt er einen kolonialen Zugewinn für zwingend geboten.[21] Dem Alldeutschen Verband ließ er allerdings den Hinweis zukommen, auf seinem bevorstehenden Kongreß über mögliche deutsche Kolonialobjekte zurückhaltend zu diskutieren.[22] Sicher wollte er nicht die laufenden Verhandlungen über die portugiesischen Kolonien gefährden. Darüberhinaus suchte er das in London geschürte und von der englischen Presse forcierte Mißtrauen der USA gegenüber deutschen kolonialen Ambitionen abzubauen. So riet der sächsische Gesandte seiner Regierung, die derzeit in der

---

13 PA Bonn, BL, Bd. 403/3, Hatzfeldt an AA 11.5.1898.
14 Jerussalimski, Außenpolitik, S. 649ff.; Pommerin, Kaiser, S. 84.
15 PA Bonn, Deutschland Nr. 167, Bd. 1, Admiral Knorr an Wilhelm II. 1.7.1898.
16 Ebenda, BL, Bd. 404/1, Holstein an Hatzfeldt 6.8.1898.
17 Ebenda, Hatzfeldt an AA 8.8.1898.
18 Ebenda, Deutschland Nr. 167, Bd. 1, Notizen der Kolonialabteilung o. D. (September 1898).
19 Pommerin, Kaiser, S. 90; Winzen, Englandpolitik, S. 192.
20 Ebenda, S. 200; Holstein, Papiere, Bd. 4, S. 81f.
21 SHA Dresden, Außenministerium, Nr. 3311, Bericht aus Berlin 19.8.1898; HHStA Wien, MdÄ, PA III, Nr. 150, Bl. 449ff.: Bericht aus Berlin 27.8.1898.
22 PA Bonn, Deutschland Nr. 167, Bd. 1, Pückler-Muskau an Bülow 15.8.1898, Bülow an Arnim 23.8.1898.

deutschen Presse betonte koloniale Zurückhaltung „nicht so recht ernst zu nehmen", denn es gelte, in den USA englische Gerüchte über angebliche deutsche Ansprüche zu entkräften.[23] Als zur gleichen Zeit der Präsident der Dominikanischen Republik aus Furcht vor den USA Deutschland eine Insel zur Pacht anbot, lehnte Bülow diesen Vorschlag ab, um das Verhältnis zu den Vereinigten Staaten nicht zu belasten.[24] Nachdem Berlin in der Philippinenfrage nachgegeben hatte, konnte bereits wenige Wochen nach dem Friedensschluß die deutsch-amerikanische Spannung als überwunden gelten.[25] Botschafter Holleben empfahl nun, langfristig auf eine freundschaftliche Annäherung an die USA zu setzen in der Hoffnung, doch noch zu kolonialen Kompensationen zu gelangen.

Dem gleichen Zwecke sollte die anstehende Neuregelung der Handelsverhältnisse dienen[26], die das deutsch-amerikanische Verhältnis in den folgenden Monaten beherrschte. Die Agrarier verlangten im Winter 1898/99 von der Regierung massiven Druck auf Washington, schlugen sogar vor, das Meistbegünstigungsverhältnis aufzukündigen und wollten den Zollkrieg in Kauf nehmen, weil sie den deutschen Markt von amerikanischen Agrarimporten zu entlasten trachteten. Deutschland werde den amerikanischen Markt für Industrieprodukte ohnehin verlieren[27], wie besonders Herbert von Bismarck inzwischen beteuerte. Die Nationalliberalen sprachen sich hingegen wegen der industriellen Exportinteressen für eine Einigung mit Nordamerika aus.[28] Dieser Linie schloß sich Bülow an, auch aus außenpolitischen Erwägungen. Er zeigte sich gegenüber amerikanischen Forderungen nach erleichterter Einfuhr von Agrarprodukten aufgeschlossen, gab schließlich sein Beharren auf der unbeschränkten Meistbegünstigung auf und schloß sich der amerikanischen Reziprozitätsauffassung an.[29] Seine handelspolitische Konzessionsbereitschaft begründete er am 22. Dezember im Staatsministerium mit den grundlegenden Prämissen der Freihandpolitik. Die „politische Feindschaft" der USA müsse „unsere Lage sowohl England wie Rußland gegenüber verschlechtern"[30].

Nachdem Deutschland im Streit um die Philippinen leer ausgegangen war, versuchte das Auswärtige Amt, in hektischer Aktivität doch noch am Erbe des spanischen Kolonialreiches zu partizipieren. Im September 1898 konnte Radowitz in Madrid ein Abkommen erreichen, das Deutschland ein Vorkaufsrecht für die Karolinen sicherte.[31] Am 12. Februar 1899 kaufte schließlich das Reich von Spanien für 17 Millionen Mark neben den Karolinen auch noch die Marianen- und Palau-Inseln. Wirtschaftliche Bedeutung besaßen die Inseln nicht; lediglich strategisch versprachen sie einigen Wert. Der Prestigegewinn dieses territorialen Zuwachses schien der Reichsleitung geboten angesichts der territorialen Machtverschiebungen, die aus dem spanisch-amerikanischen Krieg resultieren. Noch freilich blieb der Vorgang geheim, denn die Zustimmung durch die Cortes galt nicht als sicher.

---

23 SHA Dresden, Außenministerium, Nr. 3311, Bericht aus Berlin 19.8.1898.
24 PA Bonn, Deutschland Nr. 167, Bd. 1, Bülow an Holleben 30.8.1898, Holleben an AA 1.9.1898.
25 HHStA Wien, MdÄ, PA III, Nr. 150, Bl. 492: Bericht aus Berlin 10.9.1898.
26 Vagts, Deutschland, S. 1366ff.
27 BA Koblenz, NL Bülow, Nr. 66, Bl. 508: H.v. Bismarck an Bülow 4.2.1899.
28 Ebenda, Bl. 504: H.v. Bismarck an Bülow 3.2.1899.
29 Pommerin, Kaiser, S. 195ff.; Lekschas, Reibungsflächen, S. 162ff.
30 GStA Berlin, Rep. 90a, Abt. B, Tit. III 2b, Nr. 6, Bd. 136, Bl. 259f.: Staatsministerialsitzungsprotokoll 22.12.1898.
31 Pommerin, Kaiser, S. 92ff.

Doch so wichtig im einzelnen die Vorgänge, die aus dem spanisch-amerikanischen Krieg resultierten, auch waren – 1898/99 standen sie nicht im Zentrum der außenpolitischen Überlegungen der Reichsleitung. Erheblich größeres Gewicht besaßen die deutsch-englischen Verständigungsgespräche, die hauptsächlich in der ersten Jahreshälfte 1898 in London stattfanden. Doch sind diese Annäherungsversuche, die sich 1901 noch einmal verdichteten, nicht entschieden überbewertet worden? Nach dem Ersten Weltkrieg verwiesen bedeutende liberale deutsche Historiker auf der Suche nach den Kriegsgründen und nach möglichen Alternativen auf die angeblich durch die Schuld der deutschen Reichsleitung gescheiterten Bündnisverhandlungen, die, so Friedrich Meinecke, zur Folge hatten, „daß die Weltverhältnisse sich umgestalteten und schließlich zur Katastrophe führten"[32]. Aber auch über 40 Jahre später meint Gregor Schöllgen, angesichts der um 1900 bestehenden Möglichkeiten müsse die mit dem Scheitern des Arrangements verbundene „Entwicklung mit dem Ergebnis einer zusehends eskalierenden Entfremdung als erster Schritt in die Katastrophe des Juli 1914 gewertet werden"[33]. Doch damals wie heute gab und gibt es Historiker, die, wie seinerzeit Gerhard Ritter, skeptisch sind, ob eine ernsthafte Bündnischance wirklich bestanden habe.[34] Zuletzt hat Nipperdey eine eindeutige Antwort eher vermieden: Die alte Standardformel von der „verpaßten Chance" sei „nicht einfach falsch – nur ob da wirklich eine Chance war, das wissen wir nicht, ja man kann daran sehr grundsätzlich zweifeln"[35].

Um zu einer Bewertung der Gespräche zu gelangen, ist es notwendig, die Motive beider Seiten zu untersuchen. Zu diesem Zweck soll knapp, denn die Einzelheiten sind seit langem bekannt, der Vorgang selbst dargestellt werden.[36]

Die Sondierungen begannen Ende März 1898, als die englisch-russischen Verständigungsversuche wegen der russischen Entscheidung, Port Arthur in Besitz zu nehmen, scheiterten, und London die Besetzung Wei-hai-weis vorbereitete. Vermittelt von dem Londoner Alfred de Rothschild kam es am 25. März zu einem ersten Gespräch zwischen Arthur Balfour und Hatzfeldt, in dem der den Premierminister vertretende Schatzkanzler den Wunsch nach Annäherung in allgemeiner Form bekundete. Vier Tage später traf sich Hatzfeldt mit dem Kolonialminister Chamberlain. Für letzteren ergab sich nicht allein aus den ostasiatischen Gegensätzen mit Rußland, sondern auch aus den kolonialexpansiven Zuspitzungen mit Frankreich im afrikanischen Nigergebiet die Notwendigkeit, die bisherige Isolationspolitik zu korrigieren und, wie Hatzfeldt meldete, zu „einer bindenden Abmachung zwischen England und dem Dreibund" zu kommen.[37]

---

32 Meinecke, Bündnisproblem, S. 5. Von den zahlreichen Titeln, die die Bündnisfrage behandeln, seien nur die wichtigsten genannt: Schöllgen, Imperialismus und Gleichgewicht, S. 86ff.; Winzen, Bülows Weltmachtkonzept, S. 156ff.; Kennedy, Antagonism, S. 230ff.; Albertini, The Origins, Bd. 1, S. 99ff., 111ff.; Grenville, Salisbury, S. 148ff.; Garvin, Chamberlain, Bd. 3, S. 254ff.; Langer, Diplomacy, S. 485ff.; Ritter, Legende; Meinecke, Bündnisproblem, S. 85ff.; Jerussalimski, Außenpolitik, S. 560ff.; Roloff, Bündnisverhandlungen, S. 849ff.; Schüßler, Deutschland, S. 110ff.; Kehr, Englandhaß, in: Primat, S. 149ff.
33 Schöllgen, Imperialismus und Gleichgewicht, S. 86.
34 Ritter, Legende, S. 11ff.
35 Nipperdey, Deutsche Geschichte, Bd. 2, S. 660.
36 GP, Bd. 14/I, S. 193- 255, 334- 344; BD, Bd. I/1, S. 70ff., 96, 109, 159ff.; Garvin, Chamberlain, Bd. 3, S. 260-290.
37 GP, Bd. 14/I, S. 199.

Bülow antwortete mit Vorbehalten. Auch als ihm Chamberlain auf seinen ersten Einwand, ohne parlamentarische Ratifizierung biete ein Vertrag für Deutschland keine Garantie, die Annahme im britischen Parlament zusicherte, blieb er im Zweifel und verwies auf die deutschfeindliche Stimmung in der englischen Öffentlichkeit sowie auf die englandfeindliche in Deutschland. Die Folge einer Allianz wäre die unversöhnliche deutsch-russische Gegnerschaft, mehr noch: Deutschland werde erst recht im Falle der Nichtratifizierung in London auf dem Kontinent „zum ersten Kampfobjekt des Zweibundes", der „ohne Zögern den Kampf gegen Deutschland" aufnehmen werde.[38] Erst wenn in Ostasien der Krieg Rußlands und Frankreichs gegen England unausweichlich vor dem Ausbruch stehe, sei für Deutschland ein Vertragsabschluß sinnvoll. Bis dahin gelte es, Entgegenkommen „in kleinen Dingen", vor allem in kolonialen Fragen zu zeigen, um die öffentliche Stimmung auf die Kooperation in späteren Zeiten einzustellen. Die Verständigung in die Zukunft zu verlegen – diesen Standpunkt, erfuhr Bülow befriedigt, teilte auch Balfour.

Trotz Vorstößen Chamberlains und des Botschaftsrats Freiherr von Eckardstein ist in den folgenden Wochen diese Linie der Gespräche von beiden Seiten nicht verlassen worden. Dafür sorgte in London in erster Linie Salisbury, der Anfang Mai wieder Premier wurde. Er plädierte ebenfalls nicht nur für die Verständigung erst im Bedarfsfalle, sondern er dämpfte auch übertriebene deutsche Erwartungen in seine Bereitschaft, in kolonialen Einzelfragen Gefälligkeiten zu gewähren. In ihrer Skepsis sah sich die Berliner Führung noch mehr bestärkt, als der Zar auf die Information von dem englischen Angebot durch Wilhelm II. antwortete, daß zuvor London die Verständigung in Petersburg gesucht hatte. Bülow betrachtete das als letzten Beweis, daß Deutschland sich vorerst nicht binden dürfe, denn jedes Abkommen mit der einen Seite kehre seine Spitze gegen die andere und jedesmal wirke dies hauptsächlich gegen Deutschland.

Am 21. August tauchte die Bündnisfrage nochmals in einem Gespräch zwischen dem Kaiser und Lascelles auf, als dieser erklärte, „an einigen einflußreichen Stellen" in London, gemeint war wiederum allein Chamberlain[39], wünsche man inzwischen ein Bündnis, „das streng defensiv sein und nur, wenn eine der beiden Parteien von zwei Mächten zugleich angegriffen würde, in Kraft treten solle"[40]. Wilhelm, in Gedanken an den großen Coup, mußte sich indes von Bülow und Holstein belehren lassen. Ein solches allgemeines Bündnis sei am gefährlichsten für Deutschland, weil Rußland den Konflikt dann in einer Frage suche, in der Frankreich unbedingt mitgehe. Eher könne das Reich die Allianz in einer speziellen Frage, etwa in Afrika, suchen, weil dort nur mit der Intervention Frankreichs, nicht aber mit der Rußlands gerechnet werden müsse. Das beste bleibe, die „Unabhängigkeit nach beiden Seiten hin" zu wahren, weil der als unvermeidlich betrachtete russisch-englische Krieg „umso eher" komme, „je weniger beide Teile glauben, daß wir einen solchen wünschten"[41]. Rasch verflog Bülows Besorgnis, als er am 2. September von Lascelles erfuhr, dieser habe nur seine eigene Anschauung ausgesprochen, nicht aber die Instruktion erhalten, die Allianzfrage neuerlich anzuschneiden.

---

38 Ebenda, S. 206.
39 Garvin, Chamberlain, Bd. 3, S. 290.
40 BD, Bd. I/1, S. 160.
41 GP, Bd. 14/I, S. 340ff.

Schon diese Abläufe deuten nicht, wie Schöllgen glaubt, auf eine „geradezu sensationelle Kehrtwendung der englischen Politik"[42]. Eher lassen sie auf eine wachsende Unsicherheit in der britischen Führung schließen, ob die zunehmenden Gefährdungen der englischen Stellung in Ostasien, in Mittelasien und im nördlichen wie im südlichen Afrika noch mit der bisherigen Politik der Bündnisfreiheit, die auf der Insellage, der Flottenstärke und dem aus den Widersprüchen zwischen den beiden Kontinentalbündnissen in Europa resultierenden Bewegungsspielraum beruhte, erfolgversprechend überwunden werden konnten. Dabei scheinen kurzfristige Stellungsgewinne eher das Ziel gewesen zu sein, als langfristig angelegte Entscheidungen für die Zukunft.

Die Schwierigkeiten Englands hatten sich in letzter Zeit beträchtlich vermehrt. Offensichtlich hatten die Kolonial- und Interessenobjekte in aller Welt die britische Expansionskraft überdehnt. In China schien die deutsche Okkupation Kiautschous, vor allem jedoch die russische Festsetzung in Port Arthur und Talienwan den Auftakt für eine allgemeine Aufteilung des Landes in Stützpunkte und Einflußsphären zu markieren, hauptsächlich auf Kosten Englands, das im Export nach China bislang allen Konkurrenten weit überlegen war. Im Nordwesten Indiens und in Afghanistan mußte London mit antienglischen Bewegungen rechnen. Seine Interessen am Persischen Golf schienen von Rußland bedroht zu werden. Im Süden Afrikas bahnte sich der entscheidende Konflikt mit den Burenstaaten an. Im Norden des Kontinents trieb die koloniale Rivalität mit Frankreich zu Komplikationen am Niger wie im Sudan. Im Nahen Osten war die britische Führung von den russisch-österreichischen Geheimabsprachen und vom wachsenden deutschen Einfluß in der Türkei beunruhigt.

Doch London suchte nicht den generellen Alliierten für alle diese Konfliktfälle. Ihn hätte es auch nicht gegeben. Es suchte vielmehr Verbindung mit anderen Mächten an der schwierigsten Stelle, in China. In Nordafrika beispielsweise sah es keine Gefahr, einer feindlichen Koalition ausgesetzt zu sein, sondern fühlte sich Frankreich allein gegenüber stark genug, ihm auch ohne militärische Auseinandersetzung seinen Willen aufzuzwingen.[43]

Die britische Regierung nahm auch nicht nur mit Berlin Verbindung auf. Zuvor scheiterte der Kompromißversuch mit Petersburg, und die ganze Zeit über gab es Sondierungen mit den USA und Japan, ohne zu einer Einigung zu kommen. Aber die Haltung Londons zum spanisch-amerikanischen Krieg war ganz dem Ziel verpflichtet, diese Verbindung herbeizuführen. Eine Kooperation mit den USA und Japan mußte als besonders lukrativ erscheinen, weil eine solche Englands Stellung gegenüber allen drei europäischen Hauptrivalen stärken mußte, wenn es den Kompromiß oder die Konfrontation anstrebte.

Es war folglich nicht nur Taktik, wenn Chamberlain in einer Rede in Birmingham am 13. Mai den engen Anschluß an die USA empfahl und in den Gesprächen mit Hatzfeldt auf die Verständigungsmöglichkeiten mit Rußland und Frankreich verwies.[44] Einen Monat später kam eine Konvention mit Frankreich zustande, die die Interessen beider Mächte in den Bereichen der Elfenbeinküste, der Goldküste, Dahomeys und des Nigers bis zum Tschadsee abgrenzte und dort die Konfliktgefahr beseitigte. Erstaunlicherweise glaubten die Franzosen, mit dieser Einigung zugleich dem englischen Vordringen am oberen Nil einen Riegel vorgeschoben zu haben.[45]

---

42 Schöllgen, Imperialismus und Gleichgewicht, S. 89.
43 HHStA Wien, MdÄ, PA VIII, Nr. 121, Bl. 240ff.: Bericht aus London 18.5.1898.
44 GP, Bd. 14/I, S. 225; Schulthess 1898, S. 258.
45 HHStA Wien, MdÄ, PA IX, Nr. 139, Bl. 564ff.: Bericht aus Paris 24.6.1898.

Unter den Ministern der Regierung Salisbury scheinen die Auffassungen geteilt gewesen zu sein, in welche Richtung die Annäherungsabsichten primär laufen sollten.[46] Rußland blieb nicht ausgeschlossen. Die Haltung der Minister war wohl ziemlich offen, denn Salisbury, der die Kooperationsmöglichkeiten mit Deutschland skeptisch beurteilte, ließ Chamberlain dennoch gewähren, weil ihm der Versuch als Testfall willkommen war. Dagegen stand die liberale Parteiführung ziemlich einhellig gegen eine Allianz mit Berlin, denn sie erwartete von dort zu weit gehende Konzessionsforderungen. Führende Liberale blieben dabei, Verständigung mit Rußland zu suchen. Auch dort blieb die einflußreiche Strömung unter Witte, die besonders aus finanzpolitischen Erwägungen nach wie vor für einen Ausgleich mit England wirkte, nicht untätig.[47]

Das besondere Gewicht spezieller Interessen bei den deutsch-britischen Sondierungen verdeutlichen weitere Spezifika. Die ersten Gespräche fanden an den Tagen statt, als London von der russischen Besitzergreifung Port Arthurs überrascht wurde und die Besetzung Weihai-weis vorbereitete. China stand also von Anfang an im Vordergrund, und Ziel war nicht, Rußland wieder seinen Stützpunkt abzujagen, sondern die weitere Aufteilung des Riesenreiches zu verhindern. Das wirtschaftliche Expansionsstreben dominierte. Es verwundert folglich nicht, daß es Rothschild war, der die ersten Gespräche vermittelte und auch in der Folge sich mehrmals in sie einschaltete.[48] Rothschild setzte in China auf die Finanzierung großer Eisenbahnprojekte und glaubte sie am ehesten in Kooperation mit der Deutsch-Asiatischen Bank unter Führung Hansemanns realisieren zu können. Die Zusammenarbeit sollte die unfruchtbare Konfrontation beenden. Gemeinsam setzten sie die Pekinger Regierung unter Druck, russische und französische Konkurrenzvorhaben auszuschließen.[49] Im Sommer 1898 einigten sich die beiden Bankkonsortien über die Finanzierung der Strecken, wobei die Lage in den Einflußsphären Jangtse bzw. Schantung die Zuordnung bestimmte, jedoch auch gemeinsame Projekte vereinbart wurden.[50] Doch Anfang 1899, von einflußreichen expansionsfreudigen Zeitungen noch unter Druck gesetzt[51], akzeptierte Bülow die von den Banken beantragte Festlegung des Jangtseraums als ausschließlich britische Einflußsphäre nicht.[52] Nachdem ihr Kompromiß scheiterte, war nun auch wieder das Verhältnis der englischen und deutschen Banken in China stärker von Konkurrenz und Rivalität geprägt.[53]

Als Fazit bleibt: Ein allgemeines Allianzangebot hat die britische Regierung an Deutschland nicht gerichtet. Vielmehr handelte es sich um sondierende Gespräche zweier Minister mit dem Ziel, gemeinsam eine weitere russische Expansion in China zu stoppen. Eine Entscheidung der Regierung, sich mit einer europäischen Großmacht generell zu alliieren, war bislang nicht gefallen. Die weitgehendsten Bündnisfühler gingen vielmehr in Richtung Washington und Tokio. Bezüglich Deutschlands reduzierte sich die Absicht darauf zu erfah-

---

46 Ebenda, PA VIII, Nr. 121, Bl. 266ff.: Bericht aus London 19.5.1898; Kennedy, Antagonism, S. 231.
47 PA Bonn, England Nr. 83, Bd. 4, Bericht Maron 16.6.1898, Radolin an Hohenlohe 14.7.1898.
48 GP, Bd. 14/I, S. 193ff.; Eckardstein, Lebenserinnerungen, 1. Bd., S. 293f.; PA Bonn, BL, Bd. 403/3, Hatzfeldt an Bülow 20.4.1898.
49 PA Bonn, China Nr. 4 Nr. 1 secr., Bd. 3, Rothschild an Hansemann 7.7.1898.
50 Ebenda, Bd. 4, Hatzfeldt an AA 3.9.1898.
51 Ebenda, Aufz. Klehmets 8.9.1898.
52 Ebenda, Bd. 5, Bülow an Heyking 21.1.1899.
53 Ebenda, Bd. 6, Heyking an AA 22.1.1899.

ren, wie weit Deutschland noch in den Dienst britischer Weltpolitik zu stellen war. Für die Regierung Salisbury gab es an der Konstanz des Gegensatzes Deutschlands zu der russisch-französischen Allianz keinen Zweifel, der in ihren Augen angesichts der komplizierten geostrategischen Lage des Reiches dessen außenpolitische Operationsfähigkeit stets beeinträchtigte. Das Reich schien im Ernstfall nach Salisburys Überzeugung letztlich doch auf England angewiesen sein. Diese für England so günstig erachtete Konstellation sollte das Angebot zur Kooperation in China forcieren; vielleicht lag dort sogar sein eigentlicher Ansatz. Denn die Unterstützung Deutschlands gegen Rußland in China zu gewinnen, würde zugleich den deutsch-russischen Gegensatz in Europa vertiefen und somit den englischen Spielraum gegenüber beiden Konkurrenten ausweiten. Diese Sicht bestärkte die britische Führung von neuem in ihrer Vorstellung, Deutschland vor allem auf der weltmachtpolitischen Ebene in der Position eines sekundären Partners halten zu können. Auch diesmal, so zuletzt H. Rosenbach, war London nicht auf eine gleichberechtigte deutsch-englische Partnerschaft aus.[54] Das zeigte sich in der Drohung, Verständigung mit Petersburg und Paris zu suchen, und mehr noch in Salisburys Reaktion auf Bülows Wunsch nach kolonialen Konzessionen: „Sie verlangen zu viel für ihre Freundschaft."[55]

London beharrte um so entschiedener darauf, Deutschland die weltpolitische Gleichberechtigung zu verweigern, desto rascher das deutsche Potential wuchs. Eine latente dumpfe Sorge breitete sich aus, in der außereuropäischen Expansion bedroht zu werden, mit Deutschlands Wachstum in wichtigen gesellschaftlichen Bereichen, vor allem in der Wirtschaft, nicht mehr mithalten zu können und die gesellschaftliche Stabilität im Lande, ähnlich wie in den meisten anderen Großstaaten, nicht mehr sichern zu können. So wies der „Observer" Chamberlains Wunsch nach englisch-deutscher Kooperation in China gegen Rußland mit dem Argument zurück, Deutschland sei Englands Hauptkonkurrent in Wirtschaft und Handel und folglich sei sein Mitbewerb in China mehr zu fürchten als der russische.[56] Da Deutschland erstrangige Seemacht werden wolle, stellte die britische Presse klar, dürfe eine Allianz erst recht nicht angestrebt werden.[57] Überhaupt erschien der Londoner Führung der regelrechte Anschluß an eine der beiden europäischen Mächtegruppen zu diesem Zeitpunkt nicht geboten.[58]

Obgleich der deutschen Führung manche wichtigen Aspekte der britischen Motivation verborgen blieben, war ihr das englische Grundanliegen gleichwohl klar. Aus ihm ergaben sich gute Gründe für die deutsche Reaktion, die nicht einmal eine eindeutige Ablehnung war und auch nicht zu sein brauchte, sondern die Entscheidung aufzuschieben und für die Zukunft offenzuhalten trachtete. Vier Hauptargumente sind dafür maßgeblich gewesen.

Erstens mußte eine gegen Rußland gerichtete englisch-deutsche Allianz in China, wenn sie dort russischen Ausbreitungsabsichten tatsächlich einen Riegel vorschob, den Druck Rußlands auf Deutschland in Europa erheblich verstärken, denn dort konnte Petersburg im Konfliktfall mit der Mitwirkung Frankreichs rechnen. Auf die Unterschiede zwischen den vorrangig überseeischen britischen und den primär europäischen deutschen Lebensinteressen

---

54 Rosenbach, Reich, S. 94.
55 PA Bonn, BL, Bd. 403/4, Hatzfeldt an Hohenlohe 12.5.1898.
56 Schulthess 1898, S. 259.
57 PA Bonn, England Nr. 93, Bd. 6, Hatzfeldt an Hohenlohe 28.5.1898.
58 Hier ist Kennedy zu widersprechen: Kennedy, Antagonism, S. 230f.

haben Gerhard Ritter, Werner Frauendienst und Andreas Hillgruber zu Recht hingewiesen.[59] Zwischen England und Deutschland stand, so Frauendienst, „der Interessenunterschied zwischen einer Weltmacht, die sich an der Peripherie ihres Reiches Erleichterung schaffen wollte, und einer europäischen Großmacht, die das Zentrum ihres Daseins in Europa sichern mußte". Bülow hat an diesem Standpunkt, der ihn 1898 bestimmte, festgehalten. 1909 schrieb er, Deutschland durfte auf das angebliche englische Angebot hin nicht seine kontinentale Sicherheit opfern[60], und 1920 meinte er, sicher auch in Rechtfertigungsabsicht, ein Bündnis mit England hätte dem Reich zwischen 1899 und 1905 den Krieg gegen Rußland (und Frankreich) gebracht.[61]

Einer der Kernsätze deutscher außenpolitischer Strategie seit der ersten Hälfte der neunziger Jahre lautete, die russische Expansion in Ostasien nicht zu behindern, sie womöglich in der Absicht zu fördern, die dort unvermeidlichen russisch-englischen Rivalitäten zur Entfaltung kommen zu lassen, um im Gegenzug den Druck der russisch-französischen Allianz auf Deutschland in Europa zu vermindern. Jetzt auf einmal in China gemeinsam mit England Rußland entgegenzutreten, mußte deshalb in den Augen der Berliner Außenpolitik geradezu als töricht erscheinen und stand folglich überhaupt nicht zur Debatte. In dieser Auffassung fühlte sich Bülow bestärkt, als die russische Führung auf die vom Kaiser zum Zwecke der Druckausübung dem Zaren übermittelte Information über das englische Angebot nicht mit der erwarteten Konzessionsbereitschaft antwortete, sondern von den vorangegangenen englischen Ausgleichangeboten an Petersburg Kenntnis gab, vor allem jedoch sich entschlossen zeigte, sich zu verteidigen, falls ein englisch-deutsches Bündnis zustande komme.[62] Der deutsche Verdacht, nur gegen Rußland vorgeschoben zu werden, war um so naheliegender, weil die zu erwartende Zweifrontenkriegsgefahr in Europa dann England in Ostasien die sichersten Entfaltungsmöglichkeiten geboten hätte.

Nicht ein „vages Gefühl des Betrogenwerdens", wie Schöllgen meint[63], gab folglich den Ausschlag für die deutsche Haltung, sondern ein völlig berechtigtes Mißtrauen in die britische Absicht. Denn zweitens war das deutsch-englische Verhältnis nicht von einer Tendenz des Ausgleichs, sondern von wachsender Gegensätzlichkeit und Rivalität geprägt. Alle Erfahrungen seit 1890 konnten die deutsche Führung an die Ernsthaftigkeit des Angebots zu einem gleichberechtigten Arrangement nicht glauben lassen. Die Londoner Bereitschaft zu Kompensationen in Kolonialfragen hielt sich in äußerst engen Grenzen und war eher taktischer Natur. Deutschland brauche keine Kolonien, hieß es apodiktisch in der „Times"[64]. In England wuchsen auch 1898 Besorgnis und Animosität gegen Deutschland wegen seines rapiden Potentialwachstums, besonders seiner Wirtschafts- und Exportkraft.[65] Die vorherrschende Strömung fand Ausdruck in einer Unterhausdebatte zur Außenpolitik im Juni, in der

---

59 Ritter, Legende, S. 16; Frauendienst, Reich, S. 99; Hillgruber, Rolle, S. 21.
60 BA Koblenz, NL Bülow, Nr. 150, Heft 3 (1909), Bl. 34.
61 Ebenda, Nr. 151/K, Merkbuch 1920, Bl. 202.
62 PA Bonn, Deutschland Nr. 148 secr., Bd. 2, Bl. 51ff.: Aufz. Bülows 10.6.1898.
63 Schöllgen, Imperialismus und Gleichgewicht, S. 105.
64 PA Bonn, England Nr. 78, Bd. 11, Hatzfeldt an Hohenlohe 28.6.1898.
65 BA Potsdam, AA, Nr. 8090, Bl. 30f.: Hatzfeldt an Hohenlohe 27.8.1898; Bl. 40: Schlesische Zeitung 23.9.1898; Nr. 9083, Bl. 135ff.: Hatzfeldt an Hohenlohe 10.12.1897, 11.1.1898, Hamburgischer Correspondent 17.1.1898.

die Stimmung eher zu einer Annäherung an Rußland, Frankreich und die USA als an Deutschland tendierte.[66]

In Deutschland tendierten die systemtragenden Kräfte – Industrie, Aristokratie, Konservative, Freikonservative und Nationalliberale, die großen Interessenverbände und die Mehrheit der Bildungsbürger – noch eindeutiger in eine antienglische und prorussische Richtung.[67] Weltpolitische Ziele glaubten sie nicht in einer Allianz mit England, sondern durch ihr Machtpotential, später hauptsächlich mittels der Flotte, gegen den Rivalen durchsetzen zu können. Gerade konservative Wortführer wie Herbert von Bismarck und Waldersee plädierten für einen die Annäherung an Rußland favorisierenden Kurs.[68]

Die Oppositionsparteien, Sozialdemokraten und Linksliberale dagegen befürworteten die Annäherung an England. Ihre Englandfreundlichkeit war auch von gesellschafts- und innenpolitischen Argumenten getragen: Der britische Parlamentarismus galt ihnen vorbildhaft für Deutschland. So förderten auch innenpolitische Gründe die Abneigung der systemtragenden Kräfte gegenüber einer engen Kooperation mit England. Sie setzten hingegen zur Stabilisierung des gesellschaftlichen Systems mehr auf den weltpolitischen Erfolg gegen England, um auf innere Reformen verzichten zu können.

Drittens verdeutlichen diese Zusammenhänge, daß es zu diesem Zeitpunkt faktisch keine Bedingungen gab, die Deutschland hätten veranlassen können oder müssen, den Weg einer Allianz mit England um jeden Preis zu gehen, also sich mit einer Juniorpartnerschaft abzufinden. Nach dem Ersten Weltkrieg hatte Meinecke die Auffassung vertreten, das Reich hätte Weltpolitik ohne existentielle Gefährdungen nur im Bündnis mit England oder Rußland, dann freilich mit bescheidener Zielstellung, betreiben können.[69] Zu bedenken ist, daß ein solches Angebot nicht fertig vorlag. Gelegenheit hätte für die Berliner Führung dennoch bestanden, eine solche Möglichkeit zu testen. Doch Hillgruber hat überzeugend begründet, warum eine solche Richtung faktisch ausgeschlossen blieb: „Eine solche Einsicht hätte damals jedoch ein ungewöhnliches Maß an politischer Weitsicht wie an Selbstbescheidung vorausgesetzt. Sie widersprachen diametral dem Zeitgeist der imperialistischen Epoche im allgemeinen wie der wilhelminischen Ära im besonderen."[70] Ein freiwilliger Rückzug Deutschlands in das zweite Glied stand weder für die deutschen Staatsmänner noch für die große Mehrheit der Nation zur Debatte. Aber wie Meinecke betont auch Hillgruber, daß auf die Dauer nur die Juniorpartnerschaft der deutschen Lage angemessen gewesen wäre und ein überragender Staatsmann vielleicht die politische Einsicht besessen hätte, eine solche Alternative zu erkennen. Doch konnten aus der Lage von 1898 die späteren Gefahren schon abgelesen werden? Wirklich prägnante Ansatzpunkte, die die Mächtekonstellation des nächsten Jahrzehnts vorhersehen ließen, gab es nicht. Und solange sich jene nicht einigermaßen sicher abzeichneten, wie sollte dann eine solche grundlegende, mit Macht- und Prestigeverzicht verbundene Korrektur in Angriff genommen werden? Sie wäre innenpolitisch schwer zu begründen und durchzusetzen gewesen, ja es drohte angesichts der Verknüpfung

---

66 PA Bonn, England Nr. 93, Bd. 6, Hatzfeldt an Hohenlohe 11.6.1898.
67 Kennedy, Antagonism, S. 233.
68 BA Koblenz, NL Bülow, Nr. 66, Bl. 442ff.: H.v. Bismarck an Bülow 29.4.1898, 2.5.1898, 17.5.1898, NL Bismarck, Film 80/FC 3015, H.v. Bismarck an Plessen 22.12.1898; GStA Berlin, Rep. 92 NL Waldersee, A I Nr. 24, Bl. 27: Tagebuch 8.7.1898.
69 Meinecke, Bündnisproblem, S. 86ff., 255ff.
70 Hillgruber, Rolle, S. 22.

von innen- und außenpolitischer Strategie – das politische System setzte auf weltpolitischen Erfolg als Stabilisator statt auf Parlamentarismus und Reform – möglicherweise die existentielle Gefährdung des Herrschaftssystems. Blieb nicht selbst für den befähigtsten Staatsmann in dieser Lage nur die Fortsetzung der Freihandpolitik? Immerhin hat Bülow ja bedacht, daß Deutschland weltpolitisch in ganz anderem Ausmaß als Rußland von England abhängig war und dessen Interessen weniger bedrohte.[71] Aber nicht Juniorpartnerschaft, sondern Flottenbau sollte der Ausweg sein, um endlich über ein wirksames Bedrohungs- und Druckpotential zu verfügen.

Viertens mußte angeichts dieser Lage die deutsche Führung überhaupt das Angebot als Beweis ansehen, zu Recht an der Freihandpolitik festzuhalten. Bülow interpretierte jenes als Zeichen englischer Hilfsbedürftigkeit[72], die aus dem englisch-russischen Gegensatz herrührte. Er rechnete mit fortgesetztem russischen und französischen Ausbreitungsstreben, das unvermeidlich zum Konflikt mit England führen müsse. Der russisch-englische Gegensatz beherrschte für ihn weiterhin die internationale Lage.[73] China galt ihm als das Zentrum dieses Konflikts – erst recht nach der Wei-hai-wei-Okkupation, als Osten-Sacken bestätigte, daß diese sich mehr gegen Rußland als gegen Deutschland richtete und ersteres auf die Dauer England dort nicht dulden werde.[74] Die russisch-österreichische Balkanabsprache und die damit auch im Meerengenbereich verbundene Entspannung boten Bülow eine zusätzliche Gewähr, daß sich Rußland auf die ostasiatische Expansion konzentrierte.[75]

Die optimale Ausnutzung dieses Antagonismus sollte das bestimmende Grundanliegen der deutschen Außenpolitik bleiben. Diese wollte durch eigene Zurückhaltung seine freie Entfaltung fördern und erst, wenn der Konflikt unvermeidlich war, je nach Vorteilserwartung Stellung nehmen und Deutschland gegenüber den geschwächten Rivalen zum lachenden Dritten machen. Als sein außenpolitisches Ideal schilderte Bülow dem Kaiser die „feste und independente Stellung zwischen England und Rußland, unabhängig nach beiden Seiten hin, aber mit der Möglichkeit, sobald es E.M. paßt, mit diesem oder jenem zu gehen"[76]. Anfang 1899 warnte er die deutschen Diplomaten und Kaufleute in China, nicht den Eindruck zu erwecken, als sei dort das Verhältnis zu England kühler als zu Rußland. Ein solcher Eindruck sei „unerwünscht". „Dem Grundgedanken der deutschen Politik entspricht es, in dem großen russisch-englischen Gegensatz uns nicht durch vorzeitige Parteinahme die Hände zu binden."[77] Über diesen Standpunkt gab es in der außenpolitischen Führung keine Meinungsverschiedenheiten. Auch für Holstein hatte eine allgemeine Abmachung mit England immer eine Spitze gegen Rußland wie auch umgekehrt. „Deshalb sollten wir uns ohne zwingenden Anlaß nach keiner Seite hin binden", sondern nur spezielle Abmachungen für Einzelfälle, vor allem für den Kolonialerwerb, anvisieren.[78] So wurde die gelungene Okkupation Kiautschous gleichsam als Beweis für die Funktionsfähigkeit der Freihandpolitik betrachtet.

---

71 GP, Bd. 14/II, S. 538ff.
72 Winzen, Bülows Weltmachtkonzept, S. 160.
73 BHStA München, MA Nr. 95007, Lerchenfeld an Crailsheim 28.6.1898.
74 PA Bonn, Deutschland Nr. 122 Nr. 2f., Bd. 2, Bülow an Wilhelm II. 22.4.1898.
75 Ebenda, Orientalia Nr. 5 Gen. Nr. 1 secr., Bd. 1, Bl. 99ff.: Bülow an Hatzfeldt 17.5.1898.
76 GStA Berlin, Br.-Pr. H.-A. Rep. 53, Abt. J, Lit. B, Nr. 16a, Bl. 26f.: Bülow an Wilhelm II. 19.8.1898.
77 PA Bonn, China Nr. 7, Bd. 3, Bülow an Heyking 19.1.1899.
78 Ebenda, Deutschland Nr. 148 secr., Bd.. 2, Bl. 35a: Aufz. Holsteins 5.6.1898.

Aus den deutsch-englischen Sondierungen schloß die Berliner Zentrale also vor allem, daß ihre Rechnung aufgehen konnte. Daß sich London erstmals überhaupt zu Bündniserörterungen bereit fand, bewies ihr die Tiefe des russisch-englischen Gegensatzes ebenso wie die Tatsache, daß die vorangegangenen britisch-russischen Ausgleichsgespräche gescheitert waren. Es entbehrte nicht einer inneren Logik, die bislang von England und Rußland nicht anerkannten und nicht verwirklichten eigenen Ziele mit Hilfe einer übergreifenden Rivalität zwischen ihnen durchzusetzen. In ihr sah man die Gewähr, daß die Kontrahenten ihre Widersprüche zu Deutschland auf eine sekundäre Ebene stellten und seinen Weltmachtanspruch akzeptierten. Doch übersah die Führung, daß dieser Anspruch, je mehr er wuchs, die Grundlage der russisch-englischen Rivalität zerstörte?

In Berlin herrschte Optimismus, nicht allein bei den Regierenden. Charakteristisch ist Delbrücks Mai-Korrespondenz in den Jahrbüchern, hinter deren Grundlinie möglicherweise Bülow selbst stand, mit dem sich der Autor kurz vor der Abfassung getroffen hat.[79] Rußland und England bilden heute die beiden starken Gegenpole in der Welt, zwischen denen sich in Asien der Entscheidungskampf vorbereitete, schrieb er.[80] Deutschland werde von beiden Seiten umworben und vermöge am Ende den Ausgang entscheidend zu bestimmen. Seine Aufgabe sei es, die Welt weder russisch noch englisch werden zu lassen. Doch worin sollte Deutschlands Gewinn bestehen? Für „maßgeblich" hielt Delbrück, „daß dem deutschen Volkstum für seine weitere Ausdehnung und Ausbildung ein genügend großes Gebiet zwischen den anderen Mächten überwiesen und das Gleichgewicht der großen Nationen untereinander möglichst erhalten wird." Der Rivale werde das Reich als Partner gewinnen, der dieses Programm unterstütze.

Diese Zielangabe bedeutete für Deutschland Gleichberechtigung, nicht Hegemonie. Delbrück ließ die Gefahr nicht unerwähnt, die für das Reich entstehen könnte, wenn sich „zwei anscheinende Todfeinde gegen einen dritten vereinigten", auch wenn er eine solche Gefahr derzeit für unrealistisch hielt. Sie konnte jedoch eintreten, wenn aus dem deutschen Verlangen nach Gleichberechtigung ein Anspruch erwuchs, der die russischen und englischen Ziele derart bedrohte, daß ihre Rivalität sekundär und der Kompromiß zwischen ihnen möglich wurde. Dann mußte die Freihandpolitik scheitern.

Doch solche Gefahren konnten schon früher entstehen. Denn exakt zu bestimmen war die Grenze zwischen dem Anspruch auf Gleichberechtigung und dem auf Hegemonie nicht und folglich kaum einzuhalten. Es gab längst unter den Alldeutschen hegemoniale Forderungen und unter anderen weltpolitischen Strömungen Ziele, die in hegemoniale Richtung tendierten. Damit verknüpft, lag in dem wachsenden und in wichtigen Bereichen bereits überlegenen wirtschaftlichen, militärischen und demographischen Potential des Reiches ein latenter hegemonialer Zug. Ließ das nicht, ausgehend von dem verbreiteten ideologischen Kernsatz vom Aufstieg und Fall der großen Mächte, organisch den Übergang vom Gleichgewichtsverlangen zum Hegemoniestreben erwarten? Hatte die neue, aufstrebende Großmacht mit ihrem gewaltigen Potential und ihrer Außenpolitik nicht schon längst begonnen, trotz allem Verlangen nach Gleichberechtigung, Besitzstände der traditionellen Großmächte, vor allem die englischen und russischen Vorrangstellungen, zu bedrohen? Konnten die Rivalen das anders interpretieren als einen hegemonialen Anspruch oder zumindest als eine gravierende

---

[79] Deutsche Staatsbibliothek Preußischer Kulturbesitz, Handschriftenabteilung, NL H.v. Delbrück, Briefe Bülows, Bl. 1: Bülow an Delbrück 27.4.1898.
[80] PJ, Bd. 92 (1898), S. 562ff.

Beeinträchtigung, denkt man nur an die Flottenrüstung und die Bagdadbahnpolitik? Mußten deshalb nicht jene schon frühzeitig alles tun, um eine Konstellation zu vermeiden, in der Deutschland einen weltpolitischen Entscheidungskampf zwischen ihnen mit seinem Eingreifen, ob militärisch oder nur politisch, entscheiden konnte, wenn daraus einer deutschen hegemonialen Politik und den Kräften, die sie trugen, zum Durchbruch verholfen werden würde?

Hätten Bülow nicht diese Tendenzen, so verschwommen sie noch blieben, veranlassen müssen, zumal angesichts der geostrategischen Gefährdung des Reiches, Alternativen zu testen, die der Isolationsgefahr entgegenwirkten, also doch feste Anlehnung an eine der beiden Weltmächte zu suchen? Bot das Londoner Angebot nicht die Chance, die feste Verbindung mit Rußland zu suchen – mit der Macht, die den deutschen Weltmachtanspruch weniger bremste als England, die für die europäische Sicherheit des Reiches als Basis dieser Expansion wichtiger und die als Partner einer Annäherung unter den staatstragenden Kräften in Deutschland weit populärer war als England? Dieser Gedanke hat offensichtlich bei Bülow 1898 keine Rolle gespielt. Eine solche Variante stand auch in Petersburg nicht zur Debatte, als es von dem englischen Angebot informiert worden war. Wohl schon wegen Frankreich hielten Berlin und Petersburg einen solchen Weg nicht für gangbar. Wahrscheinlicher ist, daß die zaristische Führung die gegebene Mächtekonstellation in Europa für vorteilhaft hielt, Deutschland in seinem Ausbreitungsgrad begrenzen zu können. Und das blieb ihr besonders wichtig. Für das Auswärtige Amt mag maßgeblich gewesen sein, daß die Verbindung mit Rußland zur unversöhnlichen Feindschaft mit England geführt und ohne Flotte die Möglichkeit der Kolonialexpansion reduziert hätte.

Weiter ist zu fragen, ob Deutschland, in Anlehnung an Bismarcksche Vorstellungen der späteren achtziger Jahre, die Situation hätte nutzen sollen, die defensive Allianz mit England anzubahnen und anschließend, mit dieser im Rücken, eine solche mit Rußland (und Frankreich). Die Chance, einen solchen Doppelverbund zu realisieren, scheint eher noch unwahrscheinlicher gewesen zu sein. Wäre sie dennoch zustande gekommen und das Reich für seine Rivalen zu einem Faktor der Stabilität und Berechenbarkeit geworden – der Preis hätte wiederum in der erheblichen Einschränkung der weltpolitischen Ansprüche liegen müssen.

Dagegen erschien der deutschen Führung die Freihandpolitik, zumal im Lichte der deprimierenden Erfahrungen der neunziger Jahre, als eine geradezu ideale Konstruktion, Anspruch, wie weit auch immer er reichte, und Wirklichkeit erfolgversprechend miteinander zu verknüpfen. Sollte man mit Verzicht verbundene Alternativen überlegen, wenn doch die internationale Lage des Reiches glänzend zu sein schien? Mußte man folglich nicht den eingeschlagenen Weg weiter gehen, auch wenn es wie stets unsicher blieb, was die Zukunft brachte? Ließ die Ungebundenheit nicht selbst bei ungünstigen Entwicklungen am Ende noch zumutbare Alternativen zu? Wenn aus Ungebundenheit Isolation zu werden drohte, galt es eben, die Möglichkeit der Korrektur rechtzeitig zu erblicken und zu nutzen. Wirkte es nicht auch beruhigend, die letzte Entscheidung offenhalten zu wollen, doch Vorteile aus der Lage bereits ziehen zu können? So kam es am Ende scheinbar ganz logisch zu dem Votum, die Londoner Angebote in die Zukunft zu verweisen und konzentriert daranzugehen, koloniale Kompensationen zu realisieren.

Rasch ergab sich die erste Gelegenheit. Die Führung hatte sich Anfang Juni 1898 gerade über ein territoriales Erwerbsprogramm verständigt[81], in dem neben Sansibar, Timor, Samoa, einer philippinischen Insel und den Karolinen die portugiesischen Kolonien aufgeführt

---

81 GP, Bd. 14/I, S. 259ff.

waren, als sie von englisch-portugiesischen Anleiheverhandlungen erfuhr, in denen auch Mocambique und Angola zur Verhandlungsmasse gehörten. Umgehend meldete Berlin in London seinen Mitbewerb an. Für die deutsche Beteiligung an der Anleihe verlangte es Nordmocambique, Südangola und Timor künftig erwerben zu dürfen. England sollte im Gegenzug nicht nur die übrigen portugiesischen Territorien und damit auch Delagoa erhalten, sondern auch das deutsche Versprechen, sich einer britischen Inbesitznahme der Burenstaaten nicht mehr zu widersetzen. Um dem eigenen Verlangen Nachdruck zu verleihen, drohte das Reich Portugal mit internationaler Finanzkontrolle und leitete gleichzeitig einen Vorstoß in Paris ein, sich darüber mit Frankreich zu verständigen.[82]

Die Transvaalzusage fiel dem Auswärtigen Amt um so leichter, weil sich seit 1896 nicht nur sein politischer Rückzug aus Südafrika fortgesetzt hatte. Auch den Stellenwert der deutschen Wirtschaftsinteressen in den Burenstaaten veranschlagte es inzwischen viel geringer. Im Vordergrund standen die Ambitionen der deutschen Goldminenindustrie und der deutschen Banken, insbesondere der Discontogesellschaft. Diese beiden Zweige pflegten die Kooperation mit ihren englischen Partnern in Südafrika.[83] Für Bülow stand das Aufsaugen der Burenrepublik durch die Briten ohnehin unaufhaltsam bevor, während sich die Möglichkeit zu eröffnen schien, den mittelafrikanischen deutschen Kolonialbesitz nicht nur auszuweiten, sondern nach dem Vorbild der britischen und französischen Territorien in Afrika zu einem riesigen geschlossenen Komplex hin zu entwickeln.

Obwohl sich die Londoner Regierung gern freie Hand für die Okkupation der Burenstaaten zusichern ließ, befand Salisbury die deutschen Kolonialforderungen entschieden zu hoch. Befangen in freihandpolitischer Erfolgseuphorie, glaubten Bülow und Hatzfeldt, in aufdringlicher Überlegenheitsmanier London zur Preisgabe seiner Kolonien Walfischbay, Samoa und Sansibar als Ausgleich für die deutsche Südafrikakonzession bewegen zu können, freilich vergeblich. Mehrmals standen die Verhandlungen, beiderseits von Mißtrauen geprägt, kurz vor dem Scheitern. Am 30. August einigten sich beide Seiten, bei einem Dahrlehensersuchen Portugals die Aufteilung seiner Kolonien, falls es sie aus finanziellen Gründen nicht mehr halten konnte, nach dem am Anfang vorgeschlagenen Schema vorzunehmen.[84] Der Vertrag stand indes unter einem für die deutsch-britischen Beziehungen ungünstigen Zeichen. Während Berlin Lissabon finanziell und diplomatisch unter Druck setzte, um die Vertragsbestimmungen eintreten zu lassen, tat London insgeheim das Gegenteil, um kolonialterritorial alles beim alten zu lassen, Portugal unter britischer Ägide zu halten und die deutsche Zusage für die Okkupation der Burenstaaten zu nutzen. Nur Wilhelm II., während der Verhandlungen mal für den Abbruch, mal für die Allianz, gab sich der Illusion hin, England habe akzeptiert, daß Deutschland eine große Kolonialmacht werden wolle.[85]

Doch die für die Berliner Führung unerfreuliche Wirkung des Vertrages reichte noch weiter, zumal die Geheimhaltung seiner Bestimmungen die negativen Vermutungen verstärkte.

---

82 Jerussalimski, Außenpolitik, S. 619ff.; Winzen, Englandpolitik, S. 202ff.; Lenzner, Annäherung, S. 121ff.
83 Hallgarten, Imperialismus, Bd. 1, S. 467ff.; Rosenbach, Reich, S. 133ff.; Drechsler, Südwestafrika.
84 Garvin, Chamberlain, Bd. 3, S. 307ff.; Langer, Diplomacy, S. 522ff.; Schwarze, Abkommen, S. 31ff.; GP, Bd. 14/I, S. 347ff.
85 HHStA Wien, MdÄ, PA III, Nr. 151, Bl. 125ff.: Bericht aus Berlin 18.8.1898; GP, Bd. 14/I, S. 334ff.; HHStA Wien, MdÄ, PA III, Nr. 150, Bl. 677: Bericht aus Berlin 3.12.1898.

Während Bülow glaubte, Rußland sei an Südafrikafragen desinteressiert[86], erzeugte das Abkommen in Petersburg dennoch Beunruhigung, weil man vermutete, es könnten Orientfragen einbezogen sein.[87] Vor allem entstand in Deutschland selbst sofort nach dem Abschluß eine heftige Agitation gegen das Abkommen, besonders in den kolonial interessierten englandfeindlichen Strömungen in den großen Verbänden. Sie argwöhnten einen weitgehenden Kompromiß mit England und witterten Verrat an den Buren.[88] Nach wie vor war die burenfreundliche Stimmung in der deutschen Öffentlichkeit weit verbreitet. Bülow ließ über die „Kölnische Zeitung" die Nachricht verbreiten, von einem Frontwechsel seiner Englandpolitik könne nicht die Rede sein.[89] Richthofen erhielt im Oktober den Auftrag, auf die Funktionäre der Verbände einzuwirken, „daß sich die ernsteren Kolonialkreise nicht an einer politisch so törichten und dem wahren deutschen Interesse schädlichen Agitation gegen das Abkommen beteiligen"[90]. Immerhin protestierten nicht nur die Alldeutschen gegen das Abkommen.[91] Der Bund der Landwirte nutzte im Rahmen seiner auf Mittel- und Unterschichten abzielenden Kapitalismuskritik die sich abzeichnende Verflechtung deutscher und englischer Großkapitalkreise im südlichen Afrika zu heftigen Angriffen auf die Regierung. Das Abkommen sei „veranlaßt und durchgeführt im Dienste von britischem und internationalem Geldkapital"; „damit Hamburger Kaufleute mehr Geld in den britischen Kolonien verdienen, [...] verkauft das Deutsche Reich eigene Interessen, [...] opfert die deutsche Politik ganze Länder"[92]. Überdies mußte sich die Regierung von der Zentrumspresse vorhalten lassen, mit einer zu engen Anlehnung an England außenpolitische Gefahren heraufzubeschwören: „denn die Russen würden die Antwort auf den Freundschaftsbund mit England nicht schuldig bleiben"[93].

Nur in einem konnte sich die Regierung bestärkt fühlen: daß sie den Weg einer allgemeinen Allianz mit England nicht eingeschlagen hatte. In der Öffentlichkeit nutzte ihr jedoch diese Einsicht derzeit wenig.

Mehr als die Wirkung des Geheimabkommens beschäftigte die Regierung in diesen Oktoberwochen die ansteigende akute Spannung zwischen England und Frankreich. Die deutsche Freihandpolitik schien neuerlich im Aufwind. Denn seit September drohte zwischen beiden Mächten bei Faschoda ein militärischer Zusammenstoß um die Herrschaft über den Sudan, wo sich die in nordsüdlicher Richtung verlaufenden britischen und die in westöstlicher gelegenen französischen Kolonialinteressen kreuzten.

Doch die Voraussetzungen waren ungleich. Obwohl das zentrale Ziel des französischen Imperialismus, das transafrikanische Kolonialreich bis zum Roten Meer, auf dem Spiel stand, blieb ihm letztlich nur das Nachgeben.[94] Innenpolitisch durch die Dreyfusaffaire und

---

86 BA Koblenz, NL Bülow, Nr. 22, Bl. 151ff.: Aufz. Bülows 26.8.1898.
87 HHStA Wien, MdÄ, PA III, Nr. 150, Bl. 637ff.: Bericht aus Berlin 20.11.1898.
88 SHA Dresden, Außenministerium, Nr. 3311, Bericht aus Berlin 17.10.1898.
89 HHStA Wien, MdÄ, PA III, Nr. 150, Bl. 461ff.: Bericht aus Berlin 4.9.1898.
90 BA Koblenz, NL O.v. Richthofen, Nr. 5, Bl. 26: Bülow an Richthofen 14.10.1898.
91 Laufer, Südafrikapolitik, S. 175f.
92 BA Koblenz, NL O.v. Richthofen, Nr. 5, Bl. 30f.: Zeitungsausschnitte.
93 Ebenda, Bl. 32: Zeitungsausschnitte; Kennedy, Antagonism, S. 236.
94 HHStA Wien, MdÄ, PA IX, Nr. 140, Bl. 39ff.: Bericht aus Paris 17.9.1898; BA Koblenz, NL O.v. Richthofen, Nr. 13, Bl. 3ff.: Hatzfeldt an Richthofen 22.10.1898; zur Faschodakrise vgl.: Brown, Fashoda; Andrew, Delcassé, S. 91ff.; Lenzner, Annäherung, S. 128ff.; Dülffer, Regeln, S. 163ff.

eine das Land erfassende Streikwelle geschwächt und Deutschland als permanenten Gegner im Rücken blieb schließlich auch noch die russische Hilfe aus.[95] Die zaristische Regierung, schon wegen ihrer ostasiatischen Expansion an neuen Widersprüchen mit England nicht interessiert, riet den Franzosen, Faschoda aufzugeben und ließ gegenüber London keinen Zweifel, sich in dieser Kontroverse nicht für Frankreich einspannen zu lassen.[96] England konnte, wie der Mitarbeiter des Auswärtigen Amts Freiherr Mumm von Schwarzenstein bedauernd hervorhob, Deutschland wegen seines Gegensatzes zu Frankreich ohne Gegenleistung „nutzen".[97] Salisbury setzte Frankreich massiv unter Druck[98] und erzwang am 9. November 1898 den Beschluß zur Räumung Faschodas.

Schon wegen der russischen Haltung hatte das Auswärtige Amt an eine englisch-französische Kriegsgefahr nicht geglaubt[99] und von Anfang an mit französischem Nachgeben gerechnet.[100] Es hoffte freilich auf eine anhaltende Verstimmung zwischen den Rivalen.[101] Um sie nicht zu stören, wahrte es strikte Zurückhaltung und Neutralität.[102] Die Linie des Amtes wurde wieder einmal vom Kaiser gefährdet. Enttäuscht von der russischen Nichteinmischung, versuchte er Mitte Dezember die Briten zu ermuntern, die günstige Gelegenheit für den seines Erachtens unvermeidlichen Krieg gegen Frankreich zu nutzen. Komme es unerwarteterweise doch zum russischen Eingreifen, versprach er dem britischen Botschafter und verwies dabei auf das Gespräch vom August, die deutsche Allianz für England. Lascelles dämpfte Wilhelms Kriegserwartung ebenso wie seine Allianzhoffnung.[103] Noch deutlicher blockte Salisbury ab. Über die insgeheimen deutschen Zukunftserwartungen im klaren, ließ er Hatzfeldt wissen, ein russisch-englischer Krieg sei kaum denkbar.[104] Wie intakt die Verbindung zwischen diesen beiden Mächten war, zeigte sich, als in diesen Tagen Radolin die gleiche Stellungnahme auch von der zaristischen Führung meldete.[105] Das Auswärtige Amt – in der Sorge, die deutsche Hinterhandposition zu verlieren – versuchte den Schaden zu begrenzen und die kaiserliche Idee als ein Mißverständnis zu deklarieren. Der Kaiser vertrete nicht einen solchen Bündnisgedanken, telegraphierte Holstein am 22. Dezember an Hatzfeldt. Zu seiner internen Information ließ er durchblicken, Wilhelm wieder auf die verabredete Linie zurückgeführt zu haben: „S.M. ist sich klar über die Vorteile, welche es für uns haben würde, möglichst spät aus der Zuschauerrolle herauszugehen."[106] Doch die Briten ließen sich nicht

---

95 Lenzner, Annäherung, S. 129f.
96 HHStA Wien, MdÄ, PA IX, Nr. 140, Bl. 132ff.: Bericht aus Paris 19.10.1898; ebenda, PA X, Nr. 110, Bl. 207ff.: Bericht aus Petersburg 31.10.1898.
97 BA Koblenz, NL Bülow, Nr. 22, Bl. 169ff.: Mumm an Bülow 10.11.1898.
98 PA Bonn, Frankreich Nr. 116, Bd. 6, Metternich an Richthofen 4.11.1898; HHStA Wien, MdÄ, PA VIII, Nr. 122, Bl. 666ff.: Bericht aus London 27.10.1898.
99 Ebenda, PA III, Nr. 150, Bl. 599: Bericht aus Berlin 5.11.1898.
100 SHA Dresden, Außenministerium, Nr. 3311, Bericht aus Berlin 2.11.1898.
101 PA Bonn, Frankreich Nr. 116, Bd. 6, Münster an Hohenlohe 8.12.1898; BHStA München, MA Nr. 2676, Bericht aus Berlin 14.11.1898.
102 Lenzner, Annäherung, S. 130.
103 HHStA Wien, MdÄ, PA I, Nr. 476, Liasse XXXIII, Nr. 12, Bl. 280ff.: Szögyény an Goluchowski 17.12.1898; ebenda, PA III, Nr. 150, Bl. 711ff.: Bericht aus Berlin 31.12.1898; BD, Bd. I/1, S. 165ff.
104 GP, Bd. 14/II, S. 406.
105 PA Bonn, England Nr. 83, Bd. 4, Radolin an Hohenlohe 21.12.1898.
106 PA Bonn, BL, Bd. 404/2, Holstein an Hatzfeldt 22.12.1898.

irritieren und stellten mit der Absage klar, daß ihnen der Sinn des Angebots nicht verborgen geblieben war. Ein solcher Bündnisgedanke „besteht hier vorläufig nicht", meldete der Botschafter, „auch Lord Salisbury ist noch nicht so weit, daß er unserer Hilfe zu bedürfen glaubt"[107].

Nun nahm sich der impulsive Kaiser die Franzosen vor. Um sie zum Widerstand gegen die britischen Ziele in den Verhandlungen über die Interessenabgrenzung in Nordafrika zu ermuntern, bekundete er dem französischen Botschafter die deutsche Sympathie für die französische Position. Euphorisch rechnete er seit Ende Januar 1899 wiederum mit einem unvermeidlichen Konflikt.[108] Nun gab es seit Jahresende in der französischen Presse gewichtige Stimmen, die für die Annäherung an den östlichen Nachbarn plädierten. Es zeichneten sich sogar indirekte, allerdings ziemlich ominöse Annäherungsabsichten der Pariser Regierung ab.[109] Präsident Faure soll, kurz vor seinem Tode, zu einem Treffen mit dem Kaiser bereit gewesen sein.[110] Courcel ließ durchblicken, gemeinsame wirtschaftlich-soziale Aufgaben, was immer das sein sollte, vermögen die maßgeblichen Gegensätze zu überwinden.[111] Doch standen dahinter mehr als nur taktische Ziele, um die Verhandlungsposition gegenüber London zu stärken? Münster jedenfalls schloß einen zukünftigen Verzicht Frankreichs auf Elsaß-Lothringen nicht mehr aus. Überzeugende Anhaltspunkte dafür fehlen jedoch. Der Kaiser freilich sah sich seinem derzeitigen Wunschtraum, die deutsch-französische Versöhnung zu erreichen, näher.[112] Das Auswärtige Amt erkundete die Annäherungsmöglichkeiten nicht, weil es wiederum in Sorge war, mit dem kaiserlichen Vorpreschen die Hinterhandposition zu verlieren. Nur sollte Frankreich eine Verständigungsmöglichkeit mit Deutschland nicht ausschließen, damit sein Widerstandswillen gegen die britischen Ziele nicht erlahmte. Doch auch diesmal nutzten die Briten den auf den Konflikt der Rivalen gerichteten Vorstoß Wilhelms für ihre Zwecke, nämlich gegenüber den Franzosen als Argument für die Sinnfälligkeit des Ausgleiches.[113]

Die im März 1899 abgeschlossene Vereinbarung reduzierte die Konfliktfelder zwischen England und Frankreich. Paris verzichtete auf Gebiete am oberen Nil und tauschte dafür Landstriche am Tschadseebecken ein. Langfristig leitete die Einigung den Wechsel ein, der drei Jahre später den Kurs auf Ausgleich und Abgrenzung kolonialer Interessen lenkte. Insofern war der Ausgang des Faschodakonflikts ein Gefahrenzeichen für die deutsche Freihandpolitik. Die Krise verdeutlichte überdies anschaulich, wie labil die Grundlagen dieser Politik generell waren. Die britische Außenpolitik war wesentlich beweglicher und weniger durch Zwänge gebunden als die deutsche. Sie setzte ihre Ziele durch, weil Frankreich letztlich im Gegensatz zu Deutschland gefesselt und Rußland wegen China auf Verständigung, nicht auf Konfrontation mit England bedacht war, so daß Berlin überhaupt keinen Spielraum und keine Möglichkeit besaß, London mit Kompensationsforderungen unter Druck zu setzen.

---

107 Ebenda, Hatzfeldt an Holstein 22.12.1898.
108 HHStA Wien, MdÄ, PA III, Nr. 151, Bl. 39ff.: Bericht aus Berlin 14.1.1899; Hatzfeldt, Papiere, S. 1190.
109 PA Bonn, Frankreich Nr. 102, Bd. 18, Münster an Hohenlohe 26.1.1899, 2.2.1899, 4.2.1899; Lenzner, Annäherung, S. 131 ff.
110 HHStA Wien, MdÄ, PA IX, Nr. 144, Bl. 38ff.: Bericht aus Paris 6.2.1899.
111 PA Bonn, Frankreich Nr. 102, Bd. 18, Münster an Hohenlohe 2.2.1899.
112 Ebenda, Bd. 19, Münster an AA 2.3.1899; GP, Bd. 13, S. 256.
113 Ebenda, Preußen Nr. 1 Nr. 1 Nr. 4cc secr., Bd. 1, Bülow an Münster 11.2.1899; HHStA Wien, MdÄ, PA IX, Nr. 144, Bl. 37: Bericht aus Paris 4.2.1899; Hatzfeldt, Papiere, S. 1195ff.

Das Auswärtige Amt dagegen sah in dem Kompromiß lediglich den Keim neuer Kontroversen. Da der englische Machtgewinn überwog, glaubte es, werde sich Paris auf Dauer mit dem Prestigeverlust nicht abfinden. Kurzfristig schien sich das zu bewahrheiten: Das französische Kolonialinteresse konzentrierte sich statt auf Ägypten nun auf Marokko, und auch der französische Außenminister Delcassé betrachtete dort England als Hauptrivalen.[114]

Für Deutschland ergaben sich noch auf einem zweiten Feld negative Folgen. Nach Ausbruch der Krise hatte Frankreich, um seine internationale Stellung zu stärken, die Handelsvertragsverhandlungen mit Italien beschleunigt, das seinerseits nach dem Faschodaausgleich seine außenpolitische Annäherung an die Republik um so unbeschwerter forcierte, weil sie nun mit der traditionellen Ausrichtung Italiens auf England harmonierte.[115]

Da die Orientreise des deutschen Kaisers während der akuten Phase der Faschodakrise stattfand, geriet sie ein wenig aus den internationalen Schlagzeilen. Gleichwohl leitete sie auf dem neben China wichtigsten Aktionsfeld imperialistischer deutscher Weltpolitik, dem Bagdadbahnprojekt, eine neue Etappe ein.

Obwohl der Sultan seit Fertigstellung des Koniateilstücks der Bahnstrecke auf die Weiterführung des Baus drängte, zeigte die Deutsche Bank wegen des enormen Bedarfs an Geldmitteln und Arbeitskräften und der ungewissen Gewinnaussichten zunächst wenig Interesse, das Unternehmen fortzusetzen.[116] Zwei Persönlichkeiten, die 1897 ihre Ämter in Konstantinopel angetreten hatten, nahmen sich dieses Anliegens nun entschlossen an: Marschall von Bieberstein, der Botschafter, und Kurt Zander, der Generaldirektor der Anatolischen Eisenbahngesellschaft. Sie einigten sich auf drei Vorhaben: den Weiterbau der Bahn bis Caesarea, die Sicherung des Vorrechts, das Unternehmen bis Bagdad fortzuführen, und die Schiffbarmachung von Euphrat und Tigris, u.a. zur Beförderung des Baumaterials. Bestrebt, das Unternehmen unter deutscher Dominanz zu halten, schlugen sie, um der Deutschen Bank die Finanzierungszusage zu erleichtern, der Reichsleitung vor, als Zeichen der „moralischen Unterstützung" durch die Reichsbehörden die Mitwirkung der preußischen Staatsbank, der „Preußischen Seehandlung", als Emissionsstelle zu veranlassen.

Die erste, mit fehlender Gewähr für Sicherheit und Rentabilität des Finanzeinsatzes begründete Absage Miquels versuchte Bülow nachdrücklich zu korrigieren, denn die Nachrichten über konkurrierende Pläne russischer, englischer und französischer Unternehmen verdichteten sich. Marschall hatte bei seinem Vorstoß in Berlin im April 1898 seinen Standpunkt, daß „für uns die Zeit des Zuwartens zu Ende geht", auch mit der „Tatsache, daß zur Zeit verschiedene Eisenbahnprojekte nichtdeutscher Unternehmungen in Vorbereitung sind", begründet.[117] Im Sommer mehrten sich die Meldungen über russische und französische

---

114 HHStA Wien, PA III, Nr. 151, Bl. 235f.: Bericht aus Berlin 29.3.1899; SHA Dresden, Außenministerium, Gesandtschaft Berlin, Nr. 253, Bericht aus Berlin 29.11.1898; DDF, Bd. I/15, S. 188ff.; Brown, Fashoda, S. 120ff.; Andrew, Delcassé, S. 103ff.
115 PA Bonn, Frankreich Nr. 116, Bd. 7, Denkschrift Konsul Rekowskis (Neapel) Januar 1899; ebenda, Frankreich Nr. 102, Bd. 18, Eulenburg an Hohenlohe 5.1.1899; HHStA Wien, MdÄ, PA IX, Nr. 140, Bl. 289ff.: Bericht aus Paris 24.11.1898.
116 Zur Bagdadbahnproblematik vgl. Schöllgen, Imperialismus und Gleichgewicht, S. 107ff., 118ff.; Manzenreiter, Bagdadbahn, S. 105ff.; Earle, Turkey, S. 60ff.; Rathmann, „Volldampf", S. 109ff.; GP, Bd. 12/II, S. 560ff., 595ff., Bd. 14/II, S. 464ff.; Helfferich, Siemens, 3. Bd., S. 85ff.; Mühlmann, Bahnunternehmungen, S. 372ff.
117 GP, Bd. 14/II, S. 464ff.

Baupläne.[118] Auf Zeitungsnachrichten über eine bevorstehende Konzessionserteilung für die Bahn Konia-Basra an eine französische Firma, berichtete der Konsul in Bagdad, Friedrich Rosen, verbreite sich Enttäuschung unter deutschfreundlichen Kreisen. Diese versprachen sich von einer wirtschaftlichen Enflußsphäre Deutschlands im Gebiet vom Bosporus bis zum Schatt el Arab sowie von einem von deutschen Unternehmen realisierten Bahnbau Bagdad-Teheran eine Stärkung des deutschen Handels und Einflusses in ganz Vorderasien.[119] Obwohl die letzten Finanzierungsfragen noch nicht geklärt waren, reichte Zander, um von der Konkurrenz nicht abgehängt zu werden, noch im August eilig seine Konzessionsgesuche ein.[120] Je dringlicher die Beteiligung der Seehandlung wurde, um die zögernde Deutsche Bank mit Georg v. Siemens für die Finanzierung zu gewinnen, desto deutlicher traten die übergreifenden politischen Argumente der Reichsleitung hervor, sicher auch unter dem Aspekt, Siemens zur Zusage zu bewegen. Es sei für Deutschlands Politik wünschenswert und für seine Stellung in der Türkei wichtig, die Bahn von einer deutschen Gesellschaft bauen zu lassen, ließ Bülow Miquel wissen.[121] Letzterer begründete die entsprechende Einflußnahme auf die Seehandlung „mit Rücksicht auf die nationale Seite des Unternehmens".[122]

Während der Orientreise gelang es Wilhelm II., begleitet von Bülow, Siemens und Zander, vom Sultan Zusagen zu erhalten, die die Weichen für die Konzessionserteilung an die deutschen Unternehmen, für das Bahnprojekt, den Hafenbau in Haidar Pascha und die Anlage eines Kabels von Constanta nach Konstantinopel stellten.[123]

Nach seinem Aufenthalt in Konstantinopel begab sich der Kaiser zu den heiligen Stätten in Jerusalem. Auch dieser Teil der Reise besaß politische Relevanz. Wilhelm weihte die evangelische Erlöserkirche ein und übergab das in Konstantinopel gekaufte Grundstück „La Dormition de la Saint Vierge" an den katholischen „Deutschen Verein vom Heiligen Land". Beide Vorgänge sollten der seit längerem angestrebten ökumenischen Einigung der Landeskirchen in Deutschland einen Impuls geben[124]; die Grundstücksübergabe hatte zudem das noch wichtigere Ziel, den, wie Bülow schrieb, „patriotisch gesinnten" Teil der deutschen Katholiken enger an „den allerhöchsten Thron" zu binden und die Machtstellung zu vermindern, „welche Frankreich seit Jahrhunderten aus dem Protektorat über die Katholiken aller Nationen im türkischen Orient herleitet"[125]. Dieser Schritt sollte auch die Wirkung der Bekräftigung des französischen Katholikenprotektorats im Orient durch den Papst auf die deutschen Katholiken begrenzen.

Der Erfolg gab der deutschen Führung recht. Bülow zeigte sich besonders erfreut, daß das konfessionell paritätische Auftreten des Kaisers einen positiven Effekt in Deutschland erzeugte.[126] Unbehagen evangelischer Kreise, die Sultansherrschaft werde durch die Reise

---

118 PA Bonn, Türkei Nr. 152, Bd. 11, Schlözer an Hohenlohe 3.8.1898, 24.8.1898, Stemrich an Hohenlohe 1.8.1898, Radolin an Hohenlohe 25.9.1898.
119 Ebenda, Rosen an Hohenlohe 16.9.1898.
120 Ebenda, Schlözer an Hohenlohe 24.8.1898.
121 Ebenda, Bülow an Miquel 4.8.1898.
122 Ebenda, Miquel an Hohenlohe 15.9.1898.
123 Schöllgen, Imperialismus und Gleichgewicht, S. 110ff.
124 Gründer, Kaiserfahrt, S. 371ff.
125 GP, Bd. 12/II, S. 578ff., 610ff.
126 SHA Dresden, Außenministerium, Gesandtschaft Berlin, Nr. 253, Bericht aus Berlin 29.11.1898.

wegen der Armeniergreuel ungebührlich aufgewertet, hielt sich in Grenzen.[127] Am wichtigsten war die Zustimmung der Katholiken. Das deutsche Kaisertum sei kein spezifisch protestantisches, sondern garantiere die „Gleichheit für jede Konfession", lobte die „Germania"[128]. Der Dankadresse der katholischen Bischöfe an den Kaiser folgte Liebers Erklärung im Reichstag, die Zentrumspartei sei ebenso deutsch wie katholisch. Das Einschwenken auf die Weltpolitik und das Streben nach Regierungsmitwirkung bestimmte dieses Votum der Partei. Der Abgeordnete Fritzen lehnte für die deutschen Katholiken das französische Auslandsprotektorat nun ausdrücklich ab.[129] Die nationalliberalen „Münchner Neuesten Nachrichten" begrüßten folglich zu Recht die wachsende Neigung unter den Katholiken, „nicht ultra montanes zu schauen, sondern in erster Linie national zu sein"[130]. Befriedigt konstatierte auch die konservative Kreuzzeitung, „daß die Frage des deutschen Protektorats über die deutschen Katholiken des Orients gelöst worden ist, wie sie gelöst werden mußte"[131].

Als zweites dominierte in den positiven öffentlichen Reaktionen auf die Kaiserreise die Erwartung, den deutschen wirtschaftlichen Einfluß im Nahen Osten erheblich ausdehnen zu können. Am weitesten gingen die Vorstellungen der Alldeutschen. Auf ihre Forderungen nach deutschen Massenansiedlungen in der Türkei, in den letzten Jahren aus außenpolitischen Erwägungen von der Regierung immer wieder zurückgewiesen, kamen sie indes nicht zurück. Ihre Hoffnungen sahen den Landweg zum Persischen Golf und nach Indien bald in deutscher Hand. Obgleich die wirtschaftlichen Faktoren im Vordergrund standen, verzichtete die spezifisch expansionistische Presse in wachsendem Maße darauf, feinsinnig zwischen wirtschaftlichem und politischem Vormachtstreben zu differenzieren. Beides verknüpfte sich für sie organisch miteinander. So sah die „Welt am Montag" Kleinasien nicht allein als „unendliches Absatzgebiet" für deutsche Waren, sondern als ein deutsches Indien und zugleich Deutschland als politischen Erben der Türkei.[132]

Doch in der Verknüpfung von wirtschaftlichem und politischem Machtstreben sahen auch die liberalen Imperialisten die unvermeidliche Entwicklungsrichtung einer funktionierenden Weltmacht. Diese Überzeugung fand die freisinnige „Vossische Zeitung" durch die Kaiserreise bestätigt. „Die Zeiten haben sich so gestaltet, daß politische Macht und Handel innig miteinander Hand in Hand gehen. Der Handel erreicht seine letzten Ziele nicht, wenn er sich nicht von der politischen Macht sicher begleitet weiß; die politische Macht muß ihrem Verfall entgegensehen, wenn sie nicht aus den Früchten des Handels beständig neue Kraft zieht. [...] Ein Staat, der sich von diesem Streben ausschließt, der sich weigert, an diesem Wettkampf teilzunehmen, der den Versuch macht, sich abzuschließen, sagt sich los von jedem Streben der Vervollkommnung."[133]

Es ist auf den ersten Blick erstaunlich, daß dagegen in der nationalliberalen und konservativen Presse die Kaiserreise eher marginal, ausschließlich unter wirtschaftlichem Aspekt behandelt wurde. Selbst die von russischen Zeitungen gemeldeten Bagdadbahnabsprachen

---

127 GStA Berlin, Rep. 92 NL Waldersee, A I Nr. 24, Bl. 37: Tagebuch 23.10.1898.
128 Germania, Nr. 263, 16.11.1898.
129 Schulthess 1898, S. 185ff., 190f.
130 Münchner Neueste Nachrichten, Nr. 505, 4.11.1898.
131 Neue Preußische Zeitung, Nr. 513, 2.11.1898.
132 Rathmann, „Volldampf", S. 119ff.; Kampen, Türkeipolitik, S. 148.
133 Vossische Zeitung, Nr. 477, 12.10.1898, Nr. 497, 23.10.1898.

mit dem Sultan wies die Kreuzzeitung als „abenteuerliche Phantasie" zurück.[134] Diese Zeitungen hatte Delbrück im Visier, der in den Jahrbüchern monierte, die Kaiserreise finde in der deutschen Öffentlichkeit wenig Verständnis.[135] Daß bei diesen Blättern taktisches Kalkül im Interesse der Freihandpolitik im Spiele war, läßt sich vermuten, wenn man Bülows Reichstagsrede vom 12. Dezember betrachtet. Er wies jedes direkte politische Interesse Deutschlands in der Türkei zurück. Es strebe in Konstantinopel keinen politischen Einfluß an. Die deutschen Wirtschaftsinteressen dienten allein der Wohlfahrt des Osmanenreiches. Deutschland sei mit seiner Friedensliebe Garant für den Ausgleich der Gegensätze zwischen den Mächten.[136]

Diese Linie blieb für die Regierung in der öffentlichen Darstellung der deutschen Bagdadbahnpolitik bestimmend.[137] Die perspektivische Vorstellung, von der Bülow wirklich ausging, blieb jedoch, wie die erwähnte interne Äußerung belegt, keineswegs auf das rein Wirtschaftliche beschränkt. Den Grundsatz, daß wirtschaftliches und politisches Machtstreben nicht zu trennen waren, vertrat in der Bagdadbahnfrage mit allen Konsequenzen in erster Linie Marschall, ohne freilich in der Reichsleitung etwas anderes als Zustimmung hervorzurufen. In einem programmatischen Bericht führte er am 3. Januar 1899 zunächst alle Argumente auf, die für das deutsche Exportwachstum, für neue Absatzmärkte sowie für den Eisenbahnbau sprachen, um sich dann weiteren Vorteilen zuzuwenden, die Kleinasien bot: Kohle- und Erzlager, Wasserstraßen und fruchtbare Gebiete, in denen Textilrohstoffe und andere Agrarprodukte angebaut werden konnten. Daß daraus politischer Einfluß erwachsen müsse, stand für ihn außer Zweifel. „Nationen, die wirtschaftlich voranschreiten, werden an politischem Einfluß steigen, umgekehrt wird dem wirtschaftlichen Niedergange auch der politische folgen. Wirtschaftliche Fragen [...] bestimmen heute zum großen Teil die Beziehungen der Völker und ihre politischen Ziele. Das neue Jahrhundert wird diesen Prozeß voraussichtlich verschärfen." In Marschalls Zukunftsbild deutscher Orientpolitik hatte folglich Bismarcks Formel, daß der Orient nicht die Knochen eines pommerschen Grenadiers wert sei, ausgedient. Er empfahl allerdings, zu taktischen Zwecken nach außen hin an ihr noch festzuhalten.[138]

Von solchen, aus der außenpolitischen Gesamtsicht resultierenden Gesichtspunkten war die Haltung Bülows bestimmt. Weil er die enormen politischen, strategischen und wirtschaftlichen Interessen Englands, Rußlands und Frankreichs, die in diesem Gebiet lagen, beachten mußte, stellte er demonstrativ die politische Enthaltsamkeit Deutschlands in den Vordergrund. Er sah sonst die Freihandpolitik in Gefahr, wenn sich die Rivalen, bedroht von einem globalen deutschen Anspruch, darauf orientierten, sich untereinander auszugleichen. Deshalb lehnte er Vorschläge des deutschen Militärbevollmächtigten Morgen ab, das Euphrat-Tigris-Gebiet bereits jetzt als deutsche Einflußsphäre zu reklamieren. Globale Entscheidungen verschob er in die Zukunft, konzentrierte sich aber darauf, den Weg dorthin zu bereiten. Jetzt gelte es, instruierte er den Kaiser, den Bau der Bahn bis Bagdad in Angriff zu nehmen. Auf ihrer Realisierung „wird [...] in Zukunft die Erweiterung unseres Handelsverkehrs und die

---

134 Neue Preußische Zeitung, Nr. 475, 11.10.1898, Nr. 529, 9.11.1898, Nr. 537, 16.11.1898; Münchner Neueste Nachrichten, Nr. 482, 19.10.1898, Nr. 491, 24.10.1898, Nr. 512, 6.11.1898.
135 PJ, Bd. 94 (1898), S. 573.
136 Schulthess 1898, S. 186ff.
137 Schmidt, Imperialismus, S. 77.
138 Schöllgen, Imperialismus und Gleichgewicht, S. 444ff.; Manzenreiter, Bagdadbahn, S. 129ff.

Freihandpolitik und Bagdadbahnprojekt (1898/99)

Erschließung des Landes für die deutschen Gesamtinteressen aufzubauen haben"[139]. Bülows fortwährendes Streben war auf das Zukunftsziel fixiert, englisches und französisches Kapital am Bahnbau zwar gern zu beteiligen, an der deutschen Leitung des Unternehmens jedoch nicht rütteln zu lassen.[140] Aus dieser Perspektive ergab sich ferner, daß, wie Schöllgen hervorhob, der Kaiser, Bülow und Marschall die Promotoren des Bahnvorhabens waren, nicht Siemens.[141]

Kurz- und mittelfristig allerdings stand tatsächlich der Bahnbau mit seinen wirtschaftlichen und verkehrstechnischen Ingredienzien im Vordergrund.[142] Im März 1899 erhielt die Eisenbahngesellschaft die Konzession für den Hafenausbau in Haidar Pascha, dem für die Zukunft der Bahn und des deutschen Handels erhebliche Bedeutung zugemessen wurde.[143] Die französische Regierung hatte anfangs gegen das Irade des Sultans protestiert[144], dann jedoch nachgegeben.[145] In der Kabelfrage verschleppte das Sultansregime die Entscheidung in der Absicht, das Kabel von türkischen Firmen legen zu lassen; Marschalls Drohung, er werde Wilhelm persönlich von dem Bruch des Sultansversprechens unterrichten, half schließlich, das Irade zu bekommen.[146]

Gleichwohl meldete der Konsul in Konstantinopel Wilhelm Stemrich, neue Zweifel an der zukünftigen Rentabilität der Bahn an.[147] Um so zuversichtlicher nahm der wegen der unsicheren Gewinnaussichten ohnehin zögerliche Siemens den Vorschlag des französischen Botschafters Jean-Ernest Constans auf, eine deutsch-französische Kapitalentente zu bilden.[148] Sie einigten sich im Mai auf eine vierzigprozentige Beteiligung französischer Banken und eine sechzigprozentige der Siemensgruppe. Englisches Kapital zu beteiligen gelang Siemens nicht. Ende Mai reichte Zander das Konzessionsgesuch für den Bau der Bahn Konia-Bagdad-Basra ein. Dieser Streckenverlauf ergab sich nicht zuletzt daraus, daß die ebenfalls erwogene Linie Angora-Bagdad russische Interessen erheblich mehr tangiert hätte.

Nach dieser Weichenstellung überließen die politischen Reichsinstanzen die weiteren Verhandlungen vollends der Bahngesellschaft, der Deutschen Bank und den türkischen Behörden, blieben freilich entschlossen, konkurrierenden Bewerbern einen Riegel vorzuschieben.[149] Ein hauptsächlich von englischen Banken inspiriertes Gegenprojekt unter dem ungarischen Bankier Rechnitzer scheiterte indes bereits im Vorfeld wegen des Ausbruchs des Burenkrieges.[150]

Am 26. November 1899 erhielt die Bahngesellschaft die Vorkonzession. Innerhalb von acht Jahren hatte sie die Bahn bis Basra zu bauen. Die bisherigen Resultate der Gesellschaft und die türkeifreundliche Haltung der Reichsführung mögen für die Entscheidung den Aus-

---

139 GP, Bd. 14/II, S. 474ff.
140 PA Bonn, Türkei Nr. 152, Bd. 12, Bülow an Thielen 28.2.1899; GP, Bd. 14/II, S. 484.
141 Schöllgen, Imperialismus und Gleichgewicht, S. 121f.
142 Helmut Mejcher zieht daraus den m.E. falschen Schluß, die Bagdadbahn nicht als Instrument deutschen Suprematiestrebens im Orient zu bewerten (Mejcher, Bagdadbahn, S. 457).
143 GP, Bd. 14/II, S. 472f.
144 Ebenda, S. 473f.
145 PA Bonn, Türkei Nr. 152, Bd. 12, Marschall an AA 9.3.1899.
146 Ebenda, Nr. 197, Bd. 1, Bülow an AA 13.11.1898, Marschall an Hohenlohe 28.1.1899.
147 Manzenreiter, Bagdadbahn, S. 125.
148 Helfferich, Siemens, 3. Bd., S. 94ff.
149 PA Bonn, Türkei Nr. 197, Bd. 1, Richthofen an Schlözer 6.7.1899.
150 Earle, Turkey, S. 60f.

schlag gegeben haben. Sie legte, so Schöllgen, den „Grundstein für den nunmehr kaum noch aufzuhaltenden Aufstieg des Deutschen Reiches zur wirtschaftlich und politisch dominanten Macht am Goldenen Horn"[151]. Doch das war noch Zukunftsmusik, und deshalb ist zu bezweifeln, daß Bülow den „Konflikt mit England und Rußland gewissermaßen programmiert" sah. Eher sprechen seine Taktik bislang und seine Presseinstruktionen für die Erwartung, diesen Konflikt verzögern zu können, bis die erhoffte globale englisch-russische Kollision eine neue Lage schuf.[152]

Die wirtschaftlichen Erwartungen schienen sich rasch zu erfüllen. Ebenso wie für China die Okkupation von Kiautschou erwiesen sich nun für Kleinasien Kaiserreise und Bahnprojekt als Impuls für das Engagement der Wirtschaft. Im Mai 1899 entstanden die Deutsch-Orientalische Exportgesellschaft mit Zweigniederlassungen in Konstantinopel, Smyrna und Kairo sowie die Deutsche Palästinabank mit Filialen in Jerusalem und Jaffa. Beide Unternehmen widmeten sich erfolgreich der Beförderung des Handels- und Geldverkehrs. Besonderen Anteil am Exportwachstums besaß der „Exportverband Deutscher Maschinenfabriken und Hüttenwerke" mit Sitz in Konstantinopel und Depots in mehreren kleinasiatischen Städten. Im September 1899 bewarben sich Siemens-Schuckert und die Allgemeine Elektrizitätsgesellschaft bei der türkischen Regierung um die Konzession der Elektrizitätsversorgung Konstantinopels. Die Levantelinie erweiterte ihren Orientverkehr. Seit 1898 erschien die Zeitschrift „Der Orient", um in Deutschland das Verständnis für die kommerziellen Möglichkeiten im Osmanischen Reich zu erweitern.[153]

Zwar dominierte die deutsche Waffenindustrie, hauptsächlich Mauser und Krupp, inzwischen den türkischen Markt. Doch bei allem Ausfuhrwachstum entsprach der deutsche Exportumsatz in das Osmanische Reich längst noch nicht den hochgesteckten Erwartungen der interessierten Wirtschaftskreise.[154]

Diese auf materiellen Gewinn gerichtete Aktivität von Wirtschaftskreisen befand sich mit dem taktischen Vorgehen der Regierung in Einklang. Das galt nur partiell für die von Alldeutschen und bildungsbürgerlichen Kreisen verkündeten Zukunftsvorstellungen. Für sie bedeutete der Bagdadbahnbau den idealen Ansatzpunkt für globales deutsches Vordringen nach Kleinasien und ins Zweistromland, das nicht zuletzt politischen und kulturellen Einfluß Deutschlands, auch Vormacht, einschloß. Als Widerspruch zur Regierungspolitik empfanden sie das nicht. Erstens ergaben sich solche Konsequenzen organisch aus den nationalistischen Grundüberzeugungen. Zweitens hatten viele der propagandistisch tätigen Persönlichkeiten, besonders anläßlich von Orientreisen, Kontakte mit deutschen Diplomaten im Osmanischen Reich, von denen die meisten schon seit einigen Jahren für eine aktive deutsche Orientpolitik plädierten.[155] Drittens interpretierten sie die traditionell dominierende Rolle deutscher Militärs im türkischen Heerwesen als Zeichen, sich auf wirtschaftlichen Einfluß nicht beschränken zu wollen.

Wenn der Anschein nicht trügt, hat der kulturelle Ansatz besonders aktivierend gewirkt. Es schien dem hohen deutschen kulturellen Standard angemessen, die verschütteten reichen

---

151 Schöllgen, Imperialismus und Gleichgewicht, S. 125f.
152 GP, Bd. 14/II, S. 505f.
153 Vgl. zu diesem Komplex: Schöllgen, Imperialismus und Gleichgewicht, S. 128ff.; Rathmann, „Volldampf", S. 135ff.; Gutsche, Monopole, S. 111.
154 Mejcher, Bagdadbahn, S. 475.
155 Rathmann, „Volldampf", S. 139f.

kulturellen Traditionen dieser Länder produktiv für einen zivilisatorischen Aufschwung aufzunehmen.[156] So konnte für Delbrück der türkische Orient zum besonderen Wirkungsplatz des Deutschtums werden, weil er wirtschaftlichen und kulturellen Anschluß vornehmlich an Deutschland suche.[157] Für ein Bekenntnis zur Kulturarbeit im Orient erwärmten sich selbst der reformistischen Richtung zugehörige Sozialdemokraten, betrachteten sie indes allein in Kooperation mit England gegen Rußland als erfolgversprechend.[158] Englandfeindlich, aber auch kritisch gegenüber Rußland war die Tendenz in Friedrich Naumanns Buch „Asia", das 1899 erschien und im Bürgertum breites Echo fand. Es entsprach einer verbreiteten Stimmung des Zeitgeistes und deutete zugleich mit der Freihandpolitik verbundene Zukunftserwartungen an, wenn Naumann warnte, Deutschland würde leer ausgehen, falls die Türkei vorzeitig zerfalle. Deutschland müsse seinen Wachstumsprozeß beschleunigen, die Türkei wirtschaftlich abhängig machen, um sie später politisch kontrollieren und im Kriegsfall gegen England einsetzen zu können.[159] Identisch mit dieser Auffassung beschrieb der Militärberater Goltz im Mai 1899 eine Zukunft, in der Deutsche und Türken verbündet die Engländer in Ägypten und Indien angriffen.[160] Der Publizist Paul Rohrbach dachte an eine russisch-deutsche Partnerschaft, die, exakt den kurz darauf folgenden Vorschlägen Murawjews entsprechend, auf dem Kompromiß gründen sollte, die Meerengen in russischen Besitz und Kleinasien unter deutschen Einfluß zu setzen.[161]

Unter den Alldeutschen und in der Kolonialgesellschaft dominierte wieder der Siedlungsgedanke. Deutsche Siedler sollten zu einem bestimmenden Faktor einer Neubelebung Kleinasiens unter einer vom Deutschtum bestimmten wirtschaftlichen und politischen Perspektive werden.[162] Die Regierung hütete sich, solche Siedlungspläne und andere über den Bahnbau hinausreichende Zielvorstellungen aufzugreifen, weil sie die Gefahren für die Freihandpolitik im Auge behielt. Doch war ihr die fundamentale Aushöhlung dieser Politik, die von dem Bagdadbahnunternehmen langfristig ausgehen konnte, in ihrer ganzen Dimension wirklich klar?

Mit dem Bagdadbahnprojekt brach Deutschland in eine Sphäre ein, in der bislang grundlegende Ambitionen Englands, Rußlands und Frankreichs dominierten und zu Spannungen untereinander geführt hatten. Der deutsche Vorstoß konnte für England den Landweg nach Indien, seine Stellung am Persischen Golf, in Ägypten, Sudan, am Suezkanal und am Roten Meer sowie seine wirtschaftlichen und verkehrspolitischen Interessen im westlichen Kleinasien und im Zweistromland bedrohen. Frankreich reflektierte kolonialpolitisch auf Syrien und Palästina und auf Eisenbahnprojekte in Kleinasien. Rußland konnte militärstrategisch nicht nur an seinen West- und Südwestgrenzen, sondern auch vom Süden her bedroht werden, wenn es seinen Einfluß in der Türkei verlor, und Eisenbahninteressen besaß es im östlichen Kleinasien ebenfalls. Aus der Meerengenfrage und den Balkanproblemen konnten unter verändertem Vorzeichen neue Konfliktfelder entstehen.

---

156 Kampen, Türkeipolitik, S. 85ff.
157 PJ, Bd. 94 (1898), S. 572f.
158 Kampen, Türkeipolitik, S. 237ff.
159 Naumann, Asia.
160 Kampen, Türkeipolitik, S. 64.
161 Die christliche Welt, 13. Jg. 1899, S. 301ff., 319ff.
162 Kampen, Türkeipolitik, S. 169, 181ff.

Waren nicht alle diese Interessen und Gefährdungen viel zu gravierend, um sich von Bülows Versicherungen, ausschließlich wirtschaftliche Ziele zu verfolgen, beruhigen zu lassen? Waren die politischen Führungen und die Öffentlichkeit in Petersburg, London und Paris nicht viel zu fest im imperialistischen Zeitgeist gefangen, als daß ihnen eine solche Selbstbeschränkung jemals möglich und auf Dauer gewollt erscheinen konnte? Sie kannten den wachsenden politischen Einfluß Deutschlands in Konstantinopel ebenso wie die weltpolitischen Publikationen und die Äußerungen deutscher Diplomaten und nahmen es durchaus ernst, wenn sich Wilhelm II. während der Orientreise in einer Rede in Damaskus beifallheischend zum Beschützer der Mohammedaner aufwarf.

Natürlich zweifelte Bülow nicht daran, wie schwer es sein werde, die wirtschaftliche Ausrichtung des Bahnunternehmens möglichst lange von politischen Nachteilen für Deutschland freizuhalten. „Namentlich in Folge unserer schnell wachsenden türkischen Handelsverbindungen" sei das Reich Gegenstand europäischen Mißtrauens, schrieb er dem Botschafter nach Konstantinopel. Daraus erwuchs für ihn die Gefahr, früher als gewollt zum politischen Engagement veranlaßt zu werden. Es werde schwieriger, sich bei zukünftigen Balkankonflikten „zunächst" auf eine Zuschauerrolle zu beschränken.[163] Daß ihn solche Erkenntnis nicht zu Korrekturen veranlaßte und sein Glaube an die Unversöhnlichkeit des russisch-englischen Gegensatzes unbeeindruckt blieb, zeigt, wie dogmatisiert, in Bismarckscher Manier auf diplomatisches Repertoire setzend, oder auch wie fatalistisch angesichts sämtlicher Zwänge diese Linie inzwischen verfolgt wurde. Noch zehn Jahre später macht Bülow das Argument geltend, durch die Förderung der russischen Wende nach Ostasien und die Begünstigung der russisch-österreichischen Balkanentente sollte Rußland die Akzeptanz der gewachsenen deutschen Türkeiinteressen erleichtert werden.[164] England glaubte er versöhnlich stimmen zu können, indem er das deutsche Desinteresse am Persischen Golf wahrte.[165] Das wiederholte Angebot an englisches und französisches Kapital, sich an dem Unternehmen zu beteiligen, sollte das politische Mißtrauen ebenfalls abbauen helfen, war also nicht allein aus der finanziellen Not geboren.

Die Bagdadbahnpolitik war in dieser Phase auf wirtschaftliches Wachstum und Zeitgewinn angelegt. Ihr Credo umriß 1900 der Mitarbeiter des Auswärtigen Amts Otto von Mühlberg voller Optimismus: „Es gilt also, die asiatische Rivalität Englands und Rußlands so für uns auszunutzen, daß wir bald mit einer Verbeugung vor dem britischen Löwen, bald mit einem Knicks vor dem russischen Bären unsere Bahn bis Kuweit am Persischen Golf hindurchschlängeln."[166]

Anfänglich schienen sich die deutschen Vorstellungen partiell zu erfüllen. Frankreich, abgelenkt und gelähmt durch die Faschodakrise, fand sich mit dem Prestigeverlust in der Frage des Katholikenprotektorats ab, und seine Banken gingen darauf ein, sich finanziell am Bagdadbahnbau zu beteiligen. So blieb es eher verdeckt, daß die französische Regierung den wachsenden deutschen Einfluß in Konstantinopel mit entschiedenem Mißtrauen registrierte.[167]

---

163 GP, Bd. 12/II, S. 521.
164 BA Koblenz, NL Bülow, Nr. 151/E, Merkbuch 1909, Bl. 142.
165 GP, Bd. 14/II, S. 509ff.
166 GP, Bd. 17, S. 375.
167 HHStA Wien, MdÄ, PA IX, Nr. 141, Bl. 80: Bericht aus Paris 7. 9. 1898.

Auch die Reaktion der britischen Regierung gestaltete sich nicht unfreundlich. Konzentriert auf die Sudanentscheidung und dauerhaft fixiert auf die ostasiatischen Differenzen mit Rußland schien London zufriedengestellt durch das deutsche Desinteresse am Golf. Das Auswärtige Amt ließ sich irritieren und begriff nicht, daß London in erster Linie auf deutschrussische Differenzen in der Bahnfrage setzte.[168] Erstaunlicherweise nahm es Versicherungen englischer Orientdiplomaten ernst, die ihre angeblich positive Haltung zum Bahnbau damit begründeten, daß sich Deutschland vermittelnd zwischen die englische und die russische Einflußsphäre schiebe.[169] Bülow glaubte, eine englische Beteiligung an der Bahnfinanzierung bereits als Kompensation zum Erwerb einer Kohlenstation im Roten Meer, als Äquivalent für die englische Inbesitznahme Maskats, nutzen zu können.[170]

Fern von solchen taktischen Überlegungen dominierte in der britischen Öffentlichkeit die Besorgnis. Die „Morning Post" sah Deutschland mit einer Einflußsphäre im Orient eine feste Route nach Fernost gewinnen.[171] Vor allem die mit Indien verbundenen Presseorgane und Politiker wandten sich entschieden gegen ein Vordringen Deutschlands in Kleinasien.[172] Intrigen gegen die Haidar-Pascha-Konzession blieben gleichwohl erfolglos.[173] Bezeichnend für das britische Taktieren war, daß 1899 Chamberlain, auf deutsch-russische Spannungen rechnend, Berlin zum Weiterbau ermunterte, während der Vizekönig von Indien, Lord G. N. Curzon, gegen die befürchteten Folgen mit dem Scheich von Kuweit einen Protektoratsvertrag für das Golfgebiet abschloß.[174] Im Jahr zuvor hatte die britische Regierung überdies eine kolossale Flottenverstärkung eingeleitet.

Die meisten Vorbehalte gegen das deutsche Bahnunternehmen kamen aus Rußland. Schon lange vor der Kaiserreise gab es in der zaristischen Führung und in der russischen Presse kaum Zweifel, daß sich aus dem wirtschaftlichen Einflußgewinn politisches Machtstreben Deutschlands in der Türkei ergeben werde. Das wurde nicht zuletzt aus der Tätigkeit deutscher Offiziere in der osmanischen Armee geschlossen.[175] Doch die Besorgnis Rußlands vor der deutschen Orientpolitik reichte viel tiefer. Für Petersburg zielten Bahnbau, Handelszuwachs, Armeereorganisation und türkeifreundliche Politik auf die der russischen diametral entgegengesetzte deutsche Absicht, den türkischen Staat zu erhalten und zu stabilisieren. Petersburg setzte auf den Zerfall des osmanischen Reiches, um sich einst in den Besitz der Meerengen setzen und seine Interessen im Umfeld des Persischen Golfes wahren zu können.[176] Erst dieser Zusammenhang macht deutlich, welchen antagonistischen Charakter der deutsch-russische Orientgegensatz zu gewinnen begann. Er erklärt, warum der russischen Diplomatie bereits der wirtschaftliche Vorstoß Deutschlands mißfiel und wie beherrschend ihre Sorge war, daß aus der „wirtschaftlichen Festsetzung in der Türkei sich eine politische deutsche Vorherrschaft entwickeln werde"[177].

168 Schöllgen, Imperialismus und Gleichgewicht, S. 127.
169 PA Bonn, BL, Bd. 361, Richarz an Hohenlohe 5.6.1899.
170 Ebenda, BL, Bd. 404/3, Bülow an Hatzfeldt 16.2.1899.
171 Ebenda, Türkei Nr. 152, Bd. 11, Castell an Hohenlohe 9.11.1898.
172 Ebenda, BL, Bd. 361, Pfeil an Hohenlohe 16.6.1898, Vizekonsul Reinhardt an Hohenlohe 6.10.1899.
173 HHStA Wien, MdÄ, PA III, Nr. 151, Bl. 181, 199: Berichte aus Berlin 6.3.1899, 15.3.1899.
174 Schmidt, Imperialismus, S. 78.
175 PA Bonn, Türkei Nr. 158, Bd. 5, Radolin an Hohenlohe 19.1.1898.
176 GP, Bd. 14/II, S. 549ff.
177 Ebenda, S. 539.

Die Hafenbaukonzession für Haidar Pascha veranlaßte die zaristische Regierung Ende April 1899, der deutschen ein Arrangement vorzuschlagen, „durch welches Deutschland hinsichtlich der Meerengen Rußland beruhige, Rußland in Kleinasien Deutschland freie Hand lasse"[178]. Bei einer Erneuerung des Angebots zwei Monate später bekräftigte Murawjew das russische Generalziel in der Türkei- und Meerengenfrage und drohte für den Fall der Ablehnung mit einer Verständigung mit England in sämtlichen Streitfragen.[179] Es scheint, Murawjew habe es ernst gemeint mit dem Kompromiß, der wohl zeitweilig das deutsche Vorgehen begrenzen und den Weg für das russische Fernziel offenhalten sollte.

Eine solche Linie ergibt sich logisch aus den Grundprämissen der russischen Politik in dieser Phase. Die fortgesetzte Überforderung der Ressourcen verschärfte die gesellschaftlichen Widersprüche und die Krise des politischen Systems und äußerte sich in dramatischem Kapitalmangel für die innere Modernisierung und die Eisenbahnprojekte im Fernen Osten sowie in neuen Studentenunruhen und Streiks.[180] Für den gewachsenen russischen Kapitalbedarf hielt Witte die Aufnahmefähigkeit der französischen und deutschen Kapitalmärkte nicht mehr für ausreichend. Er reflektierte auf den größten, den englischen Kapitalmarkt und plädierte deshalb für die außenpolitische Annäherung an Großbritannien, auf die er bereits Anfang 1898 vergeblich aus war.[181]

Der Wille zur außenpolitischen Konfliktreduzierung, zur Defensive ergab sich aus der schwierigen Gesamtlage Rußlands generell. Ziel war, die internationalen Hauptpositionen über Kompromisse in Einzelfragen zu sichern, und dafür die überzogenen, unrealistischen Vorhaben fallenzulassen, doch die Perspektiven offenzuhalten. Nicht allgemeine, nur punktuelle Vereinbarungen standen zur Debatte. Es war ein Grundsatz vergleichbar dem britischen. Daß ihn beide Mächte vertraten, erleichterte in der Zukunft den Kompromiß zwischen ihnen.

So setzte Murawjew im Vorderen Orient auf den Status quo. Das galt neben den Meerengen und Kleinasien auch für den Balkanraum[182], wo Petersburg die Entente von 1897 wachhielt, gleichwohl den von Österreich-Ungarn inspirierten Eisenbahnbau ähnlich wie den deutschen in Kleinasien mit Argusaugen verfolgte und mit Gegenprojekten zu durchkreuzen suchte.[183]

In China kam es im Mai im Eisenbahnbau nun doch zu einer Abgrenzung der englischen und russischen Interessensphären, die allerdings die Hauptstreitpunkte der Mandschurei- und Jangtsegebietsfragen ausklammerte.[184] Wiederum war in Petersburg Witte der Initiator, der

---

178 Ebenda, S. 543; vgl. Meinecke, Bündnisproblem, S. 124ff.; Schöllgen, Imperialismus und Gleichgewicht, S. 114ff.; Winzen, Bülows Weltmachtkonzept, S. 181ff.; Zaristische Diplomatie, S. 638ff.
179 GP, Bd. 14/II, S. 551.
180 HHStA Wien, MdÄ, PA X, Nr. 111, Bl. 451ff.; Bericht aus Petersburg 22.4.1899; BA Potsdam, 90 Ho 5: NL Holstein, Film 62246, Bl. 195284: Radolin an Holstein 1.4.1899; Schulthess 1899, S. 275f.
181 BA Potsdam, 90 Ho 5: NL Holstein, Film 62246, Bl. 195277: Radolin an Holstein 22.2.1899; HHStA Wien, MdÄ, PA X, Nr. 111, Bl. 267, 351ff., 532ff.: Berichte aus Petersburg 2.3.1899, 31.3.1899, 15.5.1899; ebenda, PA VIII, Nr. 122, Bericht aus London 19.1.1899.
182 Ebenda, PA X, Nr. 111, Bl. 15ff.: Bericht aus Petersburg 1.1.1899.
183 Ebenda, Nr. 110, Bl. 177ff., 188ff.: Berichte aus Petersburg 12.10.1898, 31.10.1898.
184 Ebenda, PA VIII, Nr. 122, Berichte aus London 18.4.1899, 2.5.1899.

mit dem russischen Kapitalbedarf argumentierte.[185] Immer deutlicher zeichnete sich ab, wie entschieden beide Seiten in China den Konflikt scheuten[186], besonders jedoch Rußland.[187]

Diese relative Entspannung resultierte auch aus der Tatsache, daß beide Seiten ihr Hauptexpansionsinteresse auf den persisch-afghanischen Raum zu richten begannen.[188] Doch bei allem gegenseitigen Mißtrauen, das die Rivalen hinsichtlich ihrer Zukunftsziele besonders in Richtung auf den Persischen Golf bestimmte, sahen beide die Gefahr, daß Deutschland, aufbauend auf dem Bagdadbahnvorstoß, zu einem ernsthaften Konkurrenten in diesem Raum aufsteigen konnte. In einem aufsehenerregenden Artikel hatte die „Nowoje Wremja" schon 1898 die Regierung aufgefordert, jeglichen deutschen Bahnbau zum Persischen Golf zu verhindern, weil er vitalste russische Interessen tangiere.[189] Im Jahr darauf verlangte das Blatt, den russischen Bahnbau in Persien zu forcieren, um deutschen Projekten am Golf zuvorzukommen.[190] Mitte des Jahres hatte die Besorgnis noch zugenommen[191], trotz aller Erklärungen Deutschlands über sein politisches Desinteresse an diesem Raum. Doch die deutsche Außenpolitik sah optimistisch nun dort das Konfliktfeld, das den russisch-englischen Ausgleich ausschloß.[192] Sie nahm es nicht ernst, wenn die regierungsnahe „Times" Witte englische Kapitalhilfe versprach, wenn Rußland die britischen Golfinteressen respektierte.[193] Noch war es freilich ein Zukunftssignal.

Als Ausdruck der internationalen strategischen Defensive Rußlands kann schließlich auch das Abrüstungsmanifest des Zaren gelten. Der Versuch, aus der Not eine Tugend zu machen, sollte seinem Regime international wie innenpolitisch Autoritätsgewinn verschaffen.

Ein letztes Motiv für das russische Kompromißangebot an Deutschland vom April 1899 ergab sich aus den vielfältigen deutsch-englischen Sondierungen und aus dem Vertrag vom 30. August 1898, über dessen Inhalt es in Petersburg nur Vermutungen gab. Es gelte zu hindern, daß sich Deutschland auf die Seite des englisch-amerikanischen Bündnisses schlage, instruierte Murawjew Osten-Sacken. Um den Hochmut Englands zu dämpfen, sei Einvernehmen mit Deutschland wichtig.[194]

So ergab sich der russische Vorschlag folgerichtig aus dem Gesamtinteresse russischer Außenpolitik in dieser Phase. Doch die deutsche Seite ging nicht auf ihn ein.

Auf den ersten Blick sind die Argumente für die Abweisung stichhaltig, auf den zweiten scheinen sie eilfertig herbeigeholt, um Petersburg den entscheidenden Grund zu verschweigen. Erstens sah die Berliner Zentrale aus einer solchen Vereinbarung neue Spannungen mit England entstehen, die die deutsche Überseexpansion wirksam behindern könnten. Zweitens bestand für sie die Gefahr, daß der zu erwartende Widerstand Österreich-Ungarns und Italiens den Dreibund sprengen würde. Denn anders als bei der vergleichbaren Zusage Bismarcks im geheimen Zusatzprotokoll des Rückversicherungsvertrages von 1887 hatten

---

185 BHStA München, MA Nr. 2783, Bericht aus Petersburg 7.5.1899.
186 HHStA Wien, MdÄ, PA X, Nr. 111, Bl. 145ff.: Bericht aus Petersburg 9.2.1899.
187 Ebenda, Bl. 253ff.: Bericht aus Petersburg 17.2./1.3.1899.
188 Ebenda; PA Bonn, BL, Bd. 361, Richarz an Hohenlohe 5.6.1899.
189 Ebenda, Deutschland Nr. 167, Bd. 1, Novoje Vremja 29.4.1898.
190 Ebenda, England Nr. 83, Bd. 5, Petersburger Herold 8.2.1899 mit Zeitungsausschnitten.
191 Ebenda, Türkei Nr. 158, Bd. 6, Radolin an Hohenlohe 18.7.1899.
192 Ebenda, England Nr. 83, Bd. 5, Hatzfeldt an Hohenlohe 22.4.1899.
193 Ebenda, Hatzfeldt an Hohenlohe 15.4.1899, 26.4.1899.
194 Holstein, Papiere, Bd. 4, S. 89; Englisch-deutsche Annäherung, S. 492, 507ff.

sich die Vertragsteilnehmer des Dreibundes seit 1891 verpflichtet, sich bei Orientverhandlungen gegenseitig zu informieren.

Als schließlich Bülow noch als Bedingung für ein Abkommen geltend machte, daß „Rußland und Frankreich sich bereit erklärten zu allseitiger Garantierung des Besitzstandes der drei Mächte", unterstrich das eher seinen Willen, das Angebot zurückzuweisen, denn eine solche, den deutschen Besitz Elsaß-Lothringens festschreibende Zusage war derzeit kaum ernsthaft zu erwarten.[195] Es mag freilich auch ein Test gewesen sein zu erkunden, ob unter dieser Voraussetzung in der Zukunft vielleicht doch mit einer deutsch-französischen Annäherung zu rechnen sei. Denn sie konnte einen entscheidenden Ausgangspunkt darstellen, ob und inwieweit auf eine Verbindung mit Rußland überhaupt zu reflektieren war. Holstein und auch Bülow schlossen jene jedenfalls nicht gänzlich aus, der Geheimrat hielt sie sogar für weniger schwer erreichbar als den englisch-französischen Interessenausgleich. Doch das sei „vorläufig nur Zukunftspolitik", schränkte er ein.[196]

Der wirkliche Grund für die Ablehnung des Angebots Murawjews lag in der Unvereinbarkeit des russischen und des deutschen Türkeiinteresses, wie sie durch die deutsche Bagdadbahnpolitik entstanden war. Ihn bezeichnete Marschall in einem Schreiben an die Zentrale: „Je mehr fremdes Kapital türkischen Unternehmungen zufließt, umso weiter zieht sich der Kreis des Interesses an dem Fortbestand des türkischen Reiches. Und die Präponderanz der wirtschaftlichen Interessen, welche eine Signatur der heutigen Zeit bildet, zwingt mit einer gewissen elementaren Gewalt die Staaten, welchen jene Kapitalien entstammen, zu einer erhaltenden Orientpolitik und damit zu einer Stellungnahme gegen das, was Rußland am letzten Ende anstrebt." Deutschland werde nicht zugeben, „daß Rußland die kleinasiatische Türkei als eine Art von russischer Interessensphäre betrachtet wissen möchte", und sich nicht hindern lassen, „Kleinasien [...] dem deutschen Gewerbefleiße zugänglich zu machen", schrieb Richthofen an Marschall.[197]

So verdeutlicht der Vorgang letztlich, daß die deutsche Weltpolitik auch mit den fundamentalen Interessen Rußlands unvereinbar war. Vergleichbar mit dem Verhältnis Deutschlands zu England bestand auch in seinem Verhältnis zu Rußland die Chance für ein stabiles Übereinkommen nur dann, wenn Berlin bereit war, sich mit einer Juniorpartnerschaft abzufinden. Für einen solchen Kurswechsel bestanden bei der gesellschaftlich-politischen Konstellation in Deutschland keine Chancen, und die außenpolitische Führung zog eine Alternative zur Freihandpolitik auch gar nicht in Betracht. Im Gegenteil. Das russische Angebot stellte für sie wie die Vorstöße Chamberlains im Jahr zuvor den Beweis für die Sinnfälligkeit und das Funktionieren dieses Kurses dar. Beide Weltmächte schienen angesichts ihrer gravierenden bilateralen Differenzen auf das Wohlwollen Deutschlands angewiesen. Fixiert auf die englisch-russischen und englisch-französischen Konfliktherde unterschätzten die Berliner Politiker die Ansätze und Resultate des Ausgleiches und ihre Beweggründe und sahen in ihnen, wie bei der Faschodaeinigung, nur die Keimzelle neuer Spannungen. Für Hatzfeldt zeichnete sich, wie erwähnt, in Zentralasien ein neuer russisch-englischer Anta-

---

195 GP, Bd. 14/II, S. 535ff.
196 BA Potsdam, 90 Ho 5: NL Holstein, Film 62240, Bl. 190342ff.: Holstein an Wedel 24.2.1899. Identisch mit Holsteins Brief an Graf Castell-Rüdenhausen vom gleichen Tag (Holstein, Papiere, Bd. 4, S. 91ff.).
197 GP, Bd. 14/II, S. 489; Meinecke, Bündnisproblem, S. 130f.; PA Bonn, Deutschland Nr. 131 Nr. 3 secr., Bd. 1, Bl. 77: Richthofen an Marschall 1.6.1899.

gonismus ab. Bülow und Holstein hielten den deutschen Handlungsspielraum für so weit, daß sie ähnlich wie im Vorjahr in Petersburg nun in London die Annäherungsabsichten des Rivalen lancierten, um Druck auszuüben.[198] Voller Optimismus hatte Bülow Anfang 1899 die Devise erneuert: „Den Grundgedanken der deutschen Politik entspricht es, in dem großen englisch-russischen Gegensatz uns nicht durch vorzeitige Parteinahme die Hände zu binden."[199]

Doch die Rivalen hatten diese Taktik längst durchschaut. Und das war der deutschen Führung auch bekannt.[200] Hätte nicht allein dieser Umstand sie schon veranlassen müssen, nicht alle Zukunft auf eine Karte zu setzen, sondern Alternativen oder Varianten zu überlegen, Möglichkeiten zu testen, um für den Fall, daß die bisherige Linie scheiterte oder in Gefahr geriet, Korrektive parat zu haben, die existentielle Gefahren abwenden oder reduzieren konnten? Oder sah man in dieser Karte nicht allein einen hervorragenden, sondern den einzigen Trumpf, den man besaß?

Jedenfalls: Möglichkeiten sind denkbar, die das Auswärtige Amt im Frühjahr 1899 unterhalb der Maximalforderung der Besitzstandsgarantie in Petersburg hätte zur Diskussion stellen können. Gerade angesichts der gefährdeten Lage des zaristischen Systems wäre schon ein zumindest partielles Aufnehmen der russischen Idee von atmosphärischem Nutzen gewesen, während die Absage bei dem traditionell gerade in Krisenzeiten das außenpolitische Denken in Petersburg bestimmenden Bedrohungskomplex nur nachteilig wirken mußte. Hätte nicht, da die Entscheidung ohnehin erst in weiterer Zukunft fallen sollte, wenigstens die Richtung auf eine spätere Meerengenzusage von Berlin offengehalten werden sollen – so vage gewiß, daß nicht alle interessierten Großmächte, von den Rivalen bis zu den Bündnispartnern, erfuhren sie davon, sich umgehend zum Protest verbanden? Weiter gehen konnte Berlin freilich auch wegen der Türkei nicht.

Selbst mit Österreich scheint ein solcher Schritt nicht von vornherein unvereinbar gewesen zu sein. Im Verhältnis der Bündnispartner gab es manche Widersprüche.[201] Die drückende Abhängigkeit der Doppelmonarchie von Deutschland provozierte den Widerstandswillen der slawisch-klerikalen Regierung Thun, die sich außenpolitisch akzentuierter als Goluchowski auf Rußland orientierte. Eulenburg schloß sogar eine Allianz zwischen Rußland, Österreich und Frankreich nicht aus. Realistisch war das nicht. Doch um gegenüber dem Zweibundpartner Bewegungsspielraum zu demonstrieren und schließlich, weil die innere Krise auch in der Balkanpolitik nur eine konservierende Richtung erzwang, konzentrierte sich der Außenminister ziemlich konsequent darauf, die Entente mit Petersburg einzuhalten und die österreichische Position in der westbalkanischen Einflußsphäre zu stabilisieren.[202] In der Meerengenfrage zog sich Wien hingegen weiter zurück. „Eine Besetzung Konstantinopels durch die Russen würde uns nicht tangieren", ließ Generalstabschef Beck den deutschen Militärattaché Hülsen-Haeseler wissen.[203]

---

198 PA Bonn, BL, Bd. 404/4, Holstein an Hatzfeldt 9.4.1899; Holstein, Papiere, Bd. 4, S. 106.
199 PA Bonn, England Nr. 83, Bd. 5, Bülow an Heyking 19.1.1899.
200 Eulenburg, Korrespondenz, Bd. 3, S. 1930.
201 Klein, Widersprüche, S. 240ff.
202 BHStA München, MA Nr. 2466, Bericht aus Wien 4.12.1898; SHA Dresden, Außenministerium, Gesandtschaft Berlin, Nr. 254, Bericht aus Berlin 1.3.1899.
203 PA Bonn, Orientalia Gen. Nr. 5 secr., Bd. 10, Bericht des Militärattachés Wien 5.3.1899.

Eine Kompromißformel blieb bei der deutschen Reaktion auf das russische Angebot faktisch unerörtert. Maßgeblich dafür war sicher nicht eine Vorstellung einer alternativlosen Zwangslage, sondern eher die Überzeugung, den weltpolitischen Aufstieg Deutschlands optimistisch, selbstverständlich und uneingeschränkt voranzutreiben zu haben. Vormachtstreben, das darf nicht unerwähnt bleiben, beeinflußte die Ziele der Hauptrivalen ebenso. Das verdeutlicht Murawjews Äußerung über die Ziele der russischen Türkeipolitik ebenso wie in besonders entwaffnender Weise Chamberlains Ausspruch: „Supremacy, predominance, preponderance, paramountcy – call it what you will."[204] Nur befanden sie sich in einer entschieden besseren geostrategischen und bündnispolitischen Ausgangslage.

Das nicht ausreichend bedacht zu haben, ist der Vorwurf an die deutschen Verantwortlichen. Die deutsche Außenpolitik pendelte zwischen Angst und Anmaßung, meint Lancelot Farrar[205], und Schöllgen sieht sie in „maßloser Überschätzung" der „wirklichen Stärke" des Reiches von „Unerfahrenheit und Ignoranz" bestimmt.[206] Doch mangelnde Erfahrung kann man den maßgeblichen deutschen Diplomaten, fast alle der Bismarckschule entstammend, nicht unterstellen. Es ist eher bestechend, wie sie diplomatische Vorgänge geistig durchdrangen und ihre Erfahrungen verallgemeinerten, gewiß mit einem Zug zur Hyperkonstruktion, ins Doktrinäre. Dagegen fiel es ihnen schwer, auch darin Bismarck ähnlich, den gesellschaftlichen Strukturwandel, langfristige Entwicklungen und ihre Konsequenzen für die internationalen Beziehungen zu erfassen – ein Faktum, auf das Meinecke schon 1927 aufmerksam gemacht hat.[207]

Entscheidend scheint etwas anderes. Ganz Kinder ihrer Zeit, waren Bülow, Holstein, Hatzfeldt und die meisten anderen Persönlichkeiten des auswärtigen Dienstes geprägt von dem Optimismus, der von dieser eindrucksvollen Wachstums-, Aufstiegs- und Erfolgsphase der deutschen Geschichte ausging. Vielleicht ist das ein Spezifikum deutscher Politik, sich von dem eigenen rasanten Aufstieg emportragen und partiell blenden zu lassen und Gefahrenmomente eher zu unterschätzen oder zu übersehen. Die handelnden deutschen Politiker jedenfalls waren geprägt von der Erfolgsgeschichte der Reichsgründungszeit ebenso wie von der anschließenden Aufstiegsphase. Sie betrachteten sie als gleichsam selbstverständlich, anders als die Rivalen und anders auch als Bismarck. Ihn prägte noch der Erfahrungshorizont der Revolution von 1848 und der Vorkrimkriegszeit. Er besaß einen ganz anderen Sinn für Bedrohung und Gefahr, für Vergänglichkeit. Sein Credo: „Alles seit der Schöpfung ist Flickwerk"[208] war für seine Nachfolger undenkbar. Sie hielten, gefangen in der Erfolgsskala des Reiches, trotz mancher Bedenken im einzelnen, vieles, fast alles für möglich, besonders einen triumphalen Aufstieg des Reiches zur Weltmacht. Diese Selbstverständlichkeit, mit der die Handelnden den Aufstieg begleiteten, ist es, der so ins Auge fällt. „Wie herrlich" sich alles entwickle, rief der Kaiser, freilich öfters euphorisch, am Jahresende 1898 seinem Staatssekretär zu.[209] „Wir haben zur Zeit eine große Stellung in der Welt", schrieb dieser an Eulenburg, erwähnte indes auch „Neid und Antipathie gegen das deutsche Volk" allerorten. Doch „furchtlos, aber auch weise, hellen Auges, aber mit

---

204 Niedhardt, Geschichte Englands, S. 123.
205 Farrar jr., Arrogance and Anxiety.
206 Schöllgen, Imperialismus und Gleichgewicht, S. 117.
207 Meinecke, Bündnisproblem, S. 140.
208 Lösener, Staatsauffassung, S. 41.
209 BA Koblenz, NL Bülow, Nr. 112, Bl. 56: Wilhelm II. an Bülow 12.12.1898.

geschickter Hand" könnte Deutschland das Feld behaupten.²¹⁰ Im gleichen Sinne klassifizierte Delbrück Ende 1898 die deutsche Außenpolitik als „Großmachtpolitik im echten und rechten Sinn des Wortes", der das Volk „mit Zuversicht und Stolz" folge – ganz im Gegensatz zur Innenpolitik.²¹¹

4. Neue Expansionsvorstöße und Flottenplanung 1899/1900

Der innenpolitische Streit war 1899 wegen seiner Ausmaße und Tiefe in vielem mit der Außenpolitik so eng verknüpft, daß diese ohne ihn nicht zu erklären ist. Die Sammlungspolitik vermochte ihre labile Grundlage, vor allem wegen der ungelösten Zollfrage, niemals zu verdecken. Vom Frühjahr 1899 an ließen zwei Gesetzentwürfe der Regierung, die Zuchthausvorlage und die Kanalvorlage, die Widersprüche in dramatischer Weise offen zu Tage treten.

Die Zuchthausvorlage sollte es ermöglichen, Personen, die zum Streik aufriefen oder Streikbrecher behinderten, notfalls mit Zuchthaus zu bestrafen.¹ Im Wirtschaftsbürgertum stieß sie auf ein positives Echo, weil viele Unternehmer glaubten, der Verzicht auf Streiks und Lohnsteigerung könnte die internationale Konkurrenzfähigkeit der deutschen Industrie erhöhen und somit die Konjunktur langfristig stabilisieren. Doch es ging um mehr. „Die Macht der Sozialdemokratie zu brechen" war, wie Bueck in einer CDI-Mitgliederversammlung formulierte, das wirkliche Ziel des neuen Vorstoßes.² Insoweit reihte er sich in die mit der Umsturzvorlage eingeleitete Richtung ein, statt eines umfassenden Verbotsgesetzes, für das es weder öffentlich noch parlamentarisch eine Mehrheit gab, durch legislatorische Eingriffe in einzelnen wichtigen Feldern die Sozialdemokratie lahmzulegen. Es hätte die Regierung warnen müssen, daß alle solchen Versuche in den vergangenen Jahren kläglich gescheitert waren. Doch sie hatte ihre Lektion nicht gelernt. So vollzog sich die neue Niederlage in der gleichen Weise wie 1895 und 1897. Das Signal in der Öffentlichkeit gab der Kaiser selbst. Das Staatsministerium zog, ohne rechte Begeisterung, nach. Posadowsky warnte vor einer neuen Niederlage, die der Sozialdemokratie weiteren Vorteil bringen werde. Doch der Kaiser, leichtfertig und selbstherrlich, aber letztlich ohne überzeugenden Durchsetzungswillen, versicherte im Kronrat, „notfalls" werde er sich „auf die Bayonette stützen"³.

Als im Juni die Vorlage dem Reichstag zugeleitet wurde, organisierten Sozialdemokratie und Gewerkschaften Protestkundgebungen, die sich auf alle Teile des Reiches erstreckten, besonders auf die großen Städte. 300 000 Menschen nahmen teil. Diplomaten aus den Bundesstaaten berichteten aus Berlin besorgt vom rapide wachsenden sozialdemokratischen Einfluß, und Monts sah bereits bayerische Großstädte legal an diese Partei fallen.⁴ Liberale In-

---

210 Eulenburg, Korrespondenz, Bd. 3, S. 1911.
211 PJ, Bd. 94 (1898), S. 573f.
  1 Huber, Verfassungsgeschichte, Bd. 4, S. 1235f.; Unter Wilhelm II., S. 165ff.; Köhne, Nationalliberale, S. 252ff.
  2 Verhandlungen, Mitteilungen und Berichte des Centralverbandes Deutscher Industrieller, Nr. 84, S. 42ff.
  3 GStA Berlin, Rep. 90a, B III 2c, Nr. 3, Bd. 5, Bl. 230: Kronratsprotokoll 7.10.1898.
  4 PA Bonn, Europa Gen. Nr. 82 Nr. 1, Bd. 17, Monts an Hohenlohe 12.7.1899, Dönhoff an Hohenlohe 5.7.1899.

tellektuelle, die die Weltpolitik befürworteten, warnten vor dem Gesetz, weil sie nach Bernsteins revisionistischem Vorstoß erst recht die Chance sahen, unter einem Kurs auf sozialpolitische Reformen könnte sich die Sozialdemokratie zu einer radikalen Reformpartei „mausern".

Im Reichstag lehnten Zentrum und Linksliberale die Vorlage ab. Die Nationalliberalen, Hauptstütze der Regierungspolitik, gerieten in eine neue Zerreißprobe. Während der großindustrielle Flügel den Entwurf akzeptierte, lehnte ihn die liberale Fraktionsmehrheit ab, denn, so ihr Chef Bassermann, „diese Maßregel werde den Einfluß der politischen Sozialdemokratie nicht abschwächen, sondern verstärken"[5]. Die Zustimmung der konservativen Parteien reichte somit nicht, um der Regierung in den ersten Lesungen eine eklatante Niederlage zu ersparen. Überdies waren zwischen den Partnern der Sammlungspolitik neue Gräben aufgerissen.

Der Autoritätsverlust der Regierung erreichte katastrophale Ausmaße, als einige Wochen später, Mitte August, im Preußischen Abgeordnetenhaus die Kanalvorlage durchfiel.[6] Der projektierte Mittellandkanal bedeutete ein wirtschaftlich und verkehrskulturell vernünftiges Vorhaben. Er sollte das westdeutsche mit dem ostdeutschen Wasserstraßennetz verbinden und den Eisenbahnverkehr mit Massengütern entlasten. Widerspruch kam von den preußischen Junkern und bäuerlichen Kreisen, im Landtag von den konservativen Parteien und dem agrarischen Flügel des Zentrums. Wortführer hier war der Bund der Landwirte. Sein Argument, der Kanal begünstige einseitig die westdeutsche Industrie und ihren Absatz in Berlin sowie in den östlichen Landesteilen und schädige wegen des verbilligten Transportes ausländischen Getreides die ostdeutsche Landwirtschaft, war sachlich nicht stichhaltig. Es hat auch den Anschein, als sei es mehr um eine grundsätzliche Machtdemonstration als um die Sache gegangen. Beherrscht von der Sorge, das Kräfteverhältnis zwischen Industrie und Landwirtschaft und damit die Stellung der Agrarier verändere sich beständig zu ihrem Nachteil, sollte Stärke demonstriert werden, besonders im Hinblick auf die spätere Agrarzollentscheidung. Mehr noch: Einflußreiche Konservative sahen mit der zweifachen Niederlage der Regierung die Chance, diese, gegebenenfalls über personelle Veränderungen, auf einen entschieden konservativ-agrarischen Kurs zu zwingen. Miquels Bemerkung im Staatsministerium, das Agrariertum strebe nach Herrschaft und wolle das gesamte Ministerium stürzen, scheint jedenfalls nicht aus der Luft gegriffen zu sein.[7] Ein grundsätzlicher Konflikt mit den Konservativen schreckte den Kaiser so sehr, daß er unter Hinweis auf die Zuchthausvorlage und auf außenpolitische Schwierigkeiten für Verständigung mit den Opponenten plädierte und auf Auflösung des Landtages verzichtete. Um das Gesicht zu wahren, statuierte er nur ein Exempel[8]: Hohe Regierungsbeamte, die als Abgeordnete gegen die Vorlage gestimmt hatten, wurden in den Ruhestand versetzt.

Doch dieser Willkürakt entspannte nicht die Situation, sondern traf auf entschiedenes Mißfallen aller politischen Lager, die die Regierung selbst mit beiden strittigen Vorlagen gegen sich in Stellung gebracht hatte. Die Tragweite beider Niederlagen beschrieb der sächsische Gesandte aus Berlin als „schweres Mißtrauensvotum gegen die gesamte Regierungs-

---

5 Sten. Berichte RT, 10. Leg.-Per., 1. Session, S. 2665f.
6 Horn, Mittellandkanal, S. 36ff.
7 GStA Berlin, Rep. 90a, B III 2b, Nr. 6, Bd. 138, Bl. 128: Staatsministerialsitzungsprotokoll 20.8.1899.
8 Ebenda, 2c, Nr. 3, Bd. 5, Bl. 298ff: Kronratsprotokoll 23.8.1899.

Neue Expansionsvorstöße und Flottenplanung 1899/1900

politik", die einen „schweren politischen Konflikt" hervorgerufen habe.⁹ Einen Monat später, Ende September, teilte er mit: „Die allgemeine Unzufriedenheit dauert an und richtet sich, wie nicht verschwiegen werden kann, wesentlich gegen das Vorgehen S.M. des Kaisers selbst."¹⁰ Vergeblich bat der badische Großherzog den Kaiser, die Zuchthausvorlage zurückzuziehen, weil sie die staatstragenden Parteien zersplittere und die Autorität der Regierung schwäche.¹¹ Wilhelms Vorstellungen gingen in eine ganz andere Richtung. Von der allsommerlichen Nordlandreise meldete der entsetzte Eulenburg an Bülow starke Neigungen des Kaisers zur Gewaltpolitik gegenüber der Sozialdemokratie und zu absolutistischen Tendenzen.¹² Als einige Sentenzen in die Öffentlichkeit gerieten, riefen sie einen Entrüstungssturm hervor. Wie öfters in solchen Situationen tauchten Zweifel an der psychischen Gesundheit des Monarchen auf, nicht zuletzt in seiner engsten Umgebung, wo sich Eulenburg und Waldersee ihre Gedanken machten.¹³

Weil sie um die labile Sprunghaftigkeit des Kaisers wußten, verlangten die an Stabilität interessierten Eliten von den oberen Regierungsinstanzen mehr Autorität, Durchsetzungswillen und Geschlossenheit, um die Eskapaden Wilhelms zu reduzieren.¹⁴ Das konservative Lager trat mit Kritik besonders massiv hervor, was nicht allein an den Erfahrungen der Kanalvorlage lag. Die Vorwürfe richteten sich besonders an die Adresse Hohenlohes, der als Leitfigur ausfiel, den agrarischen Sonderwünschen gegenüber häufig Vorbehalte geltend machte und nun die Aufhebung des Koalitionsverbots einleiten ließ.¹⁵ Als Waldersee nach dem Fall der Kanalvorlage klagte: „Wir haben kein geschlossen auftretendes Ministerium", und Wochen später nach Gesprächen in Berlin in sein Tagebuch schrieb: „Schon höre ich die Forderung aussprechen, es sei nötig, ein einheitliches Ministerium zu haben, das klar sagt, wohin es will, möge es rechts oder links gerichtet sein"¹⁶, dachten seine Gesinnungsfreunde, wenn es um die Besetzung des Führungspostens ging, natürlich an einen Repräsentanten ihrer Couleur. Das zeigen die Namen, die gehandelt wurden: Herbert von Bismarck, Botho von Eulenburg, der Präsident der Kolonialgesellschaft und Statthalter Hermann von Hohenlohe-Langenburg, gelegentlich sogar Philipp von Eulenburg und Alfred Tirpitz. Daß Bülow auf Hohenlohe folgen sollte, schien auf einmal gefährdet. Offensichtlich sollte die mit den gescheiterten Vorlagen ausgelöste Verwirrung genutzt werden, um ein entschieden konservatives Regiment zu installieren. Holstein, stets gut informiert, hatte solche Töne bereits im späten Frühjahr vernommen.¹⁷ Ein solcher Wechsel, zumal im Zeichen des Agrarprotektionismus und der Repressionspolitik, hätte freilich nicht zu politisch-sozialem Stabilitätsgewinn geführt, vielmehr die Gräben vertieft, womöglich in einem das politische System akut gefährdenden Ausmaß, weil die Opposition übermächtig geworden wäre.

Die Verknüpfung der innenpolitischen Machtkämpfe und Kontroversen mit der Außenpolitik ergab sich schon deshalb, weil sie unentschieden blieben. Vor allem aber: In ihre Kri-

---

9 SHA Dresden, Außenministerium, Gesandtschaft Berlin, Nr. 254, Bericht 21.8.1899.
10 Ebenda, Bericht 29.9.1899.
11 Hohenlohe, Denkwürdigkeiten der Reichskanzlerzeit, S. 531.
12 Eulenburg, Korrespondenz, Bd. 3, S. 1946ff., 1952ff.
13 Ebenda, S. 1949, 1956; Waldersee, Denkwürdigkeiten, Bd. 2, S. 431.
14 Friedrich I. von Baden, 4. Bd., S. 159.
15 Blieffert, Innenpolitik, S. 219.
16 Waldersee, Denkwürdigkeiten, Bd. 2, S. 435.
17 Hohenlohe, Denkwürdigkeiten der Reichskanzlerzeit, S. 505.

tik an der Regierung schlossen die konservativen Opponenten die Außenpolitik in grundsätzlicher Weise ein. Es ging dabei nicht allein um das Verlangen, die Freihandpolitik mit ihrer angeblich englandfreundlichen Komponente durch eine eindeutige Verbindung mit Rußland zu korrigieren. „In der auswärtigen Politik ist das heuchlerische Bemühen, mit allen gut stehen zu wollen, auf die Dauer nicht haltbar", schrieb Herbert von Bismarck Ende 1898 seinem Freunde Scheel-Plessen, „dabei müssen die alten Beziehungen wacklig werden, und es bilden sich neue ohne und schließlich gegen uns. [...] Was mich am meisten mit Sorge erfüllt, ist die törichte Hinneigung zu England, der die entsprechende Gegenleistung immer fehlen wird", und die „sehr ungeschickte Behandlung" der Beziehungen zu Rußland.[18] Auch Waldersee beklagte „Demütigung" seitens Englands, „da wir ihm nichts anhaben können" und befürwortete den festen Anschluß an Rußland. Denn „England ist unser eigentlicher Gegner", und „wir können uns seiner nur erwehren durch Allianzen". Doch skeptisch fragte er sich, ob sie noch erreichbar seien: „Rußland findet seinen Weg auch ohne uns."[19]

Festzuhalten gilt zum einen, daß die außenpolitischen Argumente der Opponenten eher Akzeptanz gewinnen konnten als ihre auf egoistisches Klasseninteresse zu reduzierenden Ziele im Innern, weil ihr Verlangen, die außenpolitische Linie in antienglisch-prorussischer Richtung zu akzentuieren, einer weitverbreiteten Stimmung entsprach.

Noch wichtiger war das zweite. Der Machtanspruch vermochte weit mehr Nachdruck zu gewinnen, wenn er mit prinzipiellen Fragen der internationalen Machtstellung und der nationalen Sicherheit des Reiches verknüpft wurde. In diesem Bezugsrahmen artikulierte nun die außenpolitische Kritik ein Unbehagen, das sich, undeutlich-zögernd noch und auf den internen Bereich beschränkt, besonders im konservativen Lager auszubreiten begann und besorgt fragte, ob und wie die grundlegenden Sicherheiten der deutschen Großmachtstellung in der Zukunft zu gewährleisten waren. Ausgangspunkt war der wachsende Antagonismus zu England, für den die als geboten betrachtete kontinentaleuropäische Absicherung zu fehlen schien, weil im Verhältnis zu Frankreich eine grundsätzliche Revision bislang nicht möglich war und das Verhältnis zu Rußland unverbindlich vage blieb. Die gesamte Außenpolitik seit 1890 befand sich gänzlich in Frage gestellt, erschien strategisch als Fehlkonstruktion mit dem Resultat einer gefahrdrohenden deutschen Abseitsstellung, dem gegenüber die Bismarcksche Tradition noch strahlender als positiver Gegenentwurf hervortrat – nicht ohne mannigfache Verklärung, die besonders das Verhältnis zu Rußland betraf. Insofern sah sich Herbert von Bismarck als der einzige erfolgversprechende Testamentsvollstrecker seines Vaters, um die Fehlentwicklung nach 1890 zu korrigieren. Bülow, meinte er, sehe zwar die Fehler, besitze jedoch viel zu wenig Gewicht, sie zu überwinden.[20]

Doch so einfach lagen die Dinge nicht. Für eine Rückkehr zur Bismarckschen Rußlandpolitik, für die der Sohn plädierte, fehlten zehn Jahre nach dem Kurswechsel die Voraussetzungen. 1890 sah sich die zaristische Führung in einer Zwangslage; inzwischen hatte sich ihre Verbindung mit Frankreich für den Spielraum gegenüber Deutschland glänzend bewährt. Ein Bündnis mit Deutschland stand nicht zur Debatte. Die Erinnerung an Bismarck weckte in Petersburg im Blick auf den Berliner Kongreß und die Zollpolitik ohnehin alles andere als Restaurationswünsche. Um so mehr ließen die Zollpläne der deutschen Agrarier Schlimmes befürchten, und auch eine Korrektur der deutschen Weltpolitik, etwa in der

---

18 BA Koblenz, NL Bismarck, Film 80 / FC 3015, H.v. Bismarck an Plessen 22.12.1898.
19 Waldersee, Denkwürdigkeiten, Bd. 2, S. 428f.
20 BA Koblenz, NL Bismarck, Film 80 / FC 3015, H.v. Bismarck an Plessen 22.12.1898.

Bagdadbahnfrage, war von ihnen nicht zu erwarten. Auf die Probleme, die für Deutschland mit einer prorussischen Wende entstanden wären, haben wir an anderer Stelle aufmerksam gemacht.[21] Es war folglich, und das ist ausschlaggebend, unrealistisch, was die konservativen Agrarier als außenpolitische Alternative ins Feld führten. Auf russische Angebote zur Kooperation in Einzelfragen wäre eine von ihnen geführte Regierung anders als Bülow wahrscheinlich eingegangen. Langfristig hätte das für das deutsch-russische Verhältnis Bedeutung gewinnen können.

Man gewinnt allerdings den Eindruck, daß für Herbert von Bismarck und seine Gesinnungsgenossen ohnehin die Macht- und Zollfragen im Innern im Vordergrund standen und außenpolitische Sachfragen in erster Linie als Manövriermittel dienten. Für Eckardstein jedenfalls spielte in Herbert von Bismarcks englandfeindlicher Haltung die Absicht mit, seine Kanzlerambitionen gegen Bülow zu fördern.[22] Ob allerdings jener das Amt wirklich für sich selbst anstrebte, steht dahin.

Bis Jahresmitte 1899 galt der Staatssekretär als aussichtsreichster Kandidat. Dann hatten sich seine Chancen im Sog der innenpolitischen Regierungsniederlagen offensichtlich vermindert. Für ihn lag es besonders nahe, neben dem Verfolgen einer ausgleichenden Linie im Innern die Außenpolitik als den erfolgversprechendsten Weg zu nutzen, um im Machtkampf Boden zu behaupten oder wieder gutzumachen. Gleich zweimal bot sich ihm mit der Samoafrage 1899 Gelegenheit, die Tragfähigkeit der Freihandpolitik zu belegen, und er nutzte sie virtuos.

Die Samoainseln befanden sich noch unter gemeinsamer Oberherrschaft Englands, Deutschlands und der USA.[23] Als es nach dem Tode des samoanischen Königs im Vorjahr zu Nachfolgestreit unter den Eingeborenen kam, schlug das Auswärtige Amt die Aufteilung der Inseln unter die drei Mächte vor und reklamierte dabei für Deutschland die wertvollste Hauptinsel Upolu. Während sich die USA dem Plan gegenüber aufgeschlossen zeigten, weil ihnen ihre wichtige Flottenstation in Pago-Pago zugesichert wurde, widersetzten sich London und besonders die Führungsschichten in Australien jeder Veränderung, vor allem aber den deutschen Absichten auf Upolu. Anfang 1899 kam es zu neuen Unruhen. In sie griffen amerikanische und britische Kriegsschiffe und ihre Landungstruppen ein. Der deutsche Plantagenbesitz kam zu Schaden. Die öffentliche Entrüstung in Deutschland entzündete sich hauptsächlich an dem Bruch der Samoaakte, die für alle Maßnahmen die Einstimmigkeit der drei Partner vorsah. Deutschland schien von den Rivalen an den Rand gedrängt. Diese Stimmung nutzten Bülows Konkurrenten, um – getragen von einer englandfeindlichen Mehrheit – eine Interpellation im Reichstag vorzubereiten, mit der nicht allein die amtliche Englandpolitik als erfolglos disqualifiziert werden sollte, sondern die die agrarischen Kreise überdies zu nutzen gedachten, um das Verhältnis zu den USA zu belasten und den langgehegten Wunsch nach Zollkrieg doch noch zu verwirklichen.[24]

Die öffentliche Erregung, der sich abzeichnende parlamentarische Vorstoß und die Reaktion der Regierung gaben der Samoakontroverse eine neue Dimension, die den Wert des Streitobjekts weit übertraf. Kenner im Auswärtigen Amt bewerteten das deutsche Wirt-

---

21 Vgl. Kap. III/3
22 Eckardstein, Lebenserinnerungen, 2. Bd., S. 116.
23 Zur Samoafrage vgl. Kennedy, Samoan Tangle; Pommerin, Kaiser, S. 97ff., Vagts, Deutschland, S. 850ff.
24 Hallgarten, Imperialismus, Bd. 1, S. 485f.

schaftsinteresse auf Samoa als zweitrangig und auch seinen politischen Wert als gering.[25] Allein Tirpitz, auf Stimmungsmache für eine neue Flottenvorlage bedacht, lobte seine Bedeutung als Flottenstützpunkt.[26] Noch im März hatte Bülow gegenüber Lascelles die Inseln als von geringem Wert bezeichnet. Sie würden allein von der deutschen Öffentlichkeit für wichtig gehalten.[27]

Anfang April erfolgte der Umschwung. Um als erstes die Gleichrangigkeit wiederherzustellen, schlug Bülow den Samoa-Partnern USA und England vor, eine paritätisch besetzte und auf Einstimmigkeit ihrer Beschlüsse ausgerichtete Kommission nach Apia zu entsenden, die zum einen höchste Amtsgewalt ausübend für Ruhe und Ordnung sorgt, zum anderen eine dauerhafte Zukunftsregelung vorbereitet. Die USA akzeptierten den Vorschlag sofort. Das ermöglichte, später den agrarischen Plan abzublocken. Vor allem jedoch besserte sich die Ausgangsposition gegenüber London, das sich nun massivem Druck ausgesetzt sah. Bülow drohte, den Botschafter aus London zurückzuziehen.[28] Hatzfeldt hatte anfangs nicht den Eindruck, Salisbury nehme diese Drohung ernst. Dann schien er nachzugeben, um am 10. April auf einmal erhebliche Modifikationen zu verlangen.

Nun gingen Bülow und Holstein aufs Ganze, denn inzwischen lag die Interpellation im Reichstag vor. Lehnte die Londoner Regierung die deutschen Vorschläge ab, so wurde Hatzfeldt informiert, werde Berlin die diplomatischen Beziehungen mit England abbrechen.[29] Offensichtlich hatte Bülow vor, im Reichstag seine Gegner damit zu überspielen, daß er entweder das englische Nachgeben oder den diplomatischen Bruch bekanntzugeben vermochte. Auch wenn er und Holstein besorgt auf die zweifellos massive antienglische deutsche Pressekampagne verwiesen, ihr Hauptbedenken galt den konservativen Opponenten, deren politische Chancen sie eher überschätzten. „Die ganze Fronde – ich meine hier alles, was gegen den Kaiser, gegen mich und gegen Sie ist und von Neubesetzung aller Ämter träumt – fing an, lebendig zu werden", schrieb der Geheimrat an Hatzfeldt.[30]

Am Tag zuvor, am 12. April, hatte Salisbury die deutschen Vorschläge, auch die Einstimmigkeitsregelung, akzeptiert. Nun war für Bülow die Bahn im Reichstag frei. Am 14. April konnte er den Interpellanten entgegnen, daß seine Politik die Engländer zum Nachgeben veranlaßt habe. „Ich freue mich, mitteilen zu können, daß die englische Regierung durch ihren hiesigen Botschafter mir nunmehr amtlich erklärt hat, sie akzeptiere die Vorschläge der deutschen Regierung hinsichtlich der Verhandlungsweise und der Funktionen der Spezialkommission."[31] Das war der entscheidende Satz. Die Fraktionen verzichteten auf die Debatte und versicherten der Regierung ihren Beifall, auch Herbert von Bismarck und selbst die Sozialdemokraten. Bülow hatte den Angriff nicht nur abgeschlagen, sondern ihn in einen eigenen Erfolg umgemünzt.

Die Regierung nutzte ihn, sowohl um ihre Rivalen im Innern zurückzudrängen, als auch um ihr öffentliches Ansehen zu heben. Einen Tag nach der Reichstagssitzung hieß es in der

---

25 BA Koblenz, NL Solf, Nr. 18, Bl. 168f.: Solf an Schmidt-Dargitz 8.8.1899.
26 GP, Bd. 14/II, S. 660ff.
27 BD, Bd. I/1, S. 177.
28 GP, Bd. 14/II, S. 590ff.
29 Ebenda, S. 602ff.; Hatzfeldt, Papiere, S. 1202ff.; Eckardstein, Lebenserinnerungen, Bd. 2, S. 15; Winzen, Bülows Weltmachtkonzept, S. 187.
30 Hatzfeldt, Papiere, S. 1204.
31 Sten. Berichte RT, 10. Leg.-Per., 1. Session, S. 1757ff.

„Kölnischen Zeitung": „Die Rede bedeutete einen diplomatischen Sieg auf der ganzen Linie. Nicht um Haaresbreite ist Deutschland von seiner Stellung zurückgewichen und hat alles erreicht, was es gefordert hat."[32] In der Abendausgabe wiederholte das Blatt: „Herrn Bülow ist gestern das schwere Kunststück gelungen, alle Parteien zufriedenzustellen." Dem In- und Ausland sei demonstriert worden, „daß unsere auswärtige Politik in einer Art geleitet wird, die Mäßigung und Festigkeit verbindend zu vollem Vertrauen berechtigt"[33]. Die Presse aller Schattierungen nahm den Faden auf und war des Lobes voll. Besonders bedeutsam war das Votum der „Germania", die von einem „uneingeschränkten Vertrauensvotum für die Leitung unserer auswärtigen Politik" schrieb.[34] Eher zurückhaltend äußerte sich die Kreuzzeitung und verteidigte nochmals die Interpellation.[35] Den eigentlichen Zusammenhängen auf die Spur kam das freisinnige „Berliner Tageblatt": „So kam es, daß die Interpellation, die von ihren Urhebern ursprünglich als eine Pression, um nicht zu sagen eine Drohung gegen die vom Staatssekretär des Äußeren vertretene Politik gemeint gewesen war, sich schließlich zu einem parlamentarischen Erfolge der verbündeten Regierung gestaltete."[36]

Doch welchen außenpolitischen Preis hatte die deutsche Führung für die innenpolitische Instrumentalisierung der Samoakrise zu zahlen, wieweit hat ihre extreme Zuspitzung die deutsch-englischen Spannungen zusätzlich verschärft? Kennedy meint, beide Mächte hätten sich am Rande des Krieges befunden.[37] Das ist zu bezweifeln. Die Drohung vom Abbruch der diplomatischen Beziehungen war jedenfalls nicht als Auftakt einer Kriegslösung gedacht[38], sondern sollte London zum Nachgeben zwingen.[39] Doch so weit kam es ja gar nicht. Allerdings wurde in London die Nachricht lanciert, die deutsche Regierung beabsichtige ein solches Vorgehen, falls der letzte Einigungsversuch scheiterte. Ob schon die indirekte Androhung des Abbruchs Salisbury nachgeben ließ, ist nicht festzustellen. Wahrscheinlich ist es nicht. Holstein und Hatzfeldt reagierten eher überrascht, als Salisbury auf einmal einlenkte. Genau erklären konnten sie sich es nicht, vermuteten allerdings, das russische Angebot des Meerengenabkommens an Deutschland habe den Ausschlag gegeben.[40] Auch das bleibt fraglich. Wahrscheinlicher ist, daß Salisbury sich eingestand, in der Samoafrage eine rechtlich anfechtbare Position einzunehmen, so daß Englands internationales Ansehen leiden und seine Stellung gegenüber seinen beiden sich verständigenden Partnern immer schwieriger werden mußte. Bedenkt man, daß die Londoner Außenpolitik in dieser Phase von der sich abzeichnenden Auseinandersetzung mit den Burenrepubliken geprägt und deshalb gegenüber den weltpolitischen Rivalen in anderen Spannungsherden auf Kompromiß orientiert war, wird das Nachgeben in der Samoafrage verständlich.

Hat auch die deutsche Drohung des Abbruchs der diplomatischen Beziehungen das britische Nachgeben nicht verursacht, so ist sie als Impuls für die atmosphärische Verschlech-

---

32 Kölnische Zeitung, Nr. 289, 15.4.1899.
33 Ebenda, Nr. 290, 15.4.1899.
34 Germania, Nr. 85, 15.4.1899.
35 Neue Preußische Zeitung, Nr. 176, 15.4.1899.
36 Berliner Tageblatt, Nr. 190, 15.4.1899.
37 Kennedy, Samoan Tangle, S. 167, 302.
38 SHA Dresden, Außenministerium, Nr. 3311, Bericht aus Berlin 10.4.1899.
39 GP, Bd. 14/II, S. 602.
40 Ebenda, S. 608; Hatzfeldt, Papiere, S. 1203ff.; 1208ff.

terung der deutsch-englischen Beziehungen auf Regierungsebene hoch zu veranschlagen.[41] Es muß bei Salisburys Verständnis der britischen Weltmachtstellung für ihn eine geradezu schockierende Erfahrung gewesen sein, von dem aufstrebenden, anspruchsvollen Konkurrenten solcherart herausgefordert zu werden. Die deutsche Seite hat sich, sieht man von einigen Andeutungen Hatzfeldts ab[42], über den herausfordernden Charakter ihres Ansinnens keine Rechenschaft abgelegt – so stark befand man sich unter dem Eindruck, sachlich im Recht zu sein, von London nicht ernst genommen zu werden und innenpolitisch massiv unter Druck zu stehen. Deutschland spielte noch nicht mit dem Feuer, aber in London mußte der Eindruck entstehen, Berlin würde es im Ernstfall darauf ankommen lassen. Wahrscheinlich glaubte das Auswärtige Amt deshalb so massiv auftreten zu können, weil es davon ausging, London müsse die äußerste Zuspitzung wegen seiner weltpolitischen Gefährdungen in jedem Fall vermeiden und nachgeben. Hatzfeldt meinte immerhin, England werde bald auf Deutschlands Wohlwollen angewiesen sein[43], doch Holstein glaubte noch nicht an den Krieg in Südafrika.[44]

Die russisch-englische Interessenabgrenzung in China, die im Mai zustande kam, mag vom Verlauf der Samoakontroverse gefördert worden sein. Und auch die mit der portugiesischen Regierung eingeleitete Verständigung, die das deutsch-britische Abkommen über die portugiesischen Kolonien zum Nachteil Deutschlands aushöhlen sollte, wird hier einen wichtigen Ausgangspunkt gehabt haben. Entscheidend bestimmte das Vorgehen die bevorstehende Konflagration mit den Buren. Insofern lagen alle außenpolitischen Aktivitäten der britischen Führung konsequent auf einer Linie.

Zwei Monate später, im Juni, als sich die innenpolitischen Schwierigkeiten der Berliner Regierung mit der Kanal- und der Zuchthausvorlage erheblich vermehrt hatten, startete Bülow einen neuen Versuch, die Außenpolitik zur innenpolitischen Entlastung einzusetzen. Nachdem der Vertrag mit Spanien gesichert war, informierte er in den ersten Junitagen den Reichstag über den Ankauf der Karolinen, Marianen und Palauinseln. Offensichtlich vom Auswärtigen Amt instruiert sollte gleichzeitig wiederum die „Kölnische Zeitung" der Presse die Linie vorgeben, als sie am 3. Juni den Erwerb der Inseln als „ein Verdienst für das Deutsche Reich und seine Lenker, das alle Patrioten freudig und dankbar anerkennen werden", hervorhob.[45]

Obwohl Szögyény nach Wien meldete, alle deutschen Zeitungen schrieben von einem großen politischen Erfolg Wilhelms und Bülows[46], hielt sich in Wirklichkeit die Begeisterung in Grenzen. Wirtschaftlich ohne, strategisch ein wenig von Wert, ließ sich der Ankauf kaum als weltpolitische Heldentat klassifizieren. Die eher zurückhaltende Zustimmung blieb nicht ohne kritische Akzente. So monierte die Kreuzzeitung den mit dem Kaufvertrag verbundenen spanischen Handelsvertrag, weil er den Weinexport nach Deutschland erleichterte.[47] Die „Alldeutschen Blätter" verlangten nun den Erwerb Samoas noch dringlicher, um

---

41 Eckardstein, Lebenserinnerungen, Bd. 2, S. 15.
42 GP, Bd. 14/II, S. 602.
43 Hatzfeldt, Papiere, S. 1222.
44 Eckardstein, Lebenserinnerungen, Bd. 2, S. 19; Hatzfeldt, Papiere, S. 1246.
45 Kölnische Zeitung, Nr. 426, 3.6.1899; Nr. 428, 3.6.1899.
46 HHStA Wien, MdÄ, PA III, Nr. 151, Bl. 353: Bericht aus Berlin 4.6.1899.
47 Neue Preußische Zeitung, Nr. 255, Nr. 256, 3.6.1899; Nr. 261, 7.6.1899; Nr. 287, 22.6.1899.

den pazifischen Besitz abzurunden.[48] Sozialdemokraten und Linksliberale polemisierten gegen den Kaufpreis.[49]

Viel bedeutsamer war indes, daß der Erwerb der Inseln als außenpolitischer Erfolg in der öffentlichen Diskussion die innenpolitischen Themen wie die Kanal- und die Zuchthausvorlage und selbst andere außenpolitische Komplexe wie die Krise in Österreich, die Haager Konferenz und die Samoafrage nicht in den Hintergrund drängen konnte.[50] Das galt schließlich auch für die Reichstagsdebatte über den Kaufvertrag. Süffisant erklärte Herbert von Bismarck, daß die „glückliche Hand des Herrn Staatssekretärs von Bülow sich auch in der samoanischen Sache bewähren möge, und daß er im nächsten Herbst noch befriedigendere Erklärung als jetzt geben könne."[51] Ihr Vorstoß in der Karolinenfrage hatte der Regierung in keiner ihrer inneren und äußeren Schwierigkeiten Entlastung verschaffen können.

Die Berliner Zentrale fand die in diesen Wochen stattfindende internationale Friedenskonferenz im Haag nicht einmal zur Instrumentalisierung geeignet, so sehr widersprachen Ziele wie Rüstungsbeschränkung und internationale Schiedsgerichtsbarkeit ihren ideologischen und politischen Vorstellungen von der Rolle der Weltmächte und der militärischen Macht.[52] Sie unterschieden sich zwar nicht prinzipiell von den Grundpositionen der Regierungen der Rivalen. Doch angesichts der geostrategischen Lage Deutschlands war für seine Führung die außenpolitische Handlungsfähigkeit im besonderen Maße von militärischer Stärke abhängig. Deshalb sah sie die Abrüstungsinitiative des Zaren primär gegen deutsches Interesse gerichtet und entsprechend rigide reagierte sie. Doch den Schein mußte das Reich ebenso wie die anderen Mächte wahren. Hätte es sich ausgeschlossen, wäre es international ins Abseits geraten und hätte, als Friedensfeind demaskiert, moralisch an Ansehen verloren. Seit der großen internationalen Krise von Mitte der achtziger Jahre an und den mit ihr und späteren Spannungen meist verknüpften Rüstungsschüben vor allem in den Großstaaten war ein latenter Bedrohungskomplex besonders vor dem großen Krieg entstanden, der sich weniger an den ziemlich schwachen Friedensorganisationen messen läßt als an einer dumpfen Besorgnis, die immer dann hervortrat, wenn sich internationale Krisenherde herausbildeten.[53] Ausdruck dieser Stimmungslage war die gewöhnlich übersehene Tatsache, daß die öffentliche Reaktion auf das Zarenmanifest in Deutschland ziemlich breit gewesen ist. Eine große Mehrheit vom liberalen Spektrum bis zum Zentrum stimmte zu, die konservative Richtung antwortete eher skeptisch, nur die Sozialdemokratie lehnte die Initiative als aussichtslos ab.[54] Und schließlich mußte die Berliner Regierung aus außenpolitischen Erwägungen darauf achten, den Zaren nicht zu brüskieren.

Folglich bestimmte Taktieren ihre Haltung auf der Konferenz. Ihr Ziel, ernsthafte Abrüstungsschritte zu verhindern[55], um jede Schwächung der deutschen Militärmacht aus-

---

48 Alldeutsche Blätter, Nr. 25, 11.6.1899.
49 Freisinnige Zeitung, Nr. 130, 4.6.1899; Vorwärts, Nr. 127, 3.6.1899.
50 Diesen Hinweis verdanke ich der Studentin Jana Reiber, die 1992 für eine Jahresarbeit ausgewählte Zeitungen für die Monate Juni und Juli 1899 durchgesehen hat.
51 Sten. Berichte RT, 10. Leg.-Per., 1. Session, S. 2695f.
52 Vgl. für das folgende: Dülffer, Regeln, S. 69ff., 103ff.
53 Canis, Rüstungsfragen, S. 63ff.
54 Vgl. Bredendiek, Widerspiegelung, S. 16ff., 55ff., 65ff.
55 BA Potsdam, 90 Ho 5: NL Holstein, Film 62246, Bl. 194790: Münster an Holstein 8.5.1899; PA Bonn, Deutschland Nr. 137 secr., Bd. 3, Bl. 27ff.: Aufz. Bülows 15.8.1899.

zuschließen, ließ sich problemlos realisieren, denn es deckte sich mit entsprechendem Interesse der Rivalen. Gegen den Vorschlag jedoch, ein obligatorisches Schiedsgericht für internationale Konfliktfälle zu installieren, protestierte die deutsche Seite vehement, weil sie im Ernstfall den für sie eminent wichtigen Vorteil frühzeitiger Operationsbereitschaft gefährdet sah. Das nutzten die Rivalen, um Deutschland mit dem Odium des Störenfrieds zu umgeben. Doch Bülows Replik, die Wahrung und Verteidigung der eigenen Interessen, notfalls mit militärischer Gewalt, sei höchster Zweck des Staates und solcher Beschränkung folglich entzogen, fand sich mit den Grundvorstellungen jener Mächte durchaus im Einklang. Schließlich einigte man sich auf die bedeutungslose Einrichtung von fakultativen Schiedsgerichten.

Die Schiedsgerichtsfrage nahm Ende Juni Holstein zum Anlaß, seinen Abschied einzureichen.[56] Eine solche Begründung überraschte, denn Bülow stellte sich kaum minder entschieden als der Geheimrat gegen obligatorische Instanzen. Um so mehr Aufmerksamkeit verdient der zweite Vorhalt. Holstein unterstellte dem Staatssekretär, dem russischen Drängen nach dem Meerengenabkommen schließlich nachgeben zu wollen. Doch auch er trifft noch nicht den Kern der Sache. Offensichtlich hatte den Geheimrat eine Notiz aufgeschreckt, in der Bülow vermerkte, wie er sich den Fortgang der deutschen Außenpolitik vorstellte. Für richtungsentscheidend hielt er den anstehenden Ausgang der Samoaangelegenheit. Drei Alternativen sah er: „Brutalisieren und majorisieren uns die Engländer", müsse die Verbindung mit Rußland und Frankreich gesucht werden; eine „billige Beilegung" führe zur Fortsetzung der Freihandpolitik; englische Konzessionen machen das Zusammenwirken mit England möglich.[57] Mit dem Abschiedsgesuch wollte Holstein Bülow unter Druck setzen, die erste Variante fallen zu lassen. Seine Besorgnis galt dabei nicht primär einer prorussischen Politik, sondern einer Rückkehr zum Bismarckschen Kurs, einer Wiederkehr Herbert von Bismarcks oder einer Einigung zwischen diesem und dem Staatssekretär. Das letztere schien ihm wohl die nächstliegende Möglichkeit. Dieser Zusammenhang erst erklärt, weshalb er so scharfes Geschütz gegen Bülow auffuhr. Dessen „Neigung zum Umfallen [...] nach der russischen Seite", hielt er ihm vor, „führe ich auf eine Einwirkung zurück, die, unbekümmert um die Weltentwicklung, nach alten Heften weiterarbeitet". Wenige Wochen später wurde er noch deutlicher: Die zaristische Regierung dürfte der Ansicht sein, „daß Ihre Politik sich mehr der von Bismarck Sohn als von Bismarck Vater nähert", was nichts anderes bedeutete als den Vorwurf, die deutsche Außenpolitik der russischen unterzuordnen.[58]

Doch Bülow beabsichtigte gar nicht, die Freihandpolitik zu korrigieren – auch aus machtpolitischen Erwägungen, denn er hatte nicht vor, sich mit Herbert von Bismarck zu einigen, sondern vielmehr, sich gegen ihn zu behaupten. Deutschland müsse engste Beziehungen zu Rußland pflegen, aber auch die Brücken zu England erhalten, hieß es in einer Aufzeichnung zur außenpolitischen Instruktion des Prinzen Heinrich.[59] Bülow hat in diesem Sinne auch die Öffentlichkeit zu beeinflussen gesucht. Es deutet auf eine Absprache, als Delbrück die Frage aufwarf, ob Samoa Deutschland lehre, Anlehnung allein bei Rußland zu suchen. Er verneinte es, denn Abhängigkeit von Rußland sei „unerträglich". Deutschland dürfe sich nicht in „grundsätzliche Feindschaft" zu England hineinhetzen lassen, „so lange es vermeidlich ist".

---

56 Holstein, Papiere, Bd. 4, S. 113ff.
57 Ebenda, S. 106.
58 Ebenda, S. 116f., 127f.
59 PA Bonn, Deutschland Nr. 137 secr., Bd. 3, Bl. 33: Aufz. Bülows 15.8.1899.

Als „nächstliegende Frage" bezeichnete er das Vorhaben, das ein halbes Jahr später die Außenpolitik wesentlich bestimmen sollte: die Beschleunigung des Flottenbaus.[60]

Der personalpolitische Hintergrund mag nicht allein Holstein, sondern auch Bülow veranlaßt haben, die möglichen Vorteile eines Meerengenabkommens nicht ernsthaft zu prüfen. Holstein ging noch weiter: Er forderte Radolin, auch wenn der sich auf den Kaiser berief, regelrecht auf, auf Distanz zur russischen Politik zu gehen.[61]

Der innere Machtfaktor beeinflußte auch die Englandpolitik. Bülow und Holstein wollten den raschen Erfolg vorweisen können; deshalb wuchsen nicht nur ihre Neigung nach begrenzter Annäherung, sondern auch Druck und nervöse Sprunghaftigkeit. In den Sommermonaten sah Berlin vorübergehend die Chance, sich mit London über den südlichen Teil Marokkos als Kompensation für Samoa zu verständigen. Doch Salisbury begegnete den hektischen deutschen Diplomaten mit einem Spiel auf Zeit.[62] Nun setzten diese ihre Hoffnung auf ein Treffen Wilhelms II. mit den Londoner Verantwortlichen, das den jahrelang anhaltenden persönlichen Frust abbauen sollte.[63] Nach allen Erfahrungen mit der Spontaneität des Kaisers zeigte sich Bülow von Anfang an willens, jenen auf seiner Reise zu begleiten.[64]

Nachdem die Reise für November verabredet war, drehte das Auswärtige Amt, um den Druck auf London zu verstärken, die Abfolge der Bedingungen um: „Eine für unsere Ehre und öffentliche Meinung befriedigende Lösung der Samoafrage" wurde nun zur Voraussetzung für den Besuch deklariert.[65] Denn der dramatische Prestigeerfolg vom April drohte immer mehr zu verblassen, weil die verabredete Regelung der Zukunft Samoas stockte. Ende August betrachtete Bülow als „beste Lösung" erneut die Teilung der Inselgruppe und beanspruchte für Deutschland, sich auf die Öffentlichkeit berufend, wiederum die Hauptinsel Upolu.[66] Doch Salisbury, die komplizierte Lage seiner deutschen Kontrahenten vor Augen, lenkte nicht ein und spielte weiterhin auf Zeit.[67] Je mehr sich nun die innenpolitischen Schwierigkeiten, vor allem die Wirkungen der Kanalvorlage, verstärkten, desto mehr geriet besonders Holstein fast in Panik. „Mißlingt eine befriedigende Lösung", telegraphierte er am 12. September Hatzfeldt, „so ist ein Systemwechsel mit Sicherheit zu erwarten."[68] Nun überschritt Holstein gegenüber London die von außenpolitischer Vernunft gebotene Grenze. „Lassen Sie es jetzt auf Biegen und Brechen ankommen, unter Anwendung aller Druckmittel", instruierte er den Botschafter zwei Tage später.[69]

Hatte Holstein wenige Wochen zuvor aus den gleichen Gründen das Verhältnis zu Rußland zusätzlich belastet, praktizierte er das in noch schärferer Form nun gegenüber England. Damit war die Freihandpolitik in akuter Gefahr. Denn während Sachzwänge und Zeitgeist immer mehr den für sie lebensnotwendigen deutschen Bewegungsspielraum nach beiden

---

60 PJ, Bd. 96 (1899), S. 382f.
61 Holstein, Papiere, Bd. 4, S. 129f.
62 PA Bonn, BL, Bd. 404/5, Hatzfeldt an Holstein 30.6.1899, 8.7.1899, 12.7.1899; Hatzfeldt, Papiere, S. 1231ff.
63 Ebenda, S. 1238ff.; PA Bonn, BL, Bd. 404/5, Hatzfeldt an Holstein 12.7.1899, Bülow an Hatzfeldt 17.7.1899, Holstein an Hatzfeldt 20.7.1899; Winzen, Bülows Weltmachtkonzept, S. 196f.
64 BA Koblenz, NL O.v. Richthofen, Nr. 5, Bl. 51: Bülow an Richthofen 3.8.1899.
65 Zit. nach Winzen, Bülows Weltmachtkonzept, S. 197.
66 GP, Bd. 14/II, S. 627ff.
67 Ebenda, S. 629; BD, Bd. I/1, S. 193f.; PA Bonn, BL, Bd. 404/6, Holstein an Hatzfeldt 16.9.1899.
68 Holstein, Papiere, Bd. 4, S. 139.
69 PA Bonn, BL, Bd. 404/6, Holstein an Hatzfeldt 14.9.1899.

Seiten einschränkten, galt es für die Führung der Außenpolitik, wenigstens mit diplomatischen Mitteln diesen Konsequenzen entgegenzuwirken. Doch Holstein tat das Gegenteil. Sein Vorgehen potenzierte zum Zweck des inneren Machterhalts alle Gefährdungen.

Hatzfeldt, auf Kompromiß bedacht, versuchte eilig über Rothschild und Eckardstein mit Chamberlain doch noch einen Partner für eine Einigung zu finden und den hinhaltenden Premier zu umgehen.[70] Doch bevor der Botschaftsrat mit dem Kolonialminister Kompensationsmöglichkeiten zu beraten begonnen hatte[71], warnte Holstein davor, den Briten entgegenzukommen: Wenn England Deutschland aus Upolu verdrängen wolle, sei die Wendung zu Rußland unausbleiblich[72], und der Systemwechsel bedeutete für ihn immer seinen Rücktritt. Fast täglich forderte er mit Privatschreiben Hatzfeldt zur Unnachgiebigkeit auf[73], schloß aber am 27. September, schon wieder unsicher geworden, bei „anständigen Kompensationen" auch den Verzicht auf Upolu nicht mehr aus.[74] Drei Tage später kehrte der Optimismus zurück, denn er rechnete nun mit dem baldigen Kriegsausbruch in Südafrika: Dann bekomme Berlin, was es wolle, schrieb er auf einmal leichthin dem Botschafter.[75]

Auch Bülow sah nun die Aussicht auf eine für Deutschland entschieden günstige Einigung mit London gestiegen.[76] Von seinem Urlaubsort im Semmering drängte er das Auswärtige Amt zugleich, den noch ungewissen Zarenbesuch in Deutschland unbedingt zu verabreden. Seine Absicht war, eine Einigung mit London und gleichzeitig die enge Verbindung mit Petersburg zu demonstrieren, um den Erfolg der Freihandpolitik zu belegen und seine inneren Kontrahenten zurückzudrängen.[77]

Am 9. Oktober boten Eckardstein und Chamberlain als eine Art Zwischenergebnis zwei Varianten an: Erhalte England Upolu und Sawaii, bekomme Deutschland Savage Island, den englischen Teil der Salomoninseln und das Voltadreieck in Afrika. Würden die beiden Samoainseln und Savage Island Deutschland überlassen, müßten England Tonga und die deutschen Salomoninseln zufallen.[78] Obwohl nach Hatzfeldts Überzeugung die vorgeschlagene Kompensation für Upolu „beinahe unschätzbare Vorteile bietet, mit welchen der lediglich sentimentale Wert von Samoa überhaupt nicht verglichen werden kann"[79], und selbst der Kolonialrat diese Variante akzeptierte, entschieden sich Bülow und Holstein, obwohl auch sie ihr anfangs zuneigten[80], am Ende anders.[81] Sie nahmen den Widerspruch des Kaisers, der öffentlichen Meinung und Tirpitz' gegen einen Verzicht auf Upolu deshalb so ernst, weil sie wiederum ihre persönliche Machtstellung gefährdet sahen. Das gab den Ausschlag.

70 Ebenda, Hatzfeldt an Holstein 14. 9. 1899.
71 Eckardstein, Lebenserinnerungen, 2. Bd., S. 36ff.
72 Hatzfeldt, Papiere, S. 1264ff.
73 PA Bonn, BL, Bd. 404/6, Holstein an Hatzfeldt 22. 9. 1899. 24. 9. 1899.
74 Ebenda, Holstein an Hatzfeldt 27. 9. 1899.
75 Hatzfeldt, Papiere, S. 1266.
76 GP, Bd. 14/II, S. 643.
77 PA Bonn, Preußen Nr. 1 Nr. 4b secr., Bd. 12, Bülow an AA 21. 9. 1899.
78 Eckardstein, Lebenserinnerungen, 2. Bd., S. 37ff.; GP, Bd. 14/II, S. 656ff.; BD, Bd. I/1, S. 199f.
79 PA Bonn, BL, Bd. 405/1, Hatzfeldt an Holstein 12. 10. 1899; Holstein, Papiere, Bd. 4, S. 144f.
80 GP, Bd. 14/II, S. 663; Holstein, Papiere, Bd. 4, S. 143f.
81 PA Bonn, BL, Bd. 405/1, Bülow an Hatzfeldt 11. 10. 1899, Holstein an Hatzfeldt 12. 10. 1899; GP, Bd. 14/II, S. 662ff.

Denn unerwartet für die Regierung wuchsen ihre Schwierigkeiten beträchtlich, seit der Burenkrieg sich ankündigte und am 11. Oktober ausbrach.[82] Angesichts der seit Jahren anhaltenden breiten öffentlichen Sympathie für die Buren verschärfte sich der englandfeindliche Trend in fast allen deutschen Zeitungen rapide. Bülows Gegensteuerungsversuche erwiesen sich als gänzlich wirkungslos. Besonders der konservativen Presse bedeutete die Burenbegeisterung zudem Mittel zum Zweck, die Regierung innenpolitisch unter Druck zu setzen und den außenpolitischen Kurswechsel zu erzwingen. Die konservative Erbitterung wegen der Kanalvorlage steigerte sich in diesen Wochen weiter. Die Regierung sah sich seitens dieser Partei und des Bundes der Landwirte generell der Schwäche, Uneinheitlichkeit und Handlungsunfähigkeit angeklagt.[83] Da zugleich die Zuchthausvorlage vor der endgültigen Entscheidung im Reichstag stand, massierten sich ebenso die Angriffe der Liberalen, des Zentrums und der Sozialdemokratie auf die Reichsleitung, so daß erwogen wurde, die Vorlage zurückzuziehen, was wegen des dann unausweichlichen Ansehensverlustes verworfen wurde.[84] Es potenzierte sich gleichsam der Druck auf die Führung, auch wenn er aus unterschiedlicher Richtung kam. Da sie für ihre innenpolitischen Ziele kaum größere Massen zu mobilisieren vermochte, nutzte die konservative Fronde die mit der Burenbegeisterung verknüpfte Chance um so entschlossener. „Gegen solche Manöver ist die Regierung machtlos", klagte Holstein. Die Fronde beabsichtige, meinte er zu Recht[85], mit Hilfe der regierungsfeindlichen Presse die Verhandlungen mit London zum Scheitern zu bringen sowie die englisch-deutsche Verständigung zu unterlaufen, um die Wende nach der russischen Seite vorzubereiten und mit diesen Manövern den Wechsel der Regierung zu ermöglichen. In zahlreichen Zeitungen, besonders seitens der Bismarckblätter, werde regelrecht „Aufruhr" gepredigt, schrieb Holstein Ende Oktober an Hatzfeldt. Deshalb seien Nachforderungen in der Samoafrage an die Londoner Adresse unvermeidlich. „Bülow sucht einen möglichst günstigen Boden zu finden für den Kampf, der hier bevorsteht." Andernfalls hätte ein Vertreter der „russischen Schattierung", nicht Herbert von Bismarck selbst, aber etwa Botho von Eulenburg, reelle Chancen, Reichskanzler zu werden.[86]

Doch nun ergab sich die Chance für Bülow, entscheidendes Terrain gegen seine Kontrahenten zu gewinnen. Als in den letzten Oktobertagen der Zarenbesuch auf den 8. November festgelegt war, sah er seinen Coup, die Funktionsfähigkeit der Freihandpolitik durch die Kombination von Samoavereinbarung und Zarenvisite zu demonstrieren, ganz nahe.[87] Alles kam darauf an, das Abkommen mit London vor dem Besuch unter Dach und Fach zu haben. Deshalb verzichtete der Staatssekretär auf zusätzliche Forderungen an London, entschied sich allerdings endgültig für die Variante, die Upolu für Deutschland vorsah. Hatzfeldt forderte am Ende Salisbury regelrecht auf, Bülow, „der von allen Seiten wegen seiner englandfreundlichen Haltung angegriffen wird, durch den Abschluß des Vertrages gegen die Angriffe seiner Feinde zu stärken" und „die russischen Bemühungen, die mit dem Besuch

---

82 Rosenbach, Reich, S. 195ff.; Warwick/Spies (Hg.), War; Wilkinson-Latham, The Boer War, S. 9ff.
83 GStA Berlin, Rep. 92 NL Waldersee, A I Nr. 25, Bl. 30ff.: Tagebuch 5.10.1899, 8.10.1899, 20.10.1899, 23.10.1899, 29.10.1899.
84 Hohenlohe, Denkwürdigkeiten der Reichskanzlerzeit, S. 531ff.
85 PA Bonn, BL, Bd. 405/1, Holstein an Hatzfeldt 19.10.1899.
86 Hatzfeldt, Papiere, S. 1281ff.
87 Kennedy, Samoan Tangle, S. 234ff.; Winzen, Bülows Weltmachtkonzept, S. 198f., 202ff.

des Zaren unzweifelhaft ihren Anfang nehmen würden, zu neutralisieren"[88]. Da Berlin alle Änderungswünsche Londons akzeptierte, kam die Einigung zustande, und es blieb in London ohne negative Folgen, daß Bülow das Abkommen wegen des Zarenbesuches am 8. November im Alleingang publizieren ließ. Deutschland erhielt neben Upolu Sawaii, verzichtete auf Tonga und trat die Salomon- und Shortlandinseln an Großbritannien ab. Die USA schlossen sich am 2. Dezember dem Vertrag an und übernahmen Tutuila.

Der Vorgang gedieh zu einem Triumph des Staatssekretärs. Der Erwerb der Hauptinseln Samoas „elektrisierte" nicht allein die Spitzen der Gesellschaft[89], sondern rief in den Zeitungen fast aller politischen Richtungen sogar überschwengliches Lob hervor. Die „Kölnische Zeitung" hatte wie so häufig die Richtung der Bewertung vorgegeben und war mit dem Resultat zufrieden: „Aus den Betrachtungen der deutschen Presse tritt also immer klarer das übereinstimmende Urteil hervor, daß der Erwerb der wichtigsten Inseln der Samoagruppe einen großen Erfolg der deutschen Politik bedeutet, der namentlich vom nationalen Standpunkt aus in hohem Maße befriedigend erscheinen muß."[90] Das Abkommen wurde als Fortschritt deutscher Kolonialpolitik und als Beweis für das Funktionieren der Freihandpolitik gelobt, die auch England zu Konzessionen nötigt und Deutschland Handlungsfreiheit garantiert.[91] Politisch besonders bedeutsam war, daß die Kreuzzeitung Bülow persönlich Anerkennung zollte und ihm zugestand, „ganz entschieden im Sinne des deutschen Volksempfindens gehandelt" zu haben.[92] Selbst der „Vorwärts" räumte beifällig ein, daß die Regierung Samoa ohne militärischen Einsatz erworben habe.[93] Freisinnige Blätter führten den Vertrag gegen die anschwellende Burenbegeisterung als Zeichen englischen Entgegenkommens ins Feld.[94]

Da auch der Zarenbesuch, hier hatte das Auswärtige Amt über die „Norddeutsche Allgemeine" „Bewertungshilfe" gegeben, in der deutschen wie auch in der russischen Presse als Zeichen „freundschaftlicher Beziehungen" und „friedlichen Nebeneinanders"[95] ein positives Echo erfuhr, konnten sich die Sachwalter der Freihandpolitik politisch gestärkt fühlen. Virtuos nutzte Bülow den Positionsgewinn für die propagandistische Offensive. Er führte für seine Englandpolitik Bismarck selbst ins Feld[96], gerade gegen kritische Artikel in den „Hamburger Nachrichten".[97]

Auch für den inneren Machtkampf konnte er Samoa und Zarenvisite als Erfolg verbuchen. Da er beides dem Monarchen als dessen persönliches Verdienst anpries[98], stand er bei

---

88 PA Bonn, BL, Bd. 405/2, Hatzfeldt an Holstein 7.11.1899.
89 Spitzemberg, Tagebuch, S. 389.
90 Kölnische Zeitung, Nr. 883, Nr. 10.11.1899; Nr. 879, 8.11.1899.
91 Berliner Tageblatt, Nr. 572, 9.11.1899; Germania, Nr. 259, 10.11.1899; Nr. 260, 11.11.1899.
92 Neue Preußische Zeitung, Nr. 527, 9.11.1899; Nr. 528, 9.11.1899.
93 Vorwärts, Nr. 263, 9.11.1899; Nr. 264, 10.11.1899.
94 Berliner Tageblatt, Nr. 629, 11.12.1899.
95 PA Bonn, Preußen Nr. 1 Nr. 4b secr., Bd. 13, Reinkonzept für NAZ 7.11.1899, Tschirschky an Hohenlohe 6.11.1899, 8.11.1899, 9.11.1899, 10.11.1899, 11.11.1899, MAZ 8.11.1899, Bülow an Wilhelm II. 10.11.1899.
96 Ebenda, England Nr. 78, Bd. 12, Notiz Bülows 11.11.1899.
97 BA Koblenz, NL O.v. Richthofen, Nr. 5, Bl. 60: Bülow an Richthofen 18.11.1899.
98 GStA Berlin, Br.-Pr. H.-A. Rep. 53, Abt. J, B, Nr. 16a, Bd. 1, Bl. 1ff.: Bülow an Wilhelm II. 8.11.1899.

Wilhelm, wie Waldersee nicht ohne Neid vermerkte, hoch im Kurs.[99] Das endgültige Scheitern der Zuchthausvorlage am 20. November konnte in seiner negativen Wirkung für das Ansehen der Regierung einigermaßen ausgeglichen werden durch das Presselob für das Samoaabkommen und die Bagdadbahnkonzession.[100] Nun war es wieder Bülow, der in der Berliner Hofgesellschaft als erster Reichskanzlerkandidat genannt wurde.[101]

Der Vorgang verdeutlicht, in welch vielfältiger Weise die Außenpolitik zu inneren Zwecken, nicht nur in der sogenannten sozialimperialistischen Perspektive, instrumentalisiert worden ist. Weltpolitik und Außenpolitik wurden von Strömungen ganz unterschiedlichen politisch-sozialen Profils genutzt, um sich im Machtkampf gegen konkurrierende Richtungen zu behaupten und durchzusetzen.

Bei der allgemeinen Euphorie, in der sich die deutsche Diplomatie in diesen Wochen befand, fiel kaum ins Gewicht, daß sich durch die Samoaerfahrungen die negativen Eindrücke in London über Anspruch und Politik Deutschlands verstärkten. Aufmerksam hatte das Foreign Office registriert, wie rigoros die Wilhelmstraße die Nachteile nutzte, die England durch den Burenkrieg in seiner internationalen Stellung erwachsen waren.[102] Doch London blieb die Antwort nicht schuldig. In einem Vertrag mit Portugal ließ es sich am 14. Oktober die Sperrung der Delagoabai für Waffenlieferungen in die Burenstaaten zusichern, garantierte als Gegenleistung die territoriale Integrität Portugals und seiner Kolonien und entwertete somit faktisch den deutsch-britischen Vertrag von 1898.[103] Noch blieb allerdings auch der Inhalt des neuen Abkommens geheim.

Sehr rasch erwies sich allerdings die Burenbegeisterung in der deutschen Öffentlichkeit als die Bewegung, die den mit der Samoaentscheidung verknüpften innen- und außenpolitischen Positionsgewinn für die Regierung zu unterlaufen drohte. Dieser Enthusiasmus, der sich in der Kritik an England bis zur Feindschaft steigerte, erfaßte alle politischen Lager und reichte bis in die unteren Schichten der Bevölkerung.[104] Selbst die englandfreundlichen Sozialdemokraten und Linksliberalen entzogen sich ihm nicht.[105] So stürmisch, wie er war, entglitt er jeder Kontrolle und Instrumentalisierung. Vergeblich hatten Bülow und Otto Hammann, der Pressechef des Auswärtigen Amtes, die Presse zu instruieren gesucht, um die Ausbrüche gegen England zu dämpfen.[106] Die Beruhigungsversuche richteten sich zugleich gegen die Ambitionen Herbert von Bismarcks, der aus der Burenbegeisterung neuen politischen Auftrieb erhielt.[107]

Es war hauptsächlich die kaiserliche Reise nach London, die den Burenenthusiasmus gegen die Regierung lenkte.[108] Dabei verlief der Besuch in den späten Novembertagen ganz nach Bülows Intentionen: Die Gespräche, selbst die des Kaisers, blieben unverbindlich und

---

99 Ebenda, Rep. 92 NL Waldersee, A I Nr. 26, Bl. 6: Tagebuch 20.1.1900.
100 HHStA Wien, MdÄ, PA III, Nr. 152, Bl. 300ff., 358f.: Berichte aus Berlin 22.11.1899, 6.12.1899.
101 Ebenda, Bl. 409: Bericht aus Berlin 21.12.1899.
102 Rosenbach, Reich, S. 217ff.
103 Ebenda, S. 200ff.; Rich, Holstein, Bd. 2, S. 586ff.; Warhurst, Relations, S. 145ff.
104 BA Potsdam, 90 Ho 5: NL Holstein, Film 62246, Bl. 194633ff., Monts an Holstein 14.12.1899; Spitzemberg, Tagebuch, S. 391; Ebeler, Stellung, S. 59ff.
105 Neumann, Reichstag, S. 40ff.
106 Hammann, Weltpolitik, S. 72; GP, Bd. 15, S. 395ff.; Schilling, Nationalismus, S. 450ff.
107 Eckardstein, Lebenserinnerungen, 2. Bd., S. 119ff.
108 Rosenbach, Reich, S. 219; Winzen, Bülows Weltmachtkonzept, S. 211ff.

freundlich.[109] Solange Deutschland über keine starke Flottenmacht gebiete, dürfe es den Draht nach England nicht abschneiden, erklärte der Staatssekretär nach seiner Rückkehr dem sächsischen Gesandten.[110] Den gleichen Gedanken hielt auch Delbrück in den Jahrbüchern fest[111]: Auch wenn die Burenbegeisterung zurecht die kontinentale Allianz und sogar gegen England den Krieg verlange, sei Deutschland derzeit nicht in der Lage, ihn zur Rettung der Buren zu führen. Doch dieser Zustand dürfe nicht anhalten. „Die ganze Zukunft unseres Volkes unter den großen Nationen hängt davon ab", daß „wir" Weltpolitik treiben „in großem Stil" – entweder mit Zustimmung der Engländer im Frieden oder gegen sie im Krieg. Damit, schloß er, sei alles gesagt über den Sinn der neuen Flottenvorlage. Zu ergänzen ist, daß Bülow den Autor wenige Tage vor Abfassung der „Korrespondenz" um eine regierungsfreundliche Darstellung der Englandreise gebeten hatte.[112]

Es kam folglich der Berliner Zentrale völlig ungelegen, daß Chamberlain, offensichtlich fehlgeleitet in den Samoaverhandlungen mit Eckardstein[113], Bülows Verständigungsbereitschaft in London als Willen zum Bündnis mißverstand und am 30. November in einer öffentlichen Rede Deutschland, England und die USA als natürliche Verbündete bezeichnete.[114] Während er mit diesem Vorstoß auch in der britischen Presse überwiegend auf Mißfallen stieß, erhob sich in der deutschen Öffentlichkeit geradezu ein Entrüstungssturm, besonders bei den Alldeutschen.[115]

In seiner Antwort am 11. Dezember im Reichstag begründete Bülow den beschleunigten Flottenbau und unterstrich massiv den deutschen Weltmachtanspruch.[116] Er setzte auf Stärke: Zu Lande wie zu Wasser müsse Deutschland gegen Überraschungen gesichert sein. Die Möglichkeit der Verständigung hielt er ganz offensichtlich mit Rußland, mit Frankreich und mit den USA eher für gegeben als mit England, denn die Überseeinteressen seien am raschesten gewachsen. Dort gelte es, die deutschen Interessen gegen den Neid der Rivalen zu behaupten und mit einer starken Marine „den Angriff jeder Macht auszuschließen". Der Erwerb von Stützpunkten dürfe in Zukunft nicht mehr solche Komplikationen erzeugen wie die Samoaverhandlungen mit London. Deutschland besitze nur die Wahl, Hammer oder Amboß im Weltgeschehen zu sein, schloß er eindrucksvoll ganz im Sinne der aktuellen Weltreichsvorstellungen.

So ergaben sich für die Regierung aus den Erfahrungen der Samoaverhandlungen und des Burenkrieges zwei entscheidende Ansatzpunkte für den beschleunigten Bau der Schlachtflotte. Der erste resultierte aus der neuerlich bestätigten Erkenntnis, bei weltpolitischen Vorstößen in erster Linie mit dem Widerstand Englands rechnen zu müssen. Die Rivalität mit

---

109 GP, Bd. 15, S. 413ff., Bülow, Denkwürdigkeiten, Bd. 1, S. 303f.
110 SHA Dresden, Außenministerium, Nr. 3311, Bericht aus Berlin 1.12.1899.
111 PJ, Bd. 98 (1899), S. 586ff.
112 PA Bonn, Afrika Gen. Nr. 13 Nr. 2 secr., Bd. 1, Bülow an Delbrück 10.11.1899. Delbrück antwortete am 14.11.1899, der Artikel sei schon abgegangen, er werde aber „nicht inopportun" sein. Das trifft jedenfalls zu – insofern ist Rosenbachs Interpretation nicht überzeugend (Reich, S. 219). Andererseits stammt Delbrücks Jahrbuch-Korrespondenz vom 26.11.1899. Es hätte noch folglich Korrekturmöglichkeiten gegeben.
113 Eckardstein, Lebenserinnerungen, 2. Bd., S. 101ff.; Massie, Schalen, S. 279f.; Garvin, Chamberlain, Bd. 3, S. 512.
114 Ebenda, S. 507f.
115 Chickering, We Men, S. 134, 213.
116 Bülows Reden, 1. Bd., S. 88ff.

Neue Expansionsvorstöße und Flottenplanung 1899/1900

ihm, war zu erwarten, würde in Zukunft weiter wachsen. Zugleich stieg der gesellschaftliche Erfolgsdruck auf die Regierung in diesem Ringen. Sie ließ sich angesichts der innenpolitischen Erfahrungen der Machtkämpfe und des englandfeindlichen Zeitgeistes davon leiten, daß sie nur sich an der Macht halten könne, wenn sie sich willens und fähig zeigte, weltpolitische Erfolge gegen England durchzusetzen. Das sah sie letztlich möglich nur durch Flottenmacht – in welcher Weise, wird noch zu beleuchten sein.

Zugleich hoffte sie, die in allen Klassen verbreitete Englandfeindschaft über eine im Zeichen deutsch-britischer Rivalität stehende Flottenpolitik als Mittel parteipolitischer Integration im Innern nutzen zu können, um sich die bislang fehlende breitere Basis zu sichern und den Gegenströmungen das Wasser abzugraben. Eine Alternative zu der nun durch eine öffentlichkeitswirksam forcierte Flottenrüstung ergänzten Freihandpolitik bestand für sie auch gar nicht. Denn die von den prorussischen Strömungen verlangte Verbindung mit dem Zarenreich – und das war die zweite, die außenpolitische Erfahrung des Burenkrieges – mußte der Zentrale ein illusorisches Ziel sein, weil, wie gleich zu zeigen sein wird, in Petersburg wie in Paris Kontinentalligaüberlegungen wiederum auf Ablehnung stießen. Die Regierung setzte, begründet von inneren wie von außenpolitischen Erwägungen, mehr noch als vordem auf Stärke statt auf Allianzen. Doch war sie überhaupt noch frei in ihrer Entscheidung? Die Zwänge waren zweifellos gewachsen. Aber auch der Optimismus hielt an, besonders genährt von den Problemen, die sich für England im Südafrikakrieg militärisch stellten. „Unsere äußere Lage ist glänzend, die innere aber höchst verworren", schrieb Bülow am 6. Dezember an Eulenburg. Wenn die Flottenvorlage „ähnlich der Zuchthaus- und Kanalvorlage" scheitere, wäre das „für Krone und Land übel"[117]. Die mögliche Konsequenz einer rigorosen Stärkepolitik, der Weg in die außenpolitische Isolation, bei den geostrategischen Nachteilen der deutschen Stellung eine besondere Gefahr, ist nach aller Kenntnis jedenfalls nicht erörtert worden.

Als sich im September das Foreign Office zur militärischen Intervention in Südafrika entschloß, hatte es die internationale Konstellation zutreffend als günstig eingestuft: Rußland werde sich wegen der inneren Krise nicht zu offensiven Aktionen in Ostasien und Persien entscheiden, Frankreich sei nach der Faschodakrise ebenfalls zu schwach zum Widerstand, und Deutschland verhalte sich loyal.[118] Es könnte freilich, vermutete Francis Bertie, Mitarbeiter im Foreign Office, mit mehr Rücksichtslosigkeit Kompensationen verlangen.[119] Berlin hatte gegen eine britische Inbesitznahme der Burenstaaten schon deshalb nichts einzuwenden, weil sich die wichtigsten deutschen Wirtschaftsinteressen in Südafrika im Verein mit England realisieren ließen. Zudem rechnete es damit, daß sich England Delagoa einverleibe und der Vertrag über die portugiesischen Kolonien dann auch zum Vorteil Deutschlands in Kraft trete.

Doch Bülow forderte im Amt auch ein Gutachten an, ob sich eine Verständigung mit Frankreich empfehle, die zumindest gemeinsamen Druck auf England erzeugen und koloniale Kompensation in Afrika beibringen könnte.[120] Immerhin hatte der deutsche Kaiser in den vergangenen Monaten öffentlich neue Annäherungssignale ausgesandt, als er ein französisches Schulschiff besuchte, Depeschen mit Präsident Loubet wechselte und in einer Rede

---

117 Eulenburg, Korrespondenz, Bd. 3, S. 1973.
118 HHStA Wien, MdÄ, PA VIII, Nr. 123, Bl. 70ff.: Bericht aus London 19.9.1899.
119 Ebenda, Bl. 110ff.: Bericht aus London 10.10.1899.
120 Lenzner, Annäherung, S. 156ff.

sich anerkennend über die französische Armee aussprach.[121] Im Herbst werteten deutsche Zeitungen gemeinsame Operationen deutscher und französischer Kolonialtruppen in Togo gegen die eingeborene Bevölkerung als erfreuliches politisches Signal.[122] Sondierungen mit dem französischen Botschafter Noailles blieben allerdings ergebnislos.[123]

Sein Interesse beschränkte sich darauf, Deutschland nicht erlahmen zu lassen, wenn es Druck auf England auszuüben gedachte. Der französische Außenminister Delcassé hatte sich zuvor mit Murawjew über den Ausbau der Allianz ohnehin mehr unter antideutschem als unter antienglischem Vorzeichen verständigt; eigene Schwäche ließ die deutsche Stärke um so gefahrdrohender wirken, und die deutsche Ablehnung des russischen Meerengenangebots alarmierte Murawjew zusätzlich. Als sich der französische Minister am 24. November in einer Rede von jeglicher Interventionsabsicht distanzierte, sah sich Bülow in der deutschen Zurückhaltung, vor allem aber in der Freihandpolitik bestärkt.[124] Fürs erste zweifelte er nicht mehr, daß in einem deutsch-englischen Krieg Frankreich nicht gegen England, sondern gegen Deutschland zu Felde ziehen werde. Wenn er, wie zuvor Holstein, die territoriale Garantieerklärung als Voraussetzung einer Kooperation nun auch im Verkehr mit Paris in den Vordergrund rückte, offenbart das einerseits, daß er derzeit nicht mit Fortschritten rechnete, sollte jedoch andererseits den Franzosen zeigen, wo allein in Zukunft, wenn sich die Kräftekonstellation zum Nachteil der Republik änderte, die Möglichkeit zur umfassenden Verständigung lag. Doch die Zwänge, die Frankreich zu einer solchen Wende veranlaßten, müßten geradezu übermächtig sein. Münsters Berichte indes, die von wachsender kriegerischer Stimmung und vom Haß gegen England, im nächsten Jahr gar von der Chance dauerhafter deutsch-französischer Verständigung kündeten, standen mit der Realität auf Kriegsfuß und konnten in Berlin nur neue Illusionen wecken.[125]

Die Gespräche mit dem Zaren und mit Murawjew in Berlin hatten erkennen lassen, daß auch von Rußland keine Intervention zu erwarten war. Doch die Hoffnungen der Wilhelmstraße gingen in eine andere Richtung: Rußland könnte die englische Konzentration auf Südafrika zu expansiven Vorstößen im ostasiatischen, besonders aber im persisch-afghanischen Raum nutzen und damit zum Vorteil der deutschen Außenpolitik die bilateralen Spannungen neuerlich verschärfen.[126] Diese Erwartungen schienen sich zu bestätigen, als im Januar 1900 Osten-Sacken in Gesprächen mit der deutschen Führung die Frage einer Koalition gegen England im Zusammenhang mit Komplikationen aufwarf, die sich in Persien und Afghanistan ergeben könnten.[127] Getreu der Freihandpolitik wichen Bülow und der Kaiser einer Festlegung aus, indem sie wiederum die Territorialgarantie ins Spiel brachten. Sich zu binden, bevor der englisch-russische Konflikt ausgebrochen war, kam für sie nicht in Frage. Dieses Vorgehen entsprach den sicherheitspolitischen Bedürfnissen des Reiches, denn der

---

121 HHStA Wien, MdÄ, PA III, Nr. 151, Bl. 448ff.: Bericht aus Berlin 15.7.1899, Nr. 152, Bl. 45ff.: Bericht aus Berlin 30.8.1899.
122 Ebenda, Bl. 109ff.: Bericht aus Berlin 26.9.1899.
123 Lenzner, Annäherung, S. 157.
124 PA Bonn, England Nr. 78, Bd. 12, Bülow an AA 25.11.1899.
125 Ebenda, BL, Bd. 405/2, Münster an AA 20.12.1899, Frankreich Nr. 102, Bd. 22, Münster an Hohenlohe 3.3.1900, 29.6.1900.
126 HHStA Wien, MdÄ, PA X, Nr. 113, Bl. 44ff.: Bericht aus Petersburg 13.1.1900; Rosenbach, Reich, S. 254f.
127 Ebenda, S. 256ff.; GP, Bd. 15, S. 509ff.

Neue Expansionsvorstöße und Flottenplanung 1899/1900

russische Vorstoß bezweckte nichts anderes, als Deutschland in die vorderste Linie gegen England zu stellen, um ungestört die asiatischen Expansionsvorhaben voranzubringen. Es bedeutete für Bülow einen zusätzlichen Vorteil, als es ihm gelang, im Reichstag die Unterstützung aller Fraktionen zu gewinnen, um den Antrag zurückzuweisen, Deutschland möge sich an die Spitze einer Koalition gegen England stellen.[128]

Stark und unangreifbar schien die Stellung Deutschlands, und die Verantwortlichen sahen das nicht anders. Gegenüber Szögyény rechneten sie optimistisch im Januar 1900 mit einem russischen Vorstoß gegen Afghanistan[129], im Februar mit einem solchen in Richtung Persien[130], und im März sah Bülow Rußland – in langsamem Tempo zwar – auf dem Wege zum Indischen Ozean.[131] Zwei Monate später fand Holstein die internationale Lage unverändert von einem wachsenden russisch-englischen Antagonismus bestimmt. Er fragte sich nur erstaunt, warum der Zar die günstige Situation nicht nutzte, hielt aber an der Ansicht fest, dieser plane den Vorstoß über Persien nach Indien.[132] In Wirklichkeit blieben beide Rivalen fest entschlossen, den Konflikt zu vermeiden – nicht zuletzt, weil sie die deutsche Absicht längst durchschaut hatten und ihrer beider Gegensatz zu Deutschland kontinuierlich wuchs. Als Wilhelm II. Osten-Sackens Anfrage am 3. März absichtsvoll den Briten mitteilte, rief die Königin den Zaren wiederum nachdrücklich auf, den deutschen Störungswillen zu durchkreuzen.[133] Mit ihm rechneten auch längst die russischen und englischen Diplomaten. Als Radolin den Staatssekretär von der Bemerkung des britischen Botschafters Scott informierte, Deutschland wirkte auf Unfrieden zwischen England und Rußland, erstaunt nur Bülows Antwort auf den Vorhalt: er sei eine „elende Verleumdung".[134]

Bereits Ende 1899 hatte Tschirschky dem Amt die übereinstimmende Vorstellung Murawjews und Scotts mitgeteilt, es wegen des Transvaalkrieges nicht zu einer Störung der englisch-russischen Beziehungen kommen zu lassen.[135] Ein solches Ziel verabredeten beide Regierungen noch vor Kriegsbeginn.

Es resultierte weit mehr aus den russischen Interessen als aus der Absicht, die naiven Berliner Störversuche zu unterlaufen. Wegen der innergesellschaftlichen Krise, besonders wegen der wirtschaftlichen und finanziellen Schwierigkeiten war Neutralität geboten.[136] Aber diese Lage erforderte, um das angeschlagene Image der Regierungsmacht aufzubessern, zugleich ein Mindestmaß außenpolitischer Aktivitäten und Erfolge. Nicht militärische Vorstöße mit Annexionszielen in Richtung Persien und Afghanistan beabsichtigte das Zarenreich, sondern eine kontinuierliche Erhöhung des russischen Einflusses in diesem Raum.[137] Auch in Fernost galt es, den derzeitigen Besitz zu festigen.[138] Um London von diesen Mini-

---

128 Schulthess 1900, S. 15f.; Eckardstein, Lebenserinnerungen, Bd. 2, S. 46.
129 HHStA Wien, MdÄ, PA III, Nr. 153, Bl. 48ff.: Bericht aus Berlin 16.1.1900.
130 Ebenda, Bl. 118: Bericht aus Berlin 5.2.1900.
131 Ebenda, Bl. 221ff.: Bericht aus Berlin 14.3.1900.
132 Ebenda, Bl. 396ff.: Bericht aus Berlin 21.5.1900.
133 Meinecke, Bündnisproblem, S. 161.
134 PA Bonn, England Nr. 78 secr., Bd. 3, Radolin an Bülow 5.2.1900, Bülow an Radolin 9.2.1900.
135 Ebenda, England Nr. 83, Bd. 5, Tschirschky an AA 25.12.1899.
136 HHStA Wien, MdÄ, PA X, Nr. 112, Bl. 443ff.: Bericht aus Petersburg 7.12.1899, Nr. 113, Bl. 44ff.: Bericht aus Petersburg 13.1.1900.
137 Ebenda, Nr. 112, Bl. 410ff.: Bericht aus Petersburg 20.11.1899; Nr. 113, Bl. 193ff.: Bericht aus Petersburg 10.2.1900.
138 Ebenda.

malzielen abzulenken, beabsichtigte Petersburg mit Osten-Sackens Vorstoß Deutschland gegen England in Stellung zu bringen.

Doch Radolin wie Bülow und Holstein mißverstanden die mittelasiatischen Aktivitäten Rußlands als Impuls für neue Differenzen mit England.[139] Murawjews Warnung, Rußland vermöge sich in Klein- und Mittelasien leichter mit England als mit Deutschland zu einigen, nahm der Botschafter nicht ernst.[140] Dabei meldete er immer öfter nach Berlin, wie die russische Besorgnis in Regierung und Öffentlichkeit über die deutsche Bagdadbahnpolitik[141] und das Mißtrauen in die Berliner Außenpolitik generell zunahmen.[142] Sein Eindruck, „die Eifersucht auf deutsche Macht und Entwicklung" gebe der antideutschen Strömung in Rußland neuen Auftrieb[143], traf wichtige Symptome des großmachtpolitischen Entwicklungsprozesses. Seine globale Dimension allerdings beschrieb der langjährige österreichische Rußlandkenner Aehrenthal: in den Augen der Petersburger Führung widerspreche es fundamental dem russischen Interesse, wenn in der Welt nicht mehr Deutschland erste Landmacht und England erste Seemacht wären, sondern Deutschland beides auf sich vereine, also die britische Weltherrschaft beerbe.[144] Wiederum schien sich, diesmal am Beispiel Deutschlands, die alte europäische Erfahrung zu bewahrheiten: die Kooperation der Rivalen gegen die Hegemonialmacht. Ob Aehrenthals Warnung, von Lichnowsky der Zentrale mitgeteilt, von dieser als ein solches Signal verstanden worden ist, darüber fehlen Anhaltspunkte. Die deutsche Führung ging jedenfalls in diesen Monaten zielbewußt auf die beschleunigte Flottenrüstung zu.

Die Flottenvorlage sah vor, die zu bauende Flotte gegenüber dem Gesetz von 1898 zu verdoppeln. Die Initiative zu ihr ging von Bülow aus, der sie Ende Oktober 1899 maßgeblich außenpolitisch begründete[145], mit der „veränderte[n] Weltlage", wie Tirpitz schrieb.[146] In den Augen der Führung hatten einerseits die häufig demütigenden außenpolitischen Erfahrungen des letzten Jahres die Dringlichkeit des Flottenbaus für die Weltpolitik im Sinne der populären Lehren des amerikanischen Admirals Alfred Mahans unterstrichen. Andererseits schien der Burenkrieg es erheblich zu erleichtern, ihn rascher zu realisieren. „Es gab keinen anderen Weg zur Weltmacht als über den Flottenbau", war Tirpitz noch Jahrzehnte später überzeugt.[147] Diese Überzeugung war inzwischen unter den Hauptverantwortlichen ein unumstrittener, geradezu dogmatisierter Glaubenssatz geworden. Erst mit einer starken Flotte hielten sie das Reich für imstande, „den noch nicht errungenen Platz zu gewinnen", wie der Kaiser formulierte, die als bislang unbefriedigend eingestuften Resultate der Weltpolitik durch einen globalen Aufstieg zur Weltmacht zu überwinden.[148]

---

139 PA Bonn, England Nr. 83, Bd. 5, Radolin an Hohenlohe 7.4.1900.
140 Ebenda, Radolin an Hohenlohe 15.7.1899.
141 Ebenda, Türkei Nr. 158, Bd. 6, Radolin an Hohenlohe 23.2.1900, Tschirschky an Hohenlohe 6.6.1900.
142 Ebenda, Deutschland Nr. 165 secr., Bd. 2, Radolin an Hohenlohe 11.4.1900, 12.4.1900.
143 Ebenda, England Nr. 83, Bd. 5, Radolin an Hohenlohe 15.7.1899.
144 Ebenda, Nr. 78 secr., Bd. 3, Aufz. Lichnowskys 31.1.1900; vgl. Winzen, Bülows Weltmachtkonzept, S. 206f.
145 BA Koblenz, NL Hohenlohe Nr. 1614, Bl. 79f., 151: Aufz. Hohenlohes 26.10.1899, 24.10.1899; Hohenlohe, Denkwürdigkeiten der Reichskanzlerzeit, S. 534f.
146 Tirpitz, Erinnerungen, S. 103.
147 Ebenda, S. 199.
148 Berghahn, Tirpitz-Plan, S. 210ff.

Über den zentralen Gesichtspunkt bestand kein Zweifel: England sollte nicht mehr wie bisher den weltpolitischen Aufstieg Deutschlands massiv behindern können, sondern diesem zumindest Gleichberechtigung zugestehen müssen. Hieß es bei Tirpitz 1896 über das Flottenziel noch eher versöhnlich, Deutschland müsse für England als Staat erscheinen, auf den es Rücksicht zu nehmen habe[149], ging er, als er Ende September 1899 mit dem Kaiser die Beschleunigung absprach, erheblich weiter: England müsse „jede Neigung uns anzugreifen verloren haben, und infolgedessen E. M. ein solches Maß von Seegeltung zugestehen und E. M. ermöglichen, eine große überseeische Politik zu führen"[150]. Deshalb sollte die deutsche Schlachtflotte möglichst rasch Stärke gewinnen und „ihre höchste Kriegsleistung zwischen Helgoland und Themse entfalten" können, so daß für England ein Krieg mit der Gefahr verknüpft sei, daß die „eigene Machtstellung in Frage gestellt" ist.[151]

Bevor zu bewerten ist, was sich hinter solchen Zielangaben verbarg, gilt es, eine andere außenpolitische Erfahrung hervorzuheben, die die deutsche Führung in dieser Phase machte. Es gab nämlich weitere, ungünstige Faktoren, die eine Forcierung des Flottenbaus motivierten. Es bestanden inzwischen insgeheim Zweifel, inwieweit die Freihandpolitik nach dem bisherigen Rezept in der Zukunft noch funktionieren werde, ob mit dem englisch-russischen Konflikt überhaupt noch zu rechnen sei. Daß beide Mächte ihm auszuweichen trachteten, war nicht zu übersehen. Die Absicht der Wilhelmstraße, ihren Konflikt als lachender Dritter zum eigenen Aufstieg zu nutzen, hatten sie längst durchschaut, so daß er als Impuls ihrer Annäherung wirkte. Zugleich zeigten sich in ihren bilateralen Spannungen Ausgleichsmöglichkeiten und vermehrten sich ihre jeweiligen Gegensätze zu Deutschland kontinuierlich.

So empfand die russische Außenpolitik die deutsche Bagdadbahnpolitik mit den befürchteten Konsequenzen bis in den Bereich des Persischen Golfes bedrohlicher als britische Ziele in diesem Raum, erst recht, seit Berlin das Angebot einer Meerengenvereinbarung zurückgewiesen hatte. Wittes Position, der aus finanziellen Gründen seit längerem für die Annäherung an England plädierte, wurde dadurch gestärkt. Das bedeutete sehr viel, weil das russische Kreditbedürfnis angesichts der gesellschaftlichen Krise existentielle Bedeutung besaß. Wenn Murawjew Berlin auf die Möglichkeit einer Verständigung Rußlands mit England sogar in der Golfregion verwies, war das keine leere Drohung.[152] Insofern wirkte in Berlin die russische Nichteinmischung in der Faschodakrise, in der Petersburg seinen Bundesgenossen faktisch allein ließ, und im Burenkrieg kaum noch überraschend.

Gleichzeitig ließ Petersburg Berlin ebensowenig im Zweifel, daß es zwar auf Abmachungen in Einzelfragen, nicht jedoch auf die volle Allianz mit Deutschland reflektierte. Der deutsche Vorschlag, eine territoriale Besitzstandsgarantie zur Grundlage einer festeren Verbindung mit Rußland und Frankreich zu machen, der beide Mächte zum Offenbarungseid zwingen sollte, blieb bislang ohne positives Resultat. Diese Erfahrungen ließen Bülow, so scheint es, nicht mehr uneingeschränkt auf die Freihandpolitik setzen. Ausgeschlossen werden konnte es jedenfalls nicht mehr, daß sich im Konfliktfall alle drei Mächte – England, Rußland und Frankreich – gegen Deutschland stellten. Bei einem deutsch-englischen Krieg,

---

149 Berghahn/Deist, Rüstung, S. 114ff.
150 Ebenda, S. 159ff.
151 Mommsen, Großmachtstellung und Weltpolitik, S. 144f.
152 Schöllgen, Imperialismus und Gleichgewicht, S. 116.

das konnte fast als sicher gelten, würde sich Frankreich gegen Deutschland, nicht gegen England einbeziehen lassen.

Nur im vertrauten Kreis ließ Bülow seine Besorgnis durchblicken. Jede Annäherung an Rußland und Frankreich sei erschwert, weil niemand in der Welt Deutschland traue, erfuhr Waldersee von ihm.[153] Mitte April 1900 schrieb der General in sein Tagebuch: „Nun ist es wirklich soweit, daß wir politisch völlig isoliert sind [...] Draußen in der Welt haben wir auch nicht einen sicheren Freund." Der Kaiser gestehe das ein, und auch Bülow sehe es klar.[154]

Mit der deutschfeindlichen Koalition Rußlands, Frankreichs und Englands rechnen zu müssen, bedeutete, wie Waldersee zu Recht vermerkte, ein „vernichtendes Urteil" über die deutsche Außenpolitik.[155] Doch für eine Bankrotterklärung des Auswärtigen Amtes bestand noch kein Anlaß. Alternativen schienen denkbar und möglich. Von einer absehbaren Koalition jener Mächte mußte jedenfalls in dieser Phase noch nicht ausgegangen werden. Schon deshalb ist anzunehmen, daß der General, für Kritik an der Regierung immer empfänglich, Bülows Aussage übertrieb. Dieser wiederum hat dem konservativen Befürworter einer Verbindung mit Rußland die Schwierigkeiten eher überzeichnet, die sich auf einem solchen Weg stellten. Doch Ungewißheit und Besorgnis über den zukünftigen Kurs Frankreichs und Rußlands herrschte bei Bülow allemal.

Dieser Tatbestand gebietet, seine nach dem Sturz als Reichskanzler angelegten Aufzeichnungen noch differenzierter zu bewerten, als es die berechtigte Vermutung, sie seien im Drange der Rechtfertigung geschrieben, ohnehin nahelegt. Er hat dort die Zwänge sehr hoch bewertet, die er bei seinem Amtsantritt vorfand und die sich als unüberwindbar erwiesen hätten: die mit der Nichterneuerung des Rückversicherungsvertrages eingeleitete Abkehr von der Bismarckschen Rußlandpolitik sei der „Kardinalfehler" gewesen, der „zur russisch-französischen Allianz führte". „Damit war jede Möglichkeit der Erneuerung eines vertragsmäßigen Verhältnisses mit Rußland zerstört; aber wir konnten und mußten noch immer durch eine verständige und geschickte Politik freundliche Beziehungen zu Rußland aufrechterhalten und jedenfalls einen Zusammenstoß vermeiden."[156] Nur mit französischem Einverständnis wäre ein Vertrag mit Rußland zu bekommen gewesen, und erhalten hätte es Deutschland nur bei einer – völlig undenkbaren – Rückgabe Elsaß-Lothringens. Den Hauptnutzen aus dieser Konstellation habe jedoch England gezogen, das seinen Bewegungsspielraum erweiterte.[157] „Es blieb uns nur übrig zu lavieren, Zeit zu gewinnen, sich nicht fangen zu lassen", den Frieden zu erhalten, weil die Zeit für Deutschland laufe.[158]

Gewiß hat Bülow die vorgegebenen Fesseln geflissentlich übersteigert, um zu relativieren, daß die englisch-französische und die englisch-russische Entente zu seiner Amtszeit zustande kamen. 1897/98 hat er diese Zwänge unterschätzt, denn mit der Freihandpolitik sah er Deutschland gewappnet, sowohl sie zu überwinden als auch mögliche außenpolitische Gefahren der Weltpolitik zu überstehen. Erst 1899 scheinen ihm Bedenken gekommen zu sein. Die negative Antwort in der Frage der Besitzstandsgarantie mag Bülow besonders motiviert haben, den Kurs zu modifizieren. Statt auf den Konfliktfall zwischen England und Rußland

---

153 GStA Berlin, Rep. 92 NL Waldersee, A I Nr. 26, Bl. 11: Tagebuch 10.2.1900.
154 Waldersee, Denkwürdigkeiten, Bd. 2, S. 445.
155 GStA Berlin, Rep. 92 NL Waldersee, A I Nr. 26, Bl. 18: Tagebuch 3.4.1900.
156 BA Koblenz, NL Bülow, Nr. 151/H: Merkbuch 1917.
157 Ebenda, Nr. 151/J: Merkbuch 1919.
158 Ebenda, Nr. 151/K: Merkbuch 1920.

und die dann erwartete Allianzchance, setzte er nun stärker auf die deutsche Macht und glaubte mit ihrem Zuwachs durch Flottenstärke die Angriffsgefahren seitens nicht mehr ausgeschlossener feindlicher Allianzen unter Einschluß Englands zu vermindern. Weil er auf den russisch-englischen Krieg und bei einem Konflikt mit England auf Rußland als Alliierten nicht mehr fest rechnete, setzte er mehr auf Stärke, um Krieg zu vermeiden.

Es war ernst gemeint, wenn Bülow im Reichstag als Ziel der Flottenrüstung angab, „den Angriff jeder Macht auszuschließen".[159] Eine starke Schlachtflotte in der Nordsee sollte jedoch nicht nur ein gefährliches Hindernis für einen englischen Angriff auf Deutschland darstellen und so eine übermächtige feindliche Koalition vermeiden, sondern zugleich endlich die weltpolitische Offensive Deutschlands gewährleisten. Die Flotte sollte es ermöglichen, so 1975 Klaus Hildebrand, den gefährdeten Großmachtstatus mit einer weltpolitischen Offensive zu überwinden.[160]

Heute sieht Hildebrand wie andere Historiker das letzte Ziel des Flottenbaus auf den Krieg gegen England fixiert. „Im Krieg um die englische Erbfolge, der unmittelbar bevorzustehen schien, wollte der deutsche Sukzessor den Kampf um die Weltvormacht für sich entscheiden."[161] Gründend auf Berghahn und besonders Winzen ist für ihn Bülows Außenpolitik der Flottenrüstung mit einem solchen Fernziel, dem „Tirpitz-Plan", untergeordnet gewesen. Bülows Ausrichtung auf Friedenserhaltung erscheint allein dem vorläufigen Zweck geschuldet, die Flottenrüstung nicht vorzeitig von England gefährden zu lassen. Stichhaltig zu beweisen ist das nicht. Bülows Agieren in der Flottenfrage ebenso wie die erwähnte Notiz Tirpitz' von Ende September 1899 erwecken eher den Eindruck, daß die sachte modifizierte außenpolitische Linie Bülows das Bestimmende für die forcierte Flottenrüstung und ihre langfristigen Ziele geblieben ist. Zwar schloß er den Krieg der Rivalen um die englische Erbfolge nicht aus, doch alternative Überlegungen waren angesichts der deutschen Isolationsgefahr für ihn unumgänglich; er entschloß sich, mehrgleisig zu operieren.

Ausschließlich auf die Kriegslösung zu setzen, empfahl sich auch aus anderen Gründen nicht. Kam der „Erbfolgekrieg" rasch, wie sollte dann Deutschland ohne starke Flotte entscheidend eingreifen? Besaß das Reich erst später die Flotte – dann war er zwischen England und Rußland unwahrscheinlich, weil für beide Deutschland die Hauptbedrohung darstellte. Es wäre seltsam, hätte die Reichsleitung diese einfache Rechnung nicht aufgestellt.

Unter diesen Vorzeichen erscheint eher die von Ludwig Dehio 1955 gegebene Erklärung überzeugend. Für ihn zielte, in Anlehnung an Hans Delbrück, der deutsche Flottenbau nicht auf Krieg, sondern sollte ein „halber" oder „trockener" Krieg sein, also eine Politik der Stärke hart am Rande des Krieges, ein massiver Druck mit militärischer Macht, die anzugreifen für die Rivalen das Risiko zu groß sei. Eine solche Politik sollte die angestrebte Weltmachtstellung offensiv erzwingen und die Rivalen, vor allem England, aus bisherigen Positionen verdrängen. Letzte Sicherheit, daß die Rivalen sich nicht doch zur militärischen Gegenwehr entschlössen, konnte es nicht geben. Deshalb nahm ein solches Konzept, wie Dehio zu Recht

---

159 Bülows Reden, 1. Bd., S. 93.
160 Hildebrand, Imperialismus, S. 339–364.
161 Hildebrand, Das vergangene Reich, S. 200ff., 882; vgl. auch Hillgruber, Großmacht, S. 35ff. Diese Auffassung über die Endziele der Flottenrüstung gegen England geht zurück auf V. Berghahn. Für die Außenpolitik um 1900 spezifiziert sie besonders P. Winzen: Berghahn, Tirpitz-Plan, S. 173ff., 205ff., 222ff.; Winzen, Bülows Weltmachtkonzept, Kap. II, bes. S. 80f.

vermerkte, auch das Kriegsrisiko in Kauf.[162] Anders als letzthin hat Hildebrand 1975 die Ziele des Flottenbaus ähnlich wie Dehio gesehen: in einem Pax Germanica anstelle des Pax Britannica. Die deutsche Flotte sollte England erpreßbar machen, um es partiell beerben zu können.[163]

Es hat den Anschein, als ob man sich 1899 unter modifizierten Vorzeichen entschloß, die vom Kaiser Anfang der neunziger Jahre postulierte „friedliche Suprematie" Deutschlands zu verwirklichen. Über die Grundbedingung bestand in der deutschen Führung bis zum Weltkrieg kein Zweifel: das Reich werde sich in dieser Stellung wirtschaftlich wie politisch in Europa nur behaupten, „wenn wir sehr stark bleiben"[164].

Eine Politik indes, die auf Stärke und auf hegemonialen Anspruch setzte, untergrub weiter die Freihandpolitik und vermehrte die außenpolitischen Gefahren für das Reich. Freihandpolitik setzt faktisch eine sekundäre Stellung Deutschlands voraus, weil nur dann England und Rußland zueinander Hauptrivalen bleiben konnten. Die geostrategische Lage zwang das Reich, das blieb Bismarcks Vermächtnis, zu einer Politik der Bündnisse. Der mit dem Flottenbau verknüpfte neue Anspruch führte jedoch die Rivalen gegen Deutschland, die stärkste und anspruchsvollste der Großmächte, zusammen. In ihren Führungen gewannen solche strategische Überlegungen inzwischen zusehends Raum.

Eine derartige Entwicklung bedeutete für Deutschland eine doppelte Kalamität. Für die Zeit, bis die Flotte zur Verfügung stand, existierte für die deutsche Führung eine „Gefahrenzone" für das Reich, in der ein Angriff Englands zur Liquidierung der deutschen Seemacht vermieden werden mußte und folglich ein relativ spannungsfreies Verhältnis auch mit Rußland und Frankreich geboten war. Mit dem forcierten Flottenbau gewann also die Freihandpolitik für die Regierung zusätzliches Gewicht, während sich gleichzeitig ihre Grundlagen weiter verminderten. So war es eher ein frommer Wunsch, was Bülow dem Kaiser als Zielvorstellung zu vermitteln suchte: Er bemühte den griechischen Helden Odysseus, der seine Gegner erst niederstreckte, als er „seine Pfeile beisammen hatte und den Degen dazu [...] Vorher ließ er seine Feinde nichts von seinen Absichten merken. Wenn E. M. es [...] gelingt, Salisbury zu gewinnen und zu ihm leidliche politische Beziehungen aufrechtzuerhalten, bis unsere Flotte [...] aus dem gröbsten heraus ist, wäre das ein politischer Meistercoup."[165] Doch der Burenkrieg schien hier höchstens vorübergehend Abhilfe schaffen zu können. Zugleich erhob sich die Frage, ob eine Phase relativ zurückhaltender Weltpolitik bei dem Erwartungshorizont großer Teil der deutschen Gesellschaft überhaupt innenpolitisch durchsetzbar war.

Die Zentrale rechnete allerdings damit, daß, war die „Gefahrenzone" erst vorüber, Deutschland als potentieller Bundesgenosse für Rußland und vielleicht sogar für Frankreich größere Attraktivität besitzen könnte. Schon deshalb führte sie praktisch die Freihandpolitik fort, zumal ihr Holstein offenbar noch immer größere Chancen einräumte als dem Flottenkonzept. Doch konnte wirklich erwartet werden, daß sich beide Mächte als Juniorpartner des Reiches gegen England wenden und an deutschem Überlegenheitszuwachs gleichsam mitwirken würden?

---

162 Dehio, Gedanken, in: Deutschland, S. 67ff.
163 Hildebrand, Imperialismus, S. 160, vgl. auch: Berghahn, Kaisers Flotte, S. 173ff.
164 BA Koblenz, NL Bülow, Nr. 151/G: Merkbuch 1916, Bl. 57.
165 GStA Berlin, Br.-Pr. H.-A. Rep. 53, Abt. J, B, Nr. 16a, Vol. I, Bl. 15: Bülow an Wilhelm II. 6.8.1899.

Es bleiben also manche Unwägbarkeiten und Fragen offen. Michael Stürmer bemüht Leopold von Ranke zur Erklärung: „Die meisten sehen ihren Ruin vor Augen, aber sie gehen hinein."[166]

Es fehlte nicht an warnenden Stimmen in Deutschland, die den Flottenwettstreit mit England für eine Schimäre hielten und die die deutsche Isolationsgefahr beschworen. Sie reichten von dem linken Sozialisten August Bebel bis zu dem rechten Konservativen Alfred von Waldersee, der, politisch ins Abseits gedrängt, hellsichtig auf die Schwachpunkte der Außenpolitik fixiert war: England werde „nicht Neigung haben, [...] eine Marine heranwachsen zu sehen, die ihm unbequem zu werden anfängt", zumal es „überhaupt uns als Gegner [...] betrachtet". Nach dem südafrikanischen Krieg werde es deshalb „mit uns Händel suchen. Daß wir isoliert sind und dann niemand eine Hand um uns rühren wird, unterliegt für mich keinem Zweifel", wiederholte er.[167]

Die Reichsführung sah sich in ihrer flottenpolitischen Strategie der Stärke indes nicht allein durch die außenpolitische Konstellation ermutigt, sondern auch durch den bürgerlichen Zeitgeist und die innenpolitische Lage. Hinzu kam das massive Interesse schwerindustrieller Unternehmer, die traditionell über beträchtlichen politischen Einfluß verfügten und für die der Flottenbau krisensichere Staatsaufträge bedeutete.

In der öffentlichen Flottendebatte 1899/1900 zeigte sich ein weithin einheitliches weltpolitisches Engagement vieler Intellektueller mit einer erstaunlichen Kontinuität in ihrer Argumentation.[168] Schmoller artikulierte sich als Wortführer der neomerkantilistischen Weltreichsvorstellung: Deutschlands wirtschaftliche Zukunft sah er ohne Seemacht nicht gesichert, weil Überseegebiete industriellen Überschuß aufnehmen müssen, um den Import landwirtschaftlicher Produkte zu ermöglichen.[169] Der Nationalökonom Max Sering fand im geopolitischen Sinne die wirtschaftliche Überlegenheit der Großreiche nur durch die Erweiterung des verfügbaren Raumes garantiert.[170] Für den Marinepublizisten Ernst von Halle war allein durch äußeren Machtzuwachs die Grundlage gegeben, den sozialen Ausbau im Innern zu ermöglichen.[171] Deutschland sei aus seiner Geschichte besonders befähigt, so der Historiker Karl Lamprecht, kulturelle Ideale in der Welt zu verwirklichen.[172]

Wie sollte Deutschland diese sowohl existentiellen als auch zu weltzivilisatorischen erhobenen Ziele realisieren? „Das Maß der Unabhängigkeit gibt einem Staate seine Stellung in der Welt", hieß es ganz im Rankeschen Sinne bei Max Lenz.[173] Diese Unabhängigkeit sei allein zu sichern durch Machtentfaltung, die die Gegner niederzuringen vermöge, denn das Wesen der Politik, so Max Weber, sei von der Konkurrenz der großen Nationen bestimmt.[174] Deshalb betrachtete Delbrück „in gewissem Sinne" alle Großmächte als „unsere Gegner".[175] Jede Macht strebe offensiv bis an die Grenze möglicher Machtentfaltung und Ausdehnung. Wieder ist es das Machtstaatsdenken, das der Kern aller Argumentation bildete. Dieser

---

166 Stürmer, Flottenbau, S. 163.
167 GStA Berlin, Rep. 92 NL Waldersee, A I Nr. 25, Bl. 41: Tagebuch 31.10.1899.
168 Vom Bruch, Wissenschaft, S. 69ff.
169 Handels- und Machtpolitik, Bd. 1, S. 4ff.
170 Ebenda, Bd. 2, S. 5ff.
171 Kehr, Schlachtflottenbau, S. 432ff.
172 Handels- und Machtpolitik, Bd. 1, S. 42ff.
173 Lenz, Mächte, S. 9.
174 Kehr, Schlachtflottenbau, S. 403ff.
175 PJ, Bd. 99 (1900), S. 568.

Zwang zur höchsten Konzentration der Kräfte für die Machtentfaltung wirke schöpferisch auf die Qualität des Gesellschafts- und Staatssystems. Zugleich beriefen sich die neorankeanischen Historiker auf das Gleichgewicht der Mächte, das sich letztlich behaupte und hegemoniale Bestrebungen einzelner Großstaaten abwehre oder überwinde. So habe vor 90 Jahren das Konzert der Mächte die napoleonische Hegemonie zerstört und werde jetzt die Hegemonie Englands ablösen. Entsprechend der vom Kaiser kolportierten Devise: „Alte Weltreiche vergehen, und neue steigen auf" bot nach Delbrück die Weltpolitik Deutschland die Chance, als junge, bislang auf Europa begrenzte Großmacht durch das Absinken Englands selbst zur Weltmacht aufzusteigen, ohne den Rahmen des Mächtegleichgewichts zu durchbrechen.[176]

Doch in diesem Anspruch selbst lag ein hegemonialer Zug, zumal wenn man ihn mit dem überlegenen, wachsenden gesellschaftlichen Potential Deutschlands im Zusammenhang bringt. Und dieses Potential wurde auch in einem solchen Sinne verstanden: Otto Hintze sah das Reich zur Großmacht „neuen Typs" besonders befähigt angesichts rasch wachsender Bevölkerung, industrieller Expansion, militärischer Erziehung und monarchischer Führung.[177] Die Repräsentanten der Konkurrenzmächte gingen ebenfalls von dem besonderen Anspruch der eigenen Großmacht aus, mit jeweils spezifischen Argumenten. „So bekämpfte jeder der Rivalen unter Berufung auf das Gleichgewicht die hegemoniale Stellung des anderen, nur daß jeder unter Hegemonie und Gleichgewicht etwas gänzlich Verschiedenes verstand."[178] Für Deutschland galt der Anspruch vornehmlich, und so sahen es mehr und mehr auch die anderen Mächte.

Die ständige Steigerung, die Macht- und Konkurrenzgedanken erfuhren, hatten im politischen Bewußtsein vor allem der Historiker einen neuen Akzent hervorgebracht. Durch einen „gerüsteten Frieden" vermöge Deutschland ohne Krieg die englische Seesuprematie zum Sinken zu bringen und das europäische in ein Weltgleichgewicht zu überführen, hieß es bei Delbrück.[179] Hier zeigt sich, wie die neuen Intentionen der Regierung in der Flottenpolitik völlig übereinstimmen mit maßgeblichen Strömungen des bürgerlichen Zeitgeistes. Und wenn Max Weber als neues Element im Staatenverkehr die Ersetzung diplomatischer Qualität durch militärische Quantität feststellte, entsprach das der außenpolitischen Erfahrung der Führung.[180] Die Vorstellung, durch erhöhte Militärmacht den Frieden zu sichern, wird indes nicht allein durch die außenpolitische Strategie genährt worden sein, sondern nicht zuletzt durch das breite öffentliche Echo, den der Friedensgedanke durch die Haager Konferenz erfuhr.

Alle diese Vorstellungen finden sich fast programmatisch in dem Buch „Die großen Mächte" von Max Lenz, das 1900 erschien.[181] Nur die „volle Anspannung der militärischen Kraft" vermöge Frieden zu erhalten, heißt es dort. Auch Kolonialexpansion realisiere sich mehr durch Macht als durch Kultivierung, die sich nicht nur in Geld und Wirtschaft, sondern „auch in Regimentern und Panzerschiffen" ausdrückt. Lenz schwebte eine Politik deutscher militärischer Stärke, ein Pax Germanica vor: „Wenn wir es wollen, muß der Friede unter den

---

176 Dehio, Gedanken, S. 69ff.
177 Schenk, Rivalität, S. 71.
178 Dehio, Deutschland, S. 13.
179 Dehio, Ranke, S. 44.
180 Kehr, Schlachtflottenbau, S. 417f.
181 Lenz, Mächte, S. 138, 149, 151f., 157.

Mächten des Erdteils erhalten bleiben; wir können ihn befehlen: wir halten die Waage in den Händen." Daß der Krieg das soziale Gefüge in Frage stellen könnte, war für den Historiker ein letztes Argument, für Frieden zu plädieren. Doch ist der Entscheidungskampf mit England um die Weltstellung unvermeidlich, dürfe ihm das Reich nicht ausweichen. Er „wird das rechte Exempel werden auf die Echtheit unserer Macht, auf die Zukunft unserer Kultur."

Auch Schmoller trat dem Vorhalt, deutsche Seerüstung erhöhe die Konfliktgefahr, mit dem Argument entgegen, „Kriege [...] beschwören wir am besten durch eine stärkere Flotte"[182]. Und bei dem Historiker Dietrich Schäfer hieß es apodiktisch: „Man muß uns fürchten, so werden wir nicht angegriffen."[183]

Selbst bei den Alldeutschen, für die gewöhnlich Krieg naturnotwendige Bedingung für Expansion und Eroberung bedeutete[184], tauchte in Verbindung mit der Flottenrüstung das Friedensargument auf. In einer Flugschrift von 1899 schrieb der Alldeutsche Edmund Bassenge, je stärker das Reich zur See werde, ein desto sichereres Bollwerk für den Frieden könne es sein. Eine mächtige Armee und eine starke Flotte machen es unangreifbar. Bassenge hielt das für zwingend geboten, weil „Deutschland lediglich auf seine eigene Kraft angewiesen ist". Höchstens Rußland käme möglicherweise als einziger Bündnispartner von Rang noch in Frage.[185]

Neben den von uns behandelten seriösen Publikationen von Intellektuellen gab es eine vom Nachrichtenbüro des Reichsmarineamtes und des Flottenvereins inszenierte Massenpropaganda, an der sich ebenfalls zahlreiche Professoren beteiligten.[186] Dennoch: Es war nicht in erster Linie Manipulation, von der die verbreitete Flottenbegeisterung getragen blieb, und für die Argumente der Intellektuellen galt das allemal.

Weil es diese Stimmung gab, vermochte die Flottenpolitik in diesen Jahren zur innenpolitischen Integration beizutragen. Das wurde von Tirpitz frühzeitig erkannt und geschickt gefördert. Die Öffentlichkeit von der Zuchthausvorlage und dem Kanalstreit abzulenken und den Kaiser an die Spitze einer populären, breiten Stimmung zu setzen, war bewußte Inszenierung.[187] Aber es galt auch, für die neue Flottenvorlage die parlamentarische Mehrheit zu gewinnen, die noch keineswegs sicher war. Mit der Ablehnung durch die Sozialdemokratie und die Freisinnige Volkspartei mußte gerechnet werden, doch selbst Konservative und Zentrum reagierten reserviert auf die ersten Ankündigungen. Schließlich kam der Regierung der Zufall zu Hilfe. Um die Jahreswende zu 1900 brachten englische Kriegsschiffe mehrere deutsche Handels- und Postschiffe auf, weil sie des Schmuggels zugunsten der Burenrepubliken verdächtig waren. Der Zwischenfall heizte die Stimmung für die Flotte an und verstärkte besonders ihren englandfeindlichen Akzent.[188] Er war so stark, daß Bülow in der Presse Eindämmungsversuche startete.

Doch zwei Monate später, im März 1900, war besonders in Süddeutschland die Flottenbegeisterung von den innenpolitischen Streitfragen wieder zurückgedrängt. Zwischen den kon-

---

182 Handels- und Machtpolitik, Bd. 1, S. 31f.
183 Fenske (Hg.), Unter Wilhelm II., S. 181.
184 Chickering, Alldeutschen, S. 20ff.
185 Bassenge, Weltstellung, S. 5, 9f.
186 Deist, Flottenpolitik und Flottenpropaganda, S. 100ff; vom Bruch, Wissenschaft, S. 77ff.
187 HHStA Wien, MdÄ, PA III, Nr. 152, Bl. 166ff.: Bericht aus Berlin 20.10.1899; Tirpitz, Erinnerungen, S. 105.
188 Berghahn, Tirpitz-Plan, S. 241.

servativen und klerikalen Agrariern und den übrigen Parteien eskalierte der Konflikt um das Fleischbeschaugesetz, während die Lex Heinze einen Entrüstungssturm von Intellektuellen und Künstlern hervorrief. Wenn die „Münchner Neuesten Nachrichten" zu Recht einen prinzipiellen Charakter dieser Auseinandersetzung ausmachten, dachten sie auch an den anhaltenden Kampf der Agrarier für die Getreidezollerhöhung. Der Konflikt beruhe „auf dem Ringen unserer gesamten liberalen Ordnung in Wirtschaft und Politik mit dem immer mehr erstarkenden reaktionären Element, das in wirtschaftlichen Dingen den Egoismus einer einzelnen Erwerbsgruppe ebenso zum Regulator unseres Lebens machen will wie in künstlerischen das Schamgefühl der Polizei"[189].

Eine Zollerhöhung zuzugestehen erwies sich am Ende als unumgänglich, um die Zustimmung der Konservativen und von Teilen des Zentrums zur Flottenvorlage zu erreichen. Insoweit konnten nach dem Scheitern der Zuchthaus- und der Kanalvorlage sowohl die eigentlichen Sammlungsparteien zu einem einheitlichen Votum veranlaßt als auch das Zentrum einbezogen werden. Über ihre äußere Komponente vermochte somit die Sammlungspolitik, in freilich durchaus begrenztem Ausmaß, endlich politisch effektiv zu werden. Für die Führung bedeutete das jedoch nur einen willkommenen Nebeneffekt, die Hauptsache blieb die Flottenrüstung selbst, und zwar aus primär außen- und weltpolitischen Motiven. Berghahns Auffassung, den Sinn der Flottenrüstung „in erster Linie" in der Sammlungspolitik und in der Zementierung des inneren Status quo zu sehen, scheint auch im Zusammenhang mit der zweiten Flottenvorlage nicht überzeugend.[190]

Bülow sah sich, um die parlamentarischen Hürden zu nehmen, schließlich veranlaßt, in den vertraulichen Kommissionsberatungen im Reichstag die letzten Ziele der Flottenrüstung auszusprechen.[191] Nur mit starker eigener Seemacht könne das Reich England weltpolitisch zum Nachgeben zwingen. Erst eine solche Flotte vermöge auch den Frieden mit ihm, der heute gefährdeter sei als vor zwei Jahren, zu sichern. Dieser sei um so wichtiger, weil im Konfliktfall Frankreich auf Englands Seite trete, und es ungewiß bleibe, wie sich Rußland verhalten werde.[192]

Am 12. Juni 1900 akzeptierte eine deutliche Mehrheit die Vorlage, nach der die künftige Sollstärke der Kriegsmarine 32 Linienschiffe, 14 große und 38 kleine Kreuzer umfassen sollte. In der Debatte war es wie vor zwei Jahren allein Bebel, der auf die außenpolitischen Gefahren der Flottenrüstung aufmerksam machte. Er sah einen Rüstungswettlauf beginnen, der Komplikationen hauptsächlich für Deutschland heraufbeschwöre, weil es der englischen Schiffbaukonkurrenz nicht gewachsen sein werde.[193]

Die Berliner Führung hat die Wachstumsmöglichkeiten britischer Seemacht von Anfang an flagrant unterschätzt. Offensichtlich resultierte diese Position aus den aktuellen Weltreichsvorstellungen in Deutschland, die, neuerlich genährt durch den Verlauf des Buren-

---

189 PA Bonn, Deutschland Nr. 163 secr., Bd. 1, Monts an Hohenlohe 11.3.1900. Vgl. zur Lex Heinze: Huber, Verfassungsgeschichte, Bd. 4, S. 283ff.
190 Berghahn, Kaisers Flotte, S. 180, 186; vgl. Wehler, Kaiserreich, S. 169. Kritisch dazu zuletzt: Nipperdey, Deutsche Geschichte, Bd. 2, S. 638.
191 Winzen, Bülows Weltmachtkonzept, S. 119ff.
192 BA Koblenz, NL Bülow, Nr. 24, Protokoll Etatskommission 27.3.1900. Erstaunlicherweise läßt Winzen, obwohl er Bülows Erklärungen ausführlich bespricht, den wichtigen letzten Gedanken weg. Vgl. Winzen, Bülows Weltmachtkonzept, S. 120ff.
193 Sten. Berichte RT, 10. Leg.-Per., 1. Session, S. 5817ff.

krieges, England und seine Seemacht auf dem absteigenden Ast sahen. Wie beherrschend der Optimismus in den deutschen Aufstieg war, zeigt ein Bericht Szögyénys: „Die leitenden deutschen Staatsmänner und allen voran Kaiser Wilhelm haben den Blick in die ferne Zukunft geworfen und streben danach, die in letzter Zeit mit großen Schritten heranwachsende Stellung Deutschlands als Weltmacht zu einer dominierenden zu machen, und rechnen hierbei darauf, seinerzeit auf diesem Gebiet die lachenden Erben Englands zu werden."[194] Noch sei das „Zukunftsmusik", doch ziele die Flotte auf diese Vision. Die Möglichkeit, daß England sich bereits auf diesem Wege mit Rußland und Frankreich verständige und dem deutschen Vormachtstreben offensiv begegne, blieb, so scheint es, nur am Rande der Erörterung. Vielmehr gingen nach Szögyénys Eindruck führende Berliner Diplomaten, Holstein vor allem, trotz aller Flottenstrategie noch immer von einem fortwährenden, sich sogar noch steigernden russisch-englischen Antagonismus aus.[195] Bülow seinerseits hielt es für möglich, die antienglische Stoßrichtung der Flotte in der Bauphase verschleiern zu können, wenn er, wie um die Jahreswende 1899/1900, Tirpitz' Wunsch nach einer Flottenstation im Roten Meer[196], anders als Anfang 1899, unter Hinweis auf die Konfliktgefahr mit England wegen der Nähe zum außenpolitisch besonders sensiblen Golfbereich abwies.[197]

Doch alle solche Mittel und Überlegungen mußten untauglich bleiben. Die deutschen Flottenziele und die außenpolitischen Grundinteressen Englands blieben unvereinbar.[198] Die von Berlin anvisierte „weltpolitische Freiheit" und die derzeitige maritime Überlegenheit der Briten schlossen sich aus.

Diese Überlegung auch lag der deutschen Flottenstrategie zugrunde. Die deutsche Führung irrte jedoch, wenn sie glaubte, England werde einst schwach genug sein, die deutsche Vormacht mit der fertigen Flotte zu akzeptieren. Und sie irrte sich noch einmal, wenn sie annahm, die eigenen Ziele zunächst verschleiern zu können, um nicht sofort eine britische Gegenwehr hervorzurufen.

Die mit dem neuen Flottengesetz verbundenen fundamentalen Gefahren blieben London nicht verborgen. Es begriff, daß Deutschland zum Hauptfeind zu werden drohte, und leitete unverzüglich neue Gegenmaßnahmen ein. Dazu zählten die Entscheidung, acht neue Schlachtschiffe zu bauen, ebenso wie das Bestreben, Zuspitzungen im Verhältnis zu Frankreich, mehr noch zu Rußland, zu vermeiden.[199]

Die öffentliche Flottenkampagne in Deutschland tat das ihre, um im Inselreich jegliche Unklarheit über die Ziele der deutschen Flottenrüstung auszuschließen. Sie beherrschten die Themen der britischen Presse. „National Review" verlangte, die britische Seesuprematie gegen den deutschen Flottenanspruch zu behaupten.[200] Der „Observer" hielt das Reich für Englands Hauptfeind und durchschaute die wahren Absichten der Freihandpolitik: England mit Rußland und Frankreich zu verfeinden bis zum Krieg. Doch mit berechtigtem Optimismus schloß der Artikel: der russisch-englische Antagonismus schwinde, und Frank-

---

194 Winzen, Bülows Weltmachtkonzept, S. 124.
195 HHStA Wien, MdÄ, PA III, Nr. 153, Bl. 396ff.: Bericht aus Berlin 21.5.1900.
196 PA Bonn, Deutschland Nr. 167, Bd. 2, Tirpitz an Bülow 12.9.1899.
197 Ebenda, Bd. 3, Bülow an Wilhelm II. 8.12.1899.
198 Kennedy, Antagonism, S. 422ff.; ders., Strategieprobleme, S. 178ff.
199 Massie, Schalen, S. 210; Wormer, Großbritannien, S. 821f.
200 PA Bonn, England Nr. 78, Bd. 13, Metternich an Hohenlohe 5.3.1900.

reich bleibe primär auf Elsaß-Lothringen fixiert.[201] Die Rufe nach russisch-englischer Verständigung mehrten sich.[202] Wolff Metternich sah im März 1900 die öffentliche Stimmung in England mehr gegen Deutschland als gegen Frankreich gerichtet[203], meldete jedoch zwei Monate später ein Nachlassen der antideutschen Haltung[204], obwohl nach Annahme der Flottenvorlage das Unbehagen in der britischen Presse neuerlich wuchs.[205]

Die negative Rückwirkung der Flottenrüstung auf die internationale Stellung Deutschlands unterstreicht auch die russische Reaktion. Die zaristische Führung hatte gegenüber der deutschen dem Plan stets Wohlwollen entgegengebracht, um zum eigenen Vorteil die englisch-deutschen Spannungen sich verschärfen zu lassen.[206] Doch ein Zusammenbruch der britischen Weltstellung und eine deutsche Hegemonie auch außerhalb Europas bedeuteten für Petersburg eine eminente Gefahr, wie sie so massiv von England niemals ausgehen konnte. Deutschland würde dann die russischen Sicherheitsinteressen sowohl in Europa als auch an allen asiatischen Konfliktherden bedrohen können.[207]

Doch zunächst dominierte die Erleichterung, auch in der russischen Presse. Sie begrüßte die Flottenvorlage, denn mit Recht erwartete sie, die deutsch-britische Rivalität werde wachsen.[208]

5. Die Intervention in China 1900/01

Als Mitte Juni in Berlin die Flottenentscheidung fiel, galt das Hauptinteresse der großen Mächte nicht mehr dem Burenkrieg, sondern der Lage in China. Seit zwei Jahren bereits hatte sich dort eine Aufstandsbewegung insbesondere gegen den Einfluß der fremden Mächte entfaltet, die sich nun auf das Gebiet um Peking konzentrierte und Mitte 1900 eskalierte. Anfang Juni baten die ausländischen Gesandten ihre Regierungen um militärisches Eingreifen gegen die Aufständischen, und eine Woche später trat unter dem Befehl des britischen Admirals Seymour eine internationale Truppe von über 2 000 Mann einen erfolglosen Marsch auf Peking an.[1] Schreckensnachrichten, die Übergriffe der Chinesen meldeten, machten in den europäischen Hauptstädten die Runde, und die Stimmung in Deutschland wurde besonders von der Meldung angeheizt, daß Ketteler, der deutsche Gesandte, ermordet worden sei.

Die Ursachen der Ihotwanbewegung waren vielfältig und widersprüchlich. Soziale und nationale Beweggründe verschmolzen miteinander.[2] Dürre- und Hungerkatastrophen erzeugten eine besondere Notlage der Unterschichten. Textilimporte aus den Industriestaaten ge-

---

201 Ebenda, Metternich an Hohenlohe 25.3.1900.
202 Ebenda, Bd. 14, Metternich an Hohenlohe 4.5.1900.
203 Ebenda, Bd. 13, Metternich an Bülow 21.3.1900.
204 Ebenda, Bd. 14, Metternich an Hohenlohe 8.5.1900.
205 Ebenda, Hatzfeldt an Hohenlohe 13.6.1900.
206 Meinecke, Bündnisproblem, S. 158.
207 HHStA Wien, MdÄ, PA X, Nr. 113, Bl. 44ff.: Bericht aus Petersburg 13.1.1900.
208 PA Bonn, Deutschland Nr. 138 secr., Bd. 2, Tschirschky an Hohenlohe 16.12.1899, Bd. 3, Radolin an Hohenlohe 22.1.1900, Bd. 5, Tschirschky an Hohenlohe 15.6.1900, 19.6.1900.
1 Felber/Rostek, „Hunnenkrieg", S. 17.
2 Vgl. für das folgende: Purcell, The Boxer Uprising; Grimm, Boxerbewegung, S. 615ff.; Gründer, Mission, S. 295ff.; Stichler, Jiaozhou, S. 145ff.

fährdeten die einheimische Produktion. Noch gravierender griff der Eisenbahnbau in die traditionelle Besitz- und Sozialstruktur ein. Arbeiter, die bislang den Verkehr auf Flüssen, Kanälen und Wegen tätigten, verloren ihre Beschäftigung. Die fremden Unternehmer setzten sich häufig bedenkenlos über die Besitzrechte von Einheimischen hinweg. Ausländische Missionare und ihre chinesischen Konvertiten verletzten religiöse Gefühle der Bevölkerung.

So richtete sich der Unwille hauptsächlich gegen alles Fremde und gegen die Eisenbahnbauten als Symbol der Fremdherrschaft, zumal die dort tätigen chinesischen Arbeiter besonders schamlos ausgebeutet wurden. Den Anschlägen folgten militärische Strafaktionen, und beides mündete schließlich in eine permanente bewaffnete Auseinandersetzung. Zuletzt schloß sich der Ihotwanbewegung die Pekinger Regierung an, die nach dem Abbruch der prowestlichen Reformpolitik und der Entmachtung ihrer Protagonisten einen traditionalistischen Kurs verfolgte und die daher die fremdenfeindlich ausgerichtete Volksbewegung sehr gelegen kam.

Daß alle an China interessierten Großmächte aus politischen und wirtschaftlichen Gründen an der Erstickung der Ihotwanbewegung interessiert waren, liegt auf der Hand. Ihre einzelnen Ziele differierten freilich. Die mit den Unruhen verbundene Beeinträchtigung des Handelsverkehrs störte besonders die das Open-door-Prinzip vertretenden Exportmächte England, Deutschland, USA und Japan. Von den Eisenbahnbauprojekten, die in den Einflußsphären der Großmächte hauptsächlich jeweils deren Firmen in Angriff genommen hatten, waren die deutschen in Schantung und die russischen in der Mandschurei weit stärker betroffen als die englischen im Jangtsegebiet und die französischen in Kwangtschouwan. Während die russische Führung die Destabilisierung zu nutzen gedachte, um die Herrschaft über die Mandschurei zu vollenden, galt das eher übereinstimmende Interesse der übrigen Mächte unter dem Primat wirtschaftlicher Motive dem territorialen und politischen Status quo in China. So schien der Konflikt Rußland in eine schwierige und womöglich isolierte Position zu bringen und der deutschen Freihandpolitik neue Chancen zu eröffnen.

Gerade in der deutschen Chinapolitik hatte seit der Kiautschou-Okkupation das wirtschaftliche Element dominiert. Inspiriert von dem Konsortium für asiatische Geschäfte und der Deutsch-Asiatischen Bank gründeten sich im Juni 1899 das Schantung-Syndikat, die Schantung-Eisenbahngesellschaft und die Schantung-Bergbaugesellschaft. Doch bei der Realisierung der Großprojekte zeigten sich alsbald Schwierigkeiten. Nur zögernd liefen die Eisenbahnarbeiten an, und für die Tientsin-Pukow-Bahn, die die beiden deutschen Schantunglinien an den innerchinesischen Verkehr anschließen sollte, war ein Baubeginn noch gar nicht abzusehen.[3] Kaum waren die Arbeiten in Schantung aufgenommen, begannen die Störungen durch die Aufständischen. Deren Aktivität wurde zusätzlich durch das Verhalten der deutschen Firmen inspiriert, die sich trotz Absprachen häufig über chinesische Interessen an dem Projekt hinwegzusetzen. Militärische Strafexpeditonen, mit denen man die Bewegung zu ersticken suchte, nährten die Aufruhrstimmung weiter. Schließlich blieb Anfang 1900 nur der Ausweg, gemischte deutsch-chinesische Gesellschaften für Bau und Betrieb der Strecken zu bilden und einheimische Interessen stärker zu berücksichtigen.[4]

Der Bergbaugesellschaft war gar ein regelrechter Mißerfolg beschieden, weil die geförderte Kohle mindere Qualität besaß. Den Handel benachteiligte der Ihotwanaufstand beson-

---

3 Ratenhof, Chinapolitik, S. 138, S. 158ff.; Schmidt, Eisenbahnpolitik, S. 65ff.
4 Stichler, Jiaozhou, S. 145, 130ff.

ders. Der deutsche Export stieg bis 1898 und sank danach bis 1900 auf den Wert von 1897. Die Importe aus China gingen sogar um 50% zurück.[5]

Die hinter den Erwartungen weit zurückbleibenden Resultate in Schantung veranlaßten die Berliner Regierung und deutsche Wirtschaftsinteressenten, noch entschiedener auf die Offenhaltung des gesamten chinesischen Marktes zu setzen. Doch in wichtigen Akzenten unterschieden sich die Positionen. Während Hansemann, fixiert auf die Eisenbahninteressen, Ende 1899 dafür plädierte, den deutschen Bahnbau in das Schantung benachbarte verkehrsgünstige Hwanghotal fortzuführen, lehnte das Auswärtige Amt ab.[6] Hansemann konterte mit der Nachricht, englische und belgisch-französische Unternehmen reflektierten auf Eisenbahnprojekte in diesem Gebiet, so daß die deutschen Vorhaben in die „bedenkliche Lage" geraten könnten, auf Schantung beschränkt zu werden.[7] Im Februar 1900 startete er einen neuen Vorstoß: „Wir streben danach, uns auch andere und reichere Provinzen von China für unsere Eisenbahninteressen offenzuhalten." Mit dem „genügsamen Standpunkt", sich auf die Schantung-Eisenbahnen zu beschränken, werde der deutsche wirtschaftliche Einfluß in China überhaupt gefährdet.[8]

Doch das Auswärtige Amt ließ sich nicht umstimmen. Fixiert darauf, die Vormachtfrage erst in der Zukunft zu entscheiden, galt es, Sonderinteressen nicht nachzugeben und Festlegungen zur Unzeit zu vermeiden. Eine Ausweitung der eigenen Interessensphäre hätten die Rivalen zum Anlaß nehmen können, wie nach der Kiautschoubesetzung die Aufteilungsbestrebungen zu forcieren, bei denen Deutschland, noch ohne starke Flotte, seinen hohen Anspruch kaum befriedigen konnte. Besonders befürchtete Berlin neue englische Vorstöße auf das Jangtsetal. Deshalb orientierte das Auswärtige Amt auf den Status quo, auf die Kooperation der Mächte auf der Basis der Handelsfreiheit, weil es auf absehbare Zeit die Exportinteressen in den Mittelpunkt zu stellen gedachte. Hansemann wurde abschlägig beschieden. Proteste gegen Eisenbahnprojekte anderer Gesellschaften würden Konflikte mit den internationalen Rivalen heraufbeschwören. Überdies habe der Bankier eigene Pläne für das Hwanghotal gar nicht vorgelegt.[9]

Diese Interessenlage erklärt, weshalb Bülow, als die Nachrichten von der Eskalation aus Peking eintrafen, zwar nicht gegen eine gemeinsame Militäraktion der Mächte votierte, aber Deutschland gern in einer reservierten Position halten wollte, um den erwünschten englisch-russischen Streit nicht zu durchkreuzen.[10] Als die Nachricht eintraf, Rußland werde 4000 Soldaten in Richtung Peking einmarschieren lassen, sah der Staatssekretär seine Rechnung aufgehen. Doch die Meldung von Kettelers Tod ließ den Kaiser alle Absprachen über den Haufen werfen. Nun verlangte er einen großen kollektiven Rachefeldzug gegen China, und Deutschland sah er zu einer maßgeblichen Rolle berufen. Waldersee sollte den Oberbefehl über die internationale Truppe übernehmen.[11]

---

5 Ratenhof, Chinapolitik, S. 158f.
6 Barth, Hochfinanz, S. 180ff.
7 PA Bonn, China Nr. 4 Nr. 1 secr., Bd. 8, Hansemann an Bülow 21.12.1899.
8 Ebenda, Hansemann an Bülow 22.2.1900.
9 Ebenda, Bülow an Hansemann 3.2.1900, Aufz. an Klehmet 4.3.1900.
10 Winzen, Englandpolitik, S. 260ff.
11 GStA Berlin, Rep. 92 NL Waldersee, B I Nr. 53, Bl. 114ff.: Waldersee an Verdy du Vernois 18.1.1901.

Noch warnte Bülow den Monarchen. Trete Deutschland zu stark hervor, werden das russisch-englische Mißtrauen abgebaut und alle Mächte gegen das Reich geführt.[12] Doch als er am 22. Juni in Kiel mit dem Kaiser zusammentraf, sah er sich angesichts der hochgradig nervösen Erregung Wilhelms genötigt, ihm partiell nachzugeben. Die Entsendung eines Armeekorps redete er ihm aus, einen deutschen Oberbefehl über ein gemeinsames Korps erachtete er nun auf einmal als für das deutsche Prestige nützlich.[13]

Bülow ließ sich von der nervösen Hektik des Kaisers anstecken. Als ihm Ende Juni gemeldet wurde, die USA wollten, gedeckt von England, in Schantung Truppen landen[14], ließ er Hatzfeldt in London mit dem Anschluß Deutschlands an die russisch-französische Allianz drohen.[15] Gleichzeitig wurden deutsche Marineeinheiten angewiesen, die strategisch wichtige Hafenstadt Tschifu auf Schantung zu besetzen.[16] Ferner erhielt das Ostasiengeschwader die Order, auf dem Jangtse chinesische Schiffe auszuschalten.[17] Holstein hatte zuvor vor jeglicher deutscher Initiative gerade in diesem Raum gewarnt: Unter Englands Führung würden sich alle Mächte gegen Deutschland wenden.[18] Angesichts der Flut abenteuerlicher kaiserlicher Tiraden und unterstützt durch Ratschläge von Militärs warnte der Geheimrat am 2. Juli den Staatssekretär eindringlich vor deutschem Vormachtstreben in China und sprach sich deshalb auch gegen einen deutschen Oberbefehl aus. Er schlug vor, alle Aktionen mit England und Rußland zu koordinieren.[19] Doch für Bülow gewann jetzt ein neuer Gesichtspunkt an Gewicht. Angesichts der öffentlichen Erregung, die durch Kettelers Ermordung in Deutschland entstanden war, hielt er es für geboten, „der Nation zu zeigen", daß die Regierung „das deutsche Ansehen und die deutsche Ehre mit Schnelligkeit und Nachdruck zu wahren" wisse.[20] Diesem Zweck, der die Autorität der Reichsführung in der Bevölkerung heben sollte, galt zunächst der geplante Vorstoß auf Tschifu. Die Presseabteilung des Auswärtigen Amtes erhielt am 4. Juli von Bülow die Anweisung: „Im übrigen bitte ich den Gesichtspunkt in den Vordergrund zu stellen, daß vor allem durch einige schnelle und entschlossene Schläge die Ermordung unseres Gesandten gesühnt und mit dem allgemeinen europäischen das deutsche Prestige in Ostasien wieder aufgefrischt werden muß."[21] Doch die Chance, den Reichstag einzuberufen und ihn die Geldmittel für die Militärexpedition bewilligen zu lassen, vertat die Regierung. Da von allen Fraktionen außer den Sozialdemokraten die Zustimmung hierfür als sicher galt[22], wäre unter nationalistischem Vorzeichen eine eindrucksvolle Demonstration der Einheitlichkeit von Volks- und Parlamentsmehrheit und Regierung zustande gekommen und die Sozialdemokratie ins Abseits gestellt worden. Kurzsichtig ließ sich Bülow jedoch davon leiten, der Sozialdemokratie nicht nachgeben zu wollen, die vehement die Reichstagseinberufung verlangt hatte.[23]

12 GP, Bd. 16, S. 15ff.
13 Ebenda, S. 18f.
14 PA Bonn, China Nr. 24 secr., Bd. 1, Bülow an Wilhelm II. 30.6.1900.
15 Hatzfeldt, Papiere, S. 1330f.
16 PA Bonn, China Nr. 24 secr., Bd. 1, Bülow an Chef Admiralstab 5.7.1900.
17 Winzen, Englandpolitik, S. 269f.
18 BA Koblenz, NL Bülow, Nr. 91, Bl. 109f.: Holstein an Bülow 21.6.1900.
19 Winzen, Englandpolitik, S. 266f.
20 GP, Bd. 16, S. 31f.
21 PA Bonn, China Nr. 24 secr., Bd. 1, Bülow an AA 4.7.1900.
22 SHA Dresden, Außenministerium, Gesandtschaft Berlin, Nr. 256, Bericht aus Berlin 4.7.1900.
23 BHStA München, MA Nr. 76017, Bericht aus Berlin 6.7.1900.

Am 8. Juli erfolgte eine neue Weichenstellung. Weil die zur Verfügung stehenden Seestreitkräfte nicht ausreichten, sagte der Admiralstab die Aktion gegen Tschifu ab.[24] Aber das spielte inzwischen keine besondere Rolle mehr, weil Bülow das Reich diplomatisch in Vorhand kommen sah, als Witte eine deutsch-russisch-französische Allianz in China gegen England vorschlug. Zu Recht nahm der Staatssekretär zwar die Bündnisidee nicht ernst, doch er sah neuen Bewegungsspielraum für die Freihandpolitik gewonnen: Deutschland steige im Preis, weil die chinesischen Wirren für Rußland, England und Japan unbequemer seien als für Deutschland. Bei dieser Konstellation setzte er nun ausschließlich auf den gemeinsamen Zug nach Peking, „aus Gründen äußerer und innerer Politik".[25] Denn wenn die anderen Mächte um das Reich warben, konnte die gemeinsame Militäraktion womöglich mit einem deutschen Befehlshaber innenpolitisch stärker zum Vorteil der Reichsleitung ausschlagen als isolierte Vorstöße. Ohne Wirkung blieb, daß der Kaiser auf einmal die kollektive Aktion für illusorisch hielt, weil Rußland, wie er diesmal zu Recht feststellte, sich allein von seinen Interessen in der Mandschurei leiten ließ.[26] In Kiel muß sich ein Wutausbruch des Monarchen gegen England und Rußland am Rande eines Nervenzusammenbruchs zugetragen haben, der Eulenburg „ganz bange" an Bülow schreiben ließ: „Beschränke bitte die politischen Mitteilungen auf ein möglichst geringes Maß und erfordere Entscheidungen nur, wo sie unvermeidlich sind."[27] Offensichtlich bildete dieser Vorfall den letzten Anlaß, daß Bülow nach seiner Berufung zum Reichskanzler im Oktober den Monarchen vom außenpolitischen Verkehr weitgehend fernhielt.

Fixiert auf eine das internationale Ansehen Deutschlands hebende ungebundene Vermittlerposition zwischen der englisch-amerikanisch-japanischen und der russisch-französischen Gruppe war der Graf optimistisch, die internationale Aktion kurzfristig auf die Wiederherstellung des Status quo ante begrenzen zu können. In einer geheimen Instruktion für den neuen Gesandten in Peking, Mumm von Schwarzenstein, machte er aus seinem Ziel keinen Hehl: „Eine Aufteilung Chinas oder selbst nur eine Aufteilung in Interessen- oder Einflußsphären liegt gegenwärtig nicht in unserem Interesse. Man würde sonst versuchen, uns auf Schantung zu beschränken, und England würde bestrebt sein, uns vom Jangtsebecken auszuschließen, während der deutsche Handel am Jangtse von Jahr zu Jahr festeren Fuß faßt und mehr dort die englische Konkurrenz verdrängt, so daß wir, je später eine Aufteilung erfolgt, umso größere Chancen haben."[28] Nicht verhindern konnte er die schlimmen Reden des Kaisers bei der Verabschiedung deutscher Truppen in Bremerhaven und Wilhelmshaven, die dem internationalen Ansehen Deutschlands schwer schadeten. Es gelang ihm nicht einmal, die allerschädlichsten Partien, die Beschwörung der Hunnenfeldzüge als Vorbild und den Aufruf: „Pardon wird nicht gegeben; Gefangene nicht gemacht", aus der Veröffentlichung der Rede zu eliminieren.[29]

---

24 PA Bonn, China Nr. 24 secr., Bd. 1, Admiralstab an Bülow 8.7.1900.
25 BA Koblenz, NL Bülow, Nr. 22, Bl. 298ff.: Radolin an Bülow 8.7.1900 mit Randbemerkungen Bülows; auszugsweise zit. bei: Winzen, Englandpolitik, S. 275.
26 GP, Bd. 16, S. 46.
27 Eulenburg, Korrespondenz, Bd. 3, S. 1983ff.
28 Abgedruckt bei: Klein, Verfälschung, S. 322ff.
29 Bülow, Denkwürdigkeiten, Bd. 1, S. 358f.; Sösemann, Hunnenrede, S. 342ff.

Als in der Oberbefehlsfrage der deutsche Anspruch fast gescheitert schien[30], riet Bülow dem Kaiser, sich direkt an den Zaren zu wenden. Nach einer telegraphischen Blitzaktion sagte dieser zu. Mag sein, daß ihn Wilhelm schlicht überfuhr; mag sein, daß ihm eine deutsche Vorreiterrolle ganz gelegen kam, um besser die russische Beschützerrolle gegenüber Peking spielen zu können – der Gebrauch, den die deutsche Öffentlichkeit und besonders Wilhelm in neuen Reden von der Zusage machten, ließ den Zaren diese rasch bereuen.[31] Doch Waldersees Oberbefehl widersprach ohnehin der von Bülow ursprünglich vertretenen deutschen Position. Das sollte sich rasch in eindringlicher, nachteiliger Weise zeigen. Nachdem englische, russische und japanische Truppen die eingeschlossenen ausländischen Gesandten in Peking auf ihren Hilferuf hin in einer Militäraktion befreiten, sprach sich Petersburg Mitte August für den Rückzug der Truppen und faktisch für das Ende der internationalen Militäraktion aus. Besorgt sah Holstein Deutschland diplomatisch und militärisch alleingelassen.[32] Die USA schienen der russischen Absicht folgen zu wollen[33], und nur, weil England und Japan dieser widersprachen[34], ließ sich Waldersees Zug nach China noch nicht gänzlich als überflüssig betrachten. Während der General ungerührt seine Abschiedstour durch Deutschland als eine Abfolge patriotischer Kundgebungen absolvierte und die Regierung wegen der zeitweiligen Waffenbrüderschaft in den Sedanfeiern den antifranzösischen Akzent zu reduzieren trachtete[35], war Bülows Zuversicht gesunken. Nun wußte er, daß er sich in der Oberbefehlsfrage sich zu weit vorgewagt hatte, und sah die Gefahr, von England gegen Rußland vorgeschoben zu werden. Es galt, den Schaden zu begrenzen. „Hoffentlich gelingt es uns in China einigermaßen, das face und damit unsere Zukunft zu retten", schrieb er stoßseufzerhaft an Holstein. Wenigstens sollten die Mächte ihre Truppenkontingente nicht dem Kommando Waldersees entziehen und vor Ankunft des Generals in China keine separaten Abschlüsse mit der Regierung in Peking treffen.[36] Der aus Prestigegründen durchgesetzte deutsche Oberbefehl versetzte das Reich in eine Zwangslage: Es mußte an dem gemeinsamen Unternehmen festhalten, während die Rivalen versuchten, sich ihm zu entziehen oder seine Rolle zu minimieren. Berlin stand nicht in zweiter Reihe, sondern in einer Führungsposition und zog damit die Rivalen auf sich, während ihre Gegensätze untereinander in den Hintergrund traten.

Hinzu traten Schwierigkeiten im Innern. Das gewachsene militärische Engagement des Reiches stellte neuerlich die Frage der finanziellen Mittel und ihrer Genehmigung im Budget auf die Tagesordnung. Waren es Anfang Juli nur die Sozialdemokraten und einzelne bürgerliche Blätter, die die Einberufung des Reichstages verlangten, wurde sie sechs Wochen später von den meisten linksliberalen Zeitungen und der „Germania", schließlich selbst von führenden nationalliberalen, konservativen und schwerindustriellen Organen gefordert.[37]

---

30 SHA Dresden, Außenministerium, Gesandtschaft Berlin, Nr. 256, Bericht aus Berlin 4.8.1900.
31 HHStA Wien, MdÄ, PA III, Nr. 154, Bl. 272ff.: Bericht aus Berlin 14.11.1900. Szögyény berichtet aus einem Gespräch mit Osten-Sacken.
32 BA Koblenz, NL Bülow, Nr. 91, Bl. 151ff.: Holstein an Bülow 18.8.1900.
33 SHA Dresden, Außenministerium, Gesandtschaft Berlin, Nr. 256, Bericht aus Berlin 6.9.1900.
34 Ebenda, Bericht aus Berlin 11.9.1900.
35 Lenzner, Annäherung, S. 175ff.
36 Holstein, Papiere, Bd. 4, S. 181f.
37 Altrichter, Konstitutionalismus, S. 234.

Während die Parlamentseinberufung erst Wochen später in Verbindung mit dem Kanzlerwechsel entschieden wurde, operierte die Regierung in der Außenpolitik mehrgleisig. Bei der kollektiven Sühneverhandlung mit China und der Walderseeaktion blieben Prestigefragen im Vordergrund. Mumm erhielt die Instruktion, bei den Verhandlungen folgende Bedingungen zu stellen: die exemplarische Bestrafung der Schuldigen, Schadensersatz, die Entsendung einer chinesischen Entschuldigungsgesandtschaft nach Berlin, eine Sühnezeremonie in Peking, internationale Kontrolle der chinesischen Finanzen sowie die provisorische Besetzung einzelner Plätze in Schantung.[38] Später wies Bülow Mumm an, immer mit der Macht zusammenzugehen, die von den Chinesen das meiste verlangte. Waldersee verfolgte bei den militärischen Aktionen ähnliche Prinzipien: niemals den Chinesen Entgegenkommen, Nachgiebigkeit und Eile zu zeigen.[39] Zwischen seinem Kommando und dem Auswärtigen Amt entstandenen allerdings manche Friktionen, weil der Feldmarschall getreu den Prinzipien der monarchischen Kommandogewalt allein mit Wilhelm korrespondierte und die diplomatischen Instanzen umging.[40]

Trotz aller prestigepolitischen Demonstrationen – bestimmend für den Berliner Chinakurs blieben die Handelsinteressen der deutschen Wirtschaft, erst recht, als sich im Herbst 1900 erste Anzeichen einer neuen Wirtschaftskrise bemerkbar machten.[41] Unter ihrem Eindruck verlangte Hapag-Chef Albert Ballin: „Was wir in China brauchen, sind Konzessionen, nur Konzessionen und kein Land."[42] Zuvor schon hatte der „Ostasiatische Lloyd", das Presseorgan der wirtschaftlichen Chinainteressen, der Regierung für die Verhandlungen anheimgestellt, auf territoriale Ansprüche zu verzichten, vielmehr die freie Konkurrenz für Minen- und Eisenbahnunternehmen in ganz China und die Freizügigkeit für die Schiffahrt in dem Land zu sichern.[43] Das Auswärtige Amt lehnte es deshalb ab, Vorstellungen Schlieffens und später Waldersees zu folgen und Tschifu doch noch zu besetzen. Ein solcher Verstoß könnte die anderen Großmächte zu parallelen Schritten provozieren. „Bei einer jetzt stattfindenden Aufteilung Chinas würden wir aber aller Wahrscheinlichkeit nach zu kurz kommen."[44] Deshalb erhielt auch Hansemann neuerlich eine Absage, als er im September auf seine Pläne für das Hwanghogebiet zurückkam.[45] Vielmehr hatte sich die Berliner Führung den Standpunkt Jäschkes, des Gouverneurs von Kiautschou, völlig zu eigen gemacht: „Auch vom größerpolitischen Standpunkt aus empfehle es sich nicht, uns den Anschein zu geben, als ob wir in der Provinz Schantung weiter um uns greifen wollten. Andere Teile Chinas, vor allem das Jangtsegebiet, seien für den deutschen Handel viel wichtiger; die Politik der offenen Tür sei für seine Förderung das einzig richtige. England würde uns Schantung gern überlassen, wenn wir dafür auf den Jangtse verzichten würden. Wir möchten unseren politischen Einfluß in ganz China ausbreiten und dürfen uns nicht auf diese kleine Ecke beschränken lassen."[46]

---

38 GP, Bd. 16, S. 119.
39 Waldersee, Denkwürdigkeiten, 3. Bd., S. 43f.
40 GStA Berlin, Rep. 92 NL Waldersee, B I Nr. 16, Bl. 171ff.: Waldersee an Engelbrecht 28.2.1901.
41 Gutsche, Monopole, S. 114ff.
42 Stubmann, Ballin, S. 215f.
43 Klein, Chinapolitik, S. 829f.
44 PA Bonn, China Nr. 24 secr., Bd. 2, Aufz. Klehmets 24.9.1900, 12.1.1901; Mumm an Bülow 19.11.1900, Waldersee an Wilhelm II. 24.11.1900.
45 PA Bonn, China Nr. 4 Nr. 1 secr., Bd. 9, Richthofen an Mumm 21.9.1900; vgl. auch Barth, Hochfinanz, S. 185f.
46 PA Bonn, China Nr. 4 Nr. 1 secr., Bd. 9, Richthofen an Bülow 15.9.1900.

Holstein vermutete wohl zu Recht, daß auch Rußland eine deutsche Ausbreitung in Schantung nutzen würde, die Mandschurei zu okkupieren, und sich dann der englischen Festsetzung im Jangtsegebiet nicht widersetzen werde.[47]

Die Offenhaltung dieses Raums mit seinen 200 Millionen Einwohnern für den deutschen Handel besaß für die deutsche Chinapolitik in dieser Phase eindeutig Priorität. Um das befürchtete englische Monopol zu verhindern, ging Berlin im Sommer in die Offensive und schlug eine gemeinsame Verpflichtung auf das Open-door-Prinzip vor.[48] Es konnte mit britischem Interesse rechnen, weil zuvor US-amerikanische Vorstöße in dieser Frage wegen des enormen englischen Chinahandels positive Reaktionen in London hervorgerufen hatten.[49] Gleichzeitig glaubte das Foreign Office mit einer solchen Vereinbarung Deutschland gegen Rußland in Stellung zu bringen und dieses bei seiner Ausbreitung in der Mandschurei zu bremsen.[50] Im September förderten schwere russisch-englische Differenzen über den Bahnbau Niutschwang-Tientsin-Peking den Erfolg der Sondierungen.[51] Und schließlich nötigte der Burenkrieg London, sich in China auf eine Kompromißlösung einzulassen.

Ganz im Sinne der Freihandpolitik versuchte die deutsche Seite in den Verhandlungen, einerseits sich nicht gegen Rußland vorschieben zu lassen, andererseits das russische Interesse als Druckmittel für englische Zugeständnisse zu nutzen. Das Open-door-Prinzip lediglich auf das Jangtsegebiet zu beziehen, akzeptierte die britische Seite nicht. Es wäre von einer breiten englischen Öffentlichkeit, für die das Gebiet bereits eine britische Einflußsphäre war, als unangemessene Konzession abgelehnt worden. Hatzfeldt hielt deshalb die Ausdehnung des Prinzips auf alle chinesischen Häfen für eine „unumgängliche Bedingung der Verständigung".[52] Holstein verstärkte daraufhin den Druck auf London, indem er die politische Bedeutung der Abmachung in den Vordergrund stellte, „die günstige Weichenstellung [...] als Einleitung für weiteres. Begreift das niemand in England?"[53] Doch der begrenzte Erfolg blieb im Vordergrund und bestimmte die Konzessionsbereitschaft. „Für das handeltreibende Deutschland würde eine politische Niederlage am Jangtse durch keinen anderweitigen Erfolg in China auszugleichen sein", warnte Bülow. Deshalb einigten sich beide Regierungen schließlich darauf, die Handelsfreiheit auf alle Häfen des Landes zu beziehen, sie jedoch, um Rußland nicht vor den Kopf zu stoßen, nur in den Gebieten zu gewähren, „wo sie einen Einfluß ausüben können"[54]. Einen deutlicheren antirussischen Akzent besaßen die folgenden Artikel des am 16. Oktober unterzeichneten Abkommens: Beide Partner streben danach, den Territorialbestand des chinesischen Reiches unvermindert zu erhalten und wollen sich „über etwaige Schritte zur Sicherung ihrer eigenen Interessen in China" verständigen, falls sich andere Mächte territoriale Vorteile verschaffen. Sie luden die anderen Großmächte ein, sich diesen Grundsätzen anzuschließen.

---

47 BA Koblenz, NL Bülow, Nr. 91, Bl. 151ff.: Holstein an Bülow 18.8.1900.
48 Ratenhof, Chinapolitik, S. 105; GP, Bd. 16, S. 201f.; BD, Bd. II/1, S. 6ff.
49 Lekschas, Vereinigte Staaten, S. 87.
50 Winzen, Englandpolitik, S. 339ff.
51 GP, Bd. 16, S. 219ff.; Hatzfeldt, Papiere, S. 1338.
52 PA Bonn, China Nr. 24 Nr. 4, Bd. 1, Hatzfeldt an AA 28.9.1900.
53 Ebenda, BL, Bd. 405/5, Holstein an Hatzfeldt 9.10.1900.
54 GP, Bd. 16, S. 245ff.; Winzen, Englandpolitik, S. 350ff.; Meinecke, Bündnisproblem, S. 170f.; Ratenhof, Chinapolitik, S. 165.

Unumstritten war im Auswärtigen Amt das Abkommens wegen seiner möglichen politischen Perspektive nicht. Richthofen widerstrebte die antirussische Tendenz[55], während Holstein und Hatzfeldt den Vertrag gerade deshalb als Ausgangspunkt einer zukünftigen weitergehenden Verständigung mit England betrachteten und der Botschafter, auch um die eigene Rolle bei der Aushandlung in das rechte Licht zu rücken, geradezu euphorisch vom „geschicktesten und erfolgreichsten Coup, den wir machen konnten", berichtete.[56] Der Leiter der Handelspolitischen Abteilung des Amtes, Unterstaatssekretär Mühlberg, notierte 1901 rückblickend: die für Deutschland „bedenklichste Erscheinung" des Chinakonfliktes habe im englischen Streben nach Vormacht im Jangtsebecken gelegen. Erst als vor der chinesischen Küste deutsche Panzerschiffe auftauchten, sei England aus Sorge vor einem deutschen Handstreich in die Verhandlungen eingetreten.[57]

Die Erfolgsgewißheit in Berlin veranlaßte Bülow, das Abkommen virtuos für die persönliche Machtstellung zu instrumentalisieren, ähnlich seinem Vorgehen mit dem Samoavertrag im Jahr zuvor. Am 16. Oktober, dem Tage der Unterzeichnung des Abkommens, informierte ihn der Kaiser von seinem Entschluß, ihn am nächsten Tag zum Reichskanzler zu berufen.[58] Den letzten Anstoß für das voraufgegangene Demissionsgesuch Hohenlohes gab der Umstand, daß die Kritik an der noch immer nicht erfolgten Einberufung des Reichstages zur Debatte über die Chinakosten inzwischen alle Parteien erfaßt hatte. Bülows erster Schachzug war nun, den Kaiser zu veranlassen, den Beginn der neuen Parlamentssession auf Mitte November bekanntzugeben, so daß die am nächsten Tage von Bülows Reichskanzlerschaft informierte Öffentlichkeit den Eindruck gewinnen mußte, dieser, der für die bislang unterbliebene Einberufung weit mehr Verantwortung trug als Hohenlohe, habe sich mit seinem Amtsantritt umgehend als Sachwalter der Parlamentsinteressen präsentiert.[59]

Der zweite Schachzug betraf das Jangtseabkommen selbst. Am Tage seiner Ernennung wies der Kanzler das Auswärtige Amt an, das Abkommen erst am 20. Oktober zu publizieren und es bis dahin streng geheimzuhalten, jedoch „morgen und übermorgen [...] die Jangtsefrage in unserer Presse noch mit Nachdruck, wenn auch ohne erkennbare Absicht" zu behandeln, um dem Vertrag in der Öffentlichkeit ein möglichst ungeteiltes positives Echo zu garantieren.[60] Doch damit nicht genug. Am 19. Oktober verlangte er noch einige Artikel zur Jangtsefrage. Besonders Rußland sollte aufs Korn genommen werden: Es engagiere sich für die Offenhaltung des Jangtses ebensowenig gegen England wie in Südafrika. Zugleich riet er, „die Möglichkeit einer englisch-russischen Separatverständigung über China leise an die Wand zu malen"[61]. Einen Tag später ließ er der „Norddeutschen Allgemeinen" einen Artikel zugehen, der am 21. Oktober, einen Tag nach Veröffentlichung des Vertrages, erschien. Er unterstrich erstens das wirtschaftliche Motiv. „Es war eine wichtige Aufgabe der deutschen Politik, unseren stark sich entwickelnden Handel mit China, insbesondere mit dem Jangtsegebiet, vor der Gefahr einseitiger Begünstigung des Handels anderer Länder dadurch zu

---

55 Holstein, Papiere, Bd. 4, S. 188.
56 Hatzfeldt, Papiere, S. 1342ff.
57 PA Bonn, China Nr. 24 Nr. 4, Bd. 5, Aufz. Mühlbergs 13.8.1901.
58 Bülow, Denkwürdigkeiten, Bd. 1, S. 375; Hohenlohe, Denkwürdigkeiten der Reichskanzlerzeit, S. 590.
59 Altrichter, Konstitutionalismus, S. 234ff.
60 PA Bonn, China Nr. 24 Nr. 4, Bd. 2, Bülow an AA 17.10.1900.
61 Ebenda, Bülow an AA 19.10.1900.

sichern, daß der Grundsatz der offenen Tür praktische Gestalt in bindender Form erlangte." Zweitens galt es, Rußland zu beruhigen: „Deutschland übernimmt nicht die Verpflichtung, seinen Einfluß da geltend zu machen, wo andere Mächte bereits besondere Rechte erworben haben."[62]

Mit diesem Vorstoß verfolgte Bülow einen doppelten innenpolitischen Zweck. Zum einen sollte seinen einflußreichen Kontrahenten im konservativen Lager, aber wohl mehr noch der deutschen Öffentlichkeit, die entweder rußland- oder englandfreundlich geprägt war, demonstriert werden, wie die Freihandpolitik funktionierte und für das Reich vorteilhaft war, das mit beiden Mächten nützliche Absprachen treffen konnte. Wie beim Samoaabkommen lag der Hauptakzent freilich auf dem Beleg, gerade mit London solche Vereinbarungen zustande bringen zu können. Zum zweiten beabsichtigte er dem Wirtschaftsbürgertum unter Beweis zu stellen, wie energisch er dessen Exportinteressen wahrnahm – auch um es dafür zu gewinnen, als notwendiges Äquivalent die beabsichtigte Zollerhöhung für Agrarprodukte zu akzeptieren.

Während Bülow den Vertrag außenpolitisch als „erheblichen politischen Erfolg" Deutschlands bewertete und mit dem Beitritt der anderen Mächte rechnete[63], war es gerade die neue Aufwertung der deutschen Position in China, die besonders bei den Rivalen Rußland und England neues Mißtrauen weckte. Diesen Trend verdeckten allerdings eine Zeitlang die russisch-englischen Spannungen in nordchinesischen Eisenbahnfragen und besonders in der Mandschureifrage, und es kam in deren Folge 1901 sogar zu neuen deutsch-englischen Annäherungssondierungen, so daß Bülows Rechnung auf verschärfte Differenzen zwischen den beiden Rivalen aufzugehen schien.[64] Doch bereits wenige Tage nach der Publikation des Abkommens meldete Eckardstein, es habe in der englischen Presse „doch mehr Bestürzung, Ärger und Verlegenheit" hervorgerufen.[65] Die Vorstellung, von Deutschland dupiert worden zu sein und die Vorrechte im Jangtsegebiet preisgegeben zu haben[66], griff auch unter den Londoner Ministern um so mehr um sich, desto mehr der Vertrag in Deutschland nicht als generelles Open-door-Abkommen, sondern als Jangtsevertrag gefeiert wurde.

Die russische Entrüstung gegen die Vereinbarung konnte das Auswärtige Amt nicht überraschen. Doch es wähnte sie fälschlicherweise gegen England gerichtet und gab sich damit zufrieden, daß Petersburg formell das Prinzip der offenen Tür anerkannte.[67] Dagegen meldeten die deutschen Diplomaten aus Rußland gerade den antideutschen Akzent in der russischen Politik und Öffentlichkeit, dessen für Deutschland gravierender Umfang sich aus der verbreiteten Überzeugung der komplexen Bedrohung russischer Interessen durch die deutsche Expansion in Ostasien wie in der Türkei und durch die Berliner Zollerhöhungspläne ergab.[68] Radolin war von dem Wandel im bilateralen Verhältnis so alarmiert, daß er am 14. November einen äußerst besorgten Privatbrief an Holstein richtete, in dem er allerdings mehr die beiderseitige Pressepolemik als die Regierungspolitik für die Verschlechterung verantwortlich machte. „Ich habe auf Grund enger Fühlung mit dem auswärtigen Amt und dem

---

62 Ebenda, Entwurf für NAZ 20.10.1900; vgl. auch: Altrichter, Konstitutionalismus, S. 227.
63 SHA Dresden, Außenministerium, Gesandtschaft Berlin, Nr. 256, Bericht aus Berlin 23.10.1900.
64 GP, Bd. 16, S. 260f.
65 PA Bonn, China Nr. 24 Nr. 4, Bd. 2, Eckardstein an Bülow 23.10.1900.
66 Ratenhof, Chinapolitik, S. 166.
67 PA Bonn, China Nr. 24 Nr. 4, Bd. 3, Bülow an Pückler 31.10.1900.
68 Ebenda, Bd. 2, Pückler an Bülow 22.10.1900, Bd. 3, Pückler an Bülow 31.10.1900, 1.11.1900, Bd. 4, Pückler an Bülow 12.11.1900, Radolin an Bülow 28.12.1900.

Finanzminister die Überzeugung gewonnen, daß eine tiefgreifende Verstimmung gegen Deutschland Platz gegriffen hat." „Unsere Wege" gehen „immer mehr auseinander", und das ganze Gebäude der Beziehungen beginne auseinanderzubröckeln.[69] Es waren mehrere gleichzeitig wirkende Faktoren, die in Rußland das Bedrohliche der Rivalität des Nachbarn ausmachten: das gewaltige und noch wachsende Potential, die sich verschärfende Konkurrenz an wichtigen internationalen Brennpunkten russischen Interesses, aber auch das Eingeständnis, daß Deutschland seine Ziele auch ohne russische Zustimmung anstrebt und erreicht, daß weltpolitische Gleichrangigkeit ihm nicht mehr zu bestreiten ist, daß es, wie Pückler subsumierte, auf „eigenen Füßen" stehe.[70]

Die neuen Spannungen mit Rußland veranlaßten die Spitzen des Amtes zu ventilieren, welcher Kurs der Rußlandpolitik sich für die nächste Zukunft empfahl. Während Holstein der Jangtsevertrag die Überzeugung gab, daß Deutschlands außenpolitische Aktionsfähigkeit nicht auf Rußland angewiesen sei, und er folglich für die energische Wahrnehmung der deutschen Interessen gegenüber dem Zarenreich aussprach, lehnte Bülow jede Kraftprobe mit diesem ab.[71] Darauf beschränkte sich allerdings seine Zukunftsvision. Oder war es nicht eher die Erkenntnis, so, wie die Dinge lagen, mehr auch gar nicht tun zu können?

In Deutschland erhielt das Abkommen in fast allen politischen Lagern in ziemlicher Einmütigkeit Beifall. Überregionale Zeitungen unterschiedlicher politischer Couleur wie „Vorwärts", „Germania", „Volkszeitung", „National-Zeitung", „Neue Preußische Zeitung" und „Berliner Neueste Nachrichten" begrüßten den Vertrag als vorbildhaftes Element friedlichen Interessenausgleichs, besonders im deutsch-englischen Verhältnis, und sahen keine negative Wirkungen auf die deutsch-russischen Beziehungen.[72] Dahingehende Befürchtungen äußerten lediglich liberale Blätter in Süddeutschland und in Sachsen[73], während die agrarisch-bismarcksche Presse die Regierung davor warnte, in der Mandschureifrage sich von England in eine antirussische Linie einbinden zu lassen.[74]

Der Hauptgrund für das überwiegend positive Urteil resultierte jedoch nicht aus den außenpolitischen, sondern aus den handelspolitischen Überzeugungen. Die auf diesem Gebiet erwarteten Vorteile bestimmten die Argumentation, besonders in den großbürgerlichen und noch prononcierter in den spezifisch schwerindustriell und handelskapitalistisch dominierten Organen.[75] Im Wirtschaftsbürgertum war die Zustimmung ohnehin am größten.[76] Und

---

69 BA Potsdam, 90 Ho 5: NL Holstein, Film 62247, Bl. 195344ff.: Radolin an Holstein 14.11.1900.
70 PA Bonn, China Nr. 24 Nr. 4, Bd. 4, Pückler an Bülow 28.11.1900.
71 Winzen, Englandpolitik, S. 365ff.
72 Germania, Nr. 238, 16.10.1900, Nr. 239, 17.10.1900, Nr. 247, 26.10.1900; Volkszeitung, Nr. 492, Nr. 493, 20.10.1900; Nr. 496, Nr. 497, 23.10.1900; National-Zeitung, Nr. 586, Nr. 587, 20.10.1900; Nr. 596, 26.10.1900; Neue Preußische Zeitung, Nr. 492, Nr. 493, 20.10.1900; Vorwärts, Nr. 246, 21.10.1900; Nr. 247, 23.10.1900; Berliner Neueste Nachrichten, Nr. 492, 20.10.1900; Nr. 495, 22.10.1900.
73 PA Bonn, China Nr. 24, Nr. 4, Bd. 2, Monts an Bülow 23.10.1900, Bd. 3, Dönhoff an Bülow 24.10.1900.
74 Vgl. die Presseübersichten in der National-Zeitung, Nr. 588, 21.10.1900, und in der Neuen Preußischen Zeitung, Nr. 498, Nr. 499, 24.10.1900. Nr.
75 Berliner Neueste Nachrichten, Nr. 492, 20.10.1900; Nr. 496, 497, 23.10.1900; National-Zeitung, Nr. 588, 21.10.1900; Nr. 589, 22.10.1900; Berliner Börsenkurier, Nr. 493, 20.10.1900, 494, 21.10.1900.
76 PA Bonn, China Nr. 24 Nr. 4, Bd. 2, Vorstand des Vereins Hamburger Reeder an Bülow 22.10.1900;

nicht überraschen kann es schließlich, daß die optimistischsten Erwartungen die im Chinageschäft tätigen Handelsfirmen äußerten.[77]

Die verstärkte Exportfixierung erhielt einen kräftigen Impuls aus der sich abzeichnenden Überproduktionskrise. Die sie mit auslösenden Exportrückgänge betrafen nämlich hauptsächlich den europäischen Raum.[78] Erst recht gewann der Überseeexport die Funktion eines Krisenbewältigungsmittels. Nach den kaum wirtschaftlichen Nutzen verheißenden kolonialen Besitznahmen der letzten Jahre verstärkte sich gerade im Wirtschaftsbürgertum die Tendenz, statt auf neue Kolonien auf die wirtschaftliche Durchdringung großer Territorien zu setzen, seien es formal selbständige oder kolonial abhängige Länder. Der freie wirtschaftliche Wettbewerb mit den Rivalen schien angesichts der eigenen Überlegenheit erfolgversprechender, selbst in deren Kolonien. Die Exportsicherung gewann allerdings auch für die neu zu verabredenden Handelsverträge höheren Stellenwert, was den Spielraum der Regierung für die Erhöhung der Agrarzölle begrenzen mußte.

Für die Chinadebatte des Reichstages am 19. November befand sich die Regierung nun in einer ziemlich günstigen Lage, die Bülow in der Sitzung noch taktisch geschickt ausbaute. Er erkannte erstens die Rechte des Parlaments an, indem er um nachträgliche Genehmigung der Kosten, also um Indemnität bat. Zweitens dokumentierte er mit dem Jangtseabkommen seinen Kurs auf Handelsfreiheit in China statt der Aufteilung des Landes. Drittens bestritt er – wenig überzeugend – „tiefgehende" Gegensätze mit Rußland mit dem Argument, es habe den Oberbefehl angeboten. Fragwürdig blieben seine Darlegungen auch, als er, abzielend auf die öffentliche Stimmung, die betont wirtschaftlich motivierte Weltpolitik dem europäisch bestimmten Sicherheitsinteresse des Reiches unterordnete.

Mit diesem Bekenntnis entsprach er den Intentionen der regierungsnahen Parteien, die sich nicht zuletzt aufgrund der Kaiserreden vor uferlosen Weltmachtsplänen sorgten. So verband sich in den Reden Liebers, des Nationalliberalen Bassermanns, Kardorffs und des Rechtsfreisinnigen Rickerts eindrucksvoll das Lob für Bülow mit der Kritik am Monarchen. Überhaupt zog sich diese Kritik leitmotivisch durch fast alle Beiträge, am massivsten bei Bebel und bei Richter. Pflichtgemäß übernahm der Kanzler die moralische Verantwortung für die Kaiseräußerungen, ließ aber auch keinen Zweifel, an der Weltpolitik festzuhalten: Deutschland dürfe sich nicht beiseite schieben lassen und verlange Ebenbürtigkeit. Die Nation besitze ein Recht auf „verständige und besonnene Weltpolitik, auf die ihr gebührende Weltmachtstellung".

Einhellig begrüßten die Fraktionen den Jangtsevertrag aus wirtschaftlichen Gründen. Sogar Bebel nannte ihn die „vernünftigste Handlung, die in den letzten sechs Monaten von der Reichsregierung begangen worden ist". Nur Hasse warnte davor, ins Schlepptau Englands zu geraten. Er und Bassermann waren auch die einzigen, die ausdrücklich auf ein gutes Verhältnis zu Rußland Wert legten. Die durchgängige Kritik an der Regierung, selbst von Kardorff mitgetragen, den Reichstag nicht rechtzeitig einberufen zu haben, relativierte sich durch die mehrheitliche Akzeptanz, die Bülows Indemnitätsvorschlag fand.[79] Den Kaiser hat-

---

Huldermann, Ballin, S. 126ff., 134ff.; Vagts, Deutschland, S. 1084ff.; Wagner, Barth, S. 68ff.
77 BA Koblenz, NL Bülow, Nr. 22, Bl. 356ff.: Mumm an Bülow 27.10.1900; PA Bonn, China Nr. 24 Nr. 4, Bd. 2, Telegramm Ostasiatischer Verein Hamburg an Bülow 20.10.1900.
78 Gutsche, Monopole, S. 114ff.
79 Sten. Berichte RT, 10. Leg.-Per., 2. Session, S. 16, 35ff., 43ff., 51, 53ff., 63f., 66f., 79, 86, 96f., 104f.; Bülows Reden, Bd. 1, S. 126ff., 143ff., 152f.

te Bülow erst im letzten Augenblick umstimmen können, die Indemnitätsidee zu akzeptieren.[80]

Außenpolitisch bezweckte Bülow mit seiner Rede, die Spannungen mit Rußland abzubauen.[81] Daß für ihn die Sicherheit des Reiches in Europa höheren Stellenwert gewann, verdeutlicht der Wert, den er auf Akzeptanz in Frankreich legte.[82] Sie war am Ende größer als in Rußland und läßt ermessen, wie tief die Differenzen in China reichten. Für die russische Presse bedeutete die Bülowrede keinen Anlaß zur Korrektur ihrer Vorbehalte.[83]

Doch angesichts seiner Amtsübernahme und der bevorstehenden schwierigen inneren Entscheidungen war der positive Ausgang der Debatte für Bülow innenpolitisch wichtiger. Entschlossen reaktivierte er die seit Caprivi und besonders unter Hohenlohe verfallene Machtstellung des Kanzlers und preußischen Ministerpräsidenten. Unter den Reichsbehörden setzte er seine Richtlinien- und Entscheidungskompetenz sowie im Staatsministerium die Geschlossenheit unter seiner Leitung durch.[84] Homogenität in der Führung sollte durch eine verbesserte Koordination zwischen preußischer und Reichsspitze ebenso wie über eine intensivierte Verbindung zu den Regierungen der Bundesstaaten und durch eine höhere Autorität des Bundesrates gefördert werden.[85] Die Machtstellung des Reichstages beabsichtigte er demgegenüber einzuschränken. Die parlamentarischen Sessionen sollten kurz sein, nur wenige Vorlagen von Wichtigkeit sollten ihm zugeleitet werden, die möglichst ohne Zündstoff waren und sich für die nationalistische Stimmung ausbeuten ließen.[86] Faktisch strebte Bülow, auch hinsichtlich der Mittel, eine Reichskanzlermacht nach Bismarckschem Vorbild an, und das blieb den Kennern der politischen Szene in Berlin nicht verborgen.[87]

Bülow wußte, daß seine Stellung mit dem Verhältnis zum Kaiser stand und fiel. Nach allen Erfahrungen konnte die Lösung nur darin liegen, diesen so weit wie möglich auf die Position eines konstitutionellen Monarchen abzudrängen. Wie notwendig, aber auch wie schwierig das zu realisieren war, hatten die kaiserlichen Eskapaden der vergangenen Monate nachdrücklich unterstrichen, so daß Eulenburg „ganz bange" war.[88] Doch gerade die katastrophale Wirkung der kaiserlichen Auftritte machten sich nun Bülow und Eulenburg zu nutze, um ihn zur Raison zu bringen. Die massive Kritik aller Fraktionen in der Reichstagsdebatte am Agieren Wilhelms deutete Eulenburg in einem Telegramm an ihn zum Element einer „geschickten Aktion" zu seiner Entmachtung um, die von Bülow zunächst „pariert" worden sei. Dringend riet er Wilhelm, „sich in nächster Zeit jedweder öffentlichen Kundgebung [...] zu enthalten". Verängstigt antwortete der Monarch schon am nächsten Tag, er „werde dem Verhalten völlig entsprechen"[89].

---

80 HHStA Wien, MdÄ, PA III, Nr. 154, Bl. 316ff.: Bericht aus Berlin 20.11.1900.
81 PA Bonn, Deutschland Nr. 122 Nr. 13 Nr. 1, Bd. 1, Bülow an Pückler 20.11.1900.
82 Ebenda, Münster an AA 21.11.1900 mit Randbemerkungen Bülows.
83 Ebenda, Deutschland Nr. 131, Bd. 21, Bl. 112ff.: Pückler an Bülow 21.11.1900, 28.11.1900, Aufz. Lichnowskys 14.12.1900.
84 Zusammenfassend zuletzt: Nipperdey, Deutsche Geschichte, Bd. 2, S. 724.
85 HHStA Wien, MdÄ, PA III, Nr. 155, Bl. 7ff.: Bericht aus Berlin 2.1.1901.
86 GStA Berlin, Rep. 90a, Abt. B, Tit. III 2b, Nr. 6, Bd. 141, Bl. 218ff.: Staatsministerialsitzungsprotokoll 23.10.1900.
87 SHA Dresden, Außenministerium, Nr. 3311, Bericht aus Berlin 6.11.1900.
88 Eulenburg, Korrespondenz, Bd. 3, S. 1985.
89 Ebenda, S. 2010f.

Daß solche Enthaltsamkeit gerade für die Außenpolitik gelten sollte, machte Eulenburg mit dem Hinweis deutlich, sie „besonders im Hinblick auf China" zu wahren. Doch Bülow ging erheblich weiter. Der Kaiser erhielt nicht mehr den gesamten diplomatischen Schriftverkehr vorgelegt, sondern nur noch eine eigens verfaßte Vorlage, wenn der Kanzler kaiserliche Entscheidungen für geboten hielt.[90]

Eine radikale und dauerhafte Korrektur war freilich weder möglich noch beabsichtigt. Sie hätte den verfassungsmäßigen und machtpolitischen Gegebenheiten ebensowenig wie dem sprunghaften Charakter des Kaisers entsprochen. So vermochte Bülow in den Chinafragen den von den Prärogativen der monarchischen Kommandogewalt diktierten direkten Schriftverkehr zwischen dem Kaiser und Waldersee nicht zu unterbinden oder über das Auswärtige Amt zu leiten.[91]

Doch der Zug zur Zwischenlösung, zum Kompromiß, lag auch in Bülows Naturell. Sich nicht endgültig festzulegen, Entscheidungen möglichst lange offen zu halten, sich von Fall zu Fall zu entscheiden, Institutionen, Parteien und Personen jeweils recht zu geben und sie gegeneinander auszuspielen – was er im außenpolitischen Taktieren besonders im Verhältnis zu England und Rußland praktizierte, das strebte er auch in der Innenpolitik an: eine mittlere Linie zu gewinnen.[92] Es war charakteristisch für ihn, daß er kurz nach seiner Amtsübernahme Herbert von Bismarck in Friedrichsruh aufsuchte und bei diesem den Eindruck hinterließ: „Er sieht die Fehler, muß sie aber mitmachen, um sich zu halten, denn daran liegt ihm doch nur allein."[93]

Indes lagen die Fehler mehr in den gegebenen Verhältnissen, in der ganzen Konstruktion des Reiches, zumal wenn sie die Innenpolitik betrafen. In der ersten Sitzung des Staatsministeriums, die Bülow leitete, erhob er neben einer für Deutschland günstigen Lösung der Chinafrage in der Außenpolitik die Entscheidung in der Zoll- und Handelsfrage zur innenpolitischen Kernaufgabe[94], und strebte hier einen Kompromiß auf mittlerer Linie an.[95] Wegen der zu erwartenden Widerstände von allen Seiten gedachte er andere, die Regierungspolitik belastende Projekte zunächst zu verzögern. Dies ist nicht primär aus dem Streben nach Machterhalt zu erklären, sondern aus der richtigen Erkenntnis, es mit der für die Stabilität des politischen Systems strukturell wichtigsten Entscheidung zu tun zu haben. Ihm vorzuhalten, „es mangelte ihm an Ernst und tieferem Verantwortungsgefühl"[96], trifft den Kern der Sache nicht.

Die Zoll- und Handelsfrage begann seit Herbst 1900 die innenpolitische Szene zu beherrschen. Die gegenseitigen Angriffe vor allem der beiden Flügel, der extremen Agrarier und der linken Freihändler, gewannen an Schärfe. Alle Seiten setzten die Regierung unter Druck, um sie für ihre Interessen zu gewinnen. Doch zugleich blieben sie auf die Reichsleitung angewiesen. Die Politik der „gerechten Diagonale", die der Kanzler propagierte[97], bot somit die Chance, daß eine an Gewicht zunehmende Ausgleichsfunktion den Einfluß und die relati-

---

90 GP, Bd. 16, Kap. 104, 105, 106.
91 Vgl. die abgedruckten Berichte in: Waldersee, Denkwürdigkeiten, Bd. 3.
92 HHStA Wien, MdÄ, PA III, Nr. 155, Bl. 7ff.: Bericht aus Berlin 2.1.1901.
93 BA Koblenz, NL Bismarck, Film 79/ FC 3014, H.v. Bismarck an Rantzau 4.11.1900.
94 GStA Berlin, Rep. 90a, Abt. B, Tit. III 2b, Nr. 6, Bd. 141, Bl. 218ff.: Staatsministerialsitzungsprotokoll 23.10.1900; Friedrich I. von Baden, Bd. 4, S. 307.
95 HHStA Wien, MdÄ, PA III, Nr. 155, Bl. 7ff.: Bericht aus Berlin 2.1.1901.
96 So Nipperdey, Deutsche Geschichte, Bd. 2, S. 724.
97 Bülows Reden, Bd. 1, S. 191.

ve Selbständigkeit der Staatsmacht erhöhte. Die Angriffe beider Extreme waren Bülow deshalb nicht unwillkommen.[98] Sie konnten allerdings auch den Sammlungstrend gefährden.

Die Getreidezölle zu erhöhen, hielt Bülow für geboten, um die gedeihliche Entwicklung der deutschen Landwirtschaft, für ihn die wichtigste Grundlage des gesellschaftlichen und staatlichen Systems, zu sichern.[99] Die Grenze der Erhöhung bestimmte sich für ihn entscheidend aus den Rücksichten auf den deutschen Export von Industriewaren, der gefährdet schien, wenn die Agrarstaaten, so die Erfahrungen aus der Bismarckzeit, ihre Industriezölle erheblich ansteigen ließen. Mit Rußland konnten sich zudem gefährliche außenpolitische Spannungen ergeben. Deshalb schloß sich Bülow den Stimmen an, die für das System der Doppeltarife votierten. Minimaltarife sollten für die Staaten gelten, mit denen Handelsverträge abzuschließen bzw. zu erneuern waren. Die Konservativen versuchten den Widerspruch, der sich zwischen ihrer prorussischen außenpolitischen Haltung und den rußlandfeindlichen Agrarzöllen auftat, auf die Weise aufzulösen, daß sie den Einfluß wirtschaftlicher Differenzen auf die politischen Beziehungen schlicht leugneten.[100] Dagegen wirkte gerade das Auswärtige Amt auf eine geringe Zollerhöhung hin, weil es sich über die Gefährdung des Verhältnisses zu Rußland keinen Illusionen hingab.[101]

Der Regierung wurde allerdings demonstriert, wie stark die Position der Agrarier in den Parlamenten war.[102] Das Verlangen nach höheren Agrarzöllen erfaßte nicht nur die Junker, sondern auch die Bauernschaft. Im Reichstag gehörte fast ein Drittel der Abgeordneten dem Bund der Landwirte an.[103] Die spürbare Tendenz zur starren, unversöhnlichen Blockbildung innerhalb des staatstragenden Lagers konnte die ganze Regierungspolitik lähmen. Auch übergreifende staatspolitische Erwägungen erzwangen somit den Ausgleich. Um den Weg zum Kompromiß zu ebnen, setzte Bülow nun demonstrativ darauf, verstärkt die spezifischen wirtschaftlichen Interessen der Hauptgruppen anzusprechen und in einer Weise zu befriedigen, die sie auch die gegensätzlichen Ziele der Kontrahenten akzeptieren ließen. Zu diesem Zwecke hat er offensichtlich das Jangtseabkommen instrumentalisiert. Es sollte als eine exportpolitische Sondermaßnahme fundamentale Interesse der Exportindustrie wahren und bei den Nationalliberalen die Erkenntnis erleichtern, als notwendiges Äquivalent den höheren Agrarzöllen zustimmen zu müssen. In ähnlicher Weise hatte Bismarck 1884/85 versucht, über kolonialpolitische Initiativen den Nationalliberalen höhere Getreidezölle schmackhaft zu machen.[104]

Verglichen mit dem Jangtseabkommen und – nach der Jahreswende – mit der Mandschureifrage spielten in den Mächtebeziehungen die blutigen Vergeltungszüge Waldersees gegen die chinesische Bevölkerung, mit denen er die zweifelhafte Berechtigung seiner Truppe zu unterstreichen im Sinne hatte, sowie die Sühneverhandlungen der Botschafter nur eine marginale Rolle. Seine Ausgangsziele konnte Berlin dort erreichen; auch an dem Zusatz, in den chinesischen Handelsverträgen Vorteile für die Mächte einzuschalten, besaß es Anteil. Die am 22. Dezember unterzeichnete gemeinsame Note bildete die Grundlage für die Ve-

---

98 BA Koblenz, NL Bülow, Nr. 26, Entwürfe zu Parlamentsreden.
99 Ebenda.
100 Neue Preußische Zeitung, Nr. 498, Nr. 499, 24. 10. 1900.
101 BA Koblenz, R 13 I, Nr. 107, Bl. 175f.: Bueck zur Vorbereitung der Handelsverträge 10. 1. 1901.
102 Stegmann, Erben, S. 84ff.
103 Ullmann, Interessenverbände, S. 93f.
104 Canis, Kolonialpolitik, in: Berichte HU Berlin 1985, H 7, S. 5ff.

Die Intervention in China 1900/01 353

handlungen mit der Pekinger Regierung.[105] Diese zogen sich allerdings in die Länge. Erst als im Mai 1901 zumindest die Entschädigungssätze festgelegt waren, konnten endlich die Truppen, wie in Deutschland seit langem gefordert, zurückgeführt werden.[106] Das Schlußprotokoll verzögerte sich noch bis in den September.

Die demonstrative Kooperation mit London bei den Verhandlungen der Botschafter weckte bei Holstein nach dem Jangtseabkommen verstärkt die Hoffnung, die Chancen für ein außenpolitisches Zusammengehen könnten sich verbessern, zumal er an einen englandfreundlichen Wandel in der öffentlichen Stimmung glaubte.[107] Die Anfang 1901 eingeleiteten und im folgenden Abschnitt zu behandelnden Sondierungen besaßen hier offensichtlich einen Ansatzpunkt.

Unter solchen Auspizien konnte Waldersee kaum auf Erfolg rechnen, als er zur gleichen Zeit neuerlich die Frage einer Besetzung Tschifus aufwarf.[108] Nach Klehmets Stellungnahme würde London umgehend das gemeinsame Abkommen „zerreißen" und sich am Jangtse festsetzen. Die Rivalen würden an anderer Stelle folgen.[109] Mit diesen Argumenten vermochte Bülow den Kaiser zu überzeugen, Waldersees Plan abzulehnen.[110] Nun stellte auch der General in einer Denkschrift den Eisenbahnbau und die Handelsentwicklung an die erste Stelle der deutschen Chinainteressen.[111]

Die Mandschureifrage erfuhr ihre dramatische Zuspitzung, als sich im Januar 1901 Nachrichten über ein russisch-chinesisches Protektoratsabkommen verdichteten.[112] Als im folgenden Monat Petersburg seinen Druck auf China verstärkte, bat Peking die anderen Großmächte um Vermittlung. Deutschland sah sich auf einmal von beiden Seiten umworben. Aber so selbstverständlich und sogar reizvoll es für das Auswärtige Amt schien, auf die deutsche Neutralität und auf Komplikationen zwischen Japan/England und Rußland zu setzen, so problematisch konnte eine solche Stellung werden. Denn beide Seiten erwarteten von Berlin Unterstützung. Zur Begründung der deutschen Mittelposition machte Bülow zwei Argumente deutlich, von denen das eine London, das andere Petersburg freundlich stimmen sollte: Er unterstrich, daß das Jangtseabkommen sich nicht auf die Mandschurei erstrecke, doch zugleich mahnte er Peking, daß es Verträge mit einzelnen Staaten erst abschließen dürfe, wenn die Friedensbedingungen aus den noch nicht abgeschlossenen Sühneverhandlungen erfüllt seien.

Meinecke hat diesen Schritt Bülows einen „glänzenden Schachzug" genannt.[113] Doch einigermaßen zufriedengestellt waren höchstens die Chinesen, die nun einen übergreifenden Grund besaßen, sich dem russischen Druck auf Vertragsabschluß zu entziehen. London dagegen tendierte zu einer vertraglichen Festlegung, die Deutschland und Japan gegen Rußland

---

105 Klein, Chinapolitik, S. 834ff.
106 SHA Dresden, Außenministerium, Gesandtschaft Berlin, Nr. 256, Bericht aus Berlin 30.5.1901.
107 Hatzfeldt, Papiere, S. 1351; Holstein, Papiere, Bd. 4, S. 193.
108 PA Bonn, China Nr. 24 secr., Bd. 2, Waldersee an Wilhelm II. 24.11.1900; Waldersee, Denkwürdigkeiten, Bd. 3, S. 54.
109 PA Bonn, China Nr. 24 secr., Bd. 2, Aufz. Klehmets 12.1.1901.
110 GP, Bd. 16, S. 278f.
111 PA Bonn, China Nr. 24 secr., Bd.. 3, Denkschrift Waldersees 3.2.1901; vgl. auch seine Aufz. vom 21.3.1901.
112 Zu den Mandschureifragen vgl. Stingl, Ferner Osten, S. 338ff.; Monger, Entente, S. 27ff.; GP, Bd. 16, S. 311ff.; Lekschas, Vereinigte Staaten, S. 88ff.; Meinecke, Bündnisproblem, S. 173ff.
113 Ebenda, S. 175.

vorschob, und meinte, Wilhelm II., der in London weilte, sei dafür bereits gewonnen, während das Auswärtige Amt streng die Neutralitätsposition wahrte.[114] Besonders verärgert zeigte sich Rußland. Es machte die deutsche Haltung hauptverantwortlich, als es am 5. April den Vertragsentwurf mit Peking zurückzog, die Besetzung der Mandschurei jedoch beibehielt.[115]

Die russische Kritik an Deutschland erhielt eine für die Berliner Regierung gefährliche Dimension. Sie erfaßte neuerlich in beträchtlichem Umfang die russische Presse[116], und bezog die Berliner Zollpläne ein.[117] In breiten Kreisen in Deutschland, besonders in den staatstragenden Schichten und Parteien, erzeugte sie neue Besorgnis vor einer deutsch-russischen Entfremdung.[118]

Es waren besonders die Konservativen, die sich für deutsch-russische Verständigung stark machten.[119] Um von der absehbaren negativen Wirkung der verlangten höheren Agrarzölle auf das bilaterale Verhältnis abzulenken, nahmen sie die Verständigungsschritte der Regierung mit England und im Januar neue Annäherungsvermutungen im Zusammenhang mit dem Kaiserbesuch in London aufs Korn, um diesen Entwicklungen an den deutsch-russischen Spannungen die Schuld zu geben. Geschickt schürten die „Hamburger Nachrichten" die verbreitete Zweifrontenkriegsbesorgnis: „Deutschland hat als Bundesgenosse Englands Rußland und Frankreich gegen sich und läuft damit Gefahr, in letzter Konsequenz den Krieg an zwei Fronten führen zu müssen."[120] Des Kaisers Vorliebe zu England widerspreche den deutschen Interessen und habe zur Nichterneuerung des Rückversicherungsvertrages und zu nutzlosen Abmachungen mit England geführt.[121]

Doch die Erfahrungen der zollpolitischen Kontroversen zwischen Rußland und Deutschland aus der Bismarckzeit ließen sich nicht verdecken, und es blieb nicht verborgen, wie massiv sich die russische Führung, inspiriert von Witte, und besonders die russisch-agrarische Presse mit Retorsionsmaßnahmen auf die geplante Zollerhöhung befaßten und Stimmung machten.[122] Besonders gravierend aber war, daß in Rußland die von Deutschland ausgehende Bedrohung immer deutlicher als eine globale betrachtet wurde: Die deutsche Weltpolitik, die fundamentale russische Interessen in Klein- und Zentralasien sowie im Fernen Osten tangierte, und die zollpolitischen Pläne des Reiches empfand man als die zwei Seiten einer Medaille.[123] Es mehrten sich deshalb die Stimmen, die es für Rußland am bedrohlichsten hielten, wenn das britische Erbe an den deutschen Rivalen falle, und die sich folglich für eine generelle Verständigung mit England aussprachen.[124] Dieser Linie ent-

---

114 Stingl, Ferner Osten, S. 346.
115 PA Bonn, England Nr. 78, Bd. 16, Richthofen an Wilhelm II. 7.4.1901; Monger, Entente, S. 40.
116 PA Bonn, Deutschland Nr. 122 Nr. 13 Nr. 1, Bd. 2, Pückler an Bülow 13.12.1900.
117 Vogel, Rußlandpolitik, S. 32ff.
118 HHStA Wien, MdÄ, PA III, Nr. 155, Bl. 35: Bericht aus Berlin 16.1.1901.
119 Vogel, Rußlandpolitik, S. 37.
120 PA Bonn, England Nr. 78, Bd. 15, Zeitungsausschnitt 15.12.1900.
121 Ebenda, Zeitungsausschnitt 27.1.1901.
122 HHStA Wien, MdÄ, Adm. Reg. F 16, Nr. 2, Szögyény an Goluchowski 23.2.1901, Aehrenthal an Goluchowski 25.2.1901.
123 PA Bonn, Deutschland Nr. 131, Bd. 22, Bl. 60: Alvensleben an Bülow 27.2.1901; ebenda, Nr. 131 Nr. 2 secr., Bd. 5, Bl. 30f.: Alvensleben an Bülow 26.2.1901.
124 PA Bonn, England Nr. 78, Bd. 15, Radolin an Bülow 31.1.1901. Gleichzeitig gab es Sorge vor deutsch-englischer Verständigung gegen Rußland: Ebenda, Radolin an Bülow 28.1.1901.

sprach, daß Witte seit Ende 1900 die russisch-englischen Handelsbeziehungen intensivierte[125], während es Berlin noch gelang, in London erfolgreich Stimmung gegen russische Kredite zu machen.[126]

Bülow drängte nun schon deswegen auf einen raschen Abschluß der Chinaverhandlungen, weil er die deutsch-russischen Spannungen nicht noch mehr ausufern lassen wollte.[127] Er gewann im Februar 1901 den Kaiser, wieder Kontakt mit dem Zaren aufzunehmen[128] und ließ in Petersburg seine Bereitschaft signalisieren, den Status quo in der Mandschurei und folglich die russische Besetzung stillschweigend zu akzeptieren. Die zaristische Führung ließ Entgegenkommen nur deshalb erkennen, weil sie hoffte, in der Zollfrage eine günstigere Stimmung zu erzeugen.[129]

Sofort ging Bülow innenpolitisch in die Offensive. Er hatte sich von allen Seiten neuer Kritik an der deutschen Chinaintervention zu erwehren – von den oppositionellen Sozialdemokraten und linken Freisinnigen, die ihre negative Position zur Weltpolitik überhaupt bestätigt fanden, aber auch von den regierungsnahen Parteien, die besorgt aus ihr immer neue Belastungen im Verhältnis zu Rußland erwachsen sahen. Besonders Bassermann reflektierte eine verbreitete Stimmungslage, als er im März im Reichstag mehrmals hervorhob, eine Mehrheit in der Bevölkerung wünsche ein Ende der Vorgänge in China, weil sie ein verschlechtertes Verhältnis zu Rußland befürchte.[130] Zuvor hatte der Zentrumsabgeordnete Schaedler davor gewarnt, den „Draht" nach Rußland zu zerschneiden, und später erklärte Herbert von Bismarck, Ostasien sei keine Lebensfrage für Deutschland.

Diese Äußerungen deuten auf einen bemerkenswerten Wandel. Es begann sich Desillusionierung über die Weltpolitik auszubreiten. Die erwarteten Erfolge waren ausgeblieben. Es zeigte sich, daß die Weltpolitik die Stellung Deutschlands auch auf dem europäischen Kontinent und gerade das Verhältnis zu Rußland zunehmend belastete. Die Zweifrontenkriegsfrage tauchte wieder öfter in der öffentlichen Debatte auf, ebenso die Bismarcksche Außenpolitik als Alternative, freilich mit mancherlei Verklärung. So war es schon symptomatisch, daß sich selbst Rosa Luxemburg auf Bismarck berief, als sie die „unvermeidlichen Gefahren der Weltpolitik" geißelte.[131]

Bevor der Kanzler im Reichstag auf seine Kritiker antwortete, ließ er in wichtigen Blättern dementieren, daß zwischen der deutschen und der russischen Führung und zwischen ihm und Witte in der Zollfrage ernste Mißhelligkeiten existierten.[132] Wortreich artikulierte er sich im Parlament als Sachwalter enger deutsch-russischer Verbindung und führte gegen seine Kritiker an, daß sich das deutsche Interesse in China auf wirtschaftliche Ziele beschränke und das Jangtseabkommen die Mandschureifrage ausklammere. Da er aber zugleich die Er-

---

125 Vogel, Rußlandpolitik, S. 35.
126 PA Bonn, BL, Bd. 406/1, Bl. 5: Eckardstein an Bülow 5.1.1901.
127 HHStA Wien, MdÄ, PA III, Nr. 155, Bl. 35: Bericht aus Berlin 16.1.1901.
128 Ebenda, Bl. 298f.: Bericht aus Berlin 23.2.1901.
129 PA Bonn, Deutschland Nr. 131 Nr. 2 secr., Bd. 5, Bl. 50ff.: Alvensleben an AA 5.3.1901.
130 Sten. Berichte RT, 10. Leg.-Per., 2. Session, S. 1693ff., 1877ff., 1918ff.
131 Luxemburg, Werke, Bd. I/1, S. 622ff.
132 PA Bonn, Deutschland Nr. 131 Nr. 2 secr., Bd. 5, Bl. 64: Notiz für die MNN, Bl. 81: Alvensleben an AA 17.3.1901.

höhung der Getreidezölle für unerläßlich erklärte[133], blieb das Echo auf die Reden in Rußland eher kritisch.[134]

Die kritischen Töne blieben am Ende auch in Deutschland selbst im Urteil über die Intervention in China bestimmend. Von der nationalistischen Aufbruchstimmung der Anfangsphase hatte sich nur wenig erhalten. Sorgen über die außenpolitische Stellung des Reiches wurden unüberhörbar. Die Regierung konnte einzig auf die Offenhaltung des chinesischen Absatzmarktes als positives Resultat verweisen.

6. Deutschlands internationale Stellung 1901/02

Die Außenpolitik war nach der Jahreswende 1900/01 weiter unter den Einfluß wirtschaftlicher Fragen und unter den Druck wirtschaftspolitischen Entscheidungsbedarfs geraten. Die Wirtschaftskrise vertiefte sich, und die Exportrückgänge standen im Mittelpunkt der Erörterungen.[1] Verstärkt meldeten sich die Interessenvertreter der Industrie zu Wort und machten Front gegen die Zollpläne der Agrarier. Das deutsche Großgewerbe erfordere nicht den Schutz des Inlandes, sondern die Erweiterung des Absatzmarktes im Ausland, schrieb die „National-Zeitung" und verlangte von der Regierung, sich auf die Industrie und die Verbraucher zu stützen.[2] Selbst der CDI, immer um Kooperation mit den Großagrariern bemüht, votierte entschiedener als bislang für die Fortschreibung der langfristigen Handelsverträge.[3] Mehr noch: Er verlangte, die Außenpolitik generell den industriestaatlichen, nicht den agrarischen Bedürfnissen unterzuordnen.[4] Noch deutlicher sprach sich der Deutsche Handelstag auf seiner Jahrestagung im Januar für die Fortsetzung des bisherigen handelspolitischen Kurses aus; lediglich für eine mäßige Getreidezollerhöhung konnten sich einige Handelskammern erwärmen.[5]

Doch die agrarischen Kontrahenten, ihrer von den Konservativen, der Reichspartei, Teilen des Zentrums und der Nationalliberalen getragenen starken Stellung im Reichstag gewiß, blieben unversöhnlich. Der Bund der Landwirte plädierte für einen Minimaltarif für Getreide von 7,50 Mark pro dz, während der Deutsche Landwirtschaftsrat 6 Mark für ausreichend hielt.[6] Bülow visierte eine Höhe von etwa 5 Mark an; auch sie bedeutete gegenüber den gültigen Tarifen von 3,50 Mark eine nicht unbeträchtliche Aufstockung. Die Verständigung auf eine solche Mittellinie schien am ehesten mit dem CDI und dem Landwirtschaftsrat möglich.[7] Denn den ersteren dominierte die Schwerindustrie, die nicht allein für Agrarprodukte, sondern auch auf dem Eisensektor Zollerhöhungen für notwendig hielt, um den Binnenmarkt zu monopolisieren.

---

133 Bülows Reden, Bd. 1, S. 186ff., 201ff.
134 PA Bonn, Deutschland Nr. 122 Nr. 13 Nr. 1, Bd. 3, Alvensleben an Bülow 7./8.3.1901, 17.3.1901.
1 BA Potsdam, AA, Nr. 8093, Bl. 50ff.: Berichte von Aktiengesellschaften für 1900; Ullmann, Bund, S. 166ff.
2 BA Potsdam, AA, Nr. 8615, Bl. 164ff.: Zeitungsausschnitte.
3 Ebenda, Bl. 150: CDI an Bülow 28.9.1900.
4 Kaelble, Interessenpolitik, S. 152ff.
5 HHStA Wien, MdÄ, Adm. Reg., F 16, Nr. 2, Szögyény an Goluchowski 16.1.1901.
6 Flemming, Interessen, S. 42ff.
7 Stegmann, Erben, S. 81ff.

Wenn die Zollfrage zum innenpolitischen Kernproblem dieser Jahre avancierte, das mit der Außenpolitik vielfältig verknüpft war, lag das vor allem daran, daß die Exportindustrie im Zeichen der Überproduktionskrise die Handelsvertragssicherung ebenso als existentielle Frage betrachtete, wie die Landwirtschaft die Agrarzollerhöhung. Dabei hatte sich in den letzten Jahren die wirtschaftliche Lage des Agrarbereichs erheblich zu bessern begonnen. Das galt gerade für den Großgrundbesitz. Die kapitalintensivere Produktion ließ Hektarerträge und Erntemengen steigen. Zur gleichen Zeit führte die veränderte internationale Getreidemarktlage zu höheren Getreidepreisen. Gesamteinnahmen und Grundrente der großen Güter stiegen beträchtlich.

Es ging folglich besonders den Junkern um mehr als nur um Wirtschaftsmacht. Sie verstanden ebenso wie Wirtschaftsbürger die Auseinandersetzung als eine Kraftprobe, den Staat als Sachwalter der eigenen Interessen festzulegen. Insofern handelte es sich um einen Machtkampf, der sowohl allgemeine Erscheinungen als auch die deutsche Spezifik im fortschreitenden Wandel zur Industriegesellschaft offenbarte. Für den konservativen Großgrundbesitz erschien die Zollfrage als Mittel des Machtkampfes besonders erfolgversprechend, weil sich für sie die Mehrheit der Bauernschaft mobilisieren und dank dem Bund der Landwirte eine Massenbewegung entfalten ließ. Neue Hoffnung keimte, die historisch-gesellschaftliche Abwärtsbewegung gegenüber dem Bürgertum, die eine latente Untergangsfurcht erzeugt hatte, noch einmal aufhalten zu können.

Bülow zweifelte nicht, daß er seine ausgleichende, Macht und Bewegungsspielraum der Reichsführung demonstrierende Mittelstellung nur behaupten konnte, wenn er jeder Seite kräftige Vorteile bot, die so beschaffen sein mußten, daß die eine die Vorteile der anderen Seite verschmerzte. Dabei war das Verhältnis zu der agrarisch-konservativen Seite diffiziler, weil sie neben ihrer starken parlamentarischen und außerparlamentarischen Machtstellung größeren Einfluß in der Hofgesellschaft und der hohen Bürokratie besaß und von dort dem Kanzler neue Konkurrenten um die Macht erwachsen konnten. Deshalb blieb ihm keine Wahl. Er mußte den Agrariern in jedem Fall in der Zollfrage entgegenkommen. Dies zwang ihn jedoch, die Weltpolitik noch mehr mit den außenwirtschaftlichen Interessen von Industrie, Banken und Handel zu kombinieren. Beides konnte zu neuen Belastungen im Verhältnis zu den großmächtlichen Rivalen führen. Das mußte er in Kauf nehmen; er konnte nur versuchen, sie so gering wie möglich zu halten. So signalisierte er unverdrossen allen Seiten Entgegenkommen. Dem agrarisch-konservativ dominierten preußischen Abgeordnetenhaus und dem vom Großgrundbesitz beherrschten Herrenhaus versprach er „ausreichende" und „angemessene" Getreidezollerhöhungen[8], der Industrie, den Liberalen und den besonders betroffenen Großmächten Rußland, Österreich und Italien eine für die Handelsvertragssicherung akzeptable Entscheidung. So ließ er Wien wissen, er müsse dem agrarischen Verlangen entgegenkommen, werde jedoch Maß halten, um den Handelsvertrag nicht zu gefährden.[9]

Das Auswärtige Amt trat in dem zähen Ringen der obersten Behörden des Reiches und Preußens um den Zolltarif als Wortführer des exportindustriellen Handelsvertragsinteresses

---

8 Bülows Reden, Bd. 1, S. 217f.; HHStA Wien, MdÄ, Adm. Reg. F 16, Nr. 2, Szögyény an Goluchowski 30.1.1901.
9 Ebenda, Szögyény an Goluchowski 4.2.1901.

auf¹⁰, auch in der Absicht, die außenpolitischen Belastungen zu den Nachbarstaaten möglichst gering zu halten. Der neue Staatssekretär des Auswärtigen Amtes Richthofen und sein Stellvertreter Mühlberg votierten lange Zeit gegen die agrarische Strategie von Minimal- und Maximaltarifen, der sich Bülow angeschlossen hatte.¹¹ Sie wandten ein, ein feststehender Minimaltarif für die vorzubereitenden Handelsverträge schließe anders als ein Einheitstarif in den Verhandlungen besonders mit Rußland jeglichen Spielraum aus, um mit eigenen Reduktionen die andere Seite zu Konzessionen zum Vorteil des deutschen Industriewarenexports zu veranlassen.¹² Bülow versuchte deshalb unmittelbar vor einer Aussprache mit den betroffenen Ressortchefs am 17. März 1901, die Spitzen des Amtes auf sein Doppeltarifschema festzulegen. Er selbst warf die Frage auf, ob auf dieser Basis Handelsverträge, besonders mit Rußland, abgeschlossen werden könnten. Als Richthofen und Mühlberg sich für den Einheitstarif aussprachen, weil zu viele und zu hohe Minimaltarife Handelsverträge unmöglich machen, verwies Bülow auf die Mehrheitsverhältnisse im Reichstag, in dem er allein die Doppeltariflösung für durchsetzbar hielt. Sie einigten sich schließlich auf sie, beschlossen aber, auch weil die Industrie sie für ihren Bereich mehrheitlich ablehnte, diese auf Brotgetreide und Vieh zu beschränken und die Minimaltarife auf eine Höhe zu setzen, die unter den agrarischen Forderungen blieb. Bei Weizen sahen sie 5,50 Mark vor, bei Roggen als Konzession für Rußland nur 5 Mark, und bei Gerste sollte der Minimalzoll als Zugeständnis für Österreich-Ungarn wegfallen.¹³ Diese Position gelang es den Vertretern des Auswärtigen Amtes in der Ressortberatung, unterstützt vom Reichsschatzamt und vom Handelsministerium, zunächst durchzusetzen. Gegen die vom Reichsamt des Innern, vom Finanz- und vom Landwirtschaftsministerium vorgeschlagenen vermehrten und erhöhten Minimalzölle, zum Teil unterstützt von großen Unternehmen der Schwerindustrie, verwiesen sie auf die Interessen der Exportindustrie, auf die Gefährdung der Handelsverträge mit Rußland, Österreich-Ungarn, Italien und Frankreich, jedoch auch auf das Gebot, englische Produkte zu schonen.¹⁴

Die Agrarier bliesen zum Sturm. Sie versuchten, Bülow zu schrecken, indem sie mit einer politischen Krise drohten.¹⁵ Während der Kanzler seine überparteiliche Mittelstellung zu bewahren trachtete und die exakte Festlegung vermied, überließ er es dem Auswärtigen Amt, die vereinbarte Linie zu verteidigen.¹⁶ Der Schatzamts-Staatssekretär Thielmann, der die politische Dimension des Streits für geradezu systemgefährdend hielt, wandte sich besorgt an Bülow: Behaupte das Auswärtige Amt seine Position in der Regierung, dann „wird ein Sturm losbrechen, der zu einem erbitterten, in seinen Folgen gar nicht zu übersehenden Kampf zwischen der Regierung und der Volksvertretung führen muß". Er verlangte, an diesem Kreuzweg das konservativ verstandene Staatsinteresse höher zu stellen als das außenpolitische Anliegen: „Nicht minder wichtig als gute Beziehungen zum Ausland ist ein befrie-

---

10 BA Potsdam, AA, Nr. 8171, Bl. 75f., 106: Nürnberger Elektrofirma an Bülow 30.12.1901, Mumm an Bülow 14.10.1901, Borsig an AA 5.3.1902.
11 BA Potsdam, AA, Nr. 8619, Bl. 274: Zeitungsausschnitte.
12 Ebenda, Bl. 282f.: Besprechung Bülow/Richthofen/Mühlberg 17.3.1901.
13 Ebenda, Bl. 282–287.
14 Ebenda, Bl. 290ff.: Aufz. Beratung 17.3.1901.
15 Ebenda, Nr. 8622, Bl. 13, 95: Zeitungsausschnitte.
16 Ebenda, Bl. 98: Zeitungsausschnitte, Bl. 267: Antrag des AA zum Zolltarifentwurf (Anfang April 1901).

digender Zustand der innenpolitischen Verhältnisse. Die Entfremdung zwischen der Regierung und denjenigen Parteien, welche die produzierenden Stände und insbesondere die Landwirtschaft vertreten, und auf deren Mitwirkung die Regierung sich in erster Linie zu verlassen hat, ist von Jahr zu Jahr größer geworden."[17]

Mit taktischem Geschick und großer Flexibilität vermochte Bülow seine Mittelstellung zu behaupten. Als die agrarische Majorität im Abgeordnetenhaus die neuerlich anstehende Kanalentscheidung zu ihrem Vorteil in der Zollfrage zu instrumentalisieren trachtete, schloß er Anfang Mai den Landtag, und der Vorstoß lief ins Leere. Er nutzte den Vorgang zugleich, um sich im Staatsministerium der Gegner seiner Mittelposition, z. B. Miquel, zu entledigen.[18] Die neuen Männer galten als Vertrauensleute der großen, die Sammlungsrichtung prägenden Wirtschaftsbereiche: Finanzminister Georg Freiherr von Rheinbaben besaß enge Verbindung zu Krupp; der Industrielle Theodor Möller, nationalliberaler Reichstagsabgeordneter und CDI-Vorstandsmitglied, wurde Handelsminister; der BdL-Funktionär General Viktor von Podbielski übernahm das Landwirtschaftsministerium. Besonders Möller, dessen Berufung die Nationalliberalen ausdrücklich begrüßten[19], ließ an den veränderten Akzenten der Regierungspolitik keinen Zweifel: die glänzende Zeit wirtschaftlichen Aufschwungs seit 1895 sei jetzt vorüber. Um eine baldige wirtschaftliche Gesundung zu erreichen, müssen die materiellen Fragen politisch größeres Gewicht erhalten. Er befürwortete deshalb eine mäßige Agrarzollerhöhung ebenso wie die Sicherung der Handelsverträge.[20]

Bülows nächster Schachzug war eine Zollkonferenz der Bundesregierungen, die seinen Standpunkt billigte, besonders in der Handelsvertragsfrage.[21] Als wenige Wochen später im Juli der Tarifentwurf veröffentlicht wurde, lief die liberale und sozialdemokratische Presse in Deutschland ebenso Sturm wie die ausländische. Maßgebliche Vertreter der Exportindustrie, wie die Berliner Kaufmannschaft und der Deutsche Handelstag, sahen mit den Minimaltarifen für Agrarprodukte die Überwindung der Wirtschaftskrise und die Handelsverträge gefährdet.[22] Doch der Kanzler schien eher erfreut von den Protesten.[23] Er nutzte sie, um sich bei den Konservativen in das rechte Licht zu rücken – mehr noch: um von ihnen Gefolgschaft für die Regierungslinie zu verlangen.[24]

Doch beide Seiten blieben unversöhnlich und setzten die Regierung weiter unter Druck. Als im Dezember 1901 im Reichstag die erste Beratung des Tarifentwurfs stattfand, verhallte Bülows Appell an das Gesamtwohl und an die nationalen Interessen. Die agrarische Majorität verlangte, die Minimaltarife für Getreide anzuheben und die Zahl der Doppeltarife zu vermehren. Interessenvertreter der Schwerindustrie sahen in ihrem Sog die Chance, die Zölle für industrielle Rohstoffe zu erhöhen.[25] Neuerlich erwies sich Bülow als Meister taktischer

---

17 Ebenda, Bd. 8623, Bl. 20ff.: Thielmann an Bülow 4.4.1901.
18 GStA Berlin, 2.2.1., Nr. 3697, Bl. 249: Bülow an Lucanus Mai 1901; Ullmann, Bund, S. 186.
19 Friedrich I. von Baden, 4. Bd., S. 318.
20 PA Bonn, Deutschland Nr. 163 secr., Bd. 1, Möller an Wilhelm II. 31.7.1901; HHStA Wien, MdÄ, Adm. Reg. F 16, Nr. 2, Szögyény an Goluchowski 17.9.1901; Schulthess 1901, S. 101f.
21 GStA Berlin, 2.2.1., Nr. 3577, Bl. 84ff.: Bülow an Wilhelm II. 5.6.1901; Bülow, Denkwürdigkeiten, 1. Bd., S. 531.
22 PA Bonn, Deutschland Nr. 172 secr., Bd. 1, Bülow an AA 23.7.1901.
23 HHStA Wien, MdÄ, Adm. Reg. F 16, Nr. 2, Szögyény an Goluchowski 28.8.1901.
24 PA Bonn, Deutschland Nr. 172 secr., Bd. 1, Bülow an AA 29.7.1901.
25 Ullmann, Bund, S. 189f.; Bülows Reden, Bd. 1, S. 229f.

Finessen²⁶, aber die Fronten blieben starr, bis ein Jahr später, fast identisch mit dem ursprünglichen Regierungsentwurf, ein Kompromiß gefunden war. Bis dahin, etwa 18 Monate lang, blieb die Zollfrage das beherrschende Thema, auch für die äußeren Fragen.

Das galt um so mehr, weil die Regierung, nicht zuletzt um die Industrie mit der Agrarzollerhöhung auszusöhnen, sich der außenwirtschaftlichen Interessen der Unternehmer, deren Stellenwert sich durch die Überproduktion materiell wie ideologisch enorm erhöht hatte, verstärkt annahm. Hier nahm der Druck aus der Wirtschaft selbst zu. So verlangte die „Centralstelle" zur Vorbereitung der Handelsverträge von der Regierung am Jahresende 1900, die Weltpolitik im Interesse der „nationalen" Wirtschaft, für die der Export eminente Bedeutung erhalten habe, auf die Öffnung freier Märkte zu konzentrieren.²⁷ Die Besorgnis in der Wirtschaft war deshalb so gewachsen, weil sie neben dem britischen Hauptrivalen mit den USA einen neuen gefährlichen Konkurrenten auftreten sah, der mit rigiden Binnenzöllen den eigenen Markt hauptsächlich zum Nachteil des deutschen Exports abschirmte und dessen Industrieproduktion größere Zuwachsraten erreichte als alle Rivalen. Für die „Münchner Allgemeine" stellten die USA den zukünftigen Hauptkonkurrenten Deutschlands dar, der sich noch mehr von der europäischen Zufuhr emanzipieren werde und die Konkurrenz auf Drittmärkten verdränge. Diese Entwicklung bedeute „die einzig ernstliche Sorge für Deutschland"²⁸.

In der weltpolitischen Publizistik gewann das wirtschaftliche Element einen noch höheren Stellenwert.²⁹ Doch wäre es unzutreffend, daraus zu schließen, in der weltpolitischen Ideologie und in der Außenpolitik der Regierung seien ökonomische an die Stelle machtpolitischer Motive und Ziele getreten.³⁰ Vielmehr haben die zusätzlichen ökonomischen Antriebskräfte auch den außerwirtschaftlichen vermehrte Schubkraft verliehen und die Dynamik der Weltpolitik generell wachsen lassen. So begrüßte Delbrück das wirtschaftlich motivierte Prinzip in der deutschen Chinapolitik, auf die „offene Tür" statt auf territoriale Aufteilung zu setzen. Aber das „weltgeschichtlich entscheidende" sei nicht der materielle Gewinn, sondern der „Segen einer großen nationalen Arbeit". Sie müsse sich auch nicht in territorialen Äquivalenten realisieren. „Es ist nur nötig, daß das Deutsche Reich seine ungeheure Macht in dem Spiel der großen Politik an der richtigen Stelle zeigt und dadurch ihr Gewicht auch geltend macht. Wir müssen uns hüten zu drohen, aber wir müssen zeigen, daß wir stark sind."³¹ In der deutschen Weltpolitik komme es auf Handel und Kolonien an, meinte Otto Hintze 1902. Nur wenn Deutschland Großmachtpolitik betreibe und sich im Weltstaatensystem behaupte, verfalle es nicht wirtschaftlicher Ausbeutung und politischer Abhängigkeit. Angesichts seiner steigenden Bevölkerung, seiner industriellen Expansion,

---

26 BA Potsdam, Reichskanzlei, Nr. 317, Bl. 26: Bülow an Wilhelm II. 4.12.1901.
27 Ebenda, AA, Nr. 8618, Bl. 190: Centralstelle an Bülow Dezember 1900.
28 Ebenda, AA, Nr. 8094, Bl. 24: Zeitungsausschnitt; Ullmann, Bund, S. 169.
29 Gollwitzer, Weltpolitisches Denken, Bd. 2, S. 36ff.
30 W. Gutsche dogmatisiert den wirtschaftlichen Faktor, wenn er schreibt: „An die Stelle dynastischer, allgemein machtpolitisch bestimmter Motive und Zielsetzungen der Außenpolitik traten nun vorwiegend und unmittelbar ökonomisch determinierte, weil nun (...) ökonomische Notwendigkeiten mehr und mehr zur Triebkraft und zum entscheidenden Inhalt der Außenpolitik der imperialistischen Großmächte wurden" (Gutsche, Monopole, S. 94).
31 PJ, Bd. 104 (1901), S. 190f.

seiner militärischen Erziehung und monarchischen Führung sei es zu einer Großmacht neuen Typs berufen.[32] Als letztlich ausschlaggebend wurde die Macht, primär die Machtentfaltung nach außen, angesehen, was auch in Friedrich Naumanns 1900 erstmals erschienener Programmschrift „Demokratie und Kaisertum" anklingt. Innen- und Außenpolitik „hängen beide aufs engste zusammen: man kann keine kraftvolle äußere Politik machen ohne ein gesundes, kraftvolles, patriotisches Volk, man kann keine größere soziale Reform ins Leben rufen, ohne eine Wirtschaftspolitik, hinter der das Schwert geschliffen ist [...] Aber die äußere Politik hat doch im einzelnen Moment die größere Verantwortung, denn alle inneren Reformen, alle Freiheit, Gerechtigkeit, Wohlstand, Bildung sinken und brechen von dem Moment an, wo die Macht nach außen fällt."[33]

Zu den Voraussetzungen für den zukünftigen weltpolitischen Machtkampf zählte für Bülow der industriell-agrarische Ausgleich im Innern, den er ebenso zum Zwecke des eigenen Autoritätsgewinns anstrebte. Es schien ihm zweckmäßig, diesen Ausgleich von der Tiefe materiellen Gewinnstrebens wegzuführen auf eine höhere Ebene. Diesem Ziel diente eine Rede, die er zur Einweihung des Bismarck-Nationaldenkmals in Berlin am 16. Juni 1901 hielt. Obzwar er sich auf des ersten Kanzlers Werk und Politik berief, warnte er zugleich davor, seine Maximen „blindlings" anzuwenden. So war es auch als Antithese gegen die extremen Agrarier gemeint, als er die Interessen der deutschen „Volksgemeinschaft" als Ganzes und nicht etwa die materiellen Belange bestimmter Gruppen zur Richtschnur seiner Politik erhob.[34] Er griff damit Vorstellungen des völkischen Nationalismus auf, die besonders in den agrarischen Massenverbänden verbreitet waren.[35] Delbrück sah in der Rede weit mehr. Bülows Bekenntnis zu Bismarck und zu Goethe zeige einen Kanzler, der sich der „Kraft des Geistes" anvertraue, die „deutsche Idee" fortentwickle und seine Politik statt auf materielle Interessen auf eine ideelle Grundlage stelle.[36]

Das derzeit vordergründige deutsche Interesse, Märkte offenzuhalten und die eigenen Positionen dort zu verbreitern, konzentrierte sich außerhalb Europas auf vier Räume: in erster Linie auf Kleinasien und China, in zweiter auf Südamerika und Marokko.

Die kleinasiatisch-türkischen Interessen ließen den globalen deutschen Weltmachtanspruch deutlich erkennen. Sie waren eng verknüpft mit dem Bagdadbahnbau und wirkten auf drei Ebenen. Die erste betraf Vorhaben deutscher Firmen, die von den diplomatischen Instanzen bei den türkischen Behörden nachdrücklich unterstützt wurden. So machte Goluchowski im Juni 1902 besorgt auf die „außerordentliche Rührigkeit [...] deutschen Kapitals und deutschen Unternehmungsgeists" aufmerksam, „sich auf finanziellem und wirtschaftlichem Gebiete in der Türkei zu beteiligen und die materiellen Ressourcen dieses Landes für sich auszunutzen". Die Projekte „erfreuen sich der eifrigen Unterstützung der deutschen Vertretungsbehörde in Konstantinopel" und erschweren die Konkurrenz österreichischer Bestrebungen „bedeutend"[37]. Diese Erkenntnis überrascht nicht mehr, wenn man liest, daß eine im August 1901 im Auswärtigen Amt gefertigte Aufzeichnung zur Orientpolitik das Resümee zog: „Bei einer jährlichen Vermehrung seiner Bevölkerung um weit über eine halbe Million

---

32 Schenk, Rivalität, S. 71.
33 Naumann, Demokratie, S. 178.
34 Bülows Reden, Bd. 1, S. 223ff.
35 Puhle, Interessenpolitik, S. 89f.
36 PJ, Bd. 105 (1901), S. 181ff.
37 HHStA Wien, MdÄ, PA III, Nr. 158, Bl. 66f.: Goluchowski an Szögyény 13.6.1902.

Seelen kann Deutschland ein Absatzgebiet wie die Türkei nicht entbehren. Dies ist unsere ganze Orientpolitik."[38] Das Amt sah sich beträchtlichem Druck der Interessenten und der Öffentlichkeit ausgesetzt. Welche Dynamik hier inzwischen erreicht war, verdeutlicht ein Artikel des „Berliner Couriers", in dem das spezielle Wirtschaftsinteresse als Förderung des Deutschtums im Ausland und die wirtschaftliche Rivalität der Mächte als „feindlicher Wettkampf" apostrophiert wurden.[39] Die Handelsentwicklung schien die Wirkung der deutschen Aktivitäten zu unterstreichen. Der Wert der von Deutschland in die Türkei exportierten Waren stieg von 1900 bis 1903 von 34 auf 50 Millionen Mark.[40] Marschall machte sich gegenüber dem Sultan besonders zum Wortführer deutscher Erdöl- und Elektrofirmen. Nachdem er Experten aus dem Reich zur Prüfung der Naphthavorkommen bei Mossul veranlaßt hatte, riet er nach dem positiven Resultat dem Monarchen, mit der Ausbeutung rasch zu beginnen.[41]

Die zweite Ebene war der Bagdadbahnbau. Um das Projekt voranzubringen, machte die türkische Regierung Druck beim Auswärtigen Amt und dieses bei der Bahngesellschaft sowie bei der Deutschen Bank.[42] Doch Siemens scheute noch immer das finanzielle Risiko. Die Garantieleistung der Preußischen Seehandlung ließ weiterhin auf sich warten, und die Aussichten, ausländisches Kapital zu beteiligen, blieben vage. Die britische und die russische Seite erwogen eine Mitwirkung lediglich zu dem Zweck, das Projekt als ein deutsches Unternehmen scheitern zu lassen und in ein internationales umzuwandeln. Doch Mühlberg reagierte auf die Nachricht einer russischen Zusage, den Bau mitzufinanzieren, geradezu enthusiasmiert. Er sah es gesichert, die „Politik des Abwartens mit festen Nerven und geschlossenem Munde" erfolgreich fortzuführen und einer russisch-englischen Annäherung entgegenzuwirken.[43] Als im Januar 1902 der Sultan die Konzession für den Bahnbau unterzeichnet hatte, war für die deutsche Seite ausschlaggebend, daß jene nicht für ein internationales Syndikat, sondern für die deutsche Bahnbaugesellschaft ausgestellt war, diese und die Deutsche Bank also „das entscheidende Wort" hatten und die Leitung des Unternehmens „in deutschen Händen bleiben" werde, auch wenn nichtdeutsches Kapital beteiligt sei.[44]

Nachdem die Konvention festlegte, die Bahn über eine Zweigstrecke bis zum Persischen Golf zu führen, sah London seine Interessen in Kuweit, die es über ein Geheimabkommen mit dem Scheich bislang für gesichert hielt, gefährdet. Die Kuweitfrage geriet zum deutsch-englischen Hauptstreitpunkt in diesem Raum, weil Berlin versuchte, über den Sultan den britischen Einfluß dort zurückzudrängen.[45]

Während folglich die Konvention sowohl den russischen als auch den englischen Widerstand gegen das Bahnbauunternehmen versteifte, glaubte die deutsche Führung noch immer nicht, daß beide Mächte Deutschland dort gemeinsam gegenüberstünden.[46] Längst hatte das Unternehmen machtpolitische Dimension gewonnen. Die in Teheran und Konstantinopel

---

38 PA Bonn, Türkei Nr. 158, Bd. 7: Aufz. Orientpolitik 10.8.1901.
39 Ebenda, Zeitungsausschnitte.
40 Schöllgen, Imperialismus und Gleichgewicht, S. 174.
41 PA Bonn, Türkei Nr. 197, Bd. 2, Marschall an Bülow 8.4.1901, 30.4.1901, 7.7.1901.
42 Schöllgen, Imperialismus und Gleichgewicht, S. 142ff.; GP, Bd. 17, S. 389ff.
43 Ebenda, S. 403ff.
44 Ebenda, S. 411ff.
45 Schöllgen, Imperialismus und Gleichgewicht, S. 152ff.; Plass, England, S. 114ff., 244ff.
46 Schöllgen, Imperialismus und Gleichgewicht, S. 180.

tätigen deutschen Diplomaten wie Kühlmann und Wangenheim warnten Bülow, eine russisch-englische Annäherung sei möglich[47], und Rußland erblicke dort „den ernstesten Feind in Deutschland".[48] Überdies mehrten sich im zweiten Halbjahr 1901 in führenden britischen Zeitungen wie der „Times", dem „Spectator" und der „National Review" die Stimmen, die das Endziel Deutschlands auf die kommerzielle Suprematie gerichtet sahen, die nur bei einer Schwächung Englands erreichbar sei. Die deutsche Bagdadbahnpolitik war ihnen Beweis, daß auch die deutsch-russischen Beziehungen zum Bruch führen müßten. Sie hielten deshalb die Voraussetzungen für gegeben, eine englisch-russische Verständigung einzuleiten.[49] Von zumindest einigen dieser Zeitungsstimmen erhielt Bülow über Metternich Kenntnis.[50]

Doch nichts spricht dafür, daß die deutsche Führung eine Korrektur auch nur erwog, wäre sie doch mit Macht- und Prestigeverlust verknüpft gewesen. Zwei Zeugnisse verdeutlichen das Dilemma. So zweifelte Marschall nicht daran, daß die Bagdadbahn „dem Endzweck der russischen Orientpolitik" diametral entgegenwirke. Er beruhigte sich und das Berliner Amt jedoch mit der seltsamen Vorstellung, das „amtliche Rußland" habe sich in den Bahnbau „gefunden".[51] Und Bülow reagierte auf die Zuspitzung der Kuweitfrage mit der Direktive, die deutsche Haltung in erster Linie von der „Wahrung unseres Ansehens" bestimmen zu lassen.[52]

Das galt nicht allein im Hinblick auf Deutschlands Stellung zu den Mächten, sondern vielleicht noch mehr bezüglich der schwierigen innenpolitischen Stellung der Regierung. Denn gerade das Bagdadbahnunternehmen galt in Deutschland in der öffentlichen Diskussion, besonders in bildungsbürgerlichen Kreisen, längst nicht mehr nur als erstrangiger Wirtschaftsfaktor, sondern war als Symbol weltpolitischen Aufstiegs und Prestiges des Reiches unverzichtbar. 1902 erschienen zwei Hefte mit dem Titel „Die Bagdadbahn" – das eine von Paul Rohrbach, das andere von dem Nahostexperten Hugo Grothe verfaßt –, die in geradezu idealtypischer Weise ein offensives, rigoroses Vorgehen verlangten, das sich allein an den Maßstäben deutschen Weltmachtanspruches orientierte. Für Rohrbach bildete das wirtschaftliche Interesse den Ausgangspunkt. Nur eine „politisch und militärisch starke Türkei", die gemeinsam mit Deutschland zum „Wiedererstehen der alten Kultur" besonders im Ackerbau beitrage, könne die „großen Aussichten" für „die Vergrößerung unseres Nationalvermögens und die Verbesserung unserer wirtschaftlichen Bilanz" verwirklichen. „Was wir nicht tun, das werden andere mit Sicherheit tun, mögen es nun Engländer, Franzosen oder Russen sein, und der Zuwachs an ökonomischem Vorteil durch die Bagdadbahn, der für uns aus dem westlichen Vorderasien zu erwarten steht, würde im anderen Falle nicht nur uns entgehen, sondern unsere Rivalen in der Politik und Weltwirtschaft stärken."[53] Grothe ließ sich vom weltpolitischen Prestigegedanken leiten. Er sah einen Widerspruch zwischen dem vermeintlichen Zögern Deutschlands in der Konzessionierungsphase des Bahnunternehmens und der weltpolitischen Skrupellosigkeit der Rivalen und verlangte „mit allem Nachdruck, daß die Gebiete der Anatolischen wie der Bagdadbahn als nationales Wirkungsfeld uns vorbehalten bleiben

---

47 Ebenda, S. 131.
48 PA Bonn, Türkei Nr. 158, Bd. 7, Wangenheim an Bülow 5.8.1902.
49 HHStA Wien, MdÄ, PA VIII, Nr. 126, Bl. 200ff.: Bericht aus London 12.9.1901.
50 GP, Bd. 17, S. 532f.
51 Ebenda, S. 416f.
52 Ebenda, S. 500f.
53 Rohrbach, Bagdadbahn, S. 15ff.

müssen. An irgendeiner Stelle der Mittelmeerzone werden wohl auch wir noch kraftvoll den Fuß auftreten dürfen." Die europäische Öffentlichkeit könnte, wenn deutsche Erfolge ausblieben, „leicht ein Unvermögen der politischen und wirtschaftlichen Interessen Deutschlands erblicken. [...] Von dem Erreichen des so offenkundig vorgesteckten Zieles des Bagdadbahnbaues wird entschieden unser erobertes Ansehen im Orient abhängen."[54]

Es ist nicht allein die Sorge vor fortgesetztem Zuspätkommen und Zurückbleiben, die sich hier äußert. Der wachsende Widerspruch zwischen fehlender Weltgeltung und steigendem Potential ließ auch die immanente Vorstellung von der besonderen deutschen Befähigung zur Weltmacht weiter wachsen. Aus dem Wiedererstehen und Aufstieg des Deutschen Reiches wurde geschlossen, dieses Reich sei qualifiziert, ein Wiederaufleben der verschütteten ältesten Weltkultur im Zweistromland zu bewerkstelligen. Die Gedanken Friedrich Naumanns fanden jetzt immer mehr Verbreitung. „Das meiste, was wir heute in der Türkei treffen, haben wir vor langer Zeit auch einmal gehabt. [...] Das neueste Reich der Weltgeschichte stellte sich den Resten des ältesten Reiches vor".[55] Bei dieser dritten, der kulturell-ideologischen Ebene des kleinasiatischen Interesses in Deutschland, spielte es eine Rolle, daß durch die archäologischen Ausgrabungen die alten Kulturen dieses Raumes starkes öffentliches Interesse in Deutschland hervorgerufen hatten.

Die alten Kulturen in China erfuhren nicht eine solche Aufmerksamkeit. Auch daraus erklärt sich, weshalb kulturelle Wiederbelebung als Antriebsmittel für die Expansion in diesen zweiten wichtigen Raum kaum eine Rolle spielte. Nach wie vor stellte die deutsche Führung das Ziel in den Vordergrund, den chinesischen Markt offenzuhalten. Doch langfristig hatte sie dort eine deutsche Vormacht ebenso im Kalkül wie für das türkische Kleinasien und Mesopotamien. Strategie und Taktik fanden beredten Ausdruck in einer vom August 1901 datierten Aufzeichnung Mühlbergs: „Das Augenmerk der deutschen Diplomatie kann sich für absehbare Zeit nicht auf Erreichung einer deutschen Vormachtstellung, sondern nur, als Übergangsstadium zur Erlangung einer solchen in einer späteren Entwicklungsepoche, auf mögliche Sicherung der deutschen Gleichberechtigung richten."[56] Ein halbes Jahr später sah Holstein die erste mit dem Jangtseabkommen eingeleitete, auf Gleichberechtigung im Handel ausgerichtete Etappe dort gesichert und schlug als zweite die Unterstellung dieses Gebiets unter den Kollektivschutz der Großmächte vor. Es handelte sich wiederum um eine gegen britische Interessen gerichtete Initiative. Deshalb empfahl der Geheimrat, sich gegen den zu erwartenden englischen Widerstand der Mitwirkung der USA zu versichern, auch in der Absicht, den befürchteten Anschluß Amerikas an das englisch-japanische Bündnis zu torpedieren.[57]

Auch auf einer anderen Ebene hatte sich das Reich auf ein schrittweises Vorgehen eingestellt. So galt besonderes Augenmerk der Entwicklung des Kiautschougebietes: dem Hafen- und Straßenbau, der Einrichtung von Dampferverbindungen mit Deutschland, um Handel und Verkehr zu steigern. Nach Kriegsende kam es hier zu raschen Zuwächsen.[58] Jeglicher Aufschwung dieses Standorts hing maßgeblich davon ab, ob es gelang, das Hinterland, die

---

54 Grothe, Bagdadbahn, S. 3ff.
55 Naumann, Asia, S. 121f., 158.
56 PA Bonn, China Nr. 24 Nr. 4, Bd. 5, Aufz. Mühlbergs 13.8.1901.
57 Ebenda, Aufz. Holsteins 19.2.1902.
58 BA Koblenz, R 85, Nr. 1205, Bl. 42ff.: Denkschrift betr. die Entwicklung des Kiautschougebiets 1899/1900, Nr. 1207, Bl. 17ff., 158ff.: dto. 1901/02, 1902/03; PJ, Bd. 105 (1901), S. 227ff.

Halbinsel Schantung, zu erschließen. Während sich die bergbaulichen Pläne nur bruchstückhaft verwirklichen ließen, kam der Eisenbahnbau ins Landesinnere gut voran.[59]

Doch die Bedeutung der Bahn reichte über die Erschließung Schantungs weit hinaus. Sie sollte ihren Endpunkt an der geplanten Linie von Tientsin nach Pukow bzw. Chingkiang bekommen. Diese Strecke, die das nordchinesische Zentrum, das Hwanghotal und das Jangtsetal miteinander verband, sollte also nicht nur durch Schantung laufen, sondern diese wirtschaftlich wie verkehrskulturell eminent wichtige Linie wäre auch mit Kiautschou verbunden. Der Hafen besäße folglich direkte Bahnverbindung mit den inneren Zentren Chinas. Die deutsche Interessensphäre könnte einen direkten Zugang zum Jangtsetal erhalten.

Die Initiative, die vertagten Pläne der Nord-Süd-Bahn nun doch wieder aufzunehmen, ging Anfang 1902 von den außenpolitischen Behörden aus[60], was zeigt, daß diese, anders als zwei Jahre zuvor, Schritte einzuleiten bereit waren, die in eine spätere Vormacht einmünden konnten. Die Kooperation mit der Deutsch-Asiatischen Bank kam rasch zustande; gegen eine Konzessionsvergabe wandte sich indes die britische Interessengruppe, die das Hwanghotal als eigene Interessensphäre reklamierte.[61] Die deutsche Gruppe vermochte die Konzession zunächst nur für eine Zweigbahn zu erwerben.[62]

Die Konzentration des deutschen Interesses auf den Jangtseraum verstärkte sich in der Folge noch. Gegen die Forderungen der Marine nach einem noch beschleunigterem Ausbau Tsingtaus wandte sich Mühlberg im August 1902 mit dem Argument, daß der „Schwerpunkt der deutschen wirtschaftlichen wie politischen Interessen für jetzt und für die nächsten absehbaren Zeiten am Jangtse" liege.[63] Ein deutscher Diplomat aus dem Konsulat in Schanghai entwarf ein Zukunftsprogramm für die deutsche Expansion in diesem Raum. Er beklagte sich über das mangelhafte Interesse der deutschen Banken und Industrie, dort Eisenbahnen zu bauen. Tatsächlich legten die deutschen Bankkreise Wert darauf, die Sonderinteressen ihrer englischen Partner nicht zu verletzen.[64] Anders verhielt es sich im Bereich der Exportindustrie und des Handels. Ihre Rivalität zu britischen Firmen verschärfte sich beständig. Bereitwillig nahm Mühlberg ihre Klage auf: „Unsere berufensten Interessenten führen darüber Klage, daß dem deutschen Handel wie der deutschen Schiffahrt namentlich seit dem englisch-japanischen Bündnis durch englische teils offene, teils hinter japanischer und selbst chinesischer Mitwirkung versteckte Feindseligkeit das Geschäft erschwert, ja unmöglich gemacht wird."[65] In der Folge argwöhnte das Auswärtige Amt, England könnte sich mit einem Vorstoß die Vormacht sichern.[66] Noch blieb man dabei, auf Zeit zu setzen. Als bei Ausbruch des russisch-japanischen Krieges im Februar 1904 Wilhelm II. die Zeit zu einem Handstreich in China gekommen sah[67], hielt Bülow ihn zurück: „Wenn wir unser Spiel zu

---

59 Schmidt, Eisenbahnpolitik, S. 84ff., 101ff.
60 Barth, Hochfinanz, S. 312.
61 PA Bonn, China Nr. 4 Nr. 1 secr., Bd.. 10, Deutsch-Asiatische Bank an AA 29.3.1902, Hansemann an A. de Rothschild 26.3.1902.
62 Ebenda, Mumm an Bülow 3.4.1902, Hansemann an Richthofen 29.5.1902.
63 Ebenda, China Nr. 24 Nr. 4, Bd. 6, Mühlberg an Reichsmarineamt 6.8.1902.
64 Barth, Hochfinanz, S. 314f.
65 PA Bonn, China Nr. 24 Nr. 4, Bd. 6, Mühlberg an Reichsmarineamt 6.8.1902.
66 Ebenda, Aufz. Klehmets 9.1.1903.
67 Ebenda, Bd. 8, Alvensleben an AA 7.2.1904 mit Randbemerkungen Wilhelms II.

sehr enthüllen", werde England Deutschland zuvorkommen und sich des Jangtsegebiets bemächtigen.[68]

Auch in der Marokkofrage setzte die deutsche Außenpolitik auf Zeit. Der strategisch günstig gelegene und an Bodenschätzen reiche nordafrikanische Sultansstaat lag im Blickfeld gleich mehrerer europäischer Mächte. Berlin setzte vor allem auf die englisch-französische Rivalität. Einen deutschen Vorstoß, von interessierter Seite dem Auswärtigen Amt empfohlen, hatte Richthofen deshalb 1899 abgelehnt. „Marokko bildet einen für den europäischen Frieden gefährlichen Wetterwinkel und Kreuzungspunkt französischer, spanischer, italienischer und englischer Interessen. Wir tun besser, uns aus diesen Gegensätzen herauszuhalten, um sie im Laufe der Entwicklung eventuell für uns auszunutzen. [...] Ein von Reichswegen begünstigtes Kolonialunternehmen in Marokko würde unsere Aktionsfreiheit lähmen und uns in die Gefahr von Konflikten bringen. Wir tun besser, wenn wir unsere Aktion in Marokko vorerst auf das wirtschaftliche Gebiet beschränken."[69] Kam es freilich zur Kolonialisierung, stand für Deutschland eine Lösung ohne eigene Partizipation oder eine Kompensation an anderer Stelle nicht zur Debatte. Als sich im Mai 1900 mit dem Tod des Großwesirs der Verfall des marokkanischen Regimes zu beschleunigen schien, reagierte Bülow geradezu panisch, als er eine Entscheidung ohne Deutschland vermutete: Gehe England allein, ohne Verständigung mit Deutschland, vor, dränge es „uns zum Anschluß an Rußland-Frankreich ungefähr um jeden Preis". Für geradezu katastrophal hielt er es, wenn sich England und Frankreich Marokko aufteilten, weil das „für weiteren Gang unserer inneren und äußeren Politik unberechenbare Folgen haben" würde.[70]

Bülows Besorgnis erwies sich als unzutreffend. Sie erklärt sich daraus, daß sich in der konservativen und nationalliberalen Presse die Stimmen rasch vermehrt hatten, die die Beteiligung Deutschlands verlangten, wenn eine Aufteilung Marokkos heranreife.[71] Die Kreuzzeitung erwartete nach dem Tode des Großwesirs, daß sich mit Marokko „ein politisches Problem ersten Ranges allmählich zuspitzt", und hielt es für „undenkbar", wenn „über unsere sehr wesentlichen Interessen in Marokko zur Tagesordnung übergangen wird, ganz abgesehen davon, daß es gegen die Würde Deutschlands wäre, wenn eine so wichtige Frage ohne sein Zutun entschieden wird"[72].

So stellte das wirtschaftliche Interesse selbst die eigentliche Zielrichtung gar nicht dar. Der Warenexport in das Scherifische Reich betraf hauptsächlich Rüstungsgüter und ließ sich bei der gegebenen Handelsfreiheit problemlos realisieren. Als Rohstoffbasis kam es noch kaum in Betracht. Der deutsche Anteil am Gesamtaußenhandel des Landes stieg von 9% 1889 auf 14,3% 1904 zwar an, blieb jedoch hinter der englischen und der französischen Quote weit zurück.[73] Es waren die außenpolitischen Instanzen, die die Wirtschaft drängten. Besonders reserviert blieb die Hochfinanz. „Die deutschen Banken streiken geradezu alle, sobald man von Marokko spricht", klagte Richthofen noch im Sommer 1904.[74] Für die außenpolitische Führung bildete ein wachsender wirtschaftlicher Einfluß Deutschlands in

---

68 Ebenda, Bülow an Wilhelm II. 8.2.1904.
69 Ebenda, Deutschland Nr. 167, Bd. 2, Aufz. Richthofens 16.9.1899.
70 GP, Bd. 17, S. 305ff.; vgl. zur Marokkofrage auch Winzen, Bülows Weltmachtkonzept, S. 231ff.
71 Lenzner, Annäherung, S. 188.
72 PA Bonn, Marokko Nr. 4 secr., Bd. 3, Zeitungsausschnitte.
73 Guillen, L'Allemagne, S. 423ff.
74 GP, Bd. 20/I, S. 217.

Marokko taktisch das Vehikel, ihr Interesse an der Marokkofrage international zu begründen, zugleich aber ihr politisches Desinteressement zu betonen, um die vorzeitige Kolonialisierung auszuschließen.[75] Sie betrachtete mit Mißfallen die Aktivitäten der Nationalisten und die der 1902 gegründeten Deutsch-Marokkanischen Gesellschaft, die die „Stärkung der deutschen Interessen in Marokko mit der Absicht, bei einer eventuellen Aufteilung Marokkos die deutschen Interessen in geeigneter Weise zu vertreten"[76] forderte.

Einige Monate zuvor hatte das Auswärtige Amt Informationen erhalten, daß englisch-französische Verhandlungen aufgenommen worden seien, um einen Ausgleich der kolonialen Streitfragen herbeizuführen. Zwar blieb ihm der grundsätzliche Charakter dieser Initiative verborgen, doch in der Marokkofrage legte es sich noch mehr Zurückhaltung auf. Doppelsinnig erklärte Bülow einem französischen Journalisten, Deutschland verfolge in Marokko noch geringere Interessen als in China.[77] Dennoch wurde auch den Rivalen schon in diesen Jahren deutlich, was Lerchenfeld später über die Marokkokrise feststellte: Es hat sich „in der ganzen Marokkosache weniger um die Stellung des Reiches in diesem afrikanischen Staate, als um die deutsche Weltstellung gehandelt"[78].

Dagegen besaß für das deutsche Interesse in Südamerika der wirtschaftliche Faktor tatsächlich Priorität.[79] Die Märkte in den lateinamerikanischen Staaten versprachen ähnliche Wachstumschancen wie in China. Die Zuwachsraten der deutschen Firmen schienen diese Hoffnungen zu bestätigen. Von 1895 über 1900 bis 1905 stieg die Ausfuhr von Fertigwaren, hauptsächlich Metallprodukte und Textilien, nach Lateinamerika von 219 auf 237 und 389 Millionen Mark. Damit lag Deutschland nach England, vor Frankreich und den USA auf dem zweiten Platz. Die Schwerpunkte des deutschen Handels waren Argentinien, Brasilien, Chile und Mexiko.

Der Handel verknüpfte sich mit Kapitalausfuhr. Wegen der relativen Schwäche des deutschen Kapitalexports gewann indes die Verkopplung von Handels- und Kapitalmacht keine solche Effektivität wie im Falle Englands. Allerdings wuchsen die deutschen Kapitalanlagen in Mittel- und Südamerika in diesen Jahren besonders rasch, von 2,3–3,0 1898 auf 2,9–3,4 Millionen Mark 1904. Sie waren damit viel höher als in Ostasien und in der Türkei, wo sie 1904 nur 0,4–0,5 und 0,3–0,4 Millionen erreichten.[80] Das Kapital floß hauptsächlich in die Elektroindustrie. So kam es in Kooperation der Deutschen und der Dresdner Bank mit Siemens & Halske und der AEG zur Gründung von Elektrizitätsgesellschaften in Argentinien, Brasilien, Chile und Mexiko. Den zweiten Schwerpunkt bildete der Eisenbahnbau, dessen größtes Projekt in Venezuela entstand. Die Discontogesellschaft lieferte das Kapital, Krupp führte den Bau aus. Als die venezolanische Regierung Ende 1902 die Schuldenrückzahlung einstellte, kam die Reichsregierung den Unternehmern zu Hilfe, stellte ein Ultimatum, ließ gemeinsam mit britischen Kriegsschiffen die venezolanische Flotte zerstören und konnte schließlich über eine Blockade die Regierung in Caracas zum Nachgeben zwingen.

---

75 PA Bonn, Marokko Nr. 2, Bd. 8, Aufz. Richthofens 9.2.1902.
76 Ebenda, Deutsch-Marokkanische Gesellschaft.
77 BA Potsdam, AA, Film Nr. 64738, Radolin an AA 30.5.1902.
78 Schöllgen, Großmacht, S. 88.
79 Vgl. zu den deutschen Interessen in Lateinamerika: Fiebig-von Hase, Lateinamerika. Zu der Ansiedlungsfrage auch: Hell, Expansion, S. 83ff.
80 Gutsche, Monopole, S. 105. Die deutschen Eisenbahngesellschaften in diesen Ländern sind nicht berücksichtigt.

Dieser Vorfall zeigte, daß die Reichsleitung entschlossen war, den von Kapital und Wirtschaft nachdrücklich verlangten Schutz ihrer Interessen durch staatliche Machtmittel notfalls auf besonders rabiate Weise wahrzunehmen. Sie nahm in Kauf, daß sich dadurch das Verhältnis zu den USA verschlechterte. Wenn R. Fiebig-von Hase aus den in diesen Jahren erstellten militärstrategischen Planungen und aus Äußerungen des Kaisers auf die Kriegsbereitschaft gegenüber den USA in der Reichsleitung schließt, scheint das allerdings nicht gerechtfertigt.[81]

Die Reichsbehörden überließen es den nationalistischen Verbänden, Vorstellungen zu entwickeln und Stimmung zu machen für einen Ausbau der deutschen Ansiedlungen in Südbrasilien. Robert Jannasch formulierte die hohen Erwartungen dieser Kreise auf dem Kolonialkongreß 1902, als er eine Kultivierung dieses Raumes nach dem Vorbild der Erschließung der westlichen USA empfahl. Die ausgreifenden Pläne scheiterten schließlich am regierungsamtlichen Desinteresse, an der nur minimalen Einsatzbereitschaft des Kapitals und am Versagen der Siedlungsgesellschaften.

Es stellt sich die Frage, welche Ursachen letztlich ausschlaggebend dafür gewesen sind, daß nach der Chinaintervention Skepsis gegenüber fortgesetzter Kolonialexpansion aufkam und öffentlich wie regierungsamtlich weniger auf territoriale Gewinne, sondern auf Wirtschaftsexpansion, auf die Eroberung neuer Marktanteile und ihre Sicherung orientiert wurde. Daß die Folgen der Wirtschaftskrise und die innerdeutsche Auseinandersetzung um die Zollfrage von beträchtlichem Gewicht gewesen sind, haben wir dargelegt. Ebenso spielte der mindere Wert der eigenen Kolonien eine Rolle. Ausschlaggebend aber war: Bei einer raschen Entscheidung über die wenigen noch attraktiven Territorien sprach die Konstellation der Macht und der Mächte derzeit nicht für Deutschland. Die scheinbare Begrenzung der Ziele ging deshalb einher mit dem Streben nach Machtausbau, besonders über die Flottenrüstung. Mit größerer Stärke glaubte man später die Nachteile der internationalen Stellung überwinden zu können. Die gravierenden weltpolitischen Entscheidungen sollten in die Zukunft verlagert werden. Nur auf neue Flottenstützpunkte als Ausgangsbasis reflektierte man weiterhin, freilich vergeblich.[82] Aus dieser modifizierten Zielvorstellung erwuchs neue Motivation für die Freihandpolitik.

Das Problem hat Ludwig Dehio erfaßt, der über die Wortführer der öffentlichen Meinung in Deutschland schrieb, was gleichermaßen für die Regierung galt: „Es gab Zeiten der Zuversicht, in denen sie an diesem Risiko nicht gerade schwer trugen: so lange nämlich in den ersten Jahren des Jahrhunderts die diplomatische Situation für Deutschland sprach. Es folgten Zeiten der Sorge, in denen sie an dem Risiko mit fatalistischem Trotz trugen: als die diplomatische Situation sich gegen Deutschland wandte. Aber wie auch immer: für keinen von ihnen stand je ein Verzicht auf das offensive Fernziel zur Debatte."[83]

Die Zeiten der Sorge begannen früher als Dehio meint – bereits am Ende der Eskapade in China. Das Bedenken, es könnte in der Zukunft doch für Deutschland zu einer bedrohlichen Zweifrontenkriegskonstellation kommen, wuchs. Es bildete den Hintergrund für das im März 1901 von einer großen Majorität getragene Verlangen des Reichstages an die Regierung, die Beziehungen mit Rußland zu pflegen. Kurz darauf schrieb Delbrück: Auch wenn Deutsch-

---

81 Fiebig-von Hase, Rolle in: Röhl, Ort, S. 240ff.
82 PA Bonn, Deutschland Nr. 167, Bd. 5, Diederichs an Richthofen 16.3.1901, Richthofen an Diederichs 25.3.1901.
83 Dehio, Gedanken, S. 71.

land durch die Chinaintervention außenpolitisch „in eine üble Lage gebracht" wurde, sei die Abkehr von der Bismarckschen Linie nach wie vor richtig, „positive, große außereuropäische Ziele ins Auge zu fassen. Dieses ist das Entscheidende; nicht ob man das eine Mal freundlich mit Rußland tut und das andere Mal mit England. Beide sind in der Weltpolitik unsere Gegner; beide können aber auch wieder unsere Freunde sein, weil ihre Gegnerschaft untereinander viel stärker ist." Zweierlei empfahl Delbrück deshalb der deutschen Außenpolitik: einmal ihre „ungeheure Macht" zur Geltung zu bringen, zugleich aber sei es „die Politik der Reserve, der Geduld und der Geschmeidigkeit, die heute für Deutschland die gebotene ist"[84].

Das war die Linie Bülows, dem Delbrück dafür sein Vertrauen aussprach. Doch des Kanzlers Sorge reichte tiefer. Auch er sah die Gefährdung der Freihandpolitik durch das Weltmachtstreben. Als Metternich aus London warnte: „Je ferner England steht, umso näher müssen wir trotz aller Schwierigkeiten Rußland treten. Zwischen beiden zu lavieren, dürfte für längere Zeit schwerlich mehr gehen. Ich will damit aber nicht sagen, daß eine Annäherung an Rußland eine offene Feindschaft mit England zur Folge haben muß. Das eine bedingt nicht notwendig das andere", gab der Kanzler das dem Auswärtigen Amt ohne Widerspruch zur Kenntnis, dachte jedoch nicht an eine Korrektur. Eine Entscheidung für ein Bündnis mit Rußland faßte er jedenfalls nicht ins Auge, sie war nach aller Erfahrung derzeit auch gar nicht offen. „Trotz fortgesetzter sorgsamster Pflege unserer Beziehungen zu Rußland", schrieb er, sei kein Grund gegeben, „das Verhältnis zu England unfreundlich zu gestalten"[85]. Dem einen Rivalen mit guten Beziehungen zu dem anderen zu imponieren und sie damit zur Annäherung an Deutschland zu veranlassen, blieb das leitende Prinzip. Eine Bündnisentscheidung für einen der beiden, für denjenigen, der die meisten Expansionsvorteile und Sicherheitsgarantien bot, schloß Bülow weiterhin für die Zukunft nicht aus. Angesichts der wachsenden Widersprüche zu beiden Rivalen glaubte er vor allem mit Machtzuwachs und Stärkedemonstration die Chance zu wahren, sie zur Verbindung mit Deutschland, zu Konzessionen zu zwingen, die Wahl zwischen ihnen offenzuhalten – während sie in Wirklichkeit auf diesem Wege immer näher zusammengeführt wurden. Diese Vorstellungen Bülows bewegten sich ganz im Rahmen der aktuellen weltpolitischen Ideologie – des sozialdarwinistischen Gedankengutes und der Weltreichsvorstellungen, und sie ließen ihn die historischen Erfahrungen ignorieren, die die europäische Mächtekonstellation vermittelte: daß die Macht, von der hegemoniale Wirkung ausgeht, sich in Isolationsgefahr begibt.

Das waren die globalen Zusammenhänge, in denen sich 1901 die deutsch-englische Bündnisfrage darstellte. Hinzu kamen bilaterale Probleme.

Diese betrafen erstens den Handelsverkehr. Die Wirtschaftskrise verschärfte die deutsch-englische Konkurrenz auf den Weltmärkten, und auch im bilateralen Handel kam es zu gravierenden Einbrüchen, überwiegend zum Nachteil Englands. So wuchs 1900 bis 1902 der deutsche Export von Eisen nach England von 7,9 auf 49,3 Millionen Mark, während umgekehrt der englische nach Deutschland von 54,9 auf 7,2 Millionen sank.[86] Die englische Wirtschaft und die Londoner Regierung rechneten mit noch größerer Benachteiligung, wenn die geplante deutsche Zollerhöhung, die ja auch Eisenprodukte einschloß, in Kraft trat. Diese weitere Abschirmung des Binnenmarktes war, wie der deutsche Eisenindustriellenverband argumentierte, nicht zuletzt darauf angelegt, im Überseeverkehr ermäßigte Tarife zu ermög-

---

84 PJ, Bd. 104 (1901), S. 184ff.
85 GP, Bd. 17, S. 99.
86 Hallgarten, Imperialismus, Bd. 1, S. 554.

lichen, um dort den britischen Wettbewerb erfolgreich zu bekämpfen.[87] So nimmt es nicht wunder, daß die Londoner Regierung mit „äußersten Gegenmaßnahmen"[88] und „schärfsten Repressalien" drohte, wenn Berlin die vorbereiteten Tarife durchsetzte.[89] In den deutsch-englischen Wirtschaftsbeziehungen dominierten jedenfalls in den Jahren von 1900 bis 1902 die Bereiche, die von Rivalität bestimmt waren, eindeutig gegenüber denjenigen, die auf Kooperation und Austausch setzten.[90]

Zweitens wuchs die englandfeindliche Stimmung in der deutschen Öffentlichkeit kontinuierlich weiter und erstreckte sich inzwischen auf alle Schichten. Es war charakteristisch für das Reich im ganzen, wenn der preußische Gesandte Dönhoff aus Dresden im Februar 1901 meldete, „einen großen Teil der hiesigen Bevölkerung beherrsche unfreundliche Stimmung gegenüber England und das bedingungslose Mißtrauen gegen die englische Politik"[91]. Den äußerlichen Ansatzpunkt bildeten nach wie vor die englischen Schwierigkeiten im Burenkrieg. Er schien geradezu idealtypisch im Sinne der aktuellen Weltreichslehren Englands Abstieg als Weltmacht zu demonstrieren. So war besonders England gemeint als Max Lenz 1901 erfolgsgewiß verkündete, wer vorwärts wolle, müsse andere verdrängen.[92]

Die Anglophobie richtete sich jedoch auch gegen die eigene Regierung. Ende 1900 war es zu einem Entrüstungssturm gekommen, als die Berliner Führung dem Burenpräsidenten Paul Krüger aus Rücksicht auf England einen Empfang verweigert hatte und selbst die linken Parteien ihre traditionelle Englandsympathie hintanstellten.[93] Anfang des Jahres erfuhr die Reise Wilhelms zur Trauerfeier für die Königin Victoria wegen ihrer langen Dauer wachsendes Mißfallen. Zu große Intimität mit England sei nachteilig für die deutsche Weltmachtstellung, war der verbreitete Eindruck.[94]

Massive Angriffe führte die konservativ-agrarische Presse. Mit der Instrumentalisierung außenpolitischer Fragen versuchte sie in der Zollfrage ihren Druck auf die Regierung zu potenzieren. Besonders wirkungsvoll übte die Bismarckpresse Kritik an der Außenpolitik. Sie warnte die Regierung vor einem drohenden Zerwürfnis mit Rußland und hielt eine Allianz mit England geradezu für existenzgefährdend: „Deutschland hat als Bundesgenosse Englands Rußland und Frankreich gegen sich und läuft damit Gefahr, in letzter Konsequenz den Krieg mit zwei Fronten führen zu müssen, bei dem ihm die englische Flotte wenig oder gar nichts nützte."[95] Nicht die englische Vorliebe des Kaisers, der Fehlentscheidungen wie die Nichterneuerung des Rückversicherungsvertrages und die Kolonialabkommen mit England zuzuschreiben seien, dürften den Kurs der Außenpolitik bestimmen, sondern Deutschlands reale Interessen, hieß es wenig später.[96]

---

87 BA Koblenz, R 13 I, Nr. 82, Bl. 170: Vorstandssitzung des Centralverbands Deutscher Eisen- und Stahlindustrieller 10.4.1902.
88 HHStA Wien, MdÄ, PA III, Nr. 156, Bl. 1: Bericht aus Berlin 1.8.1901.
89 PA Bonn, England Nr. 78 secr., Bd. 4, Aufz. Rosens 31.7.1901.
90 Kennedy, Antagonism, S. 295ff.
91 PA Bonn, England Nr. 78, Bd. 15, Dönhoff an Bülow 28.2.1901.
92 Schenk, Rivalität, S. 45, 71.
93 HHStA Wien, MdÄ, PA III, Nr. 154, Bl. 434ff.: Bericht aus Berlin 19.12.1900.
94 Ebenda, Nr. 155, Bl. 201ff.: Berichte aus Berlin 25.01.1901, 30.1.1901; Winzen, Bülows Weltmachtkonzept, S. 299ff.
95 PA Bonn, England Nr. 78, Bd. 15, Zeitungsausschnitt „Hamburger Nachrichten" 15.12.1900.
96 Ebenda, 27.1.1901.

Diese englandfeindliche Haltung einer breiten Öffentlichkeit schränkte den inneren Spielraum für die Außenpolitik der Regierung ein. Sie verstärkte in der englischen Publizistik den antideutschen Akzent. Geprägt war er freilich in erster Linie von dem britischen Weltmachtverständnis, das den deutschen Aufsteiger nach wie vor als unebenbürtig betrachtete. Besonders unangenehm berührten deshalb viele Briten die wachsenden Nachteile, die aus der wirtschaftlichen Rivalität erwuchsen. In dieser Situation begann der Wandel Gestalt anzunehmen, der sich seit einiger Zeit abzeichnete. Er kam Anfang Januar 1901 in einem Artikel der „Fortnightly Review" kompakt zum Ausdruck, der zu einer ausgiebigen Diskussion anregte.[97] Deutschland sei Englands Hauptfeind, hieß es dort, wegen der wirtschaftlichen Konkurrenz, dem deutschen Flottenbau und der „tiefeingewurzelten Englandfeindlichkeit des deutschen Volkes". Doch England sei nicht dem Verfall preisgegeben und könne gegen Deutschland Sieger bleiben, wenn es seine Wirtschaft reformiere und seine Flotte stärke. Das wichtigste war allerdings das dritte Ziel, womit das Blatt die neuen Tendenzen in der internationalen Konstellation adäquat erfaßte. Um einer deutsch-russischen Allianz zu entgehen, müsse sich England Rußland nähern. Die Reibungsflächen zwischen ihnen vermindern sich zusehends, „seitdem sowohl in China Deutschland sich zwischen beide geschoben habe als auch in Konstantinopel der deutsche Einfluß den russischen nahezu verdrängt habe. Rußland als Pufferstaat gegen die Bagdadeisenbahn in Persien sei doch zum mindesten nicht unbequemer als Deutschlands unmittelbare Nachbarschaft am Jangtse." Und am Ende vergaß der Artikel nicht, die Attraktivität des britischen Geldmarktes für die russischen Finanzen hervorzuheben.

In der Folge kam es zu einer ausgiebigen Debatte über den zukünftigen Kurs der britischen Außenpolitik. Es dominierte die Auffassung, die Zeit der „splendid isolation" sei abgelaufen und die Anlehnung an eine der beiden Festmächtegruppen unabänderlich. Für die Mehrheit, die für eine Annäherung an die russisch-französische Gruppe plädierte, war das ausschlaggebende Argument die größere deutsche Machtentfaltung. So hieß es im April 1901 im „Spectator", nicht Rußland, sondern Deutschland sei Englands natürlicher Feind, „die werdende See- und Handelsmacht, [...] mehr als die große Landmacht Rußland, deren Ausbreitung die Zirkel Englands nirgends auf der Welt störe"[98].

Aufmerksam registrierte die russische Presse diesen Trend. Auch hier zeigte sich ein Wandel. Herrschte noch um die Jahreswende 1900/01 die Sorge vor einem deutsch-englischen Bündnis vor, gingen im Frühjahr 1901 russische Blätter in breiter Front auf die antideutschen Stellungnahmen in England ein[99], und in der Folge bewegten sich immer mehr Gazetten, darunter solche einflußreichen wie „Nowoje Wremja" und „Rossija", in Richtung auf die englisch-russische Annäherung.[100]

Obwohl dieser Wandel in der veröffentlichten Meinung Englands wie Rußlands dem Auswärtigen Amt durch die diplomatischen Berichte nicht verborgen blieb, glaubte Richthofen im April 1901 nicht an eine russisch-englische Annäherung.[101] Diese Überzeugung hatte ihn bereits zu Jahresbeginn, als die deutsch-englischen Bündnissondierungen ihren

---

97 Ebenda, Eckardstein an Bülow 8.1.1901.
98 Ebenda, England Nr. 93, Bd. 7, Eckardstein an Bülow 9.4.1901.
99 Ebenda, England Nr. 78, Bd. 16, Alvensleben an Bülow 8.5.1901.
100 Ebenda, Alvensleben an Bülow 1.8.1901, Pückler an Bülow 24.8.1901, 8.9.1901.
101 Ebenda, Richthofen an Hatzfeldt 3.4.1901.

Ausgang nahmen, für Ablehnung plädieren lassen.[102] Überhaupt gewinnt man den Eindruck, diese Sondierungen seien eine Folge von Mißverständnissen, Fehleinschätzungen und Scheingefechten gewesen.[103]

Die Illusionen im Auswärtigen Amt begannen damit, daß die Sondierungen von London ausgingen. Dieser Umstand ließ, bei Bülow und Holstein beginnend, die führenden Köpfe der deutschen Außenpolitik die internationale Stellung des Reiches günstiger bewerten als sie war, sie sahen England auf Deutschland angewiesen und glaubten nun den Preis diktieren zu können, wenn sie sich denn auf eine Annäherung einließen. London hatte bislang allerdings keine Generalallianz, sondern spezielle Abkommen vorgeschlagen. Chamberlain brachte im Januar die Idee eines Geheimabkommens über die Aufteilung Marokkos ins Gespräch, im Februar versuchte Außenminister Lord Lansdowne Deutschland in eine Front mit England und Japan gegen einen russischen Mandschureivorstoß einzureihen, und im März ging er noch einen Schritt weiter, als er in Berlin anfragte, ob im Falle eines russisch-japanischen Konflikts Deutschland gemeinsam mit England Frankreich am Eingreifen auf russischer Seite hindern würde.

Die Wilhelmstraße beabsichtigte nicht, auf diese Angebote einzugehen. Die Marokkofrage aufzurollen hielt sie für unzeitig, in der Chinafrage fand sie es zweckmäßig, England und Japan in erster Linie gegen Rußland stehen zu lassen. Dieser Standpunkt erscheint sinnvoll, weil Deutschland andernfalls Gefahr lief, in einen Zweifrontenkrieg in Europa verwickelt zu werden. Diese Gefahr ließ Richthofen die Allianz generell ablehnen. „Jede Allianz mit England setzt uns der Gefahr aus, einen kontinentalen Landkrieg wesentlich allein unsererseits und wohl ohne absolute Notwendigkeit dazu ausfechten zu müssen. Mir erscheint eine solche deshalb ausgeschlossen."[104] Doch es ist erstaunlich: Auch wenn Deutschland die Allianz ablehnte, blieb nach Richthofens Überzeugung England weiter auf das Reich angewiesen – für so maßgeblich hielt er den russisch-englischen Gegensatz. „England gegenüber läuft aller Wahrscheinlichkeit nach die Situation für uns. [...] Wir sind und bleiben immer schließlich für England der bequemste Anhalt." Die gleiche Stellung sollte das Reich auch gegenüber Rußland und Frankreich halten. „Bleiben wir mit Frankreich auf dem jetzigen Fuße, können wir uns davor sichern, daß England in die uns gegnerische Reihe tritt, und behandeln wir Rußland unsererseits freundlich, andererseits aber fest und nicht nachgiebig oder gar nachlaufend, so sind wir, glaube ich, am besten gebettet."[105] Diese Position, die wohl auch die des sich in diesen Wochen taktisch zurückhaltenden Bülow war[106], entsprach insoweit der Realität, als ein Bündnis mit England die Feindschaft mit der russisch-französischen Allianz unausweichlich werden lassen mußte. Ein Bündnis mit ihr schien ebensowenig gangbar zu sein. Die Gegensätze zu beiden Seiten hatten sich in den letzten Jahren vermehrt. Alles schien also immer wieder auf die Politik der Stärke hinauszulaufen, die mit beiden Seiten kein Bündnis anstrebte, beide aber auf Deutschland angewiesen sein

---

102 BA Koblenz, NL Bülow, Nr. 22, Bl. 374: Aufz. Richthofens 3.2.1901.
103 Vgl. zu den Bündnissondierungen: Winzen, Bülows Weltmachtkonzept, S. 293ff.; Schöllgen, Imperialismus und Gleichgewicht, S. 98ff.; Becker, Wende, S. 353ff.; Monger, Entente, S. 28ff.; Newton, Lansdowne, S. 196ff.; Langer, Diplomacy, S. 728ff.; Grenville, Salisbury, S. 342ff.
104 BA Koblenz, NL Bülow, Nr. 22, Bl. 373ff.: Aufz. Richthofens 3.2.1901; Amery, Chamberlain, Bd. 4, S. 144ff.
105 BA Koblenz, NL Bülow, Nr. 22, Bl. 377ff.: Aufz. Richthofens 5.2.1901.
106 Ebenda, Nr. 150, Heft III (1909), Bl. 2, 34.

ließ, so daß sie dessen „Hegemonie im friedlichen Sinn" schließlich akzeptierten. Funktionieren konnte das allerdings nur, wenn die Gegensätze zwischen den Rivalen nicht nachließen.

Anders als Bülow und Richthofen mögen Holstein und Hatzfeldt eher auf eine Allianz mit England ausgewesen sein. Holstein hatte seit dem Jangtseabkommen eine solche Entwicklung für möglich gehalten. Doch mit dem derzeitigen Angebot hatten auch sie, ähnlich wie die deutsche Führung 1898, nichts im Sinn. Sie plädierten für Abwarten, um den Preis hochzutreiben, wenn, was sie erwarteten, sich die außenpolitischen Schwierigkeiten für England vermehrten oder wenn gar, womit Holstein rechnete, England und Japan in China gegen Rußland „in der Aktion drin" wären. Dann ließe sich für Berlin leichter verhandeln.[107] Für Holstein und Hatzfeldt kam somit alles darauf an, daß die Initiative von London ausging, dieses also auf die Allianz angewiesen war. „Wir müssen [...] hier vor allen Dingen den Eindruck vermeiden, als ob wir ein solches Zusammengehen mit der Spitze gegen Rußland etwa wegen der damit verbundenen Kompensationen überhaupt wünschen könnten."[108]

In Wirklichkeit waren ihre Illusionen am größten, denn eine tatsächliche englische Bündnisbereitschaft gab es nicht. England hatte wie 1898 nichts anderes vor, als Deutschland gegen Rußland in China in Stellung zu bringen, möglichst in die vorderste Front. Als Bülow am 15. März im Reichstag klarstellte, daß sich das Jangtseabkommen nicht auf die Mandschurei bezog[109], bestand für die englische Regierung kein Zweifel, mit einem deutschen Engagement gegen Rußland in Ostasien nicht rechnen zu können. Die Sondierungen hatten sich für sie erledigt.

Nach G. Monger begann in der englischen Regierung nun „die prodeutsche Stimmung, [...] die im Winter 1900/01 so stark war, zu zerfallen"[110]. Doch um mehr als um die Kooperation in China war es London nicht gegangen. Noch bevorzugte es eine der deutschen vergleichbare Freihandpolitik, die auf die Gegensätze zwischen den festlandseuropäischen Allianzen setzte. Sie testete jetzt erst einmal nach beiden Seiten aus, wie weit eine spätere Kooperation gehen könnte, vielleicht auch eine Allianz, die man inzwischen nicht mehr gänzlich ausschloß wegen der Gegensätze zu beiden Lagern, die unter Umständen einen Kompromiß nach einer Seite, dort, wo er am ehesten zu verkraften war, erzwangen. Doch es war Deutschland, zu dem die Widersprüche in vielen gesellschaftlichen Bereichen besonders rasch wuchsen. Der Druck des deutschen Potentials auf England nahm massiv zu – doch zugleich schien den Briten Deutschland in Europa besonders gefährdet durch seine Gegensätze zu Rußland, die man in nächster Zukunft durch die Zollgesetze noch anwachsen sah, und zu Frankreich. Mit ihnen sah London eigene Ausgleichschancen gegeben, jedoch nicht mit Deutschland.[111] Diese Sicht, die der Sachlage ziemlich nahekam, ließ es zu, eine Entscheidung nicht zu überstürzen, auf Zeit zu setzen, die Flotte auszubauen und die Kooperation indes eher mit Frankreich und Rußland zu suchen, weil die von ihnen ausgehenden Gefahren weniger existentiell erschienen. Symptomatisch dafür war, daß London nun den Ausgleich mit Rußland in der Mandschureifrage anstrebte.

---

107 PA Bonn, BL, Bd.. 406/1, Bl. 59ff.: Holstein an Hatzfeldt 14.2.1901.
108 Ebenda, Bl. 57ff.: Hatzfeldt an Holstein 14.2.1901.
109 Bülows Reden, Bd. 1, S. 202.
110 Monger, Entente, S. 37; vgl. auch: Taylor, Struggle, S. 392ff.; Kennedy, Antagonism, S. 244f.
111 BD, Bd. II/1, S. 116ff.

Doch am 19. März meldete Eckardstein aus London, wo er den kranken Hatzfeldt vertrat, Lansdowne prüfe die Möglichkeit, „ein auf längere Zeit berechnetes Defensivarrangement zwischen England und Deutschland herbeizuführen. [...] England stände jetzt vor einem Wendepunkt und müsse sich klar über die künftighin einzuschlagende Politik werden." Einflußreiche Kollegen würden einen solchen Schritt begrüßen.[112] In Wirklichkeit hatte der Botschaftsrat wichtigtuerisch wohl zu Karrierezwecken Lansdownes Initiative frei erfunden; er hatte vielmehr bei diesem den Eindruck erweckt, Deutschland schlage ein solches Abkommen vor.[113]

Wie geradezu katastrophal die Wirkung dieses Vorgehens Eckardsteins für die deutsche Außenpolitik war, läßt sich leicht ermessen. Denn nichts anderes konnten ihre Wortführer aus dem angeblichen englischen Angebot ablesen, als daß ihre Freihandpolitik richtig und erfolgreich war. Über zehn Jahre hatten sie auf einen solchen Schritt gewartet. Alle Einwände und Bedenken gegen ihre Linie, die beiden Hauptrivalen zum eigenen Vorteil gegeneinander auszuspielen, schienen entwertet.

Bülow zweifelte allerdings auch nicht, daß die Entscheidung für Berlin äußerst diffizil war. Als Klehmet, ein Mitarbeiter des Auswärtigen Amtes, empfahl, auf das Angebot einzugehen, weil allein eine Verständigung mit England einem russisch-englischen Ausgleich und der deutschen Isolation vorbeuge, machte der Kanzler die Zwänge deutlich, in denen sich das Reich gefangen sah: Erstens mußte ein solcher Schritt das Verhältnis zu den kontinentalen Rivalen extrem belasten und zweitens in der deutschen Öffentlichkeit auf entschiedenen Widerspruch stoßen. Diese Öffentlichkeit war, wie Bülow zu Recht vermerkte, zwar chinamüde, aber chauvinistisch, sah auch ohne Englandbündnis keine akute Gefahr von Rußland und Frankreich und fand keinerlei Gefallen daran, für England „die Kastanien aus dem Feuer" zu holen.[114] Eigentlich nun erst recht willens, die Freihandpolitik fortzuführen und deshalb feste Bindungen zu vermeiden und nach allen Seiten offenzubleiben, war seine Antwort äußerst geschickt: Er bot England an, dem Dreibund beizutreten, und der Bündnisfall sollte auf den Angriff durch zwei Mächte beschränkt werden.[115] Rußland hätte dieser Schritt mit den Argumenten präsentiert werden können, England schließe sich nur dem bereits bestehenden Defensivbündnis an und der Beitritt richte sich nicht gegen Rußland, sondern allein gegen die Gefahr eines russisch-französischen Angriffs.

England gegenüber operierte er mit dem begründeten Anliegen, seine Unterstützung zu gewinnen auch für den Fall, Deutschland komme einem angegriffenen Österreich-Ungarn zu Hilfe. Bülow wollte möglicherweise Hindernisse aufbauen, die London eine Annahme erschwerten, diese jedoch so plazieren, daß eine Bündnisentscheidung in der Zukunft nicht ausgeschlossen wurde. Aber auch bei der Bündnisabsicht war der Anspruch, die Dreibundpartner einzubeziehen, vernünftig, denkt man an die Mittelmeerentente und die fünf Jahre zurückliegenden Versuche, sie zu reaktivieren. Italien strebte stets nach einer engen Verbindung mit England, und auch die englisch-österreichischen Beziehungen blieben relativ störungsfrei. Von den deutschen Sicherheitsinteressen her empfahl sich jedenfalls der Vorschlag, England möge sich dem Dreibund anschließen, durchaus. Der britischen Regierung,

---

112 GP, Bd. 17, S. 42.
113 BD, Bd. II/1, S. 96f.
114 GP, Bd. 17, S. 43f.
115 Ebenda, S. 45, 48ff.

für die ja das Angebot von Deutschland ausging, erleichterte die Dreibundfrage die Abweisung.

Die wirklichen Gründen lagen indes tiefer. Salisbury, Lansdowne und Sanderson bewerteten übereinstimmend die außenpolitische Handlungsfreiheit höher als eine Allianz mit Deutschland, sahen mehr Vorteile für Deutschland – die Garantie Elsaß-Lothringens – als für England und hielten die inneren Voraussetzungen für ein Bündnis in Deutschland ebensowenig für gegeben wie außenpolitische Alternativen für das Reich.[116] Sie schätzten die Gefahren für dessen internationale Stellung realistischer ein als die Berliner Führung selbst und hielten ein Bündnis deshalb zu Recht nicht für notwendig.

Es gab also für eine deutsch-englische Allianz überhaupt keine Basis zu dieser Zeit. Klarsichtig hat schon 1940 Wilhelm Schüßler festgehalten, daß England den deutschen Vorschlag ablehnte, „weil es dies Bündnis nicht nötig hatte"[117]. Diese letzte Klarheit blieb der deutschen Seite verborgen, denn sie ging noch immer von einer englischen Bündnisanregung aus und sah den Plan in erster Linie an der Dreibundfrage gescheitert. Vor allem Holstein behielt seinen Optimismus, die „weltgeschichtliche Entwicklung" werde ein starkes Deutschland mit England in Zukunft doch noch „auf dieselbe Seite drängen".[118]

Weniger zuversichtlich zeigte sich Bülow. Als in einer ausführlichen Erörterung der Bündnisfrage Metternich es als Alternative für „aussichtslos und unfruchtbar" hielt, Rußland auf Deutschlands Seite zu ziehen, weil die Gegensätze nur durch einen deutschen Verzicht auf die Weltpolitik aufzulösen wären, merkte Bülow voll berechtigter Skepsis an: „Gewinnen wir die Engländer ehrlich?" Er hätte hinzufügen können: ebenfalls höchstens unter Verzicht auf Weltpolitik. Doch bei den gesellschaftlichen Bedingungen für die deutsche Außenpolitik ebenso wie in ihrer eigenen Vorstellungswelt gab es diese Alternative für die Führer der deutschen Außenpolitik nicht. Nur unterhalb einer solchen Vorstellung fand Bülow Argumente; sie konnten das Dilemma nur halbherzig überdecken: Eine Verbindung Deutschlands mit England wende Rußland total gegen Deutschland und erlaube England, sich mit Rußland „gutzustellen" und das Reich in Kolonialfragen zu „brüskieren." So blieb für das Verhältnis zu Rußland und England nur übrig, was Metternich in die Worte faßte: „Es steht uns nur frei, keinen von beiden zu wählen."[119] Alle realistischen Alternativüberlegungen reduzierten sich am Ende immer auf das gleiche: Es blieb allein der Weg, auf die eigene Stärke zu setzen, sie auszubauen, um die Hauptrivalen zu zwingen, eine gewisse Verständigungsbereitschaft beizubehalten, aus der vielleicht sogar einmal eine Bündnischance erwachsen konnte.

Unter diesen Vorzeichen hatte sich auch die deutsche Dreibundpolitik relativiert.[120] Das galt für die Partner ebenfalls. In den vergangenen Jahren hatten sich die österreichisch-russische Balkanentente stabilisiert und die französisch-italienische Annäherung weiter vertieft. Bedeuteten alle diese Faktoren eine Krise des Dreibundes?[121] Die Unterschiede zur Lage des

---

116 BD, Bd. II/1, S. 102ff., 105, 108f.
117 Schüßler, Deutschland, S. 161f.
118 GP, Bd. 17, S. 84ff.
119 Ebenda, S. 74ff.
120 Bülows Reden, Bd. 1, S. 243f.
121 Vgl. zum Dreibund und zum deutsch-österreichischen Verhältnis: Klein, Widersprüche, S. 245ff.; Behnen, Rüstung, S. 19ff., 45ff.; Canis, Beziehungen, S. 61f.; ders., Imperialismusentwicklung, S. 5ff.; Die Habsburgermonarchie, Bd. 6/1, S. 296ff.; Fellner, Dreibund, S. 50ff.

Bündnisses zehn Jahre zuvor fallen ins Auge. Damals betrachteten sich alle drei Mächte angesichts tiefgreifender Gegensätze zu Rußland und Frankreich in scheinbar drohender Kriegsgefahr aufeinander angewiesen – Deutschland am meisten wegen der Zweifrontenkriegsdrohung, weshalb es den Vorranganspruch zeitweilig reduzierte und mit der Handelsvertragspolitik dem Bündnis eine zusätzliche Klammer geben wollte. Doch die Kriegsgefahr sank, der Bewegungsspielraum der Partner stieg, und auf den neuen Interessenfeldern, in Welt- und Freihandpolitik erwies sich für Deutschland der Dreibund nur noch als eine zweitrangige Stütze.

Nach Behnens Einschätzung „verfiel" der Dreibund dennoch nicht, sondern unterlag einem „tiefgreifenden Transformationsprozeß", in den er neben der Bündnispolitik den Kapitalexport, den Handel sowie die Rüstung einbezieht.[122] So akzeptabel dieser Ansatz ist, Tendenzen des Verfalls wird man nicht übersehen können. Sie schritten sogar insgesamt fort, sie vollzogen sich jedoch in den bilateralen Verhältnissen höchst verschieden: am stärksten in den italienisch-österreichischen, in den deutsch-österreichischen gab es sie kaum.

Doch zu Veränderungen kam es auch hier. Welche Wirkungen sie zeigten, registrierte nach achtjähriger Tätigkeit der Botschafter Eulenburg treffend: „Im Jahre 1894, als ich nach Wien kam, war das Jahr 1866 ein fast begrabenes Thema. Jetzt erregt es die Köpfe und steht zur Diskussion mit allerhand altem Haß. [...] Das selbstverständliche Bündnis mit uns wird jetzt überall in Diskussion gestellt, während niemand davon sprach, als ich nach Wien kam."[123] Doch das waren die äußeren Erscheinungen. In Wirklichkeit stand das deutsch-österreichische Bündnis nicht zur Disposition. Zum einen nahmen die großmachtpolitischen Verfallserscheinungen der Habsburgermonarchie und somit ihr Anlehnungsbedürfnis zu; zum zweiten hatte, wie Szögyény anmerkte, die Berliner Politik zu bedenken, daß es in der Konsequenz der Freihandpolitik lag, sich im äußersten Ernstfall nur auf die Allianz mit Österreich verlassen zu können.[124] Denn bei einem Scheitern dieser Politik würde sich Italien weder gegen England noch gegen Frankreich und erst recht nicht gegen beide stellen. Zum dritten schließlich erhielt die deutsch-österreichische Allianz eine zusätzliche Klammer durch den deutschen Bagdadbahnvorstoß, der nach der ungefährdeten, politisch stabilen Landverbindung verlangte.

Der Zweibund, immer weniger der Dreibund, bestimmte die Verbindung zwischen den beiden Kaiserreichen. Mehr noch: Alte und neue Faktoren für sie summierten sich in dem Ziel der deutschen Österreichpolitik, die Doppelmonarchie in totale außenpolitische Abhängigkeit zu führen, in eine Satellitenstellung herabzudrücken. Im Grunde lief sie auf die mitteleuropäische Blockbildung hinaus, die Bismarck ursprünglich mit dem Österreichbündnis beabsichtigt hatte, die unter hegemonialem Vorzeichen die anderen Großmächte in deutschem Interesse disziplinieren sollte. Nichts anderes bedeuten die Anzeichen, die Goluchowski beklagte: „Der zunehmende Übermut, die Lust, überall den Schulmeister zu spielen, die Rücksichtslosigkeit, mit der man in Berlin oft vorzugehen pflegt."[125] Die Unterordnung sollte auch den Zerfall der Doppelmonarchie aufhalten, der ob seiner unvorhersehbaren, doch Mitteleuropa sicher destabilisierenden Wirkung in Berlin nicht willkommen war, wo man

---

122 Behnen, Rüstung, S. 10.
123 Haller, Eulenburg, S. 281.
124 HHStA Wien, MdÄ, PA I, Nr. 474, Liasse XXXII, Bl. 321ff.: Szögyény an Goluchowski 29.3.1899.
125 Ebenda, Nr. 480, Liasse XXXIVb, Bl. 71ff.: Goluchowski an Szögyény 17.1.1902.

selbst von einem Anschluß der deutschen, aber katholischen Landesteile nur Ungemach erwartete.

Obgleich auch für die Wiener Führung das Deutschlandbündnis ohne ernsthafte Alternative blieb[126], versuchte sie die Unterordnung möglichst zu reduzieren, ging aber wegen der immanenten Schwäche eher mit indirekten Mitteln vor. So begrüßte sie die deutsch-russischen Spannungen nach dem Jangtseabkommen, weil sie hoffte, bei beiden Mächten im Kurs zu steigen.[127] Im April 1901 lehnte es Goluchowski zwar ab, den englischen Beitritt zum Dreibund zu vermitteln, mahnte aber Deym, die Gelegenheit nicht zu versäumen, wenn England an die Allianz zu binden sei.[128] Ein Beitritt entsprach ohnehin der österreichisch-ungarischen Interessenlage; er hätte auch den eigenen Spielraum im Bündnis erhöhen und die deutsche Dominanz zurückdrängen können. Doch nach wenigen Wochen hatte Wien registriert, daß es einen ernsthaften englischen Bündniswillen gar nicht gab.[129] So blieb es bei der bisherigen außenpolitischen Linie, wie sie Szögyény zwei Jahre zuvor in einer Denkschrift an Goluchowski als die beste für Österreich definiert hatte: die Verständigung mit Rußland über die Balkanfragen ebenso aufrechtzuerhalten wie das Bündnis mit Deutschland. Der Botschafter gab indes zu bedenken, daß aus der wachsenden Abhängigkeit Österreichs von Deutschland für dieses auch Belastungen entstehen konnten. Käme es doch zum Balkankonflikt mit Rußland, werde der deutsche Partner eingreifen müssen, wenn die österreichische Großmachtstellung gefährdet sei. Und er vergaß nicht hinzuzufügen – erinnernd an seine Absprachen von 1895 –, daß die Entscheidung darüber Wien zu fällen habe.[130]

Natürlich hingen Bündnisfälle immer von den konkreten Konstellationen in Konfliktsituationen ab. Doch wenn sich mit fortwährender Weltpolitik das Verhältnis Deutschlands zu seinen Hauptrivalen verschlechterte und der Zweibund bündnispolitisch die letzte Bastion darstellte, dann konnte es trotz aller Unterordnung der Habsburgermonarchie Fälle geben, in denen für Deutschland die Gefahr stieg, in solche Konflikte einbezogen zu werden. Die Zwänge konnten durch die deutsche Orientexpansion vermehrt werden, und sie konnten den Unterordnungsdruck auf Österreich noch mehr wachsen lassen.

Die Richtung auf eine Satellitenstellung des Partners war in dieser Phase nicht allein von den außenpolitischen Ansatzpunkten getragen. Ein anderer bestand in der sich fortwährend vertiefenden wirtschaftlichen Verflechtung. Von dem Drittel der österreichischen Aktien, das sich in ausländischem Besitz befand, besaß das deutsche Kapital den weitaus größten Anteil. Seine spezifischen Interessen verfügten in der österreichischen Wirtschaft folglich über beträchtlichen Spielraum. Der Handel mit Deutschland umfaßte 40% der Außenhandelsbilanz der Monarchie. 50% ihrer Gesamtausfuhr ging nach Deutschland, hauptsächlich Getreide und andere Rohstoffe, während in umgekehrter Richtung primär industrielle Fertigwaren einflossen. Daher mußte die deutsche Zollentscheidung den deutsch-österreichischen Handel erheblich betreffen. Der Druck aus Berlin verschärfte sich, die den österreichischen

---

126 Ebenda, Nr. 474, Liasse XXXII, Bl. 343f.: Szögyény an Goluchowski 29.3.1899.
127 BHStA München, MA Nr. 2468, Bericht aus Wien 24.10.1900.
128 HHStA Wien, MdÄ, PA I, Nr. 476, Liasse XXXIII, Nr. 12, Bl. 290ff.: Deym an Goluchowski 26.3.1901, Bl. 300ff.: Goluchowski an Deym 11.4.1901.
129 Ebenda, Bl. 322ff: Deym an Goluchowski 7.6.1901, Bl. 341ff.: Mensdorff an Goluchowski 2.8.1901.
130 Ebenda, Nr. 474, Liasse XXXII, Bl. 352ff.: Szögyény an Goluchowski 29.3.1899.

Export benachteiligenden Rohstoffzölle nicht mit höheren Industriewarentarifen zu beantworten, die den deutschen Ausfuhrhandel schädigten.

Drittens wuchs der Unterordnungsdruck aus der deutsch-nationalistischen Ideologie, die vom Aufstieg Deutschlands und dem Verfall der Doppelmonarchie motiviert war. Zwar nahm die gemeinsam von den Alldeutschen, getragen freilich von breiter nationaldeutscher Zustimmung im Reich, und der deutsch-nationalistischen Schönererbewegung in Österreich geführte Kampagne gegen eine angeblich drohende Slawisierung der Habsburgermonarchie nach der Badenikrise ab[131], doch die Vorbehalte blieben. Sie fanden jetzt ihren Ausdruck in kritischen Tönen nicht mehr allein zur Politik gegenüber den Tschechen, sondern auch zu der liberalen Wiener Polenpolitik. Die Berliner Führung, die sich öffentlich weiterhin zurückhielt, ließ in beiden Streitfragen intern an ihrer erheblichen Kritik an Wien keinen Zweifel.[132] Das Dilemma für den Vielvölkerstaat blieb jedenfalls, daß der deutsche Nationalismus, der reichsdeutsche wie der österreichische, nicht wie die nationalistischen Ideologien in den großmächtigen Nationalstaaten das Herrschaftssystem stabilisierte, sondern gemeinsam mit den widerstreitenden anderen Nationalismen in der Monarchie ihren Verfall förderte.[133]

Anders als in der Habsburgermonarchie begannen in Italien die inneren Stabilisierungsansätze zu greifen. Sie liefen unter dem neuen Ministerpräsidenten Zanardelli, seit Februar 1901 im Amt, getragen von unterschiedlichen Strömungen, gleichzeitig in zweierlei Richtung: auf eine Homogenisierung des konservativ-liberalen Lagers und auf eine Sozialpolitik zur Gewinnung linker, auch sozialistischer Strömungen.[134] Diese Tendenzen konnten auf einer günstigen Wirtschaftentwicklung aufbauen.

Den Sammlungsbestrebungen im Innern entsprachen Öffnungsabsichten nach außen, die gleichzeitige Verbindung mit den monarchisch-konservativen Dreibundpartnern – mit Deutschland allerdings weit mehr als mit Österreich – und mit den parlamentarisch geprägten Westmächten Frankreich und England. Diese doppelte Ausrichtung empfahl sich zugleich aus wirtschaftlichen Erwägungen. Der italienisch-französische Handelsvertrag begünstigte den französischen Handel; der italienische Export nach Frankreich stieg viel langsamer an. Vor allem erwies sich, daß Italien auf die Einfuhr von Industriewaren aus Deutschland und England angewiesen blieb und deshalb auf die möglichst unveränderte Erneuerung des deutsch-italienischen Handelsvertrages reflektierte. Zwiespältig wirkte auch die französische Hochfinanz in Italien: Sie half zwar, die deutsche aus ihrer beherrschenden Stellung zu verdrängen, doch sie war nicht auf Kooperation mit der italienischen aus, vielmehr darauf, diese neuerlich unterzuordnen.[135]

Die Doppelstütze suchte die italienische Regierung auch für ihre konkreten außenpolitischen Ziele. Im Dezember 1900 hatte sie in einem Kompensationsabkommen mit Frankreich dessen Anspruch auf Marokko anerkannt und im Gegenzug freie Hand für Tripolis erhalten. Beides waren freilich Wechsel auf die Zukunft. Mit seinen Expansionsinteressen im Westbalkan-Adria-Bereich befand sich Rom in Konkurrenz mit Wien. Beide hatten sich im gleichen Jahr vorläufig auf den Kompromiß verständigt, den Status quo zu wahren. Doch die

---

131 Schödl, Verband, S. 190f.
132 HHStA Wien, MdÄ, PA I, Nr. 480, Liasse XXXIVb, Bl. 74ff.: Goluchowski an Szögyény 17.1.1902.
133 Canis, Imperialismusentwicklung, S. 16f., 22f.
134 Lill, Geschichte Italiens, S. 240f.
135 Behnen, Rüstung, S. 24ff., 46ff.

informellen Ausbreitungsbestrebungen beider Mächte in Albanien und Montenegro liefen weiter.[136] Die Chance, sich dort einst durchsetzen zu können, sah Rom am ehesten, wenn es Wien gleichzeitig aus den Verbindungen mit Berlin und mit Paris unter Druck setzen konnte.

Neben den permanent wirkenden Destabilitäten gab es folglich drei aktuelle Problemkomplexe, die den Dreibund belasteten: die fortwährende italienisch-französische Annäherung, die zu Lasten Deutschlands ging; die österreichisch-italienische Balkanrivalität, die die deutschen Interessen in diesem Raum nur am Rande tangierte; und die deutsche Zollfrage, die das Verhältnis zu Österreich-Ungarn weit mehr als zu Italien störte. Da die Belastungsfaktoren gewöhnlich bilateral und jeweils verschiedenseitig wirkten, ging der Dreibund nicht gänzlich in die Brüche. Besonders spannungsgeladen gestaltete sich das italienisch-österreichische Verhältnis, was die Gewichtsverlagerung vom Dreibund auf den Zweibund förderte.

Die italienisch-französische Annäherung empfand die Berliner Führung jedoch kaum als alarmierend. Sie hatte schon früher nur geringe Erwartungen in die militärische Mitwirkung des Bündnispartners bei einem Frankreichkrieg gesetzt und verzichtete nun in den militärischen Planungen gänzlich darauf. Die Italienpolitik scheint sich auf das Ziel konzentriert zu haben, in einem zukünftigen Kriegsfall das Land nicht unter den Gegnern zu haben.[137]

Die österreichisch-italienische Balkanrivalität war zunächst einmal davon geprägt, daß dieser Raum einerseits für die Sicherheitsbedürfnisse der Habsburgermonarchie von eminenter Bedeutung und andererseits ihr einziges Feld für imperialistische Expansion war. Beides schien durch die russisch-österreichische Entente von 1897 vorläufig gewährleistet: die Abgrenzung der Interessensphären, der territoriale Status quo, die Konzentration auf den Ausbau des wirtschaftlichen Einflusses. Doch es begann sich ein Wandel abzuzeichnen, der für Österreich höchst nachteilige Folgen hervorrufen konnte, weil er Serbien, den wichtigsten, aber auch kritischen Punkt in der österreichischen Interessensphäre betraf. Dort hatte sich der österreichische Handel wachsender Konkurrenz zu erwehren, aus Deutschland, Italien und Rußland. Doch Rußland ließ seit 1901 deutliches Interesse erkennen, seine politische Machtsphäre im Balkanraum auszudehnen, nicht nur in Bulgarien und Montenegro, sondern auch in Serbien.[138] Bereits im April 1901 sahen deutsche Diplomaten das Land unter russischem Einfluß und dem österreichischen entzogen.[139] Für Aehrenthal gab es nur den Ausweg, und das verdeutlicht das Wiener Dilemma, Rußland noch mehr Entgegenkommen zu zeigen, wenn die Positionen in den Balkanstaaten nicht gänzlich verloren gehen sollten.[140] Denn mit Italien tauche bereits ein neuer Rivale auf, und auf Deutschland sei wegen seiner weltpolitischen Prioritäten nicht zu rechnen. Auch Goluchowski setzte weiterhin hauptsächlich auf die russische Entente; ob sich von ihm anvisiertes Einvernehmen und Ebenbürtigkeit bei den anstehenden Entscheidungen als realisierbar erwiesen, mußte die Zukunft zeigen.[141] In der Mazedonienfrage kamen bislang Kompromisse zustande.

Doch schon beklagten sich italienische Zeitungen, daß Goluchowski allein vom russisch-österreichischen Einvernehmen auf dem Balkan ausgehe und die italienischen Interessen

---

136 Ebenda, S. 363ff.
137 GP, Bd. 18/II, S. 509f.
138 PA Bonn, Orientalia Gen. Nr. 5 Nr. 1 secr., Bd. 3, Bl. 45ff.: Romberg an Bülow 3.9.1901.
139 BHStA München, MA Nr. 2469, Bericht aus Wien 19.4.1901.
140 HHStA Wien, NL Aehrenthal, Karton 4, Aehrenthal an Szögyény 27.2.1901.
141 Ebenda, PA I, Nr. 475, Liasse XXXII, Bl. 148ff.: Goluchowski an Aehrenthal 29.12.1901.

negiere.¹⁴² Vor allem Albanien wurde unter Hinweis auf die fortgeschrittene wirtschaftliche Durchdringung unverblümt als eigene Interessensphäre reklamiert. Die österreichischen Eisenbahnprojekte, die die Adria mit der Donau verbinden sollten¹⁴³, schienen nun durch die russische wie durch die italienische Rivalität gefährdet. Noch schwerer wog, daß die österreichisch-italienischen Widersprüche der irredentistischen Bewegung neue Nahrung gaben.

Deutschland ließ sich im Balkanraum zum einen von seinen Kapital- und Exportinteressen leiten. Sie machten freilich nur 2% des deutschen Gesamtexports aus, ließen allerdings Steigerungen erwarten.¹⁴⁴ Außerdem war Berlin aufgrund der Bagdadbahnpolitik an Sicherheit, Entspannung und politischem Status quo auf dem Balkan und somit an der Erhaltung der russisch-österreichischen Entente interessiert. Deshalb akzeptierte das Auswärtige Amt rumänische Wünsche nach einer Erweiterung der Allianz gegen Bulgarien, das eine geheime Militärkonvention mit Rußland abgeschlossen hatte, nicht. Auch Wien mußte 1902 zustimmen, den Bündnisvertrag unverändert zu erneuern.¹⁴⁵ Mißfallen in der Habsburgermonarchie rief die deutsche Handelsrivalität im Balkanraum hervor.¹⁴⁶ Gelegentlich entstand in Berlin die Besorgnis, Wien könnte sich mit Petersburg weitgehender einigen als es den deutschen Interessen entsprach.¹⁴⁷

Diese Bedenken resultierten jedoch in erster Linie aus den Protesten, mit denen Regierung und Wirtschaft der Doppel-Monarchie seit Juli 1901 auf die Veröffentlichung des deutschen Zolltarifentwurfs reagiert hatten. Die Zollsätze ihrer Hauptausfuhrprodukte nach Deutschland – Getreide, Vieh, Holz – wären von der Anhebung erheblich betroffen. Das „peinlichste Aufsehen" hätten sie erregt, schrieb Goluchowski, und hielt einen Handelsvertragsabschluß auf einer solchen Basis für „ausgeschlossen".¹⁴⁸ Die österreichischen Proteste waren so unerwartet massiv, daß sich Mühlberg beeilte, Szögyény zu versichern, Bülow sei durch innenpolitische Gründe zu diesem Entwurf „gezwungen", werde aber „nicht zugeben", Handelsverträge auf einer solchen Grundlage vorzubereiten.¹⁴⁹ Wenige Tage später schilderte der Kanzler selbst dem Botschafter seine innenpolitischen Schwierigkeiten und mahnte ihn, sich nicht „irremachen" zu lassen.¹⁵⁰ Nach zwei Wochen war Szögyény überzeugt, Bülow seien die Angriffe aus dem Ausland willkommen, um Argumente für den gewünschten Mittelweg zu gewinnen.¹⁵¹

Doch solche taktischen Finessen konnten zwar auf leitende Diplomaten einigen Eindruck machen, die Verstimmung in Österreich-Ungarn jedoch blieb, wie Szögyény Ende des Jahres Bülow versicherte, „eine sehr tiefgehende und umfangreiche"¹⁵². Politische Rückwirkungen schienen nicht ausgeschlossen. Immerhin warnte der cisleithanische Ministerpräsident Ernest Koerber deutsche Diplomaten, ein wirtschaftlicher Krieg vermöge auch die politische

---

142 PA Bonn, Orientalia Gen. Nr. 5 Nr. 1 secr., Bd. 3, Bl. 66: Jagow an Bülow 13.5.1902.
143 Ebenda, Bl. 29ff.: Alvensleben an Bülow 11.6.1901, 13.7.1901.
144 Gutsche, Südosteuropapolitik, S. 241; Behnen, Rüstung, S. 459ff.
145 Ebenda, S. 338ff.
146 HHStA Wien, MdÄ, PA III, Nr. 158, Bl. 66ff.: Goluchowski an Szögyény 13.6.1902.
147 Ebenda, NL Aehrenthal, Karton 4, Szögyény an Aehrenthal 23.2.1902.
148 HHStA Wien, MdÄ, Adm. Reg. F 16, Nr. 2, Goluchowski an Szögyény 30.7.1901.
149 Ebenda, Szögyény an Goluchowski 2.8.1901.
150 Ebenda, Szögyény an Goluchowski 14.8.1901.
151 Ebenda, Szögyény an Goluchowski 28.8.1901.
152 Ebenda, Thun an Goluchowski 3.12.1901.

Allianz zu bedrohen.[153] Doch wirklich gefährdet war sie nicht. Der Streit beschränkte sich auf die Zollfrage, und da waren auch politische Mittel recht, um eine möglichst vorteilhafte Korrektur zu erzwingen. Eine verschlechterte öffentliche Atmosphäre zwischen beiden Reichen konnte sich allerdings einstellen.

Regierung und Wirtschaft Italiens sahen ihren Export nach Deutschland ebenfalls bedroht, handelte es sich doch auch hier in erster Linie um landwirtschaftliche Produkte.[154] Doch die negativen ökonomischen Wirkungen ließen sich mit denen, die in Österreich-Ungarn eintreten konnten, nicht messen. Die politische Brisanz indes ist höher zu veranschlagen. Sie äußerte sich in öffentlicher Dreibundkritik und in neuen Sympathiebekundungen für Frankreich.[155] Der Regierung gaben sie ein Druckmittel in die Hand, die sie einen akzeptablen Ausgleich mit Berlin optimistisch erwarten ließ.[156] Insofern befand sich die Regierung in Rom in einer weit vorteilhafteren Lage als der Dreibundpartner in Wien.

Die größte politische und wirtschaftliche Brisanz besaß die Zollfrage im deutsch-russischen Verhältnis, in dem aber auch die Bagdadbahnfrage und Ostasien anhaltende Störpotentiale blieben. Das besondere Gewicht der Zollfrage ergab sich nicht zuletzt aus der tiefgreifenden und anhaltenden Wirkung der Wirtschaftskrise im Zarenreich.[157] Die Industrie litt unter einer niedrigen Binnennachfrage, weil die Konsumtionsfähigkeit der Bevölkerung angesichts der Notlage breiter Kreise gering blieb und die Staatsaufträge wegen der unerwartet hohen Kosten der Chinapolitik zurückgingen. Wittes Staatsbudget für 1901 sah die verbliebenen Mittel wiederum in erster Linie für Rüstungszwecke und für die Expansionssicherung in Ost- und Mittelasien vor, kaum für den Bevölkerungsbedarf.[158] Auch die Landwirtschaft litt unter Kreditmangel, der nun noch Exportverluste drohten.

Die wirtschaftlichen Faktoren vertieften die Krise des zaristischen Systems. Die allgemeine oppositionelle Stimmung wuchs. Neue Bauernaufstände, Arbeiterstreiks und Studentenunruhen brachen 1901 aus, terroristische Anschläge nahmen zu.[159] Das Regime antwortete traditionell mit Repression, doch es wuchsen Unsicherheit und Konzeptionslosigkeit. Aehrenthal, ein ausgewiesener Kenner der Petersburger Szene, sah Mitte 1901 die Selbstherrschaft auf dem toten Punkt[160], den Zaren als willenloses Werkzeug seiner Minister, die ganz verschiedene, eigensüchtige Interessen verfolgten.[161] Er schloß nicht aus, daß sich das Regime, beherrscht von innerer Auswegslosigkeit, in auswärtige Konflikte flüchte, obgleich für Außenminister Lamsdorff ein Krieg allein den Umsturzkräften nutzen würde.[162] Entscheidend aber war: Die fortschreitende Destabilisierung des Zarismus ließ seine außenpoli-

---

153 PA Bonn, Deutschland Nr. 172 secr., Bd. 2, Romberg an Bülow 18.10.1901.
154 BA Koblenz, R 2, Nr. 1497, Wedel an Bülow 5.2.1901, Herff an Wedel 4.2.1901.
155 Ebenda, Wedel an Bülow 1.11.1901; PA Bonn, Deutschland Nr. 172 secr., Bd. 1, Wedel an Bülow 28.7.1901.
156 Ebenda, Bd. 2, Wedel an Bülow 1.11.1901; ebenda, Deutschland Nr. 128 Nr. 1 secr., Bd. 14, Bl. 79ff.: Wedel an Bülow 27.3.1901.
157 Geyer, Imperialismus, S. 166ff.; Vogel, Rußlandpolitik, S. 60ff.; Hallgarten, Imperialismus, Bd. 1, S. 544.
158 HHStA Wien, MdÄ, PA X, Nr. 115, Bl. 59ff.: Bericht aus Petersburg 19.1.1901.
159 Ebenda, Nr. 115, 116: zahlreiche Berichte.
160 Ebenda, Nr. 116, Bl. 52ff.: Bericht aus Petersburg 16.8.1901.
161 Ebenda, Bericht aus Petersburg 28.3.1901.
162 Ebenda.

tische Berechenbarkeit sinken; mit Handlungsschwäche war ebenso zu rechnen wie mit der Neigung zu Abenteuern.

Über die Spezifik der Krise scheint Wien durch Aehrenthal weit exakter informiert gewesen zu sein als Berlin. Darin mag eine Ursache dafür liegen, daß die Berliner Führung, als sie Anfang 1901 das russische Anleihebedürfnis konsequenterweise als Hebel der deutschen Außenpolitik zu nutzen trachtete, das kreditfreudige Russenkonsortium nicht zum Geschäft ermunterte, um sich dafür mit außenpolitischen Konzessionen bezahlen zu lassen. Sie forcierte den Druck, wies Mendelssohn ab und ließ überdies Eckardstein in London eine Kampagne gegen die russischen Finanzen aufziehen mit dem Ziel, Wittes gleichzeitige Bemühungen um englische und amerikanische Kredite ebenfalls zu durchkreuzen.[163]

Diese Vorgänge fielen zusammen mit Auftritten des deutschen Kaisers, der, anspielend auf russische Probemobilmachungen an der Westgrenze, an denen der französische Generalstabschef teilnahm, für den Kriegsfall Siegeszuversicht verbreitete, „wenn wir auch von Feinden umgeben und mit der Minderheit gegen die Mehrheit zu kämpfen haben"[164]. Es traf zu, was Bülow in später Erkenntnis 1917 eingestand: „Wir trieben Machtpolitik plumper als andere, ohne Rücksicht auf andere."[165] Ergebnis war erstens, daß sich die Anzeichen englisch-russischer Annäherung vermehrten und Anfang Mai ein erster Ausgleich in der Mandschureifrage zustande kam. Zweitens traf ebenfalls im Frühjahr der französische Außenminister Delcassé bei einem Besuch in Petersburg auf eine besonders kooperationswillige russische Führung. Auf seine Zusage, für die Öffnung des französischen Geldmarktes zu sorgen, sicherte sie ihm zu, die französischen Interessen in Marokko zu unterstützen, für den strategischen Aufmarsch in Westrußland wichtige Eisenbahnlinien zu bauen und, gemeinsam mit England, Deutschlands Tatendrang in China zu bremsen. Für Aehrenthal war jedenfalls der Sinn der Absprachen Delcassés in Petersburg klar: die Isolation Deutschlands.[166]

Im Grunde gelang Petersburg, das Prinzip gegenüber Deutschland zu behaupten, das Holstein für die deutsche Politik aufgestellt hatte: Rußland dadurch zur Kooperation zu zwingen, daß die eigenen Interessen ohne russische Unterstützung realisiert werden konnten.[167] So blieb das Verhältnis gespannt, obwohl Rußlands Regierung und Presse die einlenkende Reichstagsrede Bülows wohlgefällig registrierten.[168] Pückler sah in einem ausführlichen Bericht trotz aller Differenzen keinen Grund zur Besorgnis. Er glaubte nicht an einen Erfolg der russisch-englischen Annäherung.[169] Waren es schon Zweifel, wenn Bülow anmerkte: „davon hängt alles ab", und auf die englische „Unwissenheit, Kurzsichtigkeit, Feigheit gegen Rußland" hinwies? Die abschließende, die Grundposition der deutschen Diplomatie widerspiegelnde Sentenz Pücklers: „Wir sind und bleiben doch schließlich ein höchst wertvoller Bundesgenosse und ein höchst gefährlicher Gegner", weshalb Rußland nervös die deutsch-englische Annäherung beobachte, quittierte der Kanzler mit „sehr richtig". Und die Presse ließ er das Freihandprinzip wiederholen: Wie Bismarck halte er am Dreibund und an guten

---

163 Vogel, Rußlandpolitik, S. 75ff.
164 HHStA Wien, MdÄ, PA III, Nr. 155, Bl. 464ff.: Bericht aus Berlin 4.4.1901.
165 BA Koblenz, NL Bülow, Nr. 151 H, Bl. 212: Merkbuch 1917.
166 HHStA Wien, MdÄ, PA X, Nr. 115, Bl. 452ff.: Bericht aus Petersburg 27.4.1901.
167 BA Koblenz, NL Bülow, Nr. 91, Bl. 191ff.: Holstein an Bülow 4.12.1900.
168 PA Bonn, Deutschland Nr. 122 Nr. 13 Nr. 1, Bd. 3, Alvensleben an Bülow 17.3.1901.
169 Ebenda, Deutschland Nr. 131 secr., Bd. 8, Bl. 80ff.: Pückler an Bülow 16.5.1901 mit Randbemerkungen Bülows.

Beziehungen zu Rußland wie zu England fest.¹⁷⁰ Adressiert war dieser Vorstoß an die russische Führung.

Seitdem sich eine relative Konsolidierung der Lage in China abzeichnete, wandte sich die russische Aufmerksamkeit wieder stärker der Bagdadbahnfrage zu.¹⁷¹ Eine der Streitpunkte betraf das geplante Abschlußstück zum Golf. Während die deutsche Seite deshalb bestrebt war, weder England noch Rußland zu gestatten, sich in Kuweit festzusetzen, machten Regierungen und Öffentlichkeit beider Rivalen Stimmung gegen die deutschen Pläne.¹⁷² Die deutsche Idee, Rußland an dem Unternehmen zu beteiligen, stieß in der russischen Presse auf keine Gegenliebe. Deutschland schien viel zu stark, um eine gleichberechtigte Mitwirkung zu gewährleisten. Die Absicht des französischen Kapitals, sich dem Unternehmen anzuschließen, registrierten die russischen Blätter deshalb mit deutlichem Unmut.¹⁷³ In diesem Zusammenhang gewann der Balkanraum für Rußland neue Bedeutung. Um das Bahnunternehmen zu torpedieren, stieg sein Interesse an der Destabilisierung des osmanischen Reiches. Er sehe schwarz bezüglich der Zukunft der Türkei, erklärte Lamsdorff Aehrenthal.¹⁷⁴ Er tat alles, um Bulgarien und Serbien unter festen russischen Einfluß zu bringen und als Antipoden zur Türkei aufzubauen. Ohne die Entente mit Österreich-Ungarn direkt in Frage zu stellen, standen für die zaristische Balkanpolitik andere Prioritäten, die sie von Deutschland und Österreich wegführten. In welchem Ausmaß das bereits der Fall war, berichtete Aehrenthal besorgt nach Wien: Bulgarien und Serbien erwarteten alles von Rußland, während sie Österreich ignorierten.¹⁷⁵ Die deutsche Diplomatie setzte dagegen auf die russisch-englische Konkurrenz in Persien und meinte deshalb voller Illusionen, in Rußland einen positiven Wandel gegenüber dem Bagdadbahnprojekt erblicken zu können.¹⁷⁶ Zuvor hatte sich ihre Hoffnung auf einen russisch-japanischen Krieg ebenso als Fehlkalkulation erwiesen. Die Petersburger Führung ließen besonders die erwarteten wirtschaftlichen und finanziellen Folgen vor einem solchen Abenteuer zurückschrecken.¹⁷⁷

Angesichts der Krise in Rußland mußte vielmehr befürchtet werden, daß sich nach der Publikation des deutschen Zolltarifentwurfs die bilateralen Beziehungen zum Reich neuerlich verschlechterten. Schon zuvor hatte Botschafter Alvensleben vor den nachteiligen wirtschaftlichen und politischen Folgen des Doppeltarifes gewarnt. Rußland werde „uns gegenüber, unzweifelhaft auch politisch, ruhigen und objektiven Erwägungen noch weniger zugänglich werden, zumal die Mehrzahl der höheren leitenden Kreise persönlich infolge ihres ausgedehnten Grundbesitzes die nachteiligen Folgen einer Erschwerung des russischen Getreideexports nach Deutschland zu spüren haben würde." Der zweite gravierende Nachteil der zollpolitischen Differenzen wäre, daß die englische und die amerikanische Wirtschaft den deutschen Industriewarenexport nach Rußland beerben würden, wodurch ihre politischen Einflußmöglichkeiten steigen könnten.¹⁷⁸ Die Nachrichten über die deutsch-britischen

---

170 HHStA Wien, MdÄ, PA III, Nr. 156, Bl. 85fl.: Bericht aus Berlin 2.6.1901.
171 Ebenda, PA X, Nr. 116, Bl. 69ff.: Bericht aus Petersburg 16.8.1901.
172 GP, Bd. 17, S. 477f.
173 HHStA Wien, MdÄ, PA X, Nr. 116, Bl. 69ff.: Bericht aus Petersburg 16.8.1901.
174 Ebenda, Bl. 167ff.: Bericht aus Petersburg 2.9.1901.
175 Ebenda, Bl. 177ff.: Bericht aus Petersburg 2.9.1901.
176 BA Koblenz, NL O.v. Richthofen, Nr. 17, Aufz. H.v. Richthofens (etwa 1906).
177 Vogel, Rußlandpolitik, S. 106.
178 PA Bonn, Deutschland Nr. 131, Bd. 22, Bl. 71ff.: Alvensleben an Bülow 2.4.1901.

Annäherungsversuche ließen in Rußland die Zollfrage mehr und mehr in einem globalen Zusammenhang betrachten. So sah die „Rossija" die gesamteuropäische Politik an einem Wendepunkt, hervorgerufen durch den Aufstieg Deutschlands und die Schwäche Englands, das sich freilich dem deutschen Freundschaftswerben in der Gewißheit widersetze, daß Deutschland seine Erbschaft antreten wolle. Für Rußland stelle das Bündnis mit Frankreich eine Trumpfkarte gegen Deutschland dar, doch ob sie ausreiche, sei ungewiß. Deshalb stehe Rußland vor der Frage, sich entweder mit Deutschland oder mit Frankreich und möglicherweise mit England gegen Deutschland zu verständigen.[179]

In Deutschland jedoch beherrschte nicht diese Dimension der internationalen Lage die Debatte. Die innenpolitische Zolldiskussion dominierte alles. Um den Druck auf die Regierung zu verstärken, warf ihr die agrarische Richtung neuerlich Untätigkeit gegenüber der sozialistischen „Umsturzpartei" und auch die Spannungen im deutsch-russischen Verhältnis vor. Für diese machte sie nicht Zoll- und Bagdadbahnfrage verantwortlich, sondern die verfehlte außenpolitische Taktik der Reichsleitung, den „Zick-Zack-Kurs" zwischen Rußland und England in den vergangenen zwölf Jahren.[180]

Die russische Reaktion auf den Zolltarifentwurf hätte die konservativ-agrarische Richtung unter Herbert von Bismarck eines Besseren belehren können. Die Presse beklagte die zu erwartenden Belastungen für die russische Landwirtschaft[181], und Zollkriegsbefürchtungen wurden laut.[182] Doch intern schloß Witte die Verständigung nicht aus. Gerade die Krise ließ ihn bedenken, wie stark beide Volkswirtschaften aufeinander angewiesen waren. In den niedriger gehaltenen Tarifen für Roggen sah er einen Ansatzpunkt für den Ausgleich.[183] Die öffentliche Reaktion reichte indes wiederum über den Gegenstand weit hinaus. Es „bringt die deutsche Politik", hieß es in der „Nowoje Wremja", „die so erfolgreich Rußland und Frankreich einander genähert hat, langsam aber sicher auch Rußland und England näher."[184]

Im Hochsommer 1901, nach dem Ende der deutsch-englischen Sondierungen, sah es Bülow geboten, einen Verständigungsversuch mit Petersburg einzuleiten, der zugleich den Boden bereiten sollte für das Treffen der beiden Kaiser. Er ermunterte jetzt das Russenkonsortium zu einer Anleihe, deren politische Wirkung jedoch hinter den Erwartungen blieb, weil französische Banken bereits kurz zuvor eine solche abgeschlossen hatten.[185] Außerdem ließ er die Presse instruieren, ein ungetrübtes Bild der Beziehungen zu Rußland zu zeichnen, in dem allein die Zollfrage störe.[186] Als er Anfang September die Instruktion erweiterte, zeigte sich, daß er auch auf die inneren Kritiker seiner Politik abzielte: „Im übrigen wünsche ich, daß in unserer Presse, natürlich in unauffälliger Weise und unter Vermeidung grober Reklame, meine Tätigkeit auf dem Gebiet der auswärtigen Politik wieder mehr in den Vordergrund gestellt wird", vor allem „die glückliche Abwicklung der chinesischen Schwie-

---

179 Ebenda, Bl. 89ff.: Alvensleben an Bülow 22.7.1901.
180 HHStA Wien, MdÄ, PA III, Nr. 155, Bl. 522ff.: Bericht aus Berlin 24.4.1901.
181 BA Koblenz, R 2, Nr. 1696, Alvensleben an Bülow 1.8.1901.
182 PA Bonn, Deutschland Nr. 131 Nr. 2 secr., Bd. 5, Bl. 111ff.: Schlözer an Bülow 1.8.1901.
183 Wulff, Handel, S. 184ff.
184 PA Bonn, England Nr. 78, Bd. 16, Alvensleben an Bülow 1.8.1901.
185 Ebenda, Deutschland Nr. 131 Nr. 2 secr., Bd. 5, Bl. 117ff.: Pückler an Bülow 16.9.1901; Vogel, Rußlandpolitik, S. 80.
186 PA Bonn, Deutschland Nr. 172 secr., Bd. 1, Bülow an AA 4.8.1901.

rigkeiten, die Besserung unserer Beziehungen zu Rußland und vor allem die stetige und ruhige Fortführung einer kühlen Realpolitik"[187].

Bülow steuerte mit dem Kaisertreffen in Danzig Mitte September 1901 auf eine Freundschaftsdemonstration, die das Ziel verfolgte, die Handelsvertragschancen offenzuhalten. Das gebot ihm nicht allein die innenpolitische Lage: Die hart betroffenen großen Unternehmen verlangten angesichts fortwährender Überproduktion besonders nachdrücklich, den Export nach Rußland zu sichern.[188] Der Kanzler instruierte den Kaiser, die deutschen Weltmachtinteressen, in Kleinasien wie in China, als rein kommerzielle Unternehmen zu klassifizieren.[189]

Das Ergebnis der Entrevue blieb so unverbindlich, wie es der Interessenlage beider Mächte entsprach. Am weitesten reichte die Übereinstimmung, den Kampf gegen die Kräfte des „Umsturzes" zu koordinieren.[190] Die zollpolitischen Streitfragen selbst scheinen gar nicht behandelt worden zu sein. Offenbar galt das ganze Bemühen einem freundlichen Umfeld, das die Voraussetzungen für den späteren Ausgleich schaffen sollte.[191] Die russische Presse registrierte immerhin die Zarenreise mit Sympathie und sah Hoffnung auf eine positive Lösung des Tarifkonflikts.[192] Aber die wortreichen Freundschaftsbekundungen konnten das magere Ergebnis und die anhaltenden Differenzen nicht verdecken. So hielt Bülow in der Bagdadbahnfrage die russischen Vorbehalte für ausgeräumt und gab sich der vagen Hoffnung hin: „Dem Gedanken einer kontinentalen Gruppierung gehöre vielleicht die Zukunft." Doch nur zwei Tage später ließ Pückler den Kanzler wissen, daß die deutsche Stellung in Kleinasien „der empfindlichste Punkt" in den Beziehungen zu Rußland bleibe und eine Lockerung des russisch-französischen Bündnisses nicht zu erwarten sei.[193] Solche Bedenken schienen indes in Berlin eher auf Unglauben zu stoßen. Der Eindruck, mit dem die deutsche Führung Danzig verließ, war wohl, daß aufgrund der Schwäche Rußlands, geboren aus der wirtschaftlichen und gesellschaftlichen Krise, die deutschen Positionen in der Zollfrage wie in der Nahostpolitik durchsetzbar seien.

Die Frage einer Verbindung mit Rußland warf für die Berliner Führung immer auch die Frage nach dem Verhältnis zu Frankreich auf, obgleich sie die Ausmaße der russisch-französischen Allianz noch immer unterschätzte. Die Erfahrungen aus dem Jahre 1899, die Wirkungen der Faschodakrise und des Burenkrieges ebenso wie die Sondierungen um den russischen Meerengenvorschlag besagten, daß die Elsaß-Lothringen-Frage als unüberwindbare Hürde jeder deutsch-französischen Annäherung enge Grenzen setzte ebenso wie jeder Bündniserörterung mit Rußland.

Die folgende Entwicklung setzte eher widersprüchliche Signale. Die Erweiterung der Militärkonvention mit Rußland, die neue Verbindung mit Italien und erste Sondierungen mit England über einen globalen Ausgleich in Afrika – diese Vorgänge stärkten in Frankreich die deutschfeindliche Richtung, und eine solche lag auch in der Vorstellung Delcassés, der den

---

187 Ebenda, Bd. 2, Bülow an AA 3.9.1901.
188 HHStA Wien, MdÄ, PA III, Nr. 156, Bl. 136ff.: Bericht aus Berlin 16.10.1901.
189 GP, Bd. 18/I, S. 21ff.
190 PA Bonn, Preußen Nr. 1 Nr. 1 Nr. 4b, Bd. 14, Pückler an Bülow 21.10.1901; HHStA Wien, MdÄ, PA X, Nr. 116, Bl. 309ff.: Bericht aus Petersburg 28.10.1901.
191 Ebenda, PA III, Nr. 156, Bl. 84ff.: Bericht aus Berlin 18.9.1901.
192 PA Bonn, Preußen Nr. 1 Nr. 1 Nr. 4b, Bd. 14, Pückler an Bülow 12.9.1901.
193 GP, Bd. 18/I, S. 29ff.

Streit um Elsaß-Lothringen für unverjährbar hielt.[194] Doch stand diese Frage um 1900 nicht im Vordergrund, die deutsch-französischen Beziehungen schienen äußerlich weitgehend störungsfrei und veranlaßten Wilhelm II. gelegentlich zu spektakulären Aussöhnungsvorstößen. Auch Münster gab sich Ende 1900 in einem ausführlichen Bericht optimistisch: Delcassé betrachte zwar die Allianz mit Rußland „nach wie vor [...] maßgebend". Dennoch habe sich das Verhältnis zu Deutschland „immer mehr gebessert", obgleich an eine Allianz wegen Elsaß-Lothringen „bis jetzt" nicht zu denken sei. Da für den Botschafter jedoch England auch in der Zukunft ein „gefährlicher Feind" Frankreichs blieb, glaubte er, werden „gemeinsame Interessen uns zusammenführen"[195].

Den Revanchegedanken hatten die liberalen Republikaner ebenso wie die Sozialisten äußerlich zurückgedrängt, die gemeinsam unter Pierre M. Waldeck-Rousseau die Regierung bildeten. Sie schlossen eine spätere Verhandlungslösung für Elsaß-Lothringen nicht gänzlich aus. Selbst die „nationale Mitte" lehnte derzeit den Revanchekrieg ab, aber auch den territorialen Status quo.[196] Impulse für die relativ entkrampften Beziehungen ergaben sich aus einer gewissen innenpolitischen Stabilisierung, die mit der Entspannung der Dreyfusaffaire einherging, aus gemeinsamen Finanzoperationen deutscher und französischer Banken und aus der Tatsache, daß die deutsche Zollfrage den Handel mit Frankreich weit weniger tangierte als den mit anderen Großstaaten.

Doch man darf sich über die relativ begrenzte Dimension der Entspannung nicht täuschen. In den Wirtschaftskrisenjahren klagte auch die französische Industrie über den deutschen Frankreichexport.[197] Die politische Brisanz rührte primär aus dem globalen Zusammenhang her. Denn das überlegene deutsche Potential in allen gesellschaftlichen Bereichen, das viel rascher wuchs als das französische, stellte in erster Linie in den Augen vieler Franzosen, auch Delcassés, einen Faktor permanenter, wachsender Bedrohung dar.[198] Wenn besonders Holstein einen wirklichen Ausgleich in der Elsaß-Lothringen-Frage für eher unwahrscheinlich hielt und ein Neuaufleben der Revanchebewegung nicht ausschloß, entsprach eine solche Skepsis durchaus den Gegebenheiten. Doch hätte es eine Ausgleichschance gegeben, der Kanzler hätte sie gewiß gern ergriffen. Denn allein dann, so bewiesen die Erfahrungen der letzten Jahre, schien es sinnfällig, sicher auf eine Anlehnungsmöglichkeit an die russische Seite im Falle des Scheiterns der Freihandpolitik rechnen zu können. Schon deshalb durfte er selbst die geringste Aussicht, die Kombination Rußland-Deutschland-Frankreich für die Zukunft offenzuhalten, nicht gefährden.[199]

Aus diesen widersprüchlichen Voraussetzungen erklärt sich, warum es 1901 überhaupt zu neuen deutsch-französischen Annäherungssymptomen kam, sie allerdings wiederum nur oberflächlicher Natur blieben. Die Besorgnis, der Kontrahent könnte sich andernfalls mit Rivalen, vor allem mit England, verständigen, ging besonders von Frankreich aus, als die deutsch-englischen Bündnissondierungen liefen.

Als einen ersten Schritt schlug der Quai d'Orsay vor, die Ausfuhr aus den deutschen und französischen Kolonien in das jeweils andere Mutterland zu erleichtern. Der Ausgang scheint

---

194 Caron, Frankreich, S. 554f.
195 PA Bonn, Frankreich Nr. 102, Bd. 22, Münster an Bülow 19.11.1900.
196 Lenzner, Annäherung, S. 118ff.
197 PA Bonn, Frankreich Nr. 102, Bd. 22, Radolin an Bülow 1.4.1901.
198 BHStA München, MA Nr. 2160, Bericht aus Paris 18.3.1902; Raulff, Machtpolitik, S. 44.
199 GP, Bd. 17, S. 318.

typisch für den Charakter des Verhältnisses. Aus allgemeinen Gründen der Verständigung ging das Auswärtige Amt zunächst auf die Offerte ein, schraubte jedoch die Forderungen auf eine Höhe, die Paris nicht akzeptieren konnte, und brach wegen der öffentlichen Vorbehalte schließlich die Verhandlungen ab.[200]

Der zweite Ansatz ging im Juni direkt von Delcassé aus, der eine deutsch-englische Verständigung über Marokko befürchtete. Er ließ nichts weniger als eine generelle Verständigung mit dem Ziel einer Entente anbieten. Bülow reagierte abgewogen und realitätsbezogen, zumal der Minister ausrichten ließ, auf Elsaß-Lothringen nicht verzichten zu können.[201] Unzeitige Versuche eines Generalausgleichs hielt der Kanzler für schädlich. Statt dessen schlug er am 13. Juni ein Zusammenwirken auf sozialer und kultureller Ebene vor, das „Nutzen für beide Seiten verspricht" und den „Instinkt der Massen nicht brüskiert." So könne der Boden für „spätere politische Eventualitäten" geebnet werden.[202] Wenige Tage darauf erhielt Radolin die Order: Berlin behalte sich vor, „beim etwaigen Auftauchen von Fragen, bei welchen Deutschland und Frankreich gleichermaßen interessiert sind, ein ferneres Zusammengehen der beiden Regierungen anzuregen"[203]. Doch Bülow ging noch weiter. Im August erwog er sogar, anders als Holstein, auf die Besitzstandsklausel zu verzichten, wenn solche Absprachen anstünden. Und als ihm zwei Monate später Radolin ein Treffen mit Delcassé zu erwägen gab, schloß Bülow ein solches nicht aus, wenn es der „Möglichkeit künftiger intimerer politischer und persönlicher Beziehungen" diene. Als schließlich in der französischen Deputiertenkammer sogar Allianzaussichten diskutiert wurden, reagierte Berlin indes abweisend – wohl befürchtend, in der Marokkofrage in eine Front gegen England gestellt zu werden.

Im Grunde beschränkten sich beide Seiten in dieser Phase darauf, den Rivalen als überraschendes taktisches Mittel im Ringen mit anderen Mächten nutzen zu wollen. Für die Zukunft schloß Bülow allerdings nicht aus, daß Frankreich sich mit dem Verlust Elsaß-Lothringens abfinde. Diese Vorstellung beruhte auf den Grundsätzen seines Frankreichbildes. Für ihn wie für eine Mehrheit in den staatstragenden Gesellschaftsschichten und Parteien – eine Ausnahme bildeten die Linksliberalen, von den frankreichfreundlichen Sozialdemokraten ganz abgesehen – stellte die Republik, besonders angesichts ihres wachsenden Rückstands in Wirtschaft und Bevölkerung, eine absinkende Macht, eine Großmacht nurmehr zweiten Ranges in einem Staatswesen von minderer Qualität mit einander rasch folgenden inneren Krisen dar, der letztlich allein die Unterordnung unter die großen Weltmächte, vor allem unter Deutschland, blieb[204] – eine Auffassung, die sich so freilich nur noch wenige Jahre hielt.

Daher sahen die französische Regierung und Öffentlichkeit weiterhin in Deutschland in erster Linie ein wachsendes Potential der Bedrohung. Diese Sicht motivierte den Stabilisierungstrend, die militärische Stärkung und besonders die Suche nach weiteren Bundesgenossen. Deshalb favorisierte der Quai d'Orsay den großen Ausgleich mit Großbritannien.

---

200 Lenzner, Annäherung, S. 65ff.
201 GP, Bd. 18/II, S. 777.
202 PA Bonn, Frankreich Nr. 102, Bd. 23, Bülow an Radolin 13.6.1901.
203 Vgl. für das weitere: Lenzner, Annäherung, S. 194ff.
204 Ebenda, S. 10ff.

Es ist folglich müßig, nach einem Schuldigen an den ergebnislosen deutsch-französischen Annäherungsbestrebungen zu suchen.²⁰⁵ Voraussetzungen für den Erfolg gab es nicht.

Zur gleichen Zeit, als im Herbst 1901 in Berlin die russische und die französische Annäherungsfrage eine Rolle spielten, kam es auch in den englisch-deutschen Beziehungen nochmals zu Sondierungen, die gegen Jahresende ihren negativen Abschluß fanden. Im August startete die Londoner Regierung zu einem neuen Anlauf, als sie, eher verschwommen, eine Verständigung in der Marokkofrage empfahl.²⁰⁶ Die deutsche Seite reagierte nicht nur deshalb abweisend, weil sie sich nicht gegen Frankreich vorschieben lassen wollte. Sie verlangte, diesmal durch den Kaiser, der erst jetzt von den Gesprächen des Frühjahrs informiert wurde, neuerlich den Offenbarungseid, den Anschluß Englands an den Dreibund. Darauf ging London wiederum nicht ein. Er bedinge eine identische Außenpolitik, und für eine solche sah es keine Chance.

Betrachtet man die vorherrschende Stimmung in der britischen Öffentlichkeit und in beiden großen Parteien, bestanden für eine Bündnispolitik auch jetzt keine Erfolgsaussichten. Metternich und Eckardstein übermittelten in immer größerer Zahl Zeitungsnachrichten nach Berlin, in denen besonders die großen, einflußreichen Blätter wie „Times", „National Review" und „Spectator" den Lesern ihre Vorstellung vermittelten, nicht Rußland, sondern Deutschland sei Englands „nationaler Feind". Es möge deshalb die Verständigung mit Rußland suchen, für das Deutschland ebenfalls der Hauptgegner sei. Auf diese Weise durchkreuze England das deutsche Bestreben, die beiden Flügelmächte miteinander zu entzweien.²⁰⁷ „Es ist", schrieb der neue Botschafter Metternich am 1. Oktober 1901, „seitdem ich hier bin, in der englischen Presse die Tendenz im Steigen, Deutschland als den eigentlichen Feind Englands hinzustellen". Als Hauptgründe betrachte sie „die Handelskonkurrenz und den Kolonialhunger [Deutschlands], unterstützt von Kaiser und Regierung, andererseits [...] den Haß [...], den das deutsche Volk gegen England hegen soll"²⁰⁸. Viel gravierender war jedoch das weitere: Am 29. Oktober meldete der Botschafter, daß ein Grundsatzartikel der „National Review" zur britischen Außenpolitik, der Deutschland als gefährlichsten Gegner Englands kennzeichnete und zur Abwehr der deutschen Gefahr das Zusammenwirken von England und Rußland empfahl, in den politischen Eliten in London als „bedeutungsvolles Anzeichen für einen radikalen Umschwung der gesamten auswärtigen Politik Englands" betrachtet werde.²⁰⁹ Erst alle diese Informationen und Einschätzungen lassen das Gewicht der schon erwähnten Warnung ermessen, die Metternich Mitte September an den Kanzler richtete: Zwischen Rußland und England „zu lavieren, dürfte für längere Zeit schwerlich mehr gehen"²¹⁰.

Wie reagierte die deutsche Führung auf diese Nachrichten? Der Kaiser, wen wundert's noch, antwortete mit Fehleinschätzungen und abenteuerlichen Vorschlägen: Eine russisch-englische Allianz sei nicht zu erwarten, denn England habe Rußland nichts zu bieten, das

---

205 Poidevin/Bariety, Frankreich, S. 223, geben Deutschland die Schuld; Fischer, Marokko, S. 74, dagegen Frankreich.
206 Becker, Wende, S. 380ff.
207 PA Bonn, England Nr. 78, Bd. 16, Eckardstein an Bülow 31.8.1901, Metternich an Bülow 9.9.1901, 8.12.1901, Nr. 78 secr., Bd. 5, Metternich an Bülow 1.11.1901.
208 Ebenda, Nr. 78, Bd. 16, Metternich an Bülow 1.10.1901.
209 Ebenda, Nr. 78 secr., Bd.. 5, Metternich an Bülow 29.10.1901.
210 GP, Bd. 17, S. 99.

vielmehr Deutschland als Rückendeckung gegen Japan benötige. Gegen England empfahl er, sich mit den USA „wirtschaftlich zu verständigen". Das ermögliche die „Zertrümmerung des englischen Welthandels, ihrer Schiffe etc., mit den Amerikanern gemeinsam den Engländern so schwere Verluste beizubringen, daß sie wohl oder übel politisch sich mit uns besser zu stellen gezwungen sind. Erfolgen diese Schläge, werden alle anderen Nationen sich anschließen, und es dürfte ein ganz anderes Resultat erzielt werden als das umstehend [von Metternich am 29. Oktober – K.C.] beschriebene."[211] Die Idee blieb praktisch folgenlos. Unbeachtet blieben auch die Vorstellungen des Konsuls in Indien, Sternberg: „Für uns ist es das klügste, zu einer Verständigung mit Rußland zu kommen."[212] Dabei schien für diese Alternative vieles zu sprechen, zumal als zu allem Überfluß ebenfalls Ende Oktober auch noch Radolin, inzwischen Botschafter in Paris, von dort seinen Eindruck mitteilte, „daß zwischen Frankreich und England sich eine Situation herauszubilden droht, die Deutschland gefährlich werden könnte"[213].

Auch Bülow beunruhigte die rußlandfreundliche Stimmung in England vorübergehend[214], doch die Freihandpolitik zu verlassen sah er keinen Grund. Er blieb dabei: Ebenso wie eine deutsch-englische Verbindung Rußland gegen Deutschland in Stellung bringe und England übermäßigen Spielraum ermögliche[215], wäre es gleichermaßen bei einer deutsch-russischen Kombination. Russisches Entgegenkommen, so seine Erfahrungen des Danziger Treffens, sei ebenso wie englisches nur zu erlangen, wenn sich das Verhältnis zu beiden auf unverbindlich freundlicher Basis befand.[216] Noch immer glaubte er wie Holstein, auf Zeit setzen zu können, gerade im Verhältnis zu England. Das war ein erstaunlich kurzsichtiges Verhalten; es erfolgte keinerlei Reaktion auf die eindeutigen Signale tatsächlicher Veränderung der Mächtekonstellation.

Der diesen Trend bestimmende deutsch-englische Antagonismus vertiefte sich indes rasch weiter. Chamberlain wies in einer Rede am 25. Oktober 1901 internationale Vorhaltungen wegen der britischen Kriegführung in Südafrika zurück, indem er, eher beiläufig, Grausamkeiten anderer Kriege, auch des deutsch-französischen von 1870/71, erwähnte. Ein Sturm der Entrüstung brach in Deutschland los, der alle politischen Lager außer den Sozialdemokraten erfaßte. Es war wie ein Stich ins Wespennest: Das Ereignis, das identitätsstiftend zum preußisch-deutschen Reich gehörte, das seinen unvergleichlich scheinenden Aufstieg eingeleitet hatte, wurde in Zweifel gesetzt. Der schrille deutsche Proteststurm rief in England, wie Metternich besorgt meldete, eine Erbitterung in allen Kreisen hervor, die nur der Entfremdung nach der Krügerdepesche vergleichbar sei.[217] Deym prophezeite, die Kontroverse werde für lange Zeit jegliches deutsch-englisches Zusammenwirken verhindern.[218]

Die Berliner Regierung enthielt sich zunächst jeglicher Stellungnahme, weil sie wußte, gleichgültig wie sie ausfiel würde sie nur Proteste gegen sich auslösen, in Deutschland oder

---

211 PA Bonn, England Nr. 78 secr., Bd. 5, Metternich an Bülow 29.10.1901 mit Randbemerkungen Wilhelms II.
212 Ebenda, Nr. 78, Bd. 16, Sternberg an Bülow 1.10.1901.
213 Ebenda, Nr. 83, Bd. 6, Radolin an Bülow 29.10.1901.
214 Winzen, Bülows Weltmachtkonzept, S. 358.
215 HHStA Wien, MdÄ, PA VIII, Nr. 126, Bl. 59ff.: Deym an Goluchowski 26.10.1901 (aus Berlin); GP, Bd. 17, S. 82f. (Randbemerkungen Bülows auf Metternichs Bericht 1.6.1901).
216 Ebenda, S. 99.
217 PA Bonn, BL, Bd. 406/2, Bl. 92ff.: Metternich an Bülow 19.11.1901.
218 HHStA Wien, MdÄ, PA VIII, Nr. 126, Bl. 64ff.: Bericht aus London 22.11.1901.

in England. Doch diese Vorgänge bildeten zugleich das Umfeld für die letzten Überlegungen des Foreign Office in der Bündnisfrage. Es verwundert nicht, daß in allen Stellungnahmen der intern befragten britischen Regierungsvertreter entschiedene Vorbehalte dominierten.[219] Berties Kritik der „krummen Politik" Deutschlands unterschied sich nicht von den Vorwürfen der britischen Zeitungen und durchschaute die hintergründigen Absichten der Berliner Freihandpolitik. Im Grunde brachten er wie Lansdowne und Salisbury die gleichen Argumente gegen ein Bündnis vor wie die Deutschen: die Entfremdung Rußlands und Frankreichs. Und auch die außenpolitische Linie, die Bertie London empfahl, stimmte mit der deutschen überein, freilich unter ganz anderen, günstigeren geostrategischen wie außenpolitischen Voraussetzungen: „In unserer gegenwärtigen Lage bilden wir zwischen dem Dreibund und dem Zweibund das Züngelin an der Waage."

Lansdowne hielt allerdings eine „begrenzte Verständigung" mit Deutschland, etwa über den Status quo am Mittelmeer und am Persischen Golf, sowie die Verabredung gemeinsamer Gegenmaßnahmen bei seiner Bedrohung für akzeptabel.[220] Als er am 19. Dezember ein solches Angebot Metternich unterbreitete, blieb dieser bei dem deutschen Vorschlag des Dreibundeintritts. „Alles oder Nichts", soll er geantwortet haben.[221] Genauso verhalten hat sich jedenfalls die Berliner Führung. Sie ist auf das Angebot überhaupt nicht eingegangen.

Das war sicher ein Fehler. Einmal, und das allein schon muß für diese Situation besonders hoch veranschlagt werden, wäre atmosphärisch etwas getan worden, was das beschädigte Verhältnis entspannen konnte. Die Möglichkeit einer späteren Generalverbindung wäre offengehalten worden. Die negative Reaktion widersprach ferner dem noch im vorigen Jahr festgehaltenen eigenen Prinzip: in konkreten Einzelfragen die Vereinbarung zu suchen. Freilich hätte eine solche, denkt man an die vorgeschlagenen Gegenstände, das Verhältnis zu Rußland nachdrücklich belasten können, so wie das 1898 von London vorgeschlagene Chinaabkommen, das Berlin damals zu Recht abgewiesen hatte. Vielleicht haben die Berliner Verantwortlichen auch die schlechten Erfahrungen mit dem Abkommen über die portugiesischen Kolonien beeinflußt. Und selbst das Jangtseabkommen, das direkte russische Interessen weniger tangierte als ein Vertrag über die Meerengen und den Persischen Golf, hatte immerhin das Verhältnis zu Rußland gestört. Die Rücksicht auf dieses mag bei den Ablehnungserwägungen sicher eine beträchtliche Rolle gespielt haben. Aber vielleicht hielt man derzeit schon solche Absprachen mit England angesichts der beiderseits feindlichen öffentlichen Stimmung und fehlender innerer Voraussetzungen nicht für opportun. Außerdem waren die internationalen Verhältnisse in Bewegung geraten, so daß es auch deshalb vernünftig schien, jegliche Entscheidung hinauszuschieben. Und darauf hatte ja die Berliner Führung, überzeugt vom fortgesetzten Aufstieg des Reiches und einer in der Zukunft für dieses vorteilhaften Entscheidung, immer wieder orientiert, zuletzt im Frühjahr dieses Jahres. Es war jedenfalls Optimismus und nicht Besorgnis, der die außenpolitische Führung beherrschte, auch im Hinblick auf eine generelle Verbindung mit England in der Zukunft. Unbeirrt hielt Bülow an seiner außenpolitischen Grundlinie fest. Metternich wurde am 18. Dezember, einen Tag vor seinem Gespräch mit Lansdowne, entsprechend instruiert: „Wir haben heute nicht mehr, wie in den ersten Jahrzehnten nach unserem französischen Kriege, zu gewärtigen, daß wir der Gegenstand eines konzentrierten Angriffs sind. Die großen Ziele der

---

219 BD, Bd. II/1, S. 116ff., 121ff., 125ff.
220 Ebenda, S. 124ff.
221 Ebenda, S. 131f.

heutigen Weltpolitik – Mittelmeer, Persien, Ostasien – sind Fragen, denen gegenüber wir die Freiheit der Entscheidung haben. Wenn eine derselben in Bewegung kommt, werden die dem Wirbel zunächst liegenden Staaten sich voraussichtlich vor dem Beginn der Aktion über Deutschlands Stellung orientieren."[222] Da gab es keinen Raum für eine aktuelle bündnispolitische Entscheidung, schon gar nicht für eine mit Deutschland als Juniorpartner. Sie hätte übrigens ebenso die Feindschaft Rußlands und Frankreichs auf sich gezogen.

So ergab sich logisch, daß nichts zustande kam.[223] Das waren auch die Intentionen der britischen Führung. In ihrer Sicht war Deutschland mit beängstigendem Tempo aus einer Gruppe zweitrangiger Staaten zu einer Weltmacht aufgestiegen, die die englischen Interessen massiv bedrohte. In fast allen gesellschaftlichen Bereichen stellte Deutschland für England den Hauptkonkurrenten dar. Das europäische Gleichgewicht, für England eine Grundbedingung seiner Weltstellung, schien zwischen Dreibund und Rußland/Frankreich gestört, zum Vorteil deutscher Vormacht. In diesem Wirtschaftskrisenjahr schien eine deutsche Überlegenheit besonders auf ökonomischem Gebiet bedrohlich. Immer mehr englische Firmen klagten über den von Zöllen gesicherten deutschen Binnenmarkt.[224] Im Mai 1902 bewertete Chamberlain die Handelsrivalität in einer Rede als ein immer ernster werdendes Problem.[225] Der Verlust wirtschaftlicher Vorherrschaft galt in England als Einbuße an nationaler Macht. Nur mit Machtzuwachs schien der Aufstieg Deutschlands aufzuhalten zu sein.[226] Als um so bedrohlicher betrachtete man nun den deutschen Flottenbau.[227]

Von diesem Komplex rührten die in England verbreitete Vorstellung über Deutschland als weltpolitischen Parvenu, und die in Deutschland zunehmende Stimmung, mit dem Aufstieg nicht allein Gleichberechtigung zu verlangen, sondern alle Grenzen sprengen zu wollen, sich beneidet und im Aufstieg behindert zu fühlen und sich dabei als besser und stärker zu bewerten als die anderen.

Hinzu kommt, daß Bülow Anfang 1902 aus innenpolitischem Kalkül die weitere Verschlechterung der Beziehungen zu England bewußt in Kauf nahm, obwohl er noch wenige Tage zuvor Metternich zugestimmt hatte, als dieser warnte, sich definitiv von England abzuwenden, weil dieses sich sonst auf Rußland orientiere.[228] In seiner sorgfältig vorbereiteten Reichstagsrede vom 8. Januar stellte sich nun der Kanzler an die Spitze der öffentlichen Entrüstung über Chamberlains Oktoberrede. Er warf ihm vor und traf damit genau die Stimmung im Reich, den „heroischen Charakter und die sittlichen Grundlagen unserer nationalen Einheitskämpfe entstellt" zu haben, und schloß eindrucksvoll mit Friedrich II.: „Laßt den Mann gewähren und regt euch nicht auf, er beißt auf Granit."[229] Gerade diese Pose staatsmännischer Zurückhaltung mußte, weil sie Macht und Überlegenheit besonders aufreizend demonstrierte, die Briten geradezu provozieren. Holstein und Metternich waren entsetzt. „Krügertelegramm im Taschenformat" nannte der Geheimrat zutreffend die Erklärung.[230] Die

---

222 GP, Bd. 17, S. 107ff., Bd. 18/II, S. 721.
223 Schöllgen meint, ein Bündnis wäre möglich gewesen. Vgl. Schöllgen, Imperialismus und Gleichgewicht, S. 104f.
224 Kennedy, Antagonism, S. 293ff.
225 Mommsen, Imperialismus. Arbeitsbuch, S. 75.
226 Kennedy, Antagonism, S. 306ff.
227 Massie, Schalen, S. 210.
228 GP, Bd. 17, S. 114f.
229 Bülows Reden, Bd. 1, S. 242.
230 Holstein, Papiere, Bd. 4, S. 220ff.

öffentliche Aufregung, die sie in England hervorgerufen habe, könne schlimmer nicht sein, schrieb der Botschafter aus London.[231] Der Entrüstungssturm erfaßte alle wichtigen Zeitungen.[232] Doch auch in der britischen Regierung saß die Verstimmung viel tiefer als ihre öffentlichen Reaktionen vermuten ließen.[233] Nach Deyms Ansicht hatte die Überzeugung der feindseligen Gesinnung Deutschlands nun tiefe Wurzeln geschlagen.[234] Wohl zu Recht sieht Otto Becker in dem Zwischenfall den Wendepunkt für die Londoner Führung, nun konzentriert die Vereinbarung mit Frankreich zu suchen.[235] Und auch in der Persienfrage, soeben noch von Lansdowne als Objekt der Verständigung mit Deutschland vorgeschlagen, wurden Ausgleichssondierungen mit Rußland erwogen.[236]

Schon Holstein vermutete, innenpolitische Gründe könnten den Ausschlag für Bülows Rede gegeben haben.[237] Kurz zuvor war sein Kompromißvorschlag in der Zollfrage im Reichstag an der agrarischen Majorität gescheitert. Was lag näher, als die nationalistischen Emotionen zur Demonstration staatsmännischer Autorität zu nutzen, Weltpolitik und „nationale Heimatpolitik" auf Schutzzollbasis als zwei Seiten mit gleicher Zielsetzung zu präsentieren, wie er in der Zolldebatte zielgerichtet argumentiert hatte, und den breiten nationalistischen Konsens zu einem akzeptablen Kompromiß in der Tariffrage zu nutzen. Immerhin konnte in der Debatte zur Granitrede Eugen Richter feststellen, daß in den nationalen Fragen alle Deutschen „eins" seien; nur die Sozialdemokraten stimmten Bülow nicht bei.[238] Beim Echo der Rede in der Presse fällt neben der enthusiastischen Zustimmung in den nationalliberalen und konservativen Blättern und der trockenen Akzeptanz in der „Germania" auf, daß sich nun doch bei den Linksliberalen Besorgnis über mögliche fatale Folgen der rapide verschlechterten Beziehungen zu England äußerte.[239]

Im zweiten Teil seiner Rede wandte sich Bülow dem Dreibund zu.[240] Der Sinn erschließt sich schwerer. Er bagatellisierte nicht allein die italienisch-französische Annäherung, sondern fand das Bündnis für Deutschland angesichts weltpolitischer Dominanz „nicht mehr eine absolute Notwendigkeit". Gleichwohl hielt er es für bewahrenswert als Garanten für Frieden, Status quo und gute Nachbarschaft. Offensichtlich ging es dem Kanzler in erster Linie gar nicht um seine Bündnispartner, sondern um die Hauptrivalen England und Rußland, nachdem der eine den Anschluß an den Dreibund zurückgewiesen hatte und der andere in der Annäherung bestimmte Grenzen nicht überschritt. Ihnen sollte mit deutscher Macht und Bewegungsfreiheit demonstriert werden, daß sie dennoch auf Deutschland angewiesen blieben; deshalb auch die Schlußpassage: „So müssen wir Deutschland auch weiter so stark erhalten, daß, wie jetzt, unsere Freundschaft für jeden wertvoll, unsere Feindschaft für niemanden gleichgültig ist."

Italien fühlte sich hierauf ermuntert, in den Gesprächen zur Vertragsverlängerung neue Forderungen zu stellen, die es insgeheim schon länger verfolgte: Im Vertragstext solle veran-

---

231 PA Bonn, England Nr. 78 secr., Bd. 6, Metternich an Bülow 15.1.1902.
232 HHStA Wien, MdÄ, PA VIII, Nr. 127, Bl. 24ff.: Bericht aus London 24.1.1902.
233 Ebenda, Bl. 91ff.: Bericht aus London 31.1.1902.
234 Ebenda, Bl. 41ff.: Bericht aus London 17.1.1902.
235 Becker, Wende, S. 387.
236 HHStA Wien, MdÄ, PA VIII, Nr. 127, Bl. 99ff.: Bericht aus London 31.1.1902.
237 Holstein, Papiere, Bd. 4, S. 223; für das weitere: Winzen, Bülows Weltmachtkonzept, S. 379ff.
238 Sten. Berichte RT, 10. Leg.-Per., 2. Session, S. 3235ff.
239 Berliner Tageblatt, Nr. 30, 19.1.1902.
240 Bülows Reden, Bd.. 1, S. 243ff.

kert werden, daß das Bündnis keinerlei aggressive Tendenz gegen Frankreich enthalte. Die deutsche Seite widersprach schon deshalb, weil dann die Spitze des Bündnisses ausschließlich gegen Rußland gerichtet erscheinen mußte.[241] Die unveränderte Vertragserneuerung im Juni 1902 bedeutete am Ende den kleinsten gemeinsamen Nenner, auf den man sich noch zu verständigen vermochte. Doch wenige Monate später gab die römische Regierung der französischen in einer geheimen Note die Zusicherung, deren Aufnahme in den Vertragstext sie nicht hatte durchsetzen können. Sie sagte Neutralität zu, wenn Frankreich mit einer dritten Macht in Krieg geriet. Ferner gelang es, ihre nordafrikanischen Interessen auch von Wien und London anerkennen zu lassen.

Mit all diesen Absprachen hatte Italien den wegen seiner geostrategischen Lage, seiner wirtschaftlichen Interessen und seiner imperialistischen Ziele unausweichlichen Weg der Annäherung an die Westmächte endgültig freigelegt und sich von seinen Dreibundpartnern weiter entfernt. Gegenüber Deutschland geschah das eher unmerklich, während sich die Spannungen mit Österreich-Ungarn in den nächsten Jahren sogar rapide verschärfen sollten.

Einen Monat nach seiner Rede wurde Bülow vom englischen Außenminister über den Abschluß des englisch-japanischen Bündnisses informiert. Bülows Befriedigung war groß. Geschwunden war die Nervosität der letzten Monate, die die englische Agitation für ein Zusammengehen mit Rußland ausgelöst hatte. Nun schien sie ausgeschlossen.[242] Das war der allgemeine Tenor in Deutschland, auch bei den Spitzen der regierungsfreundlichen Parteien und großen Verbände, bei denen sich besonders Hertling, Hasse und selbst Richter zufrieden äußerten. Schon kamen Hoffnungen auf einen Krieg Rußlands und Frankreichs gegen England und Japan auf, bei dem Deutschland den lachenden Dritten spielen könnte.[243] Das war erstaunlich angesichts des Vertragstextes und der bisherigen Erfahrungen über die Prinzipien britischer Außenpolitik. Denn die Vertragspartner sicherten sich lediglich Neutralität zu, falls einer von ihnen in Ostasien in einen Krieg eintrat; der Casus foederis beschränkte sich auf den Angriff zweier Mächte.[244] Das sprach eindeutig für die bisherige britische Linie, Japan gegen Rußland vorzuschieben. Bülow blieb so realistisch, für den Kriegsfall nur auf ein Duell zwischen Rußland und Japan zu rechnen.[245]

Auf sehr vordergründige Weise suchte er nun, die Engländer zur Aktivität in Ostasien zu ermuntern. Selbst wenn sie Japan zu Hilfe eilten, ließ er Lansdowne mitteilen, werde Frankreich Rußland so lange nicht unterstützen, so lange Deutschland neutral bleibe.[246] Doch Bülow übersah, daß Frankreich unter diesen veränderten Bedingungen ohnehin eher die Verständigung mit London suchen mußte.[247] Die in diesen Tagen ebenfalls einlaufenden Nachrichten Metternichs über englisch-französische Sondierungen mit dem Ziel eines kolonialpolitischen Generalausgleichs nahm er jedoch nicht ernst.[248]

Die von dem englisch-japanischen Bündnis überraschte zaristische Regierung schlug im Gegenzug eine Deklaration Rußlands, Frankreichs und Deutschlands über den Status quo in

---

241 HHStA Wien, MdÄ, PA I, Nr. 480, Liasse XXXIVb, Bl. 147ff.: Szögyény an Goluchowski 26.2.1902.
242 Ebenda, NL Aehrenthal, Karton 3, Mensdorff an Aehrenthal 25.2.1902.
243 Stingl, Ferner Osten, S. 359ff.
244 Winzen, Bülows Weltmachtkonzept, S. 397.
245 PA Bonn, BL, Nr. 406/3, Bl. 80ff.: Bülow an Metternich 5.2.1902.
246 Ebenda.
247 Kennedy, Antagonism, S. 249.
248 Winzen, Bülows Weltmachtkonzept, S. 404ff.; Monger, Entente, S. 84ff.

China vor. In seiner Offerte schloß Lamsdorff eine Erweiterung in Richtung auf eine Kontinentalverbindung nicht aus.[249] Obwohl Alvensleben den Plan befürwortete und in russischen Militärkreisen schon einen Stimmungsumschwung zu seinen Gunsten sah[250], obwohl konservative Kreise im Reich das neue Bündnis überhaupt als Impuls für eine deutsch-russische Allianz zu nutzen verlangten[251], lehnte Berlin, auch noch unverbindlich und schroff, die Teilnahme ab. Richthofen begründete diese Haltung mit eigensüchtigen Vergrößerungsabsichten der beiden Partner, mit neuen Gegensätzen in Ostasien, wo Deutschland doch allein wirtschaftliche Ziele auf der Open-door-Basis verfolge.[252] Doch das waren Vorwände. Berlin setzte auf den Konflikt unter den anderen Mächten und reservierte für sich die Rolle des ausschlaggebenden Schiedsrichters. Auch Holstein meinte, wenn Deutschland freie Hand behalte, werde Frankreich nicht in den Krieg eintreten. Daran müßte ersteres interessiert bleiben, weil andernfalls Japans Niederlage gewiß sei und England dann Deutschland wegen des Jangtseabkommens vor den Casus foederis stellen könnte – eine abwegige Rechnerei.

Die Ablehnung bedeutete das gleiche Verhalten wie kurz zuvor gegenüber England, und doch war sie viel tiefgreifender. Sie wies Rußland, das sich in einer besonders komplizierten Situation befand, brüsk ab, und allein Frankreich zeigte sich ihm als zuverlässiger Alliierter. Wie sollte die zaristische Führung die Freundschaftsbekundungen von Danzig noch ernst nehmen? Dabei war die deutsche Diplomatie durchaus auf deutsch-russische Annäherung fixiert, auch innenpolitisch wäre sie vorwiegend auf Akzeptanz gestoßen. Es wäre eine Zusage gewesen ohne gravierende Verpflichtungen und den derzeitigen eigenen Interessen in China entsprechend. Es hätte eine wirkliche Chance bedeuten können, die Belastungen der letzten Jahre – Bagdadbahnbau, Chinarivalität, Zolltarifstreit – spürbar zu reduzieren. Es wäre eine Verbindung auf einem einzelnen, Rußland besonders zu Dank verpflichtenden Feld gewesen, die nicht die generelle Gefolgschaft auferlegte, aber die Allianz für die Zukunft offenhalten konnte.

Die Verblendung der Freihandpolitik ließ die deutsche Diplomatie diese Gelegenheit versäumen, was in Rußland angesichts der strikten Ablehnung auch noch neue massive Vorbehalte erzeugte.[253] Weder in der Londoner noch in der Petersburger Führung konnten über das wahre Ziel der deutschen Außenpolitik noch Zweifel bestehen. So hat Deutschland in doppelter Hinsicht der Annäherung zwischen ihnen Vorschub geleistet: durch sein machtvolles, bedrohliches Potential ebenso wie durch seine Außenpolitik. Beider Mächte Ziel, Deutschlands Machtstellung eingrenzen zu wollen, gab der deutschen Außenpolitik allerdings das willkommene rechtfertigende Motiv.

Das Auswärtige Amt glaubte, ihm stünden andere Wege offen, um die dringend benötigte russische Akzeptanz für die deutsche Zolltariferhöhung zu bekommen. Sie sollte mit seiner Zustimmung zu einer neuen russischen Anleihe bei deutschen Banken verknüpft werden.[254] Doch als Alvensleben nach ihrem erfolgreichen Abschluß Witte um den Lohn anging, ent-

---

249 Vogel, Rußlandpolitik, S. 108ff.
250 PA Bonn, China Nr. 29 secr., Bd. 1, Alvensleben an Bülow 27.2.1902.
251 BA Koblenz, NL Bismarck, Film 80/F 3015, H.v. Bismarck an Plessen 28.2.1902.
252 PA Bonn, Deutschland Nr. 131 secr., Bd. 9, Bl. 42ff.: Aufz. Holsteins 24.3.1902, ebenda, China Nr. 29 secr., Bd. 2, Richthofen an Mumm 9.4.1902, Holstein an Mumm 9.4.1902.
253 Ebenda, Deutschland Nr. 131, Bd. 23, Bl. 32ff.: Alvensleben an Bülow 18.3.1902; HHStA Wien, MdÄ, PA X, Nr. 117, Bl. 397ff.: Bericht aus Petersburg 24.3.1902.
254 GP, Bd. 18/1, S. 44f.; Vogel, Rußlandpolitik, S. 80ff.; Geyer, Imperialismus, S. 140ff.

gegnete er, es handle sich um ein gutes Geschäft für die deutschen Banken, und er, schloß er ungerührt, werde nächstens eine russische Zollerhöhung auf Importe von Industriewaren vorschlagen.[255]

In die internationale Mächtekonstellation war Bewegung gekommen, und diese ging in erster Linie von England, nun befreit von den Belastungen des Burenkrieges, aus. Ausgleiche und Kompromisse zwischen Mächten schienen auf einmal ins Auge gefaßt, für die es bislang kaum Anhaltspunkte gab – nicht weil die alten Widersprüche verschwanden, sondern weil es gravierendere zu einem neuen Rivalen gab, die sie partiell verdeckten. Gegen Deutschland, die stärkste Macht und den atemberaubendsten Aufsteiger auf dem Kontinent, konzentrierte sich die Bewegung, und noch spürte es sie kaum. In Berlin blieb Optimismus vorherrschend.

Geradezu idealtypisch äußerte er sich in der Jahrbuchkorrespondenz Delbrücks vom März 1902. Jede Großmacht, schrieb er, mit jedem Rivalen in Interessengegensätzen und Interessengemeinschaften, will sich vorwärts schieben ohne blutigen Konflikt. Diese allgemeine Bewegung richte sich gegen die alte Vormacht England, die jedoch, nicht mehr stark genug, ohne Kampf zurückweiche. Rußland dagegen sei wirtschaftlich in äußerster Notlage. Es werde die deutschen Zolltarife akzeptieren müssen. Das englisch-japanische Bündnis hielt er für „höchst erfreulich" für Deutschland, weil es den russisch-englischen Antagonismus dramatisch verschärfe. So vermöge Deutschland in „kalt reservierter" Haltung zwischen der englisch-japanischen und der russisch-französischen Allianz zu stehen. Das alles ermögliche ihm die „Fortsetzung der lavierenden Politik wie bisher nach innen und außen"[256].

Das war die Politik Bülows, von dem der linksliberale Publizist Theodor Wolff einige Jahre später meinte: „Fürst Bülow ist nicht der Mann weit ausschauender, stetig verfolgter Pläne – es genügt ihm, Tag für Tag ärgerliche Schwierigkeiten aus dem Weg zu räumen."[257] Ohne Zweifel, die großen Gefahren der Zukunft sah er nicht. Was wäre ihm auch, hätte er sie gesehen, gegen sie zu tun möglich gewesen – außer kleinen Korrekturen? Es waren die Verhältnisse und der vorherrschende Zeitgeist, die diese Politik trugen.

---

255 PA Bonn, Deutschland Nr. 131 Nr. 2 secr., Bd. 6, Bl. 19ff.: Alvensleben an Bülow 11.4.1902.
256 PJ, Bd. 108 (1902), S. 182ff.
257 Berliner Tageblatt, Nr. 298, 15.6.1907.

Ausblick: Der Weg in die Isolation

Die Weichen waren 1902 gestellt. England war es, das die Richtung bestimmte, die auf Ausgleich zunächst mit Frankreich, später mit Rußland ging. Sie traf die deutsche Außenpolitik in ihrer Substanz, denn solche Ausgleiche hoben die Basis für die Freihandpolitik auf. Und dieser globale Umbruch, den London einleitete, besaß seinen letzten Grund auch in der sich vertiefenden deutsch-englischen Spannung. Da war der deutsche Flottenbau mit seiner demonstrativ englandfeindlichen Stoßrichtung. Da war 1903 die endgültige Entscheidung über den Bagdadbahnbau. Noch einmal hatte Lansdowne einen Vorstoß gestartet, mit dem Angebot einer finanziellen Beteiligung Großbritanniens das Unternehmen zu internationalisieren. Doch die deutsche Seite ließ sich die Führung nicht entwinden. Ebensowenig gelang es London, das Abschlußstück des Bahnbaus nach Kuweit am Persischen Golf unter Kontrolle zu bringen. Das brachte die Entscheidung. Der neue Premierminister Balfour erklärte, niemals stimme London der fertigen Konvention zu, und folglich würden sich auch englische Banken an dem Unternehmen nicht beteiligen. Warnend fügte Lansdowne später hinzu, die Anlage von Flottenstationen am Persischen Golf durch jede andere Macht bedrohe fundamentale britische Interessen. Seit langem sah auch Rußland seine Interessen in diesem Raum durch das Bagdadbahnunternehmen flagrant bedroht. Es war ein Signal für die Zukunft, als eine Pressekampagne in England auf den englandfeindlichen Charakter des deutschen Nahostvorstoßes verwies und in diesem Raum für eine Verständigung mit Rußland plädierte.

Über die vorherrschende Stimmung in England konnte in Berlin kein Zweifel bestehen. „Solange ich England kenne", schrieb Metternich Anfang 1903, „habe ich noch niemals hier eine solche Erbitterung gegen eine andere Nation wahrgenommen wie jetzt gegen uns"[1]. Wenig später warnte Eckardstein den Reichskanzler, daß nach seinem Eindruck englisch-französische Ausgleichsverhandlungen im Gange seien, die auch zu einer russisch-englischen Annäherung führen und Deutschland außenpolitisch in größte Schwierigkeiten bringen könnten. Bülow hielt eine solche Neugruppierung der rivalisierenden Mächte nach wie vor für undenkbar. Nach einem Gedankenaustausch mit deutschen Diplomaten in wichtigen Hauptstädten sah er sich in seiner Auffassung bestätigt. Er erwartete sogar, Frankreichs „Werben um England" werde die zaristische Regierung zu einer Wiederbelebung der Drei-

---

1 GP, Bd. 17, S. 234f.

kaiserpolitik veranlassen können.² Selbstgewiß tat er die Gefahrenzeichen ab: „Wir können meo voto die Dinge gar nicht pomadig genug nehmen."³

Als er im Frühjahr 1904 Nachricht von der bevorstehenden französisch-englischen Entente erhielt und die Voraussetzungen seiner Außenpolitik zumindest nach der einen Richtung gänzlich zur Disposition standen, schien ihm die innerdeutsche Wirkung gefahrdrohender als die außenpolitische. Er ließ die großen regierungsfreundlichen Tageszeitungen instruieren, die Bedeutung des Einvernehmens herunterzuspielen, es als reine Kolonialabsprache gutzuheißen.⁴ Sorgenvolle Interpellationen im Reichstag konnte er freilich nicht verhindern. So umriß der Sozialdemokrat August Bebel die globale Dimension des Abkommens. Eine „steigende Isolation Deutschlands" sei zu erwarten. Die Gegensätze zu Rußland wie zu England wüchsen. Komme es zum Krieg gegen Rußland und Frankreich, werde England wohl auf deren Seite gegen Deutschland in den Krieg eingreifen.⁵ Doch Bülow antwortete optimistisch: „Deutschland ist zu stark, um nicht bündnisfähig zu sein, und selbst wenn wir einmal allein stünden, so wäre das auch nicht so fürchterlich." In der gleichen Haltung tat die „National-Zeitung" im Februar 1888 Bismarcks Sorge vor dem großen Krieg ab. Nur waren damals die Gefahren viel geringer. Doch vor allem sprach jetzt so der verantwortliche Politiker, auf den das Inland wie das Ausland schaute. Der Eindruck drängt sich auf, daß aus ihm die leichtfertige Selbstgewißheit, aus dem Oppositionspolitiker die nationale Verantwortung sprach.

Freilich darf man das Abkommen nicht überbewerten, denn die Situation war noch nicht alternativlos. Frankreich anerkannte das britische Protektorat über Ägypten, England den vorherrschenden Einfluß Frankreichs in Marokko. Insgeheim behielten sie sich für die Zukunft die Einverleibung beider Länder vor. Mehr war noch nicht verabredet.

In erster Linie war die lässige Reaktion der deutschen Führung auf die Entente cordiale durch den Optimismus getragen, den der im Februar 1904 ausgebrochene Krieg zwischen Rußland und Japan bei ihr ausgelöst hatte. Auf einen Schlag schienen die außenpolitischen Zwänge entscheidend vermindert: Rußland werde seine Westgrenze von Truppen entblößen müssen. In Ostasien würde sich der russisch-englische Gegensatz massiv verschärfen. Die deutsch-russischen Rivalitäten im Vorderen Orient könnten sich relativieren. Die Annäherung Frankreichs an England gefährde das russisch-französische Bündnis. Die Zweifrontenkriegskonstellation verliere für Deutschland ihren bedrohlichen Charakter, denn Rußland sei vielmehr auf Deutschland angewiesen.

Es blieb eine Fehlkalkulation. Vor allem rechnete das Auswärtige Amt nicht mit der erfolgreichen Entschlossenheit Frankreichs, die drohende Abseitsstellung zu vermeiden und die in Bewegung geratene Konstellation auf eine viel weiter gehende Verbindung zu testen, die dauerhafte Sicherung gegen den überlegenen Gegner versprach. Delcassé war in diesem Schicksalsjahr der wirkliche Lenker der internationalen Szene. Und das war der Grund, weshalb die Entente cordiale von Anfang an mehr war als ein Kolonialkompromiß. Mit ihr entging Delcassé nicht allein der Gefahr einer französischen Isolation. Er gewann zwischen London und Petersburg eine Vermittlerstellung, die, zunächst vom Interesse beider Rivalen getragen, den Krieg in Ostasien nicht auszuweiten, auf die Möglichkeit des späteren globalen

---

2 GP, Bd. 18/II, S. 839f.
3 Ebenda, S. 840.
4 GP, Bd. 20/I, S. 12.
5 Canis, Bebels Stellung, in: ZfG 39, 1991, S. 252.

Ausgleichs gerichtet war. Erst dann konnte es sich außenpolitisch bezahlt machen für Frankreich, das Bündnis mit Rußland zu erhalten und den weltpolitischen Kompromiß mit England zu suchen. Als Anfang 1904 der Krieg vor dem Ausbruch stand und die Weichen für die Entente cordiale gestellt waren, erklärte Delcassé einem Vertrauten: „Aber glauben Sie ja nicht, daß ich mich damit zufriedengeben werde. Diese Beilegung wird uns bis zur politischen Allianz mit England führen, und ich will, daß es dazu kommt [...] Wenn wir uns gleichzeitig auf Rußland und England stützen könnten, wie stark würden wir Deutschland gegenüber dastehen."[6]

Die neue großmachtpolitische Rolle, die Frankreich in diesem Augenblick wieder in die erste Reihe der Mächte stellte, gründete also nicht nur auf der neuen Verbindung mit England, sondern zugleich auf der Rolle des Vermittlers eines englisch-russischen Ausgleichs. Diese Vermittlung war geboten, weil sich beide Rivalen zwar in tiefem Gegensatz zu Deutschland befanden, zwischen ihnen jedoch gravierende Widersprüche bestehen blieben.

So war die deutsche Freihandpolitik aufs höchste gefährdet nicht allein durch die wachsenden Spannungen des Reiches zu England wie zu Rußland, sondern nun auch noch durch die aktive französische Außenpolitik. Frankreich hat die Gunst der Stunde genutzt, sich aus dem großmachtpolitischen Schattendasein befreit und neuen Spielraum gewonnen, indem es die Front der Gegner Deutschlands formierte.

Doch Delcassés Initiative war für Frankreich auch sicherheitspolitisch geboten. Mehrmals in diesem Jahr erwog die politische und militärische Führung des Deutschen Reiches, ob sich ein Präventivkrieg gegen Frankreich angesichts des zu erwartenden Nichteingreifens Rußlands empfahl. Die Konstellation, die Bismarck 1886/87 herbeizuführen suchte – sie schien sich abzuzeichnen, kam aber nicht zustande. Mitentscheidend für den Verzicht erwies sich schließlich der Einwand der Marineführung, England werde Frankreich zu Hilfe kommen und ihm sei Deutschland zur See nicht gewachsen. Schlieffen schloß sich diesen Bedenken an.

Doch Frankreich hatte sich nicht allein der Isolation entzogen, sondern erwies sich als massives Hindernis, als Bülow die vorteilhaft scheinende Konstellation wenigstens außenpolitisch zu nutzen gedachte. Zum einen rechnete er zumindest mit einer tiefgreifenden Störung des englisch-russischen Verhältnisses, als am 22. Oktober 1904 an der Doggerbank russische Kriegsschiffe versehentlich britische Fischerboote angriffen. Trotz einer Welle der Empörung in England besaß jedoch die von Delcassé eingeleitete Vermittlungsaktion reale Erfolgschancen. Denn es war keine Einzelstimme, wenn für den britischen Ersten Seelord Sir John Fisher feststand: „In Wirklichkeit stecken die Deutschen hinter allem." Sie seien es, die England und Rußland in einen Krieg verwickeln wollten.[7] Zehn Tage nach dem Zwischenfall meldete Wolff Metternich aus London: „Deutschland hingegen wird hier wieder als der eigentliche Feind hingestellt."[8]

Zum anderen unterbreitete in diesen Tagen der Kaiser dem Zaren ein Bündnisangebot gegen England. Dieser ließ von Anfang an keinen Zweifel, nicht auf die Einbeziehung Frankreichs in eine solche Allianz verzichten zu wollen. Noch immer an die Gunst der Stunde glaubend, die es gar nicht gab, meinte die Berliner Führung mit Pressionsmitteln Frankreich entweder zum Anschluß an die Allianz oder zum Verzicht auf sein Bündnis mit Rußland zwingen zu können. Doch der Zar schnitt alle illusionären Erwartungen ab, als er Berlin wis-

---

6 Paleologue, Un grand tournant, S. 12.
7 Zit. nach: Vogel, Rußlandpolitik, S. 203.
8 GP, Bd. 19/I, S. 292.

sen ließ, bereits vor einer deutsch-russischen Vertragsabsprache Frankreich zu informieren. So lief die deutsche Initiative ins Leere.

In der zuvor getroffenen Entscheidung über den Handelsvertrag hatten die deutschen Druckmittel dagegen funktioniert. Die Banken des Rußlandkonsortiums wurden verpflichtet, sich erst nach Abschluß des Vertrages an neuen russischen Anleihen zu beteiligen, die Petersburg wegen des Krieges dringend benötigte. Es akzeptierte schließlich die deutschen Minimalzölle für Agrarprodukte, während die russischen Tarife für deutsche Industrieexportartikel zumeist unverändert blieben.[9] Doch in der Allianzfrage erwies sich dieser Druck als kontraproduktiv. Innenpolitisch dagegen konnte Bülow den Vertrag als Erfolg verbuchen. Er vermochte seine dem Reichstag gegebene Zusage einzulösen, die Agrarzollerhöhung werde nicht exportgünstige Handelsvertragsabschlüsse verhindern, und gab der Sammlungspolitik einen wichtigen Impuls.

Was die Bewertung des Allianzangebotes anlangt, sind andere Gesichtspunkte noch einschneidender. Der russisch-englische Konflikt, den die deutsche Führung bislang im Rahmen der Freihandpolitik für ein solches Vorgehen voraussetzte, war gar nicht eingetreten. Man gewinnt vielmehr den Eindruck, die Offerte entstand in einer Art Torschlußpanik, den letzten Zipfel der Chance festzuhalten. So zeigten das Angebot wie seine Ablehnung, zu der sich der Zar trotz seiner schwierigen Lage entschloß, vor allem eins: Die deutsche Freihandpolitik war gescheitert.

Alle die Vorgänge dieses Schicksalsjahres 1904 setzten das Zeichen, daß sich die Interessen der großen Mächte wieder auf Europa, auf sein Zentrum, zu konzentrieren begannen. Das galt schließlich selbst für Rußland, das, geschlagen in Ostasien und geschwächt durch die Revolution, seinen Ausdehnungsdrang auf den Balkan- und Meerengenraum reduzierte. Als hegemonialer Anspruch verstandener Druck aus Deutschland war es, der in Rußland, Frankreich und England diese Wende motivierte. Die für Deutschland einseitig vorteilhafte Handelsvertragsentscheidung als mahnendes Zeichen vor Augen, hatte die russische Führung den deutschen Bündnisvorschlag schon deshalb mit dem Verlangen nach Frankreichs Beteiligung beantwortet, weil es in dem Angebot eine neue Gefahr der Unterordnung durchscheinen sah. Auch alle Initiativen Frankreichs erklären sich aus der Sorge vor deutscher Übermacht. Und für England stellte sich die Gefahr deutscher Hegemonie gleichsam doppelt dar: durch den Schlachtflottenbau und durch den Ausfall Rußlands als Gegengewicht auf dem Kontinent. Ein Ring begann sich um Deutschland zu schließen, gewiß nicht in militärisch-aggressiver Absicht, eher unter dem defensiven Vorzeichen, dem deutschen Vormachtdrang einen Riegel vorzuschieben.

Wie reagierte Deutschland? Es drängt sich der Eindruck auf, daß man dort glaubte, das Schicksal doch noch zwingen zu können, indem man wie bisher hauptsächlich auf Stärke setzte. Die grundlegende Alternative, auf den bisherigen weltpolitischen Anspruch zu verzichten und sich den Weltmächten als Juniorpartner zu empfehlen – sie stand nicht zur Disposition und wäre im Innern für die Regierung mit dem Machtverlust verknüpft gewesen. Hingegen galt die Offensive, der militärische Schlag gegen Frankreich, weiterhin, auch wenn Rußland als Gegner ausfiel, als unberechenbar, schon wegen der französisch-englischen Entente. So blieb die Reaktion von Unsicherheit geprägt, doch unlogisch war sie nicht. Es folgten neue Bündnisversuche in Richtung Petersburg, und die Marokkokrise sollte genutzt werden, um Frankreich und England wieder zu entzweien. Als beides mißlang, die Marokko-

---

9 Vgl. Vogel, Rußlandpolitik, S. 124ff., 174ff.

konferenz von 1906 vielmehr die deutsche Isolation offenbarte, erschöpfte sich die Antwort Berlins wiederum in einer Politik der Stärke, in neuen Rüstungsanstrengungen.

So kam es, wie es wohl kommen mußte. Am 31. August 1907 verständigten sich Rußland und England über ihre Rivalität im mittleren Asien. Wie ihre englisch-französische Vorgängerin war auch die neue Entente nicht ausgesprochen gegen Deutschland gerichtet. Doch der Sinn beider war der gleiche: sich gegen dieses stark zu machen. Schon im Jahr zuvor ließ der britische Außenminister Edward Grey keinen Zweifel: „Eine Entente zwischen Rußland, Frankreich und uns würde absolute Sicherheit bieten: Wenn es sich als notwendig erweisen sollte, Deutschland Paroli zu bieten, könnte es auf diese Weise bewerkstelligt werden."[10]

1871 war das Deutsche Reich, eine exzeptionell günstige Mächtekonstellation nutzend, mit Paukenschlägen in die internationale Arena eingetreten und hatte das europäische Gleichgewicht verändert. Von Anfang an in „ungeschickter Größe", war es über die Jahrzehnte mit dem Problem konfrontiert, für das Gleichgewicht in Europa zu stark und für die Hegemonie zu schwach zu sein, nicht zuletzt wegen seiner schwierigen geostrategischen Lage. Bismarck sah sich außenpolitisch permanent unter diesem Druck. Ein realistisches Erfolgskonzept, das dauerhaft Sicherheit versprach, besaß er nicht. Konnte es das geben? War der Verzicht auf außereuropäische Expansion, den Bismarck unverdrossen predigte, auf die Dauer innenpolitisch durchzusetzen angesichts des Erfolgs der Rivalen, des gewaltigen eigenen Potentials und seines fast beispiellosen Wachstums? Daß er es war, läßt sich jedenfalls nicht überzeugend belegen. Doch in diese Richtung ging das Verlangen der Hauptrivalen England und Rußland, die entschlossen blieben, Deutschland auf diesem Gebiet höchstens Juniorpartnerschaft zuzugestehen. Doch wo, erhebt sich zugleich die Frage, soll da die Grenze zu ziehen sein? So nahm das Schicksal seinen Lauf: Als die mächtigste Landmacht die Weltpolitik einleitete, konnten das die Rivalen, gleichgültig wie weit sie ausgriff, nur als hegemonialen Drang verstehen.

Ins Auge fällt natürlich, daß Bismarck, besonders als er keine Chance mehr für hegemoniale Vorstöße in Europa sah, eine möglichst umfassende, wenngleich lockere vertragliche Verbindung des Reiches mit den Großmächten außer Frankreich in Form von Verteidigungsbündnissen anstrebte. Es bleibt deshalb die Frage, ob ein verlängerter russisch- deutscher Rückversicherungsvertrag, wofür es Anfang 1890 alle Chancen gab, die späteren weltpolitischen Gegensätze zwischen Rußland und Deutschland wenigstens partiell hätte abfangen und ausgleichen können. Eine stichhaltige Antwort gibt es nicht. Doch eine Chance ist zweifellos fallengelassen worden. Mehr noch: Das deutsche Vorgehen hat die Spannungen ohne Not zusätzlich verschärft. Eine Chance dieses Ausmaßes gab es jedenfalls nicht wieder. Kleinere, die es gab, wurden vertan.

Im Verhältnis zu England sucht man solche Chancen vergeblich. In London gab es nie Bereitschaft zur Allianz. Die deutsche Regierung hat sie 1890 einleiten wollen, in geradezu jungfräulicher Einfalt, und um so mehr fühlte sie sich verletzt, leichthin abgewiesen worden zu sein. Letztlich dominierten auf allen Seiten, bei Frankreich verständlicherweise ebenfalls, von 1871 an, in den einzelnen Phasen unterschiedlich akzentuiert, Mißtrauen und Rivalität. So blieb nach allen Erfahrungen gar nichts anderes als die Freihandpolitik, als der Übergang zur Weltpolitik unausweichlich schien – eine Freihandpolitik, die primär auf Rivalität und Mißtrauen und, was sich als die Crux erwies, auf der Rivalität unter den anderen Rivalen gründete.

---

10 BD, Bd. 3, S. 267.

Der Weg in die Isolation

Als sich 1907 dieses Rezept eindeutig als unwirksam erwies, setzte die Berliner Führung noch mehr als bislang, im Einklang mit dem Zeitgeist, auf Stärke, besonders auf militärische Macht zu Lande und zur See, in der Hoffnung, diese Stärke werde einst einen der Rivalen zwingen, sich mit Deutschland verbinden zu müssen. Nachgiebigkeit zu zeigen, dazu sah man anfangs keine Veranlassung, das kam auch innenpolitisch nicht in Frage. Wie 1904 ließ Bülow die Presse instruieren, dafür zu sorgen, daß das Abkommen „nicht etwa zu einer englisch-russischen Allianz aufgebauscht oder ohne Not als Verletzung deutscher Interessen hingestellt wird"[11]. Intern sah das die deutsche Führung anders, ernster und gefahrdrohender für Deutschland, der Kaiser sprach von „Einkreisungspolitik".[12]

Es gibt in der Geschichtsschreibung einen gelehrten Streit darüber, ob Deutschland eingekreist wurde oder sich selbst ausgekreist habe.[13] Das voneinander zu trennen scheint schwerlich möglich. Das eine ergibt sich wechselseitig aus dem anderen. In Deutschland wahrgenommen allerdings wurde der Vorgang als Einkreisung.[14]

Gewiß bedeuteten die Ententeverträge nicht, daß nun alle Drähte von Deutschland nach Rußland und England zerrissen waren und es bleiben mußten. Neben fortgesetzter Politik der Stärke suchten erst Bülow, später Bethmann Hollweg nun doch den begrenzten Ausgleich. Doch wenn auch die Zeit nach den Abkommen „keine Einbahnstraße zur Kriegskoalition von 1914"[15] darstellte, so gilt doch: „whatever the intentions of the signatory powers, the results were bound to work to Germany's detrimention"[16]. Immer wieder kommt es zwar zu Ansätzen von Verständigung zwischen Deutschland und seinen Rivalen. Sie scheinen auf weltpolitischen Konfliktfeldern zunächst episodisch mit Rußland und später mit England sogar ziemlich weit zu reichen und bilaterale Entspannung einzuleiten. Doch die Entente aufzubrechen gelingt Deutschland nicht. Und auf einem entscheidenden Gebiet, in der Rüstung, gibt es keine Kompromisse und kein Nachgeben. Alle Mächte setzen immer entschiedener auf militärische Stärke. Die Gefahr wuchs, daß dieser Trend mehr und mehr Eigendynamik gewinnt. Zuletzt fixierte sich die deutsche Führung auf eine Politik am Rande des Krieges, um die Mächtekonstellation doch noch zu korrigieren. Freilich mehrten sich auch Fragen nach dem günstigsten Zeitpunkt für den Krieg. Und so gilt wohl für diese Jahre im Rüstungswettlauf in manchem das, was Leopold von Ranke einst für die preußische Politik vor 1806 gegeben fand: „Alles entwickelt sich über die Köpfe der Beteiligten hin mit einer Notwendigkeit, welche etwas Unvermeidliches, wie ein Fatum in sich trägt."[17]

---

11 GP, Bd. 25/I, S. 40.
12 Ebenda, S. 48.
13 W. Baumgart ist der Meinung, daß die „These von der bewußten, planmäßigen Einkreisung Deutschlands, die durch die Entente von 1907 abgeschlossen worden sei, [...] heute längst als falsch erkannt worden" sei (Baumgart, Beziehungen, S. 114). Nipperdey schreibt: „Es war nicht eine aggressive Einkreisung", aber „Deutschland schien aus dem Kreis der Weltmächte ausgeschlossen" (Nipperdey, Deutsche Geschichte, Bd. 2, S. 669).
14 Hildebrand, Das vergangene Reich, S. 243.
15 Nipperdey, Deutsche Geschichte, Bd. 2, S. 669.
16 Kennedy, Antagonism, S. 442.
17 Ranke, Hardenberg, S. 145.

Anhang

1. Quellen- und Literaturverzeichnis

a) Quellen

Akten

Politisches Archiv des Auswärtigen Amtes (PA) Bonn
Europa Generalia Nr. 82 secr., Bd. 5–9
Europa Generalia Nr. 82 Nr. 1, Bd. 12–18
Preußen Nr. 1 Nr. 4b secr., Bd. 7–15
Preußen Nr. 1 Nr. 1 Nr. 4cc secr., Bd. 1
Deutschland Nr. 121 Nr. 7, Bd. 1
Deutschland Nr. 121 Nr. 12 secr., Bd. 7–10
Deutschland Nr. 122 Nr. 1, Bd. 6
Deutschland Nr. 122 Nr. 1 secr., Bd. 1
Deutschland Nr. 122 Nr. 1c secr., Bd. 2
Deutschland Nr. 122 Nr. 2f, Bd. 1–4
Deutschland Nr. 122 Nr. 8, Bd. 1–3
Deutschland Nr. 122 Nr. 8 Nr. 2, Bd. 4–5
Deutschland Nr. 122 Nr. 11, Bd. 1–4
Deutschland Nr. 122 Nr. 13, Bd. 1–5
Deutschland Nr. 122 Nr. 13 Nr. 1, Bd. 1–6
Deutschland Nr. 128 Nr. 1 secr., Bd. 8–21
Deutschland Nr. 128 Nr. 2 secr., Bd. 3–5
Deutschland Nr. 129 secr., Bd. 13
Deutschland Nr. 131, Bd. 12–25
Deutschland Nr. 131 secr., Bd. 4–10
Deutschland Nr. 131 Nr. 1 secr., Bd. 1–3
Deutschland Nr. 131 Nr. 2 secr., Bd. 1–6
Deutschland Nr. 131 Nr. 3 secr., Bd. 1
Deutschland Nr. 135 Nr. 4, Bd. 1–2
Deutschland Nr. 137 secr., Bd. 2–4
Deutschland Nr. 137 secrett.
Deutschland Nr. 138 secr., Bd. 1–5
Deutschland Nr. 148 secr., Bd. 1–4

Quellen- und Literaturverzeichnis

Deutschland Nr. 151, Bd. 1–4
Deutschland Nr. 159 secr., Bd. 1–2
Deutschland Nr. 163, Bd. 1–3
Deutschland Nr. 163 secr., Bd. 1
Deutschland Nr. 165 secr., Bd. 1–2
Deutschland Nr. 167, Bd. 1–6
Deutschland Nr. 172 secr., Bd. 1–5
Deutsche Botschaft London. Geheimakten (BL), Bd. 397/2–397/6, 401/1–401/4, 402/1–402/5, 403/1–4, 404/1–404/6, 405/1–405/5, 406/1–406/6
Deutsche Botschaft London, Nr. 361, 362
England Nr. 75, Bd. 2–3
England Nr. 78, Bd. 7–17
England Nr. 78 secr., Bd. 1–7
England Nr. 83, Bd. 3–8
England Nr. 83 secr., Bd. 1–2
England Nr. 92 Nr.3, Bd. 1–8
England Nr. 93, Bd. 3–8
Frankreich Nr. 95 secr., Bd. 1
Frankreich Nr. 102, Bd. 11–30
Frankreich Nr. 102 secr., Bd. 1–2
Frankreich Nr. 116, Bd. 6–12
Frankreich Nr. 116 secr., Bd. 1
Frankreich Nr. 116 Nr. 1 secr., Bd. 1
Rußland Nr. 61 secr., Bd. 5
Rußland Nr. 71, Bd. 8–27
Rußland Nr. 71 Nr. 1, Bd. 5–13
Rußland Nr. 72 secr., Bd. 7–8
Rußland Nr. 85, Bd. 14–17
Rußland Nr. 86, Bd. 2
Rußland Nr. 91, Bd. 9–20
Rußland Nr. 91 secr., Bd. 2
Rußland Nr. 98, Bd. 3–5
Rußland Nr. 99, Bd. 2
Portugal Nr. 29, Bd. 7–11
Portugal Nr. 43, Bd. 1
Portugal Nr. 46 secr., Bd. 1–4
Österreich Nr. 70 secr.
Österreich Nr. 70, Bd. 24–27
Österreich Nr. 95, Bd. 5–7
Österreich Nr. 95 secr., Bd. 1–2
Österreich Nr. 102, Bd. 2–3
Österreich Nr. 103, Bd. 1–2
Italien Nr. 82, Bd. 2–7
Italien Nr. 82 secr., Bd. 1
Italien Nr. 88 secr., Bd. 1
Italien Nr. 95, Bd. 2–8
Orientalia Gener. Nr. 5, Bd. 2–5
Orientalia Gener. Nr. 5 secr., Bd. 1–10
Orientalia Gener. Nr. 5 Nr. 1 secr., Bd. 1–3
Türkei Nr. 152 secr., Bd. 1

Türkei Nr. 152, Bd. 2–32
Türkei Nr. 158, Bd. 4–7
Türkei Nr. 158 secr., Bd. 1–2
Türkei Nr. 197, Bd. 1–2
Afrika Gener. Nr. 13, Bd. 1–3
Afrika Gener. Nr. 13 Nr. 2 secr., Bd. 1–2
Afrika Gener. Nr. 13 Nr. 2c secr., Bd. 1
Marokko Nr. 2, Bd. 8–9
Marokko Nr. 2 secr., Bd. 1
Marokko Nr. 4 secr., Bd. 1–6
Asien Nr. 10, Bd. 34–40
Asien Nr. 10 secr., Bd. 4–5
China Nr. 4 Nr. 1 secr., Bd. 1–10
China Nr. 7, Bd. 1–4
China Nr. 7 secr., Bd. 1
China Nr. 20 Nr. 1 secr., Bd. 1–11
China Nr. 24 secr., Bd. 1–3
China Nr. 24 Nr. 4, Bd. 1–8
China Nr. 29 secr., Bd. 1–2

Bundesarchiv (BA) Potsdam
Reichskanzlei
Nr. 2a, 5/5, 6, 58, 316, 317, 325, 326, 359a, 395–401, 412–416, 418a, 419, 424, 562, 563, 628, 646/11–13, 647, 656, 688, 713, 755/1–3, 1105–1111, 1235–1241, 1249–1251, 1312–1315, 1604, 2105, 2120–2124, 2141, 2238–2240
Auswärtiges Amt, Handelspolitische Abteilung (AA)
Nr. 2021–2024, 3430, 7556, 8080–8095, 8164–8171, 21628, 21629, 8374–8377, 8598, 8615–8626, 8781, 8782, 9077–9085, 10523–10560, 10607–10611, 10678, 11011, 11012, 12660, 12661, 13028, 13028/1, 13251, 13590, 13591, 15283, 15284, 21631
Deutsche Gesandtschaft China
Nr. 19, 20, 563, 569, 1095
Reichskolonialamt (RKA)
Nr. 759, 760, 2019, 2867, 2868, 3672, 3730, 6926–6930, 9010, 9017
Reichsamt des Innern (RdI)
Nr. 4858, 4931, 4932, 7954

Bundesarchiv (BA) Koblenz
Reichsschatzamt (R 2)
Nr. 1445, 1451, 1456, 1497, 1498, 1541, 1542, 1591, 1592, 1608, 1609, 1634–1638, 1695–1701,
Verbände (R13/I)
Nr. 82, 107
Auswärtiges Amt, Handelspolitische Abteilung (R 85)
Nr. 1205–1208

Geheimes Staatsarchiv Preußischer Kulturbesitz (GStA) Berlin
Geheimes Zivilkabinett (Rep. 89H/2.2.1.)
Nr. I/13, Nr. 666, 3577, 3578, 3696, 3697, 13271, 13301, 13321, 30170
Preußisches Staatsministerium (Rep. 90a)
Abt. A, Tit. VII, Nr. 1, Bd. 1
Abt. B, Tit. III, 2b, Nr. 6, Bd. 102–142

Quellen- und Literaturverzeichnis

Abt. B, Tit.III, 2c, Nr. 3, Bd. 4–5
Gesandtschaft München (2.4.23.)
Nr. 580–615, 1132, 1136, 1975, 2005
Ministerium für Handel und Gewerbe (Rep. 120)
Abt. C XIII, Fach 1, Nr. 4, Bd. 4

Sächsisches Hauptstaatsarchiv (SHA) Dresden
Außenministerium
Nr. 1078a, 1442, 3217, 3302, 3305, 3308, 3311, 3316
Außenministerium, Gesandtschaft Berlin
Nr. 253–258
Kriegsministerium, Sonderrep. Militärbevollmächtigter
Nr. 4504–4514

Bayerisches Hauptstaatsarchiv (BHStA) München
Außenministerium (MA)
Nr. 692, 694, 698, 717, 888–893, 2148–2162,
2345–2352, 2463–2471, 2668–2681, 2774–2787, 76007–76009, 76011, 76017, 76022, 76024, 76026,
76076, 76182, 95007, 95010, 95310, 95355, 95365, 95366

Haus-, Hof-und Staatsarchiv (HHStA) Wien
Ministerium des Äußeren (MdÄ), Politisches Archiv (PA)
I Geheime Akten Nr. 461/Liasse XXIV, 461/Liasse XXV, 462/Liasse XXVb, 462/Liasse XXVc,
466/Liasse XXb, 468/Liasse XXI, 469/Liasse XXIII, 470/Liasse XXVIII, 471/Liasse XXXa,
474/Liasse XXXIIa–f, 475/Liasse XXXIIg–l, 476/Liasse XXXIII/1–20, 477/Liasse XXXIII/21–38,
478/Liasse XXXIII/34,39, 480/XXXIVb, 481/Liasse XXXV, 534, 1109
III Preußen Nr. 138–158
VIII England Nr. 110–128, Angleterre III
IX Frankreich Nr. 123–156
X Rußland Nr. 92–118
XI Italien Nr. 107–128
XII Türkei Nr. 275/Liasse XXVI, 319/Liasse XXXV/1
XL Interna Nr. 212/Liasse XXIII, 213/Liasse XXXIa, 295–301,316
Administrative Registratur F.16/Nr.2, 3; F.34/Nr.9, 13; F.37/Nr.45, 46
Kabinettsarchiv, Geheimakten Nr. 19

Kriegsarchiv (KA) Wien
Chef des Generalstabes, Operationsbüro
Fasc. 32, 59

Nachlässe

Alois von Aehrenthal (HHStA Wien)
Karton 1–4

Friedrich von Beck-Rzikowski (KA Wien)
Rep. A/II, Fasc. 7, Nr. 244, 253, 271

Herbert von Bismarck (Bismarck-Archiv Friedrichsruh/BA Koblenz)

BAF Nr. A11, B58, B114, D5a, D23, D32, D35, D47, D48, F5
BA Film 72/FC 3007, 79/FC 3014, 80/FC 3015

Max von Brandt (PA Bonn)
Briefe Holsteins, Mühlbergs, Bülows und Klehmets

Bernhard von Bülow (BA Koblenz)
Nr. 14, 21, 22, 24, 26, 29, 30, 60, 66, 69, 70, 89, 90, 91, 96, 99, 100, 104, 106, 108, 111, 112, 126, 127, 129, 147, 150, 151/C, 151/D, 151/E, 151/F, 151/G, 151/H, 151/I, 151/K, 151/L

Georg Cleinow (GStA Berlin Rep.92)
Nr. 110, Bd.2

Hans Delbrück (BA Koblenz/Deutsche Staatsbibliothek Berlin)
BA Nr. 32
DSB Briefe Bülows

Karl Eisendecher (PA Bonn)
Briefsammlung

Otto Hammann (BA Potsdam)
90 Ha 5 Nr. 7–9

Chlodwig von Hohenlohe-Schillingsfürst (BA Koblenz)
Nr. 240, 315, 398, 478, 1565, 1568–1570, 1596–1617, 1635, 1637, 1643, 1645–1647, 1652, 1683

Friedrich von Holstein (BA Potsdam)
90 Ho 5 Film Nr. 62238–62248

Hans von Miquel (PA Bonn)
Nachtrag 1

Joseph Maria von Radowitz d. J. (GStA Berlin Rep. 92)
B II Nr. 1, 2, 6, 16, 17

Oswald von Richthofen (BA Koblenz)
Nr. 1, 5, 6, 7, 8, 12, 13, 16, 17

Wilhelm Solf (BA Koblenz)
Nr. 18

Eberhard von Solms-Sonnenwalde (PA Bonn)
Memoiren Bd. 6

Alfred von Waldersee (GStA Berlin Rep.92)
A I Nr. 16–26
A II Nr. 18
B I Nr. 3, 15–17, 19–23, 28, 34, 37, 42, 53
B II Nr. 6–10

Quellen- und Literaturverzeichnis

Kaiser Wilhelm II. (GStA Berlin Rep. 53)
Abt.E: Nr. I, Nr.1; Nr. III, Nr. 2; Nr. III, Nr. 2a
Abt.J: Lit.B, Nr. 16a; Lit.H, Nr. 2, Nr. 7a; Lit.L, Nr. 6, Nr. 12; Lit.W, Nr. 3

Aktenpublikationen

Die Belgischen Dokumente zur Vorgeschichte des Weltkrieges 1885–1914, Hg. im Auftrage des Auswärtigen Amtes B.Schwertfeger, Bd. 1–2, Berlin 1925.
Die Britischen Amtlichen Dokumente über den Ursprung des Weltkrieges 1898–1914, Hg. im Auftrage des Britischen Auswärtigen Amtes G.P.Gooch u.a., Deutsche Ausgabe Hg. H.Lutz, Bd. I/1–3, Berlin 1926ff.
Documents diplomatiques francais (1871–1914) ed par Ministère des Affaires Etrangères, Ser. I, Bd. 7–16, Ser. II, Bd. 1–3, Paris 1929ff.
Die Große Politik der Europäischen Kabinette 1871–1914, Hg. im Auftrage des Auswärtigen Amtes J.Lepsius u.a., Bd. 7–20/II, Berlin 1922ff.
Die diplomatischen Akten des Auswärtigen Amtes 1871–1914. Ein Wegweiser, Hg. B.Schwertfeger, Bd. 1–3, Berlin 1924ff.
Österreich-Ungarns Außenpolitik von der Bosnischen Krise bis zum Kriegsausbruch, ausgew. von L.Bittner u.a., Bd. 1, Wien u.a. 1930.
Krasnyj archiv, Moskva, Bd. 19(1926), Bd. 30(1928), Bd. 46(1931), Bd. 47/48(1931)
Die englisch-deutsche Annäherung im Jahre 1898. Neue russische Dokumente, BMH 11, 1933.
Die zaristische Diplomatie über Rußlands Aufgaben im Orient im Jahre 1900, BHM 6, 1928.
Großherzog Friedrich I. von Baden und die Reichspolitik 1871–1907, Hg. W.P.Fuchs, Bd. 2–4, Stuttgart 1975ff.

Behnen, M.(Hg.): Quellen zur deutschen Außenpolitik im Zeitalter des Imperialismus, Darmstadt 1977.
Berghahn, V./Deist,W. (Hg.): Rüstung im Zeitalter der wilhelminischen Weltpolitik. Grundlegende Dokumente 1890–1914, Düsseldorf 1988.

Chvostov, V.(Hg.): Proekt zachvata Bosfora v 1896g., in: Krasnyj archiv, Bd. 47/48, 1931.

Fenske, H.(Hg.): Unter Wilhelm II. 1890–1918, Darmstadt 1982.
Fester, R.: Saburow und die russischen Staatsakten über die deutsch-russischen Beziehungen von 1879 bis 1890, in: Grenzboten 80. Jg.(1921).

Gutsche, W.(Hg.): Herrschaftsmethoden des deutschen Imperialismus, Berlin 1977.

Stieve, Friedrich: Deutschland und Europa 1890–1914. Ein Handbuch (mit Dokumenten), Berlin 1927.

Briefe, Tagebücher, Memoiren

Bismarck, H.v.: Aus seiner politischen Privatkorrespondenz, Hg. W. Bußmann, Göttingen 1964.
Bismarck, O.v.: Die gesammelten Werke, 15 Bde., Berlin 1924ff.
Bülow, B.v.: Deutsche Politik, Berlin 1916 (Neuausgabe 1992).
Bülow, B.v.: Denkwürdigkeiten, Hg. F.v.Stockhammern, 4 Bde., Berlin 1930f.

Cambon, P.: Correpondance 1870–1924, Hg. H.Cambon, Bd. 2, Paris 1940.
Cecil, G.: The Life of Robert Marquis of Salisbury, Bd. 4, London 1941.

Chirol, V.: Fifty Years in a Changing World, London 1927.
Crispi, F.: Memoiren. Erinnerungen und Dokumente, Hg. T.Palmenghi-Crispi, Berlin 1912.

Eckardstein, H.v.: Lebenserinnerungen und politische Denkwürdigkeiten, 3 Bde., Leipzig 1919ff.
Einem, Generaloberst v.: Erinnerungen eines Soldaten 1853–1933, Leipzig 1933.
Eulenburg, Ph.v.: Aus 50 Jahren. Erinnerungen, Tagebücher und Briefe aus dem Nachlaß, Hg. J.Haller, Berlin 1925.
Eulenburg, Ph.v.: Politische Korrespondenz, 3 Bde., Hg. J.Röhl, Boppard 1976ff.

Fürstenberg, C.: Die Lebensgeschichte eines deutschen Bankiers 1870–1914, Hg. H.Fürstenberg, Berlin 1931.

Grey, E.: Fünfundzwanzig Jahre Politik 1892–1916. Memoiren, Bd. 1, München 1926.

Hammann, O.: Der neue Kurs. Erinnerungen, Berlin 1918.
Hammann, O.: Zur Vorgeschichte des Weltkrieges. Erinnerungen aus den Jahren 1897–1906, Berlin 1919.
Hammann, O.: Deutsche Weltpolitik 1890–1912, Berlin 1925.
Hatzfeldt, P.v.: Nachgelassene Papiere 1838–1901, 2. Teil, Hg. G. Ebel, Boppard 1976.
Hertling, G.v.: Erinnerungen aus meinem Leben, 2 Bde., München u.a. 1919f.
Heyking, E.v.: Tagebücher aus vier Weltteilen, Leipzig 1926.
Hohenlohe-Schillingsfürst, Ch.v.: Denkwürdigkeiten, Hg. F.Curtius, Bd. 2, Stuttgart u.a. 1907.
Hohenlohe-Schillingsfürst, Ch.v.: Denkwürdigkeiten der Reichskanzlerzeit, Hg. K.A.v.Müller, Stuttgart u.a. 1931.
Holstein, F.v.: Lebensbekenntnisse in Briefen an eine Frau, Hg. H. Rogge, Berlin 1932.
Holstein, F.v.: Die geheimen Papiere, Hg. N.Rich u.a., Deutsche Ausgabe W.Frauendienst, 4 Bde., Göttingen 1956ff.
Hutten-Czapski, B.v.: Sechzig Jahre Politik und Gesellschaft, 1. Bd., Berlin 1936.
Kardorff, W.v.: Ein nationaler Parlamentarier im Zeitalter Bismarcks und Wilhelms II. 1828–1907, Hg. S.v.Kardorff, Berlin 1936.

Keim, Generalleutnant v.: Erlebtes und Erstrebtes, Hannover 1925.
Kiderlen-Wächter, A.v.: Der Staatsmann und Mensch. Briefwechsel und Nachlaß, Hg.E. Jäckh, 2 Bde., Stuttgart u.a. 1924.
Krupp und die Hohenzollern. Aus der Korrespondenz der Familie Krupp 1850–1916, Hg. W.Boelcke, Berlin 1956.

Lamsdorff, W.v.: Die Nichterneuerung des Rückversicherungsvertrages, in: BMH 9, 1931.
Lamzdorff, V.N.: Dnevnik 1886–1890, Moskva u.a. 1926, Dnevnik 1891–1892, Moskva u.a. 1934, Dnevnik 1894–1895, in: Krasnyj archiv, Bd. 46, 1931.
Lerchenfeld-Koefering, H.v.: Erinnerungen und Denkwürdigkeiten, Hg.H.v.Lerchenfeld-Koefering, Berlin 1935.
Lucius v.Ballhausen, R.: Bismarck-Erinnerungen, Stuttgart u.a. 1921.

Moltke, H.v.: Erinnerungen, Briefe, Dokumente 1877–1916, Hg. E.v.Moltke, Stuttgart 1922.
Meinecke, F.: Erlebtes 1862–1901, Leipzig 1941.
Monts, A.v.: Erinnerungen und Gedanken, Hg. K.F.Nowak u.a., Berlin 1932.
Müller, G.A.v.: Der Kaiser. Aufzeichnungen des Chefs des Marinekabinetts, Hg. W.Görlitz, Göttingen u.a. 1965.

Quellen- und Literaturverzeichnis

Paléologue, M.: Un grand tournant de la politique mondiale (1904–1906), Paris 1934.
Pückler, K.v.: Aus meinem Diplomatenleben, Schweidnitz 1934.

Radolin, H.v.: Fürst Radolin, Holstein und Friedrich Rosen. Aus dem Nachlaß, Hg. F. Thimme, BMH 15, 1937.
Radowitz, J.M.v.: Aufzeichnungen und Erinnerungen, Hg. H.Holborn, 2 Bde., Berlin u.a. 1925.
Raschdau, L.: Unter Bismarck und Caprivi. Erinnernungen eines deutschen Diplomaten aus den Jahren 1885–1894, Berlin 1939.
Rogge, H.(Hg.): Holstein und Hohenlohe. Nach Briefen und Aufzeichnungen aus dem Nachlaß Hohenlohe, Stuttgart 1957.
Rosen, F.: Aus einem diplomatischen Wanderleben, 2 Bde., Berlin 1931f.
Rutkowski, E.(Hg.): Briefe und Dokumente zur Geschichte der österreichisch-ungarischen Monarchie, Teil I: Der Verfassungstreue Großgrundbesitz 1880–1899, München u.a. 1983.

Schlieffen, A.v.: Briefe, Göttingen 1958.
Schuwalow über den Rückversicherungsvertrag, in: BMH 10, 1932.
Schwabach, P.v.: Aus meinen Akten, Berlin 1927.
Schweinitz, H.L.v.: Denkwürdigkeiten, Bd. 2, Berlin 1927.
Spitzemberg, H.v.: Tagebuch. Aufzeichnungen aus der Hofgesellschaft des Hohenzollernreiches, Hg. R.Vierhaus, Göttingen 1963.

Tirpitz, A.v.: Erinnerungen, Leipzig 1919.
Tirpitz, A.v.: Politische Dokumente, Bd. 1, Stuttgart u.a. 1924.

Vitte, S.Ju.: Vospominanija, 3 Bde., Moskva 1960.

Waldersee, A.v.: Denkwürdigkeiten, Hg. H.O.Meisner, Bd. 2–3, Stuttgart u.a. 1923.
Wedel, C.v.: Zwischen Kaiser und Kanzler. Aufzeichnungen, Hg. E.v.Wedel, Leipzig 1943.
Wilhelm II.: Briefe an den Zaren 1894–1914, Hg. W.Goetz, Berlin 1920.
Witte, S.v.: Erinnerungen, Berlin 1923.
Wolff, Th.: Die Wilhelminische Epoche. Fürst Bülow am Fenster und andere Begegnungen, Hg. B.Sösemann, Frankfurt/M. 1989.

Zeitungen, Zeitschriften und andere Periodika

Alldeutsche Blätter, Berlin.
Berliner Börsen-Courier, Berlin.
Export, Berlin.
Germania, Berlin.
Deutsche Kolonialzeitung, Berlin.
Berliner Neueste Nachrichten, Berlin.
Münchner Neueste Nachrichten, München.
National-Zeitung, Berlin.
Die Post, Berlin.
Berliner Tageblatt, Berlin.
Leipziger Tageblatt, Leipzig.
Volkszeitung, Berlin.
Vorwärts, Berlin.
Norddeutsche Allgemeine Zeitung, Berlin.

Frankfurter Zeitung, Frankfurt/Main.
Freisinnige Zeitung, Berlin.
Kölnische Zeitung, Köln.
Magdeburgische Zeitung, Magdeburg.
Neue Preußische Zeitung, Berlin.
Vossische Zeitung, Berlin.

Die Grenzboten, Leipzig.
Deutsches Handelsarchiv, Berlin.
Die Nation, Berlin.
Preußische Jahrbücher, Berlin.
Die Zukunft, Berlin.

Schulthess' Europäischer Geschichtskalender, Neue Folge, Hg. H.Delbrück bis 1893, ab 1894 G.Roloff, München.

Reichstagsprotokolle, Reden, zeitgenössische Schriften

Alldeutscher Verband (Hg.): Deutschlands Ansprüche an das türkische Erbe, München 1896.

Bamberger, L.: Die Nachfolge Bismarcks, Berlin 1889.
Bassenge, E.: Deutschlands Weltstellung und die nächsten Aufgaben deutscher Politik, München 1899.
Bauer, E.: England und das deutsche Reich. Eine Abrechnung zur Jahrhundertwende, Leipzig 1900.
Fürst Bismarck 1890–1898, Hg. H.Hofmann, 2 Bde., Stuttgart u.a. 1922.
Bueck, H.A.: Der Centralverband Deutscher Industrieller, 1. Bd., Berlin 1902.
Fürst Bülows Reden, Hg. J.Penzler, 1.Bd., Berlin 1907.

Caprivi, L.v.: Reden, Hg. R.Arndt, Berlin 1894.

Delbrück, H.: Erinnerungen, Aufsätze, Reden, Berlin 1902.
Dietzel, H.: Die Theorie von den drei Weltreichen, Berlin 1900.

Grothe, H.: Die Bagdadbahn und das schwäbische Bauernelement in Transkaukasien und Palästina. Gedanken zur Kolonisation Mesopotamiens, München 1902.

Handels- und Machtpolitik. Reden und Aufsätze, Hg. G.Schmoller u.a., 2 Bde., Stuttgart 1900.
Stenographische Berichte der Verhandlungen des 19. Deutschen Handelstages, Berlin 1894.
Hasse, E.: Deutsche Weltpolitik, München 1897.
Heyck, E.: Die geschichtliche Berechtigung des deutschen Nationalbewußtseins, München 1897.

Jentsch, K.: Weder Kommunismus noch Kapitalismus, Leipzig 1893.

Langbehn,J.: Rembrandt als Erzieher, Leipzig 1891ff.
Lenz, M.: Die großen Mächte. Ein Rückblick auf unser Jahrhundert, Berlin 1900.
Lotz, W.: Die Handelspolitik des Deutschen Reiches unter Graf Caprivi und Fürst Hohenlohe, in: Schriften des Vereins für Sozialpolitik 92, 1901.
Luxemburg, R.: Gesammelte Werke, Bd. I/1, Berlin 1974.

Miquel, J.v.: Reden, Hg. W.Schulze u.a., Bd. 3–4, Halle 1913f.

Mommsen, W.J.(Hg.): Imperialismus. Seine geistigen, politischen und wirtschaftlichen Grundlagen. Ein Quellen- und Arbeitsbuch, Hamburg 1977.

Naumann, F.: Asia, Berlin 1899.
Naumann, F.: Demokratie und Kaisertum, Berlin 1900.

Opitz, R.(Hg.): Europastrategien des deutschen Kapitals 1900–1945, Köln 1977.

Prosch, W.: Englands Verbrechen an Transvaal und Mr. Chamberlains Verleumdung der deutschen Kriegsführung, Offenbach 1902.

Ratzel, F.: Politische Geographie, München u.a. 1897.
Ratzel, F.: Die Großmächte der Zukunft, in: Die Woche 6, 1900.
Stenographische Berichte über die Verhandlungen des Deutschen Reichstages, 8.–10. Legislaturperiode, Berlin 1890ff.
Ritter, G.A. (Hg.): Das Deutsche Kaiserreich 1871–1914. Ein historisches Lesebuch, Göttingen 1981.
Rohrbach, P.: Die Bagdadbahn, Berlin 1902.

Treitschke, H.v.: Politik, Hg. M.Cornicelius, Bd. 1–2, Leipzig 1897f.

Vollmar, G.v.: Über die nächsten Aufgaben der deutschen Sozialdemokratie, München 1891.

Weber, M.: Gesammelte Politische Schriften, München 1921.
Wilhelm II.: Reden, Hg. J.Penzler, 4 Bde., Leipzig o.J.

b) Darstellungen

Albertini, L.: The Origins of the War of 1914, Bd. 1, London u.a. 1952.
Alter, P.: Nationalismus, Frankfurt/M. 1985
Altrichter, H.: Konstitutionalismus und Imperialismus. Der Reichstag und die deutsch-russischen Beziehungen 1890–1914, Frankfurt/M. 1977.
Amery, J.: The Life of Joseph Chamberlain, Bd. 4, London 1951.
Anderson, P.A.: The Background of the Anti-English Feeling in Germany 1890–1902, Washington 1939.
Andrew, Ch.: Théophile Delcassé and the Making of the Entente cordiale. A Reappraisal of French Foreign Policy 1898–1905, London u.a. 1968.
Are, G.: Economia e politica nell'Italia liberale, 1890–1915, Bologna 1974.

Barth, B.: Die deutsche Hochfinanz und die Imperialismen. Banken und Außenpolitik vor 1914, Diss. Düsseldorf 1993.
Barth, H.M.: Berliner Elektro-Großindustrie in der deutschen Politik, Diss. FU Berlin 1980.
Baudis, D./Nussbaum, H.: Wirtschaft und Staat in Deutschland vom Ende des 19. Jahrhunderts bis 1918, Berlin 1978.
Baumgart, W.: Deutschland im Zeitalter des Imperialismus (1890–1914), Frankfurt/M. u.a. 1972.
Baumgart, W.: Der Imperialismus. Idee und Wirklichkeit der englischen und französischen Kolonialexpansion 1880–1914, Wiesbaden 1975.
Baumgart, W.: Deutsch-russische Beziehungen 1890–1914/18, in: Preußen-Deutschland und Rußland vom 18. bis zum 20. Jahrhundert, Berlin 1991.
Bayer, T.: England und der Neue Kurs 1890–1895, Tübingen 1955.

Beazley, R.: Joseph Chamberlain und die englisch-deutschen Beziehungen im Jahre 1898, in: BMH 13, 1935.

Beazley, R.: Samoa. Eine deutsch-englische Kolonialverständigung, in: BMH 15, 1937.

Beazley, R.: Zur Geschichte der deutsch-englischen Beziehungen. Lord Salisbury und die Jahre 1885–1895, in: Europäische Revue 14, Stuttgart u.a. 1938.

Becker, O.: Das französisch-russische Bündnis, Berlin 1925.

Becker, O.: Die Wende der deutsch-englischen Beziehungen, in: Festschrift G.Ritter, Hg. R. Nürnberger, Tübingen 1950.

Becker, W.: Fürst Bülow und England 1897–1909, Greifswald 1929.

Behnen, M.: Rüstung-Bündnis-Sicherheit. Dreibund und informeller Imperialismus 1900–1908, Tübingen 1985.

Berghahn, V.: Der Tirpitz-Plan. Genesis und Verfall einer innenpolitischen Krisenstrategie unter Wilhelm II., Düsseldorf 1971.

Berghahn, V.: Geschichte und Gesellschaft im Wilhelminischen Deutschland, in: NPL 24, Wiesbaden 1979.

Berghahn, V.: Des Kaisers Flotte und die Revolutionierung des Mächtesystems vor 1914, in: Der Ort Kaiser Wilhelms II. in der deutschen Geschichte, Hg. J.Röhl, München 1991.

Bittner, L.: Österreich-Ungarn und die deutsch-englischen Bündnisverhandlungen 1901, in: Stufen und Wandlungen der deutschen Einheit, Hg. K.Raumer u.a., Stuttgart u.a. 1943.

Blaich, F.: Kartell- und Monopolpolitik im kaiserlichen Deutschland, Düsseldorf 1973.

Blaich, F.: Staat und Verbände in Deutschland zwischen 1891 und 1945, Wiesbaden 1979.

Blieffert, G.: Die Innenpolitik des Reichskanzlers Fürst Chlodwig zu Hohenlohe-Schillingsfürst 1894–1900, Diss. Kiel 1949.

Böhm, E.: Überseehandel und Flottenbau. Hanseatische Kaufmannschaft und deutsche Seerüstung 1879–1902, Düsseldorf 1972.

Böhme, H.: „Grenzen des Wachstums", außenwirtschaftliche Beziehungen und gesellschaftliche Systemstabilisierung. Bemerkungen zum deutsch-russischen Verhältnis 1886–1894, in: Festschrift F.Fischer, Hg. D.Stegmann u.a., Bonn 1978.

Börner, A.: Der Klassencharakter der Caprivischen Handelspolitik, Diss. Leipzig 1961.

Born, K.E.: Staat und Sozialpolitik seit Bismarcks Sturz, Wiesbaden 1957.

Bracher, K.D.: Zeit der Ideologien. Eine Geschichte des politischen Denkens im 20. Jahrhundert, Stuttgart 1982.

Brandenburg, E.: Von Bismarck zum Weltkriege, Berlin 1925.

Bredendiek, M.: Die Widerspiegelung der Haager Konferenzen von 1899 und 1907 in Zeitungen und Zeitschriften des Deutschen Reiches, Diplomarbeit HU Berlin 1994.

Bridge, F.R.: From Sadowa to Sarajevo. The Foreign Policy of Austria-Hungary, 1866–1914, London u.a. 1972.

Briessen, F.: Grundzüge der deutsch-chinesischen Beziehungen, Darmstadt 1977.

Brown, R.G.: Fashoda Reconsidered. The Impact of Domestic Politics on French Foreign Policy in Africa 1893–1898, Baltimore u.a. 1970.

Bruch, R.v.: Wissenschaft, Politik und öffentliche Meinung. Gelehrtenpolitik im Wilhelminischen Deutschland 1890–1914, Husum 1980.

Buisson, I.: Außenpolitische Vorstellungen Bismarcks nach der Entlassung, in: Festschrift Epstein, Wiesbaden 1978.

Bußmann, W.: Treitschke als Politiker, in: HZ 177, 1954.

Bußmann, W.: Das Problem Österreich in der Zeit Bismarcks, vor dem Ersten Weltkrieg und in den Jahren der Weimarer Republik, in: Festschrift H.Gollwitzer, Hg. H.Dollinger u.a., Münster 1982.

Calleo, P.D.: Legende und Wirklichkeit der deutschen Gefahr, Bonn 1981.

Campbell, A.E.: Great Britain and the United States, 1895–1903, London u.a. 1966.

Canis, K.: Bismarck und Waldersee. Die außenpolitischen Krisenerscheinungen und das Verhalten des Generalstabes 1882 bis 1890, Berlin 1980.
Canis, K.: Kontinuität und Diskontinuität im junkerlich-bourgeoisen Klassenkompromiß 1890–1897, in: ZfG 30, 1982.
Canis, K.: Zu den Beziehungen zwischen dem Deutschen Reich und Österreich-Ungarn 1890–1914, in: Die deutsche und die österreichische Arbeiterbewegung zur Zeit der Zweiten Internationale, Hg. H.Konrad, Wien 1982.
Canis, K.: Zur Außenpolitik der Regierung des „Neuen Kurses" nach 1890, in: ZfG 31, 1983.
Canis, K.: Probleme der Imperialismusentwicklung in Deutschland und Österreich-Ungarn, in: Imperialismus und Arbeiterbewegung, Hg. H.Konrad, Wien 1985.
Canis, K.: Herbert von Bismarck. Außenpolitik und Kanzlerherrschaft in den 80er Jahren, in: Gestalten der Bismarckzeit, Bd. 2, Hg. G.Seeber, Berlin 1986.
Canis, K.: Von Bismarck zur Weltpolitik, in: Klein, F./Aretin, K.O.v. (Hg.): Europa um 1900, Berlin 1989.
Canis, K.: Unterschiedliche Richtungen in der Regierungspolitik gegenüber der Arbeiterbewegung in Deutschland 1890-1903, in: Dass unsere Greise nicht mehr betteln gehn! Hg. H.Konrad, Wien 1991.
Canis, K.: Rüstungsfragen in Deutschland 1886–1893, in: Parlamentarische und öffentliche Kontrolle von Rüstung, Hg. J.Dülffer, Düsseldorf 1992.
Canis, K.: Die Wende in der deutschen Außenpolitik 1890: Die Englandpolitik, in: Otto von Bismarck, Hg. J.Dülffer u.a., Berlin 1993.
Caron, F.: Frankreich im Zeitalter des Imperialismus 1851–1918, Stuttgart 1991.
Cecil, L.: The German Diplomatic Service, 1871–1914, Princeton 1976.
Cecil, L.: Wilhelm II. Prince and Emperor, 1859–1900, Chapel Hill u.a. 1989.
Chickering, R.: We Men Who Feel Most German. A Cultural Study of the Pan-German League 1886–1914, Boston 1984.
Chromov, P.A.: Očerki ekonomii Rossii perioda monopoličeskogo kapitalisma, Moskva 1960.
Conze, W.: Konstitutionelle Monarchie-Industrialisierung. Deutsche Führungsschichten um 1900, in: Deutsche Führungsschichten in der Neuzeit, Hg. H.Hofmann u.a., Boppard 1980.
Craig, G.A.: Die preußisch-deutsche Armee 1640–1945. Staat im Staate, Düsseldorf 1960.
Craig, G.A.: Deutsche Geschichte 1866–1945, München 1980.
Croce, B.: Geschichte Italiens 1871–1915, Berlin 1928.

Dann, O.: Nation und Nationalismus in Deutschland 1770–1990, München 1993.
Dehio, L.: Gleichgewicht oder Hegemonie, Krefeld 1948.
Dehio, L.: Deutschland und die Weltpolitik im 20. Jahrhundert, Frankfurt/M. 1961.
Deist, W.: Flottenpolitik und Flottenpropaganda. Das Nachrichtenbüro des Reichsmarineamtes 1897–1914, Stuttgart 1976.
Drechsler, H.: Südwestafrika unter deutscher Kolonialherrschaft, Berlin 1966.
Düding, D.: Der Nationalsoziale Verein 1896–1903, München u.a. 1972.
Dülffer, J.: Regeln gegen den Krieg? Die Haager Friedenskonferenzen 1899 und 1907 in der internationalen Politik, Berlin u.a. 1981.
Dülffer, J.: Die Kretakrise und der griechisch-türkische Krieg 1890–1898, in: Dülffer, J. u.a.: Inseln als Brennpunkte internationaler Politik, Köln 1986.
Dülffer, J.: Deutschland als Kaiserreich, in: Deutsche Geschichte, Hg. M.Vogt, Stuttgart 1987.
Dülffer, J./Holl, K.: Bereit zum Krieg. Kriegsmentalität im wilhelminischen Deutschland 1890–1914, Göttingen 1986.
Dülffer, J. u.a. Hg.: Otto von Bismarck. Person–Politik–Mythos, Berlin 1993.
Duroselle, J.: L'Europe de 1815 á nos jours. Vie politique et relations internationales, Paris 1991.

Earle, E.M.: Turkey, The Great Britain and The Bagdad Railway. A Study in Imperialism, New York 1924.

Ebeler, I.: Stellung der öffentlichen Meinung in Deutschland zu den deutsch-englischen Problemen 1898–1904, Diss. Kiel 1950.
Eley, G.: Reshaping the German Right. Radical Nationalism and Political Change after Bismarck, London 1980.
Eley, G.: Wilhelminismus, Nationalismus, Faschismus. Zur historischen Kontinuität in Deutschland, Münster 1991.
Engelberg, E.: Deutschland 1871–1897, Berlin 1965.
Engelberg, E.: Bismarck. Das Reich in der Mitte Europas, Berlin 1990.
Eyck, E.: Das Persönliche Regiment Wilhelms II. Politische Geschichte des deutschen Kaiserreiches von 1890 bis 1914, Erlenbach-Zürich 1948.

Faber, K.: Zur Vorgeschichte der Geopolitik. Staat, Nation und Lebensraum im Denken deutscher Geographen vor 1914, in: Festschrift H.Gollwitzer, München 1982.
Farrar, J.J.jr.: Arrogance and Anxiety. The Ambivalence of German Power 1848–1914, Iowa City 1981.
Felber, R./Rostek, H.: Der „Hunnenkrieg" Kaiser Wilhelms II. Imperialistische Intervention in China 1900/01, Berlin 1987.
Fellner, F.: Der Dreibund, München 1965.
Fellner, F.: Die Mission Hoyos (Belgrad 1976).
Fesser, G.: Reichskanzler Bernhard Fürst von Bülow, Berlin 1991.
Fester, R.: Das angebliche Bündnisangebot Englands von 1895, in: Grenzboten 80, 1921.
Fiebig-von Hase, R.: Lateinamerika als Konfliktherd der deutsch-amerikanischen Beziehungen 1890–1903, Göttingen 1986.
Fischer, F.: Krieg der Illusionen. Die deutsche Politik von 1911 bis 1914, Düsseldorf 1969.
Fischer, F.: Bündnis der Eliten. Zur Kontinuität der Machtstrukturen in Deutschland 1871–1945, Düsseldorf 1979.
Fischer, K.: Marokko und der deutsch-französische Gegensatz, Diss. Tübingen 1935.
Flemming, J.: Landwirtschaftliche Interessen und Demokratie. Ländliche Gesellschaft, Agrarverbände und Staat 1890–1925, Bonn 1978.
Förster, S.: Der doppelte Militarismus. Die deutsche Heeresrüstungspolitik zwischen Status-quo-Sicherung und Aggression 1890–1913, Stuttgart 1985.
Frankenberg, R.: Die Nichterneuerung des deutsch-russischen Rückversicherungsvertrages im Jahre 1890, Berlin 1927.
Frauendienst, W.: Deutsche Weltpolitik, in: Welt als Geschichte 19, 1959.
Frauendienst, W.: Das Deutsche Reich von 1890 bis 1914, Frankfurt/M. 1973.
Friedjung, H.: Das Zeitalter des Imperialismus 1884–1914, 3 Bde., Berlin 1919ff.
Fröhlich, M.: Von Konfrontation zur Koexistenz. Die deutsch-englischen Kolonialbeziehungen in Afrika zwischen 1884 und 1914, Bochum 1990.
Fröhlich, M.: Imperialismus. Deutsche Kolonial- und Weltpolitik 1880–1914, München 1994.

Gall, L.: Die europäischen Mächte und der Balkan im 19. Jahrhundert, in: HZ 228, 1979.
Gall, L.: Bismarck. Der weiße Revolutionär, Frankfurt/M. u.a. 1980.
Gall, L.: Bürgertum in Deutschland, Berlin 1989.
Gall, L.: Die Nationalisierung Europas seit 1789 (im Druck).
Garvin, J.: The Life of Joseph Chamberlain, 3 Bde., London 1932ff.
Geiss, I.: Das Deutsche Reich und die Vorgeschichte des Ersten Weltkrieges, München 1985.
Geiss, I.: Der lange Weg in die Katastrophe. Die Vorgeschichte des Ersten Weltkrieges 1815–1914, München 1990.
Geiss, I.: „Weltpolitik": Die deutsche Version des Imperialismus, in: Schöllgen (Hg.): Flucht in den Krieg.

Gerloff, W.: Die Finanz- und Zollpolitik des Deutschen Reiches, Jena 1913.
Deutsche Geschichte, Bd.5, Autorenkoll. G.Seeber u.a., Berlin 1988.
Geyer, D.: Der russische Imperialismus, Göttingen 1977.
Geyer, D. (Hg.): Wirtschaft und Gesellschaft im vorrevolutionären Rußland, Köln 1975.
Geyer, M.: Deutsche Rüstungspolitik 1860–1980, Frankfurt/M. 1984.
Gillard, D.R.: Salisbury's African Policy and the Helgoland Offer of 1890, in: EHR 75, 1960.
Gillard, D.R.: The Struggle for Asia 1828–1914, London 1977.
Gindin, J.F.: Gosudarstvennyj bank i ekonomičeskaja politika carskogo pravitel'stva 1861 do 1892gg., Moskva 1960.
Girault, R.: Emprunts russes et investissements francais en Russe 1887–1914. Paris 1973.
Girault, R.: Diplomatie européenne et imperialismes. Histoire des relations internationales contemporaines, Bd. 1, Paris u.a. 1979.
Gisevius, H.B.: Der Anfang vom Ende, Zürich 1971.
Glaise-Horstenau, E.v.: Franz Josephs Weggefährte. Das Leben des Generalstabschefs Grafen Beck, Zürich u.a. 1930.
Gollwitzer, H.: Die gelbe Gefahr. Geschichte eines Schlagwortes, Göttingen 1962.
Gollwitzer, H.: Geschichte des weltpolitischen Denkens, Bd. 2, Göttingen 1982.
Gordienko, V.: Vostočno evropejskaja politika pravitel'stva Kaprivi 1890–1894, Kand.diss. Lvov 1975.
Granfelt, H.: Der Dreibund nach dem Sturze Bismarcks, 2 Bde., Lund 1962ff.
Grebing, H.: Arbeiterbewegung. Sozialer Protest und kollektive Interessenvertretung bis 1914, München 1985.
Grenville, J.: Goluchowski, Salisbury and the Mediterranean Agreements 1895–1897, in: SER, 36, 1958.
Grenville, J.: Lord Salisbury and Foreign Policy, London 1964.
Greschat, M.: Krieg und Kriegsbereitschaft im deutschen Protestantismus, in: Dülffer, J. u.a. (Hg.): Bereit zum Krieg.
Grimm, C.: Graf Witte und die deutsche Politik, Diss. Freiburg 1930.
Grimm, T.: Die Boxerbewegung in China 1898–1901, in: HZ 224, 1977.
Gründer, H.: Die Kaiserfahrt Wilhelms II. ins Heilige Land 1898, in: Festschrift H.Gollwitzer, Münster 1982.
Gründer, H.: Christliche Mission und deutscher Imperialismus, Paderborn 1982.
Gründer, H.: Geschichte der deutschen Kolonien, Paderborn 1985.
Grupp, P.: Theorie der Kolonialexpansion und Methoden der imperialistischen Außenpolitik bei Gabriel Hanotaux, Bern 1972.
Grupp, P.: Deutschland, Frankreich und die Kolonien. Der französische „Parti colonial" und Deutschland 1890 bis 1914, Tübingen 1980.
Guillen, P.: L'Allemagne et le Maroc de 1870 à 1905, Paris 1967.
Gutsche, W.: Zur Südosteuropapolitik des deutschen Imperialismus vom Ende des 19. Jahrhunderts bis zum Ende des ersten Weltkrieges, in: JfG 15, 1977.
Gutsche, W.: Gewicht und Wirkungswege ökonomischer Triebkräfte in der imperialistischen deutschen Außenpolitik vor 1917, in: ZfG 30, 1982.
Gutsche, W.: Monopole, Staat und Expansion vor 1914, Berlin 1986.
Gutsche, W.: Wilhelm II. Eine Biographie, Berlin 1991.

Die Habsburgermonarchie 1848–1918, Hg. A.Wandruschka u.a., Bd. 1–6/2, Wien 1973ff.
Hall, D.: A History of South-East-Asia, London 1964.
Haller, J.: Aus dem Leben des Fürsten Philipp zu Eulenburg-Hertefeld, Berlin 1924.
Haller, J.: Die Aera Bülow, Stuttgart u.a. 1922.
Haller, J.: England und Deutschland um die Jahrhundertwende, Leipzig 1929.

Hallgarten, G.W.F.: Imperialismus vor 1914, Bd. 1, München 1963.
Hallmann, H.: Krügerdepesche und Flottenfrage, Stuttgart 1927.
Hallmann, H. (Hg.): Zur Geschichte und Problematik des deutsch-russischen Rückversicherungsvertrages von 1887, Darmstadt 1968.
Handbuch der Geschichte Rußlands, Bd. 3, Hg. G.Schramm, 1. Halbbd., Stuttgart 1983.
Hank, M.: Kanzler ohne Amt. Fürst Bismarck nach seiner Entlassung 1890–1898, München 1980.
Hantsch, H.: Kaiser Franz Joseph und die Außenpolitik, in: Probleme der franzisko-josephinischen Zeit, Hg. F.Engel-Janosi u.a., München 1967.
Hardtwig, W.: Von Preußens Aufgabe in Deutschland zu Deutschlands Aufgabe in der Welt, in: HZ 281, 1980.
Hartung, F.: Verantwortliche Regierung, Kabinette und Nebenregierungen im konstitutionellen Preußen 1848–1918, in: Volk und Staat in der deutschen Geschichte, Leipzig 1940.
Hartung, F.: Das Persönliche Regiment Wilhelms II., Berlin 1952.
Haselmayr, F.: Diplomatische Geschichte des Zweiten Reiches, Bd. 4–5, München 1991f.
Hatzfeld, K.: Das deutsch-österreichische Bündnis von 1879 in der Beurteilung der politischen Parteien Deutschlands, Berlin 1938.
Haupt, U.: Die Rumänienpolitik Deutschlands und Österreich-Ungarns vom Rücktritt Bismarcks bis zum Ausbruch des ersten Balkankrieges (1890–1912), Diss. Würzburg 1976.
Hauser, O.: Deutschland und der englisch-russische Gegensatz 1900–1914, Göttingen u.a. 1958.
Helfferich, K.: Georg von Siemens, Bd. 3, Berlin 1923
Heller, H.: Hegel und der nationale Machtstaatsgedanke in Deutschland, Berlin 1921.
Hentschel, V.: Wirtschaft und Wirtschaftspolitik im wilhelminischen Deutschland, Stuttgart 1978.
Herrmann, W.: Dreibund, Zweibund, England 1890–1895, Stuttgart 1929.
Hertner, P.: Der deutsche Kapitalexport nach Italien, die deutsch-italienischen Wirtschaftsbeziehungen und die Entwicklung der italienischen Volkswirtschaft 1861–1894, Habil. Darmstadt 1986.
Herwig, H.H.: Germany's Vision of Empire in Venezuela 1871–1914, Princeton 1986.
Herzfeld, H.: Johannes von Miquel, Bd. 2, Detmold 1938.
Heymann, I.: Sozialdemokratie contra Weltpolitik (1894–1898), Diss. Berlin 1974.
Hildebrand, K.: Imperialismus, Wettrüsten und Kriegsausbruch 1914, in: NPL 20, 1975.
Hildebrand, K.: Geschichte oder "Gesellschaftsgeschichte"? in: HZ 223, 1976.
Hildebrand, K.: Staatskunst oder Systemzwang? Die "deutsche Frage" als Problem der Weltpolitik, in: HZ 228, 1979.
Hildebrand, K.: Zwischen Allianz und Antagonismus. Das Problem bilateraler Normalität in den britisch-deutschen Beziehungen des 19. Jahrhunderts, in: Festschrift H.Gollwitzer, München 1982.
Hildebrand, K.: Julikrise 1914: das europäische Sicherheitsdilemma, in: GWU 36, 1985.
Hildebrand, K.: Saturiertheit und Prestige. Das Deutsche Reich als Staat im Staatensystem 1871–1918, in: GWU 40, 1989.
Hildebrand, K.: Deutsche Außenpolitik 1871–1918, München 1989.
Hildebrand, K.: Reich–Großmacht–Nation, in: HZ 259, 1994.
Hildebrand, K.: Das vergangene Reich. Deutsche Außenpolitik von Bismarck bis Hitler 1871–1945, Stuttgart 1995.
Hillgruber, A.: Bismarcks Außenpolitik, Freiburg 1972.
Hillgruber, A.: Deutsche Großmacht- und Weltpolitik im 19. und 20. Jahrhundert, Düsseldorf 1977.
Hillgruber, A.: Die deutsch-russischen Beziehungen (1878–1917), in: Deutschland und Rußland im Zeitalter des Kapitalismus 1861–1914, Hg. K.O.v.Aretin u.a., Wiesbaden 1977.
Hillgruber, A.: Otto von Bismarck, Göttingen u.a. 1978.
Hillgruber, A.: Deutschlands Rolle in der Vorgeschichte der beiden Weltkriege, Göttingen 1979.
Hillgruber, A.: Die gescheiterte Großmacht. Eine Skizze des Deutschen Reiches 1871–1945, Düsseldorf 1980.
Hobsbawm, E.: Das imperiale Zeitalter 1875–1914, Frankfurt/M. u.a. 1989.

Hobsbawm, E.: Nationen und Nationalismus, Frankfurt/M. u.a. 1991.
Höbelt, L.: Österreich-Ungarn und das Deutsche Reich als Zweibundpartner, in: Österreich und die deutsche Frage im 19. und 20. Jahrhundert, Hg. H.Lutz u.a., Wien 1982.
Hoernigk, R.: Italien zwischen Frankreich und dem Dreibund. Die politischen Beziehungen zwischen Deutschland und Italien 1890 bis 1906, Berlin 1931.
Hoffman, R.J.: Great Britain and the German Trade Rivalry 1875–1914, Philadelphia 1933.
Hoffmann, W.G.: Das Wachstum der deutschen Wirtschaft seit der Mitte des 19. Jahrhunderts, Berlin u.a. 1965.
Holl, K./List, G. (Hg.): Liberalismus und imperialistischer Staat, Göttingen 1975.
Horn, H.: Der Kampf um den Bau des Mittellandkanals, Köln u.a. 1964.
Hoyningen, H.: Untersuchungen zur Geschichte des deutsch-englischen Bündnisproblems 1898–1901, Breslau 1934.
Hubatsch, W.: Die Ära Tirpitz. Studien zur deutschen Marinepolitik 1890–1918, Göttingen u.a. 1955.
Huber, E.R.: Deutsche Verfassungsgeschichte seit 1789, Bd. 3–4, Stuttgart 1963ff.
Huldermann, B.: Albert Ballin, Berlin 1922.
Hull, I.: The Entourage of Kaiser Wilhelm II, 1888–1918, Cambridge 1982.

Irmer, J.: Kiautschou. Die diplomatische Vorbereitung der Erwerbung 1894–1898, Köln 1932.
Israel, L.: England und der Orientdreibund 1887–1896, Diss. Berlin 1937.
Istorija diplomatii, Tom II (1871–1914), Moskva 1963.

Jaeger, H.: Unternehmer in der deutschen Politik (1890–1918), Bonn 1967.
Jakobs, P.: Das Werden des französisch-russischen Zweibundes 1890–1894, Wiesbaden 1968.
Jay, R.: Joseph Chamberlain. A Political Study, Oxford 1981.
Jefferson, M.M.: Lord Salisbury's Conversations with the Tsar at Balmoral 27./29.9.1896, in: SER 39, 1960/61.
Jerussalimski, A.S.: Die Außenpolitik und die Diplomatie des deutschen Imperialismus Ende des 19. Jahrhunderts, Berlin 1954.
Jerussalimski, A.S.: Der deutsche Imperialismus. Geschichte und Gegenwart, Berlin 1968.
Joll, J.: Die Ursprünge des Ersten Weltkrieges, München 1988.

Kaelble, H.: Industrielle Interessenpolitik in der wilhelminischen Gesellschaft. Centralverband Deutscher Industrieller 1895–1914, Berlin 1967.
Kaikkonen, O.: Deutschland und die Expansionspolitik der USA in den 90er Jahren des 19. Jahrhunderts, Jyväskylä 1980.
Kampen, W.v.: Studien zur deutschen Türkeipolitik in der Zeit Wilhelms II., Diss. Kiel 1968.
Kamplade, W.: Delcassé und Deutschland (1898–1911), Diss. Münster 1940.
Kaulisch, B.: Die Bildung des „Wirtschaftlichen Ausschusses" im Jahre 1897, In: JfWG III/1973.
Kaulisch, B.: Alfred von Tirpitz und die imperialistische deutsche Flottenrüstung. Eine politische Biographie, Berlin 1982.
Kazemzadeh, F.: Russia and Britain in Persia, 1864–1914, New Haven u.a.1968.
Kehr, E.: Schlachtflottenbau und Parteipolitik 1894–1901, Berlin 1930.
Kehr, E.: Der Primat der Innenpolitik, Hg. H.-U. Wehler, Frankfurt/M. u.a. 1976.
Kennan, G.F.: Die schicksalhafte Allianz. Frankreich und Rußland am Vorabend des Ersten Weltkrieges, Köln 1990.
Kennedy, P.M.: Anglo-German Relation and the Partition of Samoa 1895–1899, in: Australian Journal of Politics and History 17, 1971.
Kennedy, P.M.: German World Policy and the Alliance Negotiations with England 1897–1900, in: JMH 45, 1973.
Kennedy, P.M.: The Samoan Tangle. A Study in Anglo-German-Amerikan Relations 1878–1900,

Dublin 1974.
Kennedy, P.M.: The Rise of the Anglo-German Antagonism 1860–1914, London 1980.
Kennedy, P.M.: Aufstieg und Fall der großen Mächte, Frankfurt/M. 1989.
Kent, M. (Hg.): The Great Powers and the End of the Ottoman Empire, London u.a. 1984.
Klein, F.: Über die Verfälschung der historischen Wahrheit in der Aktenpublikation „Die Große Politik der Europäischen Kabinette", in: ZfG 7, 1959.
Klein, F.: Zur Chinapolitik des deutschen Imperialismus im Jahre 1900, in: ZfG 8, 1960.
Klein, F.: Deutschland 1897/98–1917, Berlin 1986.
Klein, F.: Innere Widersprüche im Bündnis zwischen Deutschland und Österreich-Ungarn zu Beginn der imperialistischen Epoche (1897–1902), in: Studien zum deutschen Imperialismus vor 1914, Hg. F. Klein, Berlin 1976.
Klein, F./Aretin, K.O.v. (Hg.): Europa um 1900. Texte eines Kolloquiums, Berlin 1989.
Kocka, J.: Das europäische Muster und der deutsche Fall, in: Bürgertum im 19. Jahrhundert, Bd. 1, Göttingen 1995.
Köhne, R.: Nationalliberale und Koalitionsrecht. Struktur und Verhalten der nationalliberalen Reichstagsfraktion 1890–1914, Frankfurt/M. 1977.
Kössler, A.: Aktionsfeld Osmanisches Reich. Die Wirtschaftsinteressen des Deutschen Kaiserreiches in der Türkei 1871–1908, New York 1981.
Krausnick, H.: Holsteins Geheimpolitik in der Ära Bismarck 1886–1890, Hamburg 1942.
Krausnick, H.: Holstein und das deutsch-englische Verhältnis von 1890 bis 1901, Internationales Jahrbuch für Geschichtsunterricht, 1, 1951.
Krausnick, H.: Holstein, Österreich-Ungarn und die Meerengenfrage im Herbst 1895, in: Festgabe F.Hartung, Berlin 1958.
Kruck, A.: Geschichte des Alldeutschen Verbandes 1890–1939, Wiesbaden 1954.
Kuczynski, J.: Die Geschichte der Lage der Arbeiter unter dem Kapitalismus, Bd. 3, 4, 12, Berlin 1961ff.
Kumpf-Korfes, S.: Bismarcks „Draht nach Rußland" 1878–1891, Berlin 1968.
Kundel, E.: Die Ideologie der Weltpolitik im politischen und sozialen Umfeld der Zeitschriften Grenzboten und Preußische Jahrbücher zwischen 1890 und 1900, Diss. HU Berlin 1990.

Lahme, R.: Deutsche Außenpolitik 1890–1894. Von der Gleichgewichtspolitik Bismarcks zur Allianzstrategie Caprivis, Göttingen 1990.
Lambi, I.: The Navy and German Power Politics, 1862–1914, Boston 1984.
Langer, W.: The Franco-Russian Alliance 1890–1894, Cambridge/M. 1929.
Langer, W.: The Diplomacy of Imperialism 1890–1902, New York 1968.
Laufer, J.: Die Entwicklung der deutsch-englischen Beziehungen 1892 bis 1894 unter besonderer Berücksichtigung der kolonialen Streitigkeiten, Diplomarbeit HU Berlin 1983.
Laufer, J.: Die deutsche Südafrikapolitik 1890–1898 im Spannungsfeld zwischen deutsch-englischen Beziehungen, Wirtschaftsinteressen und Expansionsforderungen in der bürgerlichen Öffentlichkeit, Diss. HU Berlin 1986.
Lee, S.: Eduard VII., 1. Bd., Dresden 1928.
Lehmann, J.: Die Außenpolitik und die „Kölnische Zeitung" während der Bülowzeit (1897–1909), Diss. Leipzig 1937.
Leibenguth, P.: Modernisierungskrisis des Kaiserreiches an der Schwelle zum wilhelminischen Imperialismus (1890–1894), Diss. Köln 1975.
Lekschas, J.: Die handelspolitischen Reibungsflächen zwischen Deutschland und den USA von 1897 bis 1900, in: JfG 29, 1984.
Lekschas, J.: Die Vereinigten Staaten und China. Ein Beitrag zur amerikanischen Chinapolitik von 1885 bis zum Ende der Roosevelt-Administration 1909, Diss. Berlin 1987.
Lemberg, E.: Nationalismus, 2 Bde., Reinbek 1964.

Lenzner, G.: Zwischen Annäherung und Konfrontation. Frankreich in der Politik der deutschen Reichsleitung 1897–1903/04, Diss. HU Berlin 1991.
Lerman, K.A.: The Chancellor as Courtier. Bernhard von Bülow and the Governance of Germany 1900–1909, Cambridge/M. 1990.
Leugers, A.: Einstellungen zu Krieg und Frieden im deutschen Katholizismus, in: Dülffer (Hg.): Bereit zum Krieg.
Leupolt, E.: Die Außenpolitik in den bedeutendsten politischen Zeitschriften Deutschlands 1890–1909, Leipzig 1933.
Lexikon zur Parteiengeschichte, Hg. D.Fricke u.a., 4 Bde., Leipzig 1983ff.
Lhéritier, M.: Histoire Diplomatique de la Grece, Paris 1926.
Lill, R.: Geschichte Italiens in der Neuzeit, Darmstadt 1986.
Lindow, E.: Freiherr Marschall von Bieberstein als Botschafter in Konstantinopel 1897–1912, Danzig 1934.
Löbel, U.: Die deutsche Bourgeoisie und die deutsch-russischen Beziehungen 1890–1894, Diss. HU Berlin 1984.
Löbel, U.: Der deutsch-russische Zollkrieg 1893/94. Zu seinen innen-und außenpolitischen Hintergründen, in: JfGsL 32, 1988.
Loch, W.: Die imperialistische deutsche Chinapolitik 1898–1901 und die militärische Intervention gegen den Volksaufstand der Ihotwan, Diss. Leipzig 1961.
Lösener, A.: Grundzüge von Bismarcks Staatsauffassung, Bonn 1962.
Lorenz, I.: Eugen Richter. Der entschiedene Liberalismus in wilhelminischer Zeit 1871–1906, Husum 1981.
Loth, W.: Katholiken im Kaiserreich. Der politische Katholizismus in der Krise der wilhelminischen Gesellschaft, Düsseldorf 1984.
Lowe, C.J.: Salisbury and the Mediterranean 1886–1896, London 1965.
Lowe, C.J.: The Reluctant Imperialists. British Foreign Policy 1878–1902, 2 Bde., London 1967.
Lowe, C.J./Marzari, F.: Italian Foreign Policy, 1870–1940, London u.a. 1975.

Malozemoff, A.: Russian Far Eastern Policy 1881–1904, Berkeley 1958.
Manfred, A.S.: Obrazovanie russko-francuzskogo sojuza, Moskva 1975.
Manzenreiter, J.: Die Bagdadbahn, Bochum 1982.
Martel, G.: Imperial Diplomacy. Rosebery and the Failure of Foreign Policy, Montreal 1986.
Massie, R.: Die Schalen des Zorns. Großbritannien, Deutschland und das Heraufziehen des Ersten Weltkrieges, Frankfurt/M. 1993.
Mayer, A.J.: Adelsmacht und Bürgertum. Die Krise der europäischen Gesellschaft 1848–1914, München 1988.
Meinecke, F.: Geschichte des deutsch-englischen Bündnisproblems 1890–1901, München u.a. 1927.
Meinecke, F.: Zur Geschichte der deutsch-englischen Bündnisverhandlungen von 1901, in: Festgabe H.Delbrück, Berlin 1928.
Meisner, H.O.: Der Kanzler Hohenlohe und die Mächte seiner Zeit, in: PJ 230, 1932.
Meisner, H.O.: Der Reichskanzler Caprivi, Darmstadt 1969.
Mejcher, H.: Die Bagdadbahn als Instrument deutschen wirtschaftlichen Einflusses im Osmanischen Reich, in: GG 1, 1975.
Messerschmidt, M.: Militär und Politik in der Bismarckzeit und im Wilhelminischen Deutschland, Darmstadt 1975.
Messerschmidt, M.: Die politische Geschichte der preußisch-deutschen Armee, in: Handbuch zur deutschen Militärgeschichte, Bd. 4, München 1975.
Michalka, W.: Die deutsche Frage in der Weltpolitik, Stuttgart 1986.
Möller, M.: Deutschlands Chinapolitik vom Einspruch von Shimonoseki bis zur Erwerbung von Kiautschou, Diss. Münster 1927.

Mogk, W.: Paul Rohrbach und das „Größere Deutschland". Ethischer Imperialismus im Wilhelminischen Zeitalter, München 1972.
Mommsen, W.J.: Das Zeitalter des Imperialismus, Frankfurt/M., 1969.
Mommsen, W.J. (Hg.): Der moderne Imperialismus, Stuttgart 1971.
Mommsen, W.J.: Max Weber und die deutsche Politik 1890–1920, Tübingen 1974.
Mommsen, W.J.: Der europäische Imperialismus, Göttingen 1979.
Mommsen, W.J.: Das britische Empire, in: HZ 233, 1981.
Mommsen, W.J.: Zur Entwicklung des Englandbildes der Deutschen seit dem Ende des 18. Jahrhunderts, in: Festschrift P.Kluke, München 1981.
Mommsen, W.J.: Imperialismustheorien, Göttingen 1987.
Mommsen, W.J.: Der autoritäre Nationalstaat. Verfassung, Gesellschaft und Kultur im deutschen Kaiserreich, Frankfurt/M. 1990.
Mommsen, W.J.: Kaiser Wilhelm II and German Politics, in: JCH 25, 1990.
Mommsen, W.J.: Großmachtstellung und Weltpolitik. Die Außenpolitik des Deutschen Reiches 1870–1914, Frankfurt/M. 1993.
Monger, G.: Ursachen und Entstehung der englisch-französisch-russischen Entente 1900–1907, Seeheim 1969.
Mühlmann, C.: Die deutschen Bahnunternehmungen in der asiatischen Türkei 1888–1914, in: Weltwirtschaftliches Archiv 24, 1926.
Müller, F.F.: Deutschland–Zanzibar–Ostafrika. Geschichte einer deutschen Kolonialeroberung 1884 bis 1890, Berlin 1959.
Müller-Jabusch, M.: Fünfzig Jahre Deutsch-Asiatische Bank 1890–1939, Berlin 1940.
Müller-Link, H.: Industrialisierung und Außenpolitik. Preußen-Deutschland und das Zarenreich von 1860 bis 1890, Göttingen 1977.

Naročnickij, A.L.: Kolonial'naja politika kapitalističeskich deržav na Dal'nem vostocke 1860–1895, Moskva 1956.
Neumann, K.: Reichstag und Außenpolitik während der Bülowzeit unter besonderer Berücksichtigung des deutsch-englischen Verhältnisses (1897–1909), Diss. Hamburg 1951.
Newton, T.: Lord Landowne, London 1929.
Nichols, J.A.: Germany after Bismarck. The Caprivi Era 1890–1894, Cambridge/M. 1958.
Niedhart, G.: Geschichte Englands im 19. und 20. Jahrhundert, München 1988.
Nipperdey, T.: Deutsche Geschichte 1866–1918, 2 Bde., München 1990ff.
Nötzold, J.: Wirtschaftspolitische Alternativen der Entwicklung Rußlands in der Ära Witte und Stolypin, Berlin 1966.
Nolden, K.: Friedrich von Holstein, Berlin 1983.
Nussbaum, H.: Außenhandelsverflechtung europäischer Länder und imperialistische deutsche Mitteleuropapläne 1898 bis 1914, in: JfG 15, 1977.
Nussbaum, M.: Vom Kolonialenthusiasmus zur Kolonialpolitik der Monopole. Zur Kolonialpolitik unter Bismarck, Caprivi, Hohenlohe, Berlin 1962.

Oncken, H.: Das Deutsche Reich und die Vorgeschichte des Weltkrieges, Bd. 1, Berlin 1933.
Otto, H.: Schlieffen und der Generalstab, Berlin 1966.

Peters, M.: Die Meerengen und die europäischen Großmächte 1890–1895, Diss. Erlangen 1932.
Plass, J.: England zwischen Rußland und Deutschland. Der Persische Golf in der britischen Vorkriegspolitik 1899–1907, Hamburg 1966.
Poidevin, R.: Les relations économiques et financières entre la France et l'Allemagne de 1898 à 1914, Paris 1969.
Poidevin, R./Bariety, J.: Frankreich und Deutschland. Die Geschichte ihrer Beziehungen 1815–1975,

München 1982.
Pommerin, R.: Der Kaiser und Amerika. Die USA in der Politik der Reichsleitung 1890–1917, Köln u.a. 1986.
Puhle, H.-J.: Agrarische Interessenpolitik und preußischer Konservatismus im wilhelminischen Reich 1893–1914, Hannover 1966.
Purcell, V.: The Boxer Uprising. A background study, Cambridge 1963.

Rassow, P.: Schlieffen und Holstein, in: HZ 173, 1952.
Ratenhof, U.: Die Chinapolitik des Deutschen Reiches 1871 bis 1945. Wirtschaft-Rüstung-Militär, Boppard 1987.
Rathmann, L.: „Volldampf voraus nach Euphrat und Tigris". Die planmäßige Vorbereitung des deutschen Imperialismus auf den Endkampf um die Beherrschung des Osmanischen Reiches in den Jahren 1897 bis 1903, in: Kolonialismus und Neokolonialismus, Hg. W.Markov u.a., Berlin 1964.
Rathmann, L.: Die Nahostexpansion des deutschen Imperialismus vom Ausgang des 19. Jahrhunderts bis zum Ende des 1. Weltkrieges, Habil. Leipzig 1961.
Rauh, M.: Föderalismus und Parlamentarismus im Wilhelminischen Reich, Düsseldorf 1973.
Rauh, M.: Die „deutsche Frage" vor 1914. Weltmachtstreben und Obrigkeitsstaat, in: Die Deutsche Frage im 19. und 20. Jahrhundert, Hg. J. Becker u.a., München 1983.
Raulff, H.: Zwischen Machtpolitik und Imperialismus. Die deutsche Frankreichpolitik 1904/06, Düsseldorf 1976.
Reifeld, H.: Zwischen Empire und Parlament. Zur Gedankenbildung und Politik Lord Roseberys (1880–1905), Göttingen u.a. 1987.
Renk, H.: Bismarcks Konflikt mit der Schweiz. Der Wohlgemuth-Handel von 1889, Basel u.a. 1972.
Renouvin, P.: La politique exterieure de Théophile Delcassé 1898–1905, Paris 1962.
Rich, N.: Friedrich von Holstein. Politics and Diplomacy in the Era of Bismarck and Wilhelm II, Bd. 2, Cambridge 1965.
Ritter, G.: Die Legende von der verschmähten englischen Freundschaft 1898/1901, Leipzig 1929.
Ritter, G.: Die Zusammenarbeit der Generalstäbe Deutschlands und Österreich-Ungarns vor dem ersten Weltkrieg, in: Festgabe H.Herzfeld, Berlin 1958.
Ritter, G.: Staatskunst und Kriegshandwerk. Das Problem des „Militarismus" in Deutschland, Bd. 2, München 1965.
Ritter, G. A.: Die Arbeiterbewegung im Wilhelminischen Reich 1890–1900, Berlin 1963.
Ritter, G.A.: Gesellschaft, Parlament und Regierung. Zur Geschichte des Parlamentarismus in Deutschland, Düsseldorf 1974.
Röhl, J.: Deutschland ohne Bismarck. Die Regierungskrise im Zweiten Kaiserreich 1890–1900, Tübingen 1969.
Röhl, J.: Kaiser, Hof und Staat. Wilhelm II. und die deutsche Politik, München 1988.
Röhl, J.(Hg.): Der Ort Kaiser Wilhelms II. in der deutschen Geschichte, München 1991.
Röhl, J.: Wilhelm II. Die Jugend des Kaisers 1859–1888, München 1993.
Roloff, G.: Die deutsch-englischen Bündnisverhandlungen im Jahre 1898, in: BMH 13, 1935.
Rosenbach, H.: Das Deutsche Reich, Großbritannien und der Transvaal (1896–1902). Anfänge deutsch-britischer Entfremdung, Göttingen 1993.
Rothfels, H.: Zur Geschichte des Rückversicherungsvertrages, in: PJ 187, 1922.
Rüdt von Collenberg, L.v.: Die deutsche Armee von 1871 bis 1914, Berlin 1922.
Rybačenok, J.S.: Obrazovanie russko-francuzskogo sojuza 1891–1893, Kand.diss. Lvov 1975.
Rumpler, H.: Zum gegenwärtigen Stand der Imperialismusdebatte, in: GWU 25, 1974.

Salewski, M.: Tirpitz, Göttingen 1979.
Schack, K.: Der Beginn des deutschen Schlachtflottenbaus (1897–1900), Diss. München 1981.
Schädlich, K.-H.: Politische und ökonomische Aspekte der britisch-deutschen Handelsrivalität am

Ende des 19. Jahrhunderts, in: JfG 15, 1977.
Schanderl, H.: Die Albanienpolitik Österreich-Ungarns und Italiens 1877–1908, Wiesbaden 1971.
Schenk, W.: Die deutsch-englische Rivalität vor dem Ersten Weltkrieg in der Sicht deutscher Historiker, Aarau 1967.
Schieder, T. (Hg.): Handbuch der europäischen Geschichte, Bd. 6, Stuttgart 1968.
Schieder, T.: Staatensystem als Vormacht der Welt 1848–1918, Berlin u.a. 1977.
Schieder, T.: Imperialismus in alter und neuer Sicht, in: Einsichten in die Geschichte, Frankfurt/M. 1980.
Schilling, K.: Beiträge zu einer Geschichte des radikalen Nationalismus in der Wilhelminischen Ära 1890–1909, Diss. Köln 1968.
Schödl, G.: Alldeutscher Verband und deutsche Minderheitenpolitik in Ungarn 1890–1914, Frankfurt/M. u.a. 1978.
Schöllgen, G.: Das Zeitalter des Imperialismus, München 1986.
Schöllgen, G.: Die Großmacht als Weltmacht. Idee, Wirklichkeit und Perzeption deutscher „Weltpolitik" im Zeitalter des Imperialismus, in: HZ 248, 1889.
Schöllgen, G. (Hg.): Flucht in den Krieg? Die Außenpolitik des kaiserlichen Deutschland, Darmstadt 1991.
Schöllgen, G.: Imperialismus und Gleichgewicht. Deutschland, England und die orientalische Frage 1871–1914, München 1992.
Schöllgen, G.: Die Macht in der Mitte Europas. Stationen deutscher Außenpolitik von Friedrich dem Großen bis zur Gegenwart, München 1992.
Schottelius, H. u.a. (Hg.): Marine und Marinepolitik im kaiserlichen Deutschland 1871–1914, Düsseldorf 1972.
Schmidt, G.: Der deutsch-englische Gegensatz im Zeitalter des Imperialismus, in: Deutschland und der Westen, Hg. H.Köhler, Berlin 1984.
Schmidt, G.: Der europäische Imperialismus, München 1985.
Schmidt, V.: Die deutsche Eisenbahnpolitik in Shantung, Wiesbaden 1976.
Schröder, H.-C.: Sozialismus und Imperialismus, Bd. 1, Hannover 1968.
Schüddekopf, O.E.: Die Stützpunktpolitik des Deutschen Reiches von 1890–1914, Berlin 1941.
Schüßler, W.: Deutschland zwischen Rußland und England. Studien zur Außenpolitik des Bismarckschen Reiches 1879–1914, Leipzig 1940.
Schüßler, W.: Deutsche Weltpolitik 1890–1914, in: Weltmachtstreben und Flottenbau, Witten 1956.
Schütte, E.: Freiherr Marschall von Bieberstein – ein Beitrag zum Charakter seiner Politik, Diss. Berlin 1936.
Schwarze, F.: Das deutsch-englische Abkommen über die portugiesischen Kolonien vom 30. August 1898, Diss. Göttingen 1931.
Seeber, G. u.a.: Bismarcks Sturz. Zur Rolle der Klassen in der Endphase des preussisch-deutschen Bonapartismus, Berlin 1977.
Sell, M.: Das deutsch-englische Abkommen von 1890, Berlin u.a. 1926.
Snyder, L.L.: Roots of German Nationalism, Bloomington 1978.
Sobolev, M.N.: Istorija russko-germanskogo torgovogo dogovora, Petrograd 1915.
Sösemann, B.: Die sogenannte Hunnenrede Wilhelms II., in: HZ 222, 1976.
Stadelmann, R.: Hegemonie und Gleichgewicht. Zum Problem der aussenpolitischen Ordnung Europas, Schloß Laupheim 1950.
Stadelmann, R.: Der Neue Kurs in Deutschland, in: GWU 4, 1953.
Stahl, F.-C.: Botschafter Graf Wolff Metternich und die deutsch-englischen Beziehungen, Diss. Hamburg 1953.
Stamm, H.: Graf Herbert von Bismarck als Staatssekretär des Auswärtigen Amtes, Diss. Braunschweig 1978.
Stegmann, D.: Die Erben Bismarcks. Parteien und Verbände in der Spätphase des Wilhelminischen

Deutschlands. Sammlungspolitik 1897–1918, Köln u.a. 1970.
Stegmann, D.: Wirtschaft und Politik nach Bismarcks Sturz. Zur Genesis der Miquelschen Sammlungspolitik 1890–1897, in: Festschrift F.Fischer, Düsseldorf 1973.
Stein, P.: Die Neuorientierung der österreichisch-ungarischen Aussenpolitik 1895–1897, Göttingen 1972.
Steiner, Z.: The Foreign Office and Foreign Policy, 1898–1914, London 1969.
Stern, F.: Kulturpessimismus als politische Gefahr. Eine Analyse nationaler Ideologie in Deutschland, München 1986.
Sternburg, W.v. (Hg.): Die deutschen Kanzler von Bismarck bis Kohl, Frankfurt/M. 1994.
Stichler, H.: Das Gouvernement Jiaozhou und die deutsche Kolonialpolitik in Shandong 1897–1909, Diss. HU Berlin 1989.
Stingl, W.: Der Ferne Osten in der deutschen Politik vor dem Ersten Weltkrieg (1902–1914), Frankfurt/M. 1978.
Stoecker, H. (Hg.): Drang nach Afrika. Die koloniale Expansionspolitik und Herrschaft des deutschen Imperialismus in Afrika, Berlin 1977, ²1991.
Stransky, G.: Die diplomatischen Beziehungen Österreich-Ungarns zu Italien zwischen dritter und vierter Dreibunderneuerung (1896– 1902), Diss. Wien 1963.
Stubmann, P.: Ballin, Berlin 1926.
Stübler, D.: Italien 1789 bis zur Gegenwart, Berlin 1987.
Stürmer, M. (Hg.): Das kaiserliche Deutschland. Politik und Gesellschaft 1870–1918, Düsseldorf 1971.
Stürmer, M.: Das ruhelose Reich. Deutschland 1866–1918, Berlin 1983.
Stürmer, M.: Deutscher Flottenbau und europäische Weltpolitik an der Jahrhundertwende, in: Dissonanzen des Fortschritts, München u.a. 1986.
Sühlo, W.: Georg H. Graf zu Münster, Hildesheim 1968.
Sutter, B.: Die Großmächte und die Erhaltung des Friedens zu Beginn der Kreta-Krise 1897, in: Südostforschungen 21, 1962.

Tarle, E.V.: Graf S.Ju. Vitte. Opyt charakteristiki vnežnej politiki, Leningrad 1927.
Tatsios, T.G.: The Megali Idea and the Greek-Turkish War of 1897, New York 1984.
Taylor, A.J.P.: The Struggle of Mastery in Europe, 1848–1918, Oxford 1954.
Theiner, P.: Sozialer Liberalismus und deutsche Weltpolitik, Baden-Baden 1983.
Thimme, A.: Hans Delbrück als Kritiker der wilhelminischen Epoche, Düsseldorf 1955.
Thimme, F.: Die Krügerdepesche. Genesis und historische Bedeutung, in: Europäische Gespräche, Berlin 1924.
Thimme, F.: Der Ausklang der deutsch-englischen Bündnisverhandlungen. Nach Briefen des Botschafters Metternich, in: BMH 16, 1838.
Thimme, F. (Hg.): Front wider Bülow. Staatsmänner, Diplomaten und Forscher zu seinen Denkwürdigkeiten, München 1931.
Thobie, J.: The France Imperiale 1880–1914, Paris 1982.
Tolstaja, M.A.: Russko-germanskie otnoženija 1887–1894 russkaja pressa, Kand.diss. Moskva 1979.
Traut, M.: Der Reichsregent. Ernst Liebers Weg vom Männercasino Camberg an das Ruder kaiserlicher Großmachtpolitik, Camberg 1984.
Treue, W.: Rußland und die Eisenbahnen im Fernen Osten, in: HZ 158, 1938.
Tupolev, B.M.: Ekspansija germanskogo imperializma v jugovostočnoj Evrope v konce XIX – načale XXv., Moskva 1970.

Uebersberger, H.: Abschluß und Ende des Rückversicherungsvertrages, in: Kriegsschuldfrage 5, 1927.
Ullmann, H.-P.: Der Bund der Industriellen, Göttingen 1976.
Ullmann, H.-P.: Interessenverbände in Deutschland, Frankfurt/M. 1988
Ullrich, V.: Als der Thron ins Wanken kam. Das Ende des Hohenzollernreiches 1890–1918, Bremen 1993.

Vagts, A.: Deutschland und die Vereinigten Staaten in der Weltpolitik, London 1936.
Verosta, S.: Theorie und Realität von Bündnissen. Heinrich Lammasch und Karl Renner und der Zweibund (1897–1914), Wien 1971.
Vogel, B.: Deutsche Rußlandpolitik. Das Scheitern der deutschen Weltpolitik unter Bülow 1900–1906, Düsseldorf 1973.

Wagner, K.: Theodor Barth und die Freisinnige Vereinigung, Tübingen 1968.
Walther, H.: Die deutsch-englischen Bündnisverhandlungen von 1901 und ihre Ergebnisse, in: Historische Vierteljahrsschrift 25, 1931.
Warwick, P.u.a. Hg.: The South African War 1899–1902, London 1980.
Wegner-Korfes, S.: Die Rolle von S.Ju. Vitte beim Abschluß des deutsch-russischen Handelsvertrages von 1894, in: JfGsL 22, 1978.
Wegner-Korfes, S.: Politische und ökonomische Hintergründe der Rußlandpolitik der Regierung des „neuen Kurses", in: ZfG 30, 1982.
Wegner-Korfes, S.: Politische und ökonomische Aspekte des deutschen Kapitalexports in den privaten russischen Eisenbahnbau in den 80er und 90er Jahren des 19. Jahrhunderts, in: JfG 29, 1984.
Wehler, H.-U.: Bismarck und der Imperialismus, Köln u.a. 1969.
Wehler, H.-U.: Krisenherde des Kaiserreichs 1871–1918, Göttingen 1970.
Wehler, H.-U.: Sozialdarwinismus im expandierenden Industriestaat, in: Festschrift F.Fischer, Düsseldorf 1973.
Wehler, H.-U.: Das Deutsche Kaiserreich 1871–1918, Göttingen 1973.
Wehler, H.-U.: Zur Funktion und Struktur der nationalen Kampfverbände im Kaiserreich, in: Modernisierung und nationale Gesellschaft, Hg. W. Conze u.a., Berlin 1979.
Wehler, H.-U. (Hg.): Imperialismus, Königstein/Ts. 1979.
Wehler, H.-U.: Grundzüge der amerikanischen Außenpolitik 1750–1900, Frankfurt/M. 1984.
Wehler, H.-U.: Wie bürgerlich war das Deutsche Kaiserreich?, in: Bürger und Bürgerlichkeit im 19. Jhdt., Hg. J.Kocka, Göttingen 1987.
Wehler, H.-U.: Deutsche Gesellschaftsgeschichte, 3. Bd., München 1995.
Weitowitz, R.: Deutsche Politik und Handelspolitik unter Reichskanzler Leo von Caprivi 1890–1894, Düsseldorf 1978.
Wilkinson-Latham, C.: The Boer War, London 1977.
Wilson, K.M. (Hg.): Imperialism and Nationalism in the Middle East, London 1983.
Wilson, K.M.: Empire and Continent. Studies in British Foreign Policy from the 1880s to the First World War, London u.a. 1987.
Winkler, H.A. (Hg.): Nationalismus, Königstein/Ts. 1985.
Winzen, P.: Die Englandpolitik Friedrich von Holsteins 1895–1901, Diss. Köln 1975.
Winzen, P.: Bülows Weltmachtkonzept. Untersuchungen zur Frühphase seiner Außenpolitik 1897–1901, Boppard 1977.
Wippich, R.-H.: Japan und die deutsche Fernostpolitik 1894–1898, Stuttgart 1987.
Wolf, E.: Die Beziehungen Österreich-Ungarns zu Deutschland unter Goluchowski (1895–1906), Diss. Wien 1967.
Wolter, H.: Bismarcks Außenpolitik 1871–1881, Berlin 1983.
Wormer, K.: Großbritannien, Rußland und Deutschland, München 1980.
Wulff, D.: Handel und Politik in den russisch-deutschen Beziehungen 1894–1904. Zu den Auseinandersetzungen um die russische Agrarausfuhr, Diss. HU Berlin 1984.
Wulff, D.: Der „kleine" Zollkrieg. Zu den Hintergründen und dem Verlauf der deutsch-russischen Zollkonferenz (1896/97), in: JfG 29, 1984.

Zapp, M.: Deutsch-französische Annäherungsversuche und ihr Scheitern in den Jahren 1890–1898, Diss. Weida 1929.

Zechlin, E.: Die türkischen Meerengen – ein Brennpunkt der Weltgeschichte, in: Krieg und Kriegsrisiko. Aufsätze, Düsseldorf 1979.
Ziebura, G. (Hg.): Grundfragen der deutschen Außenpolitik seit 1871, Darmstadt 1975.
Ziekursch, J.: Politische Geschichte des neuen deutschen Kaiserreiches, Bd. 3, Frankfurt/M. 1930.
Zimmermann, L.: Paul Cambon – Schöpfer der Entente cordiale, Göttingen 1965.
Zürrer, W.: Die Nahostpolitik Frankreichs und Rußlands 1891–1898, Wiesbaden 1970.

2. Abkürzungsverzeichnis

AA	Auswärtiges Amt
BA	Bundesarchiv
BD	Die Britischen Amtlichen Dokumente
BdI	Bund der Industriellen
BdL	Bund der Landwirte
BHStA, MA	Bayerisches Hauptstaatsarchiv, Außenministerium
BL	Deutsche Botschaft London. Geheimakten
BMH	Berliner Monatshefte, Berlin
CDI	Centralverband Deutscher Industrieller
DDF	Documents Diplomatiques Francais
Diss.	Dissertation
DLR	Deutscher Landwirtschaftsrat
EHR	English Historical Review
GG	Geschichte und Gesellschaft, Göttingen
GP	Die Große Politik der Europäischen Kabinette
GStA	Geheimes Staatsarchiv
GW	Bismarck. Die gesammelten Werke, Berlin
GWU	Geschichte in Wissenschaft und Unterricht, Stuttgart
HHStA	Haus-, Hof-und Staatsarchiv
HK	Handelskammer
HZ	Historische Zeitschrift, München
JCH	Journal of Contemporary History
JfG	Jahrbuch für Geschichte, Berlin
JfGsL	Jahrbuch für Geschichte der sozialistischen Länder Europas, Berlin
JMH	The Journal of Modern History, Chicago
JfWG	Jahrbuch für Wirtschaftsgeschichte, Berlin
KA	Kriegsarchiv
MAZ	Münchner Allgemeine Zeitung
MdÄ	Ministerium des Äußeren
MNN	Münchner Neueste Nachrichten
NAZ	Norddeutsche Allgemeine Zeitung, Berlin
NL	Nachlaß
NPL	Neue Politische Literatur, Wiesbaden
PA	Politisches Archiv
PJ	Preußische Jahrbücher, Berlin
RdI	Reichsamt des Innern
Rep.	Repertorium
RKA	Reichskolonialamt
RMA	Reichsmarineamt
RSchA	Reichsschatzamt

RT   Reichstag
Schulthess   Schulthess' Europäischer Geschichtskalender, München
SER   The Slavonic and East European Review
SHA   Sächsisches Hauptstaatsarchiv
ZfG   Zeitschrift für Geschichtswissenschaft, Berlin

3. Personenregister

Abdul Hamid II.   66, 97f., 111f., 170, 200f., 203, 217, 222, 295, 299, 362
Aehrenthal, Alois Lexa Freiherr von   50, 168, 194, 328, 379, 381–383
Alexander III.   22f., 31, 40f., 43, 49f., 52, 68, 84f. 95, 99, 105, 107, 110, 112–114, 119, 121, 146, 209
Alvensleben, Friedrich Johann Graf von 383, 394
Anderson, Sir Percy 57f.
Arnim-Boitzenburg, Hermann Graf von   70, 130

Bachem, Carl   233
Badeni, Kasimir Felix Graf von   221, 257
Balfour, Arthur James Earl of   281f., 396
Ballin, Albert 344
Bamberger, Ludwig   21, 60
Barth, Theodor   232, 270
Bassenge, Edmund   335
Bassermann, Ernst   310, 349, 355
Bebel, August   193, 220, 270, 273, 333, 336, 349, 397
Beck-Rzikowsky, Friedrich Freiherr von   195, 197f., 307
Becker, Otto   392
Beckett, brit. Diplomat   59
Behnen, Michael   12, 376
Bennigsen, Rudolf von   232, 269
Berchem, Max Graf von   37, 41f., 44f., 74
Berghahn, Volker   331, 336
Bernstein, Eduard   275, 310
Bertie, Sir Francis   325, 390
Bethmann Hollweg, Theobald von   401
Bismarck, Herbert Graf von, dann Fürst von   20, 26, 28, 36f., 40f., 42, 56, 278, 280, 287, 311–314, 317f., 321, 323, 351, 355, 384
Bismarck, Otto Fürst von   10f., 13–33, 35–43, 46, 48–54, 56f., 63–66, 69–71, 76, 82, 87–89, 91, 95, 98, 101, 104, 109, 114f., 124, 139, 142, 165, 182, 186, 190f., 197, 209f., 247, 252, 298, 305, 308, 312, 322, 332, 352, 355, 361, 376, 382, 397f., 400
Blanc, Alberto Baron di   145, 171, 188
Bleichröder, Gerson   46, 73, 102, 107
Boetticher, Karl Heinrich von   206f., 251
Boisdeffre, Raoul-Francois-Charles Le Mouton de 68
Bosse, Julius Robert von   275
Boulanger, Georges   33
Brandt, Maximilian von   151, 154
Brentano, Lujo   231
Bronsart von Schellendorff, Walter   182f.
Bruck, Karl Baron von   81
Bueck, Henry Axel   234, 256, 309
Bülow, Alfred von   99f.
Bülow, Bernhard von, dann Graf, dann Fürst   14f., 38, 104f., 134, 142, 144, 148, 153, 171, 174f., 188, 191, 209, 223, 225, 228f., 232, 234, 242–245, 248f., 251, 253, 254–264, 267–269, 271–275, 277–280, 282, 284–286, 288–292, 295f., 298–300, 302f., 306–308, 311–332, 335–337, 340–353, 355–359, 361, 363, 365–367, 369, 372–375, 380, 382, 384, 385–393, 395–399, 401
Bußmann, Walter   161

Calice, Heinrich Freiherr von   168, 194
Caprivi, Leo von, dann Graf   14, 16, 39, 41–45, 47–51, 56, 58, 62–64, 67f., 70–72, 74–80, 82–84, 87, 90, 94–96, 98–103, 106f., 110–114, 118, 123f., 128f., 132f., 135f., 148, 182, 247, 350
Chamberlain, Joseph   185, 281–284, 303, 306, 308, 320, 324, 372, 389, 391
Chirol, Valentine   65, 181, 184
Churchill, Lord Randolph   53
Cleveland, Grover   191
Constans, Jean Ernest   299
Courcel, Alphonse Baron de   201f., 294
Craig, Gordon A.   16
Crispi, Francesco   71, 73f., 76–79, 81, 198

Personenregister

Cuny, Ludwig 70
Curzon of Kedleston, George Nathaniel Earl of 303

Dehio, Ludwig 11, 331f., 368
Delbrück, Hans 22, 138, 149, 159–161, 185, 206, 215, 220f., 225, 228–231, 241, 289, 298, 301, 309, 318f., 324, 331, 333f., 360f., 368f., 395
Delcassé, Theophile 295, 326, 382, 385–387, 397f.
Déroulède, Paul 22
Deym, Franz Graf 97f., 142, 165, 175, 184, 194, 377, 389, 392
Dilke, Charles 55
Dönhoff, Carl Graf von 370
Dragomirow, Michael Iwanowitsch 168
Doczy, Ludwig von 196
Droysen, Gustav 161
Dufferin and Ava, Frederick Blackwood Marquis of 68, 191

Eckardstein, Hermann Freiherr von 282, 320, 324, 347, 374, 382, 388, 396
Eduard VII. 43, 254
Eulenburg, Botho Graf zu 101, 133, 311, 321
Eulenburg-Hertefeld, Philipp Graf zu, dann Fürst 15, 38f., 91, 95, 104f., 114, 121, 124, 142, 144, 148, 150, 153, 169, 171–173, 195–197, 232, 248f., 252, 259, 274, 276, 307f., 311, 325, 342, 350f., 376

Fabri, Friedrich 62
Farrar, Lancelot 12, 308
Faure, Felix 259, 294
Ferdinand von Coburg, Fürst von Bulgarien 68, 113, 201
Fergusson, James 57, 66, 88
Ferry, Jules 55
Fiebig-von Hase, Ragnhild 368
Fisher, Sir John Arbuthnot 398
Ford, Sir Francis Clare 111
Franz Joseph I. 38, 92, 172f., 195
Frauendienst, Werner 286
Freycinet, Charles-Louis de 49, 110
Friedrich I., Großherzog von Baden 39, 252, 275, 311
Friedrich II. 391
Fritzen, RT-Abgeordneter 184, 297
Fürstenberg, Carl 102

Gall, Lothar 17
Geiss, Imanuel 223f.,
Giers, Nikolai Karlowitsch von 22, 25, 33f., 40–44, 47, 49, 51f., 68f., 92f., 97, 99f., 104f., 107, 114, 119, 124, 126, 209
Gladstone, William Ewart 82, 107f.
Goering, Karl 80, 103, 121
Goethe, Johann Wolfgang von 10, 361
Goltz, Colmar Freiherr von der 301
Goluchowski, Agenor Graf 106, 167, 171f., 175, 177f., 188, 193–197, 200f., 203, 209, 213–215, 218, 307, 361, 376f., 379f.,
Grey, Sir Edward 400
Grothe, Hugo 363
Gutsche, Willibald 234
Gutschmid, Felix Freiherr von 152

Halle, Ernst von 333
Hammacher, Friedrich 192
Hamann, Otto 323
Hammerstein, Wilhelm Freiherr von 206
Hank, Manfred 209
Hanotaux, Gabriel 157, 208, 211, 222, 259
Hansemann, Adolph von 271f., 284, 340, 344
Harmsworth, Alfred 185
Hasse, Ernst 130f., 139, 163, 220, 226f., 349, 393
Hatzfeldt-Wildenburg, Paul Graf von 15, 37f., 46, 56–61, 64, 66f., 77, 82, 84f., 87, 97f., 102, 107–109, 116–120, 128f., 131, 133f., 135, 143f., 157, 164–170, 175, 179, 187f., 198, 202, 212f., 217, 219, 242–245, 260–263, 281, 283, 291, 293f., 306, 308, 314–316, 319–321, 341, 345f., 373f.
Heinrich, Prinz von Preußen 147, 318
Herbette, Jules 179
Herff, Franz von 187
Hertling, Georg Freiherr von 270, 393
Hesse-Wartegg, Ernst von 155
Heyden-Cadow, Wilhelm von 80
Heyking, Edmund Freiherr von 238, 272
Hildebrand, Klaus 9f., 13, 17, 75, 224, 331f.
Hillgruber, Andreas 10, 13, 16, 153, 286f.
Hintze, Otto 229, 334, 360
Hohenlohe-Langenburg, Hermann von 311
Hohenlohe-Schillingsfürst, Chlodwig Fürst zu 15, 38, 139f., 142, 144, 149, 152, 163, 167, 169, 171–174, 177, 179, 180–183, 187, 190, 194–198, 205, 213, 215–218, 247, 249, 259, 261f., 311, 346, 350

Holleben, Theodor von 280
Hollmann, Friedrich von 154
Holstein, Friedrich von 15, 33, 36–39, 41f., 46f., 50f., 56, 59, 60–62, 64–68, 74, 77, 82, 84f., 90f., 95, 97–99, 102, 104f., 107–109, 115–118, 120, 128f., 133f., 142, 144, 147–149, 151–154, 156f., 164, 167, 169f., 174–176, 178–180, 190f., 197–199, 212f., 215–219, 241–245, 248f., 253, 257, 259, 261–263, 279, 282, 288, 293, 306–308, 311, 314–316, 318–321, 326–328, 337, 341, 343, 345–348, 353, 364, 372f., 375, 386f., 389, 391f., 394
Huber, Oberregierungsrat 74, 80
Hülsen-Haeseler, Dietrich Graf von 307

Jaeschke, Gouverneur 236, 344
Jameson, Leander Starr 179
Jannasch, Robert 236, 368
Jentsch, Karl 139, 160, 227

Kaerger, Karl 139
Kálnoky von Köröspatak, Gustav Graf 66, 69, 71f., 75, 78–80, 82, 84, 86, 97f., 106, 127f., 130, 144
Kanitz-Podangen, Hans Graf von 181, 186
Kardorff, Wilhelm von 70, 112, 123, 220, 232, 270, 349
Karl I., König von Rumänien 106
Kaunitz, Wenzel Anton Fürst 18
Kayser, Paul 64
Kennedy, Paul 56, 315
Ketteler, Klemens Freiherr von 338, 340f.
Keudell, Robert von 248
Kiderlen-Wächter, Alfred von 38, 47, 56, 87, 156, 244
Kimberley, John Wodhouse Earl of 134, 142f.
Klehmet, Reinhold 151, 238, 353, 375
Knorr, Wilhelm von 279
Koeller, Ernst Matthias von 181f.
Koerber, Ernest von 380
Krauel, Friedrich 57
Krüger, Paulus Stephanus Johannes 180, 370
Krupp, Friedrich Alfred von 150, 155, 237f., 367
Kühlmann, Richard von 363

Laboulaye, Antoine de 92
Lamprecht, Karl 333
Lamsdorff, Wladimir Nikolajewitsch Graf 92, 104, 381, 383, 394
Langbehn, Julius 231f.

Langer, William 216
Lansdowne, Henry Charles Keith Petty-Fitzmaurice Marquis of 372, 374f., 390, 392f., 396
Lascelles, Sir Frank Cavendish 176, 178, 183, 187, 189, 198, 282, 293, 314
Laufer, Jochen 181
Launay, Eduardo Conte di 87
Lenz, Max 229, 333–335, 370
Leo XIII. 296
Lerchenfeld-Koefering, Hugo Graf von 38, 367
Levetzow, Joachim von 184
Leyds, Willem Johannes 177, 187, 189
Liechtenstein, Franz von Paula, Fürst von und zu 259
Li Hung Tschang 237f.
Lichnowsky, Karl Max Fürst von 196, 328
Lieber, Ernst Maria 193, 219f., 270, 297, 349
Liebknecht, Wilhelm 220, 270
Lobanow-Rostowski, Alexander Fürst 92, 152, 163, 167–169, 171, 189, 203–205
Loë, Walther Freiherr von 90
Loubet, Emile 325
Lucius, Robert Freiherr von Ballhausen 76
Lützow, Heinrich Graf von 191
Luxemburg, Rosa 355

Mahan, Alfred T. 328
Malet, Sir Edward 56, 111f., 134, 177
Maquardsen 220
Marcks, Erich 229
Maron, dt. Konsul 113, 204
Marschall von Bieberstein, Adolf Hermann Freiherr 16, 39, 41f., 46f., 56, 58f., 61, 69, 82, 84f., 87, 89, 95, 98f., 102–105, 108, 110–113, 116f., 123–125, 127–134, 141, 143, 148f., 151–154, 156, 163, 170, 171–173, 175–183, 187, 189f., 192f., 205f., 208–210, 212, 214, 216, 218–220, 232, 237, 243, 247, 249, 251, 276, 295, 298f., 306, 362f.
Martin, Rudolf 228
Mayer, Arno J. 226
Meinecke, Friedrich 11, 165, 225, 233, 281, 287, 308, 353
Mendelssohn-Bartholdy, Ernst 98f., 102, 113, 204, 206, 239, 382
Mensdorff-Pouilly-Dietrichstein, Albert Graf 204
Merey von Kapos-Mére, Kajetan 194
Metternich zur Gracht, Paul Graf von Wolff 89, 117, 338, 363, 369, 375, 388–393, 396, 398

Personenregister

Miquel, Johannes von 31, 99, 124, 148, 232, 246, 249–253, 274–276, 295f., 310, 359
Mirbach-Sorquitten, Julius Graf von 70
Miribel, Marie-Joseph de 105, 119
Möller, Theodor von 246, 359
Moltke, Helmuth Graf von 48
Moltke, Kuno Graf von 169
Mommsen, Theodor 258
Mommsen, Wolfgang J. 14, 232, 245
Monger, George 373
Monts de Mazin, Anton Graf von 75, 135, 184, 230, 248, 271, 309
Morgen, Major 298
Mühlberg, Otto von 189, 302, 346, 358, 362, 364f., 380
Müller, Georg Alexander von 235
Mumm von Schwarzenstein, Alfons Freiherr von 293, 342, 344
Münch-Ferber, Walther 118
Münster, Georg Graf zu 38, 54, 119, 121, 208, 212, 259, 263, 294, 326, 386
Murawjew, Michael Nikolajewitsch Graf 214, 217f., 261, 263, 266, 301, 304–306, 308, 326–329

Naumann, Friedrich 148, 227, 254, 301, 361, 364
Nelidow, Alexander von 92, 211
Nikolaus I., 166
Nikolaus II. 112, 121, 127, 146f., 163f., 169, 174, 203–208, 259, 261f., 266, 286, 305, 317, 326f., 343, 355, 381, 384, 398
Nipperdey, Thomas 223, 232, 281
Noailles, Emmanuel Marquis de 257, 294, 326

O'Conor, Sir Nicholas 266
Oncken, Hermann 229
Osten-Sacken, Nikolaus Dimitri Graf von 149f., 153, 188, 263, 288, 305, 326f.

Pallavicini, Johann Markgraf von 244
Pfeil und Klein Ellguth, Joachim Graf von 177
Podbielski, Viktor von 359
Posadowsky-Wehner, Arthur Graf von 250f., 253, 274f., 309
Pourtales, Friedrich Graf von 69
Pückler, Karl Graf von 348, 382, 385
Radolin-Radolinski, Hugo Leszczyc, Graf von, dann Fürst 38, 111, 147, 156f., 175, 204, 213, 243f., 259, 262, 293, 319, 328, 347, 387, 389
Radowitz, Joseph Maria von 280
Raffauf, dt. Konsul 43, 46, 126
Ranke, Leopold von 333, 401
Rantzau, Kuno Graf von 24
Raschdau, Ludwig 38, 41f., 47, 68, 102, 107
Ratzel, Friedrich 226
Rauh, Manfred 94
Rechnitzer, Bankier 299
Recke von dem Horst, Eberhard Freiherr von 253
Reichardt, Legationsrat im Auswärtigen Amt 102
Reuss, Heinrich VII. Prinz 80, 128
Rex, Arthur Graf 119, 126, 147
Rheinbaben, Georg Freiherr von 359
Ribot, Alexandre 110, 157
Richarz, dt. Konsul 236
Richter, Eugen 70, 219f., 233, 270, 349, 392f.
Richthofen, Ferdinand Freiherr von 162, 237, 271
Richthofen, Oswald Freiherr von 279, 292, 358, 366, 371–373, 394
Rickert, Heinrich 349
Ritter, Gerhard 281, 286
Röhl, John C. G. 183
Rohrbach, Paul 301, 363
Rosebery, Archibald Primrose Earl of 66, 108, 111f., 116–119, 128f., 134, 142, 151
Rosen, Friedrich 296
Rosenbach, Harald 285
Rößler, Constantin 22, 23, 31f., 61, 90, 145, 159, 185
Rotenhan, Wolfram Freiherr von 97, 204, 206, 262
Rothschild, Alfred de 156, 281, 284, 320
Rothschild, Meyer Alphonse de 78, 86f., 204
Rottenburg, Franz Johannes von 107
Rudini, Antonio Marchese di 81, 85–89, 91, 97f., 199, 209

Salisbury, Robert Cecil Marquis of 25, 37, 46, 51, 53, 56–59, 62, 64–68, 77, 84, 86, 88f., 94, 97f., 109, 112, 142, 156, 164–168, 170, 175f., 179f., 189, 194, 198, 201f., 207, 210, 212, 214, 217f., 244, 260–263, 266f., 279, 282, 284f., 291, 293f., 314–316, 319, 321, 332, 375, 390
Sanderson, Sir Thomas Henry 375
Saurma-Jeltsch, Anton Freiherr 212
Schaedler, Franz Xaver 355

Schäfer, Dietrich 335
Scheel-Plessen, Ludwig Freiherr von 312
Schiemann, Theodor 186, 228
Schischkin, Nikolai Pawlowitsch 211
Schlieffen, Alfred Graf von 97, 197f., 344, 398
Schmoller, Gustav 228f., 333, 335
Schöllgen, Gregor 12, 165, 171, 240, 281, 283, 286, 299f., 308
Schoenlank, Bruno 268
Schraut, Maximilian von 74
Schüßler, Wilhelm 375
Schuwalow, Paul Graf 35, 40f., 43, 103, 113, 126, 147
Schwabach, Paul von 124
Schweinitz, Hans Lothar von 35, 42f., 47, 50, 66, 69, 84, 95, 104, 108, 110
Scott, Sir Charles Stewart 327
Senden und Bibran, Gustav Freiherr von 261
Sering, Max 333
Sermoneta, Herzog von 199
Seymour, Sir Beauchamp 338
Siemens, Georg von 296, 299, 362
Solms-Sonnenwalde, Eberhard Graf zu 86f.
Spitzemberg, Hildegard Freifrau von 271
Steininger, Karl Freiherr von 129
Stemrich, Wilhelm 299
Sternberg, Konsul 389
Stürmer, Michael 16, 70, 333
Stumm, Ferdinand Freiherr von 82
Stumm-Halberg, Carl Ferdinand Freiherr von 232, 247

Swaine, Leopold 175
Széchényi, Emmerich Graf 78, 83, 101
Szögyény-Marich, Ladislaus Graf von 123, 125, 129, 153, 171–174, 180, 187f., 195, 208, 229, 249, 259, 269, 271, 316, 327, 337, 376f., 380

Taaffe, Eduard Graf von 72, 128
Thielmann, Max Freiherr von 125, 358
Thun und Hohenstein, Franz Graf, dann Fürst 307
Tirpitz, Alfred 136, 137, 223, 252, 254, 273, 277, 279, 311, 314, 320, 328f., 331, 335, 337
Tornielli-Brusati di Vergano, Guiseppe Conte di 117
Treitschke, Heinrich von 55, 161, 225
Tschirschky und Bögendorff, Heinrich von 204, 262, 327
Verdy du Vernois, Julius von 48

Victoria, britische Königin 188, 327, 370
Victoria, deutsche Kaiserin 90
Villaume, Karl von 43
Vogel, Barbara 12
Vollmar, Georg von 90, 233

Waldeck-Rousseau, Pierre M. 386
Waldersee, Alfred Graf von 36–40, 99, 183, 188, 210, 229, 247f., 254, 269, 287, 311f., 323, 330, 333, 340, 343f., 351–353
Wangenheim, Hans Freiherr von 119, 363
Wannowski, Peter S. 119
Weber, Max 138–140, 148, 160, 162, 183, 235, 254, 333, 334
Wedel, Karl Graf, dann Fürst von 38, 40, 72
Wehler, Hans-Ulrich 16, 161, 233f., 245f.
Weigert, M. 235
Werder, Bernhard von 110, 112, 147
Werner, RT-Abgeordneter 232
White, Sir William 279
Wilhelm II. 14f., 28f., 36–43, 49, 57, 59, 68f., 72f., 83, 90–92, 95, 98f., 101, 105, 110, 112–115, 117f., 122–124, 127, 129, 132, 134, 142, 146–153, 158, 163f., 166f., 169, 172–176, 180–183, 187f., 190, 192, 195f., 198, 200, 203–205, 207f., 210, 213f., 216f., 221f., 229, 243f., 247–250, 252–254, 256, 258–262, 274, 277, 282, 286, 288, 291, 293–297, 299, 302, 308–311, 314, 316, 319f., 322f., 325–330, 332, 334f., 337, 340–344, 346, 349–351, 353–355, 365, 370, 382, 384–386, 388f., 398
Windthorst, Ludwig 49, 60
Winzen, Peter 12, 254, 256, 331
Wippich, Rolf 152
Witte, Sergej Ju. Graf 107, 122, 124, 176, 204–207, 211, 213f., 239, 262., 266f., 284, 304f., 329, 342, 348, 354f., 381f., 384, 394f.
Wolf, Eugen 237
Wolf, Karl Hermann 258
Wolff, Theodor 395
Wolkenstein-Trostburg, Anton Graf von 194
Wyschnegradski, Iwan Alexejewitsch Fürst 33f., 45, 98f.

York von Wartenburg, Maximilian Graf 38

Zanardelli, Guiseppe 378
Zander, Kurt 295f., 299
Ziekursch, Johannes 11